■2025年度中学受験用

東邦大学付属東邦中学校

4年間(＋3年間HP掲載)スーパー過去問

●収録内容一覧

入試問題と解説・解答の収録内容

2024年度 推薦・帰国生	算数・社会・理科・英語・国語 (英語は解答のみ)	実物解答用紙DL
2024年度 前期	算数・社会・理科・国語	実物解答用紙DL
2024年度 後期	算数・社会・理科・国語(解答のみ)	実物解答用紙DL
2023年度 推薦・帰国生	算数・社会・理科・英語・国語 (英語は解答のみ)	実物解答用紙DL
2023年度 前期	算数・社会・理科・国語	実物解答用紙DL
2023年度 後期	算数・社会・理科・国語(解答のみ)	実物解答用紙DL
2022年度 推薦・帰国生	算数・社会・理科・英語・国語 (英語は解答のみ)	実物解答用紙DL
2022年度 前期	算数・社会・理科・国語	実物解答用紙DL
2022年度 後期	算数・社会・理科・国語(解答のみ)	実物解答用紙DL
2021年度 推薦・帰国生	算数・社会・理科・英語・国語 (英語は解答のみ)	
2021年度 前期	算数・社会・理科・国語	
2021年度 後期	算数・社会・理科・国語(解答のみ)	
2020～2018年度(HP掲載) 「カコ過去問」 (ユーザー名) koe (パスワード) w8ga5a1o	問題・解答用紙・解説解答DL ◇著作権の都合により国語と一部の問題を削除しております。 ◇一部解答のみ（解説なし）となります。 ◇９月下旬までに全校アップロード予定です。 ◇掲載期限以降は予告なく削除される場合があります。	

～本書ご利用上の注意～　以下の点について，あらかじめご了承ください。

★別冊解答用紙は巻末にございます。実物解答用紙は，弊社サイトの各校商品情報ページより，一部または全部をダウンロードできます。
★編集の都合上，学校実施のすべての試験を掲載していない場合がございます。
★当問題集のバックナンバーは，弊社には在庫がございません（ネット書店などに一部在庫あり）。

合格を勝ち取るための
『スーパー過去問』の使い方

本書に掲載されている過去問をご覧になって，「難しそう」と感じたかもしれません。でも，多くの受験生が同じように感じているはずです。なぜなら，中学入試で出題される問題は，小学校で習う内容よりも高度なものが多く，たくさんの知識や解き方のコツを身につけることも必要だからです。ですから，初めて本書に取り組むさいには，点数を気にしすぎないようにしましょう。本番でしっかり点数を取れることが大事なのです。

過去問で重要なのは「まちがえること」です。自分の弱点を知るために，過去問に取り組むのです。当然，まちがえた問題をそのままにしておいては意味がありません。

本書には，長年にわたって中学入試にたずさわっているスタッフによるていねいな解説がついています。まちがえた問題はしっかりと解説を読み，できるようになるまで何度も解き直しをしてください。理解できていないと感じた分野については，参考書や資料集などを活用し，改めて整理しておきましょう。

このページも参考にしてみましょう！

◆どの年度から解こうかな　「入試問題と解説・解答の収録内容一覧」

本書のはじめには収録内容が掲載されていますので，収録年度や収録されている入試回などを確認できます。

※著作権上の都合によって掲載できない問題が収録されている場合は，最新年度の問題の前に，ピンク色の紙を差しこんでご案内しています。

◆学校の情報を知ろう!!「学校紹介ページ」

このページのあとに，各学校の基本情報などを掲載しています。問題を解くのに疲れたら息ぬきに読んで，志望校合格への気持ちを新たにし，再び過去問に挑戦してみるのもよいでしょう。なお，最新の情報につきましては，学校のホームページなどでご確認ください。

◆入試に向けてどんな対策をしよう？「出題傾向＆対策」

「学校紹介ページ」に続いて，「出題傾向＆対策」ページがあります。過去にどのような分野の問題が出題され，どのように対策すればよいかをアドバイスしていますので，参考にしてください。

◇別冊「入試問題解答用紙編」

本書の巻末には，ぬき取って使える別冊の解答用紙が収録してあります。解答用紙が非公表の場合などを除き，（注）が記載されたページの指定倍率にしたがって拡大コピーをとれば，実際の入試問題とほぼ同じ解答欄の大きさで，何度でも過去問に取り組むことができます。このように，入試本番に近い条件で練習できるのも，本書の強みです。また，データが公表されている学校は別冊の１ページ目に過去の「入試結果表」を掲載しています。合格に必要な得点の目安として活用してください。

本書がみなさんの志望校合格の助けとなることを，心より願っています。

株式会社　声の教育社　編集部

東邦大学付属東邦中学校

所在地	〒275-8511 千葉県習志野市泉町2-1-37
電　話	047-472-8191(代)
ホームページ	https://www.tohojh.toho-u.ac.jp
交通案内	京成線「京成大久保駅」より徒歩約10分 JR総武線「津田沼駅」よりバス約15分「東邦大学付属東邦中学・高校前」下車

くわしい情報は
ホームページへ

トピックス

★2021年度より，高校帰国生選抜試験は廃止となりました。
★例年，学校説明会のほかに見学会を行うなど，学校を見る機会を多数用意。

創立年
昭和36年

男女共学

高校募集
なし

▌応募状況

年度	募集数	応募数		受験数	合格数	倍率
2024	推薦	男	610名	598名	21名	15.0倍
	40名	女			19名	
	帰国生	男	84名	80名	25名	2.0倍
	若干名	女			15名	
	前期	男	2276名	2143名	648名	2.2倍
	240名	女			324名	
	後期	男	377名	345名	9名	17.3倍
	20名	女			11名	
2023	推薦	男	313名	310名	22名	14.1倍
	40名	女	262名	262名	18名	14.6倍
	帰国生	男	32名	32名	21名	1.5倍
	若干名	女	40名	37名	16名	2.3倍
	前期	男	1395名	1329名	632名	2.1倍
	240名	女	871名	818名	335名	2.4倍
	後期	男	256名	235名	11名	21.4倍
	20名	女	236名	222名	11名	20.2倍

▌2023年度の主な大学合格実績

＜国公立大学・大学校＞

東京大，東京工業大，一橋大，東北大，北海道大，筑波大，千葉大，東京医科歯科大，横浜国立大，東京農工大，防衛医科大，横浜市立大

＜私立大学＞

慶應義塾大，早稲田大，上智大，国際基督教大，東京理科大，明治大，青山学院大，立教大，中央大，法政大，東京慈恵会医科大，順天堂大

▌本校の特色

「自然・生命・人間」

本校の教育は，額田豊・晋兄弟医学博士の自然観・生命観・人間観に基づいています。かけがえのない地球への認識が高まる今，宇宙・自然の無形の偉大な力を畏敬し，自然からその一部としていただいた生命を大切にし，科学技術の進歩や物質文明の限界を自覚して，人間の心の向上を目指しながら生きようと訴えられた創立者の哲学は，一層輝きを増しています。

▌入試情報（参考：昨年度）

【推薦入学試験】※自己推薦書を事前に提出
試験日　：2023年12月１日
試験科目：国語・算数・社会・理科
合格発表：2023年12月２日　午前10時(HP)

【帰国生入学試験】
試験日　：2023年12月１日
試験科目：国語・算数・英語
合格発表：2023年12月２日　午前10時(HP)

【前期入学試験】
試験日　：2024年１月21日
試験科目：国語・算数・社会・理科
合格発表：2024年１月23日　午前10時(HP)

【後期入学試験】
試験日　：2024年２月３日
試験科目：国語・算数・社会・理科
合格発表：2024年２月４日　午前10時(HP)

編集部注―本書の内容は2024年2月現在のものであり，変更されている場合があります。正式な情報は，学校のホームページ等で必ずご確認ください。

算数 出題傾向＆対策

◆基本データ(2024年度前期)

試験時間／満点	45分／100点
問題構成	・大問数…６題 　計算１題(３問)／応用小問１題(５問)／応用問題４題 ・小問数…18問
解答形式	解答のみを記入する形式。必要な単位などは解答用紙にあらかじめ印刷されている。作図問題は見られない。
実際の問題用紙	Ｂ５サイズ，小冊子形式
実際の解答用紙	Ａ４サイズ

◆過去４年間の出題率トップ５

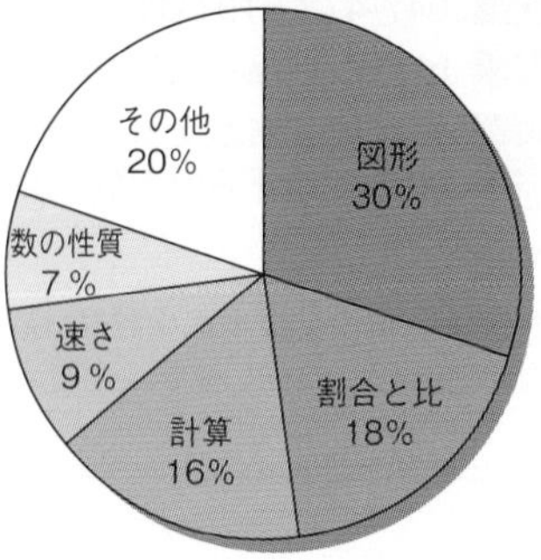

※　配点(推定ふくむ)をもとに算出

◆近年の出題内容

【 2024年度前期 】			【 2023年度前期 】		
大問	1	四則計算，逆算，計算のくふう	大問	1	四則計算，計算のくふう，逆算
	2	周期算，速さと比，濃度，相似，集まり		2	つるかめ算，比の性質，正比例と反比例，面積，相似，辺の比と面積の比
	3	仕事算		3	濃度
	4	場合の数		4	旅人算
	5	立体図形－構成，表面積，体積		5	平面図形－面積，相似
	6	平面図形－相似，構成		6	立体図形－分割

◆出題傾向と内容

どの問題も難問ではありませんが，**基本に加えてもう一歩深めた考え方を必要とするものがふくまれています**。また，問題を解いていく過程で複雑な計算が必要となるものもあるので，計算練習を欠かさないようにしましょう。

最近の傾向は，図形問題と，数の応用(規則性，倍数と約数，条件の整理など)がよく出題されている点です。図形問題では，平面図形の長さ・面積と，それらに比をからめた問題がめだちます。また，図形を回転させたときにできる立体の体積・表面積を求めさせる問題や，立体の切断・展開図などの問題も見られます。一方，数の性質の問題では，計算式を立てられずに調べあげて解いていく場合があります。

特殊算では，表を用いて規則性を発見させる問題のように，くふうが必要なものも見られます。さらに，割合や比を利用して解く問題も多いようです。

◆対策～合格点を取るには？～

計算力をつけることと苦手分野を克服することが，本校入試突破のカギといえます。計算練習は当然として，**これまでにやったテストの答案をそのままにせず，まちがえた部分を調べて，自分の弱点を発見することが大切**です。そして，類題にあたって練習をくり返すのです。満点をとろうと欲ばらず，まちがえて当然のつもりで，何回でも挑戦するのです。

また，難問・奇問はさけ，基本公式で解法を見出せる問題を数多く解くことです。どんなに難しい問題にも必ず解法があり，それをすばやく見ぬく力は，どれだけ多くの問題を解いて身につけてきたかで決まります。１日がかりで難問・奇問を解くより，１時間で３問，３つの基本公式を使って解くほうが，ずっと合理的であり効果が上がります。まず，教科書にある基本公式や解法を整理しましょう。そして，制限時間を決めて問題を解いて下さい。

算数 出題分野分析表

分野 ＼ 年度		2024			2023			2022			2021		
		推	前	後	推	前	後	推	前	後	推	前	後
計算	四則計算・逆算	◎	◎	◎	◎	◎	◎	◎	●	◎	◎	●	◎
	計算のくふう	○	○		○	○		○				○	
	単位の計算						○						
和と差	和差算・分配算												○
	消去算	○											
	つるかめ算					○		○				○	○
	平均とのべ				○					○	○		
	過不足算・差集め算						○	○					
	集まり		○	○						○	○		
	年齢算										○		
割合と比	割合と比	○						○					
	正比例と反比例					○	○						
	還元算・相当算			○									
	比の性質				○	○							
	倍数算												
	売買損益	○							○				○
	濃度		○	○	○	○	○	○	○	○	○	○	○
	仕事算		○										
	ニュートン算												
速さ	速さ				○			○	○				
	旅人算	○		○	○	○						○	○
	通過算												
	流水算						○					○	
	時計算												
	速さと比		○		○		○					◎	
図形	角度・面積・長さ	○		○		◎	◎		○	◎	○	○	○
	辺の比と面積の比・相似	○	◎	○	○	◎	◎	◎	◎	◎	◎	●	○
	体積・表面積	○	○	○				○	○	○		○	○
	水の深さと体積				○		○				○		
	展開図								○				
	構成・分割		◎			○		○	○	○		○	○
	図形・点の移動						○						
表とグラフ									○				
数の性質	約数と倍数									○			○
	N進数												
	約束記号・文字式	○							○		○	○	
	整数・小数・分数の性質	○		○	○				○	○	○		
規則性	植木算						○					○	
	周期算		○	○					○				
	数列	○											
	方陣算												
	図形と規則												
場合の数			○	○	○		○	○		○	○	○	○
調べ・推理・条件の整理		○		○			○	○		○	○		
その他													

※ ○印はその分野の問題が１題，◎印は２題，●印は３題以上出題されたことをしめします。

社会 出題傾向＆対策

◆基本データ(2024年度前期)

試験時間／満点	45分／100点
問題構成	・大問数…３題 ・小問数…21問
解答形式	記述問題はなく，語句の記入が２問あるだけで，あとはすべて記号選択となっている。記号選択は択一式だけで，組み合わせを選ぶものが複数見られる。
実際の問題用紙	Ｂ５サイズ，小冊子形式
実際の解答用紙	Ａ４サイズ

◆過去４年間の分野別出題率

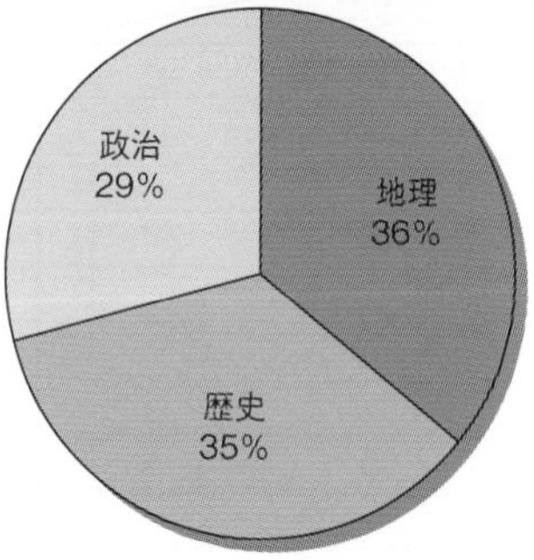

※　配点(推定ふくむ)をもとに算出

◆近年の出題内容

【 2024年度前期 】			【 2023年度前期 】		
大問	1	〔**地理**〕日本の産業や各地域の特色などについての問題	大問	1	〔**地理**〕地形図の読み取りや日本の産業，各地域の特色などについての問題
	2	〔**歴史**〕各時代の歴史的なことがらについての問題		2	〔**歴史**〕各時代の歴史的なことがらについての問題
	3	〔**政治**〕日本国憲法や政治のしくみ，国際社会などについての問題		3	〔**総合**〕アイヌを題材とした問題

◆出題傾向と内容

本校の社会は，おおむね地理・歴史・政治の分野から１題ずつという構成になっています。どの問題も**広い範囲から深い知識を問うもの**になっているので，知識があやふやだと正答にたどりつくのが難しいでしょう。

地理は，文章や地図，グラフなどをあたえての総合問題という形式をとることが多いようです。問われる内容ははば広く，かつ難度も高めで，目新しい問いも出されます。

歴史では，ひとつのテーマに沿って，通史的にはば広く問われます。たとえば，文化財・建造物や，歴史上の人物，外交史などです。

政治ではこれまで，日本国憲法，地方自治，国会と内閣，経済，福祉，国際関係などが，時事的なことがらとからめて出題されています。環境問題(世界の環境問題，公害の起きた地域，高度成長期における公害問題など)は，毎年出題されているわけではありませんが，過去にはまとめて出題されている年度もありました。

◆対策～合格点を取るには？～

まず，基礎を固めることを心がけてください。説明がていねいでやさしい標準的な参考書を選び，基本事項をしっかりと身につけましょう。

地理分野では，地図とグラフが欠かせません。つねにこれらを参照しながら，白地図作業帳を利用して地形と気候をまとめ，そこから産業のようすへと広げていってください。

歴史分野では，自分で年表を作って覚えると学習効果が上がります。本校の歴史の問題にはさまざまな分野が取り上げられていますから，この作業はおおいに威力を発揮するはずです。

政治分野では，日本国憲法の基本的な内容と三権についてはひと通りおさえておいた方がよいでしょう。また，時事問題については，新聞やテレビ番組などでニュースを確認し，国の政治や経済の動き，世界各国の情勢などについて，ノートにまとめておきましょう。

社会 出題分野分析表

分野 ＼ 年度		2024			2023			2022			2021		
		推	前	後	推	前	後	推	前	後	推	前	後
日本の地理	地図の見方	○				○		○			○	○	
	国土・自然・気候	○	○	○	○	○	○	○	○	○	○		○
	資源			○									
	農林水産業	○		○	○	○	○	○	○	○	○	○	
	工業	○			○				○	○	○	○	○
	交通・通信・貿易	○				○	○			○			
	人口・生活・文化	○	○		○	○		○					
	各地方の特色	○	○		○	○			○	○	○	○	○
	地理総合	★	★	★	★	★		★	★	★	★	★	★
世界の地理													
日本の歴史	時代 原始～古代	○	○	○	○	○	○	○	○	○	○	○	○
	時代 中世～近世	○	○	○	○	○	○	○	○	○	○	○	○
	時代 近代～現代	○	○	○	○	○	○	○	○	○	○	○	○
	テーマ 政治・法律史												
	テーマ 産業・経済史												
	テーマ 文化・宗教史												
	テーマ 外交・戦争史												
	歴史総合	★	★	★	★	★	★	★	★	★	★	★	★
世界の歴史					○								
政治	憲法	○	○				○	○	○	○		○	○
	国会・内閣・裁判所		○			○	○		○		○	○	○
	地方自治			○		○	○						
	経済	○	○										○
	生活と福祉	○		○						○			○
	国際関係・国際政治	○	○	○	○	○	○	○	○		○	○	
	政治総合	★	★	★				★	★		★	★	★
環境問題							○	○					
時事問題			○										○
世界遺産							○						
複数分野総合					★	★	★			★			

※ 原始～古代…平安時代以前，中世～近世…鎌倉時代～江戸時代，近代～現代…明治時代以降
※ ★印は大問の中心となる分野をしめします。

理科 出題傾向＆対策

◆基本データ（2024年度前期）

試験時間／満点	45分／100点
問題構成	・大問数…７題 ・小問数…20問
解答形式	記号選択と計算結果や数値の記入で構成されており，単位などは印刷されている。記述問題やグラフ・図の完成などは見られない。記号選択は択一式となっている。
実際の問題用紙	Ｂ５サイズ，小冊子形式
実際の解答用紙	Ａ４サイズ

◆過去４年間の分野別出題率

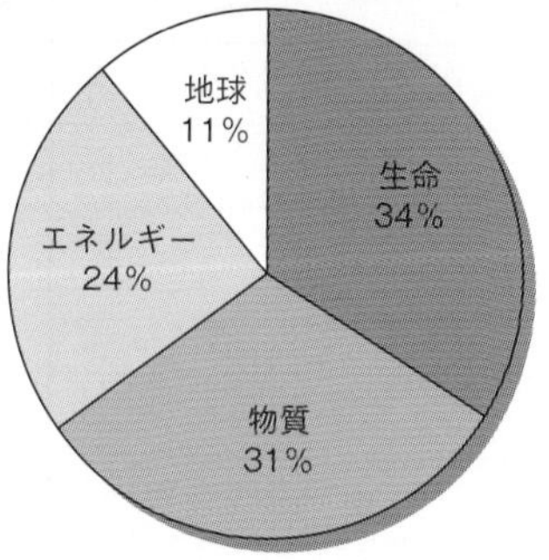

※　配点（推定ふくむ）をもとに算出

◆近年の出題内容

【 2024年度前期 】			【 2023年度前期 】		
大問	1	〔地球〕気象と災害	大問	1	〔生命〕サバクトビバッタ
	2	〔物質〕ものの溶け方		2	〔物質〕物質の密度，溶け方
	3	〔生命〕花のつくり		3	〔地球〕星や望遠鏡について
	4	〔エネルギー〕力のつり合い		4	〔エネルギー〕力のつり合い
	5	〔生命〕外来種		5	〔生命〕タンパク質の合成
	6	〔物質〕化学反応と気体の発生		6	〔エネルギー〕電熱線と電流
	7	〔エネルギー〕水面に浮かべたおもり			

◆出題傾向と内容

全体として，**断片的な知識を求める問題は少なく，実験・観察をもとにした設問が多く出題**されています。また，理科にかかわる時事問題（環境問題など）や，実験器具（顕微鏡など）の取りあつかいについての問題なども，本校の出題の特ちょうとなっています。

各分野とも，それぞれの単元からまんべんなく出題されています。「生命」からは，ヒトのからだのしくみとはたらき，植物のしくみと成長，メダカのからだのつくりなどが出されています。「物質」と「エネルギー」からは，気体や水溶液の性質，力のつり合い，光の進み方などがよく取り上げられ，計算問題もたいていここから出されています。「地球」からは，太陽と月の動きを中心に出題されています。いずれの問題も，図やグラフ，表がふんだんに使われており，それらの正確な読み取りが要求されています。

◆対策～合格点を取るには？～

各分野からまんべんなく出題されていますから，**基礎的な知識を早めに身につけ，そのうえで問題集で演習をくり返しながら実力アップをめざしましょう。**

「生命」は，身につけなければならない基本知識の多い分野ですが，楽しみながら確実に学習する心がけが大切です。「物質」では，気体や水溶液，金属などの性質，ものの溶け方に重点をおいて学習しましょう。「エネルギー」は，かん電池のつなぎ方や力のつり合いなどの出題が予想されます。「地球」では，太陽・月・地球の動き，季節と星座の動き，気象（台風や雲，湿度など），地層のでき方などが重要なポイントです。

なお，環境問題・身近な自然現象に日ごろから注意をはらうことや，テレビの科学番組，新聞・雑誌の科学に関する記事，読書，課外活動や体験学習などを通じて多くの知識を吸収することも大切です。

理科　出題分野分析表

分野＼年度		2024			2023			2022			2021		
		推	前	後	推	前	後	推	前	後	推	前	後
生命	植物		★	○	★				★		★	○	★
	動物		★	○		★	★			★			
	人体	★						★				★	
	生物と環境								★				
	季節と生物												
	生命総合			★		★							
物質	物質のすがた												
	気体の性質		★					★	★				
	水溶液の性質			★			★		★				★
	ものの溶け方		★		★	★							
	金属の性質										○		
	ものの燃え方	★								★			
	物質総合											★	○
エネルギー	てこ・滑車・輪軸					★					○		
	ばねののび方		★						○				★
	ふりこ・物体の運動											★	
	浮力と密度・圧力		★			○					○		
	光の進み方											★	
	ものの温まり方												
	音の伝わり方			★									
	電気回路					★				★			
	磁石・電磁石						★				○		
	エネルギー総合								★				
地球	地球・月・太陽系			★			★		★		○		★
	星と星座					★							
	風・雲と天候		★										
	気温・地温・湿度												
	流水のはたらき・地層と岩石											★	
	火山・地震									★			
	地球総合												
実験器具													
観察													
環境問題												★	
時事問題			○			○							
複数分野総合											★		

※ ★印は大問の中心となる分野をしめします。

国語　出題傾向＆対策

◆基本データ（2024年度前期）

試験時間／満点	45分／100点
問題構成	・大問数…２題 文章読解題２題 ・小問数…21問
解答形式	記号選択と，文章中からの適語・適文の書きぬきが中心となっている。記述問題などは出題されていない。記号は複数選ぶものもある。
実際の問題用紙	Ｂ５サイズ，小冊子形式
実際の解答用紙	Ａ４サイズ

◆過去４年間の分野別出題率

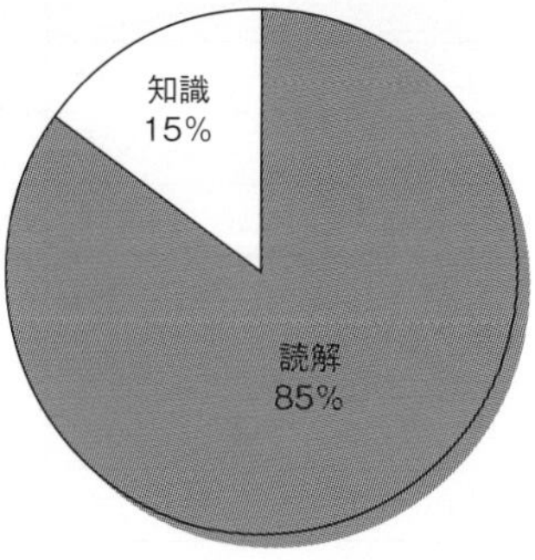

※　配点（推定ふくむ）をもとに算出

◆近年の出題内容

	【 2024年度前期 】		【 2023年度前期 】
大問		大問	
一	〔説明文〕浅田次郎「東京の緑」（約2600字）	一	〔説明文〕山極寿一『人生で大事なことはみんなゴリラから教わった』（約3000字）
二	〔小説〕前川麻子『パレット』（約3000字）	二	〔小説〕朝井リョウ「清水課長の二重線」（約3900字）

◆出題傾向と内容

本校の国語は，**形式や設問内容が一定しており，出題傾向もはっきりしています**。また，標準的な編成がこころがけられているといえるでしょう。

長文読解題は，小説・物語文と説明文・論説文（または随筆・紀行・日記）が一題ずつ出題されることが多いです。小説・物語文では，児童向けの文学作品のうち評価の定まったものがよく取り上げられ，古くから親しまれてきたものから最近書かれたものまではば広く見られます。説明文・論説文では，言語・文化に関するもの，環境問題について考えさせるもの，生き物の生態を説明するものなど，さまざまなものが出題されています。設問は，段落分け，心情の理解，接続語，適語の補充といったオーソドックスなものです。ただし，行動描写や情景描写の背景にある筆者の主張，登場人物の気持ちなどを読み取らせる問題もありますから，ていねいに読みこむ必要があります。

知識問題は，ことばの意味，慣用表現，ことわざ，漢字の知識など，バラエティーに富んでいます。また，問い方にくふうがこらされて複雑になっているのが特ちょうです。同音・同訓異字や熟語の完成とからめたもの，複数の音読みをふまえたものなど，ミスしがちな点が問われます。

◆対策～合格点を取るには？～

本校の国語は長文の読解問題がメインであり，設問の内容がはば広いという特ちょうがあります。したがって，この読解問題にいかに対処するかが，本校の入試のポイントになってきます。**読解力を養成するには，何よりもまず，多くの文章に接する必要があります**。読書は読解力養成の基礎ですから，あらゆるジャンルの本を読んでください。新聞のコラムや社説などを毎日読むようにするのもおすすめです。

次に，ことばのきまり・知識に関しては，参考書を１冊仕上げるとよいでしょう。ことわざ・慣用句は体の一部を用いたもの，動物の名前を用いたものなどに分類して覚えましょう。ことばのきまりは，ことばのかかりうけ，品詞の識別などを中心に学習を進めてください。また，漢字や熟語については，読み書きはもちろんのこと，同音（訓）異義語や，その意味などについても辞書で調べるようにしましょう。

国語 出題分野分析表

年度 / 分野			2024			2023			2022			2021		
			推	前	後	推	前	後	推	前	後	推	前	後
読解	文章の種類	説明文・論説文	★	★		★	★	★	★	★	★		★	★
		小説・物語・伝記	★	★	★	★	★	★		★	★		★	★
		随筆・紀行・日記			★				★			★		
		会話・戯曲												
		詩												
		短歌・俳句												
	内容の分類	主題・要旨	○	○	○	○	○	○	○	○	○	○	○	○
		内容理解	○	○	○	○	○	○	○	○	○	○	○	○
		文脈・段落構成		○	○	○	○	○		○		○		
		指示語・接続語		○		○			○	○	○	○		○
		その他	○	○	○	○	○	○	○	○	○	○	○	○
知識	漢字	漢字の読み												
		漢字の書き取り						○			○			
		部首・画数・筆順												
	語句	語句の意味	○	○	○	○	○	○	○	○	○	○	○	○
		かなづかい												
		熟語												
		慣用句・ことわざ			○					○		○		
	文法	文の組み立て												
		品詞・用法												
		敬語					○							
	形式・技法													
	文学作品の知識													
	その他													
	知識総合													
表現	作文													
	短文記述													
	その他													
放送問題														

※ ★印は大問の中心となる分野をしめします。

カコを追いかけ
ミライをつかめ
「今の説明、もう一回」を何度でも
web過去問
ストリーミング配信による入試問題の解説動画
もっと古いカコモンないの?
カコ過去問
「さらにカコの」過去問をHPに掲載(DL)

2024年度 東邦大学付属東邦中学校

※　推薦は算数・社会・理科・国語を，帰国生は算数・英語・国語を受験します。

【算　数】〈推薦・帰国生試験〉（45分）〈満点：100点〉

1　次の$\square$にあてはまる最も適当な数を答えなさい。

(1)　$(70+90+110+130+150+170)\div\left\{12\times\left(\frac{17}{3}+\frac{1}{4}\right)+1\right\}=\square$

(2)　$\left\{\left(\frac{1}{2}+\frac{1}{3}\right)-\left(\frac{1}{5}+\frac{1}{7}\right)\right\}\times210-\left\{\left(\frac{1}{2}\div\frac{1}{3}\right)-\frac{1}{9}\right\}\times36=\square$

(3)　$\frac{7}{3}\times\left\{\frac{22}{7}\div\left(\frac{3}{4}+\square\right)-2\right\}-\frac{7}{5}=1\frac{14}{15}$

2　次の問いに答えなさい。

(1)　ある年の12月は，月曜日がちょうど４回あり，金曜日もちょうど４回あります。この年の12月31日は何曜日であるか答えなさい。

(2)　２つの数AとBがあります。AからBを引いた差は50で，Aの60％とBの$1\frac{2}{3}$倍の和は540です。このとき，２つの数AとBの和を求めなさい。

(3)　分母が12で，分子が１以上48以下の整数である次のような48個の分数があります。

$\frac{1}{12}$，$\frac{2}{12}$，$\frac{3}{12}$，$\frac{4}{12}$，……，$\frac{47}{12}$，$\frac{48}{12}$

これらの分数の中で，約分できない分数の和を求めなさい。

(4)　Ｐ地点からＱ地点まで，長さ800ｍのまっすぐな道路があります。Ａさんは分速100ｍ，Ｂさんは分速80ｍで同時にＰ地点からＱ地点に向かいます。また，ＣさんはＡさんとＢさんと同時にＱ地点を出発し，分速70ｍでＰ地点に向かいます。Ａさんのいる位置とＢさんのいる位置のちょうど真ん中にＣさんがいるのは，３人が出発してから何分後か求めなさい。

3　記号＊には，次のようなきまりがあります。

$A*B=A\div B+B\div A$

このとき，次の$\square$にあてはまる最も適当な数を答えなさい。

(1)　$\frac{1}{5}*\frac{1}{7}=\square$

(2)　$\left\{(3*5)+\left(\frac{1}{3}*\frac{1}{5}\right)\right\}\div(9*15)=\square$

4　右の図のような，AD＝10cm，BC＝14cmの台形ABCDがあります。点Eを辺AD上にAE：ED＝4：1，点Fを辺CD上にCF：FD＝3：5となるようにとります。BEとAFが交わる点をGとします。また，三角形ABEの面積は32cm^{2}です。

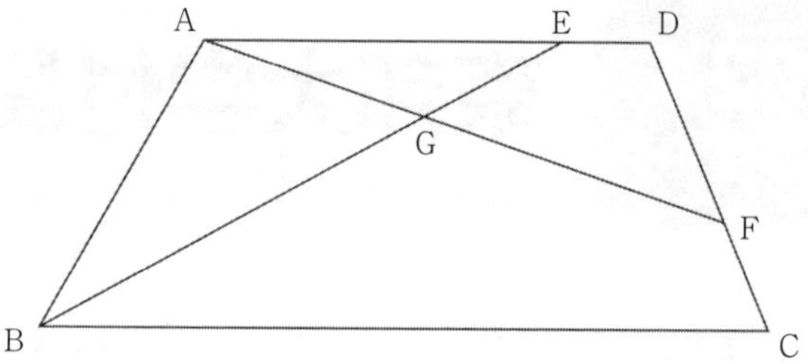

このとき，次の問いに答えなさい。

(1)　BG：GEを最も簡単な整数の比で表しなさい。

(2)　三角形AFDの面積を求めなさい。

(3)　AG：GFを最も簡単な整数の比で表しなさい。

5　3種類の品物A，B，Cを1つずつ仕入れました。品物A，B，Cの仕入れ値の比は2：3：5です。品物A，B，Cにそれぞれ仕入れ値の10％，20％，12％の利益が出るように定価をつけました。

このとき，次の問いに答えなさい。

(1)　品物Aの仕入れ値が300円のとき，品物A，B，Cの3つの定価の合計を求めなさい。

(2)　3種類の品物が定価で全部売れたとき，売り上げの合計は仕入れ値の合計の何倍になるかを求めなさい。

(3)　品物A，Bをどちらも定価の10％引きで売りました。売り上げの合計で損をしないためには，品物Cは定価の最大［　　　］％まで割り引くことができます。［　　］にあてはまる最も適当な整数を答えなさい。

6　【図1】のような，角Aの大きさが90°で，AB＝4cm，BC＝5cm，AC＝3cmの直角三角形ABCがあります。点Dを辺BC上に直線ADと辺BCが90°に交わるようにとります。

このとき，下の問いに答えなさい。ただし，円周率は3.14とします。

【図1】

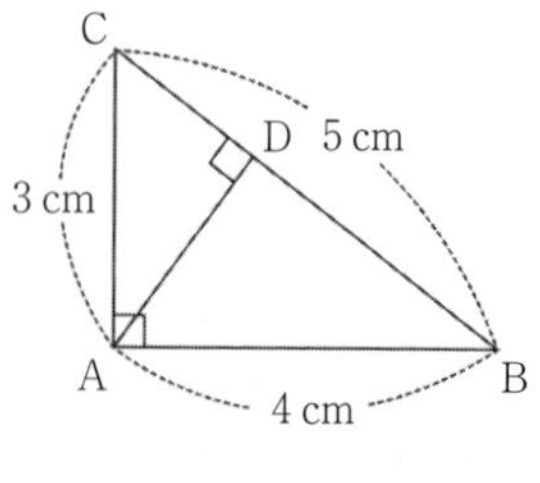

【図2】

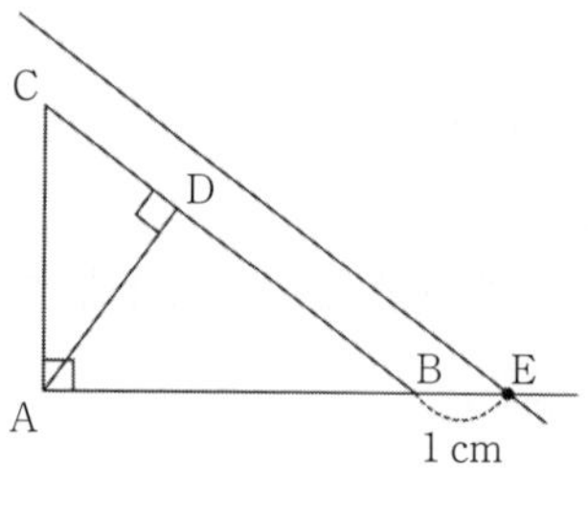

(1)　ADの長さを求めなさい。

(2)　三角形ABCを辺BCの周りに1回転させてできる立体の体積を求めなさい。

(3)　【図2】のように，三角形ABCの辺ABの延長上にBE＝1cmとなるように点Eをとり，点Eを通り辺BCに平行な直線を引きます。この直線の周りに三角形ABCを1回転させてできる立体の体積を求めなさい。

【社　会】〈推薦試験〉（30分）〈満点：50点〉

〈編集部注：実物の入試問題では，**1**の**図2**と**2**の絵画と写真はカラー印刷です。〉

1　日本の地理に関する次の各問いに答えなさい。

問1　右の表は，埼玉県，千葉県，山梨県，香川県のいずれかの地形別面積を示したものである。このうち，埼玉県にあてはまるものを，表中の**ア～エ**から1つ選び，記号で答えなさい。

	地形別面積(km²)			
	山地	丘陵地《きゅうりょうち》	台地	低地
ア	922	105	316	474
イ	3820	26	222	343
ウ	388	1575	1670	1452
エ	1230	232	900	1414

「総務省 HP」により作成。

問2　次の二重線内の**ア～エ**は，内閣府が2014年に60歳《さい》以上の人を対象に実施《じっし》した「高齢者《こうれいしゃ》の日常生活に関する意識調査」のなかで，外出時に感じる障害について質問した項目《こうもく》の一部である。※大都市と郡部(町村)を比べたときに，大都市よりも郡部(町村)の方が障害と感じていると回答した人の割合が高い項目を，**ア～エ**から1つ選び，記号で答えなさい。

〔語句解説〕

※大都市…東京都区部と政令指定都市(いずれも調査時における規模による)。

ア．道路に階段，段差，傾斜《けいしゃ》があったり，歩道が狭《せま》い。
イ．地下通路などが複雑で，どこを歩いているかわからなくなる。
ウ．バスや電車等公共の交通機関が利用しにくい。
エ．道路に違法駐車《いほうちゅうしゃ》，放置自転車，荷物の放置などがある。

問3　次の表は，1965年と2019年におけるレタスの収穫量《しゅうかくりょう》について，上位8都道府県を示したものである。これらの生産地の地域構成をみると，おもに首都圏《しゅとけん》にあたる都道府県が減り，新たに首都圏から遠く離《はな》れた都道府県が入ってきたことがわかる。これには，輸送について新たな工夫や施設の建設があったことが影響している。この変化について，具体的な例を1つあげて**10字以上15字以内**で説明しなさい。ただし，句読点は用いないものとする。

○1965年

	収穫量(百トン)	割合(%)
長野県	180	37.4
静岡県	71	14.7
千葉県	37	7.7
埼玉県	25	5.2
東京都	20	4.2
兵庫県	16	3.3
和歌山県	12	2.5
神奈川県	10	2.1
全国	481	100

○2019年

	収穫量(百トン)	割合(%)
長野県	1978	34.2
茨城県	864	14.9
群馬県	515	8.9
長崎県	360	6.2
兵庫県	301	5.2
静岡県	247	4.3
香川県	182	3.1
福岡県	178	3.1
全国	5781	100

「農林水産省 HP」により作成。

問4　次の表は，日本ではじめて実施された修学旅行の行程であり，1886(明治19)年2月に東京師範《しはん》学校(現在の筑波《つくば》大学)が行ったものである。この表から得られる情報と時代背景や地理的位置を考えて，この旅行の内容として**明らかに誤っているもの**を，あとの**ア**～**エ**から1つ選び，記号で答えなさい。

宿泊地等	移動距離(1里は約4km)
2月15日東京発―八幡町―船橋泊	7里余
2月16日船橋発―習志野原(演習)―薬園台泊	1里余
2月17日薬園台発―習志野原(演習)―大和田泊	1里
2月18日大和田発―佐倉―成田泊	7里
2月19日成田発―松子，伊能―佐原泊	8里
2月20日佐原発―銚子泊(小見川より船)	11里
2月21日銚子滞在	
2月22日銚子発―中谷泉川―八日市場泊	6里
2月23日八日市場発―田越，早船―東金泊	6里余
2月24日東金発―川井―千葉泊	6里余
2月25日千葉滞在(半日)―帰京(寒川沖より汽船)	

『玉川大学観光学部紀要』(2020年)により作成。

ア．全行程200kmを超《こ》えるものであり，徒歩のほか船なども利用した。

イ．房総《ぼうそう》半島の南端《なんたん》付近では，気象観測のほか魚介類《ぎょかいるい》の採取を行った。

ウ．現在の東邦大学付属東邦中学校付近では，軍事に関する野外演習を行った。

エ．成田山新勝寺や銚子《ちょうし》海岸などの名所・旧跡《きゅうせき》の見学を行った。

問5　次の**図1**・**図2**は，仙台市の太平洋岸に面する「荒浜」地域を中心とした地図である。**図1**は，平成10年の25000分の1地形図であり，**図2**は現在のものである。平成10年から現在にいたるまでにおきたできごとによってこの地域は大きく変化した。この変化についての説明として**明らかに誤っているもの**を，あとの**ア**～**エ**から1つ選び，記号で答えなさい。なお，図は縮尺を変更《へんこう》している。

図 1

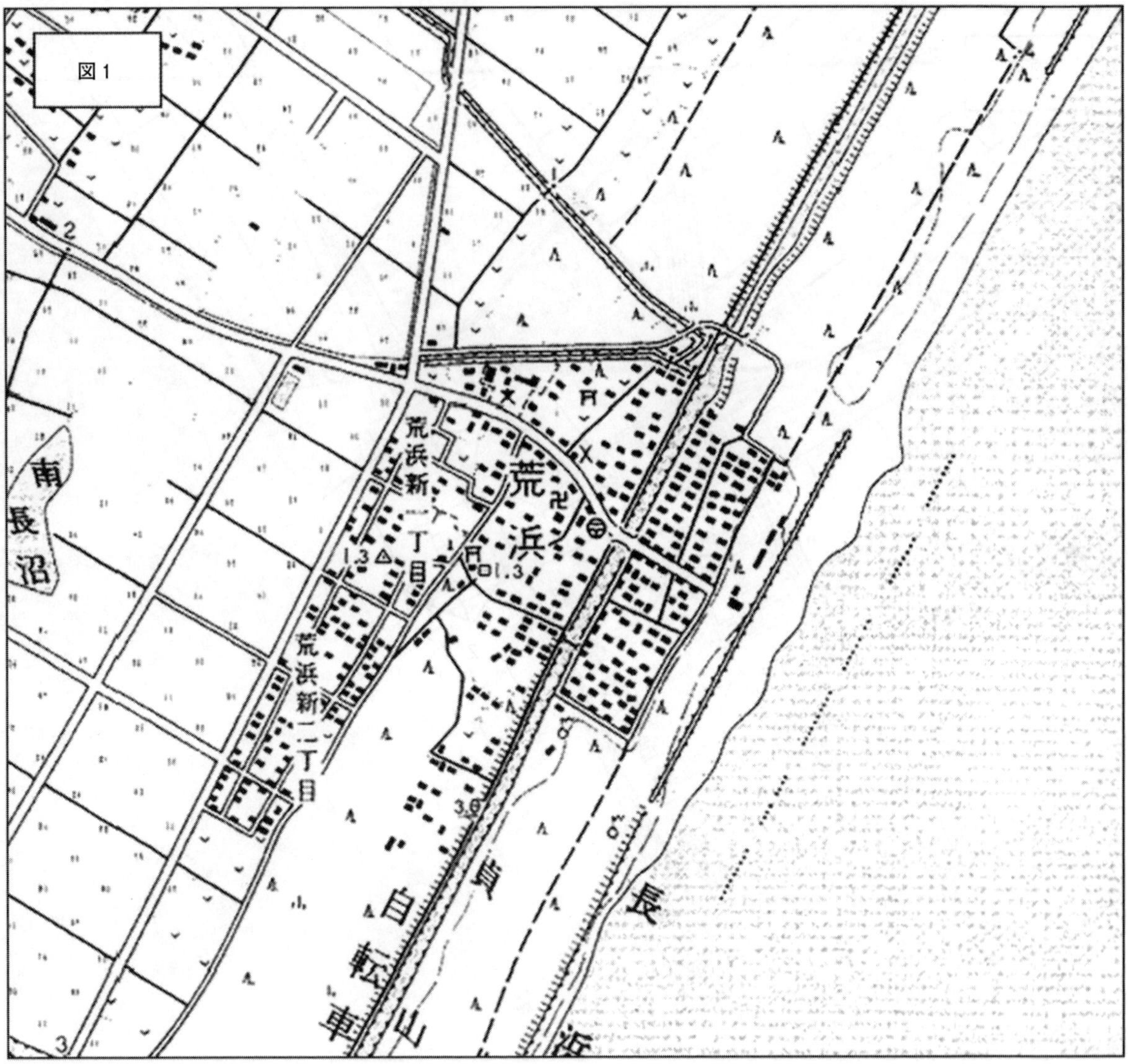

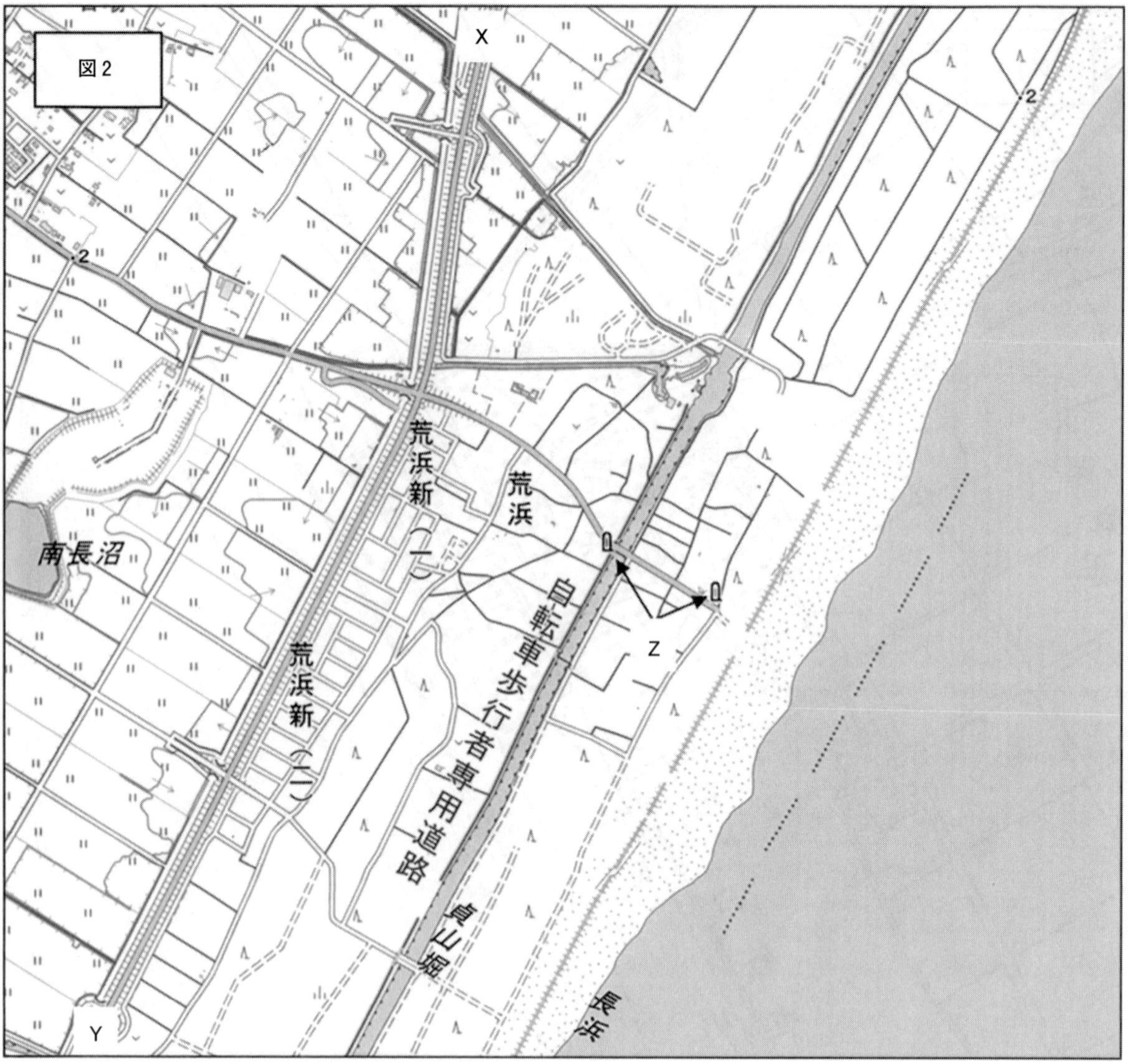

ア．**図１**にみられる「荒浜新一丁目」周辺の集落は，**図２**ではほぼ家屋等の建物はみられなくなっており，地震《じしん》や津波《つなみ》の影響であると考えられる。

イ．**図２**の**X**と**Y**の間に新たに盛り土がされた道路が設置され，津波の対策が行われた結果だと考えられる。

ウ．**図２**の**Z**の地図記号から，この地におきた災害を後世に伝えるために碑《ひ》が建てられているものと考えられる。

エ．**図２**の「南長沼」地区では，**図１**ではみられない水深の深い新たな沼《ぬま》がみられ，地震や津波の影響であると考えられる。

問６　次の図は，東京都，千葉県，山梨県，宮崎県のいずれかの農家１戸あたりの農業産出額と農業産出額に占《し》める畜産物《ちくさんぶつ》の割合を示したものである。このうち，千葉県にあてはまるものを，図中の**ア**～**エ**から１つ選び，記号で答えなさい。

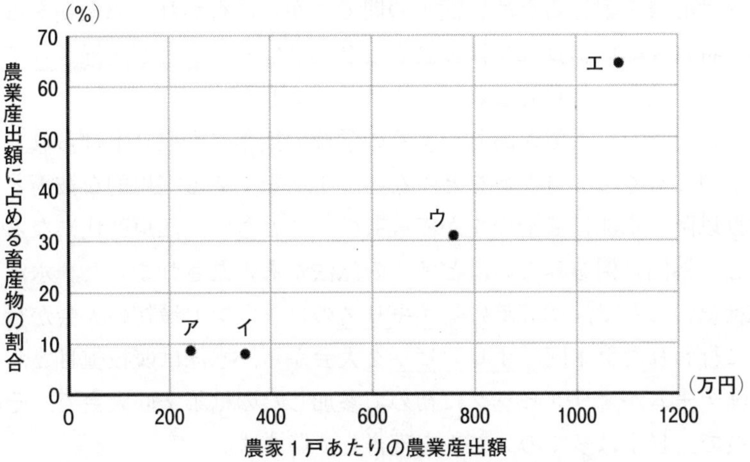

統計年次は2020年。「総務省統計局HP」により作成。

問7　次のA～Cのグラフは，全国の製造業の工場数，働く人の数，生産額のいずれかについて，中小企業《きぎょう》と大企業の割合を示したものである。また，グラフ中の■および□は，中小企業または大企業のいずれかをあらわしている。このうち，中小企業の働く人の数の割合にあてはまるものを，図中の**ア**～**カ**から1つ選び，記号で答えなさい。

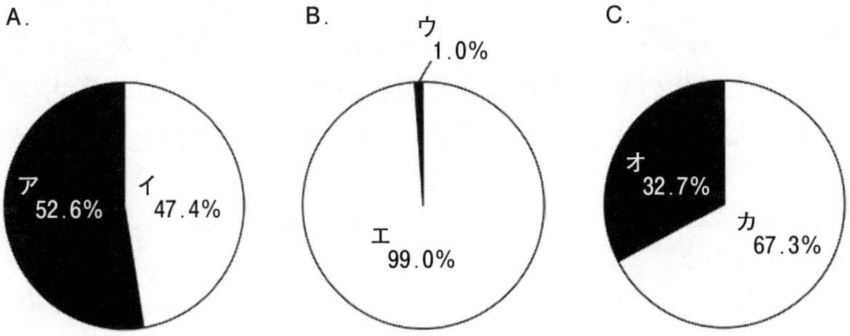

統計年次は2019年。「総務省統計局HP」により作成。

2　日本でさかんに行われているスポーツや競技について述べた次の文章を読んで，あとの各問いに答えなさい。

2023年3月に日本・台湾《たいわん》・アメリカで行われたWBC(ワールド・ベースボール・クラシック)では，日本代表チームが優勝し，国内でも大きな盛り上がりをみせました。

今日の野球につながるルールは，アメリカ人のアレキサンダー・カートライトによって，1845年につくられました。こののち，アメリカで広まった野球が日本に伝わったのは1872年のことで，①お雇《やと》い外国人として来日したアメリカ人教師のホーレス・ウィルソンが，赴任先《ふにんさき》の学校の生徒に教えたことがきっかけでした。1915年には全国中等学校優勝野球大会(現在の夏の甲子園《こうしえん》大会)がはじまり，1936年には東京巨人，大阪タイガースをはじめとする7球団が日本職業野球連盟を創設し，今日のプロ野球のもとの形ができました。

野球と並んで，日本では相撲《すもう》も人気があります。相撲の歴史はとても古く，弥生時代には人々の間で，豊作を占《うらな》う神事として行われていたようです。②『古事記』や『日本書紀』には相撲のもととなる神話や伝説の記述があり，相撲と神事との関わりが読み取れます。奈良・平安時代になると，天皇が相撲を観覧することが宮中の行事として毎年行われるようになります。

武士の世になると，相撲は心身を鍛《きた》えるために武士の間でさかんに行われ，源頼朝をはじめ多くの武将が相撲を好み，特に③織田信長は相撲大会をたびたび催《もよお》したことが記録されています。江戸時代に入ると，人々の娯楽《ごらく》として親しまれるようになりました。

水泳は，子どもたちの習い事でも人気があり，多くの学校で授業にも取り上げられています。日本において水泳は，水中にもぐって貝などをとるなど，生活を支える実用的な技術として存在していました。④中世以降，水泳は武士のなかで武芸の一つとされ，江戸時代になると日本では多くの流派が誕生し，外国に例をみないほど多くの泳法があみだされました。水泳が競泳として確立するのは19世紀のことで，1837年に⑤イギリスのロンドンで最初の大会が行われました。そして，1896年に行われた第１回⑥オリンピック大会から，水泳は競技種目として採用されました。日本の水泳チームがオリンピックに初めて参加したのは第７回大会で，それ以降，オリンピックの水泳競技で，日本は多くのメダルを獲得《かくとく》しています。

問１　下線部①に関して，次の(1)・(2)の各問いに答えなさい。

(1)　次の二重線内の文章は，あるお雇い外国人について述べたものである。文章中の［ X ］・［ Y ］にあてはまる語句を，あとの**ア**～**カ**からそれぞれ１つ選び，記号で答えなさい。

> アメリカの動物学者［ X ］は，日本にダーウィンの進化論を紹介《しょうかい》したことでも知られており，東京大学に生物学の教師として招かれた。［ X ］は横浜から東京に移動する汽車のなかから偶然《ぐうぜん》に［ Y ］を発見した。こののち［ X ］の調査によって，この遺跡《いせき》が縄文時代のものであることがわかり，ここが「日本考古学発祥《はっしょう》の地」とされた。ちなみに「縄文」という言葉も，［ X ］がつけた名称《めいしょう》にもとづくものである。

ア．ナウマン　　**イ**．クラーク
ウ．モース　　**エ**．貝塚《かいづか》
オ．化石　　**カ**．青銅器

(2)　アメリカ出身のお雇い外国人フェノロサは，東京大学で哲学《てつがく》などの講義をするかたわら，日本美術にも深い関心を寄せ，各地の寺社を調査した。そして，日本の伝統的な美術を守るために，人材の育成に努めた。フェノロサに見いだされた画家の一人である狩野芳崖《かのうほうがい》の作品として正しいものを，次の**ア**～**エ**から１つ選び，記号で答えなさい。

ア.

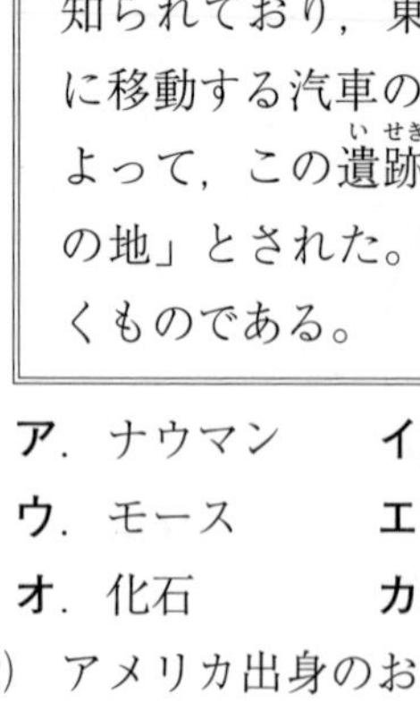

イ.

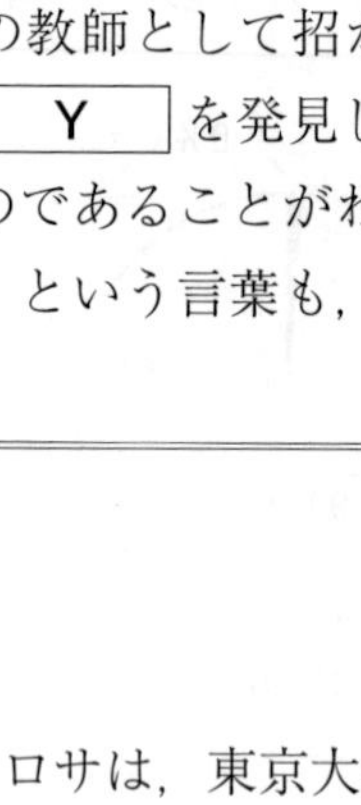

ウ．

エ．

問２　下線部②に関して，次の**ａ**～**ｄ**のうち，『古事記』や『日本書紀』ができた時代のものの組み合わせとして正しいものを，あとの**ア**～**エ**から１つ選び，記号で答えなさい。

ａ．

ｂ．

ｃ．

ｄ．

ア．ａとｃ
イ．ａとｄ
ウ．ｂとｃ
エ．ｂとｄ

問３　下線部③に関して述べたものとしてもっとも適しているものを，次の**ア**～**エ**から１つ選び，記号で答えなさい。

ア．織田信長は，征《せい》夷《い》大将軍《たいしょうぐん》につくことを目指して朝廷《ちょうてい》に取り入り関白の位にまでついたが，志《こころざし》なかばで本能寺の変がおこった。

イ．織田信長は，座を構成する商人から特別に税を徴収《ちょうしゅう》し，城下に関所を設置して通行料を徴収することで財政を安定させた。

ウ．織田信長は，古くから強い権力を持つ寺院勢力を厳しく取り除く一方で，キリスト教の宣教師に対しては，彼らの活動を認めていた。

エ．織田信長は，検地を実施するにあたり各地で異なっていた枡《ます》の大きさを統一し，全国的に統一された基準で土地を計測し，耕作者と土地の所有者を確定した。

問４　下線部④に関して，次の二重線内の**a**～**c**は，鎌倉時代の社会のようすについて述べたものである。その正誤の組み合わせとして正しいものを，あとの**ア**～**ク**から１つ選び，記号で答えなさい。

a．日本ではこの時代に貨幣《かへい》がつくられていなかったことから，宋銭《そうせん》が使われていた。
b．幕府が足尾銅山，石見銀山や佐渡金山を直接支配したことから開発がすすみ，銅や銀，金の産出がもっともさかんな時期であった。
c．鉄製の農具が使用され，牛や馬に耕作をさせたり，草木灰《そうもくばい》などの肥料も使われた。

	ア	イ	ウ	エ	オ	カ	キ	ク
a	正	正	正	正	誤	誤	誤	誤
b	正	正	誤	誤	正	正	誤	誤
c	正	誤	正	誤	正	誤	正	誤

問５　下線部⑤に関して，次の二重線内の**a**～**d**は，日本とイギリスとの外交に関して述べたものである。このうち，内容が正しいものを２つ選び，その組み合わせとして正しいものを，あとの**ア**～**エ**から１つ選び，記号で答えなさい。

a．17世紀の初めに，徳川家康のもとで外交顧問《こもん》として活躍《かつやく》したイギリス人は，朱印船《しゅいんせん》貿易や平戸に開かれた商館の運営にも携《たずさ》わった。
b．18世紀の後半に来日したイギリス人が日本で襲《おそ》われたことから，その報復としてイギリスは日本に艦隊《かんたい》を送り込んで，薩摩《さつま》藩や長州藩を攻《せ》めた。
c．明治時代の後半に，日本はイギリスと同盟を結んで，中国との戦争に備えた。
d．昭和時代の前半に，日本はドイツ・イタリアと同盟を結んで，アメリカやイギリスなどとの戦争に備えた。

ア．**a**と**c**
イ．**a**と**d**
ウ．**b**と**c**
エ．**b**と**d**

問６　下線部⑥に関して，次の表は，1900年代に行われた夏季オリンピックを12年ごとにとりあげ，その年のおもなできごとなどをまとめたものである。表中の［X］・［Y］にあてはまるできごととして正しいものを，あとの**ア**～**カ**からそれぞれ１つ選び，記号で答えなさい。

開催《かいさい》年	開催都市	その年のおもなできごと
1900	パリ	立憲政友会が結成される
1912	ストックホルム	元号が大正となる
1924	パリ	X
1936	ベルリン	二・二六事件がおこる
1948	ロンドン	経済安定九原則が示される
1960	ローマ	新安保条約が成立する
1972	ミュンヘン	Y
1984	ロサンゼルス	新紙幣が発行される
1996	アトランタ	包括的核実験《ほうかつてきかくじっけん》禁止条約が採択《さいたく》される

ア．南満州鉄道爆破《ばくは》事件がおこる　**イ**．第一次世界大戦がはじまる
ウ．第二次護憲運動がおこる　**エ**．日中共同声明が出される
オ．PKO 協力法が成立する　**カ**．日本が国際連合に加盟する

3 次の文章は，渋沢《しぶさわ》栄一が，貧しさを防ぐために真っ先に必要なものについて述べたものです。これを読んで，あとの各問いに答えなさい。

わたしは昔から，貧しい人々を救うことは，人道と経済，この両面から処理しなければならないと思っていた。しかし今日，これにくわえて①政治という側面からも，行動を起こす必要が出てきたのではないだろうか。

わたしの友人が，昨年，②貧しい人々を救うヨーロッパでの活動を視察しようと出発した。およそ一年半の日時を費やして帰ってきたのだが，わたしも彼の出発をいくらか手助けした縁《えん》があって，帰国後に同志を集めて，報告会を企画して出席してもらった。

その人の話すところによると，イギリスはこの事業を完成させるために，約300年もの苦労を重ねたうえ，最近ようやく活動が整備されるようになったという。また，デンマークはイギリス以上に整備が進んでいる一方で，フランス，ドイツ，アメリカなどは，もう後がない切羽《せっぱ》詰《つ》まった状況《じょうきょう》のなかで，各国独自でこの問題に力を注いでいるという。③海外の事情を聞けば聞くほど，昔からわれわれとまったく同じところに力を注いでいるように思われた。

この報告会のとき，わたしも集まった友人たちに対して，こんな意見を述べた。

「人道や経済の面から，弱者を救うのは当然のことだが，さらに政治の面からも，その保護を忘れてはならないはずである。ただしそれは，人にタダ飯を食わせて遊ばせていればよい，というものではない。貧しくなってから直接保護していくよりも，むしろ貧しさを防ぐ方策を講じるべきではないだろうか。一般庶民の財布《さいふ》に直接かかわってくる④税金を軽くすることも，その一つの方法かもしれない。塩を政府が専売して，利益を上げるようなことを止めることなど，典型的な例ではないだろうか」

この集まりは，「中央慈善《じぜん》協会」で開催したものだったが，会員のみなさんもわたしの述べたことに納得《なっとく》してくれた。今でも，その実行方法について，各方面に働きかけつつ一緒《いっしょ》に調査を実施している次第《しだい》だ。

いかに自分が苦労して築いた富だ，といったところで，[　あ　]のは，大きな間違いなのだ。要するに，人はただ一人では何もできない存在だ。国家社会の助けがあって，初めて

自分でも利益が上げられ，安全に生きていくことができる。もし国家社会がなかったなら，誰《だれ》も満足にこの世の中で生きていくことなど不可能だろう。これを思えば，[い]ことになる。

だからこそ，この恩恵《おんけい》にお返しをするという意味で，貧しい人を救うための事業に乗り出すのは，むしろ当然の義務であろう。できる限り社会のために手助けしていかなければならないのだ。

「高い道徳をもった人間は，自分が立ちたいと思ったら，まず他人を立たせてやり，自分が手に入れたいと思ったら，まず人に得させてやる」

という『論語』の言葉のように，[う]。世の富豪《ふごう》は，まずこのような観点に注目すべきなのだ。　　　　渋沢栄一，守屋　淳 訳『現代語訳 論語と算盤《そろばん》』より(一部改)。

問1　文章中の[あ]～[う]にあてはまる記述を次の二重線内の**a**～**f**からそれぞれ1つ選び，その組み合わせとして正しいものを，あとの**ア**～**ク**から1つ選び，記号で答えなさい。

a．その富が国家社会の共有だと思う
b．その富が自分一人のものだと思う
c．富を手にすることができないならば，自分の努力が足りない
d．富を手にすればするほど，社会から助けてもらっている
e．自分を利する気持ちが強いなら，その分，まず他人を自分に都合良く利用していかなければならない
f．自分を愛する気持ちが強いなら，その分，社会もまた同じくらい愛していかなければならない

	あ	い	う
ア	a	c	e
イ	a	c	f
ウ	a	d	e
エ	a	d	f
オ	b	c	e
カ	b	c	f
キ	b	d	e
ク	b	d	f

問2　下線部①に関して，日本国憲法において，天皇は国の政治に関する権限を持たないと定められている。日本国憲法の天皇についての規定としてもっとも適しているものを，次の**ア**～**エ**から1つ選び，記号で答えなさい。

ア．皇位は，世襲《せしゅう》のものであって，皇統に属する男系の男子が，これを継承《けいしょう》する。
イ．天皇は，日本国の象徴《しょうちょう》であり日本国民統合の象徴であって，この地位は，主権の存する日本国民の総意にもとづく。
ウ．天皇は，神聖であり侵《おか》してはならない。
エ．天皇は，内閣の助言と承認《しょうにん》により，国民のために，国会を召集《しょうしゅう》すること，国会議員の総選挙の施行《しこう》を公示すること，両議院を解散することなどの国事に関する行為《こうい》を行う。

問３　下線部②に関して，次の二重線内の資料は，1919年にドイツで制定された，ワイマール憲法第151条の条文の一部である。この条文が示している権利としてあてはまるものを，日本国憲法の基本的人権の分類にしたがって，あとの**ア**～**エ**から１つ選び，記号で答えなさい。

> 経済生活の秩序《ちつじょ》は，すべての者に人間たるに値する生活を保障する目的をもつ正義の原則に適合しなければならない。

ア．自由権　**イ**．社会権　**ウ**．参政権　**エ**．請求《せいきゅう》権

問４　下線部③に関して，国際的な会議や組織について述べたものとしてもっとも適しているものを，次の**ア**～**エ**から１つ選び，記号で答えなさい。

ア．北大西洋条約機構(NATO)は，ヨーロッパ共同体をもとに，ヨーロッパでふたたび戦争がおこらないようにすることを目的として設立された組織である。

イ．サミットは，主要国とEUの代表が毎年１回開く会議であり，国際情勢，世界経済，環《かん》境《きょう》問題など，さまざまな問題を議題としている。

ウ．気候変動枠組《わくぐみ》条約締約《ていやく》国会議は，新興国や発展途上《とじょう》国をふくむすべての国における温室効果ガスの削減《さくげん》目標などを定めた京都議定書を，2015年に取り決めた。

エ．グローバルサウスは，NIEsやBRICSなどの南半球の国々における地域内の諸問題を解決することを目的に設立された国連機関である。

問５　下線部④に関して，次の二重線内の**a**～**c**は，現在の日本の税金について述べたものである。その正誤の組み合わせとして正しいものを，あとの**ア**～**ク**から１つ選び，記号で答えなさい。

> **a**．法人税は，会社に勤めている人や商売をしている人が収入を得たときに納める直接税である。
>
> **b**．住民税は，建物や土地を所有する人が都道府県や市(区)町村に納める直接税である。
>
> **c**．消費税は，商品やサービスの価格に広く公平にかけられる間接税である。

	ア	イ	ウ	エ	オ	カ	キ	ク
a	正	正	正	正	誤	誤	誤	誤
b	正	正	誤	誤	正	正	誤	誤
c	正	誤	正	誤	正	誤	正	誤

問６　渋沢栄一の社会に対する考え方について述べたものとしてもっとも適しているものを，文章を参考にして次の**ア**～**エ**から１つ選び，記号で答えなさい。

ア．公益を追求するという使命や目的を達成するのにもっとも適した人材と資本を集め，事業を推進させるという考え方。

イ．不平等や貧困の原因は財産の私有であるとし，土地・原料・機械などの生産手段の私有をやめ，平等な社会を実現しようとする考え方。

ウ．貧困者にも富が浸透《しんとう》するよう，富裕《ふゆう》者がさらに富裕になり，経済活動を活発化させることで利益を再分配するという考え方。

エ．貧しい人々や女性など，これまで長い間にわたり差別され，不利益を受けた人々に対し，雇用《こよう》・昇進《しょうしん》・入学などにおいて優遇《ゆうぐう》措《そ》置《ち》をとるという考え方。

【理　科】〈推薦試験〉（30分）〈満点：50点〉

1　次の文章を読み，あとの(1)〜(5)の問いに答えなさい。

ヒトの心臓は**図1**の**ア**〜**エ**の4つの部屋に分かれています。全身を流れてきた血液は**ア**に入り，**ウ**へ送られ，肺動脈を通って肺に送られます。肺から戻ってきた血液は**イ**に入り，**エ**へ送られ，大動脈を通って再び全身に送られます。**図1**の①〜③は，ヒトの心臓が1回拍動するときのようすを表したものです。

心臓の**ア**と**ウ**の間，**イ**と**エ**の間，**ウ**と肺動脈の間，**エ**と大動脈の間にはそれぞれ弁があり，血液が送られるときだけ開き，それ以外のときは血液が逆流しないように閉まっています。

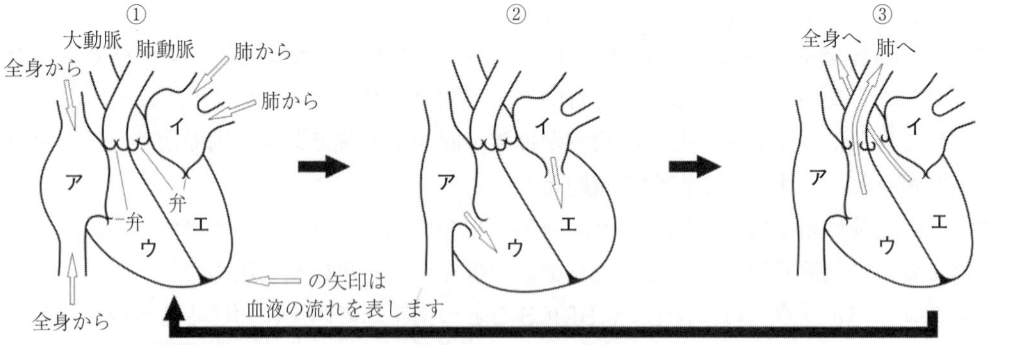

全身を流れてきた血液は**ア**に，肺からの血液は**イ**に入っていく。このとき，4カ所の弁はすべて閉じている。

アと**ウ**の間，**イ**と**エ**の間の弁が開き，**ア**のなかの血液は**ウ**へ送られ，**イ**のなかの血液は**エ**へ送られている。このとき**ウ**と肺動脈，**エ**と大動脈の間の弁は閉じている。

ウと肺動脈の間，**エ**と大動脈の間の弁が開き，**ウ**のなかの血液は肺動脈から肺に送られ，**エ**のなかの血液は大動脈から全身へ送られている。このとき，**ア**と**ウ**の間，**イ**と**エ**の間の弁は閉じている。

図1

図2は心臓が1回拍動するときの**図1**の**エ**から大動脈へ血液を押し出そうとする力の大きさと，**エ**のなかの血液量の変化を示したものです。**エ**の筋肉に力が入ると血液を押し出そうとする力は大きくなり，**エ**と大動脈の間の弁が開くと血液は**エ**から流れ出て，**エ**のなかの血液量は減少します。また，**エ**の筋肉がゆるむと血液を押し出そうとする力は小さくなり，**イ**と**エ**の間の弁が開くと血液が**エ**に流れ込み血液量は増加します。なお，血液を押し出そうとする力の大きさは，一番強くはたらくときを100とし，1回の拍動でA，B，C，D，Aの順に変化していきます。

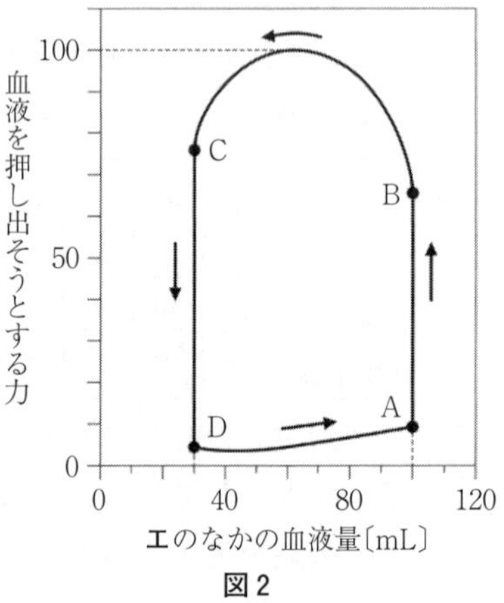

図2

(1)　**エ**と大動脈の間の弁が開き，血液が**エ**から大動脈へ送られているのは，**図2**のどの部分になりますか。最も適したものを次の**1**〜**5**の中から一つ選び，番号で答えなさい。

1．AからB　　**2**．AからC　　**3**．AからD

4．BからC　　**5**．BからD

(2)　**図1**の①では，肺からの血液が**イ**に入ってきています。このとき，**イ**と**エ**の間の弁が閉じていて，**エ**には血液が送られていません。この①のときの**エ**における血液を押し出そうとする力の大きさと血液量の変化は，**図2**のどの部分にあたりますか。最も適したものを次の**1**～**8**の中から一つ選び，番号で答えなさい。

1．AからB　**2**．BからC　**3**．CからD　**4**．DからA

5．AからC　**6**．BからD　**7**．CからA　**8**．DからB

(3)　(2)と同様に，**図1**の②，③のときの**エ**における血液を押し出そうとする力の大きさと血液量の変化は，それぞれ**図2**のどの部分にあたりますか。組み合わせとして正しいものを次の**1**～**6**の中から一つ選び，番号で答えなさい。

	②	③
1	DからA	AからC
3	DからA	BからC
5	DからB	BからC

	②	③
2	AからC	DからA
4	BからC	DからA
6	BからC	DからB

(4)　**図2**の心臓が，1分間に70回拍動したとき，この1分間に心臓の**エ**から大動脈に送り出された血液の量は何mLですか。

(5)　体の中を流れている血液全体の量を4Lとします。2時間のあいだに**エ**から送り出される血液の量は，血液全体の量の何倍になりますか。**図2**の心臓は，1分間に平均して70回拍動するものとして計算し，整数で答えなさい。

2　次の文章を読み，あとの(1)～(5)の問いに答えなさい。

A，**B**，**C**はいずれも無色の気体で，十分な量の酸素を加えて燃やすと二酸化炭素と水になり，そのときに熱が発生します。それぞれの気体，およびそれらを混ぜた気体を燃やしたときに発生した熱量と，それぞれの気体を完全に燃やすのに最低限必要な酸素の体積，そのときできた二酸化炭素の体積を測定し，その結果を**表1**にまとめました。

なお，熱量とは熱の量を表すもので，kJはその単位であり，1kJ＝1000Jです。また，水1gの温度を1℃あげるのに必要な熱量は4.2Jであり，実験や測定はすべて同じ条件の下でおこなったものとします。

また，数値の解答は整数または小数で答え，解答が割り切れない場合は，小数第2位を四捨五入して小数第1位まで答えなさい。

表1

	発生した熱量	必要な酸素の体積	発生した二酸化炭素の体積
A 1L	36kJ	2L	1L
B 1L	64kJ	3.5L	2L
C 1L	91kJ	5L	3L
A 1Lと **C** 1Lの混合気体	127kJ	7L	4L
A 1Lと **B** 2Lの混合気体	164kJ	9L	5L

(1)　**B**1.5Lに十分な量の酸素を加えて燃やしたときに発生する熱量は何kJですか。

(2)　**B**1Lと**C**1.2Lの混合気体に十分な量の酸素を加えて燃やしたときに発生する二酸化炭素は何Lですか。

(3) A1.4LとB1.6Lの混合気体を完全に燃やすのに酸素は少なくとも何L必要ですか。

(4) 10℃の水を100g用意しました。A0.2Lを燃やしたときに発生した熱量をすべてこの水の温度を上げるのに使うと，水の温度は最高何℃にすることができますか。最も近い値を次の1～5の中から一つ選び，番号で答えなさい。

1．1.71℃　2．11.7℃　3．17.1℃　4．27.1℃　5．98.1℃

(5) 10℃の水を200g用意しました。B0.2LとCの混合気体に十分な量の酸素を混ぜて混合気体を完全に燃やしました。燃やしたときに発生した熱量をすべてこの水の温度を上げるのに使うものとすると，10℃の水200gの温度を60℃にするためにはCは少なくとも何L必要になりますか。最も近い値を次の1～5の中から一つ選び，番号で答えなさい。

1．0.11L　2．0.20L　3．0.32L　4．0.44L　5．1.2L

【英　語】〈帰国生試験〉（45分）〈満点：100点〉

Ⅰ　次の英文を読んで，後の問いに答えなさい。

I remember one Thanksgiving when our family had no money and no food, and someone came knocking on our door. A man was standing there with a huge box of food, a giant turkey and even some pans to cook it in. I couldn't believe it. My dad demanded, "Who are you ? Where are you from ?"

The stranger announced, "I'm here because a friend of yours knows you're in need and that you wouldn't accept direct help, so I've brought this for you. Have a great Thanksgiving."

My father said, "No, no, we can't accept this." The stranger replied, "You don't have a choice," closed the door and left.

Obviously that experience had a ①profound impact on my life. I promised myself that someday I would do well enough financially so that I could do the same for others. By the time I was eighteen I had created my Thanksgiving ②ritual. I would go shopping and buy enough food for one or two families. Then I would dress like a delivery boy, go to the poorest neighborhood and just knock on a door. I always included a note that explained my Thanksgiving experience as a kid. I have received more from this annual ritual than I have from any amount of money I've ever earned.

Several years ago I was in New York City with my wife during Thanksgiving. She was sad because we were stuck in a hotel room. I said, (1)"Why don't we decorate some lives today instead of houses ?", and when I told her what I always do on Thanksgiving, she got excited. I said, "Let's go someplace where we can really appreciate who we are, what we are capable of and what we can really give. Let's go to Harlem !" She and several of my business partners who were with us weren't really enthusiastic about the idea. [　ア　] I urged them : "C'mon, let's go to Harlem and feed some people in need. We won't be the people who are giving it because that would be ③insulting. We'll just be the delivery people for six or seven families for thirty days. We've got enough. Let's just go do it ! That's what Thanksgiving really is : Giving good thanks, not eating turkey."

Because I had a job first, I asked my partners to get us started by getting a van, a medium-sized vehicle. When I returned, they said, "We just can't do it. There are no vans in all of New York. The rent-a-car places are all out of vans. They're just not available."

I said, "Look, the bottom line is that if we want something, we can make it happen ! All we have to do is take action. There are plenty of vans here in New York City. We just don't have one. Let's go get one."

They insisted, "We've called everywhere. There aren't any."

I said, "Look down at the street. Do you see all those vans ?"

They said, "Yeah, we see them."

"Let's go get one," I said. First I tried walking out in front of vans as they were driving down the street. [　イ　] I learned something about New York drivers that day :

They don't stop ; they speed up.

Then we tried waiting by the light. We'd go over and knock on the window and the driver would roll it down, looking at us kind of leery, and I'd say, "Hi. Since today is Thanksgiving, we'd like to know if you would be willing to drive us to Harlem so we can feed some people." [ウ] Every time the driver would look away quickly, furiously roll up the window and pull away without saying anything.

Eventually we got better at asking. We'd knock on the window, they'd roll it down and we'd say, "Today is Thanksgiving. We'd like to help some ④underprivileged people, and we're curious if you'd be willing to drive us to an underprivileged area that we have in mind here in New York City." [エ] Then we started offering people one hundred dollars to drive us. That got us even closer, but when we told them to take us to Harlem, they said no and drove off.

We had talked to about two dozen people who all said no. My partners were ready to give up on the project, but I said, "(2)It's the law of averages : somebody is going to say *yes*." Sure enough, the perfect van drove up. It was perfect because it was extra big and would accommodate all of us. We went up, knocked on the window and we asked the driver, "Could you take us to a disadvantaged area ? We'll pay you a hundred dollars." [オ]

The driver said, "You don't have to pay me. I'd be happy to take you. In fact, I'll take you to some of the most difficult spots in the whole city." The man's name was Captain John Rondon : the head of a charity group in the South Bronx.

We climbed into the van in absolute ecstasy. He said, "I'll take you places you never even thought of going. But tell me something. Why do you want to do this ?" I told him my story and that I wanted to show gratitude for all that I had by giving something back.

He took us into parts of the South Bronx that make Harlem look like Beverly Hills, which is famous for celebrity residences. We bought a lot of food and some baskets in a store, and packed enough for seven families for thirty days. Then we went to buildings where there were half a dozen people living together in small and filthy rooms with no heat in the dead of winter, and started feeding them. It was both an astonishing realization that people lived this way and a truly fulfilling experience to make even a small difference.

You see, you can make anything happen if you commit to it and take action. Miracles like this happen every day — even in a city where "there are no vans."

問1 下線部①～④の意味として最も適切なものを，右の**ア**～**エ**の中から**1つずつ**選び，それぞれ記号で答えなさい。

① **ア** having a strong influence or effect
　イ following immediately one after another
　ウ giving pleasure because it provides something you want
　エ helping you to do or achieve something

② **ア** a set of actions performed in a regular way

イ　the feeling of being certain that something is true

ウ　a basic idea or rule that controls how something happens or works

エ　the belief in and worship of a god or gods

③　ア　unable to work in a satisfactory way

イ　willing to attack other people

ウ　rude or offensive to someone

エ　extremely unpleasant or unacceptable

④　ア　not having the cost, value, difficulties, etc. guessed or understood correctly

イ　able or likely to cause harm or death, or unpleasant problems

ウ　having an illness or injury that makes it difficult to do some things that other people can do

エ　without the money, education, opportunities, etc. that the average person has

問2　下線部(1)，(2)の本文中における意味として最も適切なものを，右の**ア**～**エ**の中から**1つずつ**選び，それぞれ記号で答えなさい。

(1)　ア　The writer suggests decorating houses instead of lives on Thanksgiving.

イ　The writer wants to focus on improving their own lives instead of helping others.

ウ　The writer proposes doing something meaningful and impactful for people in need.

エ　The writer is encouraging others to decorate houses to celebrate Thanksgiving.

(2)　ア　The driver follows traffic rules and is careful about his driving speed.

イ　The writer believes in the power of statistical probability and chance.

ウ　The driver uses an average amount of fuel for his van.

エ　The writer considers the average distance he travels in the city.

問3　次の英文が入る最も適切な位置は ア ～ オ のうちどれか，記号で答えなさい。

That seemed slightly more effective but still didn't work.

問4　次の質問に，本文の内容に合うようにそれぞれ**15語程度の英文**で答えなさい。ただし，ピリオド，カンマは語数に数えません。

1　How did most of the drivers react when the writer asked them to drive him to Harlem ?

2　What was the writer's intention in visiting a difficult place and helping the poor ?

3　What was the "miracle" that happened to the writer in New York on Thanksgiving ?

問5　本文の内容と**一致《いっち》するもの**を次の**ア**～**カ**の中から**2つ**選び，記号で答えなさい。

ア　On Thanksgiving when the writer was a child, his father refused the offer of food from a stranger and sent him away.

イ　The writer had delivered some food to a few families on Thanksgivings since he was eighteen and he often received more money than he had earned.

ウ　Although the writer got better at asking the drivers and told them he would pay 100 dollars, all of them refused to drive him until he came across Captain John Rondon.

エ　When the writer told his wife what he had done on Thanksgivings, she wasn't eager to do it herself at first even though she was excited to hear the story.

オ　Captain John Rondon suggested that he visit parts of the South Bronx instead of the writer because it was his job.

カ　The living environment in Harlem was worse than that in parts of the South Bronx.

Ⅱ　次の英文を読んで，後の問いに答えなさい。

Employees may never have a desk that feels like ‘theirs’ again, but the trade-off might mean an agile office that works for everyone.

Before the pandemic and widespread rise of virtual work settings, employees often made their desks a second home : a sweater slung over the back of a chair, a favourite mug by the keyboard, a pile of books stacked behind the monitor.

Psychological research shows why some workers may feel a need to personalise their workspaces — primarily, it increases the significance that place holds for them.

“Research has shown that the (①) an employee’s ‘place identity’ increases, the (①) they become attached to the company,” explains Sunkee Lee, assistant professor of organisational theory and strategy at Carnegie Mellon University’s Tepper School of Business, in Pittsburgh, US. “They feel the office is more personalised and, therefore, that it feels more like their own space. That leads to more satisfaction and, overall, more productivity.”

By (ア)making their desks theirs, workers created a sense of familiarity, which was reinforced by a neighbourhood of [(1)] faces around them : colleagues who also had permanent seating arrangements.

[A], the pandemic era hybrid workplace has put an end to the full-time, 9-to-5 office setting for many employees. Amid the rise of hot desking, workers with flexible schedules often have to share workstations — and take their personal items home at the end of the day.

Given that evidence points to employees benefiting from having personalised work environments, some workers and business leaders alike worry that hybrid offices risk becoming impersonal, sterile and disorientating — not a place many employees want to be. [B], forward-thinking employers and architects are reconfiguring workplaces to best benefit how people work in agile settings.

The practice of workers decorating their workspaces was an ingrained part of office culture for years — thought to reveal personality. “It’s human nature to personalise the space around you,” says Lee. “In the workplace, this could be photographs, diplomas, ornaments : subtle cues to show the kind of person you are, your hobbies and interests.”

Indeed, some research shows familiarity breeds routine, which stabilizes workflow and leads to increased creativity. There is even research that family photos on desks can keep employees subconsciously more honest. Lee says personalisation also enables self-expression and conversation starters between colleagues, helping to boost employee motivation. "Having your own distinctive identity and personality in the workplace means being able to express yourself, that you feel acknowledged."

But as many workers no longer have an assigned space of their own, they may have to work with [(2)] people in [(3)] locations. "If you had a good relationship with colleagues previously, you might miss those types of interactions," says Lee. "It can have a negative effect, with fewer opportunities to talk, complain and celebrate achievements together."

The risk is employees have to make do with impermanent, transient environments whenever they venture into the office, which can breed stress, anxiety and exhaustion. "I've heard of people going and troubling to find a seat to work, let alone a [(4)] one," says Lee. "It's comparable to (②): you may get work done, but it's an impersonal space that will never feel like yours."

Experts say in this new world of work, the answer to making the office feel less sterile isn't necessarily bringing back seating plans and family portraits. Employers are aware of the jarring changes; in response, many are bringing in design experts to recalibrate the workplace's function, and consider what a worker-friendly space actually means in the hybrid age.

"It's still important to give people a sense of belonging in a physical space," says Chris Crawford, studio director at design and architecture firm Gensler, in London. "They still need a home base to anchor themselves. Although that's still often a desk, the aim is to get people out of the mindset that a one-metre by one-and-a-half-metre piece of office furniture is where they belong."

Crawford says architectural features now prompt workers to think of (③) as their own physical environment: interactive elements encourage employees to move around; open staircases connect disparate workspaces; lockers mean personal items can be stored for safekeeping, rather than kept on a desk.

Design cues also help create custom-made spaces for different work functions, says Crawford. "Architectural nudges can mean you're able to walk into a room and immediately feel a change in atmosphere: from warmer lighting and softer acoustics for deep focus areas, to open spaces and certain types of furniture and layouts that intuitively feel collaborative."

Some research shows it's important that employers take these elements into consideration as they augment spaces, especially as priorities have changed for some workers. According to an August 2022 study of 2,000 US workers by Gensler, employees feel workplaces now need to allow for individual and virtual work, alongside social, learning and in-person collaboration.

Co-working spaces that offer mixed-use, dynamic spaces are also integrating (イ)these trends. Ebbie Wisecarver, global head of design at WeWork, based in New York, says employees are now seeking a deeper connection with the hybrid workplace, "in the way that the office functions and reflects their personal work needs".

[C], some companies are consulting workers on what their next offices will look like. "We have co-creation sessions that allow cross-sections of the business to have their say on their space," says Crawford. "The design process itself is being democratised."

Crawford says that the traditional, banks-of-desks open-plan office setting has had its day. The aim, in the new hybrid workplace, is that personalisation no longer means a worker embellishing a homogenised perpendicular workstation ; [D], the entire office will have a curated, holistic employee experience of its own.

"It goes much further than a desk," he adds. "It's about enabling people to choose their own workday, through spaces that offer variety, choice and differentiation so they intrinsically feel 'this place works for me'."

問1 2つの(①)に共通して入る最も適切な**1語**を**本文中より抜き出して**，英語で答えなさい。

問2 下線部(ア)について，次の(i)と(ii)の問いに**下線部(ア)以降の内容に合うように**，それぞれ日本語で答えなさい。

(i) 具体的に，従業員が何をどのようにすることですか。

(ii) (i)のようにすることで，他の従業員に対してどのような影響がありますか。

問3 本文の内容に合うように ⑴ ～ ⑷ に入る最も適切な語を次の**ア**，**イ**から**1つずつ**選び，それぞれ記号で答えなさい。

ア familiar　　**イ** unfamiliar

問4 [**A**]～[**D**]に入る最もふさわしいものを，次の**ア**～**エ**の中から**1つずつ**選び，それぞれ記号で答えなさい。ただし，文頭にくる語も小文字で示してあります。また，**同じものを2度使えません**。

ア however　　**イ** instead

ウ on the other hand　　**エ** as a result

問5 (②)と(③)に入る最も適切なものを右の**ア**～**エ**の中から**1つずつ**選び，それぞれ記号で答えなさい。

(②) **ア** seeing a doctor in his office

イ having a seat in a theater

ウ walking into a library to study

エ visiting one of your friends

(③) **ア** all their furniture　　**イ** their belongings

ウ their desks　　**エ** their entire floor

問6　下線部(イ)の具体的な内容を表している箇所《かしょ》を**本文中より抜き出して**，英語で答えなさい。

問7　本文の内容と**一致《いっち》しないもの**を次の**ア〜カ**の中から**2つ**選び，記号で答えなさい。

ア　Before the pandemic, employees used to change their workplace so that it would become suitable for them.

イ　As the way of working is changing in the hybrid age, a lot of employees are consulting with experts about what it is like to have a worker-friendly environment.

ウ　Designing workspaces tailored to different work functions is important to increase employee motivation.

エ　Even though work environments have changed a lot, workers need a feeling that they belong in a physical space.

オ　The traditional open-plan office setting is expected to regain popularity in the hybrid workplace era.

カ　The goal of the new hybrid workplace is to offer employees a variety of options to suit their preferences.

問8　あなたが勉強を充実させるために望む中学校の教室とはどのようなものですか。本文を参考にしながら，**60〜70語程度の英語で**答えなさい。ただしピリオド，カンマは語数に数えません。

「いいえ」でも同じだが、感動に水を差さないためにも「はい」と言うのがよいと思っている。

問8　――線(7)「選ぶのではなく、選ばれてしまうものなのではないか」から、(8)「ピアノをあきらめることなんて、ないんじゃないか」へと思いが変わったのはなぜですか。その理由としてもっとも適切なものを次のA～Eの中から一つ選び、記号で答えなさい。

A　ピアノの演奏がうまいかどうかは審査《しんさ》をする人によって判断されてしまうものだが、本人のやる気次第では人の心を動かすこともできるのではないかと思い始めたから。

B　「あきらめる」「あきらめない」という次元ではないところで才能は作られてしまうが、あきらめることなく続けることで新たな才能が見つかることもあると思い始めたから。

C　ふたごの二人の実力差はどうしようもないことでその差をうめることはできないが、違う立場でピアノに接することは二人の仲を深めるためにはよいことだと気づいたから。

D　選んでできるほどピアノの演奏というものは簡単なものではないが、ピアノの調律は努力を重ねることで上達していくことができるので、それも一つの考え方だと気づいたから。

E　才能は生まれつき与《あた》えられたものなので人の力で決定することはできないが、物事に対してどのように関わっていくかということは人が決めることができると気づいたから。

問9　本文の説明としてもっとも適切なものを次のA～Eの中から一つ選び、記号で答えなさい。

A　「ぽうぽうと自らを光らせるような、山の中で光っていた木を思い出させるような」といった幻想的な表現が用いられている。これにより和音の演奏そのものだけでなく、彼女《かのじょ》がどのような光景を思いえがいて演奏したかが読者にもイメージしやすくなっている。

B　ふたごの高校生である和音と由仁のピアノ演奏に対するまわりの大人たちの思いを中心に物語が展開している。突然の来訪にもかかわらず、外村をはじめとしてリサイタルの準備をしている大人たちが二人を温かく見守っている様子が会話のやりとりからも伝わってくる。

C　和音の演奏に「化けたよなあ」と言う社長に外村は言い返すことができなかったが、和音と由仁の姿に心を動かされ、外村も少しずつ変化していく。ふたごの高校生との交流をきっかけとして、自分の思いをはっきりと伝えられるようになるまでの外村の心の成長をえがいている。

D　ふたごの来店から始まり、和音がピアノを演奏し、それに対して反応する大人、そして由仁が調律師になりたいという強い決意を語るまでが、順を追ってえがかれている。こうした出来事が語り手である外村の思いとともにえがかれることで、読者が外村に共感しやすくなっている。

E　「こないだの試し弾き」や「やべぇよ、和ちゃん、やべぇ」といった会話口調の表現が登場人物に対する親近感を持たせている。それにより読者も和音と由仁の存在をより身近に感じることができ、これからも二人がピアノと関わっていくであろうことを想像しながら読み進めていくことができる。

演奏するのはいつも和音だったので、今回も和音だと思いこんでいた。

E　和音はまじめであがりやすい性格なので、先に由仁が演奏をすることで和音の緊張《きんちょう》をほぐそうとして声をかけてきたのだと思った。

問5　――線(4)「ただの高校生だけど、ただの高校生じゃない」とありますが、この言葉の意味としてもっとも適切なものを次のA～Eの中から一つ選び、記号で答えなさい。

A　和音の見た目はほかの高校生と違うところがないのだが、ピアノを弾いている姿は大人びていて高校生には見えないということ。

B　和音は確かに普通《ふつう》の高校生に過ぎないが、ピアノを弾くことに関しては高校生ばなれしたすばらしい才能を秘めているということ。

C　家にいる時は他の高校生と変わらない生活をしているのだが、ピアノ教室ではだれにも負けない演奏をすることができるということ。

D　和音は話をしている時は普通の高校生の会話しかしないが、ピアノを前にすると無口になってピアニストとして演奏に集中するということ。

E　由仁と並んでやってきた時は二人ともいつもの高校生だが、由仁とはなれてピアノを前にした和音は全く別人に変わってしまうということ。

問6　――線(5)「そうだ、拍手だ」とありますが、なぜ外村はこのような反応をしたのですか。その理由としてもっとも適切なものを次のA～Eの中から一つ選び、記号で答えなさい。

A　和音のピアノが予想以上にすばらしかったので思わず聞き入ってしまったが、北川さんの拍手の音で我に返ったから。

B　和音と由仁と二人が力を合わせて演奏しているように感じたため、和音だけに拍手をするのはどうかと思ったから。

C　いつもよりも観客が少なかったために拍手が少なかったので、和音に拍手でエールを送らないといけないと思ったから。

D　北川さんに声をかけて和音のピアノを聴きに来てもらったのに、自分が北川さんよりも拍手で出遅《おく》れたことに気づいたから。

E　いつもと同じように和音のピアノを聴いていたが、他の人が拍手を始めたのを見て自分も同じ反応をしないとまずいと思ったから。

問7　――線(6)「はいかいいえ、どちらかしか答えられないのだとしたら、はいだ」とありますが、この時の外村の気持ちとしてもっとも適切なものを次のA～Eの中から一つ選び、記号で答えなさい。

A　「はい」と「いいえ」とどちらで答えても和音の評価は変わらないが、もともとすぐれていたと答えた方が和音にとってはよいと思っている。

B　見方によっては「はい」とも「いいえ」とも言うことができるが、この日に限って言うのであれば、「はい」と言うのがふさわしいと思っている。

C　「はい」か「いいえ」で答えるように求められているので、和音の演奏のすばらしさを知ってもらうには「はい」と言うのが適切だと思っている。

D　「はい」と「いいえ」というような単純な分け方で言い表せるものではないが、どちらかに分けるとするならば「はい」と言うしかないと思っている。

E　音の違いが正確にはわからない社長に対しては「はい」でも

こともできない。

「調律師になりたいです」

Ⅱ意表を突かれて、言葉が出なかった。

でも、由仁の真剣《しんけん》な表情を見て、思った。(8)ピアノをあきらめることなんて、ないんじゃないか。森の入口はどこにでもある。森の歩き方も、たぶんいくつもある。

調律師になる。間違いなくそれもピアノの森のひとつの歩き方だろう。ピアニストと調律師は、きっと同じ森を歩いている。森の中の、別別の道を。

「和音のピアノを調律したいんです」

（宮下奈都《みやしたなつ》『羊と鋼《はがね》の森』より。）

問1 〜〜線Ⅰ「肩入れしてた」、Ⅱ「意表を突かれて」の本文中での意味としてもっとも適切なものをあとのA〜Eの中から一つずつ選び、それぞれ記号で答えなさい。

Ⅰ 肩入れしてた

A なだめていた　B 好きにしていた

C うわさしていた　D ひいきしていた

E ほめたたえていた

Ⅱ 意表を突かれて

A 予想外で　B 想像以上で

C 思い出して　D 期待はずれで

E あてにされて

問2 本文中の□にあてはまる言葉を自分で考えて**三字**で答えなさい。

問3 ――線(1)「せっかくだから」、(3)「せっかくですから」とありますが、それぞれの「せっかく」から読み取れる気持ちの説明としてもっとも適切なものを次のA〜Eの中から一つ選び、記号で答えなさい。

A (1)は、本心を確かめてみたい、という気持ちから、(3)は、和音の好意をむだにしてはいけない、という気持ちから出た言葉である。

B (1)は、ついでにどうだろうか、という気持ちから、(3)は、めったにないこの機会を生かしたい、という気持ちから出た言葉である。

C (1)は、練習の成果を確かめたい、という気持ちから、(3)は、自分の苦労を他の人にみとめてほしい、という気持ちから出た言葉である。

D (1)は、きっと話に乗ってくれる、という気持ちから、(3)は、和音の努力は自分以外が評価するべきだ、という気持ちから出た言葉である。

E (1)は、ことわられてもいい、という気持ちから、(3)は、以後二度と起こらないことなのでのがせない、という気持ちから出た言葉である。

問4 ――線(2)「そのまま由仁が弾くのかと一瞬思ってしまった」とありますが、この時の外村の気持ちとしてもっとも適切なものを次のA〜Eの中から一つ選び、記号で答えなさい。

A いつも自分の意見を言ってくるのは和音の方なので、めずらしく由仁が自己主張したことにすっかりおどろいてしまった。

B 今回のピアノの試し弾きは和音のためのものだったので、それに先んじて由仁が弾いてみたいと言うとは思っていなかった。

C 由仁がピアノを弾くことはないと思っていたが、和音より先に由仁が反応したので、また弾けるようになったのかと期待した。

D 和音と由仁の二人ともピアノを弾くことはできるが、人前で躍《おど》らせる。今までと違う。今までよりすごい。まるで由仁のピアノのいいところまで乗り移ったみたいだった。

最後の音を弾き終えて、両手を膝《ひざ》の上に揃《そろ》えた瞬間に、北川さんが勢いよく拍手《はくしゅ》を始める。(5)そうだ、拍手だ。慌《あわ》てて僕も拍手をする。和音が立ち上がって、お辞儀《じぎ》をする。由仁も、横でお辞儀をする。

「すてき」

北川さんが満面の笑みで拍手をし続けた。

秋野さんは会場を出ていってしまった。でも、その後ろ姿が小さく一度うなずくのを僕は見た。

「外村《とむら》くん」

社長が興奮した面持《おも》ちで話しかけてきた。

「あの子、あんなにすごかったっけ」

(6)はいかいいえ、どちらかしか答えられないのだとしたら、はいだ。和音のピアノは以前からすごかった。そこに、今日は何かが加わっていた。

「ああ、びっくりしたなあ。化けたよなあ」

化けたんじゃない。和音は前から和音だった。最初に聴いたときは、まだ双葉《ふたば》だったかもしれない。でも、ぐんぐん育った。茎《くき》を伸《の》ばし、葉を広げ、ようやく蕾《つぼみ》の萌芽《ほうが》を見せたのだと思う。これからだ。

「前から、すごかったと思います」

控《ひか》えめに告げると、社長は太い眉《まゆ》を上げて僕を見た。

「そうか、そうだったよな、外村くんはずいぶんⅠ肩《かた》入れしてたな。でも、なんていうか、前とは別人だよ。なんかすごいものを□もらった気がする」

「聞かせてもらったんじゃなくて、ですか？」

社長がうなずく。

「ピアノがびゅんと成長する瞬間。いや、ひとりの人間が成長する瞬間、だな。そこに立ち会わせてもらった気分だ」

そう言うと、なぜか僕に握手《あくしゅ》を求めてきた。差し出した手をぎゅっと握《にぎ》って、それから僕の肩をぽんと叩《たた》くと会場を出ていった。

柳さんは和音のところに行って何やら話していたけれど、うれしそうに戻ってきた。

「やべぇよ、和ちゃん、やべぇ」

ふたごがこちらへ寄ってきて、

「突然《とつぜん》来ちゃったのに、ありがとうございました」

和音がまた生《き》まじめな顔に戻って頭を下げる。

「ごめん。用事があって来たんだよね。急に弾くことになっちゃって」

「いいえ、挨拶《あいさつ》をしたかったんです。これからもよろしくお願いします、って。だから、弾かせてもらえてよかったです。弾くのが一番ですよね」

「うん」

うなずくと、和音はようやく表情をほころばせた。

「あのう」

傍《かたわ》らの由仁が僕をまっすぐに見ていた。一瞬、頭が混乱した。由仁と和音は似ている。それは知っていた。でも、この顔。この表情。そうだ、こないだ佐倉家を訪《おとず》れたときの和音にそっくりだった。黒い瞳《ひとみ》に光が宿り、頬《ほお》が紅潮している。きれいだ、とやっぱり僕は思った。強い意志を秘《ひ》めるかのように結ばれた唇《くちびる》が、開く。

「私、やっぱりピアノをあきらめたくないです」

あきらめる。あきらめない。——それは、どちらかを選べるものなのか。(7)選ぶのではなく、選ばれてしまうものなのではないか。

由仁の視線が刺《さ》さる。あきらめたくないと言うこの子に、何もしてあげることができない。受けとめきれないと思いながら、視線を外す

読むのである。

E　本を読んでもわからないことは多く、その内容も忘れてしまうものである。その意味で読書には実質的な効用はないと言える。それでも本を読むことによろこびを感じるから、本を読むのである。

二　次の文章を読んで、あとの問いに答えなさい。

ふたごが店を訪ねてきたのは、それから十日ほど経《た》ってからのことだ。ちょうど週末に開かれる小さなリサイタル用の会場準備をしているところだった。

「あっ、懐《なつ》かしい」

由仁《ゆに》が声を上げる。

「ずっと小さかった頃《ころ》、ここで発表会をやったことがあるんです」

もともと、ここの幼児教室でピアノを習いはじめたのだという。

「佐倉《さくら》さん?」

リサイタル用のピアノの調律を終えた秋野さんが由仁と和音《かずね》に気づいて声をかける。

「お久しぶりです」

「やあ、すっかり大きくなったね。由仁ちゃんと和ちゃんだよね。昔からそっくりで区別がつかなかったよ」

秋野さんはふたごの顔をかわるがわる見た。佐倉家のピアノの調律は、だいぶ前に秋野さんから柳《やなぎ》さんに引き継いだらしい。基本的には一台のピアノはひとりの調律師が調律することになっているが、何かの都合で途中《とちゅう》で替《か》わることはある。ピンチヒッターでお互《たが》いの顧客《こきゃく》の調律に入ることもあるし、もちろん相性《あいしょう》もある。たまたま家が近いという理由で交代することもあった。

「(1)せっかくだから、弾《ひ》いていく?」

「え、いいんですか」

聞いたのは由仁だ。(2)そのまま由仁が弾くのかと一瞬《いっしゅん》思ってしまった。

「いいよ、今調律も終わったところだ。よかったら、一曲聞かせて」

秋野さんがにこにこしているのもめずらしい。そうだ、秋野さんはお客さんには愛想《あいそ》がいいのだ。それにやっぱり久しぶりにふたごに会ってうれしいのだと思う。

「じゃあ、ほら」

由仁が和音を促《うなが》して、和音がピアノの前に歩み出る。

「お」

椅子《いす》を運んでいた柳さんが椅子を置いて駆《か》けつける。

「こんなおもしろそうなことになってるなら、呼んでよ、早く」

僕を肘《ひじ》でつつく。

「ちょっと待ってください、(3)せっかくですから」

事務所へ戻って、そこに残っていた北川さんに声をかける。和音のピアノを聴《き》いてくれませんか。本気で弾くことを決意したばかりの和音のピアノ。(4)ただの高校生だけど、ただの高校生じゃない。事務所のみんなに、できるだけ多くの人に、聴いてもらいたかった。

北川さんはすぐに来てくれた。外から帰ってきたばかりの営業の諸《もろ》橋《はし》さんも顔を出してくれた。観客を二名連れて戻ると、和音はすでにピアノの前の背もたれのない椅子にすわっていた。ピアノは蓋を開けて和音が白い鍵盤《けんばん》に触《ふ》れるのを息を止めて待っている。

ふっと息を吸う気配がして、曲が始まった。ピアノが息を吹《ふ》き返す。こないだの試《ため》し弾きのときに弾いたのとはまったく違《ちが》う、軽《かろ》やかで明るい曲だった。楽しい、美しい曲。ぽうぽうと自らを光らせるような、山の中で光っていた木を思い出させるような、和音のピアノ。そのよさを存分に発揮できる曲だった。どうしてこんなに、と思うほど胸をち」とありますが、その説明としてもっとも適切なものを次のA～Eの中から一つ選び、記号で答えなさい。

A　本の内容を覚えたことで気持ちが高ぶり、不可能も可能にできそうに思っていること。

B　著者の思いがわかったと言えるくらい、細かい心理まで理解できそうに思っていること。

C　世の中の道理をすべて理解したと思いこみ、新たな発想が生まれてくるように感じていること。

D　確かな論理を得て世界が開けてきたように思うほど、すべてを理解したように感じていること。

E　むずかしい本の内容をいつものように理解できたことで、世界が広がったように思っていること。

問6　――線(4)「自分のもの」とはどのようなものですか。もっとも適切なものを次のA～Eの中から一つ選び、記号で答えなさい。

A　自分の経験　B　自分の行動　C　自分の肉体

D　自分の思想　E　自分の愛読書

問7　本文中の［Ⅱ］にあてはまる言葉を本文中から**七字**でぬき出して答えなさい。（句読点、記号等も字数に数えます。）

問8　――線(5)「自分でものを書くようになって、はじめに抱いたのは、僕は生きながらにすこしだけ死んでしまった、という感覚だった」とありますが、その説明としてもっとも適切なものを次のA～Eの中から一つ選び、記号で答えなさい。

A　自分が本を書く立場になって、本を書くのに多くの時間がとられるが、その分長生きできるのではないかと感じたということ。

B　自分が本を書く立場になって、後世まで自分の書いた本が残らないならば、いくら長生きしてもしかたがないと感じたということ。

C　自分が本を書く立場になって、自分が書いたものもいずれは人びとの記憶から消えていってしまうだろうと感じたということ。

D　自分が本を書く立場になって、たとえ自分の作品が後世に語り継がれたとしても人生の終わりはきっと訪れると感じたということ。

E　自分が本を書く立場になって、ずっと本を書き続けていかないと優れた作品を後世に残すことはできないと感じたということ。

問9　本文における筆者の考えとしてもっとも適切なものを次のA～Eの中から一つ選び、記号で答えなさい。

A　本を読んでも何かが残るわけではなく、後世に語り継ぐことなどできない。その意味で読書は意味のないものかもしれない。それでも自分の思考をだれかに残したいと願って本を読むのである。

B　本を読み終えた後にすべてを忘れてしまっても、新たな気づきや発見を得ることもある。その意味で読書には人の知を広げる効果がある。本を読むことで自分が成長しているのを感じるから、本を読むのである。

C　本を読んだ時に自分の理解がおよばないことがあるので、その内容も次第に忘れ去られてしまう。その意味で読書は無益なものかもしれない。それでも本を読むことが楽しいと思えるから、本を読むのである。

D　本を理解できないまま読み進める体験から、世界が理解しがたいものだと実感することがある。その意味では読書は未知の世界の広さを教えてくれるので、世界を知りたいと思って本を読むのだ。読み尽《つ》くせないことを、このうえなく嬉《うれ》しく感じながら。

（柿内正午《かきないしょうご》「無駄な読書」より。
出題にあたり、文章の構成を一部改めました。）

（注）
※1 齟齬…物事がうまくかみ合わないこと。くいちがうこと。
※2 見田宗介…日本の社会学者。真木悠介は見田宗介の筆名。
※3 人文…人類の文明や文化のこと。社会学・政治学・言語学などに関する学問のこと。
※4 『気流の鳴る音』…真木悠介の名義で記された本。
※5 享受…受け入れて、味わい楽しむこと。
※6 享楽…思いのまま楽しむこと。
※7 歓楽…喜び楽しむこと。

問1 ═線「シシン」の「シン」と同じ漢字を使うものを次のA～Iの中から選び、記号で答えなさい。なお、正解は一つとは限りません。いくつかある場合には、そのすべての記号を書きなさい。

A シンカイにしずむ。
B 徳川家のカシン。
C 今後のホウシンを示す。
D 彼《かれ》はシンザン者だ。
E 宇宙のシンピ。
F オンシンがとだえる。
G シンタイきわまる。
H 時計のビョウシン。
I シンミになって話を聞く。

問2 ――線(1)「何ものにも代えがたい」とありますが、その説明としてもっとも適切なものを次のA～Eの中から一つ選び、記号で答えなさい。

A 文意が理解できないまま読み進めていると落ち着かない気持ちになり、そのことが貴重な体験になるということ。
B 本を読むことと理解することを分けて考えることは、文字を追うだけで文意をたどれる体験につながるということ。
C 文意がうまく読み取れない時のいらだたしい気持ちは、これまでになかった未知との出会いにもなるということ。
D 本の内容が理解できないと人はそこで考えることをやめてしまうが、がまんして読むことで人は成長するということ。
E 暗号としか思えない言語では文意が読み取れず不快な気持ちになるが、最後まで読み終えることはできるということ。

問3 本文中の［Ｉ］にあてはまる言葉としてもっとも適切なものを次のA～Eの中から一つ選び、記号で答えなさい。

A 快楽　B 労苦　C 横着
D 遊び　E 思いやり

問4 ――線(2)「散らかりっぱなしの世界」とありますが、その説明としてもっとも適切なものを次のA～Eの中から一つ選び、記号で答えなさい。

A 整えられた状態が保たれなくなり、いろいろなものが入り混じることで制限がなくなる世界。
B 整理することができないほど乱雑になり、どうすることもできずに行きづまりを感じている世界。
C 厳格なルールを無力化することによって、充実感に満ちあふれた実生活を送ることができる世界。
D すぐに納得できないものに向き合い続けることで、異なる文化への関心を高めることができる世界。
E わからないことをそのまま放り出した状態にしておくことで、他者への理解を深めようとする世界。

問5 ――線(3)「根をもちながら翼をもつ方法を見出したような気持

隔《へだ》てなく、読んだはしから忘れていってしまう。自分の日日の暮らしを支える杖《つえ》みたいな言葉を、つねに諳《そら》んじることができるような読書家に憧《あこが》れる。そうした理想の読書家は、読んだものを血肉にしている感じがあって格好《かっこう》いい。

読んでいる僕は、読み終えた自分に、薄《うす》ぼんやりとした印象のほか、ほとんど何も残せない。それは、すこし寂《さび》しいことでもある。僕は本がなければ到底《とうてい》生きていけないような気がしているが、実は退屈しのぎに文字を無為に読み飛ばしているだけなのかもしれない。

忘れてしまったものは、[Ⅱ]ことと同じなのだろうか。

そうではない、と思いたいのだが、なぜそうではないと言えるのか、根拠《こんきょ》が見当たらない。読んでも理解できないもの、理解したとてすぐ忘れてしまうもの、ただ眺《なが》めるだけで過ぎていく文字を追いかけて、あとには何も残らない。そのような読書になぜ僕は夢中になっているのだろうか。考えていくと虚《むな》しくなってくる、というのはもちろん嘘《うそ》で、読書に意味も意義も求めちゃいない。

読んでいるあいだ、ずっと楽しい。それで充分《じゅうぶん》ではないか。

何かを残すことだけが値打ちなのではない。有益なことだけしていれば満足できるわけでもない。役に立たなくてもやってしまうことのほうに、僕は惹《ひ》かれる。

忘れてしまったものは、はじめからないのと見分けがつかないだろう。それで構わないのだ。

僕たちの生活は日日豊かに磨耗《まもう》して、いつだかきれいに消え去っていく。僕は自分の曽祖父母《そうそふぼ》の名前を知らない。僕たちが子供を残すか残さないかに関わらず、二世代も隔たれば誰《だれ》も僕のことを覚えていない。僕の日日のうだうだとした思索《しさく》は何の痕跡《こんせき》もなく、はじめからないのと同じことになる。この文字も遠からず消える。いつだかの遠い日、うっかり人目につくことがあったとして、その読書家は僕ほどではないにせよ忘《わす》れん坊《ぼう》だろう。文字の印象は、幽霊《ゆうれい》のように、摑《つか》みどころのないまま現れ、ふっとなくなる。あれは本当に読んだことだっただろうか。本人すら訝《いぶか》しく振り返る。

昔の本ばかり読んでいた僕にとって、ほとんどの本は文字通りの死者が書いたものだった。だからだろうか。(5)自分でものを書くようになって、はじめに抱《いだ》いたのは、僕は生きながらにすこしだけ死んでしまった、という感覚だった。僕はもちろん、僕の書いた文字も残らない。万が一傑作《けっさく》をものにして、うっかり後世に語り継《つ》がれるような作品を遺《のこ》せたとしても、それが心身より長持ちするのはせいぜい数十年とか数百年で、遠からずすべて忘れられていく。ものを書くことは、永続するものなどはじめからなかったのだという実感を強める行為であった。僕のような無名の一個人は、書いたものよりも自分が長生きする可能性のほうが高いから、より一層そう思う。書いたところで、消えていく。読んだところで、忘れていく。本は、残らない。行為のあとに成果があるなどという発想は、ごく限定的な時代と社会の中でしか成立しない幻想《げんそう》だ。ほとんどの行為は、意味も結果もなにもない。

それでも、本を読みながら、思わぬ記憶《きおく》の蓋《ふた》が開いたり、関係のない事物同士がとても私的な必然性を帯びて結びついたりするとき、どこまでもどこまでも豊かに拡散していくような自分の思考は、とても強い歓《よろこ》びである。僕はただ読書という行為を※5享受《きょうじゅ》する。本と自分との関わり合いの中で、そのつど産み出され消えていく喜び。何も残さないこの生をただ歓ぶように、本を介《かい》してこの僕を充《み》たし、※6享楽する。

僕の読書はすべて無駄《むだ》だ。そして楽しい。いつか必ず読み終えて、すべて忘れてしまうにしても、なるべくこの※7歓楽《かんらく》が続けばいいな、と願い、そう願える自分の状態に安心し、安心を長持ちさせるための手入れのような気持ちも少なからず抱きながら、今日もおそらく本を

2024年度

東邦大学付属東邦中学校

【国　語】〈推薦・帰国生試験〉（四五分）〈満点：一〇〇点〉

[一] 次の文章を読んで、あとの問いに答えなさい。

わからない本をわからないまま読む。なんの効用もありはしない。人に自慢《じまん》もできなければ、本人に読んだ実感をもたらすこともない。ただ、まったく歯の立たない本を読み進める体験は、この世界が自分の考えるよりもずっとわけのわからないものであることを納得《なっとく》する練習にはなるかもしれない。

わからないまま読むことを続けていくと、読むことと理解することを分けて考えるようになる。本を読むことは、書いてあることを理解することを意味しない。本は、とりあえず文字を追っていけば最後まで読めるものだ。それはなんとも心許《こころもと》ない道程である。理解できるはずの言語で書かれたものの文意がうまく取れない経験は、現在地を見失うような感覚であり、(1)何ものにも代えがたい。

僕《ぼく》にとって本とはわからないものである。というか、わかる本なんて退屈《たいくつ》だ。読み易《やす》く平明な文章が僕は苦手だ。非常にビジネスを感じてしまうというか、労働というのは異なる他者たちがそれでも※1齟《そ》齬《ご》がないかのように振《ふ》る舞《ま》うための通訳——整理整頓《せいりせいとん》なのだという僕の感覚からすると、多くの人に誤解なくすんなり通じる言葉の運用というのは単なる[I]としか思えない。（中略）読み、そして書くことは、むしろ既存《きそん》の秩序《ちつじょ》を脅《おびや》かし、乱雑さを取り戻《もど》す営為《えいい》なのだと僕は信じる。わからない、という感覚は、片付けや整理の放棄《ほうき》である。(2)散らかりっぱなしの世界をまえに、もうお手上げだ、と思うこと。これこそが読書のもたらす解放なのだ。

本は、読めば読むほど散らかる。そして、散らかれば散らかるほど楽になる気持ちというのがある。しかし、散らかしっぱなしでは社会生活は立ち行きにくい。本だけ読んで暮らしていきたいものだが、現実は理想から程《ほど》遠く、僕は賃労働に従事する必要に迫《せま》られる。

僕は本を読む。明快な論理の鮮《あざ》やかさで見晴らしが切り開かれるような読書も時折ある。こんなに書いてあることが理解できていいのだろうか、と怖《こわ》さを感じながら読み進め、本を閉じるときには世界の全てを理解した気になる。

ただし、僕の場合、このような本も内容を覚えていられない。

たとえば※2見田宗介《みたむねすけ》の著作を僕は何度も読み返す。そのたびに新《しん》鮮《せん》に惚《ほ》れ惚《ぼ》れして、(3)根をもちながら翼《つばさ》をもつ方法を見出《みいだ》したような気持ちになる。僕は※3人文的な雰囲気《ふんいき》の会合で、爽《さわ》やかな笑顔《えがお》をたたえてこう言うだろう。

「僕には人生のシシンとしている言葉があります。それは見田宗介が※4『気流の鳴る音』で、あ、あれは真木悠介《まきゆうすけ》ですね、ええと、ほら、ともかく、その、なんだったかな、道をね、道を、心を込《こ》めて歩こうみたいなことなんですが……」

こうなっては読んでいる本を理解していようとしていまいと関係がない。だってどちらにせよ、なぁんにも覚えちゃいないのだ。どこまでが本に書いてあったことで、どこからが読んでいる時間の中で脱線《だっせん》するように拡散していった自分の思いつきだったのか、理解した気になった本ほどすぐあやふやになってしまう。

ただ自分を通り過ぎて行く本を、(4)自分のものとして扱《あつか》うことなんてできやしない。読んでいる最中の理解の程度に濃淡《のうたん》はあれど、分け

2024年度

東邦大学付属東邦中学校　▶解説と解答

算　数　＜推薦・帰国生試験＞（45分）＜満点：100点＞

解　答

1 (1)　10　(2)　53　(3)　$\frac{1}{6}$　**2** (1)　木曜日　(2)　500　(3)　32　(4)　5分後　**3** (1)　$2\frac{4}{35}$　(2)　2　**4** (1)　5：2　(2)　25cm^2　(3)　16：19　**5** (1)　1710円　(2)　1.14倍　(3)　14　**6** (1)　2.4cm　(2)　30.144cm^3　(3)　52.752cm^3

解　説

1　数列，四則計算，逆算

(1)　70＋90＋110＋130＋150＋170＝(70＋170)×6÷2＝720より，$720\div\left\{12\times\left(\frac{17}{3}+\frac{1}{4}\right)+1\right\}=720\div\left\{12\times\left(\frac{68}{12}+\frac{3}{12}\right)+1\right\}=720\div\left(12\times\frac{71}{12}+1\right)=720\div(71+1)=720\div72=10$

(2)　$\left\{\left(\frac{1}{2}+\frac{1}{3}\right)-\left(\frac{1}{5}+\frac{1}{7}\right)\right\}\times210-\left\{\left(\frac{1}{2}\div\frac{1}{3}\right)-\frac{1}{9}\right\}\times36=\left\{\left(\frac{3}{6}+\frac{2}{6}\right)-\left(\frac{7}{35}+\frac{5}{35}\right)\right\}\times210-\left\{\left(\frac{1}{2}\times\frac{3}{1}\right)-\frac{1}{9}\right\}\times36=\left(\frac{5}{6}-\frac{12}{35}\right)\times210-\left(\frac{3}{2}-\frac{1}{9}\right)\times36=\left(\frac{175}{210}-\frac{72}{210}\right)\times210-\left(\frac{27}{18}-\frac{2}{18}\right)\times36=\frac{103}{210}\times210-\frac{25}{18}\times36=103-50=53$

(3)　$\frac{7}{3}\times\left\{\frac{22}{7}\div\left(\frac{3}{4}+\square\right)-2\right\}-\frac{7}{5}=1\frac{14}{15}$より，$\frac{7}{3}\times\left\{\frac{22}{7}\div\left(\frac{3}{4}+\square\right)-2\right\}=1\frac{14}{15}+\frac{7}{5}=\frac{29}{15}+\frac{21}{15}=\frac{50}{15}=\frac{10}{3}$，$\frac{22}{7}\div\left(\frac{3}{4}+\square\right)-2=\frac{10}{3}\div\frac{7}{3}=\frac{10}{3}\times\frac{3}{7}=\frac{10}{7}$，$\frac{22}{7}\div\left(\frac{3}{4}+\square\right)=\frac{10}{7}+2=\frac{10}{7}+\frac{14}{7}=\frac{24}{7}$，$\frac{3}{4}+\square=\frac{22}{7}\div\frac{24}{7}=\frac{22}{7}\times\frac{7}{24}=\frac{11}{12}$　よって，$\square=\frac{11}{12}-\frac{3}{4}=\frac{11}{12}-\frac{9}{12}=\frac{2}{12}=\frac{1}{6}$

2　条件の整理，消去算，数の性質，計算のくふう，旅人算

(1)　12月は31日までである。また，31÷7＝4余り3より，これは4週間と3日とわかる。よって，条件に合うのは，右の図1のように最後の3日の曜日が{火，水，木}の場合となる。したがって，12月31日は木曜日である。

図1

火	水	木	金	土	日	月
1	2	3	4	5	6	7
8	9	10	11	12	13	14
15	16	17	18	19	20	21
22	23	24	25	26	27	28
29	30	31				

(2)　Aの60％とBの$1\frac{2}{3}$倍の和が540だから，$A\times0.6+B\times1\frac{2}{3}=540$と表すことができる。よって，$A\times\frac{3}{5}+B\times\frac{5}{3}=540$となり，この式の等号の両側を15倍すると，$A\times9+B\times25=8100$(…ア)となる。また，$A-B=50$であり，この式の等号の両側を9倍すると，$A\times9-B\times9=450$(…イ)となる。次に，アとイの式の差を求めると，$B\times25+B\times9=B\times34$が，8100－450＝7650になるので，$B=7650\div34=225$とわかる。さらに，$A$は$B$よりも50大きいから，$A=225+50=275$であり，$A$と$B$の和は，275＋225＝500と求められる。

(3)　12を素数の積で表すと，12＝2×2×3となるので，約分できないのは，分子が2の倍数でも

3の倍数でもない場合とわかる。そのような分子は，1，5，7，11，13，17，19，23，25，29，31，35，37，41，43，47の16個あり，両端《りょうはし》から順に組にして和を求めると，（1＋47）＋（5＋43）＋（7＋41）＋(11＋37)＋(13＋35)＋(17＋31)＋(19＋29)＋(23＋25)＝48×8＝384と求められる。よって，約分できない分数の和は，$\frac{384}{12}$＝32となる。

⑷　AさんとBさんの平均の速さは分速，(100＋80)÷2＝90(m)である。そこで，右の図2のように分速90mでP地点から進むDさんを考えると，条件に合うのはDさんとCさんが出会うときになる。よって，出発してから，800÷(90＋70)＝5(分後)と求められる。

図2
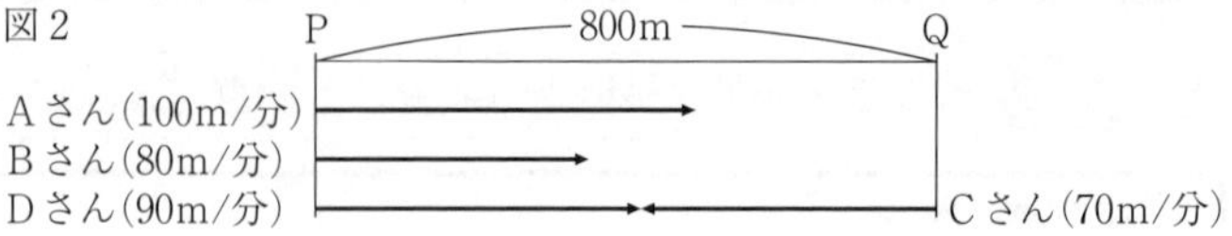

3　約束記号

⑴　きまりにしたがって計算すると，$\frac{1}{5}*\frac{1}{7}=\frac{1}{5}\div\frac{1}{7}+\frac{1}{7}\div\frac{1}{5}=\frac{7}{5}+\frac{5}{7}=\frac{74}{35}=2\frac{4}{35}$となる。

⑵　$3*5=3\div5+5\div3=\frac{3}{5}+\frac{5}{3}$，$\frac{1}{3}*\frac{1}{5}=\frac{1}{3}\div\frac{1}{5}+\frac{1}{5}\div\frac{1}{3}=\frac{5}{3}+\frac{3}{5}$，$9*15=9\div15+15\div9=\frac{9}{15}+\frac{15}{9}=\frac{3}{5}+\frac{5}{3}$となる。よって，$3*5$，$\frac{1}{3}*\frac{1}{5}$，$9*15$の値はすべて等しいから，その値を□とすると，$\left\{(3*5)+\left(\frac{1}{3}*\frac{1}{5}\right)\right\}\div(9*15)$＝(□＋□)÷□＝□×2÷□＝2と求められる。

4　平面図形―相似，辺の比と面積の比

⑴　AE＝$10\times\frac{4}{4+1}$＝8(cm)，ED＝10－8＝2(cm)である。右の図1のように，AFとBCをそれぞれ延長して交わる点をHとすると，三角形AFDと三角形HFCは相似になる。このとき相似比は，DF：CF＝5：3だから，CH＝$10\times\frac{3}{5}$＝6(cm)とわかる。次に，三角形AGEと三角形HGBも相似であり，相似比は，AE：HB＝8：(14＋6)＝2：5なので，BG：GE＝5：2となる。

図1
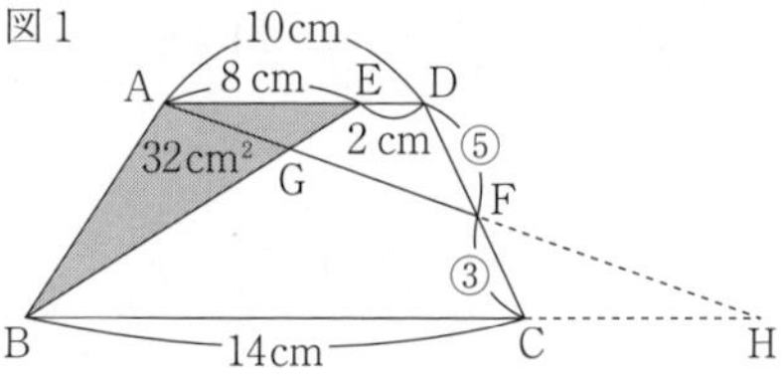

図2
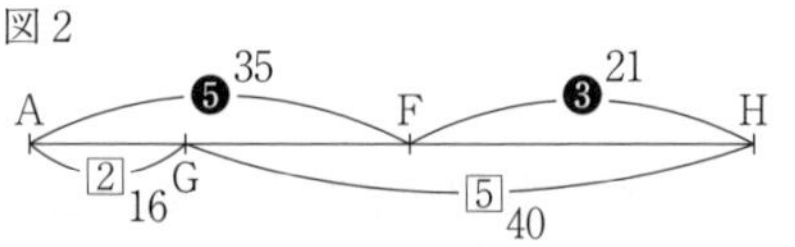

⑵　三角形ABEと三角形AFDを比べると，底辺の比は，AE：AD＝8：10＝4：5，高さの比は，CD：FD＝(5＋3)：5＝8：5である。よって，面積の比は，(4×8)：(5×5)＝32：25だから，三角形AFDの面積は，$32\times\frac{25}{32}$＝25(cm^2)とわかる。

⑶　三角形AFDと三角形HFCの相似から，AF：FH＝5：3，三角形AGEと三角形HGBの相似から，AG：GH＝2：5とわかる。よって，これらの比の和をそろえると上の図2のようになるので，AG：GF＝16：(35－16)＝16：19とわかる。

5　売買損益，割合と比

⑴　品物Aの仕入れ値が300円のとき，品物Aの定価は，300×(1＋0.1)＝330(円)になる。また，品物Bの仕入れ値は，$300\times\frac{3}{2}$＝450(円)だから，品物Bの定価は，450×(1＋0.2)＝540(円)と求められる。同様に，品物Cの仕入れ値は，$300\times\frac{5}{2}$＝750(円)なので，品物Cの定価は，750×(1＋0.12)＝840(円)とわかる。よって，品物A，B，Cの定価の合計は，330＋540＋840＝1710(円)である。

(2) (1)の金額を利用すると，仕入れ値の合計は，300＋450＋750＝1500(円)，売り上げの合計は1710円だから，売り上げの合計は仕入れ値の合計の，1710÷1500＝1.14(倍)と求められる。

(3) (1)，(2)の金額を利用すると，品物A，Bの売り値はそれぞれ，330×(1－0.1)＝297(円)，540×(1－0.1)＝486(円)である。また，売り上げの合計で損をしないためには，品物A，B，Cの売り値の合計を少なくとも1500円以上にする必要がある。そのためには，品物Cの売り値を少なくとも，1500－(297＋486)＝717(円)以上にする必要があるので，品物Cは最大で，840－717＝123(円)まで割り引くことができる。これは品物Cの定価の，123÷840×100＝14.6…(％)にあたるから，□にあてはまる最も適当な整数は14である。

6 立体図形─面積，体積

(1) 三角形ABCで，底辺をAB，高さをCAと見ると，面積は，4×3÷2＝6(cm^2)と求められる。よって，底辺をBC，高さをADと見ると，5×(AD)÷2＝6(cm^2)と表すことができるから，ADの長さは，6×2÷5＝2.4(cm)とわかる。

(2) 右の図①のように，2つの円すいを組み合わせた形の立体ができる。CDの長さを□cm，BDの長さを△cmとすると，□＋△＝5なので，2つの円すいの体積の合計は，2.4×2.4×3.14×□÷3＋2.4×2.4×3.14×△÷3＝2.4×2.4×3.14×(□＋△)÷3＝2.4×2.4×3.14×5÷3＝9.6×3.14＝30.144(cm^3)と求められる。

図①

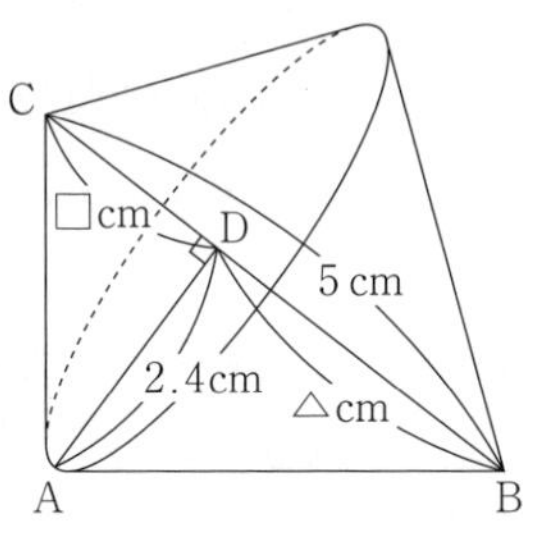

図②

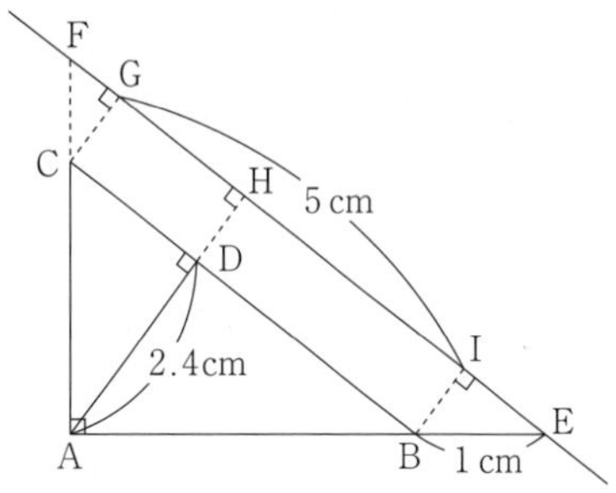

(3) 右上の図②で，三角形FAHを1回転させてできる円すいの体積を㋐，三角形EAHを1回転させてできる円すいの体積を㋑，三角形FCGを1回転させてできる円すいの体積を㋒，三角形EBIを1回転させてできる円すいの体積を㋓，長方形CBIGを1回転させてできる円柱の体積を㋔とすると，三角形ABCを1回転させてできる立体の体積は，(㋐＋㋑)－(㋒＋㋓)－㋔で求めることができる。ここで，図②にあらわれる直角三角形の3辺の長さの比はすべて3：4：5だから，BI＝DH＝CG＝$1\times\frac{3}{5}$＝0.6(cm)，FG＝$0.6\times\frac{3}{4}$＝0.45(cm)，EI＝$1\times\frac{4}{5}$＝0.8(cm)である。よって，AH＝2.4＋0.6＝3(cm)，FH＋EH＝0.45＋0.8＋5＝6.25(cm)なので，(2)と同様に考えると，㋐＋㋑＝3×3×3.14×(FH＋EH)÷3＝3×3×3.14×6.25÷3＝18.75×3.14(cm^3)と求められる。同様に，FG＋EI＝0.45＋0.8＝1.25(cm)だから，㋒＋㋓＝0.6×0.6×3.14×(FG＋EI)÷3＝0.6×0.6×3.14×1.25÷3＝0.15×3.14(cm^3)となる。さらに，㋔＝0.6×0.6×3.14×5＝1.8×3.14(cm^3)なので，(㋐＋㋑)－(㋒＋㋓)－㋔＝(18.75－0.15－1.8)×3.14＝16.8×3.14＝52.752(cm^3)となる。

社 会 ＜推薦試験＞（30分）＜満点：50点＞

解 答

1 問1 エ　問2 ウ　問3 （例） 冷蔵輸送技術が進歩したこと（高速道路網が整備されたこと）　問4 イ　問5 エ　問6 ウ　問7 カ　**2** 問1 (1) X ウ　Y エ　(2) イ　問2 イ　問3 ウ　問4 ウ　問5 イ　問6 X ウ　Y エ　**3** 問1 ク　問2 イ　問3 イ　問4 イ　問5 キ　問6 ア

解 説

1 日本の地形や産業などについての問題

問1 埼玉県は東京都の北に隣接《りんせつ》する内陸県で，西部は山地，東部は低地（関東平野の一部）となっており，南部には武蔵野台地がある（エ…○）。なお，面積が最も小さい香川県はア，県中央部の盆地の周りを高く険しい山地が囲んでいる山梨県はイ，山地が少なく，丘陵《きゅうりょう》地と台地が広がる千葉県はウとなる。

問2 一般《いっぱん》に，大都市はバスや電車などの公共の交通機関がきちんと整備されているが，郡部（町村）は過疎化が進み利用者が少ないことから採算が合わないため，公共の交通機関が整っておらず利用しにくい（ウ…○）。

問3 レタスのような葉物野菜は鮮度《せんど》を保つことが難しいため，かつては輸送距離《きょり》の短い大都市の近郊《きんこう》で栽培《さいばい》されることが多かった。しかし，生産地から消費地まで一定の低い温度を保ちながら運ぶ「コールドチェーン」と呼ばれる仕組みが整えられたり，高速道路網《もう》の整備により輸送にかかる時間が短くなったりしたことから，大都市から離れた地域でも栽培されるようになった。

問4 表より，東京から千葉県の船橋に行き，そこから習志野，成田，佐原などを経て銚子《ちょうし》に至《いた》り，銚子から八日市場，東金《とうがね》，千葉を経て東京に帰っていることがわかる。つまり，千葉県北部をめぐるルートで，県南部に位置する房総《ぼうそう》半島の南端には行っていないと考えられる（イ…×）。

問5 図2に見られる「南長沼」は，形が変化しているものの，図1でもおよそ同じ位置にある（エ…×）。なお，図1の「荒浜」地区には建物が多く見られることから，集落があったことがわかる。しかし，図2では，道路はあるが家屋等の建物の表示は見られなくなっている。これは2011年3月11日に起こった東日本大震災《しんさい》の津波被害によるものであると考えられる（ア…○）。図2から，津波対策として盛り土（）により地面を高くした道路が設置されていること（イ…○），災害による被害を後世に伝える自然災害伝承碑《ひ》（）が2か所建てられていること（ウ…○）がわかる。

問6 宮崎県は畜産がさかんであり，農家1戸あたりの農業産出額も多いので，エが当てはまる。残るア～ウのうち，東京都と山梨県はともに畜産はさかんではなく，農家1戸あたりの農業産出額も少ないので，アかイが当てはまるため，ウが千葉県となる。千葉県は野菜を栽培する近郊農業とともに酪農《らくのう》もさかんであるため，農業産出額に占《し》める割合は畜産物と野菜がそれぞれ30％台となっている。なお，アは東京都，イは山梨県である。

問7 経済産業省によると，製造業では，大企業（大工場）は従業員数が300人以上の工場，中小企業（中小工場）は従業員数が300人未満の工場を指す。全体に占める中小企業の割合は，工場数では約99％，働く人の数では約70％であるが，生産額では50％を下回っている。以上のことから，グラフ中の■が大企業，□が中小企業で，Aは生産額，Bは工場数，Cは働く人の数を表しているから，中小企業で働く人の数の割合は，カが当てはまる。

2 スポーツや競技をもとにした歴史についての問題

問1 (1) モースは明治時代初め，お雇《やと》い外国人として来日したアメリカ人動物学者で，縄文時代の遺跡である大森貝塚を発見したことで知られる。大森貝塚の発見をきっかけに，縄文時代の研究が始まった(X…ウ，Y…エ)。なお，アのナウマンはフォッサマグナの指摘《してき》で知られるドイツ人地質学者，イのクラークは札幌農学校で授業を行ったアメリカ人である。　(2) 狩野芳崖《かのうほうがい》は明治時代前半に活躍《かつやく》した日本画家で，代表作にイの「悲母観音《かんのん》」がある。なお，アは室町時代に雪舟が描《えが》いた「秋冬山水図」，ウは平安時代末から鎌倉時代初めに成立した「鳥獣《ちょうじゅう》人物戯画《ぎが》」，エは明治時代に黒田清輝が描いた「湖畔《こはん》」である。

問2 『古事記』や『日本書紀』は奈良時代に成立したので，aの興福《こうふく》寺「阿修羅《あしゅら》像」とdの東大寺正倉院が当てはまる。なお，bは東大寺「金剛力士像」で鎌倉時代，cは銀閣(慈照寺)で室町時代につくられた。

問3 織田信長は一向一揆《いっこういっき》などの仏教勢力に厳しく対応した一方で，キリスト教の宣教師の活動を認めた(ウ…○)。なお，信長は関白の位についておらず(ア…×)，商工業の自由な発展を促《うなが》す楽市楽座を行った(イ…×)。枡《ます》の大きさを統一し，全国的に検地を行ったのは豊臣秀吉である(エ…×)。

問4 鎌倉時代，商品の売買には宋《そう》(中国)から輸入された宋銭が使われた(a…正)。幕府が直接支配することで，足尾銅山・石見《いわみ》銀山・佐渡金山の開発が進んだのは江戸時代である(b…誤)。鎌倉時代，肥料として草木灰が使用され，鉄製農具や牛馬耕も普及《ふきゅう》した(c…正)。

問5 江戸時代にあたる17世紀初め，イギリス人のウィリアム・アダムズ(三浦按針《あんじん》)が，徳川家康の外交顧問《こもん》として活躍した(a…○)。また，昭和時代前半の1940年，日本はドイツ，イタリアと三国軍事同盟を結んだことで，アメリカやイギリスなどの連合国と対立が決定的となった(d…○)。なお，イギリスが薩摩《さつま》藩(鹿児島県)や長州藩(山口県)と戦ったのは19世紀後半のことである(b…×)。明治時代後半の1902年に日本がイギリスと同盟を結んだのは，ロシアとの戦争に備えるためである(c…×)。

問6 X　1924年，政党による政治の実現を求める第二次護憲運動が起こり，その後成立した加藤高明内閣により，翌25年に普通選挙法が成立した。　Y　1972年，日中共同声明により，中華人民共和国(中国)と国交が開かれた。　なお，アの南満州鉄道爆破事件(柳条湖事件)は1931年，イの第一次世界大戦の開始は1914年，オのPKO(国連平和維持《いじ》活動)協力法の成立は1992年，カの日本の国際連合加盟は1956年の出来事である。

3 渋沢栄一の著書を題材にした問題

問1 文章の第7段落目に「人はただ一人では何もできない存在」であり，「国家社会の助けがあって，初めて自分でも利益が上げられ，安全に生きていくことができる」とあることから，自分が苦労して築いた富について，「その富が自分一人のものだと思う」のは間違っている(あ…b)。また，「もし国家社会がなかったなら，誰も満足にこの世の中で生きていくことなど不可能」とも述べているため，「富を手にすればするほど，社会から助けてもらっている」と考えているとわかる(い…d)。最後から2段落目の「高い道徳をもった人間は，自分が立ちたいと思ったら，まず他人を立たせてやり，自分が手に入れたいと思ったら，まず人に得させてやる」という『論語』の引用文から，「自分を愛する気持ちが強いなら，その分，社会もまた同じくらい愛していかなければならない」ことを示していたと考えられる(う…ｆ)。

問２　日本国憲法第１条に「天皇は，日本国の象徴であり日本国民統合の象徴であって，この地位は，主権の存する日本国民の総意に基《もとづ》く」とある(イ…○)。なお，皇位は世襲のもので，男系の男子が継承することを定めているのは皇室典範《てんぱん》(ア…×)，天皇は神聖であり侵《おか》してはならないと定めているのは大日本帝国憲法の条文(ウ…×)，解散があるのは衆議院のみである(エ…×)。

問３　資料のワイマール憲法の条文は，全ての人が人間らしい生活を営む権利である生存権を指している。生存権は教育を受ける権利や働く権利とともに，社会権にふくまれる。

問４　サミットは一般に「主要国首脳会議」と呼ばれ，主要７か国(Ｇ７)とEU(ヨーロッパ連合)代表で構成される(イ…○)。なお，北大西洋条約機構(NATO)はアメリカ，カナダとヨーロッパ諸国が加盟する軍事同盟で，ヨーロッパ共同体から発展したのはヨーロッパ連合(EU)である(ア…×)。2015年に採択《さいたく》されたのはパリ協定で，京都議定書の採択は1997年のこと(ウ…×)。グローバルサウスとは，一般に北半球に多い先進国に対し，南半球に多い新興国や途上国を指す言葉で，国連の機関ではない(エ…×)。

問５　法人税は会社などの法人が得た利益にかかる税で，個人の収入にかかる税は所得税である(ａ…誤)。住民税はその地域に住む人が都道府県や市(区)町村に納める税で，建物や土地にかかる税は固定資産税である(ｂ…誤)。消費税は，商品を買ったりサービスを受けたりしたときに広く公平にかかる間接税である(ｃ…正)。

問６　渋沢栄一は文章の第１段落で，貧しい人々を救うことについて人道と経済，そして政治の面から行動を起こす必要があると述べている。また，第７段落で「国家社会の助けがあって，初めて自分でも利益が上げられ」るとし，第８段落で富豪《ふごう》は「この恩恵にお返しをするという意味で，貧しい人を救うための事業に乗り出すのは，むしろ当然の義務であろう」と言っている。このことから，栄一は，公益を追求するという使命や目的を達成するためには事業を推進するべきという考え方を持っていると判断できる(ア…○)。なお，イの生産手段の公有化は社会主義思想，ウはトリクルダウン理論，エの貧しい人々や女性への優遇措置は政治の側面を表すが，本文ではふれられていない。

理　科　＜推薦試験＞(30分)＜満点：50点＞

解　答

1　(1)　4　(2)　3　(3)　3　(4)　4900mL　(5)　147倍　2　(1)　96kJ　(2)　5.6L　(3)　8.4L　(4)　4　(5)　3

解　説

1　心臓の動きと血液の流れについての問題

(1)，(2)　エは心臓の左心室である。図２について，血液で満たされた左心室の壁《かべ》の筋肉の力が一定以上強くなると，やがて左心室と大動脈の間の弁が開き(図２のＢ)，血液が大動脈に流れ出て左心室内の血液量が減少する(図２のＢからＣ)。左心室内の血液量が少なくなると大動脈との間の弁は閉じ(図２のＣ)，左心室の壁の筋肉がゆるんで，血液を押《お》し出そうとする力は小さくなる(Ｃから Ｄ)。このとき，図１の①のように，肺静脈からイの左心房《しんぼう》に血液が流れ込《こ》み，一定以上左心房にかかる力が大きくなると，左心房と左心室の間の弁が開き(図２のＤ)，図１の②のように，左心房から左心室に血液が流れ込む。

(3)　上に述べたように，図１の①で肺からイの左心房に入った血液は，左心房と左心室との間の弁が開いてから左心室のなかに流入する。このとき，左心室の壁の筋肉はゆるんだままだが，左心室のなかの血液量は増加していき(図２のＤからＡ)，やがて血液が増えることで血液を押し出そうとする力(内部の圧力)が大きくなり，左心房と左心室の間の弁が閉じて(図２のＡ)，血液の流入が終わる。その後，左心室の壁の筋肉の力が大きくなると，左心室と大動脈の間の弁が開き(図２のＢ)，血液が大動脈に流れ出て左心室内の血液量が減少する(図２のＢからＣ)。

(4)　図２で，エの左心室のなかの血液の最大量は100mL，最小量は30mLと読み取れる。よって，１回の拍動《はくどう》で大動脈に送り出される血液の量は，100－30＝70(mL)である。したがって，１分間に70回拍動するとき，左心室から大動脈に送り出される血液の量は，70×70＝4900(mL)となる。

(5)　(4)より，１分間に左心室から大動脈に送り出される血液の量は，4900mL＝4.9Ｌなので，２時間，すなわち120分間に左心室から送り出される血液の量は，4.9×120＝588(Ｌ)になる。この血液の量は体内全体の血液量４Ｌの，588÷4＝147(倍)にあたる。

2　気体の燃焼と熱量についての問題

(1)　表１より，Ｂ１Ｌを燃やすと64kJの熱量が発生している。発生する熱量は燃える気体の体積に比例するので，Ｂ1.5Ｌを燃やすと，64×1.5＝96(kJ)の熱量が発生する。

(2)　表１より，混合気体を燃やした場合に発生する二酸化炭素の体積は，それぞれの気体が燃えて発生する二酸化炭素の体積の和に等しいことがわかる。よって，Ｂ１Ｌが燃えると２Ｌ，Ｃ1.2Ｌが燃えると，３×1.2＝3.6(Ｌ)の二酸化炭素が発生するので，その混合気体を燃やした場合は，２＋3.6＝5.6(Ｌ)の二酸化炭素が発生する。

(3)　気体を完全に燃やすのに必要な酸素の体積も，燃やす気体の体積に比例する。また，表１より，混合気体を完全に燃やすのに必要な酸素の体積は，それぞれの気体を完全に燃やすのに必要な酸素の体積の和に等しくなっている。Ａ1.4Ｌを完全に燃やすのに必要な酸素は，２×1.4＝2.8(Ｌ)，Ｂ1.6Ｌを完全に燃やすのに必要な酸素は，3.5×1.6＝5.6(Ｌ)なので，この混合気体を完全に燃やすのに必要な酸素の体積は，2.8＋5.6＝8.4(Ｌ)である。

(4)　Ａ0.2Ｌを燃やしたときに発生する熱量は，36×1000×0.2＝7200(Ｊ)である。この熱量を100ｇの水が受け取ると，7200÷(4.2×100)＝17.14…より，温度は17.1℃だけ上がる。よって，10℃の水の温度は，10＋17.1＝27.1(℃)になる。

(5)　10℃の水200ｇの温度を60℃にするのに必要な熱量は，4.2×200×(60－10)＝42000(Ｊ)である。Ｂ0.2Ｌを燃やしたときに発生する熱量は，64×1000×0.2＝12800(Ｊ)だから，Ｃが燃えることで，42000－12800＝29200(Ｊ)，29200÷1000＝29.2(kJ)の熱量が必要になる。よって，必要なＣの体積は，29.2÷91＝0.320…より，0.32Ｌである。

英語 ＜帰国生試験＞（45分）＜満点：100点＞

※　編集上の都合により，英語の解説は省略させていただきました。

解答

Ⅰ **問1**　①　ア　②　ア　③　ウ　④　エ　**問2**　(1)　ウ　(2)　イ　**問3**　エ　**問4**　**1**　（例）　They looked away, rolled up the window and pulled away without saying anything.　**2**　（例）　His intention was to show gratitude for all that he had by giving something back.　**3**　（例）　A kind driver drove him to the disadvantaged areas where other drivers do not want to go.　**問5**　ウ，エ　Ⅱ **問1**　more　**問2**　ｉ）（例）　会社の机を自分らしく装飾すること。　ⅱ）（例）　会話が生まれやすくなり，親密さが増す。　**問3**　(1)　ア　(2)　イ　(3)　イ　(4)　ア　**問4**　**A**　ア　**B**　ウ　**C**　エ　**D**　イ　**問5**　②　ウ　③　エ　**問6**　workplaces now need to allow for individual and virtual work, alongside social, learning and in-person collaboration　**問7**　イ，オ　**問8**　（例）　It would be nice to have flexible seating in my classroom, which gives us a choice of how and where we sit.　Today, a classroom is not just a place to listen to the lecture but also to work together because active learning is becoming more and more important.　We need a classroom where we can work in groups and have discussions without moving the desks.

国語 ＜推薦・帰国生試験＞（45分）＜満点：100点＞

解答

一 **問1**　C，H　**問2**　A　**問3**　B　**問4**　A　**問5**　D　**問6**　D　**問7**　はじめからない　**問8**　C　**問9**　E　二 **問1**　Ⅰ　D　Ⅱ　A　**問2**　（例）　見せて　**問3**　B　**問4**　C　**問5**　B　**問6**　A　**問7**　D　**問8**　E　**問9**　D

解説

一 **出典：柿内《かきない》正午《しょうご》「無駄《むだ》な読書」**。何か有益な成果を求めるのではなく，本と自分とがかかわり合って楽しみを享受《きょうじゅ》している筆者の「読書」体験について説明されている。

問1　「指針」は，ものごとを進めるうえでたよりとするもの。よって，“目的を達成するためのやり方や方向”を意味するCの「方針」と，“アナログ時計で秒を示す針”を意味するHの「秒針」に同じ漢字が用いられている。なお，Aは「深海」と書き，“深い海，海の深いところ”を表す。海洋動物学では水深200メートル以上，海洋学では水深2000メートル以上をいう。Bは「家臣」と書き，“主君に仕えて領地などを与《あた》えられ，身分を保証されている者”をさす。Dは「新参」と書き，“仲間に加わってまだ日が浅いことや，その人”を意味する。Eは「神秘」と書き，“人知でははかりしれない不思議なこと”を意味する。Fは「音信」と書き，“手紙などによる連絡《れんらく》”をさす。

Gは「進退」と書き，“進むことと退くこと”を意味する。Iは「親身」と書き，“細やかな心で親切に接すること”を表す。

問2　「何ものにも代えがたい」は，ほかのものに取りかえられないほど大事なようす。「理解できるはずの言語で書かれたものの文意がうまく取れ」ず，「現在地を見失うような感覚」を抱《いだ》く経験は，筆者にとって重要なものだったのだから，Aがふさわしい。

問3　同じ段落で，読み易《やす》い「わかる本」を書くのは，「異なる他者たち」の間で「齟齬《そご》がないかのように振《ふ》る舞《ま》うための通訳――整理整頓《せいとん》」をした「労働」だと説明されている。つまり，「多くの人に誤解なくすんなり通じる言葉の運用」は，整理整頓という「労働」なので，Bの「労苦」が合う。

問4　「異なる他者たち」の間で「齟齬がないかのように振る舞うための通訳」としての「整理整頓」と「散らかりっぱなしの世界」が対比されていることをおさえる。「読み，そして書く」ことは，元来「多くの人に誤解なくすんなり通じる」ことが前提にあるのではなく，本の著者が思うさま書いたものを読者がわからないまま読み進めるのが自然だと筆者は信じているのである。よって，Aが選べる。

問5　見田宗介《みたむねすけ》の著作を読んだ筆者は，「明快な論理の鮮《あざ》やかさで見晴らしが切り開かれるような」感覚を抱き，読んだ後で「世界の全てを理解した気」になったというのだから，Dが合う。ここでの「翼」は「世界」をはるかに見渡《みわた》す手段，つまり確かな「論理」を得たことを意味しており，「不可能も可能」にしたり，筆者の「心理」を理解したり，「新たな発想」を生んだりするものではない。また，「いつも」理解できているわけでもないので，A～C，Eは誤り。

問6　続く部分で，「自分の日日の暮らしを支える杖《つえ》みたいな言葉を，つねに諳《そら》んじる」ことができる「理想の読書家」は「読んだものを血肉にしている感じ」がすると述べられている。これが本を「自分のもの」として扱《あつか》う，ということの意味にあたる。

問7　続く部分で，読書に意味も意義も求めていない筆者は，役に立たなくても「楽しい」だけで充分《じゅうぶん》だとしたうえで，たとえその内容を忘れてしまって「はじめからないのと見分けがつかな」くてもかまわないと語っている。

問8　続く部分で，「ものを書く」行為《こうい》は筆者自身も書いた文字も残らず，「遠からずすべて忘れられていく」，言うなれば「永続するものなどはじめからなかったのだという実感を強める」ことだと述べられている。そのことが，「生きながらにすこしだけ死んでしまった，という感覚」にあたるので，Cがあてはまる。

問9　最後の三段落で，「読書」に対する筆者の意見がまとめられている。筆者は本を読んでも「すべて忘れてしまう」し，読書という行為に「意味も結果もなにもない」と思っている。しかし，本を読みながら記憶《きおく》の蓋《ふた》が開き，無関係な事物同士が私的な必然性を帯《お》びて結びつくようなとき，筆者は「どこまでも豊かに拡散していく」自分の思考に「強い歓《よろこ》び」を感じるというのだから，Eが合う。

二　**出典：宮下奈都《みやしたなつ》『羊と鋼《はがね》の森』**。ふたごの和音《かずね》と由仁《ゆに》が久しぶりに店を訪《おとず》れ，和音がピアノを弾《ひ》くようす，由仁が調律師になりたいと「僕《ぼく》」（外村《とむら》）に告げるようすが描《えが》かれている。

問1　I　和音の演奏の後，社長に「あの子，あんなにすごかったっけ」ときかれた「僕」は「前から，すごかったと思います」と言っている。つまり，「僕」は和音にずっと目をかけていたのだから，Dが合う。　Ⅱ 「ピアノをあきらめたくない」と語った由仁が，続けて「調律師になりたい」と言い出したことに「僕」は不意を打たれ，「言葉が出なかった」のである。よって，Aがよい。

問2　「聞かせてもらったんじゃなくて，ですか？」と問う「僕」に対し，社長は「ピアノがびゅんと成長する瞬間《しゅんかん》。いや，ひとりの人間が成長する瞬間，だな。そこに立ち会わせてもらった気分だ」と答えている。つまり，和音の演奏をきいた社長は，「すごいものを見せてもらった気がする」と言ったのだろうと考えられる。

問3　「せっかく」は，よい機会を逃《のが》すのは惜《お》しいという気持ちを表す。　(1) 「リサイタル用の会場準備」をしているところへ訪れたふたごに，「僕」は「せっかくだから，弾いていく？」とたずねているので，よい機会なので弾いてみたらどうか，という誘《さそ》いである。　(3) 和音の演奏を「多くの人」にきいてほしいと思った「僕」は，北川さんや諸橋《もろはし》さんに声をかけている。その絶好の機会を逃したくないのである。

問4　後半の内容から，由仁が「ピアノ」の演奏を「あきらめ」なくてはならない状況《じょうきょう》にあることがうかがえる。そのため，「弾いていく？」という誘いに由仁が「いいんですか」と応じたとき，まさか「由仁が弾くのか」と「僕」は驚《おどろ》いたのである。よって，Cが合う。

問5　和音の演奏をきいた社長は「びっくりしたなあ。化《ば》けたよなあ」と，柳《やなぎ》さんは「やべぇよ，和ちゃん，やべぇ」と言い，興奮している。「ぼうぼうと自らを光らせるような，山の中で光っていた木を思い出させるような」演奏をする，才能ある和音のピアノを「僕」は「できるだけ多くの人」にきいてもらいたかったのだから，Bが選べる。

問6　すぐ前で，「今までよりすごい」和音のピアノに「僕」は「胸を躍《おど》らせ」ている。才能あふれるその演奏についききほれていた「僕」は北川さんの拍手《はくしゅ》で我に返り，おくれて拍手を続けているので，Aが合う。

問7　和音のピアノについて，社長から「あの子，あんなにすごかったっけ」と言われた「僕」は，「以前からすごかった」が「そこに，今日は何かが加わっていた」と思い，さらに，「ようやく蕾《つぼみ》の萌芽《ほうが》を見せた」彼女《かのじょ》のことを「これからだ」と感じている。その成長の過程を想像した「僕」は，彼女を「すごい」などという言葉で安易に言い表せるものではないと思ったが，「どちらかしか答えられない」のならまぎれもなく「すごかった」のだから，Dがふさわしい。

問8　ぼう線(7)の時点で「僕」は，由仁が「あきらめたくない」のは演奏することだと受けとめ，「何もしてあげることができない」とつらく感じている。一方，ぼう線(8)では，由仁が「調律師」を目指そうとしていることがわかり，ピアノの「森の歩き方」は「いくつもある」と思っているので，Eが選べる。

問9　和音と由仁がピアノにどうかかわっていくかを目《ま》のあたりにした「僕」の心情が描かれているので，Dが合う。　A 「山の中で光っていた木」を連想したのは「僕」で，和音が演奏中に思い描いた「光景」ではない。　B 由仁は演奏していないので，合わない。　C 「僕」は，控《ひか》えめながら社長に「前から，すごかったと思います」と告げているので，正しくない。　E 「こないだの試《ため》し弾き」は会話ではなく地の文であるほか，これらの表現が読者に「和音と由仁の存在をより身近に感じ」させていることに結びついているとは言い難《がた》い。

2024年度 東邦大学付属東邦中学校

【算　数】〈前期試験〉(45分)〈満点：100点〉

1　次の□にあてはまる最も適当な数を答えなさい。

(1)　$2.15\times\left(2024\times\frac{20}{43}\div506-0.4\right)=\square$

(2)　$4\frac{4}{9}\div\left\{\left(2\frac{4}{5}-\frac{5}{8}\div\square\right)\div\left(1\frac{1}{8}\times0.48\right)\right\}\times1.17=1\frac{1}{25}$

(3)　$123\times21\times37+123\times21\times63+369\times15\times100+246\times17\times100-119\times100\times99=\square$

2　次の問いに答えなさい。

(1)　$\frac{1}{37}$を小数で表したとき，小数第2024位の数を求めなさい。

(2)　Tさんが自動車で，家から目的地までの道のりの$\frac{2}{5}$を時速30kmで走り，残りの道のりを時速90kmで走ったところ，家から目的地に着くまでにかかった時間は27分でした。このとき，家から目的地までの道のりは何kmか求めなさい。

(3)　濃度のわからない500gの食塩水があります。はじめに，この食塩水から100gを取り出し，代わりに100gの水を加えてよく混ぜました。次に，再び100gを取り出し，代わりに100gの水を加えてよく混ぜたところ，濃度が9.6%になりました。このとき，もとの食塩水の濃度は何%か求めなさい。

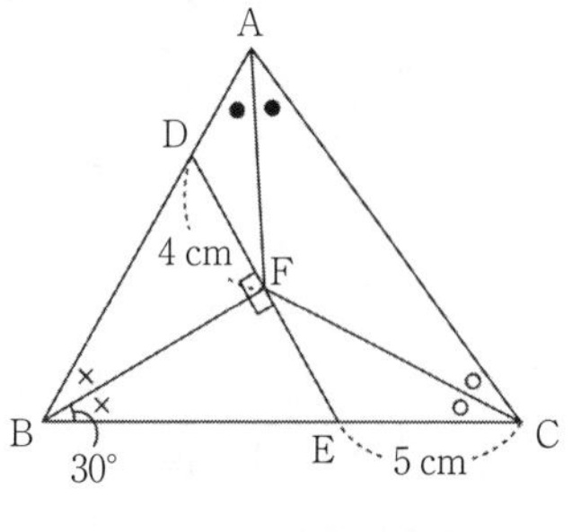

(4)　右の図のような，三角形ABCがあります。このとき，ADの長さは何cmか求めなさい。ただし，同じ印はそれぞれ同じ角度を表しています。

(5)　あるクラスの生徒40人にアンケートを取ったところ，スマホを持っている人は24人，タブレットを持っている人は16人いました。このとき，次の(ア)〜(エ)の中で，正しいものをすべて選び，記号で答えなさい。

(ア)「スマホかタブレットのどちらか一方のみを持っている人数」と，「スマホとタブレットの両方を持っている人数」は同じである。

(イ)「スマホとタブレットのどちらも持っていない人」はいない。

(ウ)「スマホとタブレットの両方を持っている人」の人数は16人以下である。

(エ)「スマホとタブレットの両方を持っている人」を除く人数は24人以上である。

3 ある仕事をAさん1人で行うと6時間かかり，BさんとCさんの2人で行うと3時間かかります。

このとき，次の問いに答えなさい。ただし，2人以上でこの仕事を行っても，1人あたりの仕事のペースは変わりません。

(1) この仕事をAさんとBさんとCさんの3人で行うと，何時間かかるか求めなさい。

(2) BさんとCさんが，それぞれ1人でこの仕事を行うと，かかる時間の比は1：3です。このとき，AさんとBさんの2人でこの仕事を行うと，何時間何分かかるか求めなさい。

4 次の図のような10段の階段を，一番下からスタートして，1歩につき1段または2段上がります。

このとき，下の問いに答えなさい。

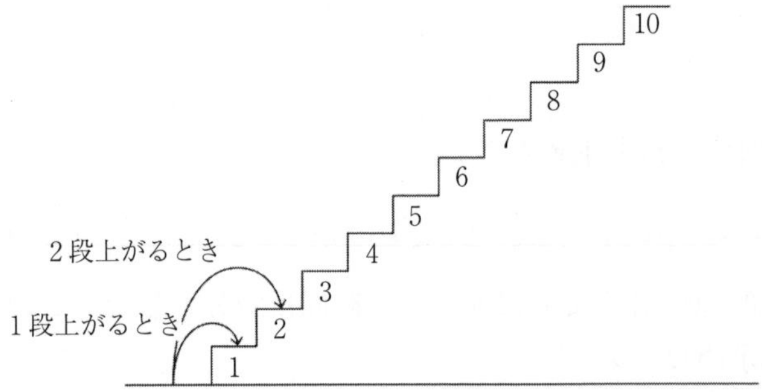

(1) 4段目までの階段の上がり方は何通りあるか求めなさい。

(2) 10段目まで階段を上がるとき，5段目をふまないようにして上がる上がり方は何通りあるか求めなさい。

5 一辺が3cmの立方体3つをそれぞれ削って作った，立体A，立体B，立体Cの3つの立体があります。【図1】のように，これらの立体をそれぞれ右，正面，真上から見ると，次の図の【立体A】～【立体C】の 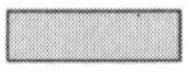 部分のように見えました。

このとき，下の問いに答えなさい。ただし，同じ印の部分は同じ長さとし，削る量は最も少ないものとします。また，真上から見るときは正面に立って見ています。

【図1】

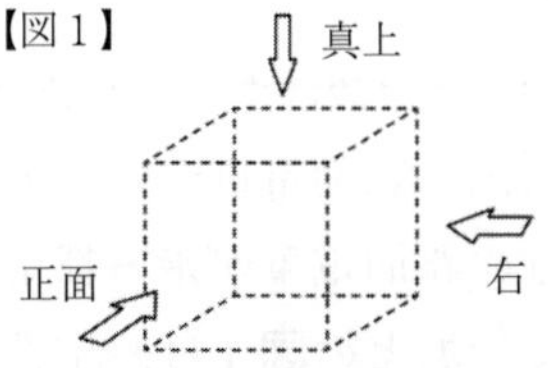

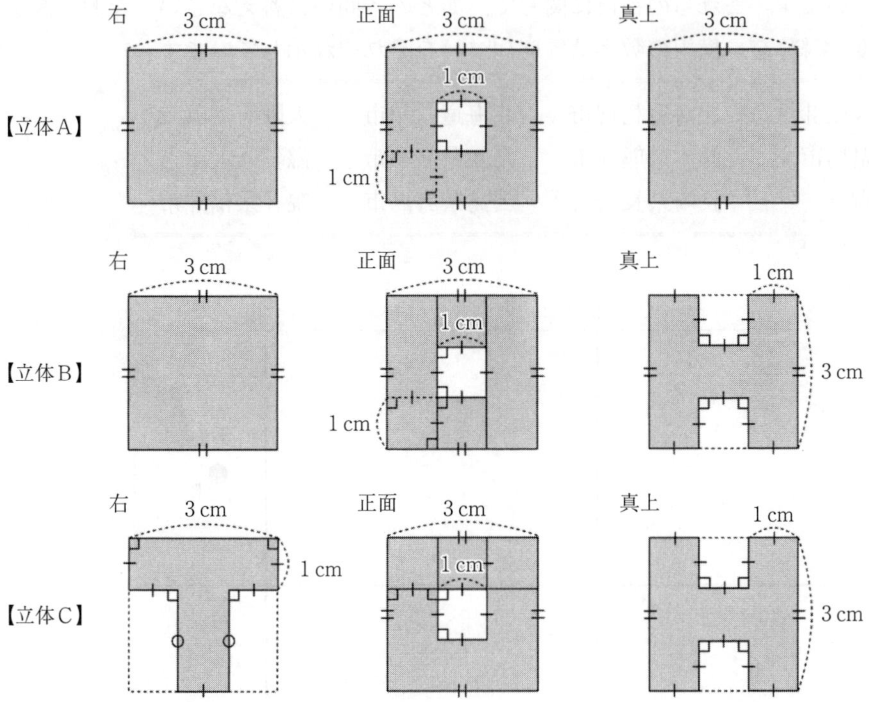

(1)　立体Aの表面積は何cm^2か求めなさい。

(2)　立体Bの体積は何cm^3か求めなさい。

(3)　立体Cの体積は何cm^3か求めなさい。

6　右の図のような一辺が7 cmの正方形ABCDがあり，

AB上にAE：EB＝3：4となる点E，

BCの延長上にBC：CF＝7：3となる点F，

ABの延長上にEG＝FGとなる点G，

CDとEFの交点H，

EFを二等分する点I

があります。

このとき，次の問いに答えなさい。

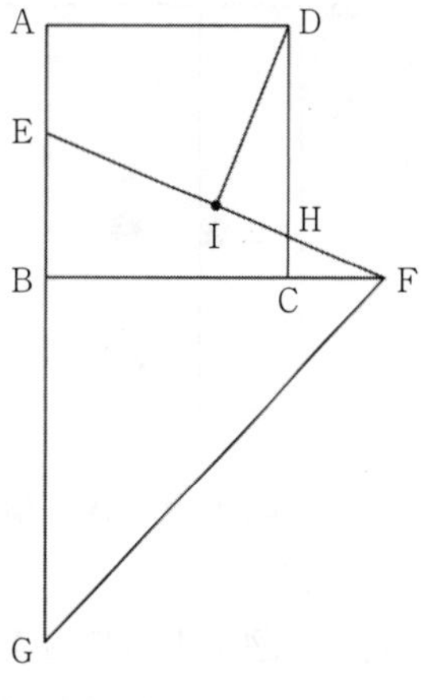

(1)　DH：HCを最も簡単な整数の比で求めなさい。

(2)　DI：IHを最も簡単な整数の比で求めなさい。

(3)　FGの長さは何cmか求めなさい。

【社　会】〈前期試験〉（45分）〈満点：100点〉

〈編集部注：実物の入試問題では，写真と図のおよそ半数はカラー印刷です。〉

1　栃木県宇都宮市に行った邦平《くにへい》さんは，市内に路面電車が走っていることを知りました。路面電車に興味をもった邦平さんは，日本各地の路面電車が走る都市を調べました。次の二重線内は，その中から邦平さんが選んだ12都市で，あとの**図1**は，宇都宮市と二重線内の各都市の位置を●で示しています。これらの都市に関して，あとの各問いに答えなさい。なお，図中の縦線の数字は経度(東経)を，横線の数字は緯度《いど》(北緯)をそれぞれ示しています。

東京都特別区(23区)	北海道札幌市	北海道函館《はこだて》市	大阪府大阪市
鹿児島県鹿児島市	熊本県熊本市	高知県高知市	滋賀県大津市
富山県富山市	長崎県長崎市	広島県広島市	福井県福井市

図1

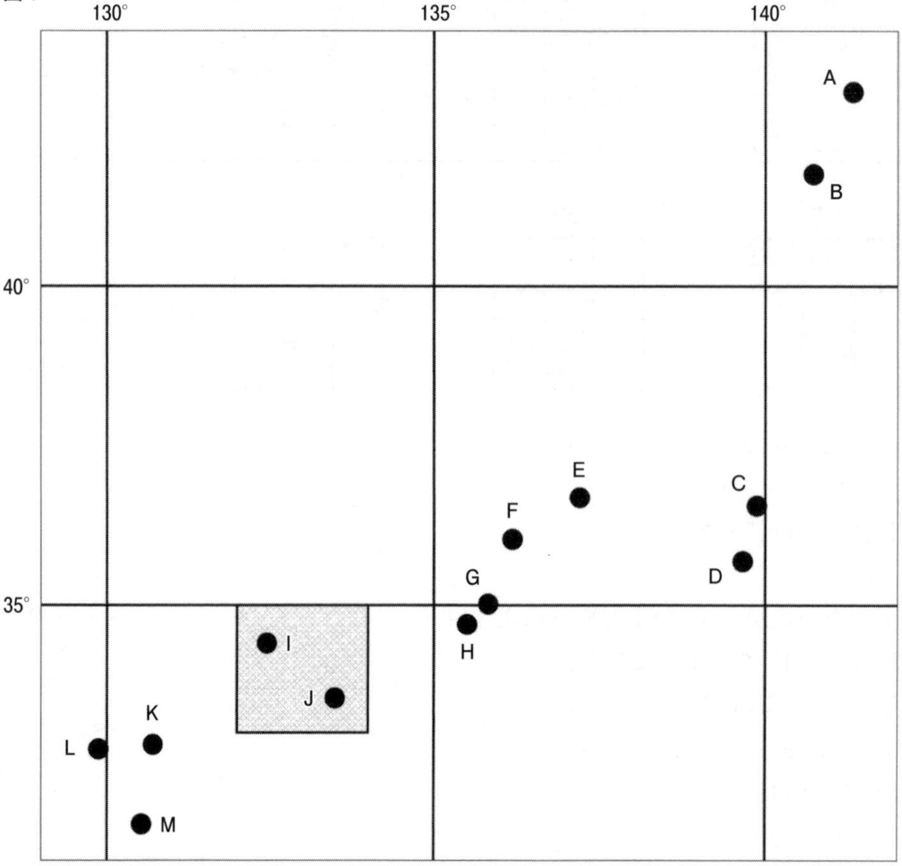

問1　**図1**中の**A**～**M**のうち，宇都宮市の位置を示すものとして正しいものを1つ選び，記号で答えなさい。

問2　**図1**中の都市**A**と都市**L**では，約11.5度の経度の差がある。次の表は，この2つの都市における，昼間と夜間の時間がほぼ同じになる春分の日(2023年3月21日)の日の出・日の入りの時刻をまとめたものである。2つの都市の日の出，日の入りのおよその時刻の差は，経度差から求めることができる。**X**，**Y** にあてはまる時刻の組み合わせとして正しいものを，あとの**ア～カ**から１つ選び，記号で答えなさい。

都市	日の出	日の入り
A	5：37	17：47
L	X	Y

「国立天文台 HP」により作成。

	ア	イ	ウ	エ	オ	カ
X	4：50	5：14	5：25	5：49	6：01	6：24
Y	16：57	17：19	17：30	17：54	18：06	18：32

問３　次の表は，札幌市，福井市，広島市における第１次産業従業者数，※1小売業事業所数，※2情報通信業事業所数について，各都道府県の中でその都市が占《し》める割合を示したものであり，表中の**a～c**には，３つの項目《こうもく》のいずれかがあてはまる。**a～c**にあてはまる項目の組み合わせとして正しいものを，あとの**ア～カ**から１つ選び，記号で答えなさい。

（%）

	a	b	c
札幌市	62.6	27.5	3.0
福井市	61.8	37.5	18.8
広島市	68.8	36.8	8.8

統計年次は2014年。
「総務省統計局 HP」により作成。

〔語句解説〕

※１　小売業事業所数…商品を一般《いっぱん》の人々に売る店の数。

※２　情報通信業事業所数…通信や情報サービスに関する事業を行う事業所の数。例えば，放送局，出版社，インターネット関連などの事業が含《ふく》まれる。

	ア	イ	ウ	エ	オ	カ
第１次産業従業者数	a	a	b	b	c	c
小売業事業所数	b	c	a	c	a	b
情報通信業事業所数	c	b	c	a	b	a

問４　次の写真は，路面電車が走っている，ある都市で撮影《さつえい》したものである。この都市は県庁所在地であり，４ページの二重線内の都市には含まれていない。また，その位置を**図１**中に示した場合，▒中に位置する。この都市名を，**漢字**で答えなさい。

問5　富山市に関して，次の(1)～(3)の各問いに答えなさい。

(1)　次の図は，富山市，熊谷市(埼玉県)，宮古島市(沖縄県)における月別湿度の平年値を示している。都市名と図中の**あ**～**う**の組み合わせとして正しいものを，あとの**ア**～**カ**から1つ選び，記号で答えなさい。

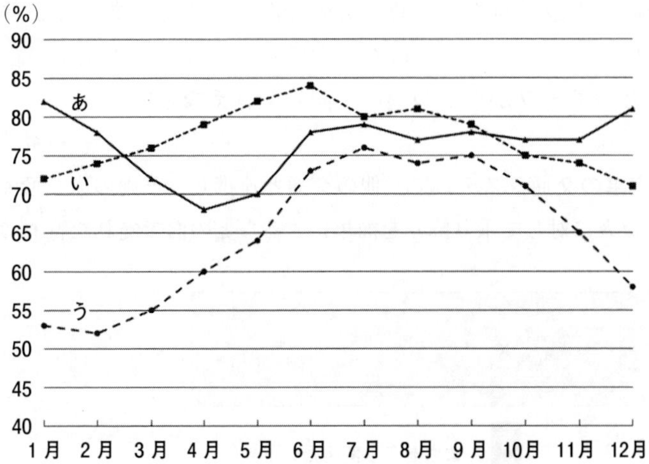

「気象庁HP」により作成。

	ア	イ	ウ	エ	オ	カ
富山市	あ	あ	い	い	う	う
熊谷市	い	う	あ	う	あ	い
宮古島市	う	い	う	あ	い	あ

(2)　次の図は，富山市を含めた本州中央部の地図で，右の**a**～**c**は，左の地図中の**あ**～**う**のいずれかの部分の地形の起伏《きふく》を，影《かげ》をつけて表現したものである。**あ**～**う**と**a**～**c**の組み合わせとして正しいものを，あとの**ア**～**カ**から１つ選び，記号で答えなさい。

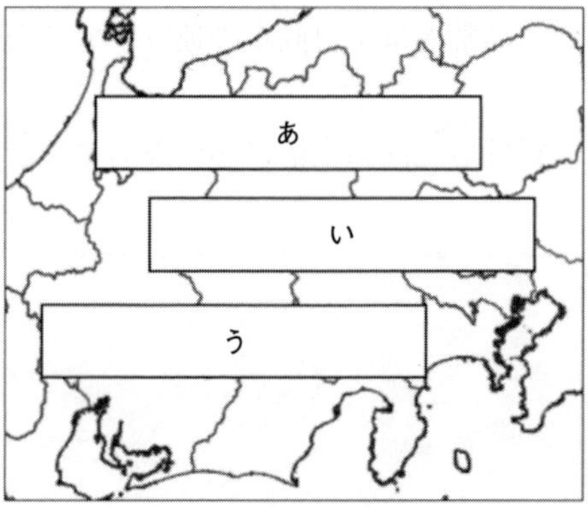

「国土地理院HP」により作成。

	ア	イ	ウ	エ	オ	カ
あ	a	a	b	b	c	c
い	b	c	a	c	a	b
う	c	b	c	a	b	a

(3)　富山市は，人口減少や高齢《こうれい》化社会などに対応するため，歩いて暮らせるコンパクトなまちづくりを目指している。その中で，高度経済成長期以降に廃止《はいし》が相次いだ路面電車の活用が考えられ，※LRTという新たな交通システムが生み出された。次のページの図は，この交通システムが生み出されたときの富山市がかかえていた問題点と，コンパクトなま

ちづくりを実践《じっせん》する上での主な改善点をまとめたものである。また，あとの二重線内の**a**～**c**は，図中の**X**にあてはまることがらをあげたものである。**a**～**c**の正誤の組み合わせとして正しいものを，あとの**ア**～**ク**から１つ選び，記号で答えなさい。

〔語句解説〕

※ LRT…次世代型の路面電車の交通システムで，他の交通と連携《れんけい》し，車両の床《ゆか》を低くし，停留場を改良していろいろな人に対して乗り降りを簡単にするなどの面で優《すぐ》れた特徴《とくちょう》がある。

問題点

X

↓ **まちをこう変えたい！**

改善点

○中心市街地を整備して活性化し，魅力《みりょく》を持たせ，住みやすくする。
○LRTなどの公共交通機関を活用し，自動車にたよりすぎずに「歩いて暮らせるまち」をめざす！
○交通の便利な地域に，だんだんと市民に移り住んでもらい，郊外における住居の分散を解消する。

「富山市公式HP」などにより作成。

a．中心市街地に人口が集中し，郊外へと働きに行く人が多く，中心市街地は混雑や渋滞《じゅうたい》，環境《かんきょう》悪化などが著《いちじる》しい。

b．公共交通機関が衰退《すいたい》し，郊外《こうがい》に住んでいる高齢者は，自動車の運転ができないと生活に困ることが多い。

c．郊外に住んでいる人にとっては，歩いて行ける範囲《はんい》に生活に必要な店や施設《しせつ》がそろっていないことが多い。

	ア	イ	ウ	エ	オ	カ	キ	ク
a	正	正	正	正	誤	誤	誤	誤
b	正	正	誤	誤	正	正	誤	誤
c	正	誤	正	誤	正	誤	正	誤

問６　宇都宮市では，2023年８月にLRTの導入による新たな路面電車が開通した。次の図は，優先的に整備・開業した区間を示した地図で，写真はその路面電車を撮影したものである。この路面電車の開通により，宇都宮市の今後に期待されることがらを述べたものとして**明らかに誤っているもの**を，あとの**ア**～**エ**から１つ選び，記号で答えなさい。

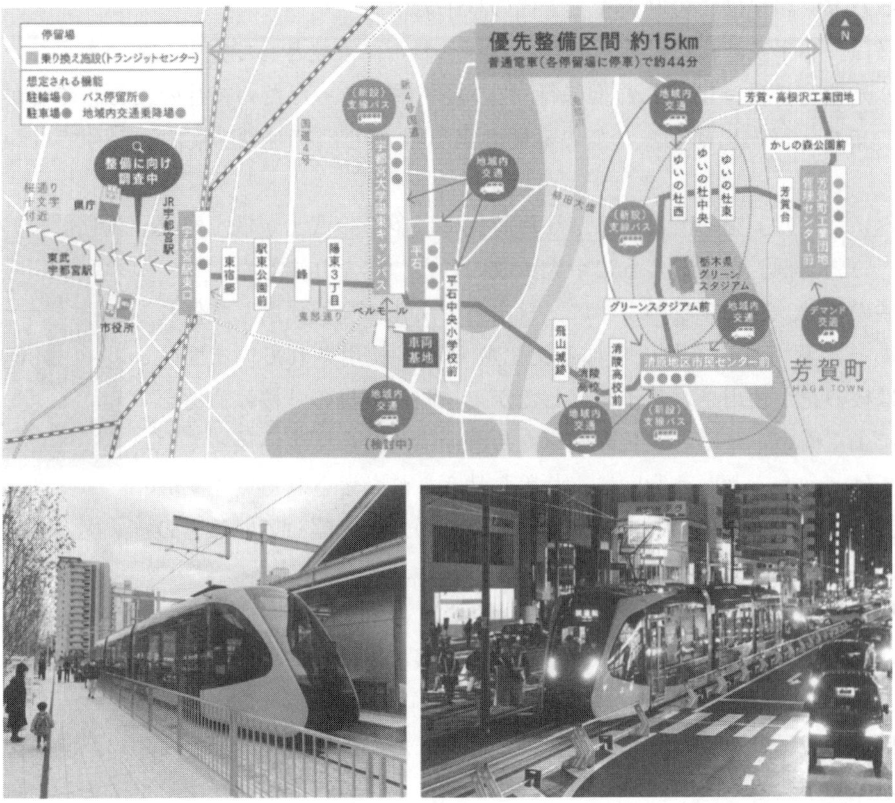

「宇都宮HP」により作成。

ア．県内有数の観光地や空港とのアクセスが良くなることで国際観光都市として発展し，まちが経済的に潤《うるお》うことが期待できる。

イ．郊外の工業団地で働く人や郊外の住宅地に住む人の移動が楽になり，中心地との往来が多くなって，まちの活性化につながる。

ウ．自動車などの交通渋滞の解消につながり，市内全体の，特に中心市街地の環境が改善できる。

エ．高齢者や子どもなどの移動が楽になり，さまざまな人にやさしいまちとして，持続可能な発展が可能となる。

2 東邦大学付属東邦中学校が発行している学校新聞の名前は「たちばな」です。「たちばな」とは植物の名で，右の写真は橘《たちばな》の花です。橘に関する次の文章を読んで，あとの各問いに答えなさい。

橘は，本州の①静岡県以西の太平洋側から四国・九州の沿岸部，それから②台湾《たいわん》などにも分布しています。
『古事記』や『日本書紀』には，垂仁《すいにん》天皇がタジマモリという人を常世国《とこよのくに》に遣《つか》わしてトキジクノカクノミと呼ばれる果実を持ち帰らせ，それが橘の実だったという話があります。常緑である橘は「永遠」につながる縁起《えんぎ》のいいものとして姓《せい》や家紋《かもん》などに多く使われました。

橘氏の始まりは，元明天皇が，天皇家に長く女官として仕えてきた県犬養三千代《あがたいぬかいのみちよ》に橘の姓を授《さず》けたことから始まると言われています。③藤原不比等《ふじわらのふひと》の四人の子どもが病没《びょうぼつ》したのちに権力を握《にぎ》った橘諸兄《たちばなのもろえ》はこの県犬養三千代の息子《むすこ》です。

橘の模様は，④平安時代には使用されており，のちに家紋として定着していきました。⑤京都の石清水八幡宮《いわしみずはちまんぐう》では，創建した僧《そう》の行教《ぎょうきょう》の紋が橘であったため神社の紋として橘が使われています。また，宮内に植えられている橘の実を収穫《しゅうかく》し，御神酒《おみき》「橘酒」が今でもつくられています。

橘の読みに「太刀《たち》」をあてはめ，⑥江戸時代には多くの武士が橘を家紋に使用し，「蔦《つた》」「桐《きり》」などとともに十大家紋のひとつになりました。

また，橘の花は，右の写真のように，日本の⑦文化の発展に関して優れた功績があった者に対しておくられる文化勲章《くんしょう》にも使用されています。もともとは桜の花が使用される予定でしたが，⑧昭和天皇の「桜は武勇を表す意味によく用いられた。文化の勲章なら季節に関わらず生い茂《しげ》っている橘にしてはどうか」という意向により差し替えられたとされています。

問１　下線部①に関するできごとについて述べたものとして**誤っているもの**を，次の**ア**～**エ**から１つ選び，記号で答えなさい。

ア．登呂遺跡《とろいせき》から多数のくわやすき，田げたなどの木製農具や高床倉庫跡《あと》が発掘《はっくつ》された。

イ．江戸時代，大井川《おおいがわ》には橋がかけられず「箱根八里は馬でも越《こ》すが，越すに越されぬ大井川」とうたわれた。

ウ．平氏との戦いに敗れた源頼朝は伊豆《いず》に流されたが，平氏を打倒《だとう》するため，北条氏などの力をかりて挙兵した。

エ．駿河《するが》・遠江《とおとうみ》に勢力を張っていた今川義元は，小牧・長久手の戦いで織田信長に敗れた。

問２　下線部②に関して，台湾が日本の植民地であった時期におこったできごとについて述べたものとして正しいものを，次の二重線内の**a**～**d**から２つ選び，その組み合わせとして正しいものを，あとの**ア**～**カ**から１つ選び，記号で答えなさい。

> **a**．ノルマントン号事件がおこり，これをきっかけに不平等条約の改正が強く求められることとなった。
> **b**．第一次世界大戦中，中国に対し日本の勢力を拡大することなどを求めた二十一か条の要求をつきつけた。
> **c**．ソ連が日ソ共同宣言を破って対日参戦し，満州や南樺太《からふと》などに侵攻《しんこう》した。
> **d**．シベリア出兵を見こした商人が米の買い占めをしたことから米価が急上昇《じょうしょう》し，富山県の主婦らが米屋などに押しかける米騒動《そうどう》がおこった。

ア．**a**と**b**　**イ**．**a**と**c**　**ウ**．**a**と**d**

エ．**b**と**c**　**オ**．**b**と**d**　**カ**．**c**と**d**

問３　下線部③に関して，日本の歴史に登場する藤原氏について述べた次の二重線内の**a**～**c**を，年代の古い順に並べたものとして正しいものを，あとの**ア**～**カ**から１つ選び，記号で答えなさい。

a．藤原定家が中心となって『新古今和歌集《しんこきんわかしゅう》』が編さんされた。
b．藤原緒嗣《おつぐ》は桓武《かんむ》天皇に進言して，蝦夷《えみし》との戦いや平安京造営をやめさせた。
c．藤原良房《よしふさ》は太政大臣《だいじょうだいじん》となり，ついで摂政《せっしょう》となった。

ア．a→b→c　イ．a→c→b　ウ．b→a→c
エ．b→c→a　オ．c→a→b　カ．c→b→a

問4　下線部④に関して，平安時代のできごとについて述べたものとして正しいものを，次の二重線内の**a**～**c**と**d**～**f**からそれぞれ1つずつ選び，その組み合わせとして正しいものを，あとの**ア**～**ケ**から1つ選び，記号で答えなさい。

a．天皇の位を息子《むすこ》にゆずった白河上皇が，院政を開始した。
b．保元《ほうげん》・平治の乱に勝利して将軍となった平清盛は，大輪田泊《とまり》を整備した。
c．東北地方で前九年の合戦・後三年の合戦がおこったが，源義朝によって鎮圧《ちんあつ》された。

d．高麗《こうらい》が朝鮮《ちょうせん》半島を統一した。
e．唐《とう》が新羅《しらぎ》と連合して高句麗《こうくり》を滅ぼした。
f．高麗が元に服属した。

ア．aとd　イ．aとe　ウ．aとf　エ．bとd　オ．bとe
カ．bとf　キ．cとd　ク．cとe　ケ．cとf

問5　下線部⑤に関して，次の二重線内の**a**～**d**は，京都に関するできごとについて述べたものである。このうち，内容が正しいものを2つ選び，その組み合わせとして正しいものを，あとの**ア**～**カ**から1つ選び，記号で答えなさい。

a．南北朝を合体した足利義満は京都の東山に幕府を移し，その建物が豪華《ごうか》であったことから「花の御所《ごしょ》」と呼ばれた。
b．承久《じょうきゅう》の乱のあと，幕府は朝廷《ちょうてい》の監視《かんし》や西国の御家人のとりしまりにあたらせる機関を京都の六波羅《ろくはら》に設置した。
c．京都の鳥羽・伏見《ふしみ》の戦いから始まった戊辰《ぼしん》戦争は，箱館(函館)の五稜郭《ごりょうかく》で旧幕府軍が降伏《こうふく》するまで続いた。
d．京都南部の国人や農民らが幕府に徳政令を求めて山城国一揆《いっき》をおこし，借金帳消しを勝ち取った。

ア．aとb　イ．aとc　ウ．aとd
エ．bとc　オ．bとd　カ．cとd

問6　下線部⑥に関して，次の二重線内の**a**～**c**は，江戸幕府のしくみについて述べたものである。その正誤の組み合わせとして正しいものを，あとの**ア**～**ク**から1つ選び，記号で答えなさい。

a．将軍の下には数名の若年寄が置かれ，町奉行《ぶぎょう》・勘定《かんじょう》奉行・寺社奉行の三奉行を取りまとめた。

b．関ヶ原の戦い以前から徳川氏に従っていた譜代《ふだい》大名は，幕府から警戒《けいかい》されたため江戸から遠い地に配置された。

c．天皇や公家《くげ》を監視するため京都に京都所司代が置かれ，また，禁中並公家諸法度《きんちゅうならびにくげしょはっと》が制定された。

	ア	イ	ウ	エ	オ	カ	キ	ク
a	正	正	正	正	誤	誤	誤	誤
b	正	正	誤	誤	正	正	誤	誤
c	正	誤	正	誤	正	誤	正	誤

問７　下線部⑦に関して，次の**ア～カ**を，それらがつくられた，または始められた時代の古い順に並べたとき，**3番目**と**5番目**にあたるものをそれぞれ１つずつ選び，記号で答えなさい。

ア．

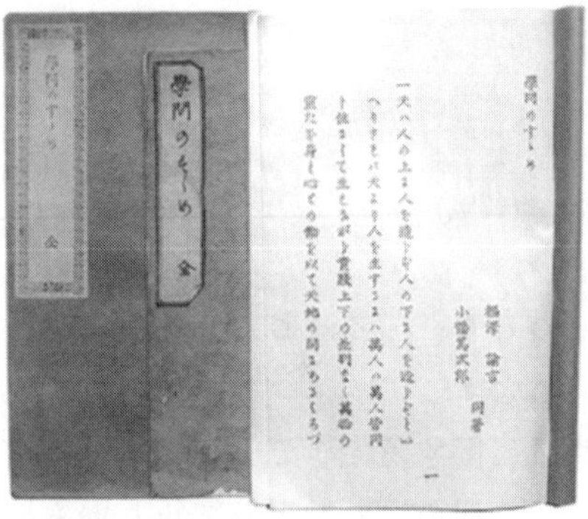

イ．

ウ．

エ．

オ．

カ．

問８　下線部⑧に関して，次の**a**～**c**は，昭和に走っていた鉄道の写真とそれに関する文章である。文章中の［Ｘ］～［Ｚ］にあてはまる言葉の組み合わせとして正しいものを，あとの**ア**～**ク**から１つ選び，記号で答えなさい。

a．

これは南満州鉄道である。満州にいた日本の関東軍が［Ｘ］でこの鉄道の線路を爆破《ばくは》し，これを中国軍のしわざとして軍事行動をおこし，満州事変となった。

b．

これは第二次世界大戦後に見られた「［Ｙ］列車」である。戦後の食糧《しょくりょう》不足により都市の人々が農村へ食べ物を求めて殺到《さっとう》した。

c．

これは1982年に開通した東北新幹線である。この年に中曽根内閣が成立し，1987年まで続いた。この間に，［Ｚ］。

	Ｘ	Ｙ	Ｚ
ア	盧溝橋《ろこうきょう》	買い出し	郵政民営化が行われた
イ	盧溝橋	疎開《そかい》	郵政民営化が行われた
ウ	盧溝橋	買い出し	三つの公社が民営化された
エ	盧溝橋	疎開	三つの公社が民営化された
オ	柳条湖《りゅうじょうこ》	買い出し	郵政民営化が行われた
カ	柳条湖	疎開	郵政民営化が行われた
キ	柳条湖	買い出し	三つの公社が民営化された
ク	柳条湖	疎開	三つの公社が民営化された

3　次の文章は，広島市教育委員会『ひろしまへいわノート～いのち・しぜん・きずな～』(旧版)の一部で，中沢啓治《なかざわけいじ》の漫画《まんが》『はだしのゲン』が使用されている部分です。これを読んで，あとの各問いに答えなさい。

1945(昭和20)年［あ］月［い］日。その日は朝から夏の日ざしがてりつけるあつい日だった。①ゲンは，家に帰ったら進次と遊ぶやくそくをして，一人で②学校に向かった。

午前［あ］時［う］分，ちょうど校門のあたりに来た時だった。話しかけてきた近所のおばさんといっしょに，ゲンが空を見上げたそのしゅんかん…。

ピカーッ，ゴワーッ！

目もくらむような光をあび，ものすごい風にふきとばされて，ゲンは，いしきをうしなった。

「ううう，どうしたんじゃ。」

しばらくして，気がつくと，ゲンは，学校のへいの下にたおれていた。

せなかのれんがや木切れをはらいのけて，はい出してみると…，運よく，大きなけがはしていなかった。しかし，さっきまで話をしていたおばさんは…，しんでいた。

③広島の町は，一しゅんにしてこわされ，めちゃくちゃになった。

あちらこちらで火が上がり，あっという間にもえ広がり始めた。

やっとのことで家にもどったゲンは，ぶじだった母ちゃんといっしょに，家の下じきになった④父ちゃん，ねえちゃん，進次を助け出そうとした。

しかし，どうやっても，みんなを助け出すことができなかった。

ついに，ゲンの家にも火が回ってきた。

父ちゃん…。進次…。ああ。いったい，どうしたらいいんだ。

今年もまた，［あ］月［い］日がやってくる。

父ちゃん，ねえちゃん，進次…。
あの日，あの原子ばくだんさえ落とされなかったら…。
⑤家族いっしょにあの家で，ずっとくらしていただろう。
⑥せんそうさえなかったら…。
今も家族なかよく，わらってくらしていただろう。

（長崎にも原子ばくだんが落とされた後の［あ］月［う］日，ラジオを通じて，国民に戦争が終わったことがつげられた。）

※出題に際して一部表現を改め，本文最後の(　)内の一文は出題に際し加筆した。

問１　文章中の［あ］～［う］にあてはまる数字を，次の**ア**～**キ**からそれぞれ１つずつ選び，記号で答えなさい。

ア．2　　**イ**．6　　**ウ**．7　　**エ**．8　　**オ**．9　　**カ**．11　　**キ**．15

問２　下線部①に関して，次の(1)・(2)の各問いに答えなさい。

(1)　次の資料は，主人公のゲンが弟の進次と落ちたコメ一粒《つぶ》を取り合った場面である。第二次世界大戦中の食糧供給に関して述べたものとして正しいものを，あとの**ア**～**エ**から１つ選び，記号で答えなさい。

『はだしのゲン』第1巻より。

ア．第二次世界大戦中の食糧不足を解消するため，政府は国内のコメ市場を部分的に開放し，コメの一定割合を輸入する「ミニマムアクセス」を継続的《けいぞくてき》に行うことにした。

イ．第二次世界大戦中の食糧の確保と価格の安定を図《はか》るため，「食糧管理法」を制定し，政府がコメの生産・流通・消費を管理するようにした。

ウ．第二次世界大戦により，コメの生産者となる働き手が徴兵されたため，政府は「減反《げんたん》政策」を実施《じっし》し，農村に負担がかからないようにした。

エ．第二次世界大戦により，国内でコメ不足となったため，政府はコメの流通についての規制を外して，市場でコメの取引が自由に行えるようにした。

(2) ゲンの生きた第二次世界大戦中，政党は解散させられ「大政翼賛《よくさん》会」が組織された。日本国憲法では結社の自由が保障され，さまざまな政党が活動している。現在の政党に関して述べたものとして正しいものを，次の**ア**～**エ**から1つ選び，記号で答えなさい。

ア．自由民主党と日本社会党の二大政党制に近い体制が今日まで70年以上続いている。

イ．民主党から政権交代して以来，自由民主党の単独政権が今日まで10年以上続いている。

ウ．政治の公正を確保する目的で，要件を満たした政党が届け出た場合，国庫から政党交付金が提供されている。

エ．選挙の公正の確保やデジタルデバイドの解消のため，政党がインターネットを通じて選挙活動を行う，いわゆる「ネット選挙」は禁止されている。

問3 下線部②に関して，2022年6月，「子ども(児童)の権利条約」に対応する「こども基本法」が国会において成立した。これに関して，次の(1)・(2)の各問いに答えなさい。

(1) 「子ども(児童)の権利条約」の内容として**誤っているもの**を，次の**ア**～**エ**から1つ選び，記号で答えなさい。

ア．子どもは，休んだり遊んだりすることができる権利を持っている。

イ．子どもは，考え方や宗教などを自分で選ぶ権利を持っている。

ウ．子どもは，自分の意見を自由に表す権利を持っている。

エ．子どもは，義務や責任を果たすことで，権利を行使することができる。

(2) 「こども基本法」と同時に成立した法律により，2023年４月に発足《ほっそく》した省庁を答えなさい。

問４　下線部③に関して，2023年５月に広島ではＧ７サミットが開催《かいさい》された。次の図は，Ｇ７各国の経済的な結びつきについて示したものである。図中の a ～ d にあてはまる国名を，あとの**ア**～**キ**からそれぞれ１つずつ選び，記号で答えなさい。

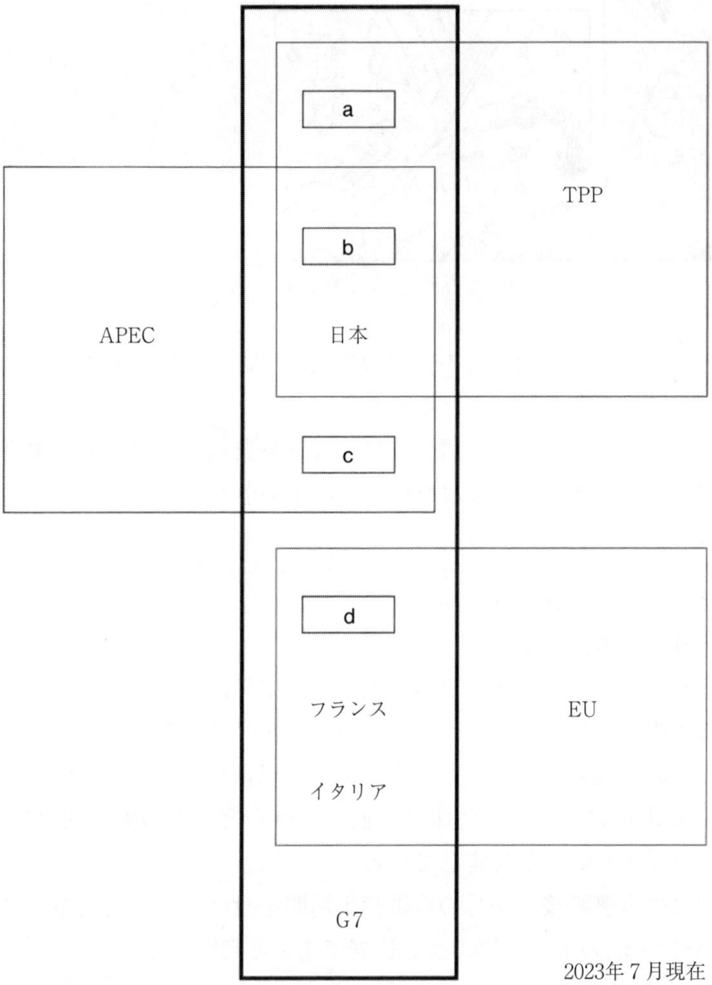

2023年７月現在

ア．オーストラリア　**イ**．カナダ　**ウ**．中国　**エ**．ドイツ
オ．ロシア　**カ**．イギリス　**キ**．アメリカ

問５　下線部④に関して，次の資料は，ゲンの「父ちゃん」が，戦争に反対することを公言し，非国民と蔑《さげす》まれ，警察から取り調べを受けている場面である。現在の日本では憲法で基本的人権が保障され，自らの考えを持ち，それを自由に表明する権利が大切に守られている。下の二重線内の**a**～**d**のうち，この権利を保障した日本国憲法の規定として正しいものを２つ選び，その組み合わせとして正しいものを，あとの**ア**～**カ**から１つ選び，記号で答えなさい。

『はだしのゲン』第１巻より。

> a．集会，結社及び言論，出版その他一切《いっさい》の表現の自由は，これを保障する。
> b．思想及び良心の自由は，これを侵《おか》してはならない。
> c．何人も，公共の福祉《ふくし》に反しない限り，居住，移転及び職業選択《せんたく》の自由を有する。
> d．何人も，法律の定める手続きによらなければ，その生命若《も》しくは自由を奪《うば》われ，又《また》はその他の刑罰《けいばつ》を科せられない。

ア．aとb　　イ．aとc　　ウ．aとd
エ．bとc　　オ．bとd　　カ．cとd

問６　下線部⑤に関して，家族について規定する日本の憲法，法律又は司法の判断について述べたものとして**誤っているもの**を，次の**ア**〜**エ**から１つ選び，記号で答えなさい。

ア．憲法は「婚姻《こんいん》は，両性の合意のみに基《もと》づいて成立」すると規定している。

イ．憲法は，家族に関する事項《じこう》について「法律は，個人の尊厳と両性の本質的平等に立脚《りっきゃく》して，制定されなければならない」と規定している。

ウ．最高裁判所は，女性にのみ離婚《りこん》後６か月の再婚禁止期間を設けている民法の規定について，100日を超えた部分は，法の下の平等に反し違憲《いけん》であると判断した。

エ．最高裁判所は，同性婚を認めていないのは差別的取扱《とりあつか》いであって，法の下の平等に反し違憲であると判断した。

問７　下線部⑥に関して，日本も含め世界の憲法にはさまざまな「平和主義」についての規定がある。次の**ア**〜**エ**は日本，コスタリカ，ドイツ，イタリアのいずれかのものである。このうち日本国憲法の内容として正しいものを１つ選び，記号で答えなさい。

ア．我《わ》が国は，他の人民の自由を侵害《しんがい》する手段及び国際紛争《ふんそう》を解決する方法としての戦争を否認《ひにん》する。

イ．われらは，全世界の国民が，ひとしく恐怖《きょうふ》と欠乏《けつぼう》から免《まぬ》かれ，平和のうちに生存する権利を有することを確認する。

ウ．諸国民の平和的共同生活をさまたげ，とくに侵略戦争の遂行《すいこう》を準備するのに役立ち，かつ，そのような意図をもってなされる行為《こうい》は違憲である。

エ．恒常的《こうじょうてき》制度としての軍隊を禁止する。公共秩序《ちつじょ》の監視と維持《いじ》のためには必要な警察隊を置く。

【理　科】〈前期試験〉（45分）〈満点：100点〉

1　次の文章を読み，あとの(1)～(3)の問いに答えなさい。

毎年，日本の各地で A集中豪雨《しゅうちゅうごうう》による様々な被害《ひがい》が出ています。この集中豪雨をもたらす要因のひとつに，［ア］降水帯があります。この降水帯は，一般《いっぱん》に，次の①～④の過程を経て発生することが知られています。

①　［イ］風がふく。

②　地形や，性質が異なる空気の影響《えいきょう》で，［イ］空気が上昇する。

③　［ウ］雲が次々に発生する。

④　上空の風に流されて列をなすように［ウ］雲が［ア］にのびる。

［ア］降水帯による大雨の可能性がある程度高いことが予想された場合には，「顕著《けんちょ》な大雨に関する気象情報」が様々な情報媒体《じょうほうばいたい》(テレビやインターネットのニュースなど)で発表されています。この情報は，事前の避難《ひなん》などにも役立っています。被害を完全に防ぐことはできませんが，ふだんから Bより正確な情報を入手するように心がけることで，命を守る行動をとることが今まで以上に素早くできるようになっていくでしょう。

(1)　文中の下線部Aについて，集中豪雨により起こりうる被害として**適切でないもの**を，次の1～8から一つ選び，番号で答えなさい。

1．家屋の倒壊《とうかい》　2．盛土の崩壊《ほうかい》　3．道路の陥没《かんぼつ》　4．土砂崩《どしゃくず》れ
5．河川の氾濫《はんらん》　6．土地の液状化　7．停電　8．断水

(2)　文中の［ア］～［ウ］にあてはまる語句の組み合わせとしてもっとも適切なものを，次の1～12から一つ選び，番号で答えなさい。

	ア	イ	ウ		ア	イ	ウ
1	環状《かんじょう》	冷たくかわいた	積乱	2	環状	冷たくかわいた	乱層
3	線状	暖かくしめった	積乱	4	線状	暖かくしめった	乱層
5	列状	冷たくかわいた	積乱	6	列状	冷たくかわいた	乱層
7	環状	暖かくしめった	積乱	8	環状	暖かくしめった	乱層
9	線状	冷たくかわいた	積乱	10	線状	冷たくかわいた	乱層
11	列状	暖かくしめった	積乱	12	列状	暖かくしめった	乱層

(3)　文中の下線部Bについて，災害時により正確な情報を入手し，自分の命を守る行動としてもっとも適切なものを，次の1～4から一つ選び，番号で答えなさい。

1．テレビでドラマを見ていたら，地震《じしん》と津波《つなみ》の発生情報が緊急速報《きんきゅうそくほう》で出た。テレビ画面に表示される情報はそのまま見ていたが，同時にインターネットで住んでいる地域のハザードマップを確認し，テレビの津波情報とあわせて，避難するかどうかの判断材料にした。

2．スマートフォンで動画を見ていたら，緊急速報メールが届いた。すぐに内容を確認した上で，本当に災害が起こっているのか，どのような災害なのか，SNSに投稿《とうこう》されている多くの情報も確認した。その中でももっとも注目されていた個人の投稿を参考に，避難するかどうかを判断した。

3．駅で電車を待っていたとき，竜巻発生注意報《たつまきはっせいちゅういほう》が出たらしく，その情報を伝えるアナウンスが流れた。駅員さんが避難の誘導《ゆうどう》をしていたが，その誘導とは別の方向に周囲の人たちが

動いていた。多くの人が動いていく先が安全だろうと判断し，自分もその流れについていった。

4．学校で授業を受けている最中，降っていた雨がだんだん強くなってきた。先生たちは会議を開き，学校のある自治体の指示も受けて，しばらくは学校から帰らず，とどまる方が安全だと判断した。しかし，親から自分の携帯電《けいたいでん》話《わ》に「今すぐ帰って来て」と連絡があったので，急いで帰宅することにした。

2 次の文章を読み，あとの(1)～(3)の問いに答えなさい。

図は，硝酸《しょうさん》カリウムという固体を100ｇの水にとけるだけとかしたときの，硝酸カリウムの重さと水の温度との関係を示したものです。東子さんと邦夫さんはこれに関する[**実験**]を次のように行いました。

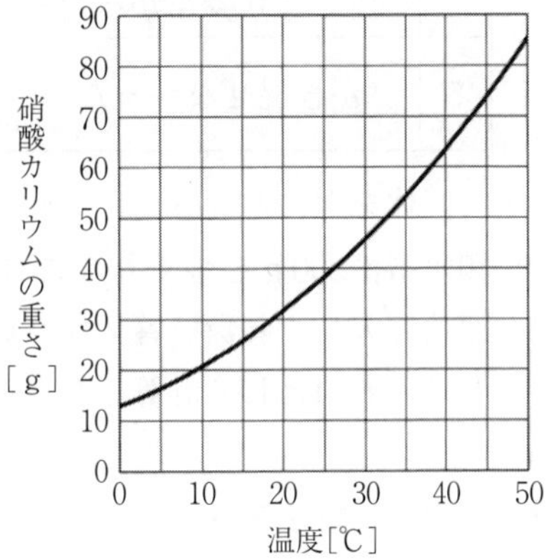

図

[**実験**]

① 硝酸カリウム12ｇをビーカーに入れ，水20ｇを加え，ガスバーナーで加熱しながらガラス棒でかき混ぜ，すべてとけるようにする。すべてとけたら，そのときの温度を測定する。

② 室温でゆっくり冷まし，その間の様子を観察し，とけきれなくなった硝酸カリウムの結晶《けっしょう》が生じたら，そのときの温度を測定する。

(1) [**実験**]で硝酸カリウムの結晶は何℃で生じますか。**図**を参考に，次の**1**～**6**からもっとも適切なものを一つ選び，番号で答えなさい。

1．0℃　　**2**．10℃　　**3**．18℃

4．20℃　　**5**．38℃　　**6**．結晶は生じない

(2) 次の会話文中の[ア]，[イ]にあてはまるものの組み合わせとしてもっとも適切なものを，あとの**1**～**5**から一つ選び，番号で答えなさい。

東子さん「12ｇの硝酸カリウムのとける温度が，予習で求めた温度とちがったね。」

邦夫さん「硝酸カリウムの固体が全部とけたのは45℃だったよね。なんでだろう。」

東子さん「[　ア　]からかな？」

邦夫さん「そうか！　その可能性はありそうだね！」

東子さん「硝酸カリウムの結晶が生じる温度も予習とちがって，32℃だったよ。」

邦夫さん「う～ん…[　イ　]ということはあるかな？　これはおかしいかな？」

東子さん「それはありえないんじゃない？」

邦夫さん「やっぱり変だよね。もう一度考え直してみようっと。」

	ア	イ
1	最初に用意した水が20gより多かった	生じた結晶の粒《つぶ》が小さくて見のがしてしまった
2	最初に用意した水が20gより少なかった	生じた結晶の粒が小さくて見のがしてしまった
3	加えた硝酸カリウムが12gより少なかった	生じた結晶の粒が小さくて見のがしてしまった
4	加えた硝酸カリウムが12gより少なかった	最初に用意した水が20gより少なかった
5	かき混ぜなかった	最初に用意した水が20gより少なかった

(3) 固体を水にとけるだけとかした水溶液《すいようえき》を飽和《ほうわ》水溶液《すいようえき》といいます。硝酸カリウムの60℃での飽和水溶液200gをつくり，これを18℃まで冷やすと，生じる結晶は何gですか。小数第1位を四捨五入して整数で答えなさい。ただし，硝酸カリウムは水100gに60℃で110g，18℃で30gとけるものとして計算しなさい。

3 次の文章を読み，あとの(1)～(3)の問いに答えなさい。

2023年4月～9月に放送されていたNHKの連続テレビ小説「らんまん」の主人公は，日本の植物分類学の父と呼ばれる牧野富太郎《まきのとみたろう》をモデルとしていました。植物の分類とは，植物の体のつくりやふえ方(子孫の残し方)など，植物同士の共通点に基づいて仲間分けをすることです。牧野は生涯《しょうがい》を通じて日本の様々な植物をつぶさに観察し，精密なスケッチを数多く残しています。これらの功績により，明治後期から昭和初期にかけて，日本の植物分類学は大きく発展しました。

現代においては，植物をはじめ多くの生物の分類は，生物のもつDNAやその中の遺伝子《いでんし》に基づいて行われることがほとんどです。しかし，牧野の残した多くの記録は現代の植物図鑑《しょくぶつずかん》においても利用され，今も変わらず日本の植物分類学を支えています。

(1) 種子を食用として利用している植物として**適切でないもの**を，次の**1**～**5**から一つ選び，番号で答えなさい。

1．ダイズ　**2**．アブラナ　**3**．イネ　**4**．ゴマ　**5**．オリーブ

(2) ヒマワリと同じ仲間の植物としてもっとも適切なものを，次の**1**～**5**から一つ選び，番号で答えなさい。

1．タンポポ　**2**．ツツジ　**3**．ホウセンカ
4．チューリップ　**5**．ジャガイモ

(3) 花は一般《いっぱん》に**図**のようなつくりになっており，外側から，がく片，花弁，おしべ，めしべの4つの構造でできています。これらの構造が全てつくられるには，Aクラス，Bクラス，Cクラスと呼ばれる3つの遺伝子のまとまりが，全て正常にはたらく必要があります。この3つのクラスの遺伝子がどのようにはたらいて花の4つの構造ができるのかを確認するために，特定の

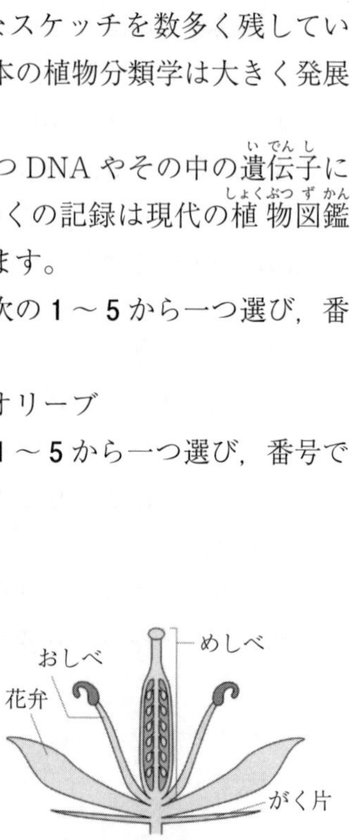

図 花の断面

クラスの遺伝子に異常がある植物を育て，咲《さ》いた花の様子を観察し，記録しました。**表**は，その結果を示しています。この結果から考えられることは，下の**ア**～**カ**のうちのどれとどれですか。その組み合わせとしてもっとも適切なものを，あとの**1**～**9**から一つ選び，番号で答えなさい。なお，育てた植物は３つのクラスの遺伝子全てに異常がなければ，花の４つの構造全てが正常にできる種類のものとします。

表

異常がある（はたらかない）遺伝子	咲いた花の様子
Ａクラス	がく片・花弁ができなかった
Ｂクラス	花弁・おしべができなかった
Ｃクラス	おしべ・めしべができなかった
ＡクラスとＢクラス	がく片・花弁・おしべができなかった
ＡクラスとＣクラス	どの構造もできなかった
ＢクラスとＣクラス	花弁・おしべ・めしべができなかった

ア．Ａクラスの遺伝子がはたらくだけで，花弁ができる。
イ．Ｂクラスの遺伝子がはたらくだけで，おしべができる。
ウ．Ｃクラスの遺伝子がはたらくだけで，めしべができる。
エ．ＡクラスとＢクラスの遺伝子だけが，めしべができることに関わる。
オ．ＡクラスとＣクラスの遺伝子だけが，花弁ができることに関わる。
カ．ＢクラスとＣクラスの遺伝子だけが，おしべができることに関わる。

1	**ア**	**エ**	**2**	**ア**	**オ**	**3**	**ア**	**カ**
4	**イ**	**エ**	**5**	**イ**	**オ**	**6**	**イ**	**カ**
7	**ウ**	**エ**	**8**	**ウ**	**オ**	**9**	**ウ**	**カ**

4　次の文章を読み，あとの(1)，(2)の問いに答えなさい。

下の**図1**のように，高さ20cmの直方体の容器を水平な台の上に置きました。容器に水を入れて，容器の側面にばねを取り付けました。側面に対して垂直にばねを引っ張り，容器が動き出したときのばねののびを調べる実験を行いました。

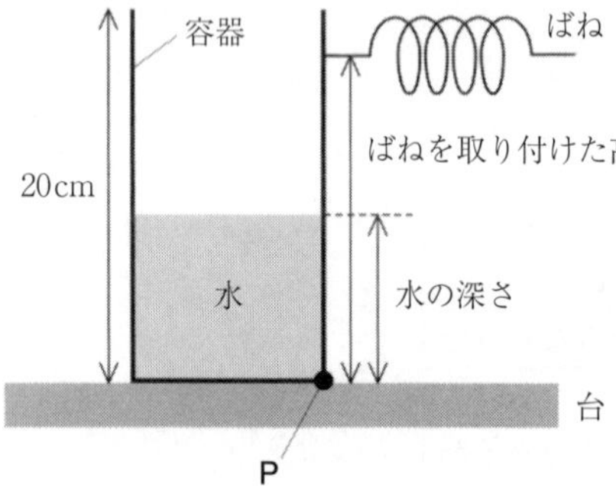

図1

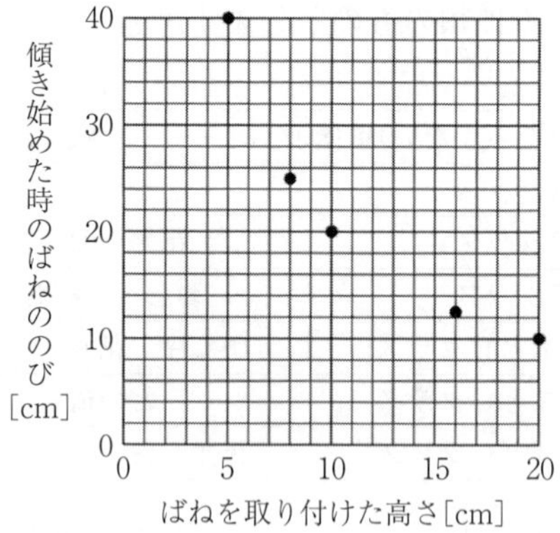

図2

［**実験1**］

容器に深さ8cmになるように水を入れ，容器が横に移動しないように，ばねを取り付ける側面と台が接触《せっしょく》するところ(**図1**の点**P**)をおさえました。ばねを取り付ける高さをいろいろと変えてばねを引っ張ったところ，ばねを取り付けた高さと容器が傾《かたむ》き始めた時のばねののびの関係は，上の**図2**のようになりました。

［**実験2**］

容器が傾かないようにして，容器に入れる水の量をいろいろ変えてばねを引っ張ったところ，水の深さと容器が横に移動し始めた時のばねののびの関係は，**図3**のようになりました。この関係は，ばねを取り付ける高さを変えても変わりませんでした。

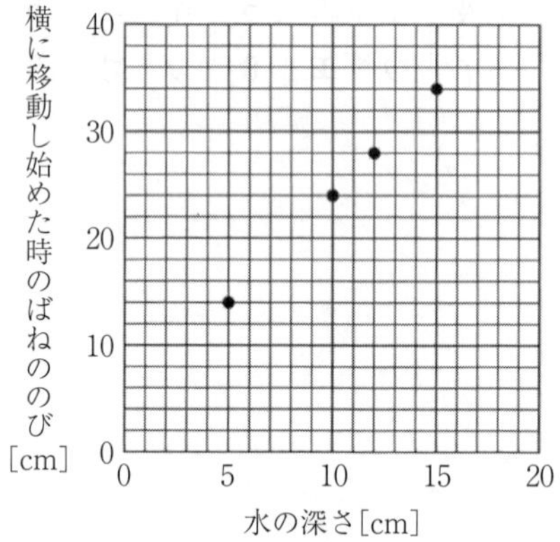

図3

(1)　［**実験1**］において，容器が傾き始めた時のばねののびが16cmになるのは，ばねを取り付けた高さが何cmのときですか。

(2)　［**実験1**］と［**実験2**］の結果から，容器を台の上に置き，深さ8cmになるように水を入れてばねを引いた時に，容器が横に移動するより先に容器が傾き始めるのは，ばねを取り付けた高さが少なくとも何cmを超《こ》えたときですか。

5　次の文章を読み，あとの(1)～(3)の問いに答えなさい。

2023年6月から，［　ア　］が「条件付特定外来生物」に指定されました。［　ア　］は，外国から日本に持ちこまれて以降，野外でも繁殖《はんしょく》して次第に数をふやし，生態系などへの被害《ひがい》の大きさが問題視されていました。しかし長い間，「特定外来生物」への指定はされてきませんでした。

日本国外から持ちこまれた$_A$<u>外来種</u>を外来生物といいます。「特定外来生物」は，外来生物のうち，生態系，人の生命・身体，農林水産業へ被害を及《およ》ぼすもの，または及ぼすおそれがあるものとして，外来生物法という法律で指定されている生物のことを指す言葉です。「特定外来生物」はその扱《あつか》いに様々な規制があり，人による移動は簡単にはできないようになっています。［　ア　］が生態系などへ与える被害は，「特定外来生物」に指定されるのに十分であることは，多くの研究者によってたびたび指摘《してき》されていました。しかし，［　ア　］はそういった被害の報告が出るまでの間に広く一般家庭《いっぱんかてい》でも飼育されるようになり，「特定外来生物」としての規制が難しい状況《じょうきょう》にありました。この状況への対応のため，B<u>「特定外来生物」に指定しつつも一部の規制を適用しないようにすることができる「条件付特定外来生物」</u>が新設されたのです。

(1)　文中の［ア］にあてはまる生物としてもっとも適切なものを，次の1～16から一つ選び，番号で答えなさい。

1．アライグマとアカミミガメ　　2．アライグマとカミツキガメ
3．アライグマとクサガメ　　4．アライグマとワニガメ
5．ウシガエルとアカミミガメ　　6．ウシガエルとカミツキガメ
7．ウシガエルとクサガメ　　8．ウシガエルとワニガメ
9．アメリカザリガニとアカミミガメ　　10．アメリカザリガニとカミツキガメ
11．アメリカザリガニとクサガメ　　12．アメリカザリガニとワニガメ
13．オオクチバスとアカミミガメ　　14．オオクチバスとカミツキガメ
15．オオクチバスとクサガメ　　16．オオクチバスとワニガメ

(2)　文中の下線部Aについて，外来種に関する説明として**適切でないもの**を，次の1～4から一つ選び，番号で答えなさい。

1．本来いなかった環境《かんきょう》に人間活動の影響《えいきょう》で入ってきたものだけが外来種であり，生物が自力で移動してきたり，人間以外の生物や自然現象の影響で移動してきたりしたものは，外来種ではない。

2．同じ国や地域にすむ生物について，例えば習志野市から船橋市へ，あるいは同じ市内のある地区から別の地区への移動であったとしても，人間が持ちこんだ生物は，持ちこんだ場所に本来いないものであれば，外来種である。

3．外来種は，本来いなかった環境に人間活動の影響で入ってきたとしても，必ずしも移動した先で繁殖し，数をふやすことができるわけではない。

4．本来いなかった環境に人間活動の影響で入ったのちに，繁殖して数をふやすことができたとしても，元の生態系に何の影響もない場合には，外来種とは呼ばない。

(3)　文中の下線部Bについて，次のa～dは，「特定外来生物」に対して法律で禁止されている内容です。これらのうち，「条件付特定外来生物」では許可されている(禁止されていない)ことはどれですか。もっとも適切なものを，あとの1～7から一つ選び，番号で答えなさい。

a．すでにペットとして飼育している個人が，無許可で飼育を続けること。

b．すでに商業目的で飼育している業者が，無許可で飼育と販売《はんばい》を続けること。

c．外来生物としてすでに定着している野外で採取した個体を，個人が持ち帰った後，再び採取した場所にもどすこと。

d．外来生物としてすでに定着している野外で採取した個体を，商業目的の業者が持ち帰った

後，その生物の原産地の野外に運んで放すこと。

1．全て許可なし　2．a　3．ab　4．ac
5．abc　6．abd　7．abcd

6　次の文章を読み，あとの(1)～(3)の問いに答えなさい。ただし，気体の体積はすべて同じ条件ではかったものとします。

貝殻《かいがら》や石灰石《せっかいせき》の主成分である炭酸カルシウムは，白色の固体で，塩酸を加えると二酸化炭素を発生しながらとけて，無色の水溶液《すいようえき》となります。この水溶液に硫酸《りゅうさん》を加えると，白色の沈《ちん》殿《でん》が生じます。

2.5gの炭酸カルシウムに十分な量の塩酸を加えると，600mLの二酸化炭素が発生しました。この水溶液に十分な量の硫酸を加えて，生じた沈殿を取り出し，乾燥《かんそう》したあとに重さをはかると3.4gでした。

また，ふくらし粉の主成分である炭酸水素ナトリウムは，重曹《じゅうそう》とも呼ばれる白色の固体で，炭酸カルシウムと同様に，塩酸を加えると二酸化炭素を発生しながらとけて，無色の水溶液となります。しかし，この溶液に硫酸を加えても沈殿は生じません。

2.1gの炭酸水素ナトリウムに十分な量の塩酸を加えると，600mLの二酸化炭素が発生しました。

(1)　10gの炭酸カルシウムに十分な量の塩酸を加えて発生するのと同量の二酸化炭素を，炭酸水素ナトリウムに十分な量の塩酸を加えて発生させるには，炭酸水素ナトリウムは何g必要ですか。

(2)　30gの炭酸カルシウムに十分な量の塩酸を加え，二酸化炭素を発生させました。この水溶液に，ある濃《こ》さの硫酸を80mL加え，生じた沈殿を取り出し，乾燥したあとに重さをはかると10.2gでした。さらに同じ濃さの硫酸を加えて沈殿が生じなくなるまでには，あと何mLの硫酸が必要ですか。

(3)　炭酸カルシウムと炭酸水素ナトリウムの混合物に十分な量の塩酸を加えたところ，二酸化炭素が1760mL発生しました。この水溶液に十分な量の硫酸を加え，生じた沈殿を取り出し，乾燥したあとに重さをはかると5.44gでした。もとの混合物全体の重さに対する炭酸カルシウムの重さは何％ですか。小数第1位を四捨五入して，整数で答えなさい。

7　次の文章を読み，あとの(1)～(3)の問いに答えなさい。ただし，水の重さは1 cm^3 あたり1gとします。

断面積の異なる円筒《えんとう》の形をした容器をいくつか用意し，それぞれの容器の底に穴をあけて，ゴム管でつないだ装置をつくりました。

次に，**図1**のように，この装置に水を入れ，左右の容器の内側の断面にちょうどはまる円柱の形をしたおもりをのせ，水面の高さを左右で同じにする**実験1**～**実験4**を行いました。

このときの左右の容器の断面積と，左右にのせたおもりの重さの関係は**表**のようになりました。

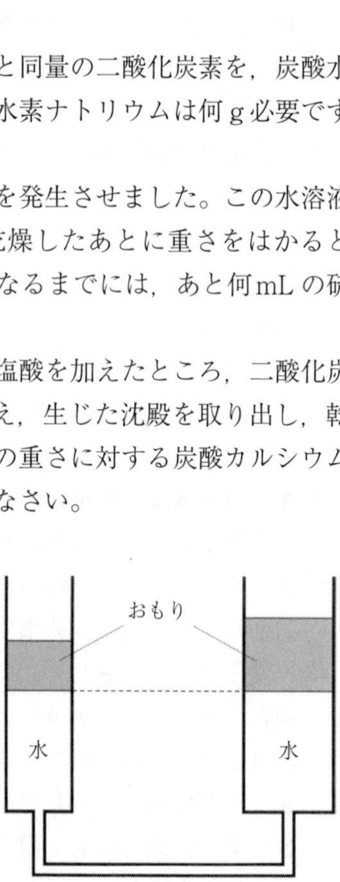

図1

表

	実験 1	**実験 2**	**実験 3**	**実験 4**
左の容器の断面積[cm^2]	5	5	5	5
左の容器にのせたおもりの重さ[g]	10	20	10	20
右の容器の断面積[cm^2]	30	30	40	40
右の容器にのせたおもりの重さ[g]	60	120	80	**ア**

(1)　**表**の**ア**に入るおもりの数値を答えなさい。

左の容器の断面積を5 cm^2，右の容器の断面積を30cm^2にして，左右に同じ重さのおもりをのせると，**図2**のように，右の容器の水面のほうが10cm 高くなりました。

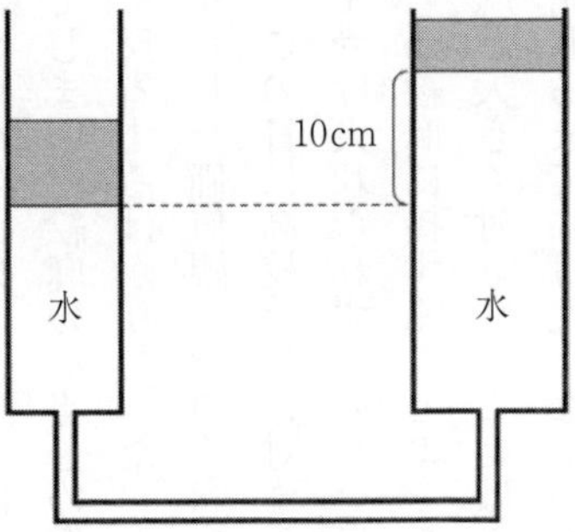

図2

(2)　左右にのせたおもりの重さは何gですか。

図3の状態で，重さ42gのおもり**A**，円柱の形をした重さ140gのおもり**C**，円すいの形をしたおもり**B**が静止しています。左の容器の断面積は15cm^2，右の容器の断面積は6 cm^2で，左右の容器の水面の高さは同じです。棒は，右端《みぎはし》の点**P**のみが固定され，点**P**を支点としておもり**B**の頂点を押《お》すように，左端にひもでおもり**A**がつるされています。また，棒は水平になっており，棒の左端からおもり**B**の頂点までの長さは24cm，棒の右端の点**P**からおもり**B**の頂点までの長さは4cmです。ただし，棒とひもの重さは無視できるものとします。

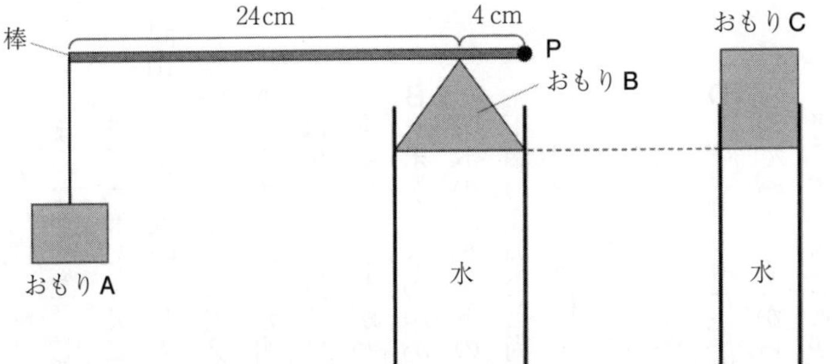

図3

(3)　おもり**B**の重さは何gですか。

ことなら絵麻の思いもよらないような面白いことを言ってその気持ちをさらに明るくさせたいと考えた。

問9　本文の尚美についての説明としてもっとも適切なものを次のA～Eの中から一つ選び、記号で答えなさい。

A　いつもならばすなおに受け入れられる絵麻の強い発言に、なぜかこの日は一つ一つひっかかるものを感じてしまった。自分も傷つくことを承知の上で絵麻に批判を試みると絵麻は優《やさ》しく対応したが、絵麻の笑顔の下にさげすみがあるのを見ぬいてしまった。

B　自信を持って断定的なことを言う絵麻の、同級生を見下すような発言に自分を非難されてしまったように思って反感をいだいた。いつまでも冷静になれなかったため、絵麻のこれまでの発言を自分は何の疑問も持たずにそのまま受け入れていたようにさえ感じてしまった。尚美の気持ちを見ぬいたかのような絵麻の笑いで、尚美は自分の誤解に気づいた。

C　絵麻は同級生ではあるが尚美にとってはまるで大人と接するような気おくれを感じるような存在だった。しかしこの日は絵麻の発言にいつになく誤りがあるように感じられてしまった。さりげなく指摘《してき》したつもりの言葉は結果的に絵麻より自分を傷つけるものとなってしまい、絵麻のなぐさめを受けても、自分の表現力の少なさを反省するばかりだった。

D　自分の中にしっかりした価値観を持つ絵麻をかなわない存在だと思っていたが、この日は高校受験に対する不安もあり、絵麻の考えをそのまま受け入れられずにいた。自分自身がいやになるような言葉でしか絵麻に接することのできない自分をもてあましていた。絵麻と大きく対立することはなかったが、それでもすっきり心が晴れるまでには至らなかった。

E　極端ではあるが真実をするどく指摘する絵麻の発言にいつもは同意することしかできなかったが、この日は反発したくてたまらなかった。しかしいざ否定しようとしても自分の考えをうまく言葉にすることができず、絵麻に笑われて情けなく感じた。

問10　本文の説明としてもっとも適切なものを次のA～Eの中から一つ選び、記号で答えなさい。

A　尚美と絵麻が町中を歩く場面で、尚美にとって周囲の人ごみは単なる背景ではなく、絵麻との気まずさを救ってくれる役割をも持つことがわかる。

B　ポケットの中のざりざり感について、「制服や、制服用のコートのポケットの中」という限定により、学校生活がすべての不満の原因だと尚美が思ったことがわかる。

C　「北風の訪れと共に一斉に大人しくなった」という表現から、男子たちが受験に対する意識ではなく、寒くなったことで勉強に向かったことがわかる。

D　「ざりざりの歌」のような音楽があれば良いのにと絵麻が思っていることから、絵麻が言葉よりも音楽の方が自信があると考えていることがわかる。

E　絵麻も尚美もともにその言動は記されるが、心の動きは尚美のものしか記されないことから、絵麻が尚美にとって不可解な存在であることがわかる。

まだ奥が深い。それ以上はその人がいくら努力しても得ることができない可能性もあるので、あらゆる可能性を視野に入れることが大切なことである。

D　ある人が上を目指し、全力を尽くして目標に到達したとしても、実は単なる偶然《ぐうぜん》によってたまたま得ることができた結果である。偶然による成功を自分の実力と思いこんでも、いつかは自分の実力の低さを痛感することになるので、そのことに気づかないのは気の毒なことである。

E　ある人が上を目指し、全力を尽くして目標に到達したとしても、実はその人が目指す目標は別のところにあるということはよくある話である。自分をしっかり見つめて目標を設定すべきなのに、まわりの人の見方に流されて安易に決めてしまうのはその人にとって不幸なことである。

問6　――線(6)「絵麻なりの手打ち」の説明としてもっとも適切なものを次のA～Eの中から一つ選び、記号で答えなさい。

A　たがいの異なる意見を尊重しつつ、話題に区切りをつけようとすること。

B　とりあえず結論をたな上げして、また別の機会に話し合おうとすること。

C　自分が正しいということを示しながら、相手に合わせたふりをすること。

D　明るい顔を見せながら、自分の考えを無理やり押しつけようとすること。

E　相手の考えを悪く言うのをさけて、自分たち世代全体の責任にすること。

問7　――線(7)「はっきりと傷ついた目を返した」とありますが、それはなぜですか。その理由としてもっとも適切なものを次のA～Eの中から一つ選び、記号で答えなさい。

A　尚美の発言から尚美が本当は絵麻をずっときらっていたのだということを知ってしまったから。

B　尚美の発言から絵麻自身これまで考えてもいなかった自分のみにくい考え方に気づかされたから。

C　尚美の発言から意外にも尚美が悪意をもって絵麻の気持ちを傷つけようとしたことがわかったから。

D　尚美の発言から尚美がいつの間にか絵麻も及ばないほど言葉たくみな人に成長していたと思ったから。

E　尚美の発言から絵麻が自分は他人より優れた者だと思っていると非難されたように感じたから。

問8　――線(8)「尚美には、そう言うのが精一杯だった」とありますが、この時の尚美の気持ちの説明としてもっとも適切なものを次のA～Eの中から一つ選び、記号で答えなさい。

A　絵麻がおどけた言動で自分をなんとか元気づけようとしてくれていることを察して感動したが、本当に自分を心から許してくれているのかをためしてみようとした。

B　絵麻の笑顔についつられて浮かべてしまった自分のほほえみを後悔し、絵麻の言葉のあげ足を取ることで絵麻をまだ心から許していないということを示そうとした。

C　絵麻がわだかまりのない言葉をかけてくれたことにほっとするとともに、あえて軽い不平を言うことで絵麻とこれまで同様の仲の良さでいられることを確かめようとした。

D　絵麻が自分のささくれた気持ちに寄りそおうとしていることに反発を感じ、わざといじわるな言葉を返すことで絵麻の落ち着きはらった笑顔をひっこめさせようとした。

E　絵麻の笑顔を見てほっとした気持ちになると同時に、できる

E　勉強している友だちを見たくなかったんだよ。

問2　——線(2)「肩を竦めた」とありますが、この動作には絵麻のどのような思いが表れていますか。もっとも適切なものを次のA～Eの中から一つ選び、記号で答えなさい。

A　納得しかねるという思い。
B　わけがわからないという思い。
C　見そこなったという思い。
D　自分には関係ないという思い。
E　気味が悪いという思い。

問3　——線(3)「もたらされたという言い回しが気に障った」とありますが、それはなぜですか。その理由としてもっとも適切なものを次のA～Eの中から一つ選び、記号で答えなさい。

A　その人ががんばった成果ではなく、たまたま実力以上の成果が出ただけであるかのように思えたから。
B　その人の力のように見えるものの、元々そうなる道すじだったのだと言っているように聞こえたから。
C　その人の成功は本人だけのものではなく、支えた親や教員のおかげであるかのように考えているから。
D　その人が努力しようがするまいが、最終的な結果は初めからわかっていたかのように言っているから。
E　その人が勝ち取ったわけではなく、その人ではない別の何かが与えてくれた結果のように感じたから。

問4　——線(4)「結果は結果なんじゃないの?」とありますが、この発言について以下の問いに答えなさい。

I　これはだれの発言ですか。次のA・Bから一つ選び、記号で答えなさい。

A　絵麻　　B　尚美

II　この発言の内容の説明としてもっとも適切なものを次のA～Eの中から一つ選び、記号で答えなさい。

A　結果とひと口に言っても、短期的結果と長期的結果があるので、そのどちらを重視すべきかは場合によって異なる。
B　努力は人に知られず行うべきものであり、本人以外はその努力の達成度を結果という形でしか見ることができない。
C　その人が実は全く努力していなかったとしても、良い結果が出たならばその人の行動は正しかったと考えるしかない。
D　その人の努力と結果とは必ず結びつくとは限らないので、結果だけでその人の努力を評価するのはまちがっている。
E　結果はその人の努力の表れで、良い結果は努力が十分だったことを示すのだからその人を評価するよりどころとなる。

問5　——線(5)「言っていることはいちいち判る」とありますが、尚美のとらえた絵麻の考え方としてもっとも適切なものを次のA～Eの中から一つ選び、記号で答えなさい。

A　ある人が上を目指し、全力を尽《つ》くして目標に到達《とうたつ》したとしても、その目標は客観的に見てそれほど目を見張るようなすごさを持っていない。それなのに本人も周囲も目標に到達したことばかりに目が行き、客観的な見方ができなくなってしまっているのは残念なことである。
B　ある人が上を目指し、全力を尽くして目標に到達したとしても、それはあくまでも努力に対する成果であって、その人自体の価値とは別物である。それなのに成果の全てを自分のものにできたかのように思いこんだり他の人がその人を評価したりするのはおかしなことである。
C　ある人が上を目指し、全力を尽くして目標に到達したとしても、それはその人の限界に過ぎず、目標自体の持つ価値はまだ

「エマチンが思ってるほど、みんな馬鹿《ばか》じゃないと思うよ」
言うつもりのなかった言葉が、ぽろりと溢《こぼ》れた。
（中略）
絵麻は(7)はっきりと傷ついた目を返した。
絵麻が言いたいことはわかっている。
そんなふうに思ってないと言い返さない絵麻は、何を思って黙ってしまったのか。
自分の底意地の悪さに息苦しくなった。
絵麻がそんなふうに思ってるわけじゃないと判っていながら、そんな言い方になってしまった自分のとげとげしい気持ちは、一体どこから湧《わ》き上がったのだろう。
絵麻を傷つけようとした。わざと傷つく言い方を選んだ。
言いたいことを伝える言葉はどんなに指先がざりざりしても探し当てられないのに。自分を守りたいだけの意地悪な棘《とげ》は、考える間もなく飛び出してしまう。ざりっと音を立てて、絵麻を傷つけた。
努力することは無駄《むだ》じゃないと、そう言ってもらいたかっただけだ。たとえ絵麻がそう考えないのだとしても、「尚美の努力は無駄にはならないよ」と、励《はげ》まして欲《ほ》しかった。
今、そう言えれば。
だが、尚美には、それだけのことを伝える勇気がない。
「やっぱ、※5ソニプラですかね」
もう一度向けられた花の笑顔に、今度は確かに救われて、ぎこちなく微笑みながら頷いてみせる。
目指す店の前はとうに通過していた。ただ喋《しゃべ》るためだけに歩き続けていたと気がつく。沈黙《ちんもく》をかき消されることに安心して、雑踏《ざっとう》へ雑踏へと歩き続けていたのだ。
センター街の中央にある十字路から横に出て雑貨店の並ぶ通りを引き返し、駅にほど近いファッションビルに向かう。
「ソニプラなら、※6恵比寿《えびす》の方が近かったじゃん」
(8)尚美には、そう言うのが精一杯《せいいっぱい》だった。
「そうだね」
振《ふ》り絞《しぼ》った勇気は絵麻の爆笑《ばくしょう》に救われた。
学校帰りにそのまま寄り道しての買い物だったら、こんなおかしな気持ちにはならずに済んだだろう。
したいことと、しなくちゃいけないことと、それらを押し込むべき自分の時間は、いつも尚美をばらばらにしてしまう。
絵麻に聞こえないよう噛《か》み潰《つぶ》しながら、ため息を吐《は》き出した。

（前川麻子《まえかわあさこ》『パレット』より。）

(注)
※1 伊原…尚美や絵麻と同じ公立中学に通う三年生。明るい性格で絵麻のボーイフレンド。
※2 ステンカラーコート…冬用のコートの一種。
※3 おためごかし…いかにも人のためにするように見せかけて、実は自分の利益をはかること。
※4 ピーコート…冬用のコートの一種。
※5 ソニプラ…輸入雑貨専門店「ソニープラザ」を略した呼び方。
※6 恵比寿…東京都渋谷《しぶや》区にある地名。

問1 ――線(1)「小心者だから」とありますが、このあとに続くと考えられる言葉としてもっとも適切なものを次のA～Eの中から一つ選び、記号で答えなさい。
A ほかに何もしたいことがなかったんだよ。
B 勉強しない自分が情けなくていやなんだよ。
C 何かをしていないと落ち着かないんだよ。
D 勉強を始めないと不安でしかたないんだよ。

と思っていただろう。だが、今日はつまらない何かがいちいちこつんとぶつかってくる。

「(4)結果は結果なんじゃないの？」

自分が※3おためごかしに努力しようという矢先に言われたから気に障るだけだと判る。

それでも、口にした。

「例えばさ、伊原が将来、猛《もう》勉強して東大に入ってもさ、それって猛勉強の結果が東大合格ってだけのことでしょ？　伊原という人に東大ブランドの価値があるってことにはならないはずなのに、そのへん、勘違《かんちが》いしたりする。別に、伊原がそう勘違いしてるって話じゃなくて、ただ、たとえ話に使っただけだけど」

尚美の反論口調にも動揺《どうよう》せず、絵麻はいつもの調子で淡々《たんたん》と話すだけだ。

(5)言っていることはいちいち判る。正しいとも思う。なのにどうしてか、いつもは素直《すなお》に受け入れられる絵麻の正しさが今日だけは飲み込めずに喉《のど》を塞《ふさ》ぐ。やっぱり何か正しくないような気がしてしまうのだ。

「でも、結果を導きだすだけの努力を成し遂《と》げるってことが、その人の価値を高めるんじゃない？　少なくとも、そういうことになってるんだと思うけど。でなかったら、誰《だれ》も努力なんかしないよ」

何をむきになっているんだろうと自分でも不思議だった。絵麻は穏《おだ》やかな微笑《ほほえ》みで尚美の意見に頷き、しばらく黙《だま》った。

絵麻が何を考えているのだろうと、少しだけ不安になる。

掌をまた※4ピーコートのポケットに突っ込んで、ざりざりを確かめた。その感触《かんしょく》は尚美を苛々《いらいら》させる。指先に目がついているように色を感じた。

どんな色だかわからないけれど、ざりざり色。そう感じてしまう尚美のざりざりした部分が、絵麻をざりざりさせてしまったのか、それとも絵麻のざりざりに擦《こす》られて、自分がざりざりしてしまうのか。ダイヤモンドでもルビーでもない、ざりざり色だ。

「あたしは違う。成し遂げられる程度の努力を努力と思いたくないし、努力しなければ出せない結果を自分の価値とは結びつけられないよ」

いつもながら口調は穏やかだが、絶対に譲《ゆず》らない意志のある言い方をする。

尚美は際限なく苛立つ自分を感じている。だけど、何をどう言えば絵麻の意見に立ち向かえるのかが判らない。

自分にだって絶対に譲れない確固たる考えはある。なのに、それをうまく言葉にして伝えられないことがもどかしい。いつも言葉使いの巧《たく》みな絵麻の言い分に便乗することで、そのもどかしさを避《さ》けてきた。言いなりになっていたとは思わないが、そうと気がつくと、自分はいつでも言葉にできないだけで、絵麻とは違うことを考えていたのではないかとも思う。

私たちの間に音楽があればいいのに。

二人で声を合わせて「ざりざりの歌」を歌えば、通じるかもしれない。

押し黙ってしまった自分を誤魔化すように小さな咳払《せきばら》いをした。

「どうしてあたしたちの年代って、みんな、価値観を統一させたがるんだろうね。尚美はそれがないから好きだな」

声の調子を少し上げた絵麻が、そう言って笑った。花のような笑顔だ。(6)絵麻なりの手打ちが嬉《うれ》しい。なのに、それすら尚美には言えず、最強の笑顔さえざりっと尚美を擦り上げてくる。思わず「痛っ」と声をあげたくなった。

自分の口元がへの字になっていることがわかった。きっと二度と鏡を見たくなくなるような顔になっている。

□から。

問11　筆者の主張としてもっとも適切なものを次のA～Eの中から一つ選び、記号で答えなさい。

A　自然の豊かさを保っていくことは世界共通の価値観であり、世界にさまざまなことを発信していく都市としての東京の緑がなくなってしまうことは容認することはできない。

B　東京はこれまで引きつがれてきた歴史の中で、世界のどこにも見ることのできないような緑豊かな都市となったわけで、その東京の緑を安易になくしてしまってはならない。

C　東京がこれからも日本の首都として機能していくためには、このまま再開発を進めることは必要なことであるが、東京の緑を保存していくための方策も検討するべきである。

D　ふるさとである東京に住み続けている筆者は、東京の今の姿を見て心を痛めており、ふるさとのあるべき姿を守りつつ地球環境保護の一環として東京の緑を残していきたい。

E　東京だけでなく世界中の都市は高層ビルの建設などで自然が少なくなってきており、せめて東京だけでもそのままの自然を後世に遺していくことが私たちの使命なのである。

二

次の文章を読んで、あとの問いに答えなさい。

「でも、※1伊原、ずいぶん早くから受験の準備してたでしょ」

誤魔化《ごまか》すように話を戻《もど》す。

「(1)小心者だから」

あれほど男らしく変貌《へんぼう》したのに絵麻《えま》にはこの言われようだ。もしや、受験の準備を早くから始めたことで余裕ができ、それが今の伊原の男らしさに見えているのかもしれない。

クラスの男子たちは、北風の訪《おとず》れと共に一斉《いっせい》に大人しくなった。校庭で走り回っていたサッカー部の子たちも、土日を潰《つぶ》して練習していた野球部の子たちも、皆《みな》休み時間にこぞって机に向かっていた。かといって勉強をしている様子ではない。ただ、机に向かってぼんやりしている。

尚美《なおみ》には、少しだけその気持ちがわかった。

やる気はないのにプレッシャーがあって自由になれない。中途《ちゅうと》半端《はんぱ》に体を机の前に置いておけば、少なくとも後ろめたくはない。

ぎりぎりになって講習に申し込《こ》んだ十日ほど前から、三日に一度の割合で尚美もそれを経験している。

「そもそも、努力してできた結果って、信用ならなくない？」

絵麻が、母親のお古の※2ステンカラーコートのポケットに手を突《つ》っ込んだまま、(2)肩《かた》を竦《すく》めた。

「だって、それって、努力しなきゃできないってことじゃん」と、「できない」の部分を強調して続ける。

「エマチンが頑張《がんば》らない派だってことは判《わか》るけど、伊原にそんなこと言ったら傷ついちゃうよ、きっと」

ポケットの中の指先が、ざりざりする。

どうして制服や、制服用のコートのポケットの中は、いつもざりざりするのだろう。もう砂遊びをするような年齢《ねんれい》じゃないのに。

尚美は、ポケットから手を出した。掌《てのひら》が大きく息をついたように感じる。

「頑張るっていう姿勢はかっこいいと思うよ。そこに価値があると思うし。でも、それによってもたらされた結果を、自分のものみたいに思っちゃうのって、怖《こわ》いじゃん」

(3)もたらされたという言い回しが気に障《さわ》った。

いつもの尚美なら、うんうんと頷《うなず》いて、やっぱり絵麻はスゴイなあ

C　東京の緑は人々が生活する都市の中に新たに作られた自然であるということ。

D　東京の緑はすでに存在している自然を人の手で増やしたものであるということ。

E　東京の緑は人が江戸の町を改めて作ろうとして移した自然であるということ。

問7　――線(3)「東京遷都は相当の冒険だったはずである」とありますが、筆者がそのように述べる理由としてもっとも適切なものを次のA～Eの中から一つ選び、記号で答えなさい。

A　「辞官納地」によって、幕臣たちが領地を失ったことに強く反発して、政府と争う状況下であったから。

B　「辞官納地」だけでなく、「王政復古」や「大政奉還」などの政策への反対派が多く存在していたから。

C　「辞官納地」は、諸大名も幕臣も受け入れがたいものだったので、強い反対を招く可能性があったから。

D　東京だけではなく、他の場所にも緑が豊かで首都機能を置くことのできる地域があるとわかっていたから。

E　東京遷都をしても、新しい国家体制における首都機能を果たすことができる条件が整っていなかったから。

問8　――線(4)「ふるさとの発展を希んでも、変容を希む人はいない」の説明としてもっとも適切なものを次のA～Eの中から一つ選び、記号で答えなさい。

A　東京をふるさとと考えて暮らす人が多くなっていくことは望ましいことだが、自然に関心を持たない人が出てくるのは望ましくないということ。

B　ほこりを持てる場所として多くの人に認められることは望ましいことだが、多くの人が住むために高層ビルを建てるのは望ましくないということ。

C　緑あふれる都としての東京がこのまま緑を増やすことは望ましいことだが、緑を減らして人工的な施設を増やしていくのは望ましくないということ。

D　ふるさとの良さを引きつぎさらに住みよくなることは望ましいことだが、元の形が失われて異なる土地になっていくのは望ましくないということ。

E　日本各地のふるさとがそれぞれ独自に良くなっていくことは望ましいことだが、東京だけどんどん開発が進んでいくのは望ましくないということ。

問9　――線(5)「このたかだかの距離感」とはどのようなことですか。その説明としてもっとも適切なものを次のA～Eの中から一つ選び、記号で答えなさい。

A　人間の作り出す歴史と自然はいつもとなりあう関係であるということ。

B　政策によっては国の歴史が大きくぬりかえられてしまうということ。

C　江戸時代から現代までの時間はそれほど長い年月ではないということ。

D　未来の東京は緑がなくなればすぐに様変わりしてしまうということ。

E　世界でも都市の再開発が進めばどこも同じになってしまうということ。

問10　……線「東京は緑多き都である」とありますが、その理由を説明した次の□にあてはまる言葉を本文中から**三十字以内**でぬき出し、**最初と最後の三字**ずつを答えなさい。（句読点、記号等も字数に数えます。）

なさい。

A　ホウチされたままの空き家。
B　正午のジホウが聞こえる。
C　シホウから敵にせめられる。
D　昔行った町をサイホウする。
E　ホウガイな値段の自転車。
F　チョウホウしているかばん。
G　周りを警察にホウイされる。
H　七色にかがやくホウセキ。
I　今年のさんまはホウリョウだ。

問2　～～線a「ピンとこない」、b「潔しとしない」の本文中の意味として、もっとも適切なものをあとのA～Eの中から一つずつ選び、それぞれ記号で答えなさい。

a　ピンとこない
A　生理的に受け付けない　B　論理的に理解できない
C　積極的に考えられない　D　本能的に反対できない
E　直感的に感じ取れない

b　潔しとしない
A　不思議だと思わない　B　忘れたいと思わない
C　許すことができない　D　止めることができない
E　反対することができない

問3　本文の段落の先頭に次の一文を入れるとすると、どこが適切ですか。この文が入る段落としてもっとも適切なところを本文中のA～Eの中から一つ選び、記号で答えなさい。

それほど遠い昔ではない。

問4　Ⅰ～Ⅲにあてはまる言葉としてもっとも適切なものを次のA～Hの中から一つずつ選び、それぞれ記号で答えなさい。

A　すると　B　ところで
C　すなわち　D　そこで
E　したがって　F　だから
G　なぜなら　H　もっとも

問5　――線(1)「同じ理由から日本では、大阪が緑に恵まれていないと思える」とありますが、どのような理由で大阪が緑に恵まれていないと考えられますか。もっとも適切なものを次のA～Eの中から一つ選び、記号で答えなさい。

A　緑を増やそうとすることよりも、商業が発展しやすいように都市の環境《かんきょう》が整えられたから。
B　気候風土に適した都市づくりを優先すると、緑に親しみがもてる商業都市はできなかったから。
C　乾燥地帯だった土地を住みやすく変えるために植樹したが、緑が育つ環境条件ではなかったから。
D　商業を発展させるために選んだ土地が、もともと岩盤が多く緑が育たない土地だったから。
E　外国からやってくる敵を防ぎやすい土地として選んだ場所が、緑が育ちづらい土地だったから。

問6　――線(2)「そこで東京の緑について考えてみると、面白いことに気付く」とありますが、「面白いこと」とはどのようなことですか。その説明としてもっとも適切なものを次のA～Eの中から一つ選び、記号で答えなさい。

A　東京の緑は人の手がまったく入っていない自然そのものであるということ。
B　東京の緑は人々の生活のそばにもともとあった自然であるということ。

の所有地ではなく、徳川将軍家が貸し与《あた》えた、いわば「社宅」であった。

よって明治政府の徳川家に対する「辞官納地」という処分は、あまりに過酷《かこく》であった。「辞官」は官位を辞する、「納地」は領地の返上である。諸大名は領国に帰ればよいが、幕臣たちは住む家さえなくなるのである。彼《かれ》らの本音としては、「王政復古」も「大政奉還《たいせいほうかん》」もやれるものならやってみろ、「辞官」だってどうでもよい、しかし「納地」はご勘弁《かんべん》、というところであろうか。慶応《けいおう》四年正月に始まった鳥《と》羽《ば》・伏見《ふしみ》の戦は、この処分に対する旧幕臣たちのクーデター、もしくは一種の労働争議と言えよう。

A そうした世情の中での(3)東京遷都《せんと》は相当の冒険《ぼうけん》だったはずである。しかしそれでも断行されたのは、欧米《おうべい》に倣《なら》った中央集権国家を確立するための首都機能が必要だったからである。

この基本政策の決め手となったのは、辞官納地によって明治政府が接収した旧武家地であった。京都には港がなく、大阪には首都機能を収容する余裕《よゆう》がないが、東京には十分な土地、それも大名庭園まで備えた広大な緑地が残されていた。

B 東京が緑多き都である理由はこれである。しかも二百六十五年間も戦争をしなかった結果の遺産が、官庁や大学や博物館や動物園として国民に供せられ、それでもまだ余った庭園は、セントラルパークにも※3ハイドパークにも劣《おと》らぬ豊かな緑地となった。

C 亡《な》くなられた※4坂本龍一《さかもとりゅういち》さんは、私と同学年であり、同じ東京都中野区の生まれであった。つまり、同じ時間の同じ距離、同じ角度から東京を見ていた。おそらく、このごろの東京の変容ぶりに、心を痛めていらしたのは私と同様であろう。(4)ふるさとの発展を希《のぞ》んでも、変容を希む人はいない。まして芸術は自然との対話である。

私は時代小説を書くようになってから、東京を江戸時代と地続きの場所として捉《とら》えるようになった。頭の中に重ねられた地図をめくれば、記憶《きおく》にない昭和戦前期から幕末までの東京が現れる。

D 今からたかだか百六十年前、坂本さんと私が生まれるわずか八十数年前は江戸時代だった。

E 明治維新《いしん》の本質は「植民地にならないための国家改造」であったから、欧化政策は急進的であり、江戸時代を遙《はる》かな昔に追いやってしまっただけである。

都心の再開発を唱える人々は、(5)このたかだかの距離感、わずかな歴史を見誤っているのではないかと思える。少なくともここで論じられているのは今日の利益であって、必ずしも未来の国民に資するとは思えない。私は再開発という美名のもとに、父祖が遺《のこ》してくれた東京の緑がこれ以上損《そこ》なわれることをb潔《いさぎよ》しとしない。

現在の神宮外苑《がいえん》はかつて大名屋敷や旗本御家人の屋敷であった。明治期の練兵場に始まり、今日の外苑に至るまで緑が厚く広いのは、そうした歴史によると思われる。まして、イチョウが枯《か》れるか枯れざるかという問題ではない。私たちがこの変容の時代に遺すべきものは、世界に冠《かん》たる東京の緑、けっして高層ビルに代わられてはならぬ永遠の緑である。

(浅田次郎《あさだじろう》「東京の緑」より。)

(注)
※1 伽藍…大きな寺の建物。
※2 御朱引内…江戸時代、幕府によって定められた江戸の範囲《はんい》。
※3 ハイドパーク…ロンドン中心部にある王立公園。
※4 坂本龍一…日本の音楽家。

問1 ‖線「ホウコ」の「ホウ」と同じ漢字を使うものを次のA～Iの中からすべて選び、記号で答えなさい。なお、正解は一つとは限りません。いくつかある場合には、そのすべての記号を書き

2024年度

東邦大学付属東邦中学校

【国　語】〈前期試験〉（四五分）〈満点：一〇〇点〉

一　次の文章を読んで、あとの問いに答えなさい。

東京は緑多き都である。

と、このように書いても a ピンとこない人は、おそらく東京生まれの東京育ちで、しかもあまり旅に出ないのではあるまいか。

Ⅰ 、生まれ育ったふるさとの風景は見慣れてしまって、言われてみればそうかもしれぬ、と今さら気が付く向きもあろう。

そして、初めて上京した方の第一印象は、「意外に緑が多い」ではなかろうかと思う。

もともと山地に恵《めぐ》まれ、南北に長い日本は多様な植物のホウコである。たとえば世界の大都市と比較《ひかく》した場合、マンハッタン島の厚い岩《がん》盤《ばん》の上にあるニューヨークは、摩天楼《まてんろう》を築くにはもってこいだが、樹木の生育には適さない。広大なセントラルパークが人工的に造られたのは十九世紀半ばで、今も公園内にはむき出しになった岩盤を見ることができる。自然に親しめるだけの緑地はほかにないと言ってもよかろう。

ヨーロッパ諸都市の緑は厚いが、そもそも農作物の生育に適した土地に人間が住みついた、と考えるべきであろうか。新大陸に渡《わた》った開《かい》拓者《たくしゃ》たちは、何よりもまず乾燥《かんそう》した大地に呆然《ぼうぜん》としたはずである。

乾燥地帯と言えば、北京《ぺきん》は砂漠《さばく》の中のオアシスに造られた都市に思える。内陸部なので冬の寒さは厳しく、夏の暑さはまたひとしおで、いきおい樹木の多くが人工的な植樹であることは一目瞭然《いちもくりょうぜん》である。はじめに満州族の金が都を据《す》え、次いで蒙古《もうこ》族の元が都したのち、漢族王朝の明《みん》が入り、以後はふたたび満州族の清《しん》が都に定めた。明を除けばすべてが北方民族であることを考えれば、気候風土の条件はさておき、本国に近いところ、 Ⅱ 万里《ばんり》の長城に近い場所が、戦略的に好もしいとされたのであろう。

上海《しゃんはい》も緑は少ない。商業都市として発展すれば、そうなるのは当然である。(1)同じ理由から日本では、大阪《おおさか》が緑に恵まれていないと思える。

(2)そこで東京の緑について考えてみると、面白《おもしろ》いことに気付く。東京の公園には諸外国に見られるような、人工的なわざとらしさがない。その多くは、都市計画によって造成された緑地ではないのである。

たとえば、皇居という最大の緑地はかつての江戸城《えどじょう》である。皇居前の広場も霞《かすみ》が関の官庁街も大名屋敷《やしき》。上野公園は戊辰《ぼしん》戦争で大半を焼失した寛永寺《かんえいじ》の ※1 伽藍跡《がらんあと》であり、芝《しば》公園は寛永寺とともに徳川家の菩提《ぼだい》寺である増上寺の寺域、さらに新宿御苑《ぎょえん》は信濃《しなの》高遠藩《はん》内藤駿河守《するがのかみ》の下屋敷で、明治天皇と昭憲皇太后を祀《まつ》る明治神宮《じんぐう》は、ほぼ全域にわたり近江《おうみ》彦根《ひこね》藩井伊《いい》家の下屋敷であった。ほかにも赤坂御用地《ごようち》は御三家紀州藩の中屋敷、市ヶ谷の防衛省は同じ御三家尾張《おわり》藩の上屋敷、東京大学は加賀百万石《かがひゃくまんごく》前田家の上屋敷跡地に造られた。

そのほか首都機能のほとんどは、こうした旧寺社地、旧武家屋敷跡を利用したのである。その割合は江戸 ※2 御朱引《ごしゅびき》内のうち八十四パーセントに及《およ》んだから、町人たちは残り十六パーセントの狭《せま》い土地に、押《お》し合い圧《へ》し合いして住んでいたことになる。この状況《じょうきょう》をテレビドラマや映画で再現した場合、長屋のセットはかなりリアルであろうが、武家屋敷や江戸城大奥《おおおく》などは、だいぶダウンサイジングされていると考えるべきである。

Ⅲ 、江戸の約七十パーセントを占《し》める武家地は幕臣や大名家

2024年度

東邦大学付属東邦中学校　▶解説と解答

算　数　＜前期試験＞（45分）＜満点：100点＞

解　答

[1] (1)　3.14　(2)　$6\frac{1}{4}$　(3)　51900　[2] (1)　2　(2)　22.5km　(3)　15％　(4)　3.2cm　(5)　(ウ)，(エ)　[3] (1)　2時間　(2)　2時間24分　[4] (1)　5通り　(2)　25通り　[5] (1)　64cm^2　(2)　20cm^3　(3)　12cm^3　[6] (1)　29：6　(2)　5：2　(3)　14.5cm

解　説

[1] 四則計算，逆算，計算のくふう

(1)　$2.15\times\left(2024\times\frac{20}{43}\div506-0.4\right)=2.15\times\left(2024\div506\times\frac{20}{43}-0.4\right)=2.15\times\left(4\times\frac{20}{43}-0.4\right)=2.15\times\left(\frac{80}{43}-\frac{2}{5}\right)=2.15\times\left(\frac{400}{215}-\frac{86}{215}\right)=\frac{215}{100}\times\frac{314}{215}=\frac{314}{100}=3.14$

(2)　$1\frac{1}{8}\times0.48=\frac{9}{8}\times\frac{12}{25}=\frac{27}{50}$より，$4\frac{4}{9}\div\left\{\left(2\frac{4}{5}-\frac{5}{8}\div\square\right)\div\frac{27}{50}\right\}\times1.17=1\frac{1}{25}$，$4\frac{4}{9}\div\left\{\left(2\frac{4}{5}-\frac{5}{8}\div\square\right)\div\frac{27}{50}\right\}=1\frac{1}{25}\div1.17=\frac{26}{25}\div\frac{117}{100}=\frac{26}{25}\times\frac{100}{117}=\frac{8}{9}$，$\left(2\frac{4}{5}-\frac{5}{8}\div\square\right)\div\frac{27}{50}=4\frac{4}{9}\div\frac{8}{9}=\frac{40}{9}\times\frac{9}{8}=5$，$2\frac{4}{5}-\frac{5}{8}\div\square=5\times\frac{27}{50}=\frac{27}{10}$，$\frac{5}{8}\div\square=2\frac{4}{5}-\frac{27}{10}=\frac{14}{5}-\frac{27}{10}=\frac{28}{10}-\frac{27}{10}=\frac{1}{10}$　よって，$\square=\frac{5}{8}\div\frac{1}{10}=\frac{5}{8}\times\frac{10}{1}=\frac{25}{4}=6\frac{1}{4}$

(3)　右の計算より，123×21×100＋123×45×100＋123×34×100＝123×100×(21＋45＋34)＝123×100×100となる。したがって，123×100×100－119×100×99＝100×(123×100－119×99)＝100×(12300－11781)＝100×519＝51900となる。

123×21×37＋123×21×63＝123×21×(37＋63)
＝123×21×100
369×15×100＝123×3×15×100
＝123×45×100
246×17×100＝123×2×17×100
＝123×34×100

[2] 周期算，速さと比，濃度《のうど》，相似，集まり

(1)　$\frac{1}{37}=1\div37=0.027027\cdots$だから，小数点以下には{0，2，7}の3個の数がくり返される。よって，2024÷3＝674余り2より，小数第2024位の数は，小数第2位の数と同じで2とわかる。

(2)　時速30kmで走った道のりと時速90kmで走った道のりの比は，$\frac{2}{5}:\left(1-\frac{2}{5}\right)=2:3$である。また，速さの比は，30：90＝1：3なので，かかった時間の比は，$\frac{2}{1}:\frac{3}{3}=2:1$とわかる。この和が27分だから，時速30kmで走った時間は，$27\times\frac{2}{2+1}=18$(分)，時速90kmで走った時間は，27－18＝9(分)と求められる。よって，家から目的地までの道のりは，$30\times\frac{18}{60}+90\times\frac{9}{60}=22.5$(km)である。

(3)　100gの食塩水を取り出すと，含《ふく》まれている食塩の重さは，$\frac{500-100}{500}=\frac{4}{5}$(倍)になる。また，代わりに100ｇの水を加えると，食塩の重さは変わらずに食塩水の重さはもとにもどるので，濃度も$\frac{4}{5}$倍になる。よって，もとの食塩水の濃度を□％とすると，□×$\frac{4}{5}$×$\frac{4}{5}$＝9.6(％)と表すことができるから，□＝9.6÷$\frac{16}{25}$＝15(％)と求められる。

(4)　右の図１で，三角形BFDと三角形BFEは合同なので，FEの長さは４cmである。また，三角形BEDは正三角形だから，かげをつけた角の大きさはどちらも60度である。次に，●２個と○２個の大きさの和は，180－60＝120(度)なので，●１個と○１個の大きさの和は，120÷２＝60(度)とわかる。また，三角形ADFで，●と角AFDの大きさの和が60度だから，角AFDの大きさは○とわかる。同様に，三角形FECで，○と角CFEの大きさの和が60度なので，角CFEの大きさは●になる。よって，三角形ADFと三角形FECは相似になる。このとき，相似比は，DF：EC＝４：５だから，ADの長さは，４×$\frac{4}{5}$＝3.2(cm)と求められる。

図１

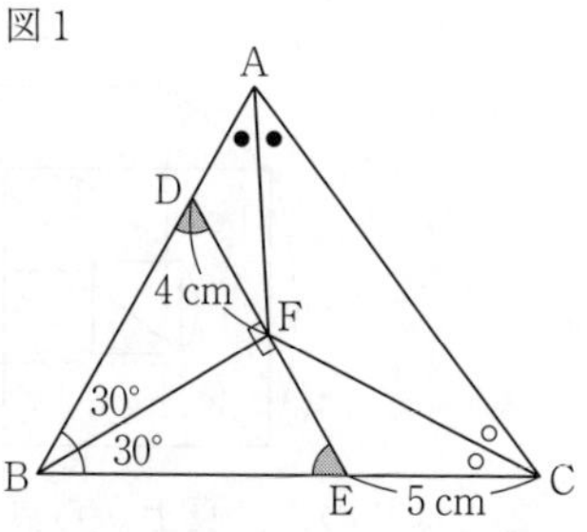

(5)　図に表すと右の図２のようになる。24＋16＝40(人)であり，これは全体の人数と等しいので，□にあてはまる最も少ない人数は０人である(このとき，どちらも持っていない人の数も０人になる)。また，□にあてはまる人数が最も多くなるのは，タブレットを持っている16人がすべてスマホも持っている場合である。よって，□にあてはまる数は０以上16以下だから，(ウ)は正しい。次に，「両方を持っている人を除く人数」は(40－□)人であるが，□が０以上16以下のとき，この値は，40－16＝24より，24以上40以下になる。したがって，(エ)も正しい。なお，(ア)，(イ)は明らかに正しくない。

図２

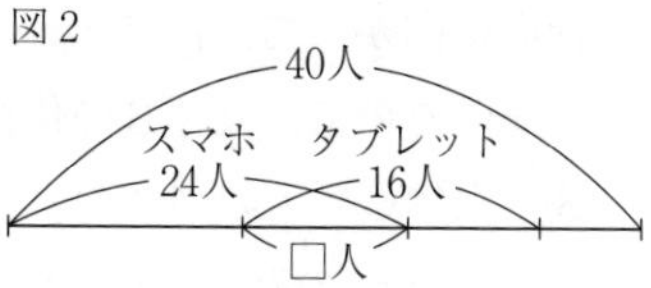

3　仕事算

(1)　全体の仕事の量を６と３の最小公倍数の６とすると，Ａさんが１時間にする仕事の量は，６÷６＝１，ＢさんとＣさんが１時間にする仕事の量の和は，６÷３＝２となる。よって，ＡさんとＢさんとＣさんが１時間にする仕事の量の和は，１＋２＝３だから，この３人で行うときにかかる時間は，６÷３＝２(時間)とわかる。

(2)　ＢさんとＣさんが１時間にする仕事の量の比は，$\frac{1}{1}$：$\frac{1}{3}$＝３：１なので，Ｂさんが１時間にする仕事の量は，２×$\frac{3}{3+1}$＝1.5とわかる。よって，ＡさんとＢさんが１時間にする仕事の量の和は，１＋1.5＝2.5だから，この２人で行うときにかかる時間は，６÷2.5＝2.4(時間)と求められる。60×0.4＝24(分)より，これは２時間24分となる。

4　場合の数

(1)　１段上がることを１，２段上がることを２と表し，１と２の和を４にする方法を調べればよい。よって，１＋１＋１＋１，１＋１＋２，１＋２＋１，２＋１＋１，２＋２の５通りとわかる。

(2)　５段目をふまないようにするには，４段目まで上がった後，４段目から６段目までは必ず２段上がればよい。(1)から４段目までの上がり方は５通りあることがわかり，同様に６段目から10段目までの上がり方も５通りあるから，全部で，５×１×５＝25(通り)と求められる。

5　立体図形―構成，表面積，体積

(1)　立体Ａは，下の図①のように立方体から直方体を削《けず》ってできた立体である。はじめに，もとの立方体の表面積は，３×３×６＝54(cm^2)である。また，削った直方体の底面積２つ分は，１×１

×2＝2(cm^2)であり，この分だけ表面積が減る。さらに，削った直方体の側面積は，1×3×4＝12(cm^2)であり，この分だけ表面積が増える。よって，立体Aの表面積は，54－2＋12＝64(cm^2)とわかる。

図①

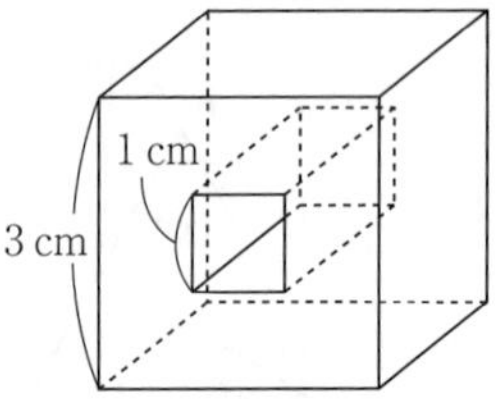

図②

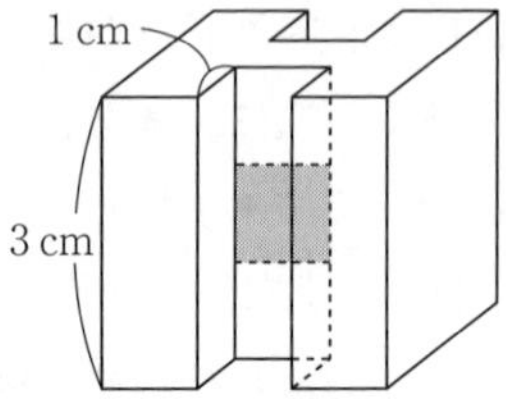

図③

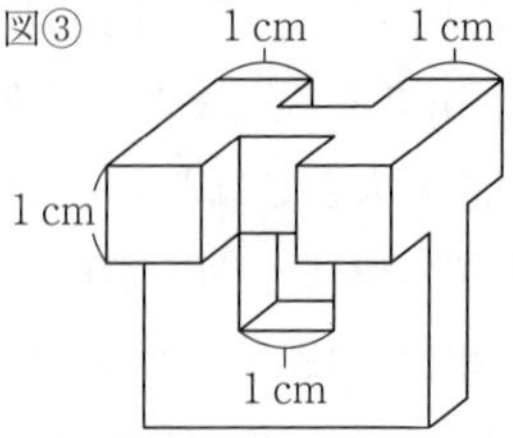

(2)　はじめに，真上から真下に向かって2つの直方体を削った状態を図に表すと，上の図②のようになる。もとの立方体の体積は，3×3×3＝27(cm^3)であり，削った直方体1つの体積は，1×1×3＝3(cm^3)だから，図②の立体の体積は，27－3×2＝21(cm^3)とわかる。次に，正面から背面に向かって，図②のかげをつけた部分を削ることになる。これは1辺1cmの立方体(体積は1cm^3)なので，立体Bの体積は，21－1＝20(cm^3)とわかる。

(3)　立体Cは上の図③のような立体になる。これは，立体Bからたて1cm，横1cm，高さ，3－1＝2(cm)の直方体を4つ削ったものだから，体積は，20－1×1×2×4＝12(cm^3)である。

6　平面図形―相似，構成

(1)　条件より，AE＝3cm，EB＝4cm，CF＝3cmとなる。下の図1のように，DAとFEをそれぞれ延長して交わる点をJとすると，三角形JEAと三角形FEBは相似になる。このとき，相似比は，AE：BE＝3：4だから，AJ＝(7＋3)×$\frac{3}{4}$＝7.5(cm)とわかる。また，三角形JHDと三角形FHCも相似であり，相似比は，JD：FC＝(7.5＋7)：3＝29：6なので，DH：HC＝29：6となる。

(2)　三角形AEDと三角形CFDは合同だから，DEとDFの長さは等しい。また，EIとFIの長さも等しいので，三角形DIEと三角形DIFは合同であり，角DIFは直角とわかる。さらに，三角形DHIと三角形FHCは対応する角の大きさが等しいから，相似である。よって，DI：IH＝FC：CHとなる。さらに(1)より，HC＝7×$\frac{6}{29+6}$＝1.2(cm)と求められるので，DI：IH＝FC：CH＝3：1.2＝5：2とわかる。

図1

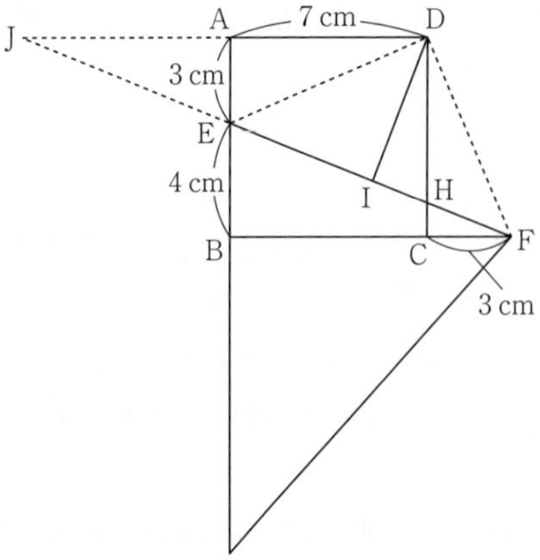

図2

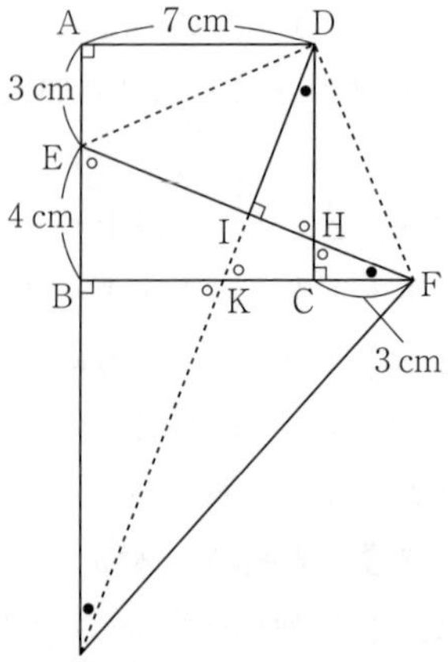

(3)　上の図２のように，ＧとＩを結ぶ。このとき，EGとFG，EIとFIの長さはそれぞれ等しいから，三角形GIEと三角形GIFは合同であり，角GIEは直角とわかる。よって，３点Ｄ，Ｉ，Ｇは一直線上にあるので，同じ印をつけた角の大きさはそれぞれ等しくなる。すると，三角形DHIと三角形GDAは相似になるから，DI：IH＝GA：AD＝５：２とわかる。したがって，GA＝$7\times\frac{5}{2}$＝17.5(cm)なので，EG＝FG＝17.5－３＝14.5(cm)と求められる。

社　会　＜前期試験＞（45分）＜満点：100点＞

解　答

1　問１　Ｃ　　問２　カ　　問３　カ　　問４　松山　　問５　(1)　イ　　(2)　イ　　(3)　オ
問６　ア　　2　問１　エ　　問２　オ　　問３　エ　　問４　ア　　問５　エ　　問６　キ
問７　３番目…オ　　５番目…ア　　問８　キ　　3　問１　あ　エ　　い　イ　　う　キ
問２　(1)　イ　　(2)　ウ　　問３　(1)　エ　　(2)　こども家庭庁　　問４　ａ　カ　　ｂ　イ
ｃ　キ　　ｄ　エ　　問５　ア　　問６　エ　　問７　イ

解　説

1　路面電車が走る都市を題材にした問題

問１　二重線内の12の都市のうち，栃木県宇都宮市より東に位置するのは，北海道札幌市（Ａ）と函《はこ》館《だて》市（Ｂ）の２つだけである。よって，栃木県宇都宮市は図１のＣに当てはまる。なお，図１のＤは東京都特別区（23区），Ｅは富山県富山市，Ｆは福井県福井市，Ｇは滋賀県大津市，Ｈは大阪府大阪市，Ｉは広島県広島市，Ｊは高知県高知市，Ｋは熊本県熊本市，Ｌは長崎県長崎市，Ｍは鹿児島県鹿児島市である。

問２　経度15度で１時間（60分）の時差が生じるので，約11.5度の経度差の場合，60（分）÷15×11.5＝46（分）より，約46分の時刻の差ができる。太陽は東から昇《のぼ》るので，Ａの日の出の時刻が５時37分のとき，Ｌはその約46分後の６時23分ごろになり，Ａの日の入りの時刻が17時47分のとき，Ｌはその約46分後の18時33分ごろになる。よって，最も近い時刻の組み合わせはカとなる。

問３　「情報通信業事業所数」について，札幌市，福井市，広島市は，いずれも道県庁所在地が置かれた地方政治の中心都市であることから，いずれの都市でも割合が高いと考えられるので，表中のａが当てはまる。また，「第１次産業従業者数」の割合は，道内の他の地域の第１次産業従業者数が多い札幌市では低く，稲作地帯を市内にかかえる福井市では高いと考えられるので，表中のｃが当てはまる。残るｂは「小売業事業所数」に当てはまる。よって，正しい組み合わせはカとなる。

問４　写真の２枚目には，「道後温泉駅」の表示と，蒸気機関車の前にわずかに「坊《ぼ》っちゃん列車」の表示が見える。道後温泉は愛媛県の県庁所在地である松山市にある温泉地で，夏目漱石の小説『坊っちゃん』のゆかりの地としても知られる。また，写真の１枚目は，愛媛県が収穫《しゅうかく》量第２位（2022年）であるみかんをデザインにあしらった電車内の様子である。３枚目では，遠方の山上に松山城が見える。

問５　(1)　富山市は日本海側の気候に属し，冬の降水量（積雪量）が多いので，冬の湿度《しつど》が高いと考えられるから，「あ」が当てはまる。熊谷市（埼玉県）は太平洋側の気候に属し，冬は降水量が少ないので，冬の湿度が低くなると考えられるから，「う」が当てはまる。宮古島市(沖縄県)は南西諸島の気候に属し，年間降水量が多く，特に梅雨や台風の時期に湿度が高いと考えられるから，「い」が当てはまる。よって，正しい組み合わせはイとなる。　(2)　図の「あ」は，西の富山湾に面した地域に富山平野が広がり，それより東は山岳《さんがく》地帯になることから，ａが当てはまる。図中の「い」は，西側の岐阜県東部から長野県中部を経て，埼玉県西部までは山岳地帯が続き，埼玉県東部は関東平野が広がることから，ｃが当てはまる。図中の「う」は，西の愛知県と岐阜県にまたがる地域には濃尾《のうび》平野が広がり，東の静岡県と山梨県の県境には富士山がそびえることから，ｂが当てはまる。よって，正しい組み合わせはイとなる。　(3)　郊外の市民に中心市街地へ移り住んでもらうので，ａの「中心市街地に人口が集中し，郊外へと働きに行く人が多く」という内容とは合致《がっち》しない(ａ…×)。公共交通機関を活用し，「歩いて暮らせるまち」を目指すことで，交通の便利な地域に，郊外に住んでいる市民に移り住んでもらうという内容は，ｂ・ｃの問題点を改善するものである(ｂ…○，ｃ…○)。よって，正しい組み合わせはオとなる。

問６　模式図の「優先整備区間」に，県内有数の観光地や空港はない(ア…×)。なお，郊外の工業団地や学校の付近に停留場を設けたり，停留場に駐車場や地域内交通の乗降場を設けたりすることで，通勤・通学の移動が楽になるほか，中心市街地の交通渋滞《じゅうたい》の解消などの効果があると考えられる(イ…○，ウ…○，エ…○)。

２　「たちばな」の花を題材にした問題

問１　今川義元が織田信長に敗れたのは1560年の桶狭間《おけはざま》の戦いにおいてであり，小牧《こまき》・長久手《ながくて》の戦いは，1584年に豊臣秀吉と織田信雄《のぶかつ》・徳川家康連合軍の間で行われた戦いである(エ…×)。

問２　台湾が日本の植民地であった期間は，1895～1945年の約50年間である。ａのノルマントン号事件は1886年(ａ…×)，ｂの第一次世界大戦は1914～18年の出来事である(ｂ…○)。ｃのソ連の対日参戦でソ連が破ったのは日ソ中立条約(1941年)で，内容に誤りがある(ｃ…×)。ｄの米騒動《そうどう》は1918年の出来事である(ｄ…○)。よって，正しい組み合わせはオとなる。

問３　ａは1205年(『新古今和歌集』の成立)，ｂは805年(藤原緒嗣《おつぐ》が桓武天皇に蝦夷《えみし》との戦いと平安京造営の停止を進言)，ｃは９世紀後半(藤原良房《よしふさ》が太政《だいじょう》大臣，次いで摂政《せっしょう》に就任)のことなので，時代の古い順にｂ→ｃ→ａとなる。

問４　白河上皇が院政を始めたのは1086年で平安時代後半(ａ…○)，高麗《こうらい》が朝鮮半島を統一したのは936年で平安時代前半の出来事である(ｄ…○)。よって，正しい組み合わせはアとなる。なお，平清盛は将軍になっていない(ｂ…×)。前九年の合戦・後三年の合戦で活躍《かつやく》したのは源義朝ではなく源義家である(ｃ…×)。新羅《しらぎ》が高句麗《こうくり》をほろぼしたのは668年で飛鳥時代(ｅ…×)，高麗が元に服属したのは1258年で鎌倉時代の出来事である(ｆ…×)。

問５　承久の乱(1221年)の後，鎌倉幕府は京都に六波羅探題を設置した(ｂ…○)。鳥羽《とば》・伏見《ふしみ》の戦いに始まる戊辰《ぼしん》戦争(1868～69年)は，函館五稜郭《ごりょうかく》の戦いで終結した(ｃ…○)。よって，正しい組み合わせはエとなる。なお，足利義満は京都の室町に「花の御所」を造営して政治を行った(ａ…×)。山城国一揆《いっき》(1485～93年)は，国人(在地領主や地侍《じざむらい》など)や農民が，抗争《こうそう》を続ける守護大名の畠山《はたけやま》氏の軍勢を退去させた一揆であり，幕府に徳政令を求めたものではない(ｄ…×)。

問６　町奉行《ぶぎょう》・勘定《かんじょう》奉行は老中の下に置かれ，寺社奉行は将軍直属である(ａ…×)。譜代《ふだい》大名は信頼が置けるので江戸周辺や重要地に配置された。関ヶ原の戦いのころから徳川氏に従ったため，江戸から遠い地に配置されたのは外様《とざま》大名である（b…×）。江戸幕府は，天皇や公家を監視・統制するために京都所司代を設置し，1615年には禁中《きんちゅう》並《ならびに》公家諸法度《くげしょはっと》を制定した（c…○）。よって，正しい組み合わせはキとなる。

問7　アは明治時代初め（福沢諭吉の『学問のすゝ《(す)》め』），イは室町時代（能楽），ウは明治時代末（平塚らいてうの『青鞜《せいとう》』の創刊），エは安土桃山時代（狩野《かのう》永徳の『唐獅子図屏風《からじしずびょうぶ》』），オは江戸時代前半（菱川師宣《ひしかわもろのぶ》の『見返り美人図』），カは江戸時代後半（葛飾北斎《かつしかほくさい》の『富嶽《ふがく》三十六景』の「神奈川沖浪《なみ》裏《うら》」）なので，時代の古い順にイ→エ→オ→カ→ア→ウとなる。

問8　aの満州事変（1931～32年）は，柳条湖《りゅうじょうこ》事件（南満州鉄道爆破事件）をきっかけに始まった。bは戦後の「買い出し列車」を表す写真である。cについて，中曽根《なかそね》内閣のもとで3つの公社（日本国有鉄道・日本電信電話公社・日本専売公社）が民営化された。よって，正しい組み合わせはキとなる。なお，盧溝橋《ろこうきょう》事件は日中戦争（1937～45年）のきっかけとなった事件，疎開《そかい》は空襲《くうしゅう》による被害を少なくするため，都市に集中する住民などを地方に分散させることである。郵政民営化は，2005年に小泉純一郎内閣によって制定された「郵政民営化法」にもとづき，2007年10月から行われた。

3　漫画《まんが》『はだしのゲン』を題材にした問題

問1　1945年8月6日午前8時15分，広島に史上初の原子爆弾が投下された。また，8月9日には長崎にも投下され，これにより両市とも壊滅《かいめつ》し，多くの犠牲《ぎせい》者を出した。その後，8月15日に，昭和天皇によるラジオ放送（玉音放送）を通じて，日本がポツダム宣言を受け入れ，終戦をむかえたことが国民に伝えられた。

問2　(1)　第二次世界大戦中の1942年，食糧《しょくりょう》の需給《じゅきゅう》と価格の安定化のため，食糧管理法が制定され，コメなどの主要食糧の生産・流通・消費を国が管理・統制するようになった（イ…○）。なお，「ミニマム・アクセス（最低輸入量）」によるコメの輸入自由化は1995年（ア…×），減反《げんたん》政策の開始は1970年代（ウ…×）の出来事である。政府によるコメの流通規制は，1995年の食糧法制定により大《おお》幅《はば》に緩和され，2004年の改正食糧法によりほぼ自由化された（エ…×）。　(2)　政治の公正を確保するため，一定の要件を満たした政党には国庫から政党交付金が支給されている（ウ…○）。自由民主党と日本社会党による体制（55年体制）は1993年に崩壊《ほうかい》した（ア…×）。2012年に民主党から政権交代して以来，自由民主党と公明党の連立政権が続いている（2024年2月現在）（イ…×）。2013年の公職選挙法の改正により，インターネットを使った選挙活動が認められるようになった（エ…×）。

問3　(1)　子ども（児童）の権利条約は，子どもの権利は生まれながらに持っているものであり，義務や責任と引き換《か》えに与《あた》えられるものではないという考えのもと定められている（エ…×）。なお，アは第31条，イは第14条，ウは第12条に定められている。　(2)　2023年4月，内閣府の外局として「こども家庭庁」が発足《ほっそく》した。こども家庭庁は，これまで内閣府や厚生労働省が縦割りで行ってきた少子化対策や子育て支援，虐待《ぎゃくたい》・いじめ防止，貧困対策などを一元的に担当する。

問4　**a**　サミット（主要国首脳会議）の参加国は，フランス，アメリカ，イギリス，ドイツ，日本，イタリア，カナダの7か国（G7）である。イギリスは西ヨーロッパの国であるが，EU（ヨーロッパ連合）を離脱した。その後，2023年7月，太平洋地域の経済協定であるTPP（CPTPP）協定への加盟が正式に認められた。　**b**　カナダはTPPのほか，APEC（アジア太平洋経済協力会議）にも参加している。　**c**　アメリカはAPECに参加しているが，2017年にTPPから離脱している。

d　ドイツはフランス，イタリアとともに，EUの加盟国である。

問５　「自らの考えを持ち，それを自由に表明する権利」は，日本国憲法に定められた自由権のうちの「精神の自由」を指す。aの表現の自由(第21条)，bの思想・良心の自由(第19条)がこれに相当する。よって，正しい組み合わせはアとなる。なお，cの居住・移転の自由や職業選択《せんたく》の自由(第22条)は「経済の自由」，dの刑罰《けいばつ》における法的手続きの保障(第31条)は「身体の自由」にふくまれる。

問６　最高裁判所は，同性婚《こん》を認めないのは「法の下の平等」に反し違憲であるとする判決を，これまでに下していない(エ…×)。なお，サミット参加国のうち，同性婚または婚姻《こんいん》と同等の権利を保障する制度を国レベルで認めていないのは日本だけである。日本では，2023年６月に，性的少数者への理解を増進し，多様性に寛容《かんよう》な社会を実現すること目的として，「LGBT理解増進法」が成立している。

問７　日本国憲法の「平和主義」の原則は，前文と第９条に明記されているが，イはその前文の一部である。なお，アはイタリア，ウはドイツ，エはコスタリカの憲法の規定である。

理　科　＜前期試験＞（45分）＜満点：100点＞

解　答

[1] (1)　6　(2)　3　(3)　1　[2] (1)　5　(2)　2　(3)　76ｇ　[3] (1)　5
(2)　1　(3)　9　[4] (1)　12.5cm　(2)　10cm　[5] (1)　9　(2)　4　(3)　2
[6] (1)　8.4ｇ　(2)　240mL　(3)　59％　[7] (1)　160　(2)　60ｇ　(3)　56ｇ

解　説

[1]　気象と災害についての問題

(1)　液状化現象は地震《じしん》のときに起きる現象で，地下水をふくんだ地盤《じばん》が地震のゆれによって液体のような状態になり，多量の地下水がふき出したり，建物が傾《かたむ》いたりする現象である。

(2)　大量の水蒸気をふくむ暖かくしめった風がふきこみ，これが上昇《じょうしょう》することで積乱雲ができる。このとき，地形や風向きなどの影響《えいきょう》で，次々と発生する発達した積乱雲が列をなし，数時間にわたってほぼ同じ場所を通過または停滞《ていたい》することで作り出される，線状にのびた強い降水をともなう雨域を線状降水帯という。

(3)　地震なのどの災害が発生したさいには，テレビやラジオなどの情報をもとに，ハザードマップを参考にして避難《ひなん》するのが望ましい。なお，避難のさいには，個人の情報よりも自治体などの避難指示に従うのがよいと考えられる。

[2]　もののとけ方についての問題

(1)　水100ｇに硝酸《しょうさん》カリウムを，$12\times\frac{100}{20}=60$(ｇ)入れる場合を考える。図から，水100ｇに硝酸カリウムが60ｇとけるのは，温度が約38℃のときである。よって，水20ｇに硝酸カリウム12ｇを入れた場合も，水溶液《すいようえき》の温度が38℃以下になると，硝酸カリウムはとけきれなくなって，結晶《けっしょう》が出てくると考えられる。

(2)　ア　実際に硝酸カリウムが全部とけた温度(45℃)が，(1)で求めた38℃(予習で求めた値)よりも高かったのは，水に対して硝酸カリウムの量が多かったからといえる。つまり，カリウム12ｇに対して最初に用意した水が20ｇより少なかったこと(もしくは，20ｇの水に加えた硝酸カリウムが12ｇより多かったこと)が考えられる。　イ　アで考えたように，硝酸カリウム12ｇに対して最初に用意した水が20ｇより少なかった場合，水溶液を冷やしたときに硝酸カリウムの結晶が生じる温度は，予習した値(38℃)よりも高くなるはずである。そのため，その温度が予習した温度より低かったのは生じた結晶の粒《つぶ》が小さくて見のがしてしまった可能性が高い。

(3)　60℃の水100ｇに硝酸カリウムをとかして飽和《ほうわ》水溶液をつくったときの重さは，110＋100＝210(ｇ)となる。この水溶液の温度を18℃まで下げると，硝酸カリウムの結晶が，110－30＝80(ｇ)生じるので，60℃の硝酸の飽和水溶液200ｇの場合は，$80\times\frac{200}{210}=76.1\cdots$より，76ｇの結晶が生じる。

3　花のつくりについての問題

(1)　オリーブの食用部分は実である。オリーブの実には脂肪《しぼう》が多くふくまれていて，オリーブオイルの原料になっている。なお，アブラナは種子のほかにも，つぼみや葉なども食べられている。

(2)　ヒマワリはキク科の植物で，小さな花がたくさん集まって１つの花のようになっている。よって，ここではヒマワリと同じキク科のタンポポが選べる。なお，ツツジはツツジ科，ホウセンカはツリフネソウ科，チューリップはユリ科，ジャガイモはナス科の植物である。

(3)　表からＡクラスの遺伝子のみがはたらくとがく片，Ｃクラスの遺伝子のみがはたらくとめしべができることがわかる。さらに，おしべができたのはＢクラスとＣクラスの遺伝子が両方はたらいた場合で，花弁ができたのはＡクラスとＢクラスの遺伝子が両方はたらいた場合である。よって，適するのはウとカなので，９が選べる。

4　力のつり合いについての問題

(1)　図２から，容器が傾き始めたときのばねののびが40cmのときは，ばねを取り付けた高さが５cmとなっている。同様に，容器が傾き始めたときのばねののびが20cm，10cmのときは，ばねを取り付けた高さはそれぞれ10cm，20cmとなっている。このことから，(ばねののび)×(ばねを取り付けた高さ)＝200の関係があることがわかる。よって，容器が傾き始めたときのばねののびが16cmになるのは，ばねを取り付けた高さが，200÷16＝12.5(cm)のときとなる。

(2)　図３で，水の深さが５cm増えるごとに，横に移動し始めたときのばねののびは，24－14＝34－24＝10(cm)ずつ長くなっている。よって，深さ８cmになるように水を入れたとき，容器が横に移動し始めたときのばねののびは，$14+10\times\frac{8-5}{5}=20$(cm)であることがわかる。図２で，傾き始めたときのばねののびが20cmのとき，ばねを取り付けた高さは10cmである。よって，水の深さが８cmのときは，ばねを取り付ける高さが10cmを超えると容器が横に動く前に傾き始めることになる。

5　外来種についての問題

(1)　2023年６月に条件付特定外来生物に指定された生物はアメリカザリガニとアカミミガメである。なお，アライグマ，ウシガエル，オオクチバス，カミツキガメはすでに特定外来生物に指定されている。

(2)　外来種は，人間活動の影響によって，本来の生息地域から，元々は生息していなかった地域に入りこんだ生物のことで，国外から持ちこまれた生物だけでなく，国内で移動した生物にもあてはまる。なお，外来種だからといって，必ずしも生態系に悪影響をおよぼしたり，繁殖《はんしょく》をして数をふやしたりするとはかぎらない。

(3)　特定外来生物は飼育や栽培《さいばい》，野外への放出，輸入，販売《はんばい》，購入，譲渡《じょうと》などが禁止されている。ただし，条件付特定外来生物であるアカミミガメ，アメリカザリガニについては，一部の適用が除外されており，一般《いっぱん》家庭でペットとしてこれまで通り飼うことや，無償《むしょう》で譲渡することなどは特別な許可を得ずに行うことができる。

6　化学反応と気体の発生についての問題

(1)　十分な量の塩酸を加えて二酸化炭素を発生させるとき，2.5gの炭酸カルシウムと，2.1gの炭酸水素ナトリウムから発生する二酸化炭素の体積は等しく600mLである。よって，十分な量の塩酸を加えて二酸化炭素を発生させるとき，10gの炭酸カルシウムと同量の二酸化炭素を発生させる炭酸水素ナトリウムの重さは，$2.1\times\frac{10}{2.5}=8.4$(g)となる。

(2)　2.5gの炭酸カルシウムに十分な量の塩酸を加えて，二酸化炭素が発生したあとの水溶液に十分な量の硫酸《りゅうさん》を加えると，3.4gの沈殿《ちんでん》ができるので，炭酸カルシウム30gの場合，沈殿は，$3.4\times\frac{30}{2.5}=40.8$(g)できる。よって，硫酸80mLを加えると10.2gの沈殿が生じたので，すべてを反応させるためには，硫酸はあと，$80\times\frac{40.8-10.2}{10.2}=240$(mL)必要である。

(3)　生じた沈殿は炭酸カルシウムによるものなので，もとの炭酸カルシウムの重さは，$2.5\times\frac{5.44}{3.4}=4.0$(g)となり，この炭酸カルシウムと塩酸の反応によって発生する二酸化炭素の体積は，$600\times\frac{4.0}{2.5}=960$(mL)である。よって，炭酸水素ナトリウムと塩酸の反応によって発生した二酸化炭素の体積は，$1760-960=800$(mL)だから，もとの炭酸水素ナトリウムの重さは，$2.1\times\frac{800}{600}=2.8$(g)となる。よって，もとの混合物全体の重さに対する炭酸カルシウムの重さの割合は，$4.0\div(4.0+2.8)\times100=58.8\cdots$より，59%と求められる。

7　水面にうかべたおもりの重さの問題

(1)　実験1から実験3の結果では，すべての実験で左右の容器の断面積とのせたおもりの重さが比例している。よって，実験4の右の容器にのせたおもりの重さは，$20\times\frac{40}{5}=160$(g)とわかる。

(2)　図2で，右の容器において，左の容器の水面と同じ高さから上にある重さを考える。そうすると，右の容器にかかる重さは，$30\times10=300$(cm^3)の水の重さとのせたおもりの重さとの合計になる。ここで，(1)と同様に考えると，右の容器にかかる重さは，左の容器にのせたおもりの重さの，$30\div5=6$(倍)になり，左右の容器にのせたおもりの重さは等しいから，おもり，$6-1=5$(個)分の重さが，$1\times300=300$(g)となる。よって，おもりの重さは，$300\div5=60$(g)と求められる。

(3)　図3で，左の容器の断面積は右の容器の断面積の，$15\div6=2.5$(倍)なので，左の容器の水面には，$140\times2.5=350$(g)の力がかかる。また，おもりBが棒を支える重さ，つまり棒がおもりBを押《お》す力は，その大きさを□gとすると，てこのつり合いから，$□\times4=42\times(4+24)$より，□＝294(g)となる。よって，おもりBの重さと，おもりBを押す力の合計が350gなので，おもりBの重さは，$350-294=56$(g)と求められる。

国　語　＜前期試験＞（45分）＜満点：100点＞

解　答

一　問1　F，H　問2　a　E　b　C　問3　D　問4　Ⅰ　H　Ⅱ　C　Ⅲ　B　問5　A　問6　B　問7　A　問8　D　問9　C　問10　十分な～ていた　問11　B

二　問1　D　問2　A　問3　E　問4　Ⅰ　B　Ⅱ　E　問5　B　問6　A　問7　C　問8　C　問9　D　問10　A

解　説

一　**出典：浅田次郎《あさだじろう》「東京の緑」**。筆者は，東京が世界に冠《かん》たる緑の多い都市であることを指摘《してき》し，海外と東京の緑の違《ちが》いやその来歴を説明しつつ，再開発で損《そこ》なわれる事態は容認《ようにん》できないと語っている。

問1　「宝庫」は，資源や貴重なものがたくさんあるところ。よって，便利でよく使うことを表すFの「重宝」と，産出量が少なく美しいために装飾《そうしょく》用として価値の高い鉱物のことをいうHの「宝石」が選べる。なお，Aの「放置」は，置きっぱなしにすること。Bの「時報」は，標準時刻を放送や通信媒体《ばいたい》によって広く知らせること。Cの「四方」は，周囲すべて。いたるところ。Dの「再訪」は，再び訪《おとず》れること。Eの「法外」は，通常の程度をいちじるしく外れているようす。Gの「包囲」は，周りを取り囲むこと。Iの「豊漁」は，魚などがたくさんとれること。

問2　**a**　「ピンとこない」は，“隠《かく》された事情などを直《ただ》ちに感じ取ることができない”という意味。「東京生まれの東京育ちで，しかもあまり旅に出ない」人は，東京が「緑多き都」だと言われても，今一つ理解できないのだから，Eが合う。　**b**　「潔《いさぎよ》しとしない」は，自らの信念に照らし，許すことのできないようす。これから先に「遺《のこ》すべきものは，世界に冠たる東京の緑」であって，「高層ビル」が林立する街並みなどではないと筆者は主張しているので，「再開発という美名のもとに，父祖が遺してくれた東京の緑がこれ以上損なわれること」には我慢《がまん》ならないはずである。よって，Cがよい。

問3　もどす文に「それほど遠い昔ではない」とあるので，前では時代・年月をさかのぼっているようすが説明されているものと推測できる。Dに入れると，「頭の中に重ねられた地図をめくれば，記憶にない昭和戦前期から幕末までの東京が現れる」というのは途方もない過去のように感じられるが，「江戸時代」だったのは今から「それほど遠い昔では」なく，「たかだか百六年前」，さらにいうなら自分の生まれたときから「わずか八十数年前」のことだ，と筆者が述べる形になり，文意が通る。

問4　Ⅰ　「東京生まれの東京育ちで，しかもあまり旅に出ない」人にとっては自分の住む東京が「緑多き都」だと言われても「ピンとこない」場合もあるだろうが，中には「言われてみればそうかもしれぬ」と改めて気づく人もいるかもしれない，という文脈である。よって，“そうはいうものの”という意味を表す「もっとも」があてはまる。　Ⅱ　代々支配権を握《にぎ》った北方民族は「本国に近い」，もっといえば「万里《ばんり》の長城に近い場所」にある「北京《ペキン》」を都に定めていたのだから，“要するに”とまとめて言いかえるときに用いる「すなわち」が入る。　Ⅲ　東京の首都機能の多くがあるのは「旧寺社地，旧武家屋敷跡《やしきあと》」だが，それらは江戸の範囲《はんい》とされた土地のうち八十四パーセントを占《し》めていたとしたうえで，改めて筆者は「武家地」が「幕臣や大名家の所有地ではなく，徳川将軍家が貸し与《あた》えた，いわば『社宅』」のようなものだったと話題を移しているので，話題を変えるときに用いる「ところで」が合う。

問５　直前で，「商業都市として発展」した上海《シャンハイ》には緑が少ないと述べられている。「商業」を優先させると緑を減らさざるを得なくなる事情が「大阪」にもあるのだから，Ａがふさわしい。

問６　続く部分で，東京の公園は諸外国のそれとは異なり，「都市計画によって造成された緑地」ではなく，「旧寺社地，旧武家屋敷跡を利用した」ものだと述べられている。つまり，現代の「東京の緑」は「人工的」なものではなく，人々の生活圏《けん》にあった自然をもとにしているので，Ｂが選べる。なお，「人の手がまったく入っていない自然そのもの」とはいえないので，Ａは誤り。

問７　ぼう線(3)をふくむ文の最初に「そうした世情」とあるので，前の部分に注目する。幕臣たちにとって，「王政復古」や「大政奉還《ほうかん》」，「辞官」など問題ではなかったものの，遷都《せんと》にともなう「納地」(領地の返上)だけはあまりにも過酷《かこく》だったのである。結果として，その処分に強く反発した幕臣たちが政府と衝突(鳥羽《とば》・伏見《ふしみ》の戦)するという世情にあったことを受け，筆者は当時の「東京遷都」が「相当の冒険《ぼうけん》」だったはずだと言っているので，Ａがふさわしい。

問８　続く部分で筆者は，「今日の利益」のための再開発によって「高層ビル」が次々と建設され，「父祖が遺してくれた東京の緑」が損なわれることに「心を痛め」ている。これは「未来の国民」に資する「発展」ではなく，受け継《つ》いできた「ふるさと」が失われるもので，とうてい受けいれられないというのだから，Ｄがよい。なお，「東京をふるさとと考えて暮らす人が多くなっていくことは望ましい」とは述べられていないので，Ａは合わない。また，「ほこりを持てる場所として多くの人に認められることは望ましい」とも述べられていないので，Ｂも正しくない。さらに，「東京がこのまま緑を増やす」ことは望めない状況《じょうきょう》にあるので，Ｃも誤り。そして，「東京だけどんどん開発が進んでいく」ことについては取り上げられていないので，Ｅも間違っている。

問９　「たかだか」は，多く見積もってもたいしたことはないようす。現代の「東京の緑」は「今からたかだか百六十年前」，もっといえば筆者が生まれる「わずか八十数年前」に「父祖が遺してくれた」景観をもとにしたものなので，Ｃが合う。Ａ，Ｂ，Ｄ，Ｅは，江戸時代から現代へいたる視点をとらえていない。再開発を唱える人の論点は「今日の利益」だけで，「未来」への視点も，東京の緑が「たかだか百六十年」前の江戸時代から受け継がれたという過去への視点もなく，歴史を「見誤っている」のである。

問10　本文の後半にある段落Ｂで「東京が緑多き都である理由はこれである」と述べられているので，前の部分に注目する。遷都が断行された東京に緑が多いのは，首都機能を収容するだけの「十分な土地，それも大名庭園まで備えた広大な緑地が残されていた」からだといえる。

問11　本文の最後で筆者は，「私たちがこの変容の時代に遺すべきものは，世界に冠たる東京の緑，けっして高層ビルに代わられてはならぬ永遠の緑」だと述べているので，Ｂが合う。　Ａ「自然の豊かさを保っていくことは世界共通の価値観」だ，などと筆者は述べていない。　Ｃ「再開発を進めることは必要なことである」というのは，筆者の主張に反する。　Ｄ　筆者が「東京の緑」を遺したいと語るのは，「地球環境《かんきょう》保護」の観点からではない。　Ｅ「東京の緑」を遺したいと筆者が言うのは，「世界中の都市」の「自然が少なく」なったからではなく，父祖伝来の緑がこれ以上損なわれることを受けいれがたいからである。

二 **出典：前川麻子《まえかわあさこ》『パレット』**。受験が間近にせまってきた時期，いつもは絵麻《えま》の意志的な言葉に頷《うなず》く「尚美《なおみ》」だったが，努力の結果は自分の価値ではないと言われ反発する。

問１　「尚美」から「伊原，ずいぶん早くから受験の準備してたでしょ」と言われた絵麻は，「小心者だから」と返答している。高校受験に合格できるのかが不安で，早期から勉強に手をつけていないと落ち着かないのだろうと考え，絵麻は伊原のことを気の小さい人間（小心者）だと言っているので，Ｄが選べる。

問２　「肩《かた》を竦《すく》める」は，“恥《は》ずかしくなったり，呆《あき》れたりする気持ちなどから，両肩を上げて身をすぼめる”という意味。問１でもみたとおり，受験に向けて努力する伊原を絵麻は「小心者」と評し，続いて「努力してできた結果」など「信用」ならないと前置きしたうえで，「頑張《がんば》る」という姿勢はよいが，努力で「もたらされた結果」を当人の「価値」だと勘違《かんちが》いしたら「怖《こわ》い」だろうとくわしく語っている。そうした不信感をこめ，絵麻は「肩を竦めた」のだから，Ａの「納得《なっとく》しかねる」が合う。

問３　「もたらす」は“持っていく，持ってくる”という意味。努力によって「もたらされた結果を，自分のものみたいに思っちゃうのって，怖いじゃん」と言っていることからもうかがえるとおり，絵麻は努力の「結果」を，自ら“手に入れた”ものではなく，“どこからか施《ほどこ》された”ものだというとらえかたをしている。よって，Ｅがふさわしい。

問４　Ⅰ，Ⅱ　「頑張るっていう姿勢はかっこいいと思うよ。そこに価値があると思うし。でも，それによってもたらされた結果を，自分のものみたいに思っちゃうのって，怖いじゃん」と話す絵麻に対し，いずれにせよ「結果」は当人の努力なしでは得られなかったことには違いないのだから，その点に注目すれば，やはり伊原は評価されるべきだろう，という見方から「尚美」は「結果は結果なんじゃないの」かと反論したのである。よって，ⅠはＢが，ⅡはＥが選べる。なお，ぼう線(5)に続く部分で「尚美」が，「結果を導きだすだけの努力を成し遂《と》げるってことが，その人の価値を高める」と言っていることも参考になる。

問５　問２～問４でも検討したように，努力の結果の価値を本人の「価値」と思うのは「勘違い」だというのが絵麻の考えなので，Ｂが合う。努力がもたらした結果の価値と，本人の価値を分ける絵麻の考えを，Ａ，Ｃ～Ｅは正しくとらえていない。

問６　「手打ち」は，妥協《だきょう》点を見出《みいだ》すことにより，ものごとに決着をつけること。「結果を導きだすだけの努力を成し遂げるってことが，その人の価値を高める」と言い，努力に応じて出た結果は本人の価値に結びつくだろうと考える「尚美」と，「成し遂げられる程度の努力を努力と思いたくないし，努力しなければ出せない結果を自分の価値とは結びつけられない」と語り，努力によってもたらされた結果と，本人自体の価値は結びつかないと考える絵麻のものごとに対する見方は，相容《あいい》れないものがある。そんななか，「価値観を統一させたがる」風潮を批判し，「尚美はそれがないから好きだな」と笑うことで，絵麻はお互《たが》いの間に流れていた空気をやわらげようとしているので，Ａがふさわしい。

問７　「尚美」から「エマチンが思ってるほど，みんな馬鹿《ばか》じゃない」と言われた絵麻は「言い返さない」で黙《だま》ったまま，「傷ついた目を返し」ている。一方，「尚美」もまた「絵麻がそんなふうに思ってるわけじゃないと判《わか》っていながら」意地悪く「傷つけよう」とした自分に動揺《どうよう》している。「いつも」は「うんうんと頷いて」自分のことを「スゴイなあと思って」くれていた「尚美」なだけに，「わざと傷つく言い方」をされたことが意外で，絵麻は余計に傷ついたのだから，Cがよい。

問 8　気まずい雰囲気《ふんいき》のなか，沈黙《ちんもく》を破って「やっぱ，ソニプラですかね」と「花の笑顔」を向けてきた絵麻に，「尚美」は「救われ」た気持ちで「精一杯《いっぱい》」の勇気を振《ふ》り絞《しぼ》り「ソニプラなら，恵《え》比寿《びす》の方が近かったじゃん」と茶化している。ここからは，絵麻を傷つけてしまい，悪くなりかけている関係をどうにか修復しようとする「尚美」のようすがうかがえるので，Cがよい。

問 9　A，B 「そんなふうに思ってるわけじゃないと判っていながら」，「尚美」は絵麻に「エマチンが思ってるほど，みんな馬鹿じゃないと思うよ」と言っているので，「絵麻の笑顔の下にさげすみがあるのを見ぬいてしまった」わけでも，「同級生を見下すような発言に自分を非難されてしまったように思って反感をいだいた」わけでもない。　　C　ふだんの「尚美」は絵麻の意見に「うんうんと頷いて，やっぱり絵麻はスゴイ」と思っているので，「気おくれ」しているわけではない。　　E 「尚美」の「勇気」を振り絞った軽口に絵麻が「爆笑《ばくしょう》」してくれたことで気まずい沈黙が解消され，「救われた」思いでいる。

問10　A　本文の後半に，気まずい沈黙のなか「沈黙をかき消されることに安心して，雑踏《ざっとう》へ雑踏へと歩き続けていた」とあるので，正しい。　　B　受験のプレッシャーはあっても「ざりざり」感(苛々《いらいら》)すべてを「学校生活」のせいとは考えていない。絵麻に珍《めずら》しく反論した「尚美」は，自分の「ざりざりした部分」が絵麻をざりざりさせるのか，「絵麻のざりざりに擦《こす》られ」て自分がざりざりするのかと考えている。　　C　男子たちが休み時間にも机に向かっているのは，受験のプレッシャーによるものである。　　D 「尚美」の音楽に対する自信については描《えが》かれていない。
E　明解な言い方で自分の意見を語る絵麻を，いつもの尚美は「スゴイなあ」と思っており，「不可解な存在」とは感じていない。

2024年度 東邦大学付属東邦中学校

【算　数】〈後期試験〉(45分)〈満点：100点〉

1　次の□にあてはまる最も適当な数を答えなさい。

(1)　$\left(\frac{1}{6}+\frac{2}{15}+\frac{3}{40}\right)\div 1.25-0.25=\square$

(2)　$(1-\square)\times\frac{4}{3}\div 1.1+10\frac{1}{11}=11$

2　次の問いに答えなさい。

(1)　6÷7を計算して小数で表したとき，小数第29位の数字を求めなさい。

(2)　ある整数を40で割ったとき，商の小数第2位を四捨五入すると2.3になりました。このような整数の中で最も大きい整数を求めなさい。

(3)　まっすぐな棒を使って，プールの水の深さを測りました。棒をプールの中に垂直に立てたところ，水にぬれた部分は棒全体の$\frac{2}{5}$より7cm長く，ぬれていない部分は棒全体の$\frac{1}{2}$より9cm長かった。棒全体の長さは何cmか求めなさい。

(4)　バス通りを分速75mで歩いている人がいます。8分ごとに後ろから来るバスに追い越《こ》され，6分ごとに前から来るバスとすれ違います。バスは一定の速さ，間隔《かく》で運行されています。
　このとき，バスの速さは分速何mか求めなさい。

(5)　A，B，Cの容器に濃度がそれぞれ5％，10％，18％の食塩水が入っています。
　Aからある量を，Bからはその3倍の量を，CからはA，Bとは異なる量の食塩水を取り出して混ぜると12％の食塩水になりました。A，Cそれぞれから取り出した食塩水の量の比を最も簡単な整数の比で求めなさい。

3　三角形ABCの辺AB上に，AP：PB＝1：2となるような点Pをとります。点Pを通り辺BCに平行な直線を引き，辺ACと交わる点をQとします。また，BQとCPの交わる点をRとします。
　このとき，次の問いに答えなさい。

(1)　三角形BRPと三角形CQRの面積の比を最も簡単な整数の比で求めなさい。

(2)　三角形ABCと三角形CQRの面積の比を最も簡単な整数の比で求めなさい。

4　あるクラスの生徒30人に対して算数の小テストを行いました。点数の中央値は12点で，下の図はその結果をドットプロットに表したものです。ただし，表の　　　の部分と，ここから上の部分は，見えなくなっています。

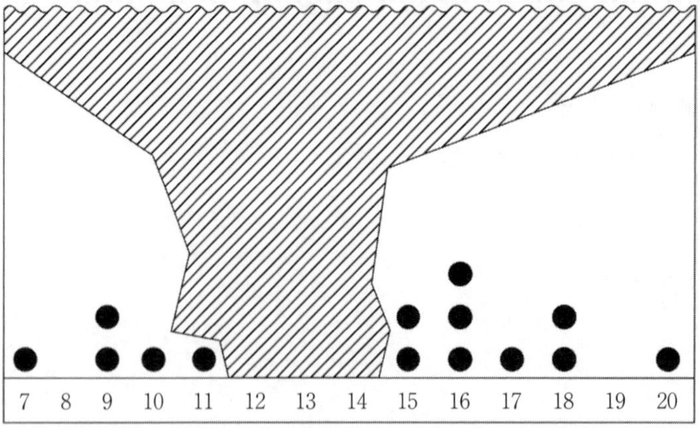

点数を小さい順に並べたとき，x番目の生徒の点数をⓧと表します。⑤は11，㉚は20です。

次の**ア**～**ク**の内容のうち，常に正しいといえるものをすべて選び，記号で答えなさい。

ア．平均値は12点である。
イ．最頻《ひん》値は12点である。
ウ．⑮は12である。
エ．⑯は12ではない。
オ．⑮と⑯は同じである。
カ．⑮は12以下で，⑯は12以上である。
キ．12から⑮をひいた値と，⑯から12をひいた値は同じである。
ク．⑭は12ではない。

5　Ａさん，Ｂさん，Ｃさんの３人は，それぞれ何個かずつビー玉を持っていて，次のような操作を行いました。

【操作１】　Ａさんは持っているビー玉の$\frac{1}{6}$をＢさんに，$\frac{1}{2}$をＣさんに，それぞれ渡《わた》しました。

【操作２】　【操作１】の後，Ｂさんは持っているビー玉の$\frac{1}{5}$をＡさんに，$\frac{1}{3}$をＣさんに，それぞれ渡しました。

【操作３】　【操作２】の後，Ｃさんは持っているビー玉の$\frac{1}{2}$をＡさんに，$\frac{1}{10}$をＢさんに，それぞれ渡しました。

【操作１】が終わった後，Ｂさんが持っているビー玉は90個でした。

また，【操作３】が終わった後，Ａさんが持っているビー玉はＢさんが持っているビー玉より20個多く，Ｃさんが持っているビー玉は32個でした。

　このとき，次の問いに答えなさい。

(1)　【操作２】が終わった後，Ｃさんが持っているビー玉は何個か求めなさい。

(2)　【操作３】が終わった後，Ａさんが持っているビー玉は何個か求めなさい。

(3)　はじめにＢさんが持っていたビー玉は何個か求めなさい。

6　右の図のように，AB＝3 cm，BF＝4 cm，AD＝6 cm の直方体 ABCD-EFGH があります。辺 AB 上に AP：PB＝1：2 となるような点Ｐをとります。３点Ｐ，Ｆ，Ｈを通る平面と辺 AD が交わる点をＱとします。

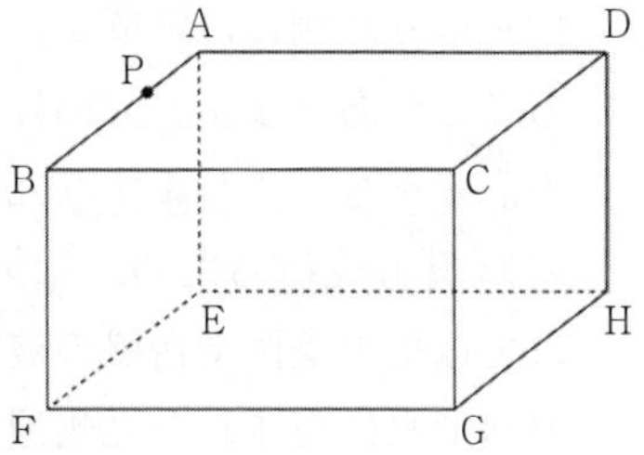

　このとき，次の問いに答えなさい。

(1)　四角形 AEHQ の面積を求めなさい。

(2)　この直方体を３点Ｐ，Ｆ，Ｈを通る平面で切断したとき，頂点Ｅを含む立体の体積を求めなさい。

7　次の問いに答えなさい。

(1)　太郎さんと花子さんが，次の【問題】について，以下のような【会話】をしています。

【問題】

> 　区別のつかない10個のリンゴをＡさん，Ｂさん，Ｃさんの３人で分けます。もらえない人がいてもよいとします。分け方は何通りあるか求めなさい。

【会話】

> 太郎：リンゴの数を減らして，３個を３人で分けるときを考えてみようか。
> 花子：いいね。例えばＡさん，Ｂさん，Ｃさんにそれぞれ２個，１個，０個と分けられた場合を２―１―０と書こうよ。
> 太郎：でも，思いつくままに書いていくと抜《ぬ》け落ちそうだね。
> 　　　Ｃさんの取り方で分けてみよう。
> 　　　Ｃさんの取り分が０個のとき，ＡさんとＢさんで３個を分けることになるから…。
> 　　　３―０―０，２―１―０，１―２―０，０―３―０の４通りあるよ。
> 花子：すると，Ｃさんの取り分が１個のときは [ア] 通り，Ｃさんの取り分が２個のときは [イ] 通り，Ｃさんの取り分が３個のときは [ウ] 通りとなるね。
> 太郎：そうなんですよ，花子さん。だからリンゴ３個のときは分け方は全部で [エ] 通りとなるよ。
> 花子：では，10個だと [オ] 通りになるね。

　【会話】の [ア] ～ [オ] にあてはまる最も適当な数を答えなさい。

(2)　区別のつかない10個のリンゴをＡさん，Ｂさん，Ｃさんの３人で分けます。どの人も少なくとも１個はもらえます。分け方は何通りあるか求めなさい。

【社　会】〈後期試験〉(30分)〈満点：50点〉

〈編集部注：実物の入試問題では，**3** 問４の写真はカラー印刷です。〉

1　九州地方に関する次の文章を読んで，あとの各問いに答えなさい。

九州地方は，①日本の主要４島のうちの１つである九州と②その周辺の島々や南西諸島からなります。③九州は南北に長い形をしており，中央付近には九州山地がそびえています。九州山地より北側には阿蘇《あそ》山，南側には霧島《きりしま》山や桜島などの火山があり，活発な火山活動がみられることがあります。火山は，その活動が災害につながることがある一方で，温泉などの④自然の恵《めぐ》みをもたらします。九州地方は日本の南部にあり，暖流である黒潮(日本海流)と対馬《つしま》海流の影響《えいきょう》も受けるため，⑤気候が温暖で雨がたくさん降ります。特に，梅雨《つゆ》のころから秋にかけては集中豪雨《ごうう》や台風の被害《ひがい》が多く発生します。また，温暖で水に恵まれた九州地方は，農業がさかんな地方です。北部では稲作《いなさく》が行われていますが，⑥収穫《しゅうかく》後の水田で小麦などの栽培《さいばい》も行われています。南部では畜産《ちくさん》業《ぎょう》が特に発展していますが，⑦宮崎平野などでは野菜の栽培もさかんです。

問１　下線部①に関して，右の地図は，主要４島のうちの１つである北海道を示したものである。この地図と同じ縮尺であらわした九州の地図としてもっとも適しているものを，次の**ア**～**エ**から１つ選び，記号で答えなさい。

ア.　**イ**.　**ウ**.　**エ**.

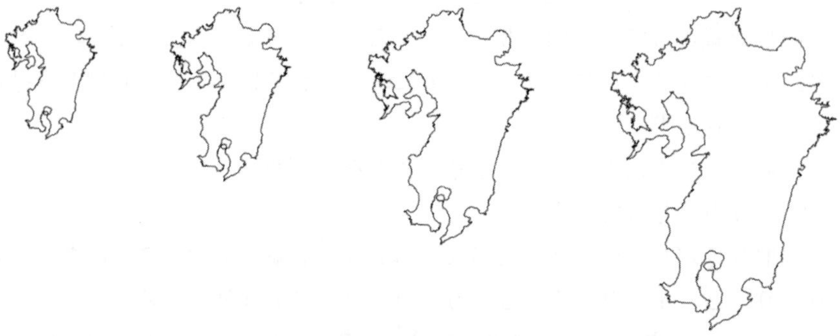

問２　下線部②に関して，次の**ア**～**オ**は，日本にある島の地図を示したものである。このうち，九州地方の島として**あてはまらないもの**を２つ選び，記号で答えなさい。なお，各地図の上が北を示しており，縮尺は一定ではない。また，記号は**五十音順**に答えること。

ア.

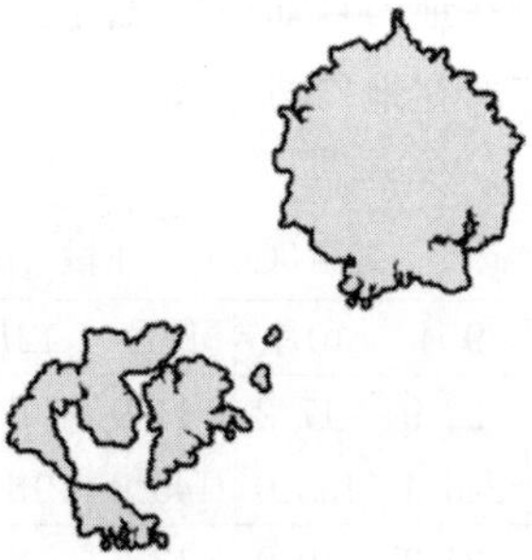

イ.

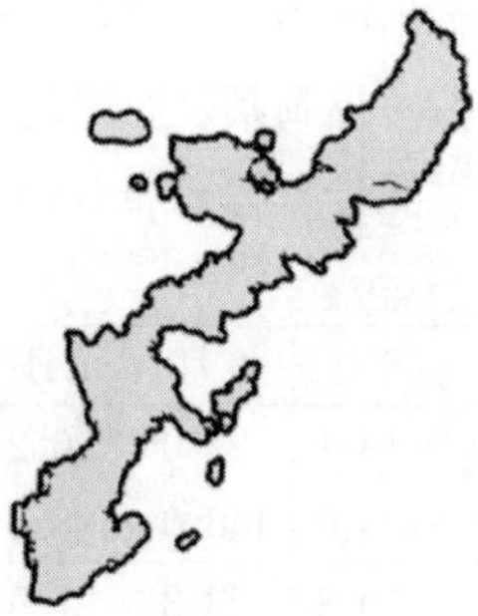

ウ.

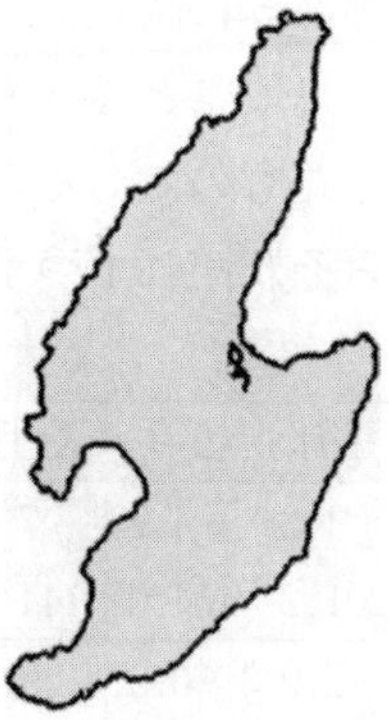

エ.

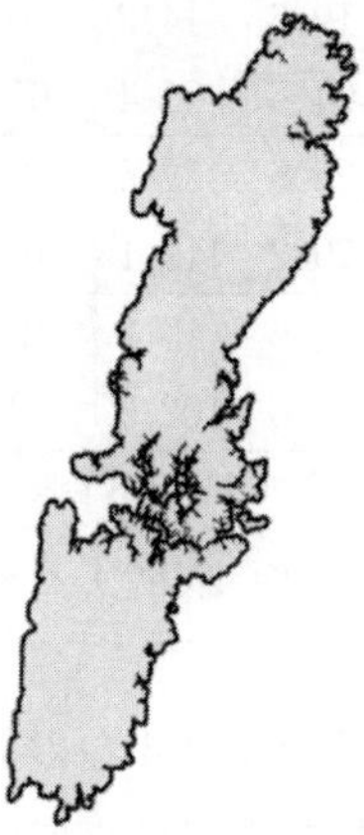

オ.

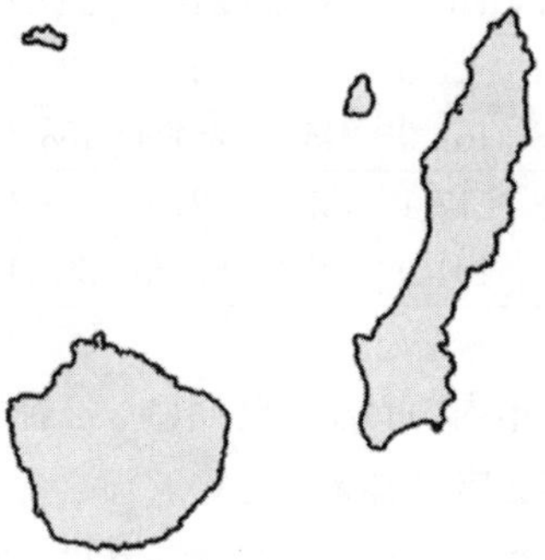

問3　下線部③に関して，次の**ア**～**エ**の都市の組み合わせのうち，それぞれの都市間の直線距離《きょり》が，北九州市から鹿児島市までの直線距離にもっとも近いものを1つ選び，記号で答えなさい。

ア．広島市ー名古屋市　　**イ**．名古屋市ー横浜市

ウ．横浜市ー秋田市　　**エ**．秋田市ー札幌市

問4　下線部④に関して，次の二重線内の文章中の X にあてはまる語句を，**漢字2字**で答えなさい。また，Y にあてはまる県名を**漢字**で答えなさい。

> 地下のマグマが持つ熱エネルギーを活用した発電方法は X 発電と呼ばれる。日本でもっとも X 発電がさかんに行われているのは九州地方であり，中でも，Y 県にある八丁原《はっちょうばる》発電所は日本最大級の X 発電所として知られている。

問５　下線部⑤に関して，次の表中の**ア～オ**は，九州地方の福岡県・鹿児島県・沖縄県と，山陰地方の鳥取県と瀬戸内地方の香川県の，いずれかの県庁所在地の月別平均気温と月別降水量を示したものである。このうち，福岡県と鹿児島県の県庁所在地にあてはまるものを，**ア～オ**からそれぞれ１つずつ選び，記号で答えなさい。

上段　気温(℃)　　下段　降水量(mm)

	1月	2月	3月	4月	5月	6月	7月	8月	9月	10月	11月	12月	全年
ア	4.2	4.7	7.9	13.2	18.1	22.0	26.2	27.3	22.9	17.2	11.9	6.8	15.2
	201.2	154.0	144.3	102.2	123.0	146.0	188.6	128.6	225.4	153.6	145.9	218.4	1931.3
イ	5.9	6.3	9.4	14.7	19.8	23.3	27.5	28.6	24.7	19.0	13.2	8.1	16.7
	39.4	45.8	81.4	74.6	100.9	153.1	159.8	106.0	167.4	120.1	55.0	46.7	1150.1
ウ	6.9	7.8	10.8	15.4	19.9	23.3	27.4	28.4	24.7	19.6	14.2	9.1	17.3
	74.4	69.8	103.7	118.2	133.7	249.6	299.1	210.0	175.1	94.5	91.4	67.5	1686.9
エ	17.3	17.5	19.1	21.5	24.2	27.2	29.1	29.0	27.9	25.5	22.5	19.0	23.3
	101.6	114.5	142.8	161.0	245.3	284.4	188.1	240.0	275.2	179.2	119.1	110.0	2161.0
オ	8.7	9.9	12.8	17.1	21.0	24.0	28.1	28.8	26.3	21.6	16.2	10.9	18.8
	78.3	112.7	161.0	194.9	205.2	570.0	365.1	224.3	222.9	104.6	102.5	93.2	2434.7

『データブック オブ・ザ・ワールド 2023年版』により作成。

問６　下線部⑥に関して，年内の異なる時期に，２種類の作物を同じ耕地で栽培する農法を，解答欄に合うように**漢字２字**で答えなさい。

問７　下線部⑦に関して，次の二重線内の**a～d**は，宮崎県で生産がさかんな４つの農産物について述べたものである。また，あとの図**ア～エ**は，**a～d**のいずれかの農産物の収穫量の都道府県別割合を示したものである。このうち，**a**と**c**の農産物にあてはまる図をそれぞれ１つずつ選び，記号で答えなさい。

a．ウリのなかまで，全国各地で生産されている。水分を多く含《ふく》んでいるため，水分補給や暑いときに食べて体を冷やすのに適しているといわれる。

b．ウリのなかまで，実《み》に苦みがあることに特徴《とくちょう》があり，その苦みが食欲を促進《そくしん》するといわれる。また，ビタミンＣなどの栄養素が豊富である。

c．日本では古くから親しまれ，春の七草の１つとしてスズシロとも呼ばれる。全国各地で栽培され，多くの品種があってそれぞれに長さや太さが異なる。

d．日本には江戸時代に九州に伝わり，凶作《きょうさく》の年でも収穫できることが注目されて，各地に栽培が広まった。

ア.

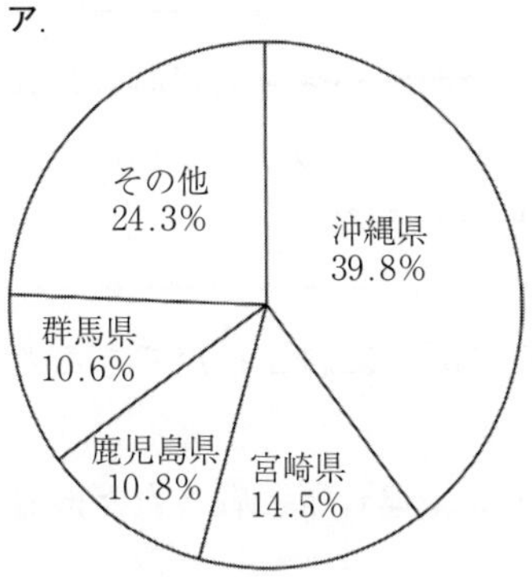

イ.

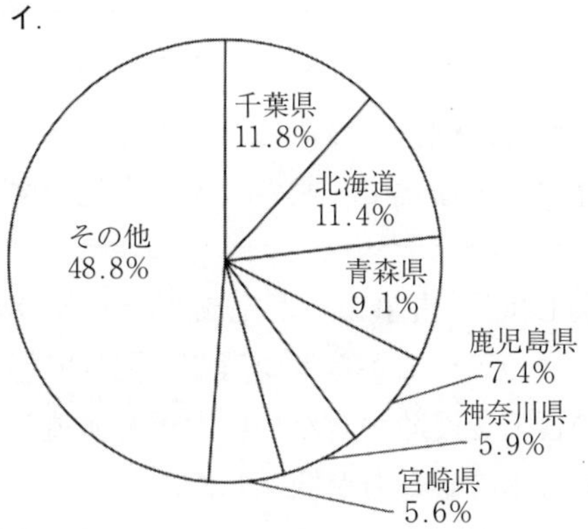

ウ.

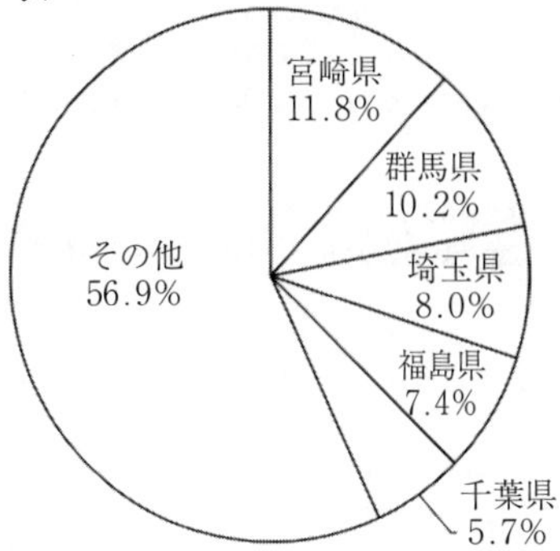

エ.

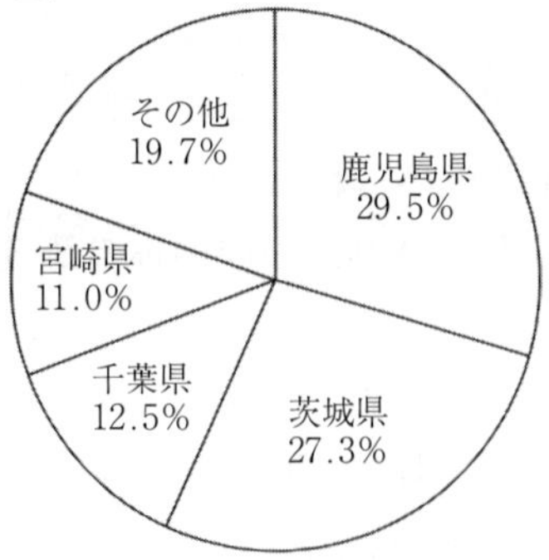

統計年次は，**ア**は2020年，**イ**は2021年，**ウ**・**エ**は2022年。「農林水産省HP」により作成。

2 次の表は，邦平《くにへい》さんが，日本に数多くある島の中から，いくつかの島の歴史について調べてまとめたものです。これを読んで，あとの各問いに答えなさい。

淡路島《あわじしま》	①『古事記』にある「国生み神話」の中で，イザナギノミコトとイザナミノミコトが最初に生んだ島とされており，島内には神話にまつわる神社も建てられている。
志賀島《しかのしま》	中国から贈《おく》られたものとされる②金印が18世紀後半に農民によって発見された地として知られ，その場所は現在海を一望できる公園として整備されている。
隠岐《おき》諸島	古くから黒曜石の産地として知られる。奈良時代以降，③さまざまな人物が流刑《るけい》でこの地に送られ，中には島民と交流した例も知られている。
対馬	古くから外交において重要な拠点《きょてん》とされた。江戸時代には，幕府が④朝鮮《ちょうせん》との関係改善を目指すにあたり，大名の宗《そう》氏が日本と朝鮮間の国交回復や交易の仲立ちをしたことで，島に大きな利益がもたらされた。
種子島《たねがしま》	日本に初めて⑤鉄砲《てっぽう》が伝来した地として知られている。毎年夏には島内最大の祭りである「種子島鉄砲まつり」が開かれ，鉄砲伝来に関する人物の仮装パレードや，火縄銃《ひなわじゅう》の試射などが行われる。

海堡《かいほう》 (人工島)	⑥首都東京を防衛することを目的に，東京湾《わん》に明治から⑦大正時代にかけて造られた，砲台《ほうだい》を設置した人工島である。造られた3島のうち1島は，現在，観光ツアーなどで一般《いっぱん》の人々でも見学することができる。

問1　下線部①に関して，『古事記』が完成したときの天皇の在位中におこったできごととして正しいものを，次の**ア**～**エ**から1つ選び，記号で答えなさい。

ア．朝鮮半島の百済《くだら》を援助《えんじょ》するために大軍を派遣《はけん》し，唐《とう》・新羅《しらぎ》連合軍と戦ったが敗れ，朝鮮半島における日本の影響力が低下した。

イ．仏教によって国を治める政策の1つとして，全国に国分寺・国分尼寺《こくぶんにじ》を建てることを命じる詔《みことのり》が出された。

ウ．壬申《じんしん》の乱に勝利して即位《そくい》した天皇によって八色《やくさ》の姓《かばね》が制定され，天皇を中心とする強力な政治体制づくりが推《お》し進められた。

エ．唐にならった政治が目指され，和同開珎《わどうかいちん》《ほう》の鋳造《ちゅうぞう》や，藤原京《ふじわらきょう》から平城京への遷都《せんと》が行われた。

問2　下線部②に関して述べた，次の二重線内の文章中の[X]・[Y]にあてはまるものの組み合わせとして正しいものを，あとの**ア**～**カ**から1つ選び，記号で答えなさい。

> 発見された金印には，「漢委奴国王《かんのわのなのこくおう》」の文字が確認《かくにん》できる。このことから，金印は中国の[X]に記載《きさい》のある，[Y]世紀に中国の皇帝《こうてい》が授《さず》けたものであると考えられている。

	X	Y
ア	『漢書』地理志	1
イ	『漢書』地理志	3
ウ	『後漢書』東夷伝《とういでん》	1
エ	『後漢書』東夷伝	3
オ	『魏志《ぎし》』倭人伝《わじんでん》	1
カ	『魏志』倭人伝	3

問3　下線部③に関して，13世紀に流刑となって隠岐諸島に送られた人物に関して述べたものとしてもっとも適しているものを，次の**ア**～**エ**から1つ選び，記号で答えなさい。

ア．執権《しっけん》として，元からの度重《たびかさ》なる服属の要求を断り，二度にわたる元軍の襲来《しゅうらい》からの国土防衛に成功したが，防衛に協力した御家人《ごけにん》に十分な恩賞を与《あた》えることができなかった。

イ．幕府の混乱に乗じ，朝廷《ちょうてい》主導の政治を実現するために挙兵したが失敗し，結果として幕府の支配が全国に及《およ》ぶきっかけとなった。

ウ．朝廷内の皇位をめぐる争いに介入《かいにゅう》する幕府に不満を持ち，二度にわたって倒幕《とうばく》を計画したが，いずれも失敗に終わった。

エ．国司として伊予《いよ》国に赴《おもむ》いたが，任期が終わった後も都に戻《もど》らず，海賊《かいぞく》と手を結び瀬戸内海一帯で朝廷に対する大規模な反乱をおこした。

問4　下線部④に関して，江戸時代以降に日本と朝鮮半島の国々の間でおこったできごととして**誤っているもの**を，次の**ア**～**エ**から1つ選び，記号で答えなさい。

ア．江戸幕府の将軍交代の祝賀を主な目的として朝鮮通信使が江戸に派遣され，その道中，街道《かいどう》沿いの人々の歓迎《かんげい》を受けた。

イ．明治政府が朝鮮政府との間に結んだ日朝修好条規によって，朝鮮は日本の領事裁判権を承認した。

ウ．日本が韓国を併合《へいごう》した際，現在のソウルに朝鮮総督府《そうとくふ》を設置し，初代総督に伊藤博文が就任した。

エ．佐藤栄作内閣は，韓国政府との間に日韓基本条約を結び，韓国政府を朝鮮半島唯一《ゆいいつ》の合法的な政府として認めた。

問5　下線部⑤に関して，鉄砲は種子島に伝来したのち，各地に生産技術が伝わった。鉄砲の産地のうち，織田信長が直轄《ちょっかつ》地《ち》にしたことでも知られる，現在の政令指定都市を，解答欄に合うように，**ひらがな**で答えなさい。

問6　下線部⑥に関して，東京(江戸)の防衛の必要性は，江戸時代後期に外国船が日本に接近し始めたころから唱えられていた。次の二重線内の**a**～**c**は，江戸時代後期に日本へ接近した外国に関するできごとについて述べたものである。その正誤の組み合わせとして正しいものを，あとの**ア**～**ク**から1つ選び，記号で答えなさい。

a．長崎に来航したレザノフは，幕府に通商を求めたが，幕府はその要求を断った。
b．オランダ船のフェートン号が長崎港に侵入し，燃料や食料を強奪《ごうだつ》する事件がおこった。
c．モリソン号事件への幕府の対応を非難した，渡辺《わたなべ》崋山《かざん》・前野良沢《まえのりょうたく》らが処罰《しょばつ》された。

	ア	イ	ウ	エ	オ	カ	キ	ク
a	正	正	正	正	誤	誤	誤	誤
b	正	正	誤	誤	正	正	誤	誤
c	正	誤	正	誤	正	誤	正	誤

問7　下線部⑦に関して，次の二重線内の**a**～**d**は，大正時代におこったできごとについて述べたものである。これらのできごとを古い順に並べたものとして正しいものを，あとの**ア**～**ク**から1つ選び，記号で答えなさい。

a．中国政府に二十一か条の要求が提示され，そのほとんどが認められた。
b．普通《ふつう》選挙法の制定と並行《へいこう》して，治安維持《いじ》法が制定された。
c．第一次世界大戦の講和会議が開かれ，ベルサイユ条約が結ばれた。
d．関東大震災《だいしんさい》が発生し，東京・横浜を中心に多数の被害がもたらされた。

ア．a→c→b→d　イ．a→c→d→b　ウ．a→d→b→c
エ．a→d→c→b　オ．c→a→b→d　カ．c→a→d→b
キ．c→b→a→d　ク．c→b→d→a

3 次の各問いに答えなさい。

問1　次の二重線内の文章を読んで，あとの(1)・(2)の各問いに答えなさい。

> 2018年5月23日に「政治分野における男女共同参画の推進に関する法律」が公布・施《し》行《こう》されました。この法律は，衆議院，参議院及び地方議会の選挙において，①男女の候補者の数ができる限り均等となることを目指すことなどを基本原則とし，国・②地方公共団体の責務や，政党等が所属する男女のそれぞれの公職の候補者の数について目標を定める等，自主的に取り組むよう努めることなどを定めています。

「内閣府男女共同参画局 HP」より。

(1)　下線部①に関して，2023年に行われた統一地方選挙において，候補者に占《し》める女性の割合は都道府県議会15.6%・政令指定都市を除く市議会20.6%，女性議員の割合は都道府県議会14.0%・政令指定都市を除く市議会22.0%となった。女性議員を今よりも増やすための方法を，**一文**で答えなさい。

(2)　下線部②に関して，地方公共団体の選挙に関連する記述として正しいものを，次の**ア**～**エ**から1つ選び，記号で答えなさい。

ア．地方議会の選挙は，都道府県は小選挙区比例代表並立制で，市町村は選挙区のみである。

イ．地方議会の議員は，地方議会の議員どうしの選挙で地方公共団体の長を選出する。

ウ．地方公共団体の長の被選挙権《ひせんきょけん》は，都道府県は満30歳《さい》以上，市町村は満25歳以上である。

エ．地方公共団体の長の任期は6年，地方議会の議員の任期は4年である。

問2　次の二重線内の文章中の［あ］・［い］にあてはまる語句を，それぞれ答えなさい。なお，［あ］は**漢字**で，［い］は解答欄にあてはまるように**算用数字**で答えること。

> 2023年1月1日から2年間，日本は国連安全保障理事会の［　あ　］を務めている。［　い　］年の国連加盟以来12回目の安全保障理事会入りで，国連加盟国中最多である。

問3　次の二重線内の文章を読んで，あとの(1)～(3)の各問いに答えなさい。

> 再審《さいしん》とは，確定した［　あ　］判決に重大な誤りがある場合に，①裁判のやり直しの手続きをすることです。判決の決め手となった証拠《しょうこ》がうそだとわかったり，［　い　］とすべき新しい証拠が見つかったりしたと②裁判所が判断したときに認められます。死刑判決が出た後，［　い　］になった例もあります。

「朝日小学生新聞 HP」により作成。

(1)　文章中の［あ］・［い］にあてはまる語句の組み合わせとして正しいものを，次の**ア**～**エ**から1つ選び，記号で答えなさい。

ア．あ―無罪　い―無罪

イ．あ―無罪　い―有罪

ウ．あ―有罪　い―無罪

エ．あ―有罪　い―有罪

(2)　下線部①に関して，裁判は国民の権利を守るためのしくみである。次の**ア**～**オ**は日本国憲法の基本的人権に関する条文の内容を述べたものである。このうち，「人身の自由」に**あてはまらないもの**を**すべて**選び，記号で答えなさい。なお，記号は**五十音順**に答えること。

ア．刑事被告人は，いかなる場合にも，資格を有する弁護人を依頼《いらい》することができる。

イ．何人《なんぴと》も，裁判所において裁判を受ける権利を奪《うば》われない。

ウ．何人も，自己に不利益な供述を強要されない。

エ．検閲《けんえつ》は，これをしてはならない。通信の秘密は，これを侵《おか》してはならない。

オ．公務員による拷問《ごうもん》及び残虐《ざんぎゃく》な刑罰は，絶対にこれを禁ずる。

(3)　下線部②に関して，裁判所が他の国家権力をチェックするために行使できる権限として正しいものを，次の**ア**～**エ**から１つ選び，記号で答えなさい。

ア．不適切な行動をした裁判官の弾劾《だんがい》裁判を行う。

イ．任命された最高裁判所の裁判官がその職にふさわしいかの審査を行う。

ウ．法律に対して合憲か違憲《いけん》かの判断を行う。

エ．問題のある国会議員について，除名の議決を行う。

問４　政府は，洋上風力発電の導入拡大を目指して重点的に整備する「促進区域」を指定し，2030年度の電源構成に占める再生可能エネルギーの割合を36～38％(2021年度実績は20.3％)に引き上げる目標を掲《かか》げている。長崎県には「促進区域」に指定されている海域が２つあり，その１つでは，国内初となる形式の洋上風力発電所が，2016年３月に運転を開始した。次の二重線内の文章は，この洋上風力発電所について説明したものである。文章中の□にあてはまる語句を示す写真としてもっとも適しているものを，あとの**ア**～**エ**から１つ選び，記号で答えなさい。

> この海域では年間の平均風速が７m/秒を超《こ》えて，洋上風力発電に十分なエネルギーを得ることができる。ただし，島から近い沖合《おきあい》でも水深が100m前後あるため，発電設備を海底に固定する着床《ちゃくしょう》式では建設できない。洋上に浮かべる浮体《ふたい》式が条件になる。運転中の洋上風力発電所で採用した浮体は，中が空洞《くうどう》の長い円筒形《えんとうけい》で造られている。おもちゃの「□」と同じ原理で大きく傾《かたむ》いても転覆《てんぷく》しない。大型の台風にも耐《た》えられることを実証済みだ。

「自然エネルギー財団 HP」により作成。

ア．

イ．

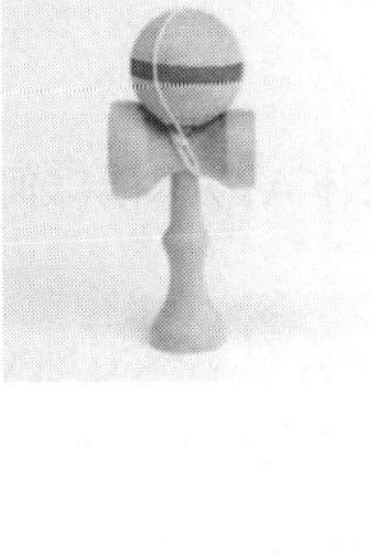

ウ．

エ．

【理　科】〈後期試験〉（30分）〈満点：50点〉

1　次の文章を読み，問いに答えなさい。

日本人で最初に地球の大きさを測った人物は，江戸時代に非常に正確な日本地図を作成したことで知られる伊能忠《いのうただ》敬《たか》です。その方法は，**図1**のように，北極星の高度（地平線から測った北極星までの角度）を利用した手法でした。北極星は地球が自転するときの回転軸《かいてんじく》のほぼ延長線上にあるため，北半球で見るとほぼ真北にあって，時間がたってもほとんど動きません。また北極星の見え方は，北極点では真上に見え，赤道上では地平線上に見えます。

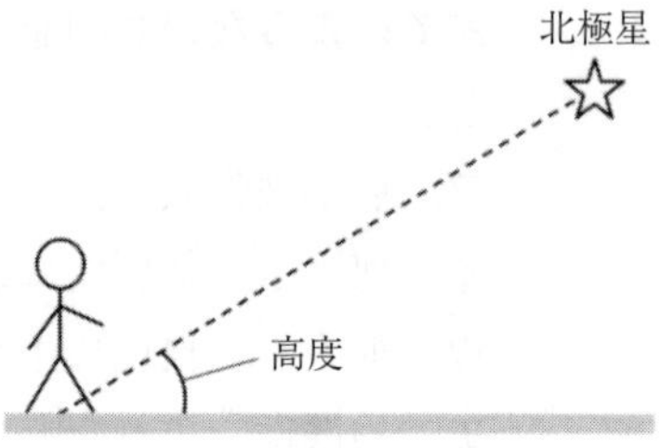

図1

いま，北半球のＡ地点で北極星を観測したところ，その高度は35.4°でした。次に，Ａ地点から真北に100km離《はな》れたＢ地点でも北極星を観測したところ，その高度は36.3°でした。地球の形を球体とみなしたとき，その半径はおよそ何kmですか。もっとも適切なものを次の**1**～**6**の中から一つ選び，番号で答えなさい。ただし，円周率は3.14とします。

1．6000km　**2**．6200km　**3**．6400km
4．6600km　**5**．6800km　**6**．7000km

2　次の文章を読み，あとの(1)～(3)の問いに答えなさい。なお，すべての実験に同じ塩酸を使っていて，塩酸や気体の温度は常に一定であるとします。

塩酸に鉄を加えると，気体**Ａ**を発生しながら鉄がとけます。塩酸100mLを用意し，加えた鉄の重さに対する発生した気体**Ａ**の体積と重さの関係を調べると，上の**表1**のようになりました。なお，mgは重さの単位で，1000mg＝１ｇです。

表1

加えた鉄の重さ〔g〕	1	2	3	4	5	6	7
発生した気体**Ａ**の体積〔L〕	0.4	0.8	1.2	1.6	2	2.24	2.24
発生した気体**Ａ**の重さ〔mg〕	35	70	105	140	175	196	196

(1)　次の**ア**～**ウ**の文のうち，内容が正しい文をすべて選んだものをあとの**1**～**8**の中から一つ選び，番号で答えなさい。正しい文がない場合は，**8**と答えなさい。

ア：鉄は電気を流すことができる
イ：塩酸にガラス片を加えると，ガラス片がとける
ウ：鉄のかわりにアルミニウムを塩酸に加えても，気体**Ａ**が発生する

1．**ア**　**2**．**イ**　**3**．**ウ**
4．**ア**，**イ**　**5**．**ア**，**ウ**　**6**．**イ**，**ウ**
7．**ア**，**イ**，**ウ**　**8**．なし

(2)　塩酸170mLに鉄10ｇを加えたとき，発生する気体**Ａ**の体積は何Ｌになりますか。小数第二位を四捨五入して，小数第一位まで答えなさい。

(3)　気体**Ａ**は，燃やすと**Ｂ**に変化します。１ｇの気体**Ａ**をすべて燃やすと，９ｇの**Ｂ**が得られます。いま，塩酸100mLにある量の鉄を加えて完全にとかし，発生した気体**Ａ**をすべて燃やして**Ｂ**に変化させました。得られた**Ｂ**の重さが693mgだったとき，加えた鉄の重さは何ｇだったと考えられますか。

3　生き物が周囲に出す物質や周囲からとり入れる物質について，次の文章を読み，あとの(1)～(3)の問いに答えなさい。

生き物が周囲に出す物質と周囲からとり入れる物質について調べるため，BTB 水よう液を使った実験を行いました。青色のうすい BTB 水よう液を用意し，BTB 水よう液が緑色になるまで息をふきこみました。そして，透明《とうめい》な容器A～Jに BTB 水よう液を同じ量になるように分けました。

図1に示すように容器AとBには水草(オオカナダモ)を，容器CとDにはメダカ1匹を，容器EとFには水草とメダカ1匹を入れました。容器GとHには何も入れず，容器IとJには酸素をふきこんでからふたをしました。容器A，B，E，Fに入れた水草の大きさと葉の数は同じです。

容器A，C，E，G，Iには照明で光を当て明るくして，容器B，D，F，H，Jは光が当たらないように箱の中に入れて暗くして，それぞれ6時間置きました。**表1**は各容器の中に入れたものと明暗，6時間後の BTB 水よう液の色を示しています。

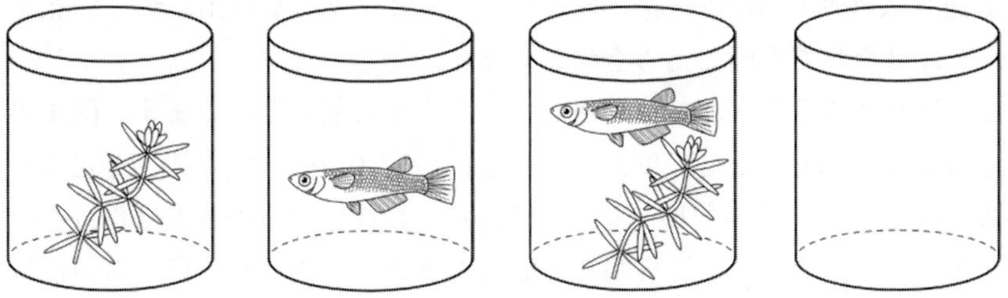

A，B　　C，D　　E，F　　G，H，I，J

図1

表1

容器		A	B	C	D	E	F	G	H	I	J
入れたもの	水草	○	○	—	—	○	○	—	—	—	—
	メダカ	—	—	○	○	○	○	—	—	—	—
	酸素	—	—	—	—	—	—	—	—	○	○
明暗		明	暗	明	暗	明	暗	明	暗	明	暗
BTB 水よう液の色		青	黄	(ア)	黄	青	黄	緑	緑	緑	緑

各容器に入れたものに○を付けています

(1)　青色の BTB 水よう液に息をふきこむと緑色に変化したのは，息に含《ふく》まれる物質が水に溶《と》けたためです。BTB 水よう液の色を変化させた息に含まれる物質として，もっとも適切なものを次の**1**～**4**の中から一つ選び，番号で答えなさい。

1．窒素《ちっそ》　**2**．酸素　**3**．二酸化炭素　**4**．水素

(2)　**表1**の(ア)に入る BTB 水よう液の色として，もっとも適切なものを次の**1**～**3**の中から一つ選び，番号で答えなさい。

1．青　**2**．緑　**3**．黄

(3)　容器Eのメダカと水草が6時間かけて周囲に出した物質の量と周囲からとり入れた物質の量の関係として，実験結果から考えられることとして，もっとも適切なものを次の**1**～**4**の中から一つ選び，番号で答えなさい。

1．メダカが出した二酸化炭素量＋水草が出した二酸化炭素量
＜水草がとり入れた二酸化炭素量

2．メダカが出した二酸化炭素量＝水草がとり入れた二酸化炭素量

3．メダカが出した二酸化炭素量＋水草が出した二酸化炭素量
＝水草がとり入れた二酸化炭素量

4．メダカが出した二酸化炭素量＋水草が出した二酸化炭素量
＞水草がとり入れた二酸化炭素量

4 次の文章を読み，あとの(1)～(3)の問いに答えなさい。

東子さんと邦夫《くにお》くんが音についての実験をしました。二人は，「3秒間のサイレン音，17秒間の無音，3秒間のサイレン音，17秒間の無音……」のように，3秒間のサイレン音が17秒の間隔《かんかく》をあけて10分間くり返してスピーカーから鳴る装置を用意しました。この装置を車Aに積みます。東子さんは車A，邦夫くんは車Bに乗り，それぞれの保護者に運転してもらいます。空気中を音が伝わる速さは秒速340mで一定であるとし，スピーカーから出る音は大きく，実験の間は二人がどんなにはなれても聞こえるものとします。

(1) 音には物に当たると反射する性質があり，反射してきた音を反射音といいます。**図1**のように，南北にまっすぐのびる長い道路上で，車Aを南向きに秒速10mの一定の速さで走らせました。サイレン音をスピーカーから鳴らすと，鳴らし始めた3秒後に，東子さんは真後ろのビルCからの反射音を聞きました。サイレン音を鳴らし始めたとき，車AはビルCから何mはなれていましたか。

図1

(2) **図2**のように，南北にまっすぐのびる長い道路上のD地点に，車Aを南向き，車Bを北向きに停車させました。

この状態から，車Aが南向きに秒速10mの一定の速さで走りながらサイレン音を鳴らしました。邦夫くんに聞こえる，あるサイレン音と次のサイレン音の間の無音の時間は，何秒ですか。割り切れないときは小数第2位を四捨五入して，小数第1位まで求めなさい。

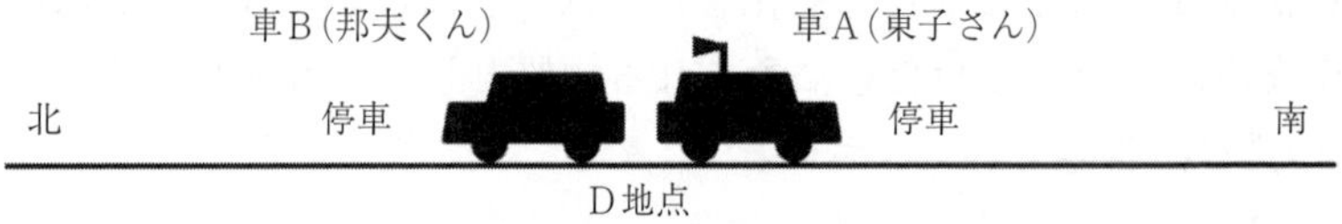

図2

(3) **図2**の状態から，車Bだけを北向きに秒速20mの一定の速さで走らせ，しばらくしてから停車している車Aがサイレン音を鳴らしました。邦夫くんは最初のサイレン音を聞き終わった瞬《しゅん》間《かん》からストップウォッチで5分間計りました。その5分間に邦夫くんにはサイレン音が何回聞こえましたか。整数で答えなさい。

E　プリーツの服を着ることで、いつでもミーナちゃんと一緒に練習しているように思えるから。

問7　――線(4)「そう思いながら、折り畳んだ身体を四人一緒に持ち上げた」とありますが、これはどのようなことを表現していますか。その説明としてもっとも適切なものを次のA～Eの中から一つ選び、記号で答えなさい。

A　四人とも現在の幸せを味わいつつ、今までどおりの気持ちで全員がこの行事を続けられると確信していることを表現している。

B　四人が心を一つにしている中で、できることならこのままこの行事を続けていきたいと「私」が願っていることを表現している。

C　四人ともこの行事の将来に不安を感じているが、全員がこれからも続けていきたいという思いを抱いていることを表現している。

D　四人とも現在は同じ気持ちだが、これから先四人が同じ気持ちでいられるだろうかと「私」が不安に思っていることを表現している。

E　四人がこの行事を続けていこうと思っていたとしても、いずれは続けられなくなるだろうと「私」が予感していることを表現している。

問8　本文の表現の説明としてもっとも適切なものを次のA～Eの中から一つ選び、記号で答えなさい。

A　「今は、一年中そで無しのシャツから黒光りするむきむきの腕を出して、日々布をプレスしている」は、現役のトライアスロン選手であった時、満足する結果を残すことができなかったことに対する鉄人さんのくやしさを表現している。

B　「花柄のハンカチは、布であることをどんどん忘れていくように、羽先を伸ばし、尾を、天に立て、くちばしを尖らせていった」は、鉄人さんが鶴を完成させる過程について、ハンカチ自体が生命を持ち、自分の意志で鶴に変化していったかのように表現している。

C　「私が心から喜んでいると、ミーナちゃんがおずおずと『ねえ、それ、私にくれないかな』と言った」は、親友である「私」ならその要望に応えてくれるにちがいないと、ミーナちゃんが思っていることを表現している。

D　「何年も経った今でも、しゃきっと羽を伸ばしている。いつでも飛び立つ準備はできています、と言っているようだ」は、擬音語《ぎおんご》や比喩《ひゆ》を用いることで、「私」とミーナちゃんがこれからもまっすぐ成長してほしいという鉄人さんの思いを表現している。

E　「どちらもプリーツは入っていないけれど、隅々までぴしっとアイロンがかかっていて、かっこいい」は、仲の良い四人であっても、私とミーナちゃんとの関係と鉄人さんとミーナママとの関係にはちがいがあることを表現している。

さんの拍手《はくしゅ》が沸《わ》き起こる。

あと何回、この拍手を浴びることができるだろう。(4)そう思いながら、折り畳《たた》んだ身体を四人一緒に持ち上げた。

（東《ひがし》　直子《なおこ》「鉄人さんのプリーツ」より。）

(注)　※プリーツスカート…プリーツ（折り目、ひだ）のついたスカート。

問1　〰〰線「なぞらえて」の本文中での意味としてもっとも適切なものを次の**A**～**E**の中から一つ選び、記号で答えなさい。

A　さだめて　**B**　みなして　**C**　思わせて
D　見きわめて　**E**　仮定して

問2　本文中の Ⅰ ・ Ⅱ にあてはまる言葉の組み合わせとしてもっとも適切なものを次の**A**～**E**の中から一つ選び、記号で答えなさい。

A　Ⅰ　さらっと　Ⅱ　ぎらりと
B　Ⅰ　ばりっと　Ⅱ　にやりと
C　Ⅰ　ざらっと　Ⅱ　ぴかりと
D　Ⅰ　ぱりっと　Ⅱ　きらりと
E　Ⅰ　ぱきっと　Ⅱ　ちらりと

問3　本文に次の一文を入れるとすると、どこが適切ですか。この文が入る直前の**三字**をぬき出して答えなさい。（句読点、記号等も字数に数えます。）

鶴をイメージしている。

問4　――線(1)「目の前のプリーツは、折り紙のようにその襞が鋭く際立っている」とありますが、このような「プリーツ」の特色は、どのようにして生まれたものですか。次の文の□にあてはまる言葉を本文中から**二十五字**で見つけ、**最初と最後の三字ずつ**をぬき出して答えなさい。（句読点、記号等も字数に数えます。）

□ことによって生まれた。

問5　――線(2)「鉄人さんのプリーツは、それぞれの場面で、それぞれの幅で、自由に伸び縮みしながら活躍した」とはどのようなことですか。その説明としてもっとも適切なものを次の**A**～**E**の中から一つ選び、記号で答えなさい。

A　鉄人さんのプリーツはしっかりしているので、どんなことがあっても形がくずれないということ。
B　鉄人さんのプリーツが人々の間でうわさになり、その人気がしだいに高まってきているということ。
C　鉄人さんのプリーツが様々な職業の人から注文されて、期待以上の仕上がりになっているということ。
D　鉄人さんのプリーツは完成度が高く、それぞれの人や時に応じて形を変えることができるということ。
E　鉄人さんのプリーツが多くの人に必要とされており、あらゆる場所で各人の要望に応えているということ。

問6　――線(3)「折り目正しいプリーツのおかげだと思う」とありますが、それはなぜですか。その理由としてもっとも適切なものを次の**A**～**E**の中から一つ選び、記号で答えなさい。

A　プリーツの服を着ることで、いつまでも昔のままの二人でいられるように思えるから。
B　プリーツの服を着ることで、気が引きしまり自分一人の世界に入りこめると思えるから。
C　プリーツの服を着ることで、ミーナちゃんと気持ちが通じ合った演奏ができると思えるから。
D　プリーツの服を着ることで、鉄人さんのように強い心を持って演奏できていると思えるから。

をプレスしていった。花柄のハンカチは、布であることをどんどん忘れていくように、羽先を伸《の》ばし、尾《お》を、天に立て、くちばしを尖《とが》らせていった。

はいよ、と鉄人さんが手渡してくれたのは、首を、羽を、尾を、誇り高くピンと伸ばした、花柄の一羽《いちわ》の鶴だった。

「わあ、すてき。うれしい」

私が心から喜んでいると、ミーナちゃんがおずおずと「ねえ、それ、私にくれないかな」と言った。「え？」と一瞬《いっしゅん》驚《おどろ》いたが、ミーナちゃんのハンカチでも鶴を折ってもらって交換《こうかん》しようという提案だった。もちろん喜んで承知した。

ミーナちゃんのハンカチは、白い雲が浮かぶ水色の空の模様だったので、空を切り取ったような鶴ができあがった。ずっと机の上に飾《かざ》っているが、何年も経《た》った今でも、しゃきっと羽を伸ばしている。いつでも飛び立つ準備はできています、と言っているようだ。

ミーナちゃんと私がピアノの発表会で連弾《れんだん》をしたときは、おそろいの鍵盤《けんばん》衣装《いしょう》を作ってもらった。鉄人さんがプリーツ加工した黒い布と白い布を黒鍵と白鍵になぞらえて布を重ねて仕立てたのだ。ミーナちゃんはドレス、私はパンツスーツを作ってもらった。

型紙を切ったり、縫製《ほうせい》をしたり、洋服に仕立てる作業は、ミーナちゃんのママが担当してくれた。ミーナママは、私たちの身体のサイズを測りながら「うきうきしちゃう」と楽しそうに言った。

本番当日。自慢《じまん》の衣装におそろいの白黒のプリーツリボンをつけて挑《いど》んだ連弾は、それはそれは心弾《こころはず》む楽しい経験だった。

鉄人さんの、折り目正しくくずれないプリーツは、ここ一番の勝負時に力をくれると評判になり、さまざまな目的で依頼《いらい》されるようになった。

結婚の挨拶《あいさつ》をする日に着るためのプリーツ入りのブラウス、入学試験の日に使うペンケース、初出勤の日に結ぶスカーフ、漫才《まんざい》のコンテストで締《し》める蝶《ちょう》ネクタイ……。(2)鉄人さんのプリーツは、それぞれの場面で、それぞれの幅《はば》で、自由に伸び縮《ちぢ》みしながら活躍《かつやく》した。

私は、大人になってから遠くの町で一人暮らしをするようになったのだが、年に一度、ミーナちゃんと鉄人さんの住む町に戻《もど》ってくる。ミーナちゃんと連弾をするために。

そう、鍵盤プリーツの衣装で最初に連弾を披露《ひろう》して以来、私たちは毎年欠かさず新曲と新しいプリーツ衣装を発表し続けているのだ。

ピアノのある公民館でのささやかなライブイベントだが、私たちにとっても、町の人たちにとっても、なくてはならない年中行事になっている。

私が引っ越《こ》してからは、同じ場所で一緒《いっしょ》に練習することはなかなかできないので、テレビ電話をつなげて練習している。だから、リアルに連弾ができるのは、私がこの町に帰ってくる、本番当日のリハーサル一回だけ。それでも、「今日も息がぴったりだったね」と言われる。とてもうれしい。(3)折り目正しいプリーツのおかげだと思う。

今年は、プリーツを施した薄めの白いサテンを羽のように何枚も重ね、脛《すね》のあたりから黒いプリーツがのぞくおそろいのドレス。頭に小さな扇《おうぎ》のような赤い髪《かみ》飾り。私たちは観客の後ろから花道を通るように舞台《ぶたい》まで歩いた。

演奏が無事に終わったあと、鉄人さんとミーナママを舞台に呼んだ。二人は普段着《ふだんぎ》のまま、てれくさそうに現れる。鉄人さんは白いシャツにベージュのチノパンツ、ミーナママは若草色の無地のワンピース。どちらもプリーツは入っていないけれど、隅々《すみずみ》までぴしっとアイロンがかかっていて、かっこいい。

鉄人さんとミーナママとミーナちゃんと私、四人で手をつないで、その手を一緒に高く上げてから一斉《いっせい》に頭を下げる。とても深く。たく

A　「わたし」は心の底に埋めていた父親の記憶を母親とドライブに出かけた西宮浜でふと思い出す。そこで自分の飽きっぽい性格はその時の父の態度に原因があることに今になってようやく気づき、何事も長続きしない子どもから今のがまん強い自分へと成長したことを実感し、父へのわだかまりが少しずつ消えていく様子をえがいている。

B　父に関する記憶を無理やりに忘れようとしていた「わたし」は母と出かけた西宮浜で心の奥にかくしていた父と二人だけの出来事を思い出す。「わたし」は幼いころの記憶をたどる中で、子どもの成長を願う父の切実な思いに気づき、父の記憶をすべて消し去ろうとしたことを後悔して、心の中で父に許しを受けようとする様子をえがいている。

C　父に関する記憶を心の中にしまい込んでいた「わたし」は父の思い出を懐かしむ母にただ調子を合わせていたが、西宮浜の景色を見て幼い日の出来事を思い出す。そして当時の思い出と自分の性格を振り返り、自分の性格の中に父から受け継がれた部分があることに気づき、父から愛されていた実感を取りもどしていく様子をえがいている。

D　「わたし」は死んだ父の人生を振り返るようにたどっていく母につきあう中で父に対してよそよそしい態度をとっていた自分をいやだと思い始めていた。しかし西宮浜で思い出した父の愛情に満ちた言葉やふるまいから父に対してすなおな気持ちになり、自分のことをあらためて好きになっていく様子をえがいている。

E　「わたし」は母と訪れた西宮浜で小学校時代の父とのきずなを感じる場所であったことを思い出した。これをきっかけに父の思い出を次々によみがえらせた「わたし」が、父の残してくれた品々やその愛情を支えにして今後は細かいことを気にせずに力強く前向きに生きていこうと決意する様子をえがいている。

二　次の文章を読んで、あとの問いに答えなさい。

朝。初夏のさわやかな風が通り抜ける。学校の門へと続く坂を上りながら、さらさらと風になびく制服の※プリーツスカートは、音楽を奏《かな》でているようで眺めるのが楽しい。

みんな同じ深い緑色のタータンチェックのプリーツスカートだけど、(1)目の前のプリーツは、折り紙のようにその襞《ひだ》が鋭《するど》く際立っている。これはお友達のミーナちゃんのスカート。そして私のスカートの襞も、同じように鋭い。なぜなら、ミーナちゃんも私も、鉄人さんにプレスしてもらったプリーツスカートだから。

鉄人さんは、ミーナちゃんのお父さん。昔、トライアスロン（鉄人レース）の選手だったらしい。今は、一年中そで無しのシャツから黒光りするむきむきの腕《うで》を出して、日々布をプレスしている。

ミーナちゃんの家はクリーニング屋さんで、毎日たくさんの洗濯物《せんたくもの》を請《う》け負い、巨大《きょだい》な洗濯機と乾燥機《かんそうき》を回し、洗い終えた物は、すべて鉄人さんが太い腕に力をこめて、じっくりとプレスする。鉄人プレスが施《ほどこ》されたあとは、シャツもスラックスもプリーツスカートも、まるで新品のように、いえ、それ以上に、［Ⅰ］仕上がっている。

ミーナちゃんの家に遊びにいったとき、休憩《きゅうけい》していた鉄人さんに、ふと訊《き》いてみた。

「アイロンで鶴《つる》を折ることってできる?」

鉄人さんはにっこり笑って白い歯を［Ⅱ］光らせた。

「おう、できるさ、もちろん」

私は、そのとき持っていた花柄《はながら》のハンカチを鉄人さんに手渡《てわた》した。

鉄人さんは、スプレーで糊《のり》をしゅっしゅっしゅっとふりかけながらハンカチ

ったから。

C　最後まで描き上げられずに自分が恥ずかしい思いをしたくなかったから。

D　他の人の描いた絵と比べられて父にみじめな思いをさせたくなかったから。

E　最初からみんなにほめられないとわかっている絵を描きたくなかったから。

問5　――線(3)「頭の中の理想図を取り出そうとする」とは、何をどのようにすることですか。次の文の［イ］・［ロ］にあてはまる言葉を指定された字数で本文中からぬき出して答えなさい。（句読点、記号等も字数に数えます。）

自分が［イ（七字）］を実際に［ロ（四字）］こと。

問6　――線(4)「恥ずべき短所が、少しだけ誇るべき長所のように思えた」とありますが、この時の「わたし」の気持ちの説明としてもっとも適切なものを次のA～Eの中から一つ選び、記号で答えなさい。

A　自分の短所だと思っていた飽きっぽいところが、実は自分だけではなく父と同じであったのだということを思い出し、父との共通点を見つけられてよかったと思った。

B　自分の短所だと思っていた飽きっぽいところが、実は自分の抱く理想の高さに原因があったことに思いいたり、そのように自分を育ててくれた父に感謝したいと思った。

C　自分の短所だと思っていた飽きっぽいところが、実は父がたくさん集めて見せてくれていた素敵なもののせいであったとわかり、自分の性格を前向きに受け止めようと思った。

D　自分の短所だと思っていた飽きっぽいところが、実は父と同じような自他に対する愛情のあらわれなのだと読者から教えられ、新たな自分を見つけられたことを喜ばしく思った。

E　自分の短所だと思っていた飽きっぽいところが、実は大好きな父から受け継いだこだわりの強さのあらわれなのだと気づき、父とのつながりを確かめられたことを嬉しく思った。

問7　――線(5)「救われた気がした」とありますが、それはなぜですか。その理由としてもっとも適切なものを次のA～Eの中から一つ選び、記号で答えなさい。

A　子どものころ父から受けたつらい仕打ちを思い出して嫌な気持ちになっていたが、「わたし」の成長を願う父の愛情に気がついて気持ちが晴れたから。

B　もういない父のことは忘れようと一度心に決めて無理に心の奥底にしまい込んでいた思い出を、母の思いつきをきっかけに懐かしく思い出せたから。

C　これまで自分が父のことを思い出せずにいた理由が、「わたし」の中にあった思いと父の心の中にあった思いがすれちがっていたためだとわかったから。

D　自分の子どものころのことを思い出してゆくにつれて、これまでずっと思い出さないまますごしてきた父が本当は自分を愛してくれていたことに気づいたから。

E　父の思い出を懐かしむ母のとなりでなかなか父のことを思い出せないでいた「わたし」も、父の確かな記憶を思い出して母の話題についていけるようになったから。

問8　［Ⅱ］には父の言葉が入ります。本文中からぬき出して答えなさい。

問9　本文の内容の説明としてもっとも適切なものを次のA～Eの中から一つ選び、記号で答えなさい。

ら地中深くに埋めたとしても、消えてなくならない記憶がある。(5)救われた気がした。

わたしは、ユニバーサル・スタジオ・ジャパンへ行くと、どうしても※2バック・トゥ・ザ・フューチャーに乗ることができなかった。父が最後に連れて行ってくれた遊園地であり、乗っておいでと背中を押してくれたアトラクションであるからだ。

父についてほとんどのことを思い出せないし、※3ドクが発明したデロリアンで過去へと飛ぶこともできない。だからせめて、忘れてしまった父のことを心の底から愛し、歩んでいこうと思う。父の記憶は確かでなくても、父がわたしを愛してくれたことは確かだから。

「父だったら、なんて言っただろうか」ではなく「きっと父ならこう言うだろう」と、言い聞かせていく。行き止まりになった記憶の暗闇《くらやみ》に、新たな記憶という映像を投写する。それは作り物かもしれない。だけど、父が愛したわたしが描いたのならばきっと、父は許してくれるだろう。

「［Ⅱ］」

西宮浜の堤防で、声が聞こえた気がした。

（岸田奈美「筆を伸ばす、私を思う　@西宮浜」より。）

（注）※1　ピラティス…ヨーロッパで生まれた運動法。
※2　バック・トゥ・ザ・フューチャー…1985年に公開された同名の映画をもとに作られた乗り物アトラクション。
※3　ドクが発明したデロリアン…映画「バック・トゥ・ザ・フューチャー」の中で科学者のドクが発明した、自動車を改造して作った過去や未来に行ける乗り物。

問1　＝＝線「おセジ」の「ジ」と同じ漢字を使うものを次のA～Iの中から選び、記号で答えなさい。なお、正解は一つとは限りません。いくつかある場合はそのすべての記号を答えなさい。

A　ジヒョウを出す。　B　ジリツして生きる。
C　ドラマのジカイ予告。　D　卒業式のトウジ。
E　ヒジョウジの対応。　F　交通ジコが起きる。
G　ジミな色の上着。　H　作品をテンジする。
I　最多勝記録をホジする。

問2　［Ⅰ］に入る語を**ひらがな四字**で答えなさい。

問3　――線(1)「わたしはびっくりした」とありますが、それはなぜですか。その理由としてもっとも適切なものを次のA～Eの中から一つ選び、記号で答えなさい。

A　まったく予想していなかった場所で母がハンドルを切ったから。
B　自分の幼い日の出来事のほんの一部分が急によみがえったから。
C　追憶の旅のゴールにするにはあまりにもありふれた場所だったから。
D　思い出したいのに思い出せずにいた思い出を一気に取りもどせたから。
E　母の相手でせいいっぱいだった自分のことを考える余裕《よゆう》ができたから。

問4　――線(2)「どうして描こうとしなかったのか、なんとなく、いまのわたしなら想像がつく」とありますが、「いまのわたし」が「想像」した理由としてもっとも適切なものを次のA～Eの中から一つ選び、記号で答えなさい。

A　途中で描くのを投げ出してしまうさまを父に見られたくなかったから。
B　その場の思いつきで手早く絵を描くことを得意としていなか

時には、仕事においても。

「社会人なんだから、最後までしっかりやり遂《と》げなよ。有言実行って大切なんだから」

正論だった。飽きっぽい自分を、ずっと恥《は》じてきた。ていねいで、まじめで、根気の良い社会人になろうと思った。

でも、固く結んだはずのその決意すらもあっさりと揺《ゆ》らぐ、筋金入りの飽きっぽさだ。

最近になって、自分のどうしようもない飽きっぽさへの、捉《とら》え方が変わってきた。

「岸田さんは愛にあふれていて、他人にも愛を求める人なんだね」

わたしのエッセイを読んでくれた人が、そんなことを言った。

そうかもしれない。わたしが心の底から気に入るのは、そこに確かな愛のあるものが圧倒《あっとう》的に多い。愛によって作られたもの、長く愛されていること、自分も他人も愛しているひと。芸能人が自分の偏愛《へんあい》っぷりを披露《ひろう》するバラエティ番組は、欠かさずチェックするくらい大好きだ。

そう言えば、父の部屋に置かれていたものたちも、そうだった。

スウェーデンの職人が作った、重くて大きな黒い革《かわ》のリュック。憧《あこが》れのドイツで買ってきた水彩絵具《すいさいえのぐ》、木製パズル。美しい葉っぱの形をした、ペンが磁力で浮《う》いているペンスタンド。子どものわたしの目には「ヘンなもの」と映っていたが、それらは誰《だれ》かしらの愛にあふれていた。その証拠《しょうこ》に、それらは今、わたしによって回収され、わたしの部屋に移住している。

わたしは、愛にあふれ、愛せるものしか、手に入れたくない人間なのだ。それはきっと、父から受け継《つ》がれてきた性質。

だから、工作も、趣味《しゅみ》も、仕事も、長く続かなかったのかもしれない。「これはわたしが愛せる完成形にはならない」と、途中《とちゅう》で気づいてしまったから。

頭の中にはいつだって、「愛せそうなもの」の理想図があった。それは父が、わたしに素敵《すてき》なものをたくさん見せてくれたからだと思う。でも、いざ(3)頭の中の理想図を取り出そうとすると、透明《とうめい》な壁《かべ》に阻《はば》まれる。壁の正体は、手先の不器用さだったり、才能の乏《とぼ》しさだったりするのだけど、ともかくその時点で理想を形にすることは難しいだろうと悟《さと》る。

愛せないものに、最後まで手間暇《てまひま》をかける理由はない。だから途中で投げ出してしまうのだ。

(4)恥ずべき短所が、少しだけ誇《ほこ》るべき長所のように思えた。

あの日。堤防へ絵筆を押《お》しつけることをだらだらと拒《こば》んだのは、堤防のような大きなものに、絵を描いたことがなかったからだ。描いたことがないから、失敗は免《まぬか》れない。愛せないとわかっているものを、大好きな父の前で、作って投げ出してしまうのが嫌《いや》だった。

「ほら。ここあいてるから、入れてもらい」

そう言って父は、堤防にむらがる子どもたちの間にぽっかりできたスペースへとわたしを押し込《こ》んだ。

しぶしぶ、わたしは絵筆を押しつけた。なにを描いたかは忘れてしまった。覚えていないということは、記憶するほど愛せるものではなかったはずだけど。

「ええやん。なかなかうまい」

父はたしか、誇らしそうに、笑っていたはずだ。西宮浜を訪れたわたしの脳裏《のうり》に蘇《よみがえ》ったのは、堤防の絵ではなく、父の笑った顔だった。

あのとき父が褒《ほ》めたのはきっと、絵ではなくて、迷いながらも一歩を踏み出した、わたしの姿だったのだろう。父は、確かにわたしを愛してくれていた。だからいま、ふとした拍子《ひょうし》に思い出したのだ。いく

2024年度

東邦大学付属東邦中学校

【国語】〈後期試験〉（四五分）〈満点：一〇〇点〉

一 次の文章を読んで、あとの問いに答えなさい。

記憶《きおく》を埋《う》めた土を無理矢理掘《ほ》り起こそうとしてみると、火花みたいに、パラパラと小さな記憶が飛び散ることがある。それは、父と訪《おとず》れた場所へ足を踏《ふ》み入れたとき、急に出会った。

先日、母の思いつきで、兵庫県西宮《にしのみや》市を訪れた。訪れたと言っても、実家のある神戸《こうべ》から大阪まで車で向かうついでに、ちょっと寄ってみただけだ。

西宮は父の故郷であり、父と母が結婚《けっこん》して最初にアパートを借り、父が起業してからはオフィスを構えた街だった。父の実家、アパート、オフィス、とたっぷり時間をかけながら順番に車でまわっていくと、母は「懐《なつ》かしい」と嬉《うれ》しそうにつぶやいた。

わたしは相変わらず、ちっとも思い出せなかった。でも母があまりに楽しそうだったので「そうやね」と［Ⅰ］を打っていた。

海が好きだという母が、追憶ツアーのゴールとして西宮浜へとハンドルを切ったとき、(1)わたしはびっくりした。

パチパチと、記憶の火花が散ったのだ。

「ここと似たところに、来たことある」

それは知識でも妄想《もうそう》でもない、記憶だった。きれいとはおセジにも言えない海と、鼻につく磯《いそ》の匂《にお》いと、水平線の果てまで続く灰色の堤《てい》防《ぼう》。この西宮浜と同じ場所だったかどうかはわからない。だけど、似たような景色を、かつてわたしは父と眺《なが》めたことがある。

わたしはまだ、小学校に入ったばかりだった。堤防の一角で、子どもたちが絵を描《か》いていた。なんでだったか理由はわからないけど、とにかくそういうイベントのようだ。堤防のキャンバスを、縦横無尽《じゅうおうむじん》に泳ぐように、とんでもない色のサメやクジラやタコが描かれていて。

父はわたしに、どこからか借りてきた絵筆とパレットを渡して。

「好きに描いてええんやで」

そのあとすぐ、父の眉《まゆ》が下がったのを覚えている。困ったような、がっかりしたような。わたしが、好きに描こうとしなかったからだ。

「どうして描かんのや」

「こんなところに描いたことないし」

「べつにええやん、失敗しても」

「なんかなあ」

なんだかんだ言って、わたしはもじもじと絵筆とパレットを交互《こうご》に見た。(2)どうして描こうとしなかったのか、なんとなく、いまのわたしなら想像がつく。

わたしは飽《あ》きっぽい人間だ。

絵や工作といったものを、最後まで気を抜《ぬ》かず、ていねいに完成させたことの方が少ない。最初の十五分くらい取り組んでみたら、なんだかやる気が起きなくなって、あとは惰性《だせい》で完成させて、あっさりと興味を失ってしまう。完成品を自宅へ持ち帰らず、学校でゴミみたいに捨ててしまうこともしょっちゅうだった。

大人になっても変わらない。ギター、ドラム、テニス、※1ピラティス、いろんな習い事を始めてみたものの、ちょっとできるようになると、すぐに放り投げてしまった。わたしの自宅の物置はそういう薄《うす》っぺらい好奇心《こうきしん》の残骸《ざんがい》であふれている。

2024年度

東邦大学付属東邦中学校 ▶解　答

※　編集上の都合により，後期試験の解説は省略させていただきました。

算　数　＜後期試験＞（45分）＜満点：100点＞

解　答

[1] (1) $\frac{1}{20}$　(2) $\frac{1}{4}$　[2] (1) 4　(2) 93　(3) 160cm　(4) 分速525m　(5) 6：13　[3] (1) 1：1　(2) 6：1　[4] カ，キ　[5] (1) 80個　(2) 70個　(3) 84個　[6] (1) $16cm^2$　(2) $17\frac{1}{3}cm^3$　[7] (1) **ア** 3　**イ** 2　**ウ** 1　**エ** 10　**オ** 66　(2) 36通り

社　会　＜後期試験＞（30分）＜満点：50点＞

解　答

[1] **問1** ウ　**問2** ア，ウ　**問3** イ　**問4** **X** 地熱　**Y** 大分　**問5** **福岡県**…ウ　**鹿児島県**…オ　**問6** 二毛　**問7** **a** ウ　**c** イ　[2] **問1** エ　**問2** ウ　**問3** イ　**問4** ウ　**問5** さかい　**問6** エ　**問7** イ　[3] **問1** (1) (例) 議席や候補者の一定数を女性に割り当てる。　(2) ウ　**問2** **あ** 非常任理事国　**い** 1956年　**問3** (1) ウ　(2) イ，エ　(3) ウ　**問4** ア

理　科　＜後期試験＞（30分）＜満点：50点＞

解　答

[1] 3　[2] (1) 5　(2) 3.8L　(3) 2.2g　[3] (1) 3　(2) 3　(3) 1　[4] (1) 495m　(2) 17.5秒　(3) 14回

国　語　＜後期試験＞（45分）＜満点：100点＞

解　答

[一] **問1** A，D　**問2** あいづち　**問3** B　**問4** A　**問5** **イ** 愛せそうなもの　**ロ** 形にする　**問6** E　**問7** D　**問8** 好きに描いてええんやで　**問9** C　[二] **問1** E　**問2** D　**問3** 飾り。　**問4** 鉄人さ～スする　**問5** E　**問6**

C　**問7**　B　**問8**　B

2023年度 東邦大学付属東邦中学校

※　推薦は算数・社会・理科・国語を，帰国生は算数・英語・国語を受験します。

【算　数】〈推薦・帰国生試験〉（45分）〈満点：100点〉

1　次の□にあてはまる最も適当な数を答えなさい。

(1)　$\left\{1-\left(3.4-\frac{10}{3}\right)\times1\frac{4}{5}\right\}\div2\frac{1}{5}=\square$

(2)　$\left(10\frac{1}{2}-\square\right)\div(2+12\div7)=2\frac{5}{8}$

(3)　$12.3\times\left(1\frac{1}{9}-0.5\right)+\left(\frac{1}{9}-\frac{1}{27}\right)\times36.9-0.123\times50=\square$

2　次の問いに答えなさい。

(1)　Aさんが自動車で時速72kmで25分間進んだあと，秒速９mで$\frac{7}{18}$時間進みました。進んだ道のりは合わせて何kmか求めなさい。

(2)　濃度7.6％の食塩水360ｇに，食塩を加えてよくかきまぜたところ，濃度は12％になりました。加えた食塩は何ｇか求めなさい。

(3)　１円硬貨，５円硬貨，10円硬貨が合わせて36枚あります。１円硬貨の合計金額，５円硬貨の合計金額，10円硬貨の合計金額の比が１：３：８のとき，36枚の合計金額はいくらか求めなさい。

(4)　下の表は，ある小学生20人に国語と算数のテストを行った結果です。ただし，▲は国語が30点で算数が30点であった小学生の人数を，■は国語が40点で算数が40点であった小学生の人数を表しています。

国語の平均点と算数の平均点ではどちらが何点高いか答えなさい。

国＼算	0点	10点	20点	30点	40点	50点
0点	0	0	0	0	0	0
10点	0	1	0	1	0	0
20点	0	1	2	2	0	0
30点	0	0	0	▲	0	1
40点	1	0	0	0	■	1
50点	0	0	1	0	0	1

3　AさんとBさんが１周600mの池の周りを，同時に同じ場所から出発して時計回りに走ります。Aさんは，１周目を分速180mの速さで走り，１周ごとに走る速さを分速30mずつ遅くして走ります。Bさんは，１周ごとに走る速さを1.5倍にして走り，２周するのに12分30秒かかります。

このとき，次の問いに答えなさい。

(1)　Aさんが出発してから10分間走ったとき，Aさんが走った道のりは何mか求めなさい。

(2)　Ｂさんの１周目の速さは分速何ｍか求めなさい。

(3)　２人が２度目に横にならぶのは，出発してから何分何秒後か求めなさい。ただし，出発するときは１度目に数えません。

4　DF ＝ 8 cm，EF ＝ 5 cm，角Ｆが直角の直角三角形 DEF を底面に持つ高さ12cm の三角柱 ABCDEF の形をした容器があります。【図１】のように，この容器を平らな床にえがかれた長方形 GHIJ の角Ｊと容器の角Ｆがぴったり重なるように置きます。この容器に水をいっぱいに入れて，三角形 DEF の辺のうちひとつを床につけたまま静かに容器をかたむけて水をこぼします。【図２】は，辺 EF を床につけたまま容器をかたむけて水をこぼした様子です。

このとき，次の問いに答えなさい。ただし，容器の厚さは考えないものとします。

【図１】

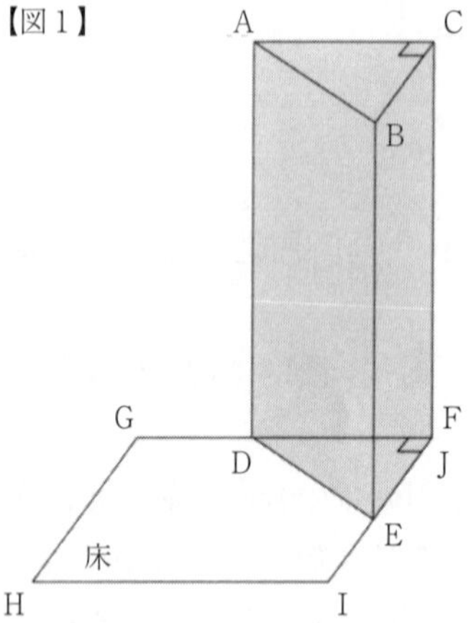

【図２】

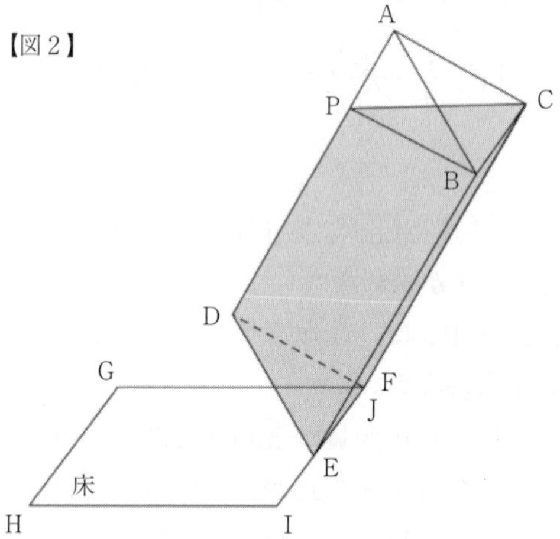

(1)　辺 EF を床につけたまま，水をいっぱいに入れた容器をかたむけたところ，水面は辺 AD 上の点Ｐを通る三角形 PBC になり，AP ＝3.6cm になりました。容器をもとに戻したとき，床から水面までの高さを求めなさい。

(2)　辺 DF を床につけたまま，水をいっぱいに入れた容器をかたむけたところ，水面は辺 BE 上の点Ｒを通る三角形 ARC になりました。このとき，“辺 FE と辺 FI の作る角の大きさ” が “(1)で容器をかたむけたときの辺 FD と辺 FG の作る角の大きさ” と等しいとき，BR の長さを求めなさい。

5　右の図のように，三角形 ABC の辺 AB，辺 BC，辺 CA 上に，それぞれ点Ｄ，点Ｅ，点Ｆを，四角形 DBEF が平行四辺形となるようにとります。

また，DF 上に DG：GF ＝３：１となる点Ｇをとり，BG の延長と EF の延長との交点をＨ，CA と BH の交点をＩとしたところ，GI ＝ IH になりました。

このとき，次の問いに答えなさい。

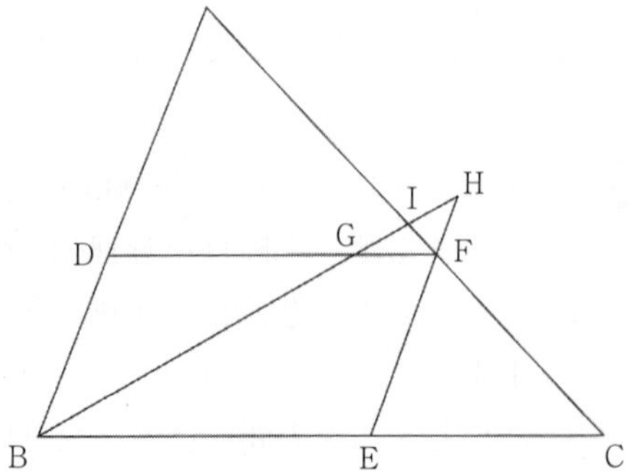

(1)　BG：GI を最も簡単な整数の比で求めなさい。

(2)　三角形 ADF と三角形 DBG の面積の比を最も簡単な整数の比で求めなさい。

(3)　三角形ABIと四角形BEFIの面積の比を最も簡単な整数の比で求めなさい。

6　10から50までの整数が書かれたカードが1枚ずつあります。これらのカードの中から2枚順番に選んで，左から並べて作ることのできる4けたの整数について考えます。

例えば，1枚目に43のカードを選んで，2枚目に12のカードを選んで，左から並べてできる4けたの整数は，4312です。

このとき，次の問いに答えなさい。

(1)　4けたの整数は，全部で何通りできるか求めなさい。

(2)　各位の数字がすべて異なる4けたの整数の中で，最も大きい整数と最も小さい整数の差を求めなさい。

(3)　各位の数字のうち3つが同じである4けたの整数の中で，3の倍数であるものは全部で何通りあるか求めなさい。

【社　会】〈**推薦試験**〉（30分）〈満点：50点〉

〈編集部注：実物の入試問題では，すべての図と写真はカラー印刷です。〉

1　日本の地理に関する次の各問いに答えなさい。

問１　次の図**ア**～**エ**は，磐梯《ばんだい》山(福島県)，八ケ岳《やつがたけ》(長野県・山梨県)，富士山(静岡県・山梨県)，阿蘇《あそ》山(熊本県)のいずれかの周辺地域を含《ふく》んだ河川《かせん》や湖などを示している。このうち，阿蘇山とその周辺地域にあてはまる図を，**ア**～**エ**から１つ選び，記号で答えなさい。

ア.

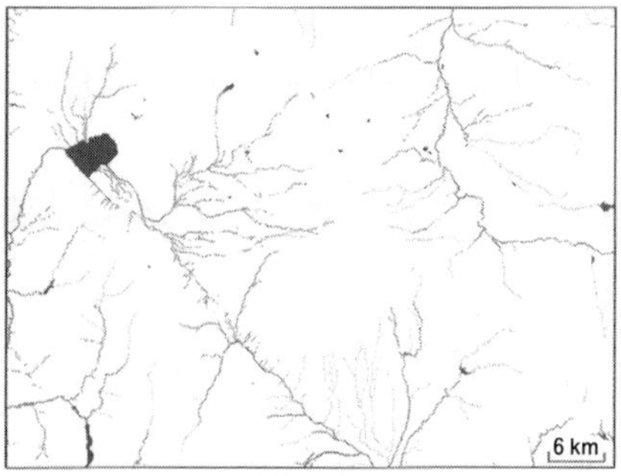

イ.

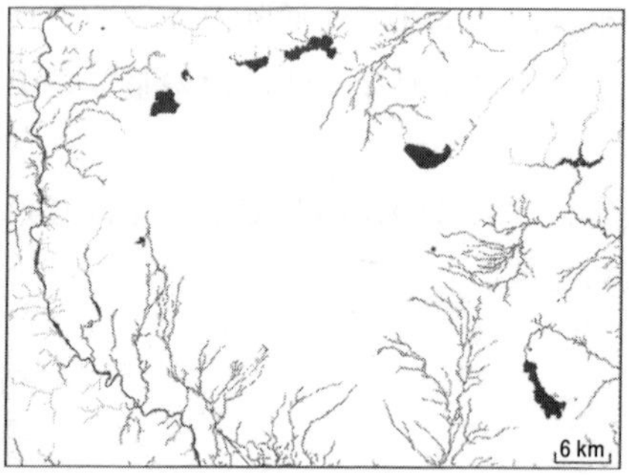

ウ.

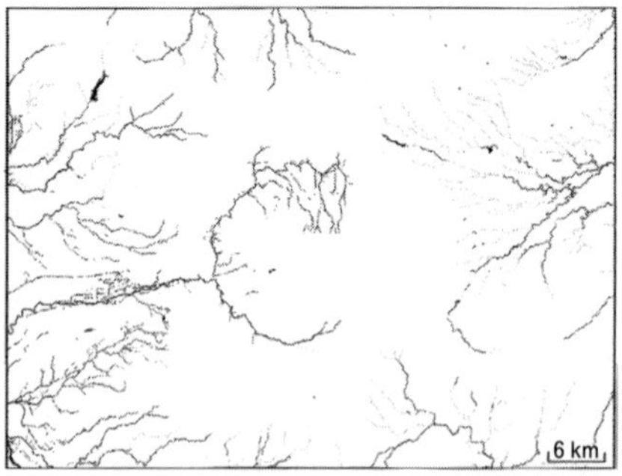

エ.

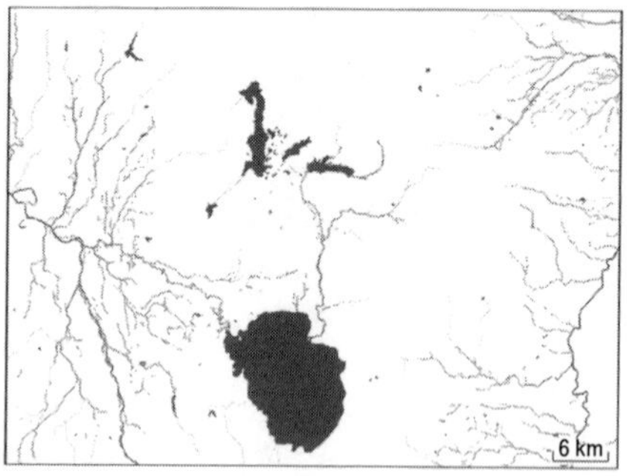

問２　次の表は，鉄鋼業，化学工業，食料品製造業，輸送用機械器具製造業のいずれかの製造品出荷額《しゅっかがく》の上位10都道府県を示している。表中の**あ**～**え**にはこれらの項目《こうもく》のいずれかがあてはまり，表中の**a**～**c**には神奈川県，千葉県，埼玉県のいずれかがあてはまる。**a**～**c**にあてはまる都道府県の組み合わせとして正しいものを，あとの**ア**～**カ**から１つ選び，記号で答えなさい。

	あ	い	う	え
1位	北海道	c	愛知県	愛知県
2位	a	兵庫県	兵庫県	静岡県
3位	愛知県	山口県	c	b
4位	兵庫県	b	大阪府	福岡県
5位	b	静岡県	広島県	群馬県
6位	c	a	福岡県	広島県
7位	茨城県	茨城県	岡山県	三重県
8位	静岡県	大阪府	茨城県	a
9位	大阪府	愛知県	b	兵庫県
10位	福岡県	三重県	山口県	大阪府
全国合計(億円)	301148	293105	178161	681009

統計年次は2019年。『データでみる県勢 2022』により作成。

	ア	イ	ウ	エ	オ	カ
神奈川県	a	a	b	b	c	c
千葉県	b	c	a	c	a	b
埼玉県	c	b	c	a	b	a

問3　次の表**ア**～**カ**は，東北6県における県別農業産出額の上位10品目について示したものである。これらの表のうち，秋田県と山形県にあてはまるものを，**ア**～**カ**からそれぞれ1つ選び，記号で答えなさい。

ア.

順位	品目	産出額(億円)	構成割合(%)
1	りんご	869	27.7
2	米	596	19.0
3	豚(ブタ)	221	7.0
4	ブロイラー(肉用ニワトリ)	204	6.5
5	鶏卵(ニワトリの卵)	178	5.7
6	肉用牛	162	5.2
7	やまのいも	131	4.2
8	にんにく	127	4.0
9	生乳	78	2.5
10	だいこん	63	2.0

イ.

順位	品目	産出額(億円)	構成割合(%)
1	米	898	35.1
2	おうとう(さくらんぼ)	362	14.2
3	豚	127	5.0
4	ぶどう	123	4.8
5	肉用牛	122	4.8
6	りんご	102	4.0
7	生乳	71	2.8
8	西洋なし	59	2.3
9	すいか	58	2.3
10	トマト	51	2.0

ウ.

順位	品目	産出額(億円)	構成割合(%)
1	米	814	39.0
2	肉用牛	133	6.4
3	もも	126	6.0
4	鶏卵	108	5.2
5	きゅうり	106	5.1
6	生乳	76	3.6
7	豚	71	3.4
8	トマト	67	3.2
9	日本なし	45	2.2
10	りんご	45	2.2

エ.

順位	品目	産出額(億円)	構成割合(%)
1	米	1126	58.3
2	豚	187	9.7
3	鶏卵	64	3.3
4	肉用牛	60	3.1
5	りんご	52	2.7
6	ねぎ	34	1.8
7	生乳	26	1.3
8	えだまめ(未成熟)	26	1.3
9	トマト	22	1.1
10	大豆	21	1.1

オ.

順位	品目	産出額(億円)	構成割合(%)
1	米	839	43.4
2	肉用牛	274	14.2
3	鶏卵	131	6.8
4	豚	127	6.6
5	生乳	121	6.3
6	いちご	61	3.2
7	ブロイラー	57	3.0
8	きゅうり	30	1.6
9	トマト	29	1.5
10	ねぎ	26	1.3

カ.

順位	品目	産出額(億円)	構成割合(%)
1	米	603	22.5
2	ブロイラー	549	20.5
3	肉用牛	292	10.9
4	豚	276	10.3
5	生乳	234	8.7
6	鶏卵	135	5.0
7	りんご	106	4.0
8	葉たばこ	41	1.5
9	乳牛	34	1.3
10	ひな	32	1.2

統計年次は2019年。「農林水産省 HP」により作成。

問4　次の図**a**～**c**は，夕張市（北海道），習志野市（千葉県），豊田市（愛知県）のいずれかの都市について，あとの二重線内の**A**～**E**の項目をそれぞれ※偏差値《へんさち》で示したものである。図と都市の組み合わせとして正しいものを，下の**ア**～**カ**から１つ選び，記号で答えなさい。

a.
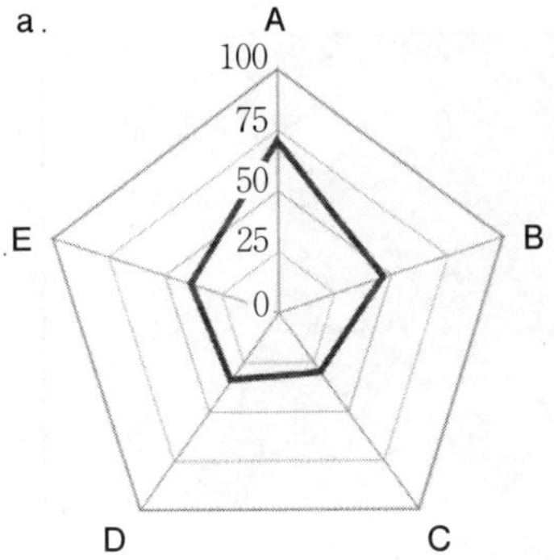

b.
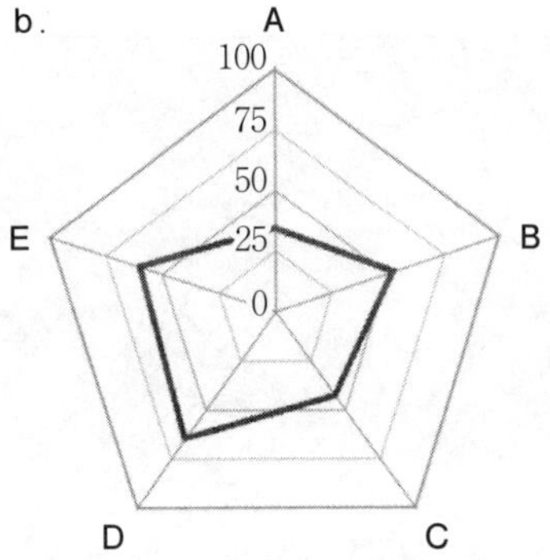

c.
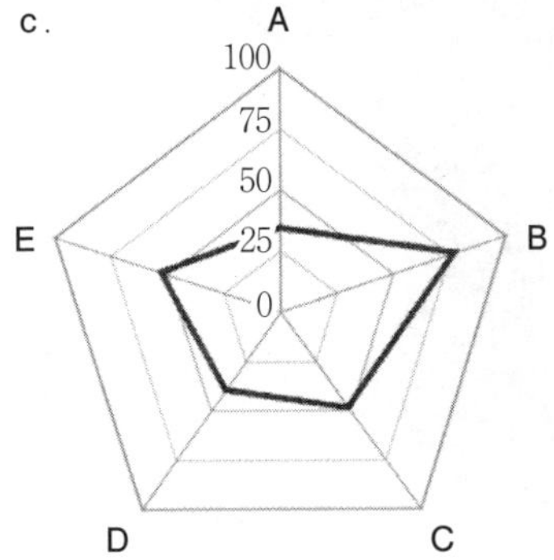

A：65歳《さい》以上の総人口に占《し》める割合
B：外国人人口
C：一世帯あたりの人員
D：他市区町村への通勤者比率
E：一定人口あたりの大型小売店数

総務省「統計ダッシュボード」により作成。令和２年度国勢調査等に基《もと》づく。

※全国の市町村を比較《ひかく》対象とした偏差値。

	ア	イ	ウ	エ	オ	カ
夕張市	a	a	b	b	c	c
習志野市	b	c	a	c	a	b
豊田市	c	b	c	a	b	a

問５　次の図は，生産年齢《ねんれい》人口（15～64歳）の割合（％）について，市区町村別（政令指定都市の区を含む）に示したものである。この図について，割合が高いところと低いところを比較した場合，その差によって発生する財政上の問題点を**６字以上10字以内**で答えなさい。ただし，句読点は用いないものとする。

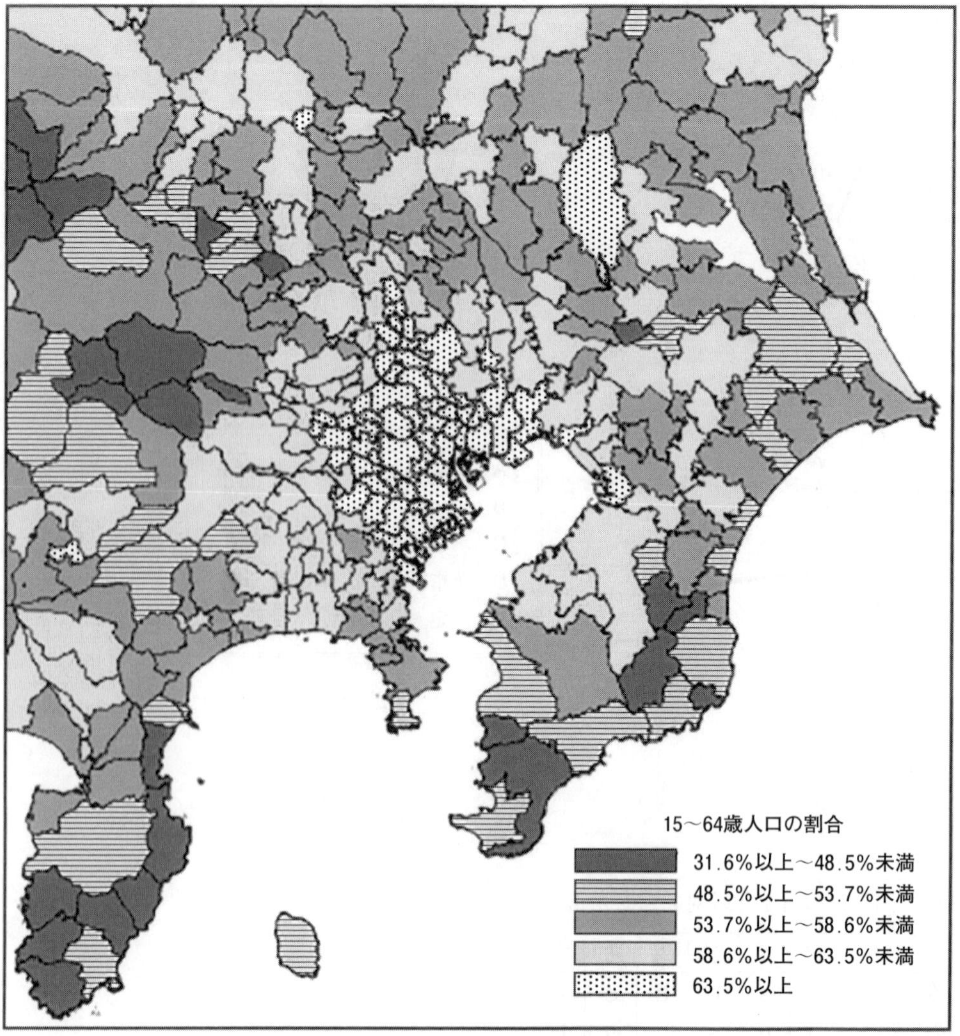

統計年次は2020年。総務省「国勢調査」により作成。

2　九州地方に関する次の各問いに答えなさい。

問1　次の写真の太宰府天満宮《だざいふてんまんぐう》に関して，あとの(1)・(2)の各問いに答えなさい。

(1)　次の二重線内の文章は，太宰府天満宮に関して述べたものである。文章中の［X］にあてはまる人名を，あとの**ア**～**エ**から1つ選び，記号で答えなさい。

太宰府天満宮は，菅原道真《すがわらのみちざね》をまつっている。菅原道真は醍醐《だいご》天皇の信任をうけて中央政界で活躍《かつやく》していたが，［X］の陰謀《いんぼう》によって大宰府に左遷《させん》され，この地で亡《な》くなった。

ア．藤原時平《ふじわらのときひら》　**イ**．道鏡　**ウ**．源頼朝　**エ**．藤原泰衡《やすひら》

(2)　太宰府天満宮のある九州北部は，長い間日本の外交の窓口となっていた。次の二重線内の**a**～**d**は日本の外交に関して述べたものである。このうち，内容が正しいものを2つ選び，その組み合わせとして正しいものを，あとの**ア**～**カ**から1つ選び，記号で答えなさい。

a．9世紀のはじめに遣唐使《けんとうし》にしたがって唐にわたった最澄《さいちょう》は，帰国後に高野山で金剛峯《こんごうぶ》寺を開き，真言宗の開祖となった。
b．12世紀後半に平治《へいじ》の乱で勝利し，朝廷《ちょうてい》内の高位高官を一族で独占《どくせん》した平清盛は，宋《そう》との貿易で大きな利益を出した。
c．14世紀後半に執権《しっけん》であった北条時政は，チンギス・ハン率いる元軍の襲来《しゅうらい》を防いだのち，御家人《ごけにん》を救うために徳政令を定めた。
d．16世紀後半に朝鮮侵略《ちょうせんしんりゃく》が2度にわたって行われたが，慶長《けいちょう》の役の途中《とちゅう》で豊臣秀吉が亡くなったことにより，朝鮮から兵を引きあげた。

ア．**a**と**b**　**イ**．**a**と**c**　**ウ**．**a**と**d**

エ．**b**と**c**　**オ**．**b**と**d**　**カ**．**c**と**d**

問2　現在の福岡県福岡市で，1336年に多々良浜《たたらはま》の戦いと呼ばれるできごとがあった。この戦いは，菊池《きくち》氏が率いる軍勢を足利尊氏の軍が破った戦いである。この戦いのあとにおこったできごとについて述べたものとしてもっとも適しているものを，次の**ア**～**エ**から1つ選び，記号で答えなさい。

ア．足利尊氏は新田義貞《よしさだ》らと協力して鎌倉を攻《せ》め，北条氏を滅《ほろ》ぼした。

イ．足利尊氏は湊川《みなとがわ》で楠木正成《くすのきまさしげ》らの軍と戦って勝利し，京都に入った。

ウ．足利尊氏は吉野《よしの》へ移って新たに天皇を即位《そくい》させ，建武の新政を始めた。

エ．足利尊氏は南朝と北朝を統一し，室町幕府を立ち上げた。

問3　右の絵画は，聖母《せいぼ》マリアを描《えが》いた世界的に有名なものである。一方，次の**A**・**B**は，長崎県の長崎市や平戸市などに残されたもので，これらも聖母マリアをあらわしたものである。**A**・**B**に関して述べた，あとの二重線内の文中の[X]・[Y]にあてはまる言葉としてもっとも適しているものを，下の**ア**～**ク**からそれぞれ１つ選び，記号で答えなさい。

A.

マリア観音

B.

お掛《か》け絵

> **A**や**B**が長崎県の各地で見られるのは，[X]に幕府がキリスト教を[Y]。

[X]：**ア**．15世紀前半　**イ**．16世紀前半　**ウ**．17世紀前半　**エ**．18世紀前半

[Y]：**オ**．禁止したことから，この地域の人たちがキリスト教の信仰《しんこう》をあきらめ，仏教を信仰したからである

カ．禁止したが，この地域の人たちは隠《かく》れてキリスト教を信仰していたからである

キ．禁止したことから，この地域のキリシタン大名が自分の領内でキリスト教を布教したからである

ク．禁止したが，この地域だけキリスト教の信仰が認められていたからである

問4　次の写真は，軍艦島《ぐんかんじま》と呼ばれる島である。この島には昭和に入ると多くの人が居住したが，1974年に無人島になった。あとの二重線内の文は，軍艦島が無人島になった理由について述べたものである。文中の[X]・[Y]にあてはまる語句を，下の**ア**～**エ**からそれぞれ１つ選び，記号で答えなさい。

> 軍艦島は良質な[　X　]にめぐまれ，近代化を目指す明治時代の日本にとって貴重な資源の供給地となったが，主要なエネルギーが[　X　]から[　Y　]へと移ることによって，軍艦島も急激に衰退《すいたい》した。

ア．石炭　**イ**．ウラン　**ウ**．石油　**エ**．天然ガス

問５　1945年８月９日，長崎に原爆《げんばく》が投下された。次の二重線内の**a**～**c**は1945年におこったできごとである。これらのできごとを古い順に並べたものとして正しいものを，あとの**ア**～**カ**から１つ選び，記号で答えなさい。

> **a**．東京大空襲《だいくうしゅう》　**b**．ソ連の対日参戦　**c**．米軍の沖縄上陸

ア．a→b→c　**イ**．a→c→b　**ウ**．b→a→c
エ．b→c→a　**オ**．c→a→b　**カ**．c→b→a

3　次の文章は，科学者や哲学者が，核戦争《かくせんそう》による人類絶滅《ぜつめつ》の危険性と，戦争以外の手段による国際紛争《ふんそう》解決を訴《うった》えた1955年のラッセル・アインシュタイン宣言の一部です。これを読んで，あとの各問いに答えなさい。

人類に立ちはだかる悲劇的な状況《じょうきょう》を前に，私たちは，大量破壊《はかい》兵器の開発の結果として生じている様々な危険を評価し，末尾《まつび》に付記した草案の精神に則《のっと》って①決議案を討議するために，科学者が会議に集《つど》うべきだと感じています。

私たちは今この機会に，特定の国や大陸，信条の一員としてではなく，存続が危《あや》ぶまれている人類，ヒトという種の一員として語っています。世界は紛争に満ちています。そして，小規模の紛争すべてに暗い影《かげ》を落としているのが，共産主義と反共産主義との巨大《きょだい》な闘《たたか》いです。

(中略)

非常に信頼《しんらい》できる確かな筋は，今では広島を破壊した爆弾《ばくだん》の2500倍も強力な爆弾を製造できると述べています。そのような爆弾が地上近く，あるいは水中で爆発すれば，放射能を帯びた粒子《りゅうし》が上空へ吹《ふ》き上げられます。これらの粒子は死の灰や雨といった形でしだいに落下し，地表に達します。[　あ　]のは，この灰でした。

(中略)

ここで私たちからあなたたちに問題を提起します。それは，きびしく，恐《おそ》ろしく，そして避《さ》けることができない問題です――私たちが人類を滅亡させますか，それとも人類が戦争を放棄《ほうき》しますか。人々は，この二者択一《にしゃたくいつ》に向き合おうとしないでしょう。戦争の廃絶《はいぜつ》はあまりにも難しいからです。

戦争の廃絶には，国家主権に対する不快な制限が必要となるでしょう。しかしながら，事態に対する理解をおそらく他の何よりもさまたげているのは，「人類」という言葉が漠然《ばくぜん》としていて抽象的《ちゅうしょうてき》に感じられることです。[　い　]に，人々が思い至ることはまずありません。人々は，自分自身と自分の愛する者たちがもだえ苦しみながら滅びゆく危急に瀕《ひん》していることを，ほとんど理解できないでいます。だからこそ人々は，近代兵器が禁止されれば戦争を継続《けいぞく》してもかまわないのではないかと，期待を抱《いだ》いているのです。

このような期待は幻想《げんそう》にすぎません。たとえ平時に水爆を使用しないという合意に達してい

たとしても，戦時ともなれば，そのような合意は拘束力《こうそくりょく》を持つとは思われず，[　う　]になるでしょう。一方が水爆を製造し，他方が製造しなければ，製造した側が勝利するにちがいないからです。

(中略)

私たちの前途には――もし私たちが選べば――幸福や知識，知恵《ちえ》のたえまない進歩が広がっています。私たちはその代わりに，自分たちの争いを忘れられないからといって，死を選ぶのでしょうか？ ②私たちは人類の一員として，同じ人類に対して訴えます。[　え　]，それだけを心に留めて，他のことは忘れてください。それができれば，新たな楽園へと向かう道が開かれます。もしそれができなければ，あなたがたの前途にあるのは，全世界的な死の危険です。

「日本パグウォッシュ会議HP」により作成。

問１　文章中の[あ]にあてはまる記述としてもっとも適しているものを，次の**ア**～**エ**から１つ選び，記号で答えなさい。

ア．アメリカの国土を原子力発電所の事故で汚染《おせん》した

イ．イギリスの漁船員と彼《かれ》らの魚獲《ぎょかく》物を汚染した

ウ．ウクライナの国土を原子力発電所の事故で汚染した

エ．日本の漁船員と彼らの魚獲物を汚染した

問２　文章中の[い]～[え]にあてはまる記述を次の二重線内の**a**～**f**からそれぞれ１つ選び，その組み合わせとして正しいものを，あとの**ア**～**ク**から１つ選び，記号で答えなさい。

a．危険は自分自身と子どもたち，孫たちに迫《せま》っているのであり，おぼろげに捉《とら》えられた人類だけが危ないわけでないこと

b．危険は人類に迫っているのであり，おぼろげに捉えられた自分自身と子どもたち，孫たちだけが危ないわけでないこと

c．戦争が勃発《ぼっぱつ》するやいなや，双方《そうほう》ともに水爆の製造にとりかかること

d．水爆戦争になれば諸々《もろもろ》の大都市が消滅すること

e．あなたが人間であること

f．自分が好ましいと思う集団を軍事的勝利に導くためにいかなる手段をとるべきか，ということ

	い	う	え
ア	a	c	e
イ	a	c	f
ウ	a	d	e
エ	a	d	f
オ	b	c	e
カ	b	c	f
キ	b	d	e
ク	b	d	f

問３　下線部①に関して，国際連合における議決について述べたものとしてもっとも適している

ものを，次の**ア**～**エ**から１つ選び，記号で答えなさい。

ア．総会の議決は，出席し，かつ投票する構成国の過半数によって行われ，重要問題に関する決定は３分の２の多数によって行われる。

イ．総会の議決は，出席し，かつ投票する構成国の全部の同意を要する。

ウ．常任理事国と非常任理事国から構成される安全保障理事会のすべての議決は，理事国の過半数の同意によって行われる。

エ．常任理事国と非常任理事国から構成される安全保障理事会のすべての議決は，理事国の全部の同意を要する。

問４　下線部②に関して，次の二重線内の**a**～**c**は，ウクライナのゼレンスキー大統領がそれぞれ異なる国の議会において訴えた演説の一部である。ゼレンスキー大統領は，演説で各国の偉人《いじん》の言葉や歴史的な事象を取り上げ，それぞれの国の国民が共感しやすい表現を用いている。**a**～**c**の演説が行われた国としてあてはまるものを，あとの**ア**～**カ**からそれぞれ１つ選び，記号で答えなさい。

a．戦争が始まって３週間で子どもを含む多くの人たちが犠牲《ぎせい》になりました。ヨーロッパの真ん中で今おきていることです。ヨーロッパには，ベルリンの壁《かべ》ではない，自由と不自由を分かつ壁があり，われわれは隔《へだ》てられています。私たちを助けるはずの平和のための決断がなされないたびに，この壁は大きくなっています。ヨーロッパに今ある壁を壊《こわ》してほしい。後世が誇《ほこ》れるように，ふさわしい指導的な役割を果たしてほしい。戦争を止めてほしい。

b．「私には夢がある」。このことばを，あなた方はみな知っています。きょう私が言えるのは次のことです。私には必要がある，それは，私たちの空を守ってくれること。あなた方の決意，あなた方の支援《しえん》です。それは全く同じことを意味しているのです。あなた方が感じていることと同じです。あなた方が「I have a dream（私には夢がある）」を聞くときのように。今日，一国のリーダーになるだけでは十分ではありません。世界のリーダーであることに意味があり，世界のリーダーであることは平和のリーダーを意味します。

c．大惨事《だいさんじ》がおきた原子力発電所を想像してみてください。破壊された原子炉《げんしろ》の上は覆《おお》われ，放射性廃棄物の保管施設《しせつ》があります。ロシアは，この施設をも戦争の舞台《ぶたい》にしてしまいました。ロシアが平和を追求し，ウクライナへの残忍《ざんにん》な侵略の津波《つなみ》を止めるよう，アジアのほかの国々とともに力を合わせ，状況の安定化に取り組んでください。皆《みな》さんもこの気持ちは分かると思いますが，人々は子ども時代に過ごしたふるさとに，住み慣れた故郷に戻《もど》らないといけないのです。

ア．アメリカ　　**イ**．イギリス　　**ウ**．中国

エ．ドイツ　　**オ**．日本　　**カ**．フランス

【理　科】〈推薦試験〉（30分）〈満点：50点〉

1　次の文章ⅠとⅡを読み，あとの(1)～(5)の問いに答えなさい。

Ⅰ．植物Xの種子は，一日の平均気温が15℃以上になると発芽します。発芽して60日たつと葉で一日の昼の長さを感じ取ることができるようになり，昼の長さが12時間以上になった日が15日間続くと，茎の先に花をさかせます。

下の**図1**はある町の一年間における一日の平均気温の変化，**図2**は同じ町の一年間における一日の昼の長さの変化を示したものです。この町で植物Xを育てるにあたり，水や肥料など一日の昼の長さと気温以外の条件は十分だとします。

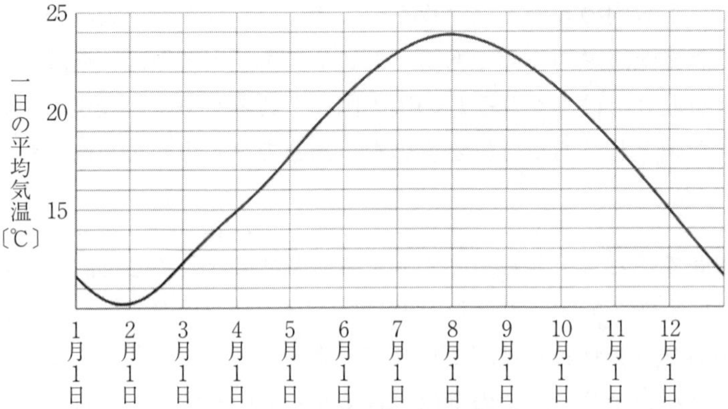

図1　一日の平均気温の変化

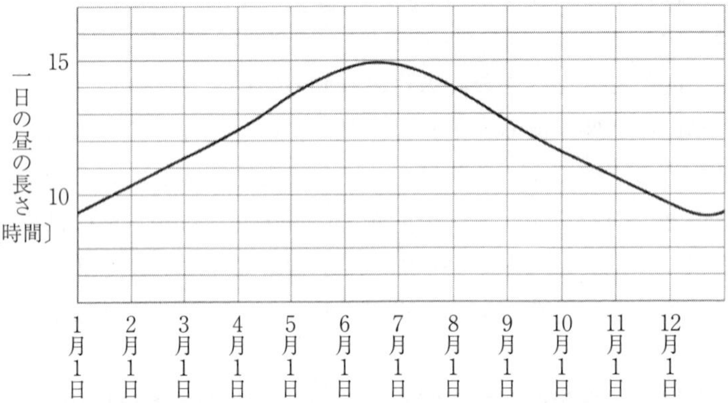

図2　一日の昼の長さの変化

(1)　この町の，日当たりが良く気温が常に20℃に保たれた温室で，植物Xの種子を２月１日にまきました。この植物Xが花をさかせ始めたのは何月何日ごろと考えられますか。もっとも適したものを次の**1**～**8**の中から一つ選び，番号で答えなさい。

1．４月１日　　**2**．４月15日　　**3**．５月１日　　**4**．５月15日

5．６月１日　　**6**．６月15日　　**7**．７月１日　　**8**．７月15日

(2)　(1)と同じ条件の温室内で，植物Xは９月１日に花をさかせました。この温室では何月何日ごろに種子をまいたと考えられますか。もっとも適したものを次の**1**～**8**の中から一つ選び，番号で答えなさい。

1．４月１日　　**2**．４月15日　　**3**．５月１日　　**4**．５月15日

5．６月１日　　**6**．６月15日　　**7**．７月１日　　**8**．７月15日

(3)　この温室の近くにある日当たりの良い畑で，植物Xの種子を２月１日にまきました。この植

物Xが花をさかせ始めたのは何月何日ごろと考えられますか。もっとも適したものを次の**1**～**8**の中から一つ選び，番号で答えなさい。

1．4月1日　**2**．4月15日　**3**．5月1日　**4**．5月15日

5．6月1日　**6**．6月15日　**7**．7月1日　**8**．7月15日

Ⅱ．植物Xは，葉で一日の昼の長さを感じ取り，花をさかせるために必要な物質も同じ葉でつくります。その後，この物質は茎の中にある通り道を通って植物の体全体へ運ばれます。これらについて調べるために次の実験を行いました。

実験1　発芽して60日たった植物Xで，葉を5枚つけたものを2つ(A，B)用意しました。**図3**のようにAはそのままにし，Bはすべての葉を取り，一日に12時間以上の日の光を当てて15日間育てました。

結果　Aは茎の先に花がさきましたが，Bは茎の先に花がさきませんでした。

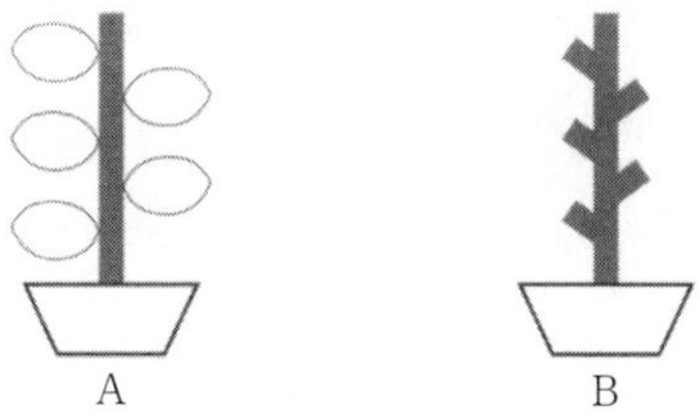

図3

実験2　**図4**のように，発芽して60日たった植物Xで，2本の茎にえだ分かれしたものを2つ(C，D)用意し，片方の茎(C1，D1)には葉を5枚のこし，もう片方の茎(C2，D2)は葉をすべて取り除きました。

Cは根元で1本になっている茎の皮をはぎ，Dは葉がついていない茎の根元部分の皮をはぎ，それぞれ葉でつくった物質の通り道を取り除きました。その後，一日に12時間以上の日の光をあてて15日間育てました。

結果　Cでは，葉のついている茎(C1)，葉のついていない茎(C2)，ともに茎の先に花をさかせました。Dでは，葉のついている茎(D1)の先に花をさかせ，葉のついていない茎(D2)の先には花をさかせませんでした。

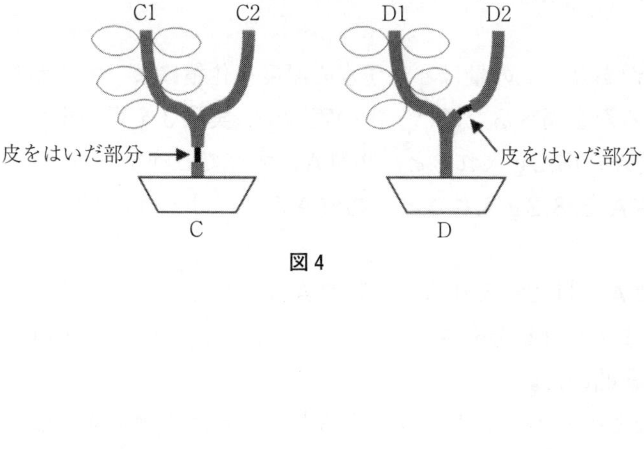

図4

(4) **図5**のように，発芽して60日たった植物Xで，４本の茎(E１～E４)にえだ分かれしたものを用意しました。E１とE３は，葉を５枚残し，E２とE４は葉をすべて取り除きました。E１の茎の根元部分の皮をはぎ，葉でつくった物質の通り道を取り除き，１日に12時間以上の日の光を当てて15日間育てました。このとき，最大で何本の茎の先で花をさかせますか。もっとも適したものを次の**1**～**5**の中から一つ選び，番号で答えなさい。

1．１本の茎のみ花がさく
2．２本の茎で花がさく
3．３本の茎で花がさく
4．４本の茎で花がさく
5．すべての茎で花はさかない

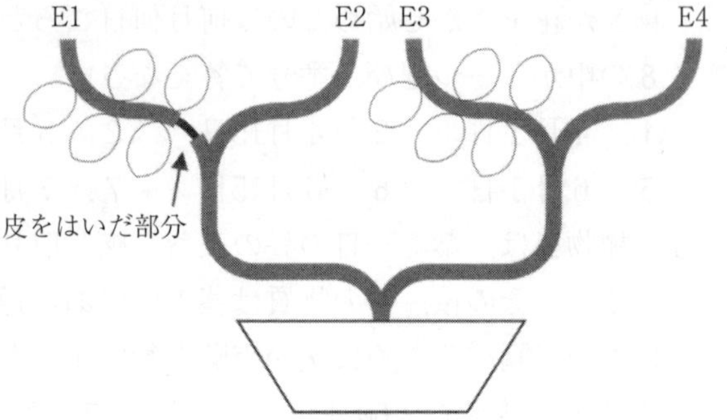

図5

(5) **図6**のように，発芽して60日たった植物Xで，４本の茎(F１～F４)にえだ分かれしたものを用意しました。F２とF４の茎は，葉を５枚残し，F１とF３の茎は葉をすべて取り除きました。**図6**の**ア**～**カ**のうち２カ所を選び，皮をはいで物質の通り道を取り除く実験をしたとき，F１の茎の先で花がさかなくなる場所の組み合わせは何通りありますか。

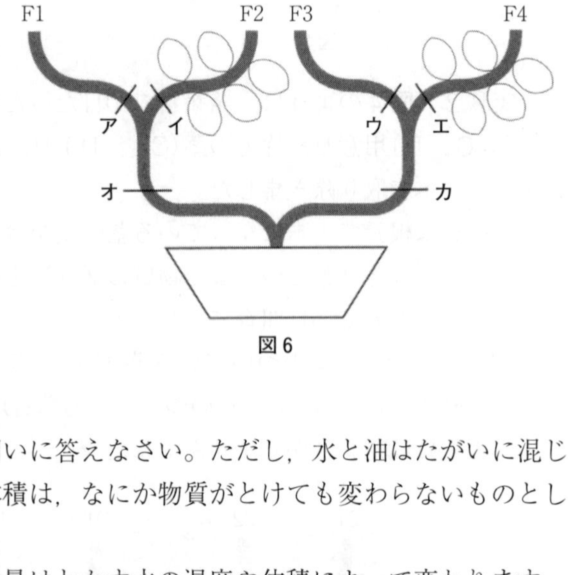

図6

2 次の文章ⅠとⅡを読み，あとの(1)～(5)の問いに答えなさい。ただし，水と油はたがいに混じりあわないものとします。また，水と油の体積は，なにか物質がとけても変わらないものとします。

Ⅰ．物質が水にとける量には限りがあり，その量はとかす水の温度や体積によって変わります。ある物質**A**が水にどれだけとけるかを調べるために，次の**実験1**～**実験3**を行いました。

実験1 20℃の水200mLに物質**A**を18.2g入れると，物質**A**はすべてとけた。

実験2 20℃の水300mLに物質**A**を28.2g入れると，物質**A**の一部はとけたがすべてはとけきらず，とけ残りができた。

実験3 40℃の水100mLに物質**A**を11.2g入れると，物質**A**はすべてとけた。そのあと，この水よう液を40℃に保ったまま水だけを蒸発させていくと，水よう液の体積が80mLになったときに，物質**A**の結晶ができ始めた。

(1) 20℃の水100mLに物質**A**をなるべく多くとかそうとするとき，とける物質**A**の最大量について，もっとも適切なものを次の**1**～**5**の中から一つ選び，番号で答えなさい。

1．8.5gより少ない
2．8.5g以上で9gより少ない
3．9g以上で9.5gより少ない
4．9.5g以上で10gより少ない
5．10g以上

(2) **実験3**で使った水よう液を40℃に保ったまま，さらに水だけを蒸発させて，水よう液の体積を60mLにしました。このとき，物質**A**の結晶は何gできますか。

Ⅱ．物質**A**がとけている水に油を入れて，よくかき混ぜてしばらく置くと，物質**A**は水にも油にもとけました。また，ある一定の温度のもとでは，油にとけている物質**A**の重さと，水にとけている物質**A**の重さとの間には，次の式のような関係がありました。

$$\frac{\text{油にとけている物質Aの重さ〔g〕}}{\text{油の体積〔mL〕}} \div \frac{\text{水にとけている物質Aの重さ〔g〕}}{\text{水の体積〔mL〕}} = 4$$

例えば，**図1**のように，物質**A**が10gとけている水100mLに，油100mLを入れて，よくかき混ぜてしばらく置くと，水にとけている物質**A**は2g，油にとけている物質**A**は8gとなります。あとの問いは，すべてこの一定の温度で操作を行ったものとします。

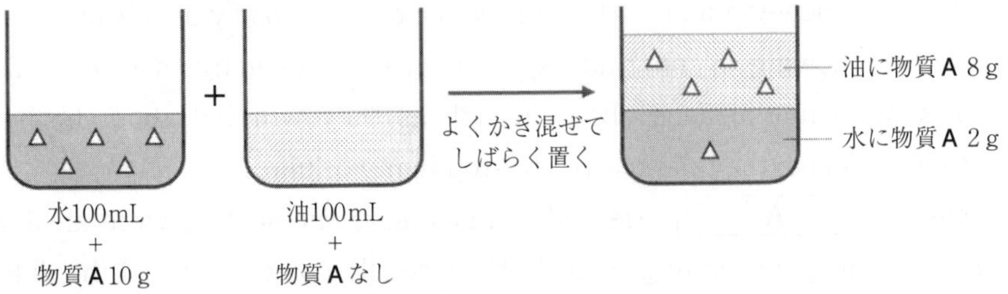

図1

(3) 物質**A**が8gとけている水100mLに，油100mLを入れて，よくかき混ぜてしばらく置くと，水にとけている物質**A**の重さは何gになりますか。ただし，物質**A**はすべてとけたとします。

(4) 物質**A**が6gとけている水200mLに，油100mLを入れて，よくかき混ぜてしばらく置くと，水にとけている物質**A**の重さは何gになりますか。ただし，物質**A**はすべてとけたとします。

(5) 物質**A**がいくらかとけている水200mLを用意し，これに油100mLを入れて，よくかき混ぜてしばらく置きます。そのあと，水200mLだけを取り出し，入れた油100mLはすべて捨てます。さらに，取り出した水200mLに，もう一度新しい油100mLを入れて，よくかき混ぜます。このように，「水200mLに油100mLを入れて，よくかき混ぜてしばらく置き，水200mLだけを取り出して，入れた油100mLはすべて捨てる」という操作を3回くり返したところ，最後に取り出した水200mLにとけている物質**A**の重さは，0.4gでした。このとき，はじめに用意した水200mLにとけていた物質**A**の重さは何gだったと考えられますか。

【英　語】〈帰国生試験〉（45分）〈満点：100点〉

I　次の英文を読んで，後の問いに答えなさい。

Clive worked hard but he was not clever at school-work and usually just passed or just failed tests and exams. What is more, he always thought life was [①] as he was not good at sport either. He looked across the classroom at Jack Cummings, who was good at everything, was rich and even looked good. Mum told him that some people just had to try harder but that was lucky for them. He did not understand this but it was her strong belief.

One day, when he was sixteen, something bad happened. Dad lost his job and then just sat about watching television all day. Mum continued to work part-time at the D.I.Y (Do-It Yourself) store but it was clear that there was not enough money when meat became rarer at meal-times and Dad stopped driving their car because he could not pay the road tax.

'PART-TIME EVENING SALES VACANCY. ②APPLY WITHIN,' the card in the supermarket window read.

Clive hesitated. He was a slow learner and was worried that he might not be a good worker. On the other hand, his family needed more money and he would feel better if he could help them. Earning money might [③] a little for doing so badly at school too.

He started work the following evening and was given three evenings a week. To his surprise his parents were not pleased about his job as they worried about his school homework. On the other hand, they did not try to stop him working.

The work was easy. [A] He had to make sure the shelves were always full and help customers find things in the huge store. He carefully noted where all the different products were and even tried to remember brands. He was always watchful for customers who looked lost or confused and chatted to them as he led them to the curry powder, electrical goods, shoe polish, coffee or whatever they wanted. [B] He became so knowledgeable about the store that the cashiers began to call for him if there was a price discrepancy at the cash desk. [C] Similarly customers began to look for him and would ask for 'that smart, pleasant young man.' Clive loved his job and looked forward to his evening work. [D]

At the same time, something very strange began to happen at school. Despite fewer hours being spent on homework, he began to find his school work easier and his marks [④]. He felt cleverer because he knew he was good at his shop-work and so started to answer more of his teachers' questions. When they began to notice him, he felt even more confident.

"Your work has [④] a lot Clive. Are you studying more ?"

A teacher asked him after class, one day.

"No, Sir."

"Well, what's your secret ? Are you having tuition ?"

"Maybe I have learned to [⑤], Sir."

"What do you mean ?"

"I have a part-time job in Foodways and before I worked, I never really thought properly about things. I understand the world a little better now and realise that if we use our brains we can solve problems. For instance, if a big company in this town closes and people lose their jobs, the store must 【　X　】 or if customers can never find a product on the store's shelves, it means it is in an illogical or inconvenient place so we must find a better one. Do you see what I mean, Sir ? It's obvious but sometimes people don't think about little things like that."

"Yes, I see. That's an interesting and thoughtful answer Clive and not what I expected to hear. Anyway, keep up the good work ! And the thinking of course !"

問1　本文の流れから判断し，[①]，[③]，[④]に入る最も適切なものをそれぞれ次の**ア～エ**の中から**1つ**ずつ選び，記号で答えなさい。なお，2ヵ所ある④には同じものが入ります。

[①]	**ア** ordinary	**イ** unfair	**ウ** unstable	**エ** vague
[③]	**ア** commit	**イ** compensate	**ウ** comprehend	**エ** compromise
[④]	**ア** impressed	**イ** expanded	**ウ** improved	**エ** developed

問2　下線部②の意味として最も適切なものを次の**ア～エ**の中から**1つ**選び，記号で答えなさい。

ア　You can enter this store to ask for more information.

イ　You can submit your application where you want.

ウ　You should enter this store now or you will never get the job.

エ　You should submit your application as soon as possible.

問3　次の英文が入る最も適切な位置は A ～ D のうちどれか，記号で答えなさい。

Even the manager asked his opinion sometimes.

問4　本文の流れから判断し， ⑤ に入る最も適切な**1語**を本文中から抜き出して答えなさい。

問5　本文の流れに合うように，**【X】**に入る英語を考え**10語程度**で答えなさい。ただしピリオド，カンマは語数に数えません。

問6　次の質問にそれぞれ**15語程度の英文**で答えなさい。ただしピリオド，カンマは語数に数えません。

1　What was Clive's mother's strong belief ?

2　Why did Clive decide to start working part-time ?

3　How would you describe the relationship between Clive and the customers at Foodways ?

問7　本文の内容と一致《いっち》するものを次の**ア～キ**の中から**2つ**選び，記号で答えなさい。

ア　Clive's classmate, Jack Cummings, was smart, handsome and had a lot of money, but nobody liked him.

イ　After his father lost his job, Clive's family became poor and they even couldn't use their car.

ウ　When Clive started working part-time, his mother and father were proud of him and praised him for it.

エ　Clive kept track of all the workers and products in the supermarket.

オ　Clive had a hard time remembering things at the supermarket and did not want to go there.

カ Through his experience of working part-time, Clive started to figure out what happened around him.

キ Clive's teacher had doubts about what Clive was learning at the supermarket, but cheered him up for continuing the job.

Ⅱ 次の英文を読んで，後の問いに答えなさい。

Every year millions of people cross borders to undergo medical treatments that are either unavailable in their home country or too expensive. For many, this is a last resort to ease the pain of a debilitating disease or defy a terminal diagnosis ; for others the goals are purely cosmetic. But in the past few years a new type of "medical tourist" has emerged : those seeking to radically extend their lives.

There are more older people than ever before — and more people in search of longevity.In the UK, people over the age of 65 made up 19% of the population in 2019, a jump of 23% from 2009, in a period when the total population only increased by 7%. And recent advancements in the science of aging have given them hope that they don't have to go so gently into that good night after all.

But while science has made some promising breakthroughs in studying the causes and implications of aging, real solutions are some way off. In that gap between ①supply and demand, a host of fraudsters and scam artists are ready to take advantage of anyone gullible enough to believe they can pay a little extra for a few extra years among the living. Many offer their services abroad, in countries where regulation is light.

Medical tourism has produced a steady stream of horror stories since cheaper air travel kickstarted a rise in its popularity, from botched nose jobs and broken smiles to a fair number of deaths. Despite this, ②it remains a gigantic industry. According to Patients Beyond Borders, the global medical tourism market was worth $74bn-$92bn (£59bn-£73bn) in 2019.

A prime example is ③stem cell therapies, regenerative treatments aiming to use the body's building-block cells to rejuvenate and fix damage caused by disease or deterioration — an area of research with a lot of potential but relatively few established and approved treatments available to patients. However, the potential effects, most often exaggerated or unsubstantiated, lure the desperate to travel far and wide to seek treatments, sometimes from practitioners of ill repute. According to research published last year, the leading countries for stem cell tourism are the US, China, India, Thailand and Mexico. The same report states that "stem cell technologies are often associated with inflated expectations of their therapeutic potential."

Stem cell therapies can also help with cancer and other illness, but during my reporting for my book *The Price of Immortality : The Race to Live Forever*, I found a number of examples of US-based stem cell companies offering miracle cures and solutions to aging.

One clinic in Iowa was found to have made outrageous claims in presentations to potential clients. "Anti-Aging : Mesenchymal Stem Cell infusions turned back the hands of Father Time about three years ! Would you like to get back three years ?" read one slide of sales material, collected by the state attorney general's office that was suing the company for false advertising.

Even when prosecuted or disciplined in one country, stem cell practitioners have been known to move on and continue to offer the same services elsewhere. One in Florida had his medical license revoked in 2015, after two of his patients undergoing stem cell therapy had died. When I looked up the name of the doctor, he was listed as the chief science officer at another stem cell company. A cheerful receptionist told me on a call that the clinic was still operational and carrying out procedures in the Dominican Republic, a medical tourism hotspot.

Stem cell therapies are not the only anti-aging offerings luring people abroad for treatment. The nascent field of gene therapies is in a similar position, where promising research has yet to result in accessible interventions. I also recently heard from a life extension enthusiast in the US who planned to travel to France to undergo plasmapheresis, a procedure he claimed would rejuvenate his blood and give him a better chance of living until he was 500.

In some cases, patients don't even need to fly abroad to access drugs that have the potential to make them live longer. I spoke to an elderly woman in London who buys the cancer drug dasatinib from a website in India, and takes it in the hope it will destroy senescent cells, which are thought to play an integral role in the aging process.

Gerontologists and other researchers find the practice frustrating. Several scientists I spoke to, particularly in the stem cell field, are worried these clinics are making a quick buck on the back of their breakthroughs while damaging the reputation of these nascent medical technologies. They preach patience, a virtue in short supply for people who see the end of their lives on the horizon.

Medical tourism presents clear dangers. ④【________】, and it is harder to establish that the doctor or clinic is legitimate. Patients can also suffer from side-effects if they fly home too early after a procedure ; communication barriers can also cause issues.

For someone seeking treatment they can't afford at home or a last-gasp unapproved cure for a deadly disease, these risks are worth taking. But for people merely seeking to improve their chances of living radically extended lives, the gamble is much larger, particularly when there's no evidence that any medical intervention could work. In a best-case scenario, they leave with a lighter wallet. ⑤<u>In the worst, their quest to live a little longer is cut ironically short</u>.

問 1 下線部①の supply と demand とはここでは具体的にはどういうことですか。最も適切なものをそれぞれ次の**ア**～**カ**の中から **1 つ**ずつ選び，記号で答えなさい。

ア Those who are suffering from a fatal disease long for any treatment whether it is legitimate in their own country or not.

イ Researchers are seeking to discover the cause of aging.

ウ A conclusive solution to aging has yet to be obtained, though science has made progress.

エ Regulations about medical treatment differ from country to country.

オ There are quite a few people who are aiming to earn money from the business involved in medical tourism.

カ More and more people are eager to receive radical treatments against aging.

問2 下線部②の it は何を指していますか。次の**ア～エ**の中から**1つ**選び，記号で答えなさい。

ア cosmetic surgery　**イ** medical tourism

ウ air travel　**エ** anti-aging treatment

問3 下線部③の stem cell therapies（幹細胞《かんさいぼう》治療《ちりょう》）の**問題点ではないもの**を次の**ア～エ**の中から**1つ**選び，記号で答えなさい。

ア It is an area of research with a lot of potential but relatively few established and approved treatments available to patients.

イ The potential effects, even though they are most often exaggerated or unsubstantiated, lure the desperate to travel far and wide to seek treatments.

ウ Even when prosecuted or disciplined in one country, practitioners have been known to move on and continue to offer the same services elsewhere.

エ A life extension enthusiast believed a procedure would rejuvenate his blood and give him a better chance of living until he was 500.

問4 下線部④の【＿】に入る英文が次の日本語の意味になるように下の語（句）を並べかえるとき，**4番目**と**7番目**にくるものを**ア～ク**の中から選び，それぞれ記号で答えなさい。ただし，文頭にくる語も小文字で示してあります。

「患者《かんじゃ》は自国で慣れているのと同じ水準の医療《いりょう》を受けることができない場合があります」

ア they　**イ** patients　**ウ** the same standard　**エ** at home

オ of care　**カ** find　**キ** may not　**ク** are used to

問5 下線部⑤を日本語に訳しなさい。

問6 本文の内容と一致《いっち》するものを次の**ア～カ**の中から**2つ**選び，記号で答えなさい。

ア It is common that people who want to resist a terminal diagnosis become “medical tourists.”

イ The number of older people is increasing while the overall population is decreasing in the UK.

ウ Stem cell therapies today tend to be believed to have more radical effects on aging than they actually do.

エ Prosecution of stem cell therapy practitioners helps prevent them from continuing their jobs.

オ The woman in London who buys drugs from a website in India to overcome her cancer is one example of medical tourism.

カ　Risks of medical tourism are not worth taking in any case.

問７　次の問いに**60～70語程度の英語**で答えなさい。ただしピリオド，カンマは語数に数えません。

Suppose an adult close to you without any serious disease is planning to go abroad and take stem cell therapy to live longer.　If you oppose the plan, what will you say ?

えがいている。

ホ　美咲と大介のやりとりを中心として二人の仲直りの過程を示している。

みをする人だと思ってしまうと考えたから。

問6　——線(5)「大きな声だった」とありますが、美咲はなぜ「大きな声」で発言したのですか。その理由としてもっとも適切なものを次の**イ**～**ホ**の中から一つ選び、記号で答えなさい。

イ　陸が勝手に言いふらさないように先手を打ってみんなに話そうと思ったから。

ロ　クラスのみんなからの非難がないように声の大きさでおさえつけようと思ったから。

ハ　先生が大介を疑っているので大介が間違っていないことを訴《うった》えようと思ったから。

ニ　間違えて持ち帰っただけで決してぬすんだわけではないことを示そうと思ったから。

ホ　大介が教科書を忘れていたのではなかったことをみんなに伝えようと思ったから。

問7　□にあてはまる言葉としてもっとも適切なものを次の**イ**～**ホ**の中から一つ選び、記号で答えなさい。

イ　きっと　**ロ**　しっかりと　**ハ**　ちらちらと

ニ　はっと　**ホ**　こっそりと

問8　——線(6)「陸君に言われたとき」とありますが、陸のどの言葉を指していますか。本文中からその言葉を見つけ、会話のはじめのかぎかっこ(「)を除いて、**最初の三字**をぬき出して答えなさい。(句読点も字数に数えます。)

問9　——線(7)「美咲はもうすぐ四年生になる実感がしてきた」とありますが、この時の美咲の気持ちの説明としてもっとも適切なものを次の**イ**～**ホ**の中から一つ選び、記号で答えなさい。

イ　大介の教科書をうっかり持ち帰ってしまってなかなか返せなかったことを正直に話したら、先生も大介もそのことを気にしないでくれたので、このままこのクラスで新しい学年を始めたいと強く願っている。

ロ　たった一週間で花を咲かせたクロッカスが、この一週間、大介の教科書をどうやって返そうかとあれこれ考えていたのに大介の一言で助けられて明るい気分になった自分と重なって見えている。

ハ　自分の不注意で大介の教科書を持ち帰ったことを正直にクラスのみんなの前で言うことができ、またいつも忘れ物をして授業でもふざけてしまう大介の心やさしい面を知ることができて自分の成長を感じている。

ニ　いつもそばにいてくれた洋子が今回も大介と陸との間に入って自分を支えてくれたことで、自分たち四人がクロッカスの花のように美しく新しい学年になっても友情は変わらないと思っている。

ホ　大介の教科書をめぐる一週間で今まで気づかなかった周りの人たちの言動を知ることができ、大介の成長やクロッカスの開花などにも気づくことができる自分についてしみじみと振り返っている。

問10　本文の内容に合うものとしてもっとも適切なものを次の**イ**～**ホ**の中から一つ選び、記号で答えなさい。

イ　美咲、大介、陸、洋子の四人の思いがそれぞれの視点から語られている。

ロ　洋子は美咲のそばにいつもいて、どんな時も美咲を支えようとしている。

ハ　陸は客観的に物事をとらえるため、大介のふざけにも冷静に対応している。

ニ　大介の教科書をめぐる出来事を中心にゆれうごく美咲の心を

良かった。美咲ちゃんが教科書見せてくれて、嬉《うれ》しかった」

そういうと、校門へと歩きだした。

いつの間にか、洋子がやってきていた。

「大ちゃんの歩き方、いつもと違う」

洋子は不思議そうに大介の後姿を見つめていた。美咲も少しずつ小さくなっていく大介を見つめた。確かに、いつものふらふらと歩く大介とは違っていた。

「美咲ちゃん、見て」

おどろいたように、洋子が指をさした。

クロッカスがいつのまにか、地面すれすれに黄色い花びらをみせている。美咲はしゃがんでクロッカスを見つめた。

たった一週間でこんな花を咲《さ》かせた。

そういえば、この頃はすっかり日が延びて明るい。もう、春だ。

(7)美咲はもうすぐ四年生になる実感がしてきた。

（りょうけんまりん「大ちゃん、ごめんね」より。）

問1　本文に次の一文を入れるとすると、どこが適切ですか。この文が入る直前の**四字**をぬき出して答えなさい。（句読点、記号等も字数に数えます。）

もう、三年もあと少し。

問2　――線(1)「もしかしたら……とつばをゴクンと飲んだ」とありますが、この時の美咲の気持ちの説明としてもっとも適切なものを次の**イ**～**ホ**の中から一つ選び、記号で答えなさい。

イ　確信　　**ロ**　期待　　**ハ**　不安

ニ　恐怖《きょうふ》　　**ホ**　後悔《こうかい》

問3　――線(2)「胸がドキドキしだした」とありますが、それはなぜですか。その理由としてもっとも適切なものを次の**イ**～**ホ**の中から一つ選び、記号で答えなさい。

イ　自分が大介の教科書を持ち帰ってしまわなければ大介が先生に叱られることはなかったから。

ロ　大介の教科書を他の人に気づかれずに返す方法がどう考えても思いつかなかったから。

ハ　もっと早く自分がランドセルの中を確かめていれば大介の教科書が見つかっていたはずだから。

ニ　大介が教科書を忘れていたのではなく自分が持ち帰っていたことにはじめて気づいたから。

ホ　うっかり大介の教科書を持ち帰ってしまったことを大介が信じてくれるかわからなかったから。

問4　――線(3)「せめて陸に見られない時に返そう」とありますが、美咲がそのように考えたのはなぜですか。その理由となる一続きの二文を見つけ、**最初と最後の三字ずつ**をぬき出して答えなさい。（句読点、記号等も字数に数えます。）

問5　――線(4)「（ぬすんだ）の言葉に涙が出てきた」とありますが、それはなぜですか。その理由としてもっとも適切なものを次の**イ**～**ホ**の中から一つ選び、記号で答えなさい。

イ　大介の教科書をみんなの前で返したら陸の言葉によって「ぬすんだ」ことにされてしまうと考えたから。

ロ　大介の教科書をこのまま返せないでいるのは「ぬすんだ」ことになってしまうのではないかと考えたから。

ハ　プリントの言葉を「ぬすんだ」となると教科書を返しても大介に「ぬすんだ」と思われると考えたから。

ニ　「ぬすんだ」と言った陸は、大介の教科書を美咲が持っていることに気づいているのではと考えたから。

ホ　「ぬすんだ」と陸に言われると、みんなが本当に美咲がぬす

「何をぬすんだの？」
と、言い始めた。（じさま待っててくれ……）の書き出しの部分が二人同じと分かると
「いいじゃない、話し合ってから書いたのだから、同じになることもあるよね」
と、洋子がなぐさめてくれた。陸は、
「でも、書き出すときに僕《ぼく》のノートを見ました。だから、ぬすんだんです」
という。美咲はだまって下を向いた。(4)（ぬすんだ）の言葉に涙《なみだ》が出てきた。それに気づいた大介が、
「ぬーすーんで、ひーらーいいて、」
と、小声で歌い出した。（ぬすんで）の所で太った丸顔の中の目を大きく開き、（開いて）の所で教科書を両手で開く恰好《かっこう》。おどけながらしていると洋子と陸はくすくすと笑いだした。するとこんどは、
「りーくーくんが、わーらーあって……」
と節をつけて歌いだした。先生が気づいて、
「何をしているのですか」
と班に声をかけてきた。みんなはいっせいにだまり込《こ》み、プリントの続きをやり始めた。
　四時間目、算数の時間がやってきた。
　美咲は机に手を入れて端の折れている大介の教科書をさがした。先生が教科書を出していない大介を見て近づいてきた。とっさに、
「大ちゃん、ごめんね、教科書。これ」
といって、机の中から急いで取り出した。
「あれ、おれの教科書だ。やっぱりどこかに散歩に行っていたのか」
　そのことばに近づいてきた先生が、
「算数の教科書あったの？」
とびっくりした様子で尋《たず》ねた。みんながこちらを向いている。陸が表情を変えずに、
「先生、今、美咲ちゃんが机の中から大介君の教科書を出しました」
といった。美咲はすっくと立ち上がった。
「ごめんなさい。わたしが大ちゃんの教科書を家に持って行ってしまいました。図工の教科書の中にはさまっていて、一週間私が持っていました。大ちゃんは教科書を忘れていたのではないのです」
　(5)大きな声だった。言い終わって座《すわ》った。もう、皆《みな》が振り返って見ているのも忘れていた。
「そうだったのね、出てきてよかった。大介君、よく探してなんていって悪かったわね」
　先生が大介に謝《あやま》ると、
「なくなったのが、三月八日。だから、散歩の日、じゃないな、さんぱの日だな……」
　何事もなかったかのように、大介は教科書がなくなった理由をダジャレで考えている。
「何にも理由はないです。散歩に行ったのではないですよ。美咲ちゃんが教科書を持って行ってしまっただけです」
　すまし顔で陸が言った。美咲は振り返り陸を［　　］見た。陸と目があった。（陸君の言う通りだよ）心の中でそう言った。
　その日の帰り、美咲は大介と花壇《かだん》のところで一緒《いっしょ》になった。
「大ちゃん、ごめんね、教科書。一週間も私が持っていたから、先生に怒《おこ》られてしまって……。それと、(6)陸君に言われたときに、助けてくれてありがとう。席替《せきが》えして大ちゃんと隣になれて良かった」
と一気に言った。
「大丈夫《だいじょうぶ》。怒られるのは、いつも忘れ物するのがいけないって分かった。四年生になったら忘れ物しないようにするよ。俺も席替えして

二　次の文章を読んで、あとの問いに答えなさい。

日曜日の夕飯の後、美咲《みさき》は月曜日の学校の支度《したく》にとりかかった。月曜日は国語・算数・図工・図工だ。ゆっくりと国語と算数の教科書を取り出しランドセルにしまった。続いて、ノート。そして、図工の教科書。薄《うす》いはずの図工の教科書を取り出すと、中からするりと落ちた物があった。目の前に斜《なな》めになって落ちた「算数・下」の教科書。ん？　さっき教科書はランドセルにしまった。一瞬《いっしゅん》は何だかよく分からなかったが、(1)もしかしたら……とつばをゴクンと飲んだ。手に取るまえに、分かった。表紙の右下の端《はし》が三角に少しだけ折れてすじがついている。中をぱらぱらとめくるとあのインド式計算がいっぱい書かれてあった。裏表紙には「たかはしだいすけ」の文字。踊《おど》ったようなまるっこい字。大ちゃんの教科書だ。なんでここにあるのだろう。美咲は教科書を胸にして考えた。(2)胸がドキドキしだした。

先週の月曜日、給食当番だったので慌《あわ》てて図工の教科書をしまった。その時、大介《だいすけ》の算数の教科書が図工の教科書の中にはさまってしまったのか。大ちゃんが家をさがしてもないっていっていた。家になんかない訳だ。私が持っていたのだから。いつも先生に叱《しか》られていたのは私のせいだった。明日返さなくては。

「ごめんなさい」と言って返したら、大介くんは何て言うだろうか。きっと「いいよ」って言ってくれると思う。でも後ろの陸君が気づいて必ず何か言うだろう。

「先生、大介君の算数の教科書、美咲ちゃんが持っていたようです」

と大きな声でひとこと言うに違いない。その瞬間、みんなが後ろを振《ふ》り返り、私を見る。

どんなことになるか、考えなくても分かる。美咲は教科書を抱《かか》えながら一気にそんなことを考えた。まばたきもせず、算数の教科書を見つめていた。右下の折れている端をなでるようにした。陸に見られないように算数の教科書を返さなくてはならない。

月曜日。この日は研究授業で多くの先生方が参観に訪《おとず》れていた。美咲は大介にいつ返せばいいのか、朝からそればかりを考えていた。誰かに見られないときに、いや、(3)せめて陸に見られない時に返そうと思ったのに、その日は機会を失ってしまった。

火曜日。今日も返せなかったらどうしよう。教科書をあまり使うこともないので、このまま返さなくてもいいか、そんな思いもよぎってきた。

三時間目、国語の班学習が行われた。机を向い合わせにすると、美咲の前は大介。その隣《となり》が陸になった。美咲の隣は洋子ちゃんだ。『モチモチの木』の最後のほう、豆太が泣きながら夜道を走る場面、豆太の気持ちを班ごとに話し合った。陸は

「腹が痛くなったじさまが死んじゃ、大変だと思った」

と、まじめに言うと、大介は

「じさま、おれ、おしっこ出そうになったけど、がんばって医者様呼んでくる」

とふざけ調子でいって、洋子を笑わせた。最後に豆太の気持ちや言ったことをプリントに書く。美咲が（じさま、待っててくれ。俺《おれ》が医者様呼んでくるまで……）と書き始めたとき、いきなり陸が、

「あ、美咲ちゃん、ぬすんだ」

と、大きな声で言った。ぬすんだ？　何？　算数の教科書のこと？

美咲は鉛筆《えんぴつ》をおいた。陸の顔を見た。陸はすました顔でさらに続け、

「おれの意見、ぬすんだ、ぬすんだ」

と言った。美咲の心臓はどきどきと波打ってきた。どうやら、陸が言っているのは美咲が豆太の吹《ふ》き出しに書いたことらしい。（え？　私は私の意見を書いたのに。）そう思ったが、（ぬすんだ）のことばが頭の中をぐるぐるとまわってことばにならない。大介と洋子が、

ハ　多くの移民が国内に入りこんでストレスを感じるような気分。
ニ　現状に対する不満が心の中にためこまれているような気分。
ホ　ポピュリストの言葉に心地よさを感じてしまうような気分。

問8　――線(4)「『世論』は制御できない怪獣のようになってしまうかもしれない」とありますが、その説明としてもっとも適切なものを次の**イ**～**ホ**の中から一つ選び、記号で答えなさい。

イ　自分たちだけが正しいと考えて他の人々の意見に対して耳を貸さない可能性がある。
ロ　自分の感情のまま行動してすべてをこわしてしまうような行動をとる可能性がある。
ハ　怒りや不満の感情を政府にぶつけるために一致団結して反乱を起こす可能性がある。
ニ　情報によって操作されていることに気づかずに自由気ままに活動する可能性がある。
ホ　貧富の差をなくすためにありえない理想を人々に信じさせようとする可能性がある。

問9　――線(5)「ジャーナリズムは大きな転換点に立たされている」とありますが、その説明としてもっとも適切なものを次の**イ**～**ホ**の中から一つ選び、記号で答えなさい。

イ　情報のプロの目をみんなが持つようになったことで、「問題あり」の報道がすばやく見つけられ、異議申し立てや修正によって正しく直されるようになった。
ロ　あらゆる人が情報を発信することができるようになり、気分や感情のみでリアクションすることがなく物事を冷静に考えることが求められるようになった。
ハ　いろいろな人がニュースを作り情報を発信することによって情報に対する責任を負うことになったため、それだけ情報に正確さがもたらされるようになった。
ニ　情報の操作によって作られた世論が社会を動かすパワーも持っていることに気づいた人々が、その力をおさえるためにより正確な情報作りをするようになった。
ホ　一部の人間だけが自分が正しいと考えて発信していた情報が、多くの市民によってさまざまな角度から検証され、また新たな情報が発信されるようになった。

問10　――線(6)「ぼくらみんなが正しい情報を共有することを目指すプロセスそのものが、不満や怒りの蓄積しない社会につながっていくはずだ」とありますが、筆者がそのように考える理由としてもっとも適切なものを次の**イ**～**ホ**の中から一つ選び、記号で答えなさい。

イ　間違った情報に対して異議を唱えるためには自分の正しさをチェックする必要があり、自らを客観的に見直すことになるから。
ロ　情報の正しさを追求するためには冷静さが必要であり、感情の表出になっていないことを常にチェックすることになるから。
ハ　みんなで正しい情報を作り上げるためには主観を捨てなければならないので、自分の主張に対するチェックが欠かせないから。
ニ　情報の共有をみんなが目指すようになれば個人の感情はおさえられるようになるため、負の感情が生まれなくなるから。
ホ　一人一人が持っている情報を公開することで多くの目でチェックされるため、良い部分が集約されて正しい情報が確立するから。

えを作り上げる重要な栄養源になる。

(6)ぼくらみんなが正しい情報を共有することを目指すプロセスそのものが、不満や怒りの蓄積《ちくせき》しない社会につながっていくはずだ。

発信する側と受け取る側がお互いにオープンにやりとりし協力する時代が、新しいツールの誕生とともにやってきている。

（三浦準司《みうらじゅんじ》『人間はだまされる』より。）

（注）※1 ポピュリズム…一般の人々の考え方や感情、要求を代弁しているという政治における主張や運動。

※2 グローバル化…社会におけるさまざまな活動が地球規模で展開されるようになること。

※3 ポスト真実…客観的事実と言えるような情報よりも感情に訴える情報の方が世論を強く動かしていく世の中の流れのこと。

※4 ナショナリズム…民族国家の統一や独立、発展を推し進めることを強調する考え方や運動。

問1 ‖線「ケントウ」の「トウ」と同じ漢字を使うものを次の**イ**～**リ**の中から選び、記号で答えなさい。なお、正解は一つとは限りません。いくつかある場合には、そのすべての記号を書きなさい。

イ ジュントウに勝ち上がる。
ロ 新たに資金をトウニュウする。
ハ コウトウで説明する。
ニ トウロンカイに参加する。
ホ トウハをこえて協力する国会。
ヘ 新人をトウヨウする。
ト ケーキをキントウに切る。
チ 教育についてトウシンする。
リ 学校をトウゴウする。

問2 ～～線**a**「ままある」の本文中の意味としてもっとも適切なものを次の**イ**～**ホ**の中から一つ選び、記号で答えなさい。

イ しばしばある　**ロ** ときどきある　**ハ** よくある
ニ めったにない　**ホ** ほとんどない

問3 ～～線**b**「手」と同じ意味で使われている「手」を次の**イ**～**ホ**の中から一つ選び、記号で答えなさい。

イ この手の話はよく聞く　**ロ** 手ぬき工事が発覚する
ハ あの手この手で対策をとる　**ニ** 他人の手にわたった
ホ 手きびしい意見が出る

問4 本文を三つに分けるとすると、二つ目はどこからどこまでになりますか。二つ目の部分の**最初と最後の五字ずつ**をぬき出して答えなさい。（句読点、記号等も字数に数えます。）

問5 ——線(1)「混乱するだけだ」とありますが、そのような状態になってしまう理由を述べた一文を本文中から見つけ、**最初の三字**をぬき出して答えなさい。（句読点、記号等も字数に数えます。）

問6 ——線(2)「それを消化する時間」とはどのような時間ですか。次の□にあてはまる言葉を本文中から**十五字以内**でぬき出して答えなさい。（句読点、記号等も字数に数えます。）

□の時間。

問7 ——線(3)「そうした気分」の説明としてもっとも適切なものを次の**イ**～**ホ**の中から一つ選び、記号で答えなさい。

イ グローバル化で仕事を失った怒りがおさえられないような気分。
ロ 所得格差でますます貧乏で心が追い詰められているような気分。

ている。人々の不満をすくい上げて、今ある政治を批判する。ポピュリストの政治家は、その時その時で人々の耳に心地《ここち》よい発言、情報を流し、支持を得る。大衆の気分次第《しだい》で政策が変わるので、一貫《いっかん》性がなく、過去の発言とつじつまが合わなくても気にしない。

アメリカでは※2グローバル化で職を失った人々の怒《いか》り、ヨーロッパでは中東などから移民が大量に流入したことへの不満がその根っこにある。

「※3ポスト真実」が受け入れられた背景にもそういう鬱屈《うっくつ》した気分があるのだ。

日本でも所得格差が広がる中でストレスはたまっている。そういうときに外国の脅威《きょうい》を強調されたら「日本、負けてなるか」という危ない※4ナショナリズムも頭をもたげてくることがある。

(3)そうした気分は、ぼくらの中にすでにあるのに無意識で気づかないでいる場合が多い。だから、ちょっと煽《あお》られると簡単になびいてしまう。自分たちの気分に気づくことが冷静に考える事への第一歩だ。その気分、空気をぼくらは「世論《せろん》」と呼んだりする。

「世論」と聞くと、何が思い浮《う》かぶだろうか？　「世論調査」のイメージが強いよね。ぼくらみんなの意見、考え、気持ち、気分など……。でも、もともとはもっと深い意味もあったんだ。

「世論」には「よろん」と「せろん」のふた通りの読み方がある。かつては「よろん」は「輿論《よろん》」と書いており、明確な違いがあった。「世論」が世間一般《いっぱん》の感情なら、「輿論」は正確な事実をもとに議論を重ねて出来上がった「社会的合意」だ。それが漢字表記の問題で、一つの言葉になり、区別されにくくなってしまった。

メディア史研究の第一人者、京都大学の佐藤卓己《さとうたくみ》教授は、今は、気分しか測っていない世論調査にばかり目がいって、情緒《じょうちょ》的な意見が正当な意見かのように重視されていると指摘《してき》。常に、それが「輿論」なのか「世論」なのかを見分けることを勧《すす》めている（朝日新聞２０１０年８月14日）。

感情的に反応しているだけでは何も解決しない。下手をすると(4)「世論」は制御《せいぎょ》できない怪獣《かいじゅう》のようになってしまうかもしれない。そうならないためには、表面的な情報に惑《まど》わされずに冷静に読み解く力をつけることが必要だ。ぼくら一人ひとりの反応が「世論」になるのだし、世論は情報によって操作されやすい。その世論が、社会を動かすパワーも持ってしまっているのだから。

最後に、世論に関連してもう一言。ぼくら市民が、ソーシャルメディアの普及《ふきゅう》で発信力を持つようになって、(5)ジャーナリズムは大きな転換《てんかん》点に立たされていることに触れておこう。

これまでは、わずかなプロのジャーナリストの手に握《にぎ》られていた発信力をぼくらみんなが持つようになったのだ。だから「問題あり」の報道があれば、「これは問題だ」「わたしはこの情報はまちがっていると思う」といった異議申し立てや修正のコメントがツイッターなどを通じて発信され、あっという間に世間の知るところとなるはずだ。

これは大変いいことだ。情報のプロの目をぼくらの視点、目線に近づかせ、ジャーナリズムをもっと信頼《しんらい》あるものにするのはぼくらの肩《かた》にかかっているといえる。

一方で、ニュースを作り、情報を発信する時には、ぼくらも責任を負うことになる。単に憤りを吐《は》き出そうとしているだけでないか、胸に手を当ててみよう。そして「これはみんなに（社会に）知らせるべき価値のある情報だ」と判断したら、どこから得た情報かニュースソース（情報源）を示しつつ発信する。ニュースソースに対して事前に了《りょう》解《かい》をとるマナーも大事だ。

ぼくらが気分や感情のみでリアクションせず、互《たが》いに考え深く「輿論」を形成していこうとするなら、情報は人と人をつなぎ、自分の考

2023年度

東邦大学付属東邦中学校

【国　語】〈推薦・帰国生試験〉（四五分）〈満点：一〇〇点〉

一　次の文章を読んで、あとの問いに答えなさい。

大きな事件が起きるといろいろな情報が飛び交《か》う。興味のおもむくままに、いろいろな情報を集める。情報を集めることは悪いことではない。でも受信するだけでは「知る」ことにはならない。(1)混乱するだけだ。自分で冷静に考えて選択《せんたく》をする必要がある。情報を知識にまで高めるためには自分で考えなければならない。

まず、自分は憤《いきどお》りなどの感情に任せて情報を選んでいないかを確かめてみよう。感情によって頭に入れておくべき情報を遮断《しゃだん》していないかを、ぼくらは常に気にしておかなければならない。

次に「ぼくはこういう考え方が正しい」という信念を持ったときに、異なった意見に耳を傾《かたむ》けるのを避《さ》けていないかも確認《かくにん》しよう。ぜひ実行してほしいのは、自分が思っているのとは違《ちが》う意見にも耳を傾けることだ。意見というのは、どちらかが完全に正しくてどちらかが完全に間違っている、というものではない。それぞれにそれぞれなりの言い分があるはずだ。いろいろな考え方に触《ふ》れる中で、より考える力をつけることになるだろう。

いまや情報は洪水《こうずい》のように襲《おそ》ってくる。それが事実かどうかウソでないかも、まず確認しなければならない。(2)それを消化する時間が足りず、事実の検証をしきれないうちに次の情報が……なんていうこともa ままある。踏《ふ》みとどまって、じっくりと考える時間を持つこともぼくらには必要だ。

ニュースの読み方の例もひとつあげておこう。たとえば自分がニュースを読んだとする。その記事の根拠《こんきょ》は何なのか、記事を書いたジャーナリストは自分の目で見たことを書いたのか引用したのか、引用したとすればその情報源は何だったのかなどをケントウしてみよう。その新聞、ニュースサイト、SNSは信用できるものか。さらに一歩進んで、書いたジャーナリストは信用できるかまで調べられるのなら調べてみよう。自分なりの基準や尺度ができて、それが更新《こうしん》されていくはずだ。

一つのメディアに依存《いぞん》すると一方的見方にかたよる心配もある。ふだんと違うメディアものぞいてみることをすすめる。ネットで情報を得たとすれば、テレビや新聞で再チェックしたり、友だちの意見を聞いてみたり、もっと掘《ほ》り下げたければ図書館で本にあたるのもb 手だ。

「3つの情報源にあたってみよう。2つともが同じことを言っていれば、情報は正しいかもしれない。3つが同じ方向なら、まず間違いない」と、アメリカにいた時にお世話になった歴史学の教授が言ったものだ。なるほどと思った。ぼくらそれぞれなりの「事実確認方程式」を作っておくといい。

国民みんなが経済的に「まあまあ」だった頃《ころ》は、誰《だれ》もが「快適な今の状態が変わらないでほしい」「平和が続いてほしい」「戦争はいやだ」という気持ちがみんなの体に染《し》みついていた。ふんわりとだが「全員の一致《いっち》した意見」があった。

今は長い景気停滞《ていたい》で、豊かな人がいる一方で、貧しい人びとが増えている。「現状のままでは希望が持てない」という人が増えているのだ。

社会をどう改善していったらいいかを冷静に考えようとする人がいる一方で、感情的にストレスをためている人も増加してきている。

そこにつけこんで※1ポピュリズム（大衆迎合《げいごう》主義）が頭をもたげて来ている。特にアメリカやヨーロッパなどでは目に見えて変化してき

2023年度

東邦大学付属東邦中学校 ▶解説と解答

算　数　＜推薦・帰国生試験＞（45分）＜満点：100点＞

解　答

1 (1) $\frac{2}{5}$　(2) $\frac{3}{4}$　(3) 4.1　2 (1) 42.6km　(2) 18g　(3) 180円　(4) 国語が0.5点高い　3 (1) 1520m　(2) 分速80m　(3) 12分40秒後　4 (1) 10.8cm　(2) 2.25cm　5 (1) 6：1　(2) 16：9　(3) 49：31　6 (1) 1640通り　(2) 4026　(3) 36通り

解　説

1 四則計算，逆算，計算のくふう

(1) $\left\{1-\left(3.4-\frac{10}{3}\right)\times1\frac{4}{5}\right\}\div2\frac{1}{5}=\left\{1-\left(\frac{17}{5}-\frac{10}{3}\right)\times\frac{9}{5}\right\}\div\frac{11}{5}=\left\{1-\left(\frac{51}{15}-\frac{50}{15}\right)\times\frac{9}{5}\right\}\div\frac{11}{5}=\left(1-\frac{1}{15}\times\frac{9}{5}\right)\div\frac{11}{5}=\left(1-\frac{3}{25}\right)\div\frac{11}{5}=\left(\frac{25}{25}-\frac{3}{25}\right)\div\frac{11}{5}=\frac{22}{25}\times\frac{5}{11}=\frac{2}{5}$

(2) $2+12\div7=2+\frac{12}{7}=\frac{14}{7}+\frac{12}{7}=\frac{26}{7}$より，$\left(10\frac{1}{2}-\square\right)\div\frac{26}{7}=2\frac{5}{8}$，$10\frac{1}{2}-\square=2\frac{5}{8}\times\frac{26}{7}=\frac{21}{8}\times\frac{26}{7}=\frac{39}{4}$　よって，$\square=10\frac{1}{2}-\frac{39}{4}=\frac{21}{2}-\frac{39}{4}=\frac{42}{4}-\frac{39}{4}=\frac{3}{4}$

(3) $12.3\times\left(1\frac{1}{9}-0.5\right)=12.3\times\left(\frac{10}{9}-\frac{1}{2}\right)=12.3\times\left(\frac{20}{18}-\frac{9}{18}\right)=12.3\times\frac{11}{18}$，$\left(\frac{1}{9}-\frac{1}{27}\right)\times36.9=\left(\frac{3}{27}-\frac{1}{27}\right)\times36.9=\frac{2}{27}\times3\times12.3=\frac{2}{9}\times12.3$，$0.123\times50=12.3\times\frac{1}{100}\times50=12.3\times\frac{1}{2}$より，$12.3\times\frac{11}{18}+\frac{2}{9}\times12.3-12.3\times\frac{1}{2}=12.3\times\left(\frac{11}{18}+\frac{2}{9}-\frac{1}{2}\right)=12.3\times\left(\frac{11}{18}+\frac{4}{18}-\frac{9}{18}\right)=12.3\times\frac{6}{18}=12.3\times\frac{1}{3}=4.1$

2 速さ，濃度《のうど》，比の性質，平均とのべ

(1) 25分間は，$\frac{25}{60}$時間＝$\frac{5}{12}$時間だから，時速72kmで25分間進んだ道のりは，$72\times\frac{5}{12}=30$(km)である。また，$\frac{7}{18}$時間は，$\frac{7}{18}\times(60\times60)=1400$(秒)なので，秒速9mで$\frac{7}{18}$時間進んだ道のりは，$9\times1400=12600$(m)，$12600\div1000=12.6$(km)とわかる。よって，合わせると，$30+12.6=42.6$(km)になる。

(2) 食塩を加えても水の重さは変わらないことを利用する。濃度7.6％の食塩水に含《ふく》まれる水の割合は，$100-7.6=92.4$(％)だから，この食塩水に含まれる水の重さは，$360\times0.924=332.64$(g)とわかる。また，濃度12％の食塩水に含まれる水の割合は，$100-12=88$(％)なので，濃度12％の食塩水の重さを□gとすると，$\square\times0.88=332.64$(g)と表すことができる。よって，$\square=332.64\div0.88=378$(g)だから，加えた食塩の重さは，$378-360=18$(g)と求められる。

(3) $(枚数)=\frac{(合計金額)}{(1枚あたりの金額)}$より，1円硬貨《こうか》，5円硬貨，10円硬貨の枚数の比は，$\frac{1}{1}:\frac{3}{5}:\frac{8}{10}=10:6:8=5:3:4$とわかる。これらの合計が36枚なので，比の1にあたる枚数は，$36\div$

(５＋３＋４)＝３(枚)となり，１円硬貨の枚数は，３×５＝15(枚)，５円硬貨の枚数は，３×３＝９(枚)，10円硬貨の枚数は，３×４＝12(枚)と求められる。よって，これらの合計金額は，１×15＋５×９＋10×12＝180(円)である。

(4)　平均点の差を求めるためには，合計点の差を求めればよい。そこで，国語と算数の点数が同じ人を除いて考えると，国語の合計点は，10×１＋20×３＋30×１＋40×２＋50×１＝230(点)，算数の合計点は，10×１＋20×１＋30×３＋50×２＝220(点)なので，国語が算数より，230－220＝10(点)高いことがわかる。さらに，人数は20人だから，平均点は国語が算数より，10÷20＝0.5(点)高いことになる。

3　速さと比，旅人算

(1)　Ａさんについて，１周目にかかる時間は，600÷180＝$3\frac{1}{3}$(分)である。また，２周目の速さは分速，180－30＝150(ｍ)だから，２周目にかかる時間は，600÷150＝４(分)とわかる。さらに，３周目の速さは分速，150－30＝120(ｍ)なので，３周目にかかる時間は，600÷120＝５(分)となる。よって，出発してから10分後は，３周目に入ってから，10－$3\frac{1}{3}$－４＝$2\frac{2}{3}$(分後)だから，３周目に入ってから，120×$2\frac{2}{3}$＝320(ｍ)走ったときとわかる。したがって，10分間走ったときの道のりは，600×２＋320＝1520(ｍ)である。

(2)　Ｂさんについて，１周目と２周目の速さの比は，１：1.5＝２：３なので，１周目と２周目にかかる時間の比は，$\frac{1}{2}$：$\frac{1}{3}$＝３：２となる。この合計が12分30秒(＝12.5分)だから，１周目にかかる時間は，12.5×$\frac{3}{3+2}$＝7.5(分)とわかる。よって，１周目の速さは分速，600÷7.5＝80(ｍ)である。

(3)　Ａさんについて，４周目の速さは分速，120－30＝90(ｍ)だから，４周目にかかる時間は，600÷90＝$6\frac{2}{3}$(分)となる。また，Ｂさんについて，２周目の速さは分速，80×1.5＝120(ｍ)，３周目の速さは分速，120×1.5＝180(ｍ)なので，３周目にかかる時間は，600÷180＝$3\frac{1}{3}$(分)とわかる。

よって，２人の進行のようすをグラフに表すと右のようになる(Ａ，Ｂの右の数は分速を表す)。このグラフから，２人が２度目に横に並ぶのは●の部分とわかる。かげをつけた三角形に注目すると，アの道のりは，90×$\left(12.5-12\frac{1}{3}\right)$＝15(ｍ)だから，かげをつけた部分の時間は，15÷(180－90)＝$\frac{1}{6}$(分)と求められる。したがって，２人が２度目に横に並ぶのは出発してから，12.5＋$\frac{1}{6}$＝$12\frac{2}{3}$(分後)である。60×$\frac{2}{3}$＝40(秒)より，これは12分40秒後となる。

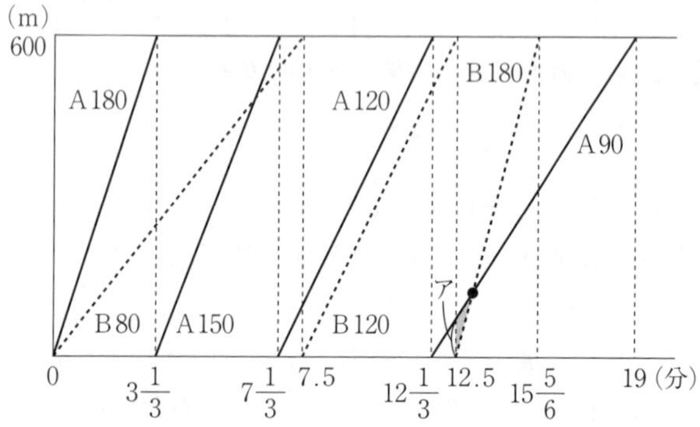

4　水の深さと体積

(1)　問題文中の図２で，水が入っていない部分は三角すいP-ABCである。また，三角形ABCの面積は，８×５÷２＝20(cm^2)だから，水が入っていない部分の容積は，20×3.6÷３＝24(cm^3)とわかる。よって，容器をもとに戻《もど》したときに水が入っていない部分は，底面積が20cm^{2}で容積が24cm^{3}の三角柱になる。したがって，水が入っていない部分の高さは，24÷20＝1.2(cm)なので，床から水面までの高さは，12－1.2＝10.8(cm)と求められる。

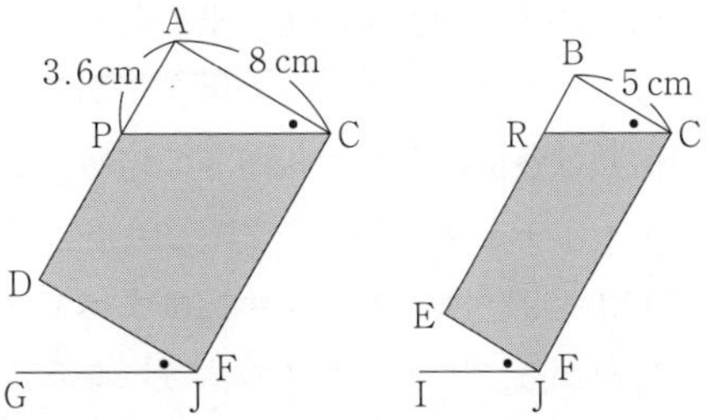

⑵　右の図で，●印をつけた角の大きさが等しいから，三角形APCと三角形BRCは相似になる。このとき，相似比は，AC：BC＝8：5なので，BR＝3.6×$\frac{5}{8}$＝2.25(cm)とわかる。

5　平面図形―相似，辺の比と面積の比

⑴　下の図1で，三角形DBGと三角形FHGは相似である。このとき，相似比は，DG：FG＝3：1だから，BG：GH＝3：1となる。この比を用いると，BG＝3，GI＝1÷2＝0.5となるので，BG：GI＝3：0.5＝6：1とわかる。

⑵　⑴より，下の図2のようになる。図2で，三角形IGFと三角形IBCは相似であり，相似比は，IG：IB＝1：(1＋6)＝1：7だから，BC＝①×$\frac{7}{1}$＝⑦，EC＝⑦－④＝③となる。また，三角形ADFと三角形FECも相似であり，相似比は，DF：EC＝4：3なので，AD：DB＝4：3とわかる。よって，三角形ADFと三角形DBGを比べると，底辺の比は，AD：DB＝4：3，高さの比は，DF：DG＝4：3だから，面積の比は，(4×4)：(3×3)＝16：9と求められる。

図1

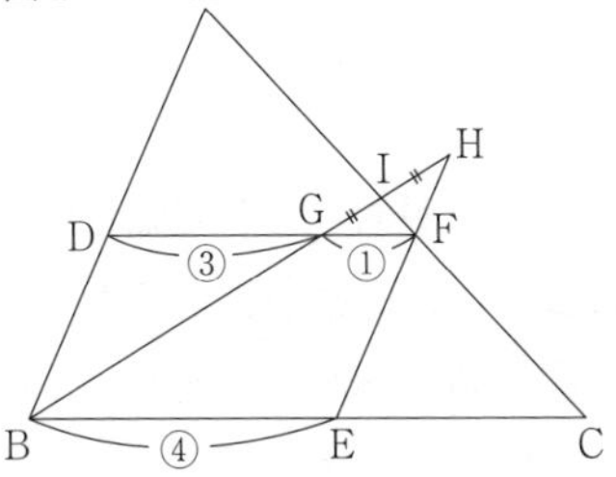

図2

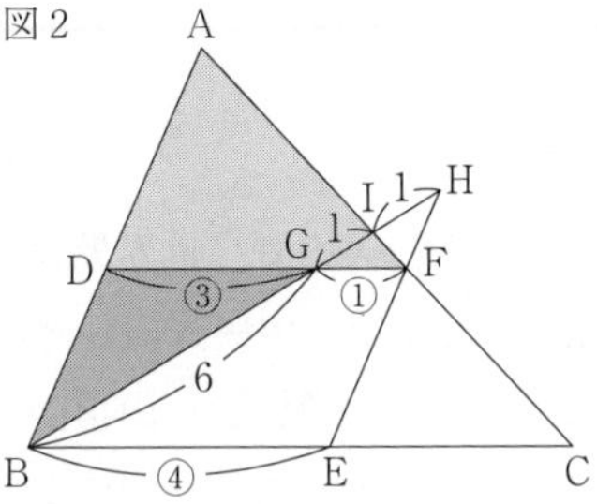

図3

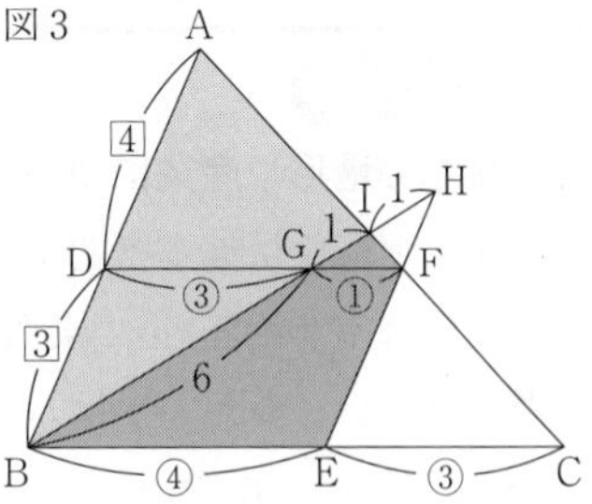

⑶　⑵より，上の図3のようになる。3つの三角形ABC，ADF，FECは相似であり，相似比は，BC：DF：EC＝7：4：3なので，面積の比は，(7×7)：(4×4)：(3×3)＝49：16：9となる。この比を用いると，⑵より，三角形DBGの面積は，16×$\frac{9}{16}$＝9とわかる。また，三角形DBGと三角形ABIを比べると，底辺の比は，BG：BI＝6：(6＋1)＝6：7，高さの比は，DB：AB＝3：(3＋4)＝3：7だから，面積の比は，(6×3)：(7×7)＝18：49となり，三角形ABIの面積は，9×$\frac{49}{18}$＝24.5と求められる。したがって，四角形BEFIの面積は，49－24.5－9＝15.5なので，三角形ABIと四角形BEFIの面積の比は，24.5：15.5＝49：31とわかる。

6　場合の数，整数の性質

⑴　カードの枚数は，50－10＋1＝41(枚)だから，1枚目の選び方は41通り，2枚目の選び方は40通りある。よって，4けたの整数は，41×40＝1640(通り)できる。

⑵　最も大きくするには，1枚目に50を選べばよい。すると5と0を使うことができないので，次に大きい2枚目のカードは49になる。つまり，最も大きい整数は5049である。また，最も小さくするには，1枚目に10を選べばよい。すると1と0を使うことができないから，次に小さい2枚目のカードは23になる。つまり，最も小さい整数は1023なので，最も大きい整数と最も小さい整数の差

は，5049－1023＝4026と求められる。

(3)　右のア～エの4つの場合がある。3の倍数は各位の数字の和が3の倍数になり，1＋1＋1＝3，2＋2＋2＝6，3＋3＋3＝9，4＋4＋4＝12はすべて3の倍数だから，ア～エが3の倍数になるためには，Bが3の倍数(または0)になればよい。したがって，$\underline{\quad}$の場合は{0，3，6，9}の4通り，$\underline{\underline{\quad}}$の場合は{3}の1通りある。また，333$B$と3$B$33の場合は{0，6，9}の3通り，33$B$3と$B$333の場合はないので，全部で，4×6＋1×6＋3×2＝36(通り)と求められる。

ア　$AAAB \to \underline{111B}$，$\underline{222B}$，$333B$，$\underline{444B}$
イ　$AABA \to \underline{\underline{11B1}}$，$\underline{\underline{22B2}}$，$33B3$，$\underline{\underline{44B4}}$
ウ　$ABAA \to \underline{1B11}$，$\underline{2B22}$，$3B33$，$\underline{4B44}$
エ　$BAAA \to \underline{\underline{B111}}$，$\underline{\underline{B222}}$，$B333$，$\underline{\underline{B444}}$

社会　＜推薦試験＞(30分)＜満点：50点＞

解答

1　問1　ウ　問2　エ　問3　秋田県…エ　山形県…イ　問4　ア　問5　(例)　税収に格差が出ること　2　問1　(1)　ア　(2)　オ　問2　イ　問3　X　ウ　Y　カ　問4　X　ア　Y　ウ　問5　イ　3　問1　エ　問2　ア　問3　ア　問4　a　エ　b　ア　c　オ

解説

1　日本の地形や産業についての問題

問1　阿蘇山は熊本県北東部に位置する活火山で，世界最大級のカルデラがあることで知られる。外輪山は南北約25km，東西約18kmにおよび，中央火口丘《きゅう》との間に広大な火口原が広がるが，大きな湖はない。なお，アは八ヶ岳(長野県・山梨県)で，山頂の西側に諏訪《すわ》湖(長野県)がある。イは富士山(静岡県・山梨県)で，山頂の北側に富士五湖(山梨県)が広がり，南東に芦《あし》ノ湖(神奈川県)がある。エは磐梯《ばんだい》山(福島県)で，山頂の南側に猪苗代《いなわしろ》湖がある。

問2　表中で北海道が第1位になっている「あ」には，食料品製造業があてはまる。北海道は農業や酪農，水産業がさかんで，食料品製造業が発達している。愛知県が第1位となっている「う」と「え」のうち，製造品出荷額の全国合計が多い「え」には，輸送用機械器具製造業があてはまる。浜松市で同産業がさかんな静岡県が第2位に入っており，これにつぐbには，横浜市や横須賀市で同産業がさかんな神奈川県があてはまる。また，日本のおもな製鉄所は，原材料の輸入と製品の輸出に便利な臨海部に分布しているので，埼玉県は上位に入らないと推測できる。ここから，bとcのみが上位に入っている「う」が鉄鋼業で，cには千葉県があてはまるとわかる。千葉県の東京湾沿岸には京葉工業地域が広がっており，大規模な石油化学コンビナートがある市原市や袖《そで》ヶ《が》浦《うら》市を中心として行われている化学工業の製造品出荷額は，全国第1位となっている。残ったaが埼玉県で，食料品製造業の製造品出荷額が，北海道についで全国で2番目に多い。統計資料は『データでみる県勢』2022年版による(以下同じ)。

問3　秋田県は米の収穫《しゅうかく》量が新潟県・北海道についで全国第3位なので，東北6県の中で米の産出額が最も多いエがあてはまる。山形県はおうとう(さくらんぼ)の産地として知られ，全国の収穫量のおよそ4分の3を山形県が占《し》めている。ここから，おうとうが産出額の第2位に入っているイに，山形県があてはまるとわかる。なお，アは青森県，ウは福島県，オは宮城県，カは岩手県。

問4　夕張市(北海道)のような地方都市では，大都市に近い地域に比べて高齢化が進む傾向《けいこう》にあるので，65歳以上の総人口に占める割合も高くなる。習志野市(千葉県)は東京のベッドタウンとして発展し，東京などへ通勤・通学する人が多い。豊田市(愛知県)は世界的な自動車工業都市で，自動車の関連工場で働く外国人労働者が多い。

問5　生産年齢人口(15～64歳)の割合は東京の都心部で高く，都心から離れるにしたがってその割合が低くなるという傾向がみられる。一般に，生産年齢人口の割合が高い自治体は税収が多くなるが，その割合が低い自治体は税収が少なくなる。すると，税収が多く財政的に豊かな自治体と，そうでない自治体との間で，住民に対する行政サービスなどに格差が生じるという問題が起こる。

[2] 九州地方の歴史についての問題

問1　⑴　菅原道真は平安時代前半の貴族で，894年に遣唐使の廃止を進言して受け入れられるなど，中央政界で活躍《かつやく》した。宇多天皇・醍醐《だいご》天皇の信任も厚く，右大臣にまでなったが，左大臣の藤原時平の陰謀《いんぼう》によって901年に大宰府《だざいふ》(福岡県)に左遷《させん》され，2年後にその地で亡くなった。道真の死後，大宰府や北野(京都府)には道真をまつる神社として天満宮がつくられた。なお，道鏡は奈良時代後半の僧で，政治に深くかかわった。源頼朝は平氏を滅《ほろ》ぼし，鎌倉幕府を開いたことで知られる。藤原泰衡《やすひら》は平安時代後半に東北地方を支配した奥州藤原氏の4代目で，源頼朝に滅ぼされた。

⑵　a　9世紀初めに高野山(和歌山県)に金剛峯《こんごうぶ》寺を開き，真言宗の開祖となったのは空海で，最澄は比叡《ひえい》山(滋賀県・京都府)に延暦《えんりゃく》寺を開いて天台宗の開祖となった。　b　平清盛について，正しく説明している。　c　13世紀後半の1274年(文永の役)と1281年(弘安の役)，フビライ＝ハンが派遣した大軍が北九州に襲来《しゅうらい》した(元寇《げんこう》)。このとき，鎌倉幕府の第8代執権《しっけん》北条時宗は御家人らをよく指揮し，2度とも暴風雨が発生して敵軍の船が多く沈《しず》んだこともあり，元軍を撃退《げきたい》することに成功した。このあとの1297年，第9代執権北条貞時《さだとき》は永仁の徳政令を出して生活に苦しむ御家人を救おうとしたが，かえって経済が混乱した。なお，北条時政は13世紀初めに鎌倉幕府の初代執権に就任した人物。チンギス＝ハンはフビライの祖父で，13世紀初めにモンゴル帝国を建国した。

d　豊臣秀吉の行った朝鮮出兵について，正しく説明している。

問2　ア　1333年，足利尊氏は京都の六波羅《ろくはら》探題を，新田義貞《にったよしさだ》は鎌倉を攻《せ》め落とし，北条氏を滅ぼした。　イ　後醍醐天皇が始めた建武の新政に反発した足利尊氏は，1336年，九州から京都へと兵を進め，湊川《みなとがわ》の戦い(兵庫県)で楠木正成《くすのきまさしげ》を破って京都に入った。このあと，後醍醐天皇は吉野(奈良県)に逃《のが》れ，南朝を開いた。　ウ　足利尊氏は京都で新たに光明《こうみょう》天皇を即位《そくい》させ，北朝を開いた。そして征夷《せいい》大将軍に任命され，室町幕府を開いた。　エ　1392年，室町幕府の第3代将軍足利義満は南朝と北朝を統一した。

問3　17世紀前半，江戸幕府はスペイン船やポルトガル船の来航を禁止するなどして，キリスト教の禁教政策を進めた。しかし，現在の長崎県を中心として，九州に多かったキリスト教の信者らの中には，禁教政策の中でも隠《かく》れてキリスト教を信仰し続ける人々がいた。そのあかしが，キリストの聖母マリアをかたどったAのマリア観音や，Bのお掛《か》け絵である。

問4　「軍艦《ぐんかん》島」として知られる長崎県の端島《はしま》は，石炭を採掘《さいくつ》するためにつくられた人工島で，炭鉱関係者やその家族が住んでいた。しかし，1960年代にエネルギー革命が進み，エネルギーの中心が石炭から石油に代わると，炭鉱は閉山され，住民も離島して無人島となった。

問5　aは3月10日，bは8月8日，cは4月1日のできごとなので，古い順にa→c→bとなる。

3　現代の国際社会についての問題

問1　1954年，アメリカ合衆国が中部太平洋上のビキニ環礁《かんしょう》で水爆実験を行ったさい，日本のまぐろはえ縄漁船・第五福竜丸が「死の灰」とよばれる放射性物質を浴び，乗組員の一人が亡くなるという事件が起こった。この事件は第五福竜丸事件とよばれ，翌55年に発表されたラッセル・アインシュタイン宣言にも影響《えいきょう》を与えた。

問2　い　次の文に，「人々は，自分自身と自分の愛する者たちがもだえ苦しみながら滅びゆく危急に瀕《ひん》していることを，ほとんど理解できないでいます」とある。これは，核戦争による人類絶滅の危険性といわれても，「人類」という言葉が「漠然《ばくぜん》としていて抽象《ちゅうしょう》的」，つまりおぼろげにしか捉《とら》えられないため，実際に自分自身や子どもたち，孫たちに危険が迫《せま》っているとは考えられないということである。　う　次の文に，「一方が水爆を製造し，他方が製造しなければ，製造した側が勝利するにちがいないからです」とある。そのため，戦時となり，勝利する必要が生じれば，双《そう》方《ほう》ともに水爆の製造にとりかかると推測できる。　え　直前に，「人類の一員として，同じ人類に対して訴《うった》えます」とある。これは，人類が滅ぶかもしれない危機的状況《じょうきょう》のなかで，人間として「幸福や知識，知恵のたえまない進歩」を選ぶのか，「死」を選ぶのかを考えてほしいという訴えだと考えられる。

問3　国際連合の総会の議決は，一般議題が過半数，重要議題が3分の2以上の多数決によって行われる。なお，安全保障理事会は，5つの常任理事国と，総会で選ばれる非常任理事国10か国の15か国で構成されている。安全保障理事会の議決は，常任理事国をふくむ9か国以上の賛成によって行われる。

問4　**a**　「ベルリンの壁《かべ》」という言葉から，ドイツだと判断できる。第二次世界大戦後，ドイツは東西に分断され，ベルリンには市街を東西に分ける壁がつくられた。このベルリンの壁は1989年に壊され，翌90年に東西ドイツが統一された。　**b**　「私には夢がある」は，アメリカ合衆国の黒人解放運動家キング牧師の言葉である。　**c**　「大惨事《だいさんじ》がおきた原子力発電所」とは，2011年の東日本大震災における福島第一原子力発電所の事故を指している。

理　科　＜推薦試験＞（30分）＜満点：50点＞

解　答

1　(1)　2　　(2)　6　　(3)　6　　(4)　4　　(5)　8通り　　2　(1)　3　　(2)　2.8g
(3)　1.6g　　(4)　2g　　(5)　10.8g

解　説

1　植物の開花の条件についての問題

(1)　ここでは発芽するのに必要な気温の条件がはじめから満たされているので，植物Xの種子を2月1日にまくと，すぐに発芽し，それから60日（2か月）たった4月1日ごろに，葉で昼の長さを感じ取ることができるようになる。ここで図2を見ると，4月1日以降は昼の長さが12時間以上になっている。よって，4月1日から15日たった4月15日ごろに花をさかせ始める。

(2) 発芽に必要な気温の条件や，花をさかせるために必要な昼の長さの条件が満たされ続けている場合，種子をまいてから，60＋15＝75(日)たつと花がさくと考えられる。したがって，9月1日に花をさかせたとき，その75日(2か月半)前の6月15日ごろに種子をまいたと考えられる。

(3) 図1より，一日の平均気温が15℃以上になるのは4月1日以降だから，2月1日に畑に種子をまくと4月1日ごろに発芽し，それから60日たった6月1日ごろに，葉で昼の長さを感じ取ることができるようになる。そのころには昼の長さが12時間以上となっているので，6月15日ごろに花をさかせ始める。

(4) 花をさかせるために必要な物質を，物質Hとする。実験1の結果は，花がさくためには葉でつくられた物質Hが必要であることを示している。また，実験2からは，葉のついていない茎《くき》でも，物質Hが茎の中を移動してくれば花をさかせることがわかる。図5で，E1とE3の茎では，葉がついていて物質Hがつくられるので，花がさく。E2とE4の茎では，葉はついていないが，E3の葉でつくられた物質Hが茎の中を通って届くので，花がさく。つまり，すべての茎で花がさく。

(5) 図6で，アの皮をはぐと，ほかの場所の様子に関係なく，ほかの茎の葉から物質Hが届かないので，花がさかない。このとき，(ア，イ)，(ア，ウ)，(ア，エ)，(ア，オ)，(ア，カ)の5通りの組み合わせがある。また，アの皮をはがさない場合，F2の茎の葉でつくられる物質Hが届かないようにするため，イの皮をはがさなければならない。また，F4の茎の葉でつくられる物質Hが届かないようにするために，エ，オ，カのいずれか1か所の皮をはぐ必要がある。したがって，(イ，エ)，(イ，オ)，(イ，カ)の3通りも考えられる。以上より，全部で，3＋5＝8(通り)となる。

2 もののとけ方についての問題

(1) 20℃の水100mLにとける物質Aの最大量は，実験1より，$18.2\times\frac{100}{200}=9.1$(g)以上であり，実験2より，$28.2\times\frac{100}{300}=9.4$(g)よりは少ないことがわかる。したがって，3がふさわしい。

(2) 実験3で使った水よう液は，40℃の水80mLに対して物質Aがとける限度までとけており，とけている重さは11.2gである。よって，さらに水だけを蒸発させて，水よう液の体積を60mLにすると，蒸発させた水，80−60＝20(mL)にとけていた物質Aが結晶《けっしょう》として出てくる。その重さは，$11.2\times\frac{20}{80}=2.8$(g)である。

(3) 油にとけている物質Aの重さを□g，水にとけている物質Aの重さを△gとすると，関係式は，$\frac{\square}{100}\div\frac{\triangle}{100}=4$となる。この式より，$\frac{\square}{100}\times\frac{100}{\triangle}=4$，$\frac{\square}{\triangle}=4$，$\square=4\times\triangle$になる。よって，□：△＝4：1になることがわかるから，水にとけている物質Aの重さは，$8\times\frac{1}{4+1}=1.6$(g)である。

(4) 関係式は，$\frac{\square}{100}\div\frac{\triangle}{200}=4$となるので，$\frac{\square}{100}\times\frac{200}{\triangle}=4$，$\frac{\square}{\triangle}=2$，$\square=2\times\triangle$より，□：△＝2：1になることがわかる。したがって，水にとけている物質Aの重さは，$6\times\frac{1}{2+1}=2$(g)とわかる。

(5) (4)より，操作を1回行うと，水200mLにとけている物質Aの重さは，$\frac{2}{6}=\frac{1}{3}$になるのだから，操作を3回くり返すと，水200mLにとけている物質Aの重さははじめの，$\frac{1}{3}\times\frac{1}{3}\times\frac{1}{3}=\frac{1}{27}$になる。よって，はじめに用意した水200mLにとけていた物質Aの重さは，$0.4\div\frac{1}{27}=10.8$(g)である。

英　語　＜帰国生試験＞（45分）＜満点：100点＞

※　編集上の都合により，英語の解説は省略させていただきました。

解　答

Ⅰ　**問1**　①　イ　　③　イ　　④　ウ　　**問2**　ア　　**問3**　C　　**問4**　think　　**問5**　（例）　lower the prices of the products to help its customers　　**問6**　**1**　（例）　Her belief was that some people just had to try harder but that was lucky for them.　　**2**　（例）　Because he wanted to help his poor family and make up for his poor school grades.　　**3**　（例）　They built a good relationship because Clive took good care of the customers and they depended on him.　**問7**　イ，カ

Ⅱ　**問1**　**supply**…ウ　　**demand**…カ　　**問2**　イ　　**問3**　エ　　**問4**　**4番目**…ウ　　**7番目**…ク　　**問5**　（例）　最悪の場合，もう少し長く生きることへの彼らの探求は，皮肉にも短く終わらされてしまう。　　**問6**　ア，ウ　　**問7**　（例）　I am opposed to your plan.　Although basic research on stem cells has been progressing steadily, there is still a great risk of unknown side effects from taking stem cell therapies.　They are not yet a medically proven technology.　So, I would say that you should not take a chance with unproven treatments like stem cell therapies just to extend your life.　You should think twice about it.

国　語　＜推薦・帰国生試験＞（45分）＜満点：100点＞

解　答

一　**問1**　ニ　　**問2**　ロ　　**問3**　ハ　　**問4**　国民みんな～のだから。　　**問5**　いまや　　**問6**　情報を知識にまで高めるため　　**問7**　ニ　　**問8**　ロ　　**問9**　ホ　　**問10**　ロ

二　**問1**　しよう。　　**問2**　ハ　　**問3**　イ　　**問4**　でも後～ない。　　**問5**　ロ　　**問6**　ホ　　**問7**　ロ　　**問8**　でも，　　**問9**　ハ　　**問10**　ニ

解　説

一　**出典は三浦《みうら》 準司《じゅんじ》の『人間はだまされる—フェイクニュースを見分けるには』による。**格差社会の中で，過剰《かじょう》な情報に対して冷静に考え，選択《せんたく》し，正確な情報をもとに「輿論《よろん》」を形成する必要性について述べられている。

問1　ここでの「検討」は，よく調べ考えること。よって，意見を出して論じ合う集会を意味するニの「討論会」に同じ漢字が使われているものとわかる。なお，イの「順当」は，そうなるのが当然なようす。ロの「投入」は，事業などに資金や労力を注ぐこと。ハの「口頭」は，口で述べること。ホの「党派」は，主義や利害を同じくする者が集まった団体。への「登用」は，人を高い地位などに引き上げて用いること。トの「均等」は，平等で差がないようす。チの「答申」は，上司の問いに対して意見を申し述べること。リの「統合」は，二つ以上のものを合わせて一つにまとめること。

問2　「間々ある」と書き，頻度《ひんど》は多くはないが，特段少なくもないようすを表す。よって，ロの「ときどきある」が最も近い。

問3　情報に対し，かたよった見方におちいるのを避《さ》けたり，より掘《ほ》り下げたりするさいには，「テレビや新聞」での再チェックや，「友だちの意見」を聞くこと，あるいは「図書館で本にあたる」ことも有効な方法だと述べられている。つまり，ここでの「手」は，方法・手段を意味しているので，ハがふさわしい。なお，イは種類，ロは手数，ニは所有を意味する。ホは接頭語で，形容詞について意味を強める働きをしている。

問4　一つ目の大段落は，冒頭から「～作っておくといい」の部分で，筆者は，情報を検証し「知識」にまで高める必要性や方法について説明している。二つ目の大段落は，「国民みんなが～持ってしまっているのだから」までで，筆者は，ポピュリズムやナショナリズムなどにまどわされないことの大切さを述べている。三つ目の大段落は，「最後に～やってきている」までの範囲《はんい》で，筆者は，ソーシャルメディアの普及《ふきゅう》による市民の発信力を指摘《してき》し，発信側と受け取る側が互《たが》いにオープンにやりとりする時代がきたと語っている。

問5　情報を知識にまで高めるには，それを受信するだけでなく「自分で考えなければならない」と筆者が述べていることをおさえる。つまり，ここでの「混乱する」とは，自身の中で情報の取捨選択ができず，うまく飲みこめていない状態にあることを意味する。四つ目の段落にあるとおり，現代では情報が「洪水《こうずい》のように襲《おそ》ってくる」ので，人々は考える時間が持てずどうしたらよいかがわからなくなってしまうのである。

問6　問５でもみたように，情報を本当の意味で「知る」ためには，感情に振《ふ》り回されて頭に入れておくべきものを遮断《しゃだん》していないかや，自分とは異なる意見に耳を傾《かたむ》けるのを避けていないかを確認し，そして事実かどうかを改めて見直したうえで，じっくりと考える時間を持ち，取捨選択することが必要だと述べられている。しかし現代では，「洪水のように襲ってくる」情報を自分の中で「消化する時間」が足りないのだから，結局，「情報を知識にまで高めるため」の時間が不足している，ということになる。

問7　「そうした」は，直前の段落の欧米《おうべい》や日本の事例を指す。グローバル化で職を失ったアメリカの人々の「怒《いか》り」や，移民が大量に流入したことへのヨーロッパの人々の「不満」と同じように，日本でも格差が広がって「ストレス」がたまり，ナショナリズムになびきかねない「気分」が我々の中にあるというのだから，ニが選べる。

問8　「正確な事実をもとに議論を重ねて出来上がった『社会的合意』」が「輿論」とよばれているのに対し，世間一般《いっぱん》の情緒《じょうちょ》的・感情的な意見は「世論」とされていることをおさえる。「危ないナショナリズム」を形成しかねないと述べられているとおり，「世論」は人々の行き過ぎた感情が暴走した結果，制御《せいぎょ》できない「怪獣《かいじゅう》」のようになるというのだから，ロがふさわしい。

問9　ソーシャルメディアの普及を契機《けいき》として，これまではわずかなプロのジャーナリストの手に握《にぎ》られていた発信力を一般の人々が持つようになったことで，ジャーナリストの発信する情報が一般の人々によって検証され，一般の人々が「ジャーナリズムをもっと信頼《しんらい》あるもの」にすることができる現在の状況《じょうきょう》を，筆者は「大きな転換《てんかん》点」と言い表している。よって，ホが選べる。

問10　「みんな」が共有する「正しい情報」とは，直前の文中にある「輿論」を指す。「気分や感情のみ」によるのではなく，互いに考え深く輿論を形成しようとすれば，「情報は人と人をつなぎ，自分の考えを作り上げる」もとになる。また，無意識に蓄積《ちくせき》されている「不満」「怒り」「ストレス」に「気づくことが冷静に考える事への第一歩」だと筆者が述べていることもおさえる。つまり，情緒・感情にもとづく「世論」ではなく「輿論」を形成しようとする過程が，冷静さを備え，自分なりの尺度を持つことにつながるのだから，ロがふさわしい。

二 **出典はりょうけんまりんの「大ちゃん，ごめんね」による。**大介《だいすけ》の教科書を間違《まちが》えて持って帰ってきてしまったことに気づいたものの，陸君からみんなの前で非難されることを想像した美咲《みさき》は，大介に返却《へんきゃく》することをためらう。

問1　美咲が，家に持ち帰ってしまった大介の教科書をなかなか本人に返せずにいることをおさえる。火曜日に「今日も返せなかったらどうしよう」と思いながらも，「教科書をあまり使うこともない」と言っている。ここにもどす文を入れると，残すところあと少しとなった三年の今の時期，教科書をひんぱんに使うこともないのだから，わざわざ大介に返して自ら非難にさらされるようなことはしなくてもよいのではないか，と美咲が考える流れになり，文意が通る。

問2　「大ちゃんの教科書だ」とはっきりする前に，自分のものではない算数の教科書を見た美咲は「もしかしたら……」と思っているのだから，確定しないことがらを心配するハの「不安」が合う。なお，大介の教科書を自分が持ち帰ってしまったことをみんなの前で陸君から大声で明かされ，非難されるのを恐《おそ》れたのはこの時点ではないので，ニの「恐怖《きょうふ》」は正しくない。また，自分の不注意を悔《く》やみ，大介に教科書を「明日返さなくては」と思ったのはこれより後なので，ホの「後悔《こうかい》」も合わない。

問3　続く部分で，美咲は大介の教科書を誤って持ち帰ってしまったいきさつを想像しながら，彼《かれ》が「いつも先生に叱《しか》られていたのは」自分のせいだったと考えている。大介に対する罪悪感から，美咲は「胸がドキドキしだした」のだから，イがふさわしい。なお，手元の教科書が大ちゃんのものだとわかっただけでは，「胸がドキドキ」した理由としては不十分であり，自責の念を抱《いだ》いたことがここでは重要なので，ニは合わない。

問4　これまでみてきたように，大介の教科書を持ち帰ってしまっていながら本人に返すことができずにいるのは，その事実を知ったさいの陸君の反応を気にしていたからである。おそらく大介は許してくれるだろうが陸君が黙《だま》ってはいないだろうと思い，教科書の返却をためらっていたのだから，少し前にある，「でも後ろの陸君が気づいて必ず何か言うだろう～言うに違いない」という部分がぬき出せる。

問5　単にプリントの書き出しが自分のものと同じだったために，陸君は美咲に対して「ぬすんだ」という表現をしただけだったが，美咲にとっては，それがいつまでも大介に教科書を返せずにいる自らを責める言葉に聞こえていたのである。大介に教科書を返したくても返せずにいるもどかしさを感じていたなか，「ぬすんだ」という言葉で自分のあり方を強く非難されたように思って「涙《なみだ》が出てきた」のだから，ロがふさわしい。

問6　問5でみたように，陸君に「ぬすんだ」と言われ泣いている美咲を見た大介が，周囲の気を引くようにおどけることで，結果的に美咲を守った点をおさえる。大介の姿勢に触発《しょくはつ》され，美咲もまた彼が教科書を忘れていたのではなく，自分が持ち帰っていたせいだったことを告白しようと決意したのだから，ホが合う。

問7　陸君から，大介の教科書を持って行ってしまったことを，しつこく言われたときの美咲の反応である。問６でみたように，美咲は自分から，悪いのは大介ではなく自分だと「大きな声」でみんなに告白している。ここには，大介の名誉《めいよ》を守ろうとした，美咲の決意が表れている。こういう勇気をふるった美咲には，陸君が美咲の失敗をしつこく指摘してもひるまず，陸君を「しっかりと」見て，心の中で「陸君の言う通りだよ」と認める態度がふさわしい。

問８　大介が美咲を「助け」たといえるのは，問５，問６でみたように，美咲が陸君から「ぬすんだ」と言われ涙したときである。つまり，「陸君に言われたとき」とは，「でも，書き出すときに僕《ぼく》のノートを見ました。だから，ぬすんだんです」という部分にあたる。

問９　大介の教科書を持ち帰ってしまったことに気づいた当初，美咲は自分が非難されることを恐れてなかなか本人に返せずにいたが，大介に陸君から守ってもらい，その優しさにふれるなかで勇気を奮い立たせ，自分が大介の教科書を持ち帰ったと名乗り出ようと決意して，みんなの前で堂々とそれを伝えている。この一週間余りで一歩進むことのできた自分の姿を，同様の期間で立派な花を咲《さ》かせるクロッカスに重ね，美咲は自らの成長をしみじみと感じているのだから，ハがよい。

問10　これまでみてきたように，本文では大介の教科書を誤って持ち帰ってしまった美咲が，返却したいと思いながらも陸君の反応が気になり，行動に移せずにいるというジレンマ(板挟《いたばさ》みにあること)にさいなまれる状況を中心として，最終的には自ら名乗り出ることで少し成長するという内容が描《えが》かれている。よって，ニがふさわしい。

Dr.福井の

入試に勝つ！ 脳とからだのウルトラ科学

寝る直前の30分が勝負！

みんなは，寝る前の30分間をどうやって過ごしているかな？　おそらく，その日の勉強が終わって，くつろいでいることだろう。たとえばテレビを見たりゲームをしたり——。ところが，脳の働きから見ると，それは効率的な勉強方法ではないんだ！

実は，キミたちが眠っている間に，脳は強力な接着剤を使って海馬《かいば》(脳の，知識をためる倉庫みたいな部分)に知識をくっつけているんだ。忘れないようにするためにね。もちろん，昼間に覚えたことも少しくっつけるが，やはり夜——それも“寝る前”に覚えたことを海馬にたくさんくっつける。寝ている間は外からの情報が入ってこないので，それだけ覚えたことが定着しやすい。

もうわかるね。寝る前の30分間は，とにかく勉強しまくること！　そうすれば，効率よく覚えられて，知識量がグーンと増えるってわけ。

では，その30分間に何を勉強すべきか？　気をつけたいのは，初めて取り組む問題はダメだし，予習もダメ。そんなことをしても，たった30分間ではたいした量は覚えられない。

寝る前の30分間は，とにかく「復習」だ。ベストなのは，少し忘れかかったところを復習すること。たとえば，前日の勉強でなかなか解けなかった問題や，１週間前に勉強したところとかね。一度勉強したところだから，短い時間で多くのことをスムーズに覚えられる。そして，30分間の勉強が終わったら，さっさとふとんに入ろう！

ちなみに，寝る前に覚えると忘れにくいことを初めて発表したのは，アメリカのジェンキンスとダレンバッハという２人の学者だ。

Dr.福井(福《ふく》井《い》一成《かずしげ》)…医学博士。開成中・高から東大・文Ⅱに入学後，再受験して翌年東大・理Ⅲに合格。同大医学部卒。さまざまな勉強法や脳科学に関する著書多数。

2023年度 東邦大学付属東邦中学校

【算　数】〈前期試験〉（45分）〈満点：100点〉

1　次の□にあてはまる最も適当な数を答えなさい。

(1)　$202300\times\frac{3}{80}+20230\times\frac{1}{1190}-2023\times3.75=$□

(2)　$0.75\times\left(3+\frac{7}{20}\times\square\right)\times\frac{15}{121}=\frac{9}{22}$

(3)　$\left\{\left(3.25+2\frac{1}{2}\right)\times\frac{4}{9}-1\right\}\times\frac{1}{40}\div\frac{1}{\square}=0.7$

2　次の問いに答えなさい。

(1)　1本120円の鉛筆《えんぴつ》と1本150円のボールペンがあります。この鉛筆とボールペンを何本かずつ買ったところ，代金の合計が3450円でした。また，買った鉛筆とボールペンの本数の差は5本でした。このとき，鉛筆は何本買ったか求めなさい。

(2)　りんごとみかんといちごが全部で168個あります。りんごの個数を3で割った数と，みかんの個数を4で割った数と，いちごの個数を5で割った数は同じです。このとき，いちごの個数を求めなさい。

(3)　牧場の草を一定のペースで食べ続けるヤギがたくさんいます。すべてのヤギは同じペースで草を食べます。このヤギが12頭いると，10000m^2の牧場の草を4週間で食べつくします。このとき，72000m^2の牧場の草を18週間以内に食べつくすには，何頭以上のヤギが必要か求めなさい。ただし，草が新しく生えてくることはありません。

(4)　右の【図1】のような，半径6cmの半円を2つと，半径が12cmで中心角が45°のおうぎ形を重ね合わせた図形があります。このとき，影をつけた部分の面積を求めなさい。

ただし，円周率は3.14とします。

【図1】

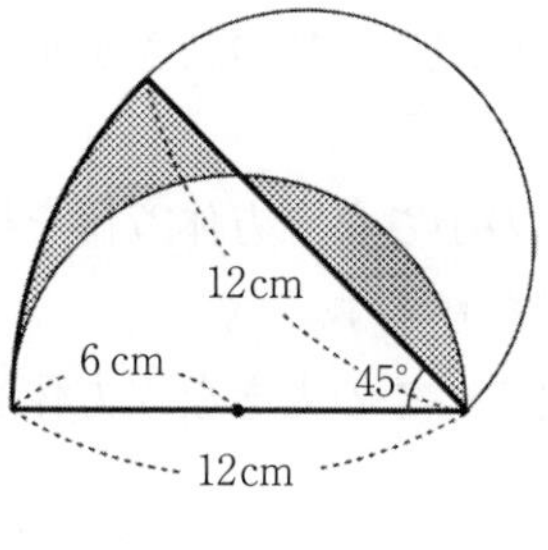

【図2】

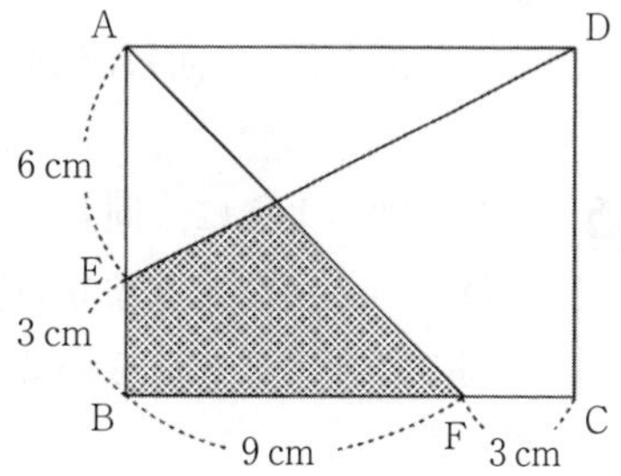

(5)　右上の【図2】のような，長方形ABCDがあります。AE = 6 cm，EB = 3 cm，BF = 9 cm，FC = 3 cmです。このとき，影をつけた部分の面積を求めなさい。

3　ある濃度の食塩水がコップに入っています。これに水を加えたものを食塩水Aとします。食塩水Aに，さらに同じ量の水と40 gの食塩を加えたものを食塩水Bとします。食塩水Aと食塩水Bの濃度がともに10%であるとき，次の問いに答えなさい。

(1)　はじめに加えた水の重さは何gか求めなさい。

(2)　食塩水Bにふくまれる食塩の重さが100gであるとき，はじめにコップに入っていた食塩水の濃度は何%か求めなさい。

4　ある池のまわりをAさん，Bさん，Cさんの3人が歩きました。3人とも同じ場所から同時に出発し，Aさんは毎分80m，Bさんは毎分65mで同じ向きに進み，Cさんだけ2人とは反対向きに進んだところ，出発してから14分後にAさんとCさんが初めてすれちがい，その1分30秒後にBさんとCさんが初めてすれちがいました。

このとき，次の問いに答えなさい。

(1)　Cさんの歩く速さは毎分何mか求めなさい。

(2)　池のまわりの長さは何mか求めなさい。

(3)　この池のまわりをDさんとEさんは自転車で，Fさんは歩いてまわりました。3人とも同じ場所から同時に出発し，DさんとFさんは同じ向きに進み，Eさんだけ2人とは反対向きに進んだところ，Dさんは，Fさんを31分ごとに追い抜き，EさんとFさんは，10分20秒ごとにすれちがいました。

このとき，DさんとEさんは何分何秒ごとにすれちがったか求めなさい。

5　右の図のような面積が48cm^2の台形ABCDがあります。点P，点Eはそれぞれ，AB，BC上の点で，DEとPCが点Fで交わっています。また，四角形ABEDは1辺の長さが6cmの正方形です。

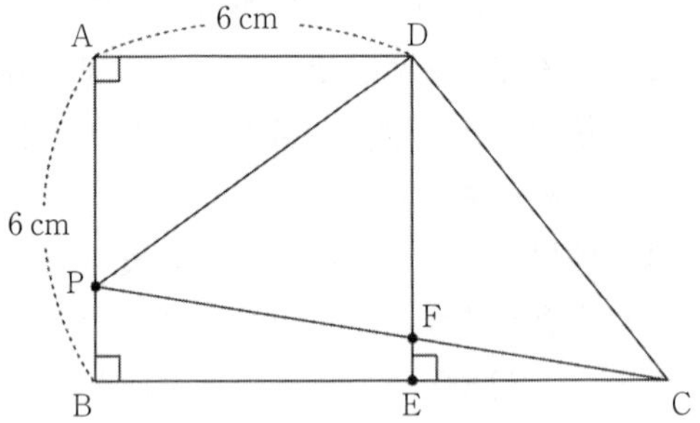

このとき，次の問いに答えなさい。

(1)　BCの長さを求めなさい。

(2)　BP：DF＝1：3のとき，BPの長さを求めなさい。

(3)　三角形DPCの面積が28cm^2のとき，BPの長さを求めなさい。

6　右の図のように，同じ大きさの小さな立方体27個を積み重ねてつくった大きな立方体があります。

図の点A，B，Cを通る平面で，この大きな立方体を切断します。

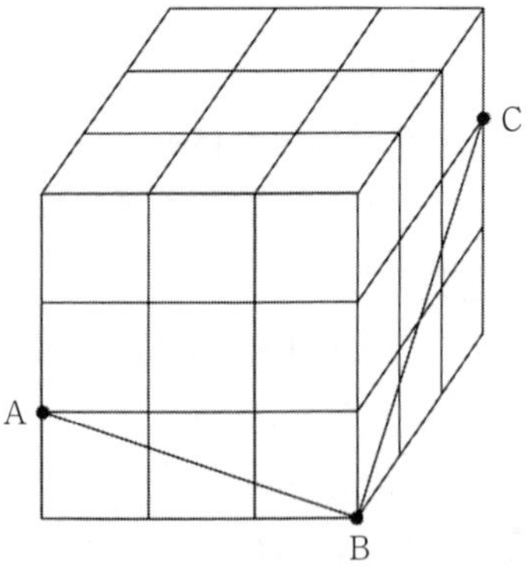

このとき，次の問いに答えなさい。

(1)　切断してできる大きな立方体の切り口は，どのような図形になりますか。下のア～クの中からあてはまるものを選び，記号で答えなさい。

ア．三角形　　イ．二等辺三角形　　ウ．ひし形
エ．長方形　　オ．正方形　　カ．平行四辺形
キ．五角形　　ク．六角形

(2)　この平面で切断されない小さな立方体の個数は何個か求めなさい。

【社　会】〈**前期試験**〉（45分）〈満点：100点〉

〈編集部注：実物の入試問題では，すべての写真と図の大部分はカラー印刷です。〉

1　学校で身近な地域の調査方法について学んだ邦平《くにへい》さんは，調べたことを地図やグラフで表現することが大切であると知りました。これに関する次の各問いに答えなさい。

問１　次の**図１**・**図２**は，いずれも邦平さんが作成した分布図であり，あとの二重線内の文章は，これらの図について述べたものである。文章中の X ・ Y には，あとの**あ**～**う**のいずれかの語句があてはまる。 X ・ Y と**あ**～**う**の組み合わせとして正しいものを，あとの**ア**～**カ**から１つ選び，記号で答えなさい。

図１

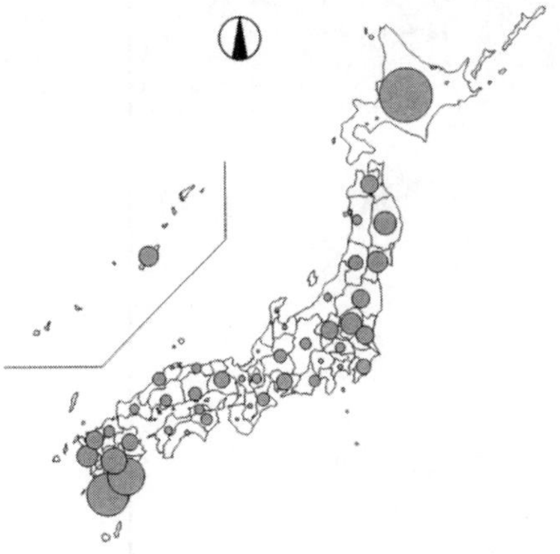

図２

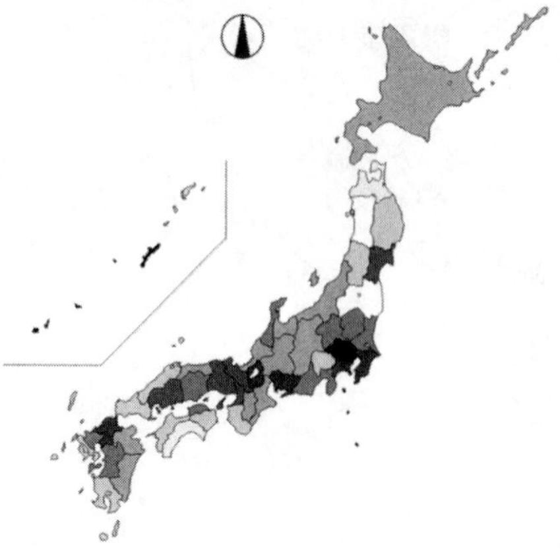

> 都道府県別の X を表すのにもっとも適しているのは，円の大きさが数値の大きさを示している**図１**の形態の分布図である。また，都道府県別の Y を表すのにもっとも適しているのは，都道府県ごとに色の濃《こ》さで数値の違いを表現している**図２**の形態の分布図である。

あ．人口密度
い．桜の開花日
う．農産物収穫《しゅうかく》量

	ア	イ	ウ	エ	オ	カ
X	あ	あ	い	い	う	う
Y	い	う	あ	う	あ	い

問２　次の図は，邦平さんが手に入れた２万5000分の１地形図であり，これには扇状地《せんじょうち》が描《えが》かれている。これを見て，あとの(1)・(2)の各問いに答えなさい。なお，地形図は上が北を示している。また，見やすくするために実際の地形図を拡大している。

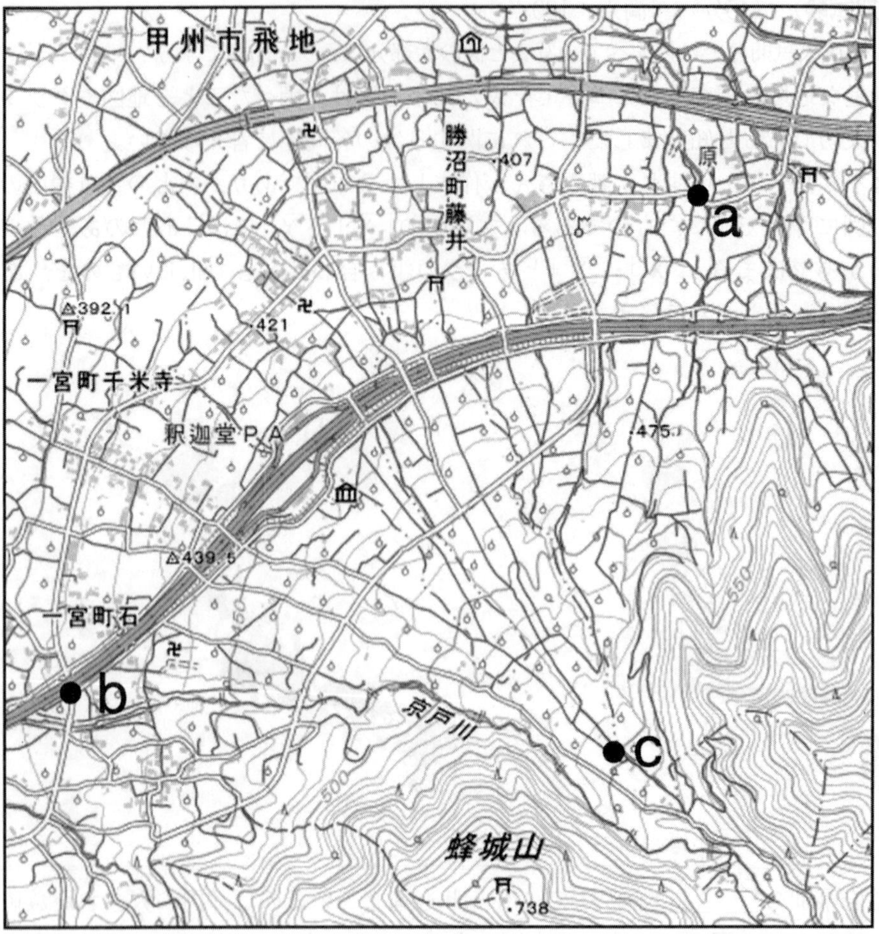

(1) 扇状地の扇形《おうぎがた》の頂点をcとし，末端《まったん》をaからbを結んだ弧《こ》とした場合，a，b，cで囲まれた実際の扇形のおよその面積を計算し，もっとも近い数値を次の**ア**～**カ**から１つ選び，記号で答えなさい。なお，a―c間，b―c間の直線距離《きょり》を実際の地形図上で測るといずれも５cmであり，線分ａｃと線分ｂｃがなす角度は90度とする。

ア．0.4km^2　　**イ**．1.2km^2　　**ウ**．4.9km^2

エ．6.3km^2　　**オ**．7.9km^2　　**カ**．19.6km^2

(2) 次の二重線内の文は，扇状地について述べたものである。文中の［X］にあてはまる語句を，**４字**で答えなさい。

> 川が山地から平地に流れ出るところでは，川の流れが急に［X］になるため，土砂《どしゃ》などが川の下方に堆積《たいせき》する扇状地ができやすい。

問３　次の**あ**～**え**の図は，邦平さんがある県の市役所の位置を白地図上に書き込《こ》み，県境や海岸線などの線をすべて消したものであり，**あ**～**え**は，群馬県，静岡県，宮城県，山口県のいずれかを示している。このうち，静岡県と山口県を示すものをそれぞれ選び，その組み合わせとして正しいものを，あとの**ア**～**シ**から１つ選び，記号で答えなさい。なお，県庁の位置は★で示しており，図の上は北を示している。

あ.

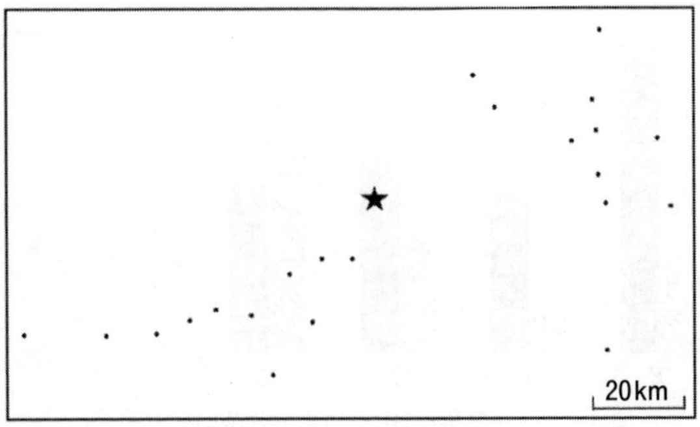

い.

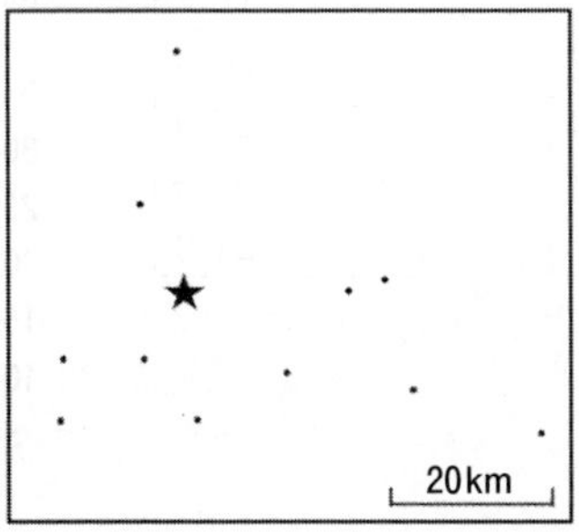

う.

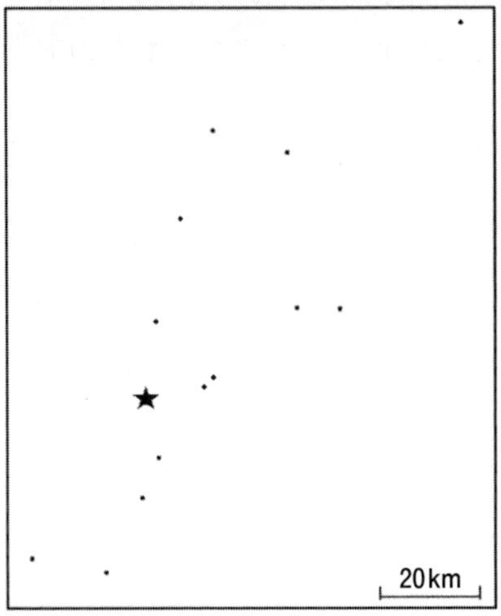

え.

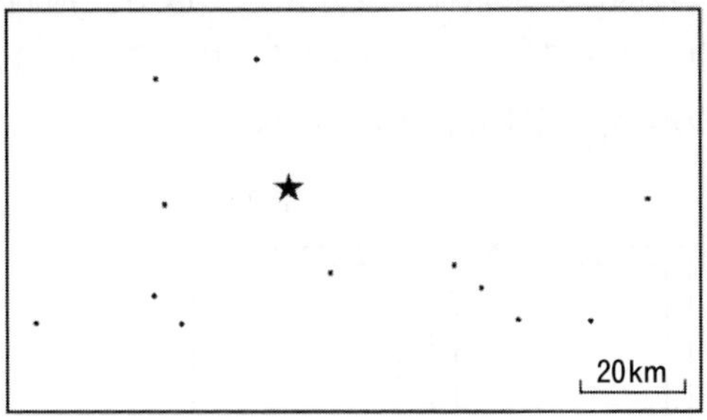

「Craft MAP」により作成。

	ア	イ	ウ	エ	オ	カ	キ	ク	ケ	コ	サ	シ
静岡県	あ	あ	あ	い	い	い	う	う	う	え	え	え
山口県	い	う	え	あ	う	え	あ	い	え	あ	い	う

問４　様々な統計から作成された図表に関して，次の(1)・(2)の各問いに答えなさい。

(1)　次の表は，**敦賀**《つるが》(福井県)と**A**～**C**の３地点における１月と７月の月別平均気温を示し，図は，それらの地点の１月と７月の月別降水量を示している。また，表中の**A**～**C**は高知(高知県)，諏訪《すわ》(長野県)，八丈島《はちじょうじま》(東京都)のいずれかがあてはまる。表中の**C**の地点の降水量として正しいものを，図中の**ア**～**エ**から１つ選び，記号で答えなさい。

表　気温

	1月(℃)	7月(℃)
敦賀	4.7	26.3
A	6.7	27.0
B	10.1	25.2
C	−1.1	23.2

図　降水量

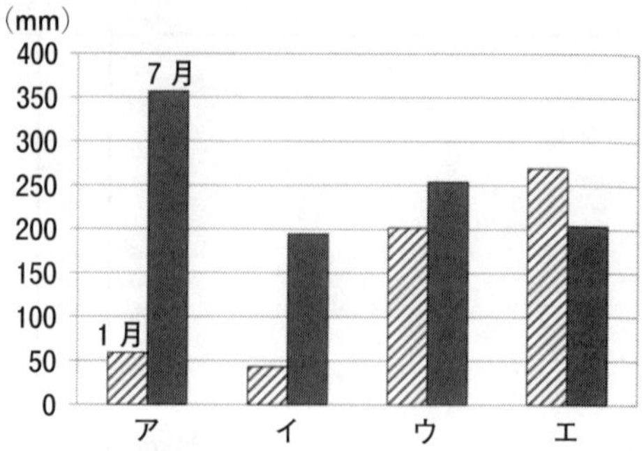

「気象庁HP」により作成。

(2)　次の図は，東京都，愛知県，大阪府，福岡県の2021年の１年間の人口移動を示している。図中の**X**～**Z**にあてはまる都道府県の組み合わせとして正しいものを，あとの**ア**～**カ**から１つ選び，記号で答えなさい。

単位：人

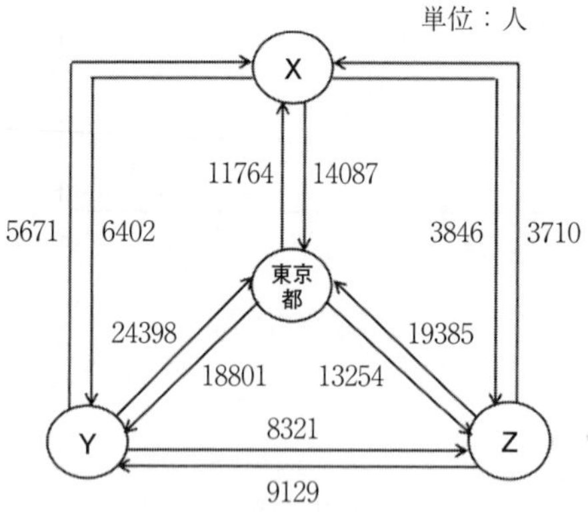

総務省統計局「住民基本台帳人口移動報告」により作成。

	ア	イ	ウ	エ	オ	カ
X	愛知県	愛知県	大阪府	大阪府	福岡県	福岡県
Y	大阪府	福岡県	愛知県	福岡県	愛知県	大阪府
Z	福岡県	大阪府	福岡県	愛知県	大阪府	愛知県

問５　夏休みに京都へ旅行に行くことになった邦平さんは，インターネットで京都の地図を探した。次の**図１**は，京都の「嵐山《あらしやま》・嵯峨野《さがの》」と呼ばれる地域の地図であり，**図２**は**図１**の枠《わく》で囲まれた部分を拡大したものである。これを見て，あとの(1)・(2)の各問いに答えなさい。なお，図は上が北を示している。

図１

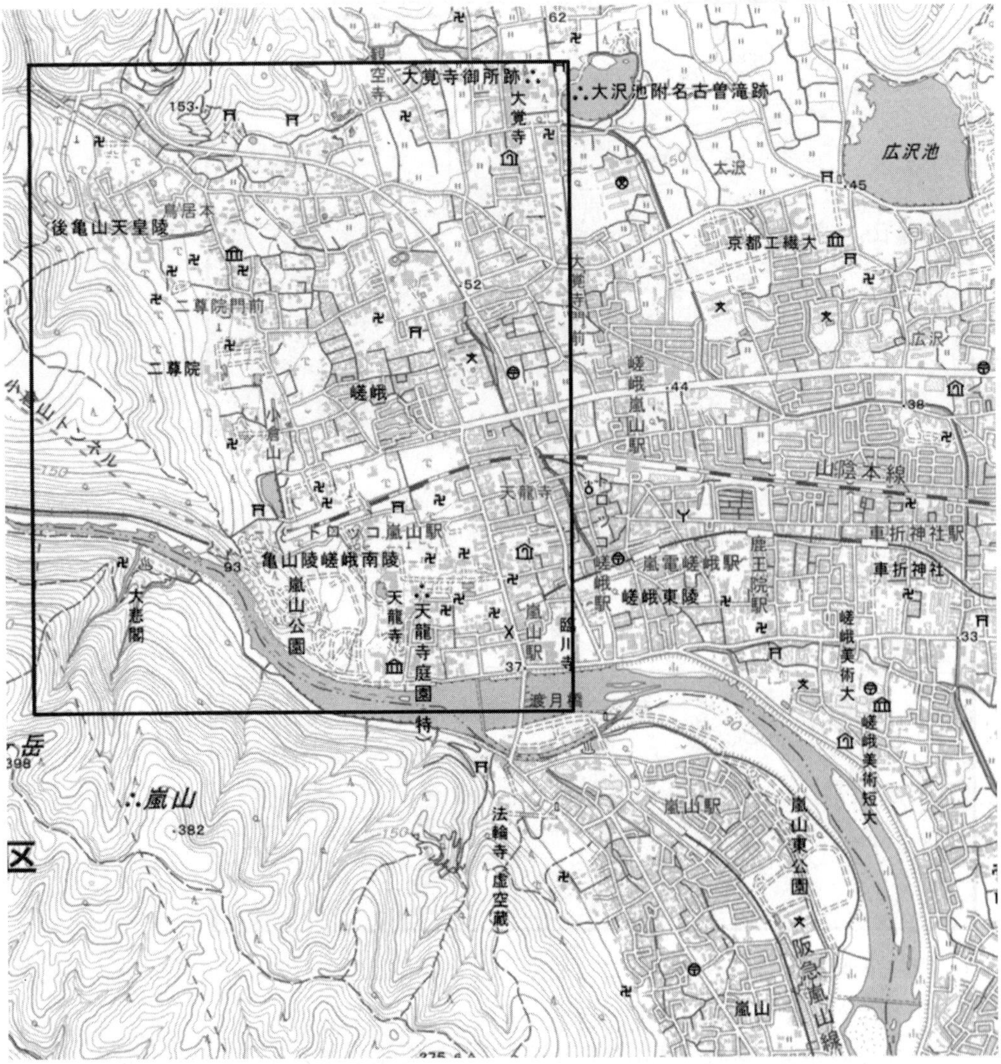
大覚寺御所跡
大覚寺
大沢池附名古曽滝跡
広沢池
京都工繊大
広沢
後亀山天皇陵
鳥居本
二尊院門前
二尊院
嵯峨
小倉山
大覚寺門前
嵯峨嵐山駅
山陰本線
天龍寺
トロッコ嵐山駅
亀山陵嵯峨南陵
嵐山公園
天龍寺
天龍寺庭園
特
嵐山駅
臨川寺
嵯峨駅
嵐電嵯峨駅
嵯峨東陵
鹿王院駅
車折神社駅
車折神社
嵯峨美術大
嵯峨美術短大
渡月橋
大悲閣
嵐山
法輪寺(虚空蔵)
嵐山駅
嵐山東公園
阪急嵐山線
嵐山
区

図 2

(1) **図 1**・**図 2** から読み取れることや考えられることを述べたものとして正しいものを，次の**ア**～**エ**から 1 つ選び，記号で答えなさい。

ア．多くの寺院や神社が規則的な距離をもって位置しており，これらは都が造られた平安時代以降に計画的に置かれたと考えられる。

イ．**図 1** の中央よりやや南を流れる大きな川の北側と南側には「嵐山駅」が 2 つあるが，この 2 つの駅の間は，鉄道がつながっていない。

ウ．**図 1** の西側にある「トロッコ嵐山駅」と北側にある「大覚寺御所跡《ごしょあと》」の史跡の地図記号では，その標高の差は50m以上ある。

エ．「大覚寺御所跡」へ鉄道を利用して訪れるとき，もっとも近い駅は阪急嵐山線の「嵐山駅」である。

(2) 次の**あ**～**う**は，**図 2** 中の**A**～**C**のいずれかの地点で，邦平さんが矢印の方向に撮影《さつえい》したものである。**A**～**C**と**あ**～**う**の組み合わせとして正しいものを，あとの**ア**～**カ**から 1 つ選び，記号で答えなさい。

あ.

い.

う.

	ア	イ	ウ	エ	オ	カ
A	あ	あ	い	い	う	う
B	い	う	あ	う	あ	い
C	う	い	う	あ	い	あ

問６　次の図は邦平さんが作成したもので，北海道，新潟県，滋賀県，鹿児島県の米の収穫量と農業産出額にしめる米の割合を●で示し，**A**～**D**の４つのゾーンに分けたものである。この図に富山県と山梨県を書き入れた場合，それぞれが位置するゾーンの組み合わせとして正しいものを，あとの**ア**～**カ**から１つ選び，記号で答えなさい。

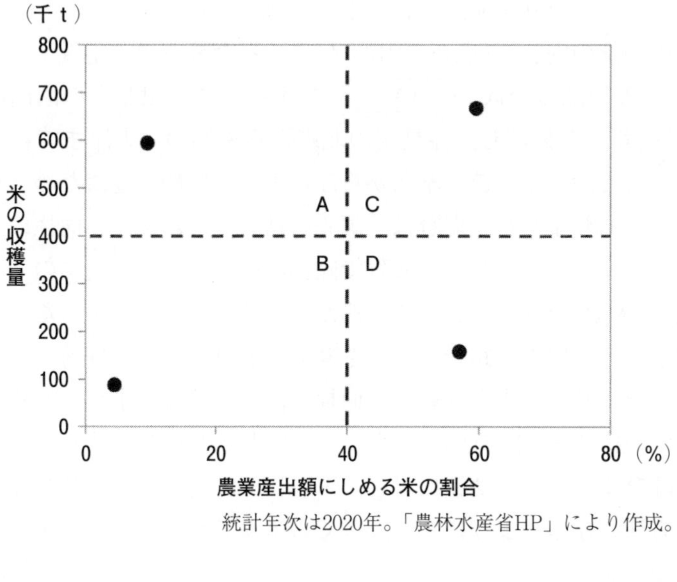

統計年次は2020年。「農林水産省HP」により作成。

	ア	イ	ウ	エ	オ	カ
富山県	A	B	D	A	B	D
山梨県	B	B	B	D	D	D

2 江戸時代に活躍《かつやく》した河村瑞賢《かわむらずいけん》について述べた次の文章を読んで，あとの各問いに答えなさい。

河村瑞賢は，1618年に①伊勢国《いせのくに》に農家の子として生まれました。瑞賢は，13歳のときに②江戸に出て，はじめ力仕事についていましたが，20代になって商人に比重を移していったようです。1657年に明暦《めいれき》の大火と呼ばれる大火事が江戸を襲《おそ》いました。この時，瑞賢は③信濃国《しなののくに》の木《き》曽《そ》の材木を買い付け，大きな利益を得たと伝えられています。ちょうどその年に生まれ，後に④学者として将軍に仕えた新井《あらい》白石の著書の中には，瑞賢を日本一の金持ちとする記述があります。

瑞賢の最大の業績として知られるのは，東廻《まわ》り航路・西廻り航路と呼ばれる本州沿岸の航路を整備したことです。

1670年，瑞賢は，陸奥国《むつのくに》の内陸部(現在の福島県)にあった幕府領の年貢《ねんぐ》米を，江戸に運ぶように命じられました。それまでは，何度も積《つ》み替《か》えるなどしたので，時間がかかる上，事故で年貢米が失われることも多いという問題点がありました。瑞賢は，短期間で安全かつ確実に輸送することを目的として，関係地の調査を行い，次のような提案をしました。(一)途中で積み替えをせずに，房総《ぼうそう》半島を周回して相模国《さがみのくに》の三崎《みさき》や伊豆国《いずのくに》の下田まで行き，そこで西風を待って東京湾《わん》に入り江戸に到着《とうちゃく》する。(二)房総半島周辺は航海の難所であるので，太平洋側の航海に慣れた伊勢・尾張《おわり》・紀伊国《きいのくに》の船と水夫を幕府が直接雇い，幕府御用の船と明示する。(三)途中の寄港地を指定し，それぞれに役人を置き，航海の様子を報告させる。これらの提案は幕府に認められました。また，幕府領から積み出し港までは［ あ ］川を船で運びますが，その水路もくわしく調べて事故を防ぐようにつとめました。これらの手立てにより，翌1671年に行われた年貢米の輸送は，それまでよりはるかに早く，また安く済みました。東北地方の太平洋側の諸藩《しょはん》もこの方法にならうようになります。これを東廻り航路と呼びます。

この成功により，瑞賢は，出羽国《でわのくに》の内陸部(現在の山形県)にあった幕府領の年貢米を，江戸に運ぶことを命じられます。この領地の米は，［ い ］川を下って積み出し港の酒田に送ります。それまでは⑤越前国《えちぜんのくに》の敦賀で陸揚《あ》げし，琵琶湖《びわこ》の北端《ほくたん》から南端の⑥大津《おおつ》まで再び船に積み替え，さらに伊勢国の桑名《くわな》まで陸路を運び，桑名から江戸まで三度《みたび》船で運ぶため，日数がかかり，途中で失われる米も多くありました。瑞賢は，調査の結果，それまでと同様に，酒田から日本海を西に向かうことにしました。そして，敦賀で陸揚げせずに，⑦長門国《ながとのくに》の下関から瀬戸内海へ入り，摂津国《せっつのくに》の大坂(大阪)を経《へ》て，江戸まで船だけで運ぶことにしました。そのために，日本海，瀬戸内海，大坂・江戸間の航路のいずれも経験の豊富な讃岐《さぬき》・備前《びぜん》・摂津国の船と水夫を幕府が直接雇うことをはじめ，東廻り航路と同様の内容を幕府に求め，認められました。翌年に行われた年貢米の輸送は約２か月で完了《かんりょう》し，それまでより１年以上早くなりました。これを⑧西廻り航路と呼びます。この功績に対し，幕府は3000両ものほうびを与《あた》えています。日本海側の諸藩もこの方法にならうようになり，多くの米や各地の産物が集まる大坂は天下の台所と呼ばれるようになります。

問１　文章中の［ あ ］・［ い ］にあてはまる語句の組み合わせとして正しいものを，次の**ア**～**カ**から１つ選び，記号で答えなさい。

	ア	イ	ウ	エ	オ	カ
あ	阿武隈《あぶくま》	阿武隈	北上《きたかみ》	北上	最上《もがみ》	最上
い	北上	最上	阿武隈	最上	阿武隈	北上

問２　下線部①・③に関して，伊勢国と信濃国が現在属する都道府県の組み合わせとして正しいものを，次の**ア**～**カ**から１つ選び，記号で答えなさい。

	ア	イ	ウ	エ	オ	カ
伊勢国	愛知県	愛知県	三重県	三重県	和歌山県	和歌山県
信濃国	岐阜県	長野県	長野県	山梨県	山梨県	岐阜県

問３　下線部②に関して，当時，伊勢国から江戸へ向かう場合に，利用する可能性のもっとも高い街道《かいどう》を，次の**ア**～**エ**から１つ選び，記号で答えなさい。

ア．奥州《おうしゅう》道中　　**イ**．甲州《こうしゅう》道中　　**ウ**．東海道　　**エ**．日光道中

問４　下線部④に関して，江戸時代に活躍した学者の活動を述べた，次の二重線内の**a**～**d**を年代の古い順に並べたものとして正しいものを，あとの**ア**～**ク**から１つ選び，記号で答えなさい。

a．青木昆陽《こんよう》が，幕府からサツマイモの栽培《さいばい》を命じられ，『蕃薯《ばんしょ》考』を著《あらわ》した。
b．新井白石が，密入国したキリスト教の宣教師を取り調べて，『西洋紀聞《きぶん》』を著した。
c．伊能忠敬《いのうただたか》が，幕府から日本各地の測量を命じられ，いわゆる『伊能図』をつくった。
d．杉田玄白《すぎたげんぱく》や前野良沢《りょうたく》が，オランダ語の医学書を翻訳《ほんやく》して『解体新書』を著した。

ア．a→b→c→d　　**イ**．a→b→d→c　　**ウ**．a→c→b→d
エ．a→c→d→b　　**オ**．b→a→c→d　　**カ**．b→a→d→c
キ．b→c→a→d　　**ク**．b→c→d→a

問５　下線部⑤に関して，戦国時代に越前国を支配していた大名として正しいものを，次の**ア**～**エ**から１つ選び，記号で答えなさい。

ア．朝倉氏　　**イ**．今川氏　　**ウ**．上杉氏　　**エ**．武田氏

問６　下線部⑥に関して，大津が激戦地となった古代最大の内乱と呼ばれる戦いの結果，天皇となった人物の行ったことがらとして正しいものを，次の**ア**～**エ**から１つ選び，記号で答えなさい。

ア．全国に国分寺，都に東大寺を設け，国が安らかになるように経を読ませた。
イ．隋《ずい》に使いを送り，また天皇への忠誠をうながす制度を定めた。
ウ．記録に残る初めての戸籍《こせき》である庚午年籍《こうごねんじゃく》の作成を命じた。
エ．中国の都をまねて，藤原京《ふじわらきょう》をつくることを命じた。

問７　下線部⑦に関して，下関で結ばれた条約の内容として正しいものを，次の**ア**～**エ**から１つ選び，記号で答えなさい。

ア．今後，日本と清国《しんこく》は友好を深め，両国の領土を互《たが》いに尊重し，永久に安全を保障しあう。
イ．清は朝鮮《ちょうせん》が完全な独立自主の国であることを確認《かくにん》する。

ウ．朝鮮は独立国であり，日本国と平等の権利を持っている。

エ．日本の天皇とロシアの皇帝，その両国民との間は将来にわたって平和で友好であること。

問８　下線部⑧に関して，西廻り航路に面した都道府県にあるものとして**誤っているもの**を，次の**ア**～**エ**から１つ選び，記号で答えなさい。

ア．厳島《いつくしま》神社　**イ**．石見《いわみ》銀山　**ウ**．姫路城《ひめじじょう》　**エ**．吉野ヶ里遺跡《よしのがりいせき》

3　次の文章は，1994年に開かれた第131回国会の参議院内閣委員会での萱野茂《かやのしげる》参議院議員(当時)の質問の一部です。萱野さんは質問をアイヌ語と日本語で行いました。これを読んで，あとの各問いに答えなさい。

エエパキタ　カニアナッネ　アイヌモシリ，①シシリムカ　②ニプタニコタン　コアパマカ萱野茂，クネルウェネ　ウッチケクニプ　ラカサッペ　クネプネクス　テエタクルネノ，アイヌイタッ　クイェエニタンペ　ソモネコロカ，タナントアナッネ　シサムモシルン　ニシパウタラ　カッケマクタラ　アンウシケタ　アイヌイタッ　エネアンペネヒ　エネアイェプネヒチコイコカヌ　クキルスイクス　アイヌイタッ　イタッピリカプ　ケゥドカンケワ，クイェハウェネ　ポンノネクス　チコイコカヌワ　ウンコレヤン。(後略)

私は，アイヌの国，北海道沙流川《さるがわ》のほとり，二風谷《ニプタニ》《にぶたに》に生をうけた萱野茂というアイヌです。意気地《いくじ》のない者，至らない者，私なので，昔のアイヌのようにアイヌの言葉を上手には言えないけれども，きょうのこの日は，③日本の国の国会議員の諸先生方がおられるところに，アイヌ語というものはどのようなものか，どのような言い方をするものかお聞き願いたいと私は考え，アイヌ語を私はここで言わせていただいたのであります。少しですので，私のアイヌ語にお耳を傾《かたむ》けてくださいますようお願い申し上げる次第《しだい》です。

ずっと昔，アイヌ民族の静かな大地，北海道にアイヌ民族だけが暮らしていた時代，アイヌの昔話と全く同じに，[　あ　]であっても[　い　]であってもたくさんいたので，何を食べたいとも何を欲《ほ》しいとも思うことなく，アイヌ民族だけで暮らしておったのだが，そのところへ④和人という違《ちが》う民族が雪なだれのように移住してきたのであります。大勢の日本人が来てからというもの，[　あ　]をとるな，[　い　]もとるな，[　う　]も切るなと一方的に⑤法律なるものを押《お》しつけられ，それからというもの，食べ物もなく薪《まき》もなく，アイヌ民族たちは飢《う》え死にする者は飢え死にをして次から次と死んでいったのであります。

生きていたアイヌたちもアイヌ語を使うことを日本人によって禁じられ，アイヌ語で話をすることができなくなってしまいそうになった。言っていいもの，使っていいもの，⑥アイヌ語であったけれども，今現在は，かすみのように，にじのように消えうせるかと私は思っていたが，今現在の若いアイヌが自分の先祖を，自分の文化を見直す機運が盛り上がってきて，アイヌ語やアイヌの風習，それらのことを捜《さが》し求めて，次から次ではあるけれども，覚えようと努力しているのであります。

そこで，私が先生方にお願いしたいということは，北海道にいるアイヌたち，それと一緒《いっしょ》に，各地にいるアイヌたちがどのようにしたらアイヌ民族らしくアイヌ語で会話を交《か》わし，静かに豊かに暮らしていけるかを先生方に考えてほしいと私は思い，ごく簡単にであったけれども，アイヌ語という違う言葉がどのようなものかをお聞きいただけたことに，アイヌ民族の一人として心から感謝するものであります。ありがとうございました。

次に，蝦夷地《えぞち》に対する歴史認識についてということで御質問申し上げたいと存じます。

アイヌ語を含《ふく》め申し上げたことは，私の家系が体験したアイヌの歴史，アイヌの気持ちのほんの一部であります。北海道のアイヌは，今このような⑦歴史を踏《ふ》まえて新たな共生関係をつくるために，旧土人保護法にかわってアイヌのための新しい法律の制定を求めています。

「第131回国会　参議院内閣委員会　会議録第７号　平成６年11月24日」より(一部改)。

問１　次の写真は，文章中の あ ～ う にあてはまるいずれかの原材料が使用されている製品である。写真を参考にして，それぞれの原材料の組み合わせとして正しいものを，あとの**ア**～**カ**から１つ選び，記号で答えなさい。

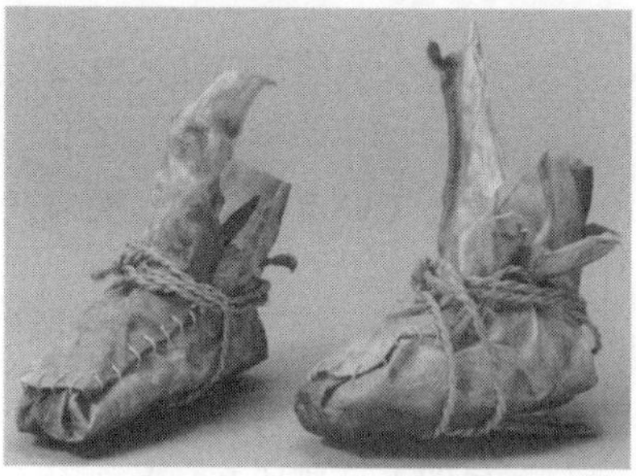

あ を加工した製品

い を加工した製品

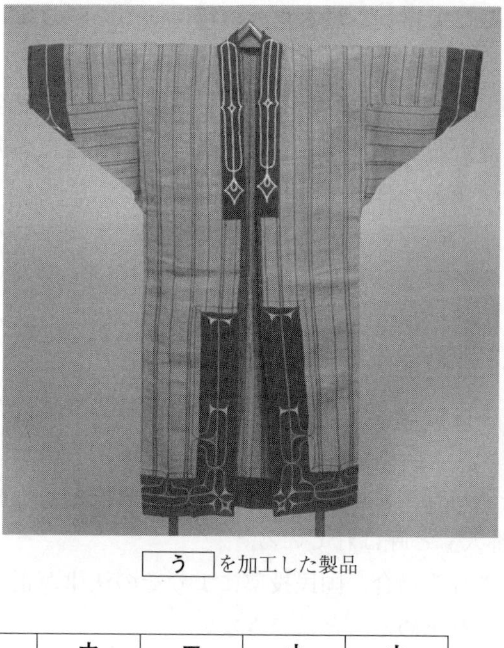

う を加工した製品

	ア	**イ**	**ウ**	**エ**	**オ**	**カ**
あ	シカ	シカ	木	木	シャケ	シャケ
い	木	シャケ	シカ	シャケ	シカ	木
う	シャケ	木	シャケ	シカ	木	シカ

問２　下線部①に関して，シシリムカは沙流川の旧名で，アイヌ語では「砂が流れてつまらせる」という意味である。河口付近は鳥類にとって重要な生息場となっており，「生物多様性の観点から重要度の高い海域」に指定された。この指定を行った省庁として正しいものを，

次の**ア**～**エ**から１つ選び，記号で答えなさい。

ア．国土交通省　　**イ**．文部科学省　　**ウ**．農林水産省　　**エ**．環境省

問３　下線部②に関して，ニプタニ(二風谷)は北海道の平取《びらとり》町にある。都道府県，市町村などの地方公共団体に関する説明として**誤っているもの**を，次の**ア**～**エ**から１つ選び，記号で答えなさい。

ア．地方公共団体は，その財産を管理し，事務を処理し，行政を執行《しっこう》する。

イ．地方公共団体は，法律の範囲《はんい》内で条例を制定することができる。

ウ．国は都道府県を，都道府県は市町村をそれぞれ監督《かんとく》し，地方公共団体ごとのちがいをなくし，行政の同一性を確保しなくてはならない。

エ．ひとつの地方公共団体にのみ適用される法律は，その地方公共団体の住民投票で過半数の同意を得なければ，国会はこれを制定できない。

問４　下線部③に関して，国会議員について述べたものとして**誤っているもの**を，次の**ア**～**エ**から１つ選び，記号で答えなさい。

ア．両議院は，全国民を代表する選挙された議員で組織される。

イ．何人も，同時に両議院の議員となることはできない。

ウ．両議院の議員は，法律の定める場合を除いて，議員の任期中は逮捕《たいほ》されない。

エ．両議院の議員は，議院で行った演説，討論又《また》は表決について，院外で責任を問われない。

問５　下線部④に関して，ここで指摘《してき》される和人の移住についての説明として正しいものを，次の**ア**～**エ**から１つ選び，記号で答えなさい。

ア．平安時代に，坂上田村麻呂《さかのうえのたむらまろ》が征夷大将軍《せいいたいしょうぐん》をつとめ，北海道を朝廷の支配下においた。

イ．江戸の初めに松前藩がおかれ，和人が北海道全域に居住し，アイヌを追放した。

ウ．明治に入り，開拓使がおかれ，多くの開拓者が北海道に渡《わた》り，開拓を進めた。

エ．第二次世界大戦後，引揚者を屯田兵《とんでんへい》として北海道に送り，アイヌの土地を強制的にとりあげた。

問６　下線部⑤に関して，国会で制定された法律と憲法の関係について述べたものとして正しいものを，次の**ア**～**エ**から１つ選び，記号で答えなさい。

ア．法律が憲法に適合するかしないかを決定する権限は，最高裁判所のみが有し，下級裁判所が違憲審査権《いけんしんさけん》を行使することはない。

イ．最高裁判所は，法律が憲法に適合するかしないかを決定する権限を有する終審裁判所であるため，「憲法の番人」と呼ばれている。

ウ．新しい法律が制定される場合，国民投票によりその法律が正しいかどうかを判断するので，裁判所に違憲判断を求めることはできない。

エ．新しい法律が制定された場合，内閣又は衆議院の総議員の３分の１以上の提訴《ていそ》により，最高裁判所が違憲審査権を行使する。

問７　下線部⑥に関して，2009年にアイヌ語は「消滅《しょうめつ》の危機にある言語」の中で「極《きわ》めて深刻」であると国際機関に認定された。この国際機関として正しいものを，次の**ア**～**エ**から１つ選び，記号で答えなさい。

ア．UNESCO　　**イ**．UNHCR　　**ウ**．UNHRC　　**エ**．UNICEF

問８　下線部⑦に関して，この目的のために，北海道の白老《しらおい》町に2020年７月にウポポイ(「国立ア

イヌ民族博物館」「国立民族共生公園」「慰《い》霊《れい》施《し》設《せつ》」により構成される)が開業した。中学生となったあなたは，夏休みに友人とウポポイを訪問するために，最寄りの白老駅で待ち合わせる計画を立てた。友人は午前６時38分上野発の東北・北海道新幹線を利用して，あなたは成田空港から飛行機を利用して，白老駅に向かうこととした。

(16)・(17)ページの**【北海道路線図】と各交通機関の【時刻表】を用いて，友人より遅く着くが，待ち時間をできるだけ短くするためのもっとも遅い成田空港出発便**を，次の**ア**～**キ**から１つ選び，記号で答えなさい。なお，乗り換《か》えには，列車どうしの場合には10分，列車と飛行機の場合には60分を要することとする。

ア．スプリング・ジャパン　831便
イ．ピーチアビエーション　563便
ウ．ピーチアビエーション　565便
エ．ジェットスター・ジャパン　105便
オ．ピーチアビエーション　567便
カ．全日本空輸　2153便
キ．ジェットスター・ジャパン　109便

【北海道路線図】

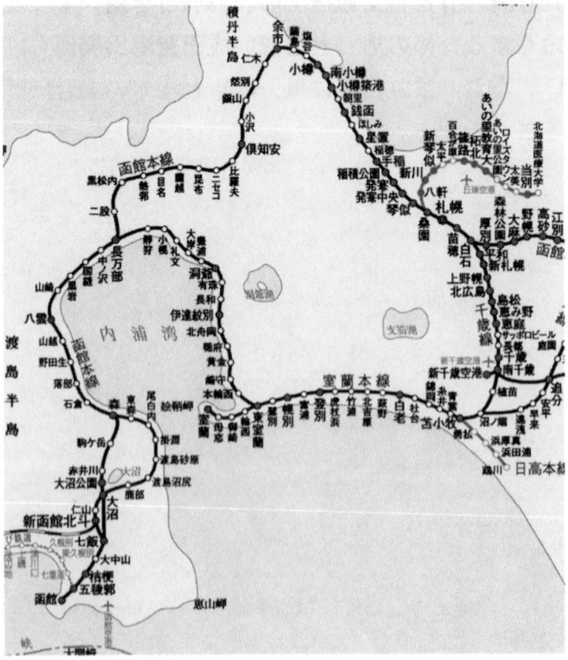

「JR北海道HP」により作成。

【時刻表】

函館本線・室蘭本線・千歳線　下り

列車名		快速エアポート 101	快速エアポート 103	快速エアポート 105	快速エアポート 107
函館	発				
新函館北斗	着				
	発				
長万部	発				
東室蘭	発				
白老	発				
苫小牧	発				
新千歳空港	発	1006	1018	1030	1042
南千歳	着	1009	1021	1034	1045
	発	1009	1022	1034	1045
札幌	着	1043	1057	1109	1119

函館本線・室蘭本線・千歳線　上り

列車名		特急北斗 8		快速エアポート 98	快速エアポート 100
札幌	発	938	940	947	1000
南千歳	着	1011	1038	1021	1034
	発	1012	1038	1022	1034
新千歳空港	着	‖	‖	1025	1038
苫小牧	発	1030	1058		
白老	発	1044			
東室蘭	発	1111			
長万部	発	1205			
新函館北斗	着	1319			
	発	1320			
函館	着	1335			

【時刻表】

東北・北海道新幹線　下り

列車名		はやぶさ 1
東京	発	632
上野	発	638
大宮	発	657
仙台	発	805
盛岡	発	850
新青森	発	951
新函館北斗	着	1053

航空ダイヤ

便名		成田	→	新千歳
スプリング・ジャパン	*831*	720	→	905
ピーチアビエーション	*563*	730	→	920
ピーチアビエーション	*565*	800	→	950
ジェットスター・ジャパン	*105*	820	→	1000
ピーチアビエーション	*567*	930	→	1120
全日本空輸	*2153*	1030	→	1215
ジェットスター・ジャパン	*109*	1055	→	1245

‖…他線区経由（この駅を通らない）　　═══…この駅止まり

快速エアポート 111	快速エアポート 113	快速エアポート 115	快速エアポート 117	快速エアポート 119	快速エアポート 121	特急北斗 5	快速エアポート 123	快速エアポート 125	快速エアポート 127	快速エアポート 129	快速エアポート 131	特急北斗 7	快速エアポート 133	快速エアポート 135	快速エアポート 137	快速エアポート 139	特急北斗 9
						900						1005					1045
						918						1022					1104
						919						1023					1105
						1029						1133					1214
						1122						1225					1309
						1146						1249					1334
						1159						1303					1348
1106	1118	1130	1142	1154	1206	‖	1218	1230	1242	1254	1306	‖	1318	1330	1342	1354	‖
1109	1121	1133	1145	1157	1210	1215	1221	1233	1245	1257	1309	1318	1321	1333	1345	1357	1405
1110	1121	1133	1145	1157	1211	1216	1221	1233	1245	1257	1309	1318	1322	1333	1345	1357	1406
1145	1157	1208	1220	1233	1245	1249	1257	1309	1321	1331	1343	1352	1356	1409	1420	1431	1438

快速エアポート 106	快速エアポート 108		特急北斗 10	快速エアポート 110	快速エアポート 112	快速エアポート 114	特急すずらん 4		快速エアポート 116	快速エアポート 118	特急おおぞら 5		快速エアポート 120	特急北斗 12		快速エアポート 122
1035	1046	1048	1057	1100	1111	1124	1132		1135	1147	1150	1153	1200	1209		1212
1110	1121	1141	1127	1133	1145	1157	1202		1210	1221	1224	1249	1234	1241		1246
1111	1121	1142	1127	1134	1146	1158	1202		1211	1221	1225	1250	1234	1241		1246
1114	1125	‖	‖	1137	1149	1201	‖		1214	1225	釧路	‖	1238	‖		1250
		1203═══	1144				1221	1234			1551着	1310═══		1259	1330	
			1158				1234	1257						1313	1354	
			1224				1301	1352						1339	1437═══	
			1317				室蘭	室蘭						1437		
			1426				1313着	1405着						1552		
			1427											1553		
			1441											1608		

※出発時刻のみが記されている場合，到着時刻も同じと考える。

「JR時刻表2022年７月号」により作成。

【理　科】〈前期試験〉（45分）〈満点：100点〉

1　次の文章を読み，あとの(1)～(3)の問いに答えなさい。

2022年３月，FAO(国際連合食糧農業機関《こくさいれんごうしょくりょうのうぎょうきかん》)が2020年から約２年間に渡《わた》りアフリカの土地を荒廃《こうはい》させていたサバクトビバッタの大量発生が収束に向かいつつあることを発表しました。バッタやイナゴの大量発生による，農作物が食い荒《あ》らされるなどの被害《ひがい》を蝗害《こうがい》といいます。今回の大量発生は，異常気象による大雨や洪水《こうずい》が多発したことにより，産卵に適した地域が広がったことが原因だとされています。エチオピアやソマリアでは過去25年間で最悪の被害となったと伝えられています。

サバクトビバッタは湿原《しつげん》に生息する熱帯性の昆虫《こんちゅう》で，個体群密度(同じ地域内に生息する個体数)によって，形態や色彩《しきさい》，行動などが大きく異なる２つのタイプに分けられます。１つが孤独相《こどくそう》といい，個体群密度が低い(同じ地域内に生息する個体数が少ない)時に見られるもので，体色は緑色，単独で生活し，せまい範囲《はんい》で行動します。もう１つが群生相《ぐんせいそう》といい，個体群密度が高い(同じ地域内に生息する個体数が多い)時に見られるもので，体色は黒色，集団を作って空中を飛行し長距離《ちょうきょり》移動します。本来サバクトビバッタは孤独相ですが，成長過程での個体群密度が高く，他個体とのぶつかり合いが多いと，体内で特別な化学物質が作られることにより，群生相に変化することがわかっています。

(1)　昆虫の体について，体の分かれ方，足の生える場所，触角《しょっかく》はどのようになっていますか。その組み合わせとしてもっとも適切なものを，次の**1**～**8**から一つ選び，番号で答えなさい。

	体の分かれ方	足の生える場所	触角
1	頭胸部・腹部	頭胸部と腹部	１対
2	頭胸部・腹部	頭胸部と腹部	２対
3	頭胸部・腹部	腹部のみ	１対
4	頭胸部・腹部	腹部のみ	２対
5	頭部・胸部・腹部	胸部と腹部	１対
6	頭部・胸部・腹部	胸部と腹部	２対
7	頭部・胸部・腹部	胸部のみ	１対
8	頭部・胸部・腹部	胸部のみ	２対

(2)　昆虫や他の動物において，同種の他個体とのコミュニケーションをとる手段には様々なものがあります。次の**1**～**5**のうち，同種の他個体とのコミュニケーションの手段として**適切でないもの**を一つ選び，番号で答えなさい。

1．マウンティング　　**2**．ホルモン　　**3**．８の字ダンス

4．さえずり　　**5**．マーキング

(3)　サバクトビバッタの孤独相や群生相について述べた次の**1**～**4**のうち，もっとも適切なものを一つ選び，番号で答えなさい。

1．孤独相の親からは孤独相の，群生相の親からは群生相の子がそれぞれ生まれる。

2．成虫になった群生相の個体でも個体群密度が低くなると孤独相になる。

3．孤独相の個体はせまい範囲で生活するので，とびはねるのに用いる後ろ足が群生相の個体に比べて短い。

4．群生相の個体は飛行距離《ひこうきょり》が長いので，飛行時に用いるはねが孤独相の個体に比べて大きい。

2 次の文章を読み，あとの(1)～(4)の問いに答えなさい。ただし，水の重さは1 cm^{3}あたり1 g とします。

［**実験1**］

金属**A**～**D**を，水100cm^{3}が入ったメスシリンダーにそれぞれ入れ，水面の目盛りを読み，それらの重さをはかりました。それぞれの金属を入れた後の水面の目盛りと，メスシリンダーの重さを差し引いた金属と水の重さの合計は，**表1**のようになりました。

表1

	金属A	金属B	金属C	金属D
金属を入れた後の水面の目盛り［cm^3］	110	101	105	108
金属と水の重さの合計［g］	127	108	157	184

(1) 金属**A**～**D**のうち，1 cm^{3}あたりの重さがもっとも大きい金属はどれですか。**A**～**D**から一つ選び，記号で答えなさい。

(2) 金属**A**～**D**はそれぞれアルミニウム，鉛《なまり》，鉄，銀のうちのいずれかです。アルミニウムだと考えられる金属はどれですか。**A**～**D**からもっとも適切なものを一つ選び，記号で答えなさい。

［**実験2**］

でんぷん，砂糖，食塩，エタノール，サラダ油を用意し，それぞれの重さと体積をはかりました。次にそれらをそれぞれ水100cm^{3}が入った容器に入れ，ガラス棒で十分かきまぜて変化の様子を確認しました。その後，それらの重さと体積をはかりました。その結果は**表2**のようになりました。ただし，この実験は同じ温度で行いました。

表2

	でんぷん	砂糖	食塩			エタノール	サラダ油
物質の重さ［g］	15	95	22	66	88	79	80
物質の体積［cm^3］	10	60	10	30	40	100	100
物質を水に入れた後の変化の様子	溶《と》けなかった	全て溶けた	全て溶けた	一部溶け残った	一部溶け残った	**X**	**Y**
物質を水に入れた状態での重さ［g］	115	195	122	166	188	179	180
物質を水に入れた後の体積［cm^3］	110	159	108	125	135	195	200

(3) 次の**1**～**5**の文のうち，［**実験2**］の結果から分かることとしてもっとも適切なものを一つ選び，番号で答えなさい。

1．物質を水に入れた後の変化の様子**X**，**Y**において，サラダ油もエタノールも水に溶《と》けない。

2．水に浮《う》く物質の場合は，水に入れると空気中ではかったときの重さより軽くなるため，サラダ油を水に入れた状態での重さは，厳密には180 gよりは少し軽くなっている。

3．水に溶けない物質を水に入れた場合，各物質を加えた後の体積は，物質の体積と水の体積の和となる。

4．各物質を加えた後の体積が，加えた物質の体積と水の体積の和となるかならないかは，加えた物質が液体か固体かによって決まる。

5．同じ物質における重さと体積は，比例の関係にならない場合もある。

(4) 66 gの食塩を水100cm^{3}に入れてかき混ぜると，29 gが溶け残りました。水100cm^{3}に食塩が限界まで溶けきったときの，食塩水1 cm^3あたりの重さは何gですか。小数第2位を四捨五入して，小数第1位まで答えなさい。

3　次の文章を読み，あとの(1)～(4)の問いに答えなさい。

2021年12月，新型の宇宙望遠鏡[ア]が打ち上げられました。この[ア]宇宙望遠鏡は[イ]宇宙望遠鏡の後継《こうけい》機《き》としての活躍《かつやく》が期待されています。[イ]宇宙望遠鏡は主に可視光線(人間の目で見える光)を中心にとらえていましたが，[ア]宇宙望遠鏡は赤外線をとらえることに特化し，[イ]宇宙望遠鏡よりも鮮明《せんめい》にかつ高感度に観測できます。公開された画像を見ても，従来のカメラとの差は歴然です。今後は初期星(宇宙最初期に生まれた星)の観測や太陽系外の生命探索《せいめいたんさく》などの任務にあたります。

(1)　文中の[ア]，[イ]に当てはまる語句の組み合わせとしてもっとも適切なものを，次の**1**～**9**から一つ選び，番号で答えなさい。

	ア	イ		ア	イ		ア	イ
1	ジェイムズ・ウェッブ	ハッブル	**2**	ハーシェル	ハッブル	**3**	ケプラー	ハッブル
4	ケプラー	すばる	**5**	ジェイムズ・ウェッブ	すばる	**6**	ハーシェル	すばる
7	ハーシェル	スピッツァー	**8**	ケプラー	スピッツァー	**9**	ジェイムズ・ウェッブ	スピッツァー

(2)　夏の大三角を構成する星と，その星を含《ふく》む星座の組み合わせとしてもっとも適切なものを，次の**1**～**12**から一つ選び，番号で答えなさい。

	星	星座		星	星座		星	星座
1	ベガ	さそり座	**2**	ベガ	はくちょう座	**3**	ベガ	わし座
4	シリウス	こと座	**5**	シリウス	さそり座	**6**	シリウス	はくちょう座
7	デネブ	わし座	**8**	デネブ	こと座	**9**	デネブ	さそり座
10	アルタイル	はくちょう座	**11**	アルタイル	わし座	**12**	アルタイル	こと座

(3)　夜空には様々な明るさの星がありますが，地球から見た星の見かけの明るさは，星自体の明るさと，地球と星の距離《きょり》によって決まります。星自体の明るさが同じでも，地球からの距離が2倍になれば見かけの明るさは$\frac{1}{4}$，3倍になれば$\frac{1}{9}$になります。いま，星自体の明るさが同じである1等星の星**A**と3等星の星**B**があったとします。1等星と3等星の見かけの明るさは6.25倍異なるものとして，次の文の[ウ]，[エ]に当てはまる語句の組み合わせとしてもっとも適切なものを，あとの**1**～**6**から一つ選び，番号で答えなさい。

暗く見える方の星[ウ]から地球までの距離は，他方の星から地球までの距離の[エ]倍である。

	ウ	エ		ウ	エ
1	A	3.125	2	B	3.125
3	A	2.5	4	B	2.5
5	A	0.08	6	B	0.08

(4)　星**C**はオリオン座に含まれる星で，近い将来爆発《ばくはつ》して消滅《しょうめつ》するのではないかと言われていました。もし星が爆発したとすると，爆発により発生した光は時間をかけて地球に届くため，この爆発が地球において肉眼で観測できる頃には，星**C**の過去の姿を見ていることになります。星**C**の名称《めいしょう》と，星**C**が爆発してからその爆発が地球において観測できるまでの時間のずれの組み合わせとしてもっとも適切なものを，次の**1**～**12**から一つ選び，番号で答えなさい。

	名称	時間のずれ		名称	時間のずれ		名称	時間のずれ
1	ベテルギウス	1ヶ月以内	2	ベテルギウス	1年未満	3	ベテルギウス	1年以上
4	リゲル	1ヶ月以内	5	リゲル	1年未満	6	リゲル	1年以上
7	アルデバラン	1ヶ月以内	8	アルデバラン	1年未満	9	アルデバラン	1年以上
10	シリウス	1ヶ月以内	11	シリウス	1年未満	12	シリウス	1年以上

4　次の文章を読み，あとの(1)～(3)の問いに答えなさい。

天井《てんじょう》から滑車《かっしゃ》をつるし，おもり，体重計，ばねとひもを使って，**図1**のような装置をつくりました。おもりの重さは10kg，人の重さは60kgです。このばねは2kgのおもりをつるすと1cmのびます。ただし，ひもとばねの重さは考えないものとします。

(1)　**図1**で，人がひもを引く力を少しずつ大きくしていくと，おもりは床《ゆか》から浮《う》き上がりました。このとき，体重計は何kgを示しますか。

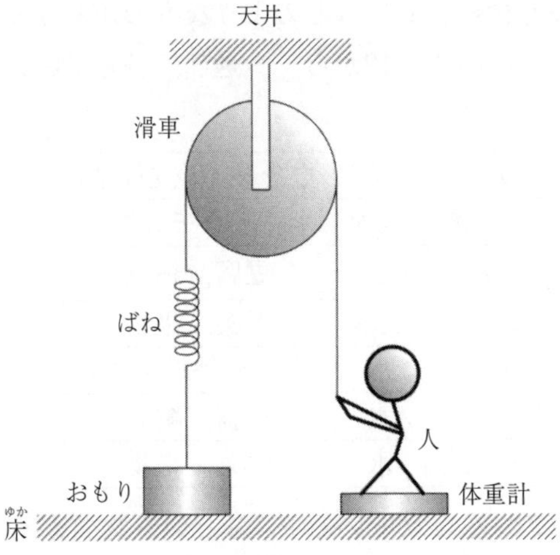

図1

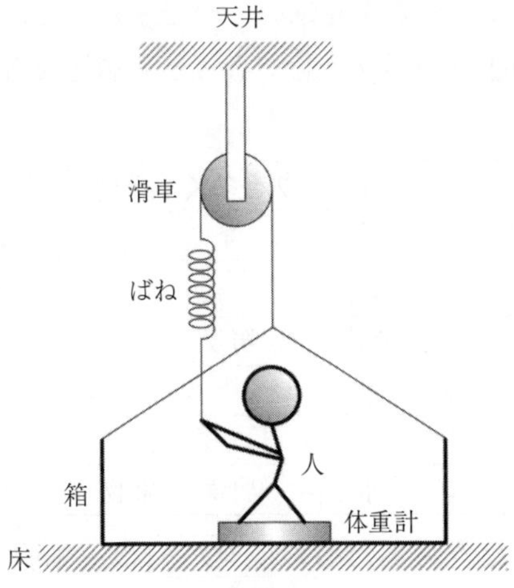

図2

次に，天井から滑車をつるし，体重計，ばね，箱とひもを使って，**図2**のような装置をつくりました。箱の重さは15kg，体重計の重さは5kg，人の重さは60kgです。ばねは**図1**と同じばねを使用しています。ただし，ひもとばねの重さは考えないものとします。

(2)　**図2**で，人がひもを引く力を少しずつ大きくしていくと，体重計が48kgを示しました。このとき，ばねののびは何cmになりますか。

(3)　**図2**で，人がひもを引く力を少しずつ大きくしていくと，人が体重計に乗ったまま，箱は床から浮き上がりました。このとき，体重計は何kgを示しますか。

5　次の文章を読み，あとの(1)，(2)の問いに答えなさい。ただし，文中の［ア］と［ウ］には，それぞれ同じ語句が入ります。

原始の地球で生命がどのように誕生したかについて，これまで多くの研究が行われてきました。近年では，生物の体を構成するために必要な物質が，隕石《いんせき》などに含《ふく》まれる形で宇宙から飛来したと考える説などが支持されています。これを確かめるための研究の一つが，小惑星探《しょうわくせいたん》査機《さき》による小惑星の岩石の採取です。

小惑星探査機はやぶさ2は，小惑星リュウグウで岩石採取を行い，地球へ帰還《きかん》しました。持ち帰った岩石は分析《ぶんせき》が行われ，2022年6月には合計23種類の［ア］が見つかったことが，また同年9月には液体の［イ］が検出されたことが，相次いで発表されました。いずれも，生命誕生に不可欠な物質の発見です。

生物，特に動物の多くは，［ウ］という物質で体が構成されています。加えて［ウ］は，消化を助けたり，体の調子を整えたりするはたらきをもつ物質でもあるため，多くの生物は，［ウ］がなければ生きることができません。［ウ］は，複数の［ア］がつながってできています。つまり，［ウ］の構成要素である［ア］こそ，生命誕生に不可欠な物質の一つであるといえます。しかし今回の発見をもってしても，未解明の点は多くあり，ただちに地球の生命誕生の起源が宇宙からの飛来物質である，と言い切ることはできません。現在は「その可能性がある」という段階で，今後よりくわしい研究が待たれます。

(1)　文中の［ア］，［イ］に当てはまる語句は何ですか。また，文中の［ウ］に当てはまる語句は主に人の体をつくる栄養素の一つですが，これを多く含む食品にはどのようなものがありますか。これらの組み合わせとしてもっとも適切なものを，次の**1**～**12**から一つ選び，番号で答えなさい。

	ア	イ	ウを多く含む食品		ア	イ	ウを多く含む食品
1	ビタミン	酸素	米，トウモロコシ	**2**	アミノ酸	酸素	米，トウモロコシ
3	ビタミン	酸素	豆腐《とうふ》，納豆	**4**	アミノ酸	酸素	豆腐，納豆
5	ビタミン	酸素	野菜，果物	**6**	アミノ酸	酸素	野菜，果物
7	ビタミン	水	米，トウモロコシ	**8**	アミノ酸	水	米，トウモロコシ
9	ビタミン	水	豆腐，納豆	**10**	アミノ酸	水	豆腐，納豆
11	ビタミン	水	野菜，果物	**12**	アミノ酸	水	野菜，果物

体内ではたらくための［ウ］は，細胞《さいぼう》の中でつくられているRNAという物質がもつ情報に従って合成されます。RNAは4種類(A・U・G・C)の塩基という物質が長いくさり状につながって出来ており，塩基がどのような順に並んでいるかで，どの［ア］をつなげて

ウ を合成するかが決まります。

塩基は連続した3つで一組になっており，この組をコドンといいます。コドンは一組につき，特定の ア を一つ指定しています。例えば，**図**のように塩基が並んだRNAがあるとします。このRNAの塩基は左から読み，1組目のコドンは『AUG』と判断します。コドンが指定する ア を**表**に示します。**表**によると，コドン『AUG』に対応する ア は「Met」です。同様にして，2組目のコドンは1組目の右隣《みぎどなり》にある『AGU』なので，指定する ア は「Ser」であるとわかります。

このように，コドンから ア を決定し，それらをつなげることで， ア が長いくさり状になり，最終的にはこのくさりが複雑に折りたたまれて， ウ が合成されます。しかし塩基は，一部が別の塩基に変化したり，欠けたり，増えたりすることがあります。もし，**図**のRNAの3番目の塩基であるGが欠けてしまった場合， エ 組目のコドンが「停止」に変化するため，このRNAによる ウ の合成はそこで終了《しゅうりょう》し，目的の ウ は合成できなくなります。

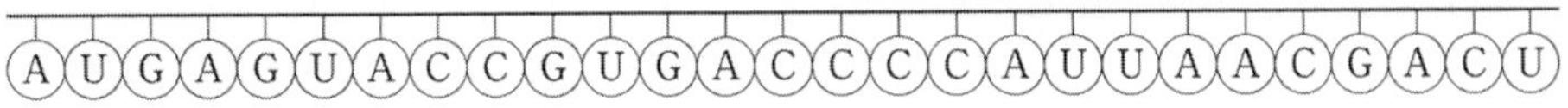

図

表

コドン	ア	コドン	ア	コドン	ア	コドン	ア	コドン	ア	コドン	ア	コドン	ア	コドン	ア
UUU	Phe	UCU	Ser	UAU	Tyr	UGU	Cys	AUU	Ile	ACU	Thr	AAU	Asn	AGU	Ser
UUC		UCC		UAC		UGC		AUC		ACC		AAC		AGC	
UUA	Leu	UCA		UAA	停止	UGA	停止	AUA		ACA		AAA	Lys	AGA	Arg
UUG		UCG		UAG		UGG	Trp	AUG	Met	ACG		AAG		AGG	
CUU	Leu	CCU	Pro	CAU	His	CGU	Arg	GUU	Val	GCU	Ala	GAU	Asp	GGU	Gly
CUC		CCC		CAC		CGC		GUC		GCC		GAC		GGC	
CUA		CCA		CAA	Gln	CGA		GUA		GCA		GAA	Glu	GGA	
CUG		CCG		CAG		CGG		GUG		GCG		GAG		GGG	

(2) 文中の エ に当てはまる適切な数字を答えなさい。

6 次の文章を読み，あとの(1)～(4)の問いに答えなさい。

同じ太さの電熱線を組み合わせて電池に接続し，電流計を流れる電流の大きさについて調べました。ただし，使用した電池は同じものであり，常に安定した電流を回路に流すものとします。

様々な長さの電熱線を，それぞれ**図1**のように電池に接続しました。このとき，電熱線の長さと流れる電流の大きさの関係は**表1**のようになりました。

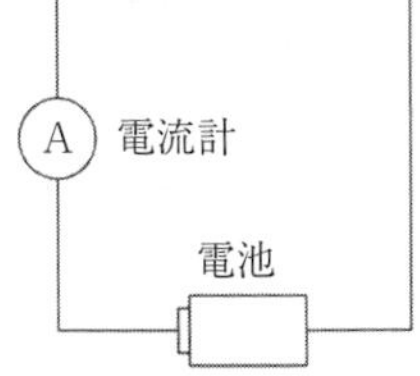

図1

表1

電熱線の長さ[cm]	5	10	15	20	25
電流の大きさ[A]	0.06	0.03	0.02	0.015	0.012

次に，並列につないだ長さ20cmの電熱線を，**図2**のように電池に接続しました。このとき，並列につないだ電熱線の本数と流れる電流の大きさの関係は**表2**のようになりました。

表2

電熱線の本数	2	3	4	5
電流の大きさ[A]	0.03	0.045	0.06	0.075

(1) **図1**のように，1本のある長さの電熱線を電池に接続したところ，大きさ0.01Aの電流が流れました。電熱線の長さは何cmですか。

(2) **図2**のように，同じ長さの電熱線を12本用意し，並列につないで電池に接続したところ，大きさ0.45Aの電流が流れました。電熱線の長さは何cmですか。

(3) **図2**のように，長さ20cmの電熱線を8本用意して並列につなぎました。このとき電流計に流れる電流と同じ大きさの電流を，**図1**のように1本のある長さの電熱線で流すには，電熱線の長さを何cmにすれば良いですか。

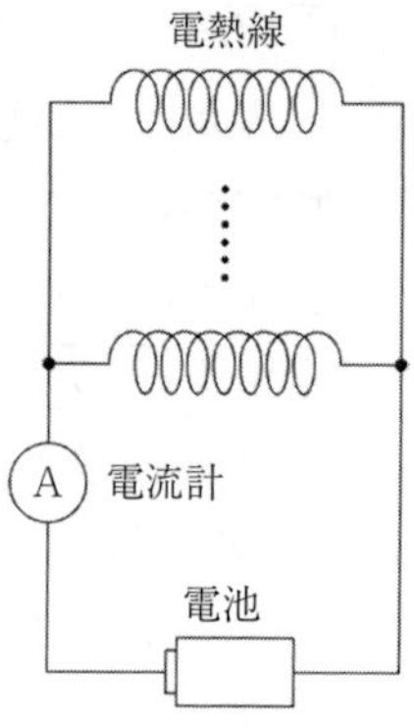

図2

図3のように豆電球を1個，**図4**のように豆電球を直列に2個つないで同じ電池に接続した回路を用意し，豆電球の明るさを比《ひ》較《かく》すると，**図4**の豆電球のほうが暗くなります。これは**図4**の豆電球に流れる電流が小さくなるためです。

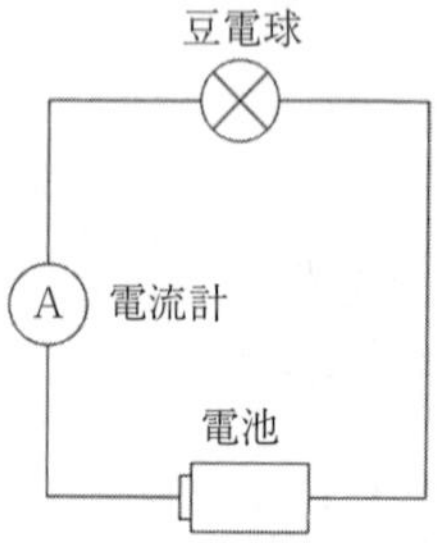

図3

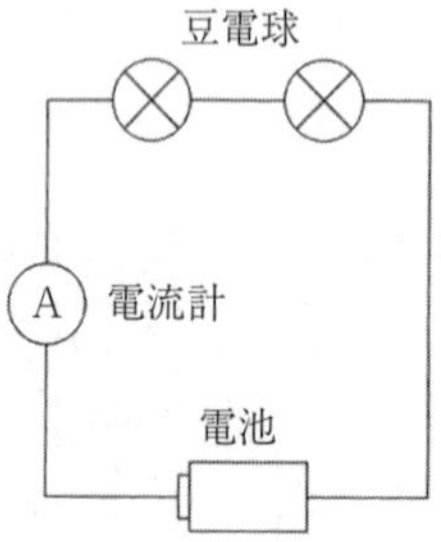

図4

(4) 同じ長さの電熱線**X**を8本，そして電熱線**X**とは1本あたりの長さが異なる電熱線**Y**を同じ長さで6本用意しました。**図5**のように，電熱線**X**を8本並列につないだものと，電熱線**Y**を6本並列につないだものとを直列につなぎ，電池に接続しました。その結果，電流計に0.05Aの電流が流れました。また，1本当たりの電熱線**X**，**Y**の長さの合計は44cmでした。電熱線**X**の長さは何cmですか。

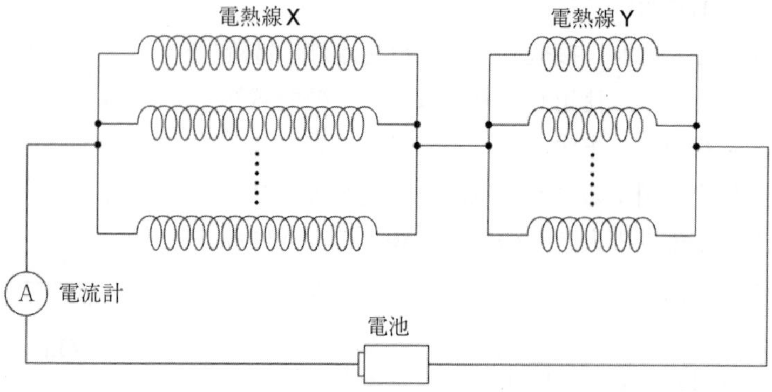

図5

心にとどいた。しかし清水課長はできれば岡本に誰からも教わることなくそれに気づいてほしいと思っており、余計なことを言った村西部長に反感を抱く。岡本がふり返ったとき清水課長がいなかったのは部長に対する小さな反抗《はんこう》であった。

厳しく指導する清水課長はなんと勝手な人間なのだろう。

ハ　誰が考えてもまちがいだとわかる行動をしていた昔の清水課長は、今の自分よりよほど社会人として失格なのではないか。

ニ　かつて清水課長に対して厳しく怒ったなどということは、今の村西部長の温厚《おんこう》さから考えると想像のつかないことだ。

ホ　ささいなミスでさえ細かく指摘《してき》する清水課長に、雑な処理をして怒られた時代があったなんてとても信じられない。

問9　――線(7)「社内の誰かに笑われてしまうほどの几帳面さで、相変わらず社内規程を開いてうんうん唸っている」の説明としてもっとも適切なものを次の**イ**～**ホ**の中から一つ選び、記号で答えなさい。

イ　改めてじっくりながめる清水課長の様子からは以前と違うところが全く見られないため、岡本は自分に対する村西部長の評価すらちがうのではないかと思い始めている。

ロ　村西部長は清水課長の岡本に対する指導を評価しているが、岡本自身はその評価に納得せず、やはり神経質で細かい人間だという気持ちを捨てきれないでいる。

ハ　村西部長が語った清水課長の過去の話によって岡本の清水課長を見る目は変わってきたが、それでも清水課長をどうしても評価できないところが残ってしまっている。

ニ　清水課長のふるまいは変わっていないが、それを見る岡本の心の中から清水課長に対する負の感情が消え、素直に受け入れられるような思いになっている。

ホ　村西部長から予想外の高評価を受け、あいかわらず細かいところが気になっているような清水課長を見て、岡本は自分の方が社会人として上ではないかと感じている。

問10　本文の説明としてもっとも適切なものを次の**イ**～**ホ**の中から一つ選び、記号で答えなさい。

イ　就活生からのメールによって自分の現在がこれでよいのかという疑問を強めてしまった岡本は、現在の部署である総務部について、自分はひょっとしてこのままこの部署で終わってしまうのではないかというおそれを持つ。昔の清水課長によって一つ一つ丁寧に押された訂正印は、岡本の感じているおそれをさらに強調する気味の悪いものとして心にのしかかった。

ロ　前進するためにはささいなことは切り捨ててかまわないと考える世の風潮に対して、がんこに基本を大事にすべきだと主張する少数派がある。岡本の会社も同様の二派が存在しており、二つの主張を器用に使い分けていた岡本は、後者の考えの大事さに思い至る。二重線を引いて字を消す岡本の行動は、自分の過去の考えと決別する決意表明と考えられる。

ハ　同期の川辺と対照的に、ひまな部署に異動させられた岡本だが、それでも精一杯《せいいっぱい》勤めを果たそうと努力している。そんな岡本にとって、長く総務部にとどまり続ける清水課長は、仕事への意欲を失わせる存在だった。内容リストに押されたたくさんの「清水」の訂正印は、いかに総務部が進歩のない部署であるかを象徴《しょうちょう》するもののように岡本には映った。

ニ　細かなことを見過ごして良いか悪いか、考え方はさまざまあるだろうが、見過ごせないと考えることで生まれる大事なこともある。それに気がついた岡本の所属する総務部は、目立たないが会社にとって欠くことができない部署である。ラストで定規を使って二重線を引く姿は、自分の仕事を前向きにとらえることができるようになった岡本の気持ちをも表している。

ホ　基本をおろそかにしてはまともな仕事ができない、と考えている清水課長の思いは、村西部長の言葉によって初めて岡本のしまうと、学生時代の自分が将来の自分について考えたものを自分自身で否定してしまうことにつながるから。

ニ　実際に社会に出てしまうと意外な壁や限界につき当たることをいくつも経験するが、そんなささいなことで就職活動中の学生の情熱を失わせるのはまちがいだと思っているから。

ホ　就職を希望する学生の質問にまともに答えてしまうと、日々の仕事に追われ学生時代に描いた将来への希望を思い出すひまさえ持てない現在の生活をふり返らざるを得なくなるから。

問4　――線(3)「大変だね、君も」とありますが、このときの小出課長の気持ちを表したものとしてもっとも適切なものを次の**イ**～**ホ**の中から一つ選び、記号で答えなさい。

イ　こんな細かいことにこだわるなんて、君はあまりにもゆうずうのきかない人間だね。

ロ　こんな細かいことにこだわる清水課長の指示に従わねばならないのはご苦労なことだ。

ハ　こんな細かいことにこだわらざるを得ない総務部という職場は本当に働きがいがないね。

ニ　こんな細かいことにこだわる清水課長も清水課長だが、その指示にさからえない君も君だ。

ホ　こんな細かいことにこだわるなんて、君も清水課長のような人間になってしまったんだね。

問5　――線(4)「資料に目を通す人間の理解力を信頼した」とありますが、これはどのようなことですか。その説明としてもっとも適切なものを次の**イ**～**ホ**の中から一つ選び、記号で答えなさい。

イ　自分の業務を優先して考え、不完全な資料を受け取った相手の迷惑《めいわく》など想像することさえしないこと。

ロ　資料を渡す相手も同じ会社の人間であり、仕事がいかに多忙《たぼう》かをわかってくれるだろうと思うこと。

ハ　業務に支障のあるミスでない以上、相手は気にしないし、伝えたいことも伝わるだろうと考えること。

ニ　細かな規程はあるが、ほとんどそれを無視して、みなが自分たちの勝手なやり方で仕事をしていること。

ホ　資料にミスがあることを知りつつ、その訂正や清書作業については相手に丸投げしていたということ。

問6　［Ⅰ］・［Ⅱ］にあてはまる言葉の組み合わせとしてもっとも適切なものを次の**イ**～**ホ**の中から一つ選び、記号で答えなさい。

イ　Ⅰ　なさっ　Ⅱ　なされ

ロ　Ⅰ　いたし　Ⅱ　いたせ

ハ　Ⅰ　いただい　Ⅱ　いただけれ

ニ　Ⅰ　差し上げ　Ⅱ　差し上げれ

ホ　Ⅰ　存じ上げ　Ⅱ　存じ上げれ

問7　――線(5)「破顔した」のここでの意味としてもっとも適切なものを次の**イ**～**ホ**の中から一つ選び、記号で答えなさい。

イ　意外だという顔つきをした

ロ　意識を集中しようとした

ハ　おだやかな顔になった

ニ　こらえきれずに噴き出した

ホ　表情をゆるませて笑った

問8　――線(6)「え、と漏れそうになった声」とありますが、この声が「漏れそうになった」気持ちを表したものとしてもっとも適切なものを次の**イ**～**ホ**の中から一つ選び、記号で答えなさい。

イ　几帳面な部分ばかりが外に出ている清水課長にも自分と同じ雑な一面があるようなので、これからは仲良くなれそうだ。

ロ　自分自身も失敗していたという事実を隠《かく》して、部下のミスを咳《せき》をする。

「その点、岡本はしっかりしてるな。考えてみたら、総務部に来てからそういう基本的なことで注意したことが一度もない」

それは、村西部長に書類が回覧される前に、清水課長がすべてチェックしてくれていたからだ。全角と半角のズレや、規程との表記の違いに至るまで。

「いい上司に恵《めぐ》まれたんだな、きっと」

部長のデスクの内線が鳴る。「あ、これ全部、また十年延長しておいて」電話の受話器を摑《つか》んだ部長に礼をして、俺は自分のデスクに戻ろうと振《ふ》り返る。

清水課長が、戻ってきている。

腰《こし》が痛むのか、ぺちゃんこにつぶれた椅子の座面にクッションを敷《し》いている。(7)社内の誰かに笑われてしまうほどの几帳面さで、相変わらず社内規程を開いてうんうん唸《うな》っている。

俺は、二十年前に作られた内容リストをデスクに広げた。そして、十年前の清水課長もきっとそうしたように、ノックしたボールペンの先を、定規に沿ってすうと滑《すべ》らせた。

(朝井《あさい》リョウ「清水課長の二重線」より。)

(注) ※1 辞令…会社などで、職につけたりやめさせたりする通知。
※2 異動…会社などでの地位や役目がかわること。
※3 就活生…就職活動にとりくんでいる学生。
※4 OB訪問…学生が就職活動を行うときに、その企業にいる母校の卒業生を訪問して情報収集すること。
※5 差し戻し…書類に修正や訂正をしてほしいことがあるため原案者のもとに戻すこと。
※6 ToDoリスト…やるべき作業を書きとめたリスト。

問1 本文には次の一文がぬけています。この文が入る直前の**三字**をぬき出して答えなさい。(句読点、記号等も字数に数えます。)

> 訂正の二重線を引くときは必ず定規を使うよう、清水課長から再三言われているのだ。

問2 ――線(1)「流れ着き」とありますが、この説明としてもっとも適切なものを次の**イ**～**ホ**の中から一つ選び、記号で答えなさい。

イ 総務部という部署が、清水課長や村西部長から見て部下たちの能力があまり高い場所とはいえないことを示している。

ロ 総務部という部署が、清水課長や村西部長の強い希望が通って実現した働きがいのある場所であることを示している。

ハ 総務部という部署が、清水課長や村西部長を心から歓迎《かんげい》してくれる部下たちの多くいる場所であることを示している。

ニ 総務部という部署が、清水課長や村西部長にとって決して自分から強く望んで来た場所ではないことを示している。

ホ 総務部という部署が、清水課長や村西部長が思いがけず出会うことになった強い縁《えん》のある場所であることを示している。

問3 ――線(2)「就活生だったころの自分の夢を守るために、ウソをついてくれていた」とありますが、それはなぜですか。その理由としてもっとも適切なものを次の**イ**～**ホ**の中から一つ選び、記号で答えなさい。

イ 学生の質問にくわしく答えることは現状をふり返ることにつながり、学生時代に描《えが》いた夢を実現したものが自分の今の仕事なのだという自信をぐらつかせるものとなるから。

ロ 相手の質問にまともに答えてしまうと、自分が学生時代に持っていた夢よりも現在の学生の夢の方がすぐれているのではないかと考え、自分自身に自信がなくなってしまうから。

ハ 学生時代の夢とはほど遠い現在の自分の状況を正直に書いて

いる内容リストの中から、保管期限が【２０１５年６月】となっているものを抽出《ちゅうしゅつ》していく。他の部に比べたら紙資料そのものの量は少ないが、内容の古さはトップクラスかもしれない。いくら職制変更《へんこう》があったとしても、総務部だけは必ず会社にありつづける。定期的に保管期限を延長しつつ残されている紙資料が、今でもたくさんあるのだ。

　抽出した内容リストを見ると、作成者名の欄には、村西、という判が押されており、作成日の欄には今から二十年も前の日付が書かれている。二十年前の村西部長が作成した箱、ということだ。つまり、はじめに設定した十年という保管期限を一度、延長しているのだろう。案の定、【２０１５年６月】の下にある【２００５年６月】という文字には二重線が引かれている。そして、二重線の上に押されている訂正印の名前を見て、俺は一瞬、眠気《ねむけ》が覚めた気がした。

【清水】

　俺はちらりと、隣の席を見る。トイレにでも行っているのか、そこにはからっぽの椅子《いす》があるだけだ。

　十年前、清水課長は、おそらく俺が座っているこの席、総務部の下《した》っ端《ぱ》が座るこの席で、同じような作業をしていたのだ。もっとも肉体的に無理が利《き》くであろう若い男の体が、社内の誰《だれ》も興味を示さない『整理作業月間』の業務を粛々《しゅくしゅく》とこなしていたのだ。

　三十枚近くある内容リストを手に、俺は立ち上がる。

「部長、いま少しよろしいでしょうか」

　デスクのすぐそばに立つ俺を見て、村西部長がペンを置く。

「倉庫に預けている資料の整理作業を行っているのですが、こちらが今月保管期限を迎《むか》える箱の内容リストになります。週明けまでに確認［Ⅰ］て、期限延長か廃棄か判断［Ⅱ］ばありがたいのですが」

　村西部長が、内容リストを扇《おうぎ》のように広げる。どの紙の保管期限記入欄にも、定規で引かれた二重線と、清水課長の訂正印が押されている。

　一枚、一枚、すべてに、丁寧に。

「懐《なつ》かしいな、これ」

　村西部長が、ふ、と(5)破顔した。

「かなり前のやつだろ、これ」

「……箱自体は二十年前に作成されたようですね。十年前に一度、保管期限を延長しているようなので」

　俺がそう付け加えると、村西部長は「そうそう」とさらに表情を緩《ゆる》ませる。

「十年前、期限延長するって言ったら、もとの保管期限をぐしゃぐしゃって塗りつぶしたんだよ」あいつが、と、村西部長が清水課長のデスクを見やる。「それで俺が、どんな些末《さまつ》な修正でもきちんとしなきゃダメだって怒《おこ》ったんだ」

　(6)え、と漏れそうになった声を、俺は飲み込む。

「そしたらあいつ、わざわざ一回修正液で全部消して、その上からもとの保管期限を書き直して、二重線引いて訂正印押して……ほら、ここだけ色がちょっと違《ちが》うだろ」

　言われてみれば確かに【２０１５年６月】と書かれているあたりは、他の部分と比べて白色がより鮮《あざ》やかに見える。

「修正液なんてビジネス文書としてもっと不適切だってまた怒ってな。あのときは清水も総務に来たばかりだったから」

　書き損じを塗りつぶす。修正液を使用する。今の清水課長の几帳《きちょう》面《めん》さからは、考えられない。

「今、社会人として基本的なことを教えてくれる人ってなかなかいないだろう。どの部署も即《そく》戦力即戦力って……基本があってこその即戦力だろうに」

　まあそういう業界だから仕方ないかもしれんが、と、部長は一度、は、『領収証』表記なんですよ。ですが、いただいたものだと『領収書』になっているんです。こちら、意味があってわざと変えたのか、ただのタイプミスなのか確認できればと」

「え？」

小出課長より早く、その両側のデスクにいる人が噴《ふ》き出した。「すげえ細かい」笑い声の中に、そんなつぶやきが交ざっている。

「(3)大変だね、君も」

小出課長の目に、少し、同情の色が滲《にじ》んだ気がした。

「別に意味はないから、そちらの都合のいいように変えてもらっていいよ」

「では書面のデータはこちらで修正しておきますので、こちらに二重線と訂正印《ていせいいん》を……」

「はいはい」

小出課長は笑いながら、あっという間にボールペンで二重線を引いた。「あ」俺は思わず声を漏《も》らす。小出課長は俺の声など全く気にも留《と》めていないようで、二重線の上から訂正印を押《お》した。

これでやっと、回覧できる。俺は小出課長に頭を下げ、速足でデスクへと戻る。

清水課長はよく、社内で笑われている。さっき、小出課長の両側の人たちがそうしていたように。

ふと、壁《かべ》かけ時計を見る。まだ十時にもなっていない。異動してから、時間の流れの速度は明らかに変わった。このままじっと時計を見つめていれば、10という数字のマルの部分が、黒く塗《ぬ》りつぶされていくような気持ちになる。

デジタルコンテンツ事業部にいたころは、業務をこなすうえでとにかくスピードが大事だった。書類上、全角と半角が揃《そろ》っていない箇所があったとしても、それを直すことにより業務に遅《おく》れが生じるならば、(4)資料に目を通す人間の理解力を信頼した。

朝、川辺が抱《かか》えていたＦＡＸ用紙。こちらにぺろんとその顔を見せていた、一枚の書類。書き損じの部分が、ぐしゃぐしゃと黒く塗りつぶされていた。いくら寝不足《ねぶそく》でも、会社に寝泊《ねと》まりをすることになったとしても、あのころの煩雑《はんざつ》さが今は愛《いと》しい。

昼食後、すぐに手帳を開くのは、※6 ToDoリストが溢《あふ》れ返っていたデジタルコンテンツ事業部時代からの癖《くせ》だ。今は、手帳がなくとも諳《そら》んじることができるほどしか書き込みがない。

【整理作業月間　箱の洗い出し作業〆《しめ》】

二十九日の欄《らん》に、そう走り書きされている。今日は二十四日だが、二十九日までに土日を挟《はさ》むので、そろそろ手をつけておいたほうがいいだろう。

社内に保管しきれなくなった紙資料については、種類ごとに段ボール箱にまとめ、倉庫業者に保管作業を委託《いたく》している。そして、箱を倉庫に入れる際は、箱一つにつき一枚、内容リストというものを総務部に提出してもらうことになっている。各部門から提出される内容リストには、それぞれの箱の中身や作成者の氏名、保管期限などの情報が記載《きさい》されている。

紙資料の保管期限は、種類や重要度によって異なる。一年間保管したあと廃棄《はいき》していいものもあれば、永久保管と設定されているものもある。ただ、最近はどんな重要な紙資料であっても、最初から永久保管と設定することは少ない。とりあえず十年保管に設定しておき、十年ごとに廃棄か延長かを確認することで、無駄《むだ》な倉庫代を削減《さくげん》しようという動きがあるからだ。箱の数をもとに倉庫代が算定されるため、会社としては、倉庫に保管している箱は一つでも少ない方がいい。

俺は、落ちていく瞼《まぶた》をどうにかこじ開けながら、総務部が所有して問10　本文における筆者の主張としてもっとも適切なものを次の**イ**～**ホ**の中から一つ選び、記号で答えなさい。

イ　いつでもだれとでもつながれるスマホがあることで、かえって特定の相手としかつながることができない人が増えている。だから、積極的に自分から他人と関わることで、さまざまな相手と自由に人間関係を築いていくべきである。

ロ　スマホで容易に他人とつながることができる現代では、身体感覚によって自ら判断することが重要である。そのような自立した個人同士が行動をともにする中で築く、たがいを認め合えるような関係こそが望ましい信頼関係と言える。

ハ　さまざまな有用な情報があふれる現代だからこそ、そうした情報を用いることなく、自分自身で物事を決断する力が必要である。こうして情報にまどわされず、自分自身の五感を駆使することで、友人と個別の信頼関係を築くことができる。

ニ　よりよい信頼関係の中で生きて行くためには、さまざまな世界に入り込み、そのルールを体得していく必要がある。そうした身体を通じた学びが、他者の言葉の背後にある気持ちを見ぬく能力をつちかい、他者との良好な関係を築く助けとなる。

ホ　言葉や情報といったものに流されがちな人間の世界では、何事にも流されない自己を確立しなければならない。それぞれがきちんと自分自身の意志を持ち、正しい情報を発信することによって、人と人とが認め合えるようになるのである。

二　次の文章を読んで、あとの問いに答えなさい。

入社して二年が過ぎ、いよいよ自ら企画《きかく》したゲームの開発に携《たずさ》われそうだというとき、※1辞令が出た。俺《おれ》は総務部へ、川辺はデジタルコンテンツ事業部への※2異動だった。それから二年間、二人とも、異動はない。

チャイムが鳴る。九時、始業の合図だ。

「あ、あと」

清水課長がこちらを見る。

「整理作業月間の作業も、進めておいてね」

今年度も、総務部への新人の配属はなかった。隣《となり》にいる清水課長も、ずっと奥《おく》の席に座《すわ》っている村西部長も、二度目の異動で総務部に(1)流れ着き、そのまま十年以上、総務部から出ていないらしい。このままいくと、俺は本当に、ここから見える人たちと同じように席を移動していく会社員人生を送るのかもしれない。

※3就活生からのメールは、ゲーム業界で働くことへの夢と希望に満ち満ちている。ご丁寧《ていねい》に、※4OB訪問当日にしたい質問案まで貼《は》り付けられている。俺はそれを見ながら、自分が就活生だったときにOB訪問をした相手は、【一日のスケジュールを教えてください】というあまりにもよくある質問に、本当に正直に答えていたのだろうかと思った。彼らの夢を、いや、(2)就活生だったころの自分の夢を守るために、ウソをついてくれていたのではないだろうか。

「小出課長、いま少しよろしいですか」

電話を置いた小出課長に、俺は声をかける。

「この掲出《けいしゅつ》書類のことなんですけど」

俺が言い終わらないうちに、小出課長は口を尖《とが》らせた。

「これ、俺が昨日渡したやつじゃん。まだ回覧してないの？」

なるべく早く、と書かれている付箋《ふせん》の黄色が、ライトに照らされてぴかりと輝《かがや》く。

「いえ、回覧はしたんですけど※5差し戻《もど》しがありまして、こちらなんですが」俺は、「領収書」の箇所《かしょ》を指しながら続ける。「社内規程で

主体的な行動ができるようになるから。

ハ　他者や情報に頼らずに行動を決定し続けることで、自分の下した判断に責任を持てるようになるから。

ニ　自身の五感を使って状況を整理することで、その地域の文化に溶け込むことができるようになるから。

ホ　状況に応じて情報機器を活用することで、自身にとって適切な判断を下すことができるようになるから。

問6　――線(4)「自分に対する自覚と判断力は、個別的な信頼関係にとってはさらに重要になる」とありますが、それはなぜですか。もっとも適切なものを次の**イ**～**ホ**の中から一つ選び、記号で答えなさい。

イ　一般的な信頼関係においては、自分がしっかりしてさえいれば相手から一層頼られるから。

ロ　自分と相手の二人だけで信頼関係を構築する場合、相手に応じて自分を変える必要があるから。

ハ　特定の相手と関わる場合、確固とした自分を持っていないと、相手に依存しすぎてしまうから。

ニ　スマホが一般化した現代では、友人関係は無数に広がるため、自分で物事を判断できなくなるから。

ホ　今はスマホでいつでも相手とつながることができるので、他人との関わり方を見直す必要があるから。

問7　――線(5)「人間はそうはいかない」とはどのようなことですか。もっとも適切なものを次の**イ**～**ホ**の中から一つ選び、記号で答えなさい。

イ　ゴリラは一度離れた仲間を冷たくあしらうのに対し、人間は関係を解消した相手でも温かくむかえ入れることができるということ。

ロ　ゴリラはどれだけ距離が離れても仲間意識でつながっているのに対し、人間は距離にかかわらず言葉でつながっているということ。

ハ　ゴリラは距離を取れば自立できるのに対し、人間はスマホでつながっているため、距離を取っても自立できないということ。

ニ　ゴリラは集団の中で助け合うのに対し、人間は言葉だけの付き合いなので、困ったときに協力しようとしないということ。

ホ　ゴリラは一度離れれば関係が切れてしまうのに対し、人間は簡単に相手との関係を切ることはできないということ。

問8　――線(6)「言葉という魔物」とありますが、なぜ「言葉」が「魔物」と言えるのですか。それを説明した次の文の□にあてはまる言葉を本文中から**五字**でぬき出して答えなさい。

> 言葉にしばられてしまうと、人は□することができなくなってしまうから。

問9　――線①～⑤の説明として**適切でないもの**を次の**イ**～**ホ**の中から一つ選び、記号で答えなさい。

イ　①「決定的な大失敗」とは具体的には、交通ルールの理解を誤って、車にひかれてしまうことである。

ロ　②「ややもすると」をふくむ文の内容は、人々がそのような状況におちいりやすいことを表している。

ハ　③「ゴリラ」の例は、「ゴリラ」が人間と同様に他者との距離によって関係性を築いていることを表している。

ニ　④「親友だよね」「いつも頼りにしているから」等は、本文においては好ましくない言葉の例として用いられている。

ホ　⑤「自分というものの輪郭」は、他者と意見を交換しそのちがいや共通点に気づくことで、初めて見えてくるものである。

（山極寿一《やまぎわじゅいち》『人生で大事なことはみんなゴリラから教わった』より。
出題にあたり、文章の構成を一部改めました。）

（注）※二つの信頼…本文の直前で筆者は、一般の人々や社会に対する信頼を表す「一般的な信頼」と、顔を見知っている仲間に対する信頼を表す「個別的な信頼」について述べている。

問1 ‖線「キソク」の「ソク」と同じ漢字を使うものを次の**イ**～**リ**の中から選び、記号で答えなさい。なお、正解は一つとは限りません。いくつかある場合には、そのすべての記号を書きなさい。

イ 未来をヨソクする。
ロ ゲンソクから外れる。
ハ 事件のソクホウが流れる。
ニ ヘンソク的な動き。
ホ 説明をホソクする。
ヘ 土地をソクリョウする。
ト ケッソクが固い。
チ 無病ソクサイを願う。
リ 箱をソクメンから見る。

問2 ――線(1)「自然の中に一人で踏み入って、さまざまな動植物とつきあってみることをすすめよう」とありますが、その理由としてもっとも適切なものを次の**イ**～**ホ**の中から一つ選び、記号で答えなさい。

イ 動植物の世界に入りこんでじっくり観察することは、その世界のルールを知るために必要なことだから。
ロ 動植物の世界に入り多くの生きものと関わることは、動植物との間に信頼関係を築くことにつながるから。
ハ 動植物たちのルールを知り自らもそれを守ることで、多くの生きものの生態に対する理解が深まるから。
ニ 動植物たちのルールに自分自身を合わせる力を育むことは、人間の世界にも応用することができるから。
ホ 動植物たちの中にあるルールを理解することで、人間と動植物との共通点を見つけられるようになるから。

問3 □にあてはまる言葉を、本文中から**三字**でぬき出して答えなさい。

問4 ――線(2)「たとえば、日本を出てフランスへ行ったとしよう」とありますが、この例を通じて筆者はどのようなことを伝えようとしていますか。もっとも適切なものを次の**イ**～**ホ**の中から一つ選び、記号で答えなさい。

イ 生活におけるルールや習慣は、文章化されたものではないということ。
ロ 国のルールが異なるので、フランス人を理解することは難しいということ。
ハ 世界的に見ても、フランスには特別なルールが数多く存在するということ。
ニ 国や地域独自のルールを事前に知っていれば、安心して生活できるということ。
ホ 異文化のルールの理解には、経験を通して体で覚えることが重要だということ。

問5 ――線(3)「しっかりとした意識を持ち、つねに自分がしていることを見つめている態度が必要だ」とありますが、それはなぜですか。もっとも適切なものを次の**イ**～**ホ**の中から一つ選び、記号で答えなさい。

イ 自らの過去の経験とあたえられた情報を照らし合わせることで、現状を変えられるようになるから。
ロ 自分が置かれている状況をよく見て理解しようとすることで、

ので、現在の状況《じょうきょう》をはっきり見定めているわけではない。自分で判断に迷った場合、情報に聞くのはいいとしても、最終的には自分で状況を見極《みきわ》めて決断することが重要なのだ。それは、五感を駆使《くし》した□に頼るしかない。そして、情報ではなく、自分で最終判断を下したことによって、自分に対する自信と自己決定力がついてくる。

(4)自分に対する自覚と判断力は、個別的な信頼関係にとってはさらに重要になる。一般的《いっぱんてき》な信頼関係とちがって、それはあくまで自分と相手だけのものである。そこには見ず知らずの他人が入り込む余地はないし、一般的なキソクが成り立つ世界でもない。しかし、②ややもすると自分と相手が一体になりすぎてしまい、自分一人で判断できなくなる。そうなると、四六時中相手のことが気になり、絶えずスマホでつながっていないと気がすまなくなる。

そして、何事も自分だけで判断できずに相談することになる。昔はせいぜい固定電話しかなかったから、そう頻繁《ひんぱん》に相手とつながることができなかったが、今はスマホでいつでもどこでもつながれるので、うっかりすると自分にもどれなくなってしまう。

これはとても危険なことだ。③ゴリラたちを思い出してほしい。ゴリラたちはいつもいっしょにいて、おたがいのことに注意を払っている。だから、なにかが起こればラグビーのチームのようにまとまって動ける。でも、体でつながっているだけだから、短期間でも離《はな》れれば、まったく別人のようによそよそしくなってしまう。母親だって子どもが乳離れをすれば、子どもを構わなくなり、子どもを置いてあっさりとその集団を離れてしまうことがある。人間から見て冷たいように見えるが、これが自立するということなのだと思う。つまり、いっしょにいる間はたがいに気を使い合うが、自立したくなれば距離《きょり》を置くだけで、きれいさっぱりそれまでの関係を解消してしまうことができるのだ。

(5)人間はそうはいかない。どこへ行っても所在は知れてしまうし、スマホでつながっている限り関係は切れない。とりわけ、(6)言葉という魔物《まもの》がいつもつきまとう。「信じていたのに」とか、④「親友だよね」とか、「いつも頼りにしているから」といった言葉にからみ取られて、いやになってもなかなか友達関係を解消できない。でも、いつまでも同じ人間と同じようにつきあっているのは、たがいに進歩の道を閉ざされていることに等しい。自分が変わろうとしても、相手がそれを許さないことが多いからだ。親しい友達といっしょにみんなで変わることができればいいのだが、それぞれ個性がちがうのでそうはいかない。また、個性が尊重されないようでは変われない。人間は個別に成長し、それぞれちがう個性をつくっていくものなのだ。

だから、親しい友達をつくったら、言葉で相手をしばるようなことをなるべく避《さ》けるべきだと思う。もちろん、恋愛《れんあい》感情はそうはいかないだろう。その関係はこれから家族の関係に発展するものだから当然だ。でも、友達と親しい関係を持続させようと思ったら、たがいに対等な立場でものが言えるような関係を築いてほしい。依存《いぞん》し合う関係を持ちすぎると負担が増え、それがたがいの自由をしばる。信頼とは相手に過度の期待を寄せることではなく、たがいが自立した存在であることを認めることによって強まる。そのうえで、直面する問題を共有することが大切だ。

個別の信頼とは意識してできるものではない。いっしょになにかをしながら感情を交《か》わし合ううちに自然に立ち上がっていくものなのだ。そのとき、相手を見ている自分、相手に見られている自分に気づき、⑤自分というものの輪郭《りんかく》がしだいに見えてくる。だから、友達をつくりたいと思ったら待っているだけではいけない。積極的に自分を見せ、相手といっしょに行動することによって信頼の気持ちを抱《いだ》くのだ。それは言葉や情報ではなく、体で納得《なっとく》するものでなければならない。

2023年度 東邦大学付属東邦中学校

【国　語】〈前期試験〉（四五分）〈満点：一〇〇点〉

一　次の文章を読んで、あとの問いに答えなさい。

では、この※二つの信頼《しんらい》をうまく使って楽しく生きるためにはどうしたらいいか。それにはまず、(1)自然の中に一人で踏《ふ》み入って、さまざまな動植物とつきあってみることをすすめよう。

どんな自然でも、そこにはもとからいる生き物たちのルールがある。春になれば植物が芽を出し、花を咲《さ》かせ、そこにいろんな虫たちがやってくる。幼虫は葉っぱを食べて蝶《ちょう》や甲虫《こうちゅう》になり、花のみつや樹液を食べて花粉を運ぶ。それらの虫を食べに鳥たちが舞《ま》い降り、縄張《なわば》りを構えてラブソングを歌う。動物たちは鳥が落としたフルーツをかじり、地面を掘《ほ》り返してミミズや虫を食べる。

そんな中に突然《とつぜん》人間が足を踏み入れたら、虫や鳥や動物たちはみんな驚《おどろ》いて動きを止めてしまう。自分のペースで歩き続けたら、植物とそこに息をひそめて体をかたくしている動物しか目にとどめることはできない。彼《かれ》らの動きを見ようと思ったら、自分もその世界の住人としてのルールを守らなければならないのだ。まず、立ち止まってじっと動かずに待ってみることが肝要《かんよう》だ。そうすれば、動物たちは動きだすので、それらの動物の動きに合わせて自分も動いてみる。すると、動物たちが見たり感じたりしているものが見えてくる。彼らだってむやみやたらに動いているわけではない。それぞれに目的を持って動いているから、その動きに合わせれば彼らの目的も見えてくるのだ。そういった多くの動物の動きが交差するところに、その世界のルールがある。それを感じるには、言葉ではなく五感を用いた直観力が必要だ。そして、その体験は人間の世界でもおおいに役に立つことになる。

(2)たとえば、日本を出てフランスへ行ったとしよう。まず面食らうのは交通法規だ。日本では車は左側通行だが、フランスでは右側。だから、道路を渡《わた》るときは右を見て左を見るのではなく、左を見て右を見ないといけない。買い物をしておつりを計算するとき、日本では引き算だが、フランスでは足し算だ。つまり払《はら》った金額から買った金額を引くのではなく、買った金額におつりを合わせて払った金額にして返してくれる。（中略）こういうルールや習慣に慣れないと、なかなか安心してスムーズに暮らせない。それを言葉で理解しても、なかなか身につかない。直観力で素早《すばや》く身体化するには、自然でつちかった経験がものをいうのだ。

日本の中でも地域によってさまざまな慣習やルールがある。それはしぐさや態度に現れるのだが、文字には書いていないし、情報として共有されているわけではない。みんなが無意識のうちに行っているので、その地域にとっては常識だが、新参者にとっては非常識ということがありえる。それを素早く見抜《みぬ》き、言葉ではなく体でルールを覚えていくことができれば、地域の文化に早く溶《と》け込《こ》めるようになる。

その場合、大切なことは小さなまちがいを犯《おか》してもいいから、①決定的な大失敗をしないことだ。フランスで日本と同じように道路を渡ろうとしたら、車にひかれる危険が増す。だから、道を渡る前に「まてよ」と思って一瞬《いっしゅん》止まる必要がある。そうすればまちがえていても、車にひかれることはまぬがれる。このとき、(3)しっかりとした意識を持ち、つねに自分がしていることを見つめている態度が必要だ。つねに情報に頼《たよ》っていると、これがおろそかになる。スマホのナビが示しているとおりに行動して、思わぬ事態におちいったりする。スマホはこれまでにあたえられている情報から現在の解決策を導き出している

2023年度

東邦大学付属東邦中学校 ▶解説と解答

算 数 ＜前期試験＞（45分）＜満点：100点＞

解 答

[1] (1) 17 (2) 4 (3) 18 [2] (1) 10本 (2) 70個 (3) 20頭 (4) 20.52cm^2 (5) 28.5cm^2 [3] (1) 360g (2) 25％ [4] (1) 毎分75m (2) 2170m (3) 7分45秒 [5] (1) 10cm (2) $1\frac{13}{17}$cm (3) 1 cm [6] (1) カ (2) 12個

解 説

[1] 四則計算，計算のくふう，逆算

(1) $202300\times\frac{3}{80}+20230\times\frac{1}{1190}-2023\times3.75=2023\times100\times\frac{3}{80}+2023\times10\times\frac{1}{1190}-2023\times3.75=2023\times3.75+2023\times\frac{1}{119}-2023\times3.75=2023\times\frac{1}{119}=17$

(2) $0.75\times\left(3+\frac{7}{20}\times\square\right)\times\frac{15}{121}=\frac{9}{22}$より，$3+\frac{7}{20}\times\square=\frac{9}{22}\div\frac{15}{121}\div0.75=\frac{9}{22}\div\frac{15}{121}\div\frac{3}{4}=\frac{9}{22}\times\frac{121}{15}\times\frac{4}{3}=\frac{22}{5}$，$\frac{7}{20}\times\square=\frac{22}{5}-3=\frac{22}{5}-\frac{15}{5}=\frac{7}{5}$　よって，$\square=\frac{7}{5}\div\frac{7}{20}=\frac{7}{5}\times\frac{20}{7}=4$

(3) $\left\{\left(3.25+2\frac{1}{2}\right)\times\frac{4}{9}-1\right\}\times\frac{1}{40}=\left\{(3.25+2.5)\times\frac{4}{9}-1\right\}\times\frac{1}{40}=\left(5.75\times\frac{4}{9}-1\right)\times\frac{1}{40}=\left(5\frac{3}{4}\times\frac{4}{9}-1\right)\times\frac{1}{40}=\left(\frac{23}{4}\times\frac{4}{9}-1\right)\times\frac{1}{40}=\left(\frac{23}{9}-\frac{9}{9}\right)\times\frac{1}{40}=\frac{14}{9}\times\frac{1}{40}=\frac{7}{180}$より，$\frac{7}{180}\div\frac{1}{\square}=0.7$，$\frac{1}{\square}=\frac{7}{180}\div0.7=\frac{7}{180}\div\frac{7}{10}=\frac{7}{180}\times\frac{10}{7}=\frac{1}{18}$　よって，$\square=18$

[2] つるかめ算，比の性質，正比例と反比例，面積，相似，辺の比と面積の比

(1) 買った鉛筆《えんぴつ》の本数を□本とする。鉛筆の方を5本多く買ったとすると，ボールペン5本分の代金は，150×5＝750(円)だから，(120＋150)×□＝3450＋750＝4200(円)より，□＝4200÷270＝15.5…となり，条件に合わない。よって，ボールペンの方を5本多く買ったとわかり，(120＋150)×□＝3450－750＝2700(円)より，□＝2700÷270＝10(本)と求められる。

(2) りんごの個数を□個，みかんの個数を△個，いちごの個数を○個とすると，$\frac{\square}{3}=\frac{\triangle}{4}=\frac{\bigcirc}{5}$となるから，□：△：○＝3：4：5とわかる。この和が168なので，$\bigcirc=168\times\frac{5}{3+4+5}=70$(個)と求められる。

(3) ヤギ12頭が4週間で10000m^2の牧場の草を食べつくすから，ヤギ1頭が1週間で食べる量は，$10000\div4\div12=\frac{625}{3}(\text{m}^2)$の牧場の草にあたる。また，$72000\text{m}^2$の牧場の草を18週間以内に食べつくすには，1週間で，$72000\div18=4000(\text{m}^2)$以上の牧場の草を食べる必要がある。よって，$4000\div\frac{625}{3}=19.2$より，20頭以上のヤギが必要になる。

(4) 右の図1のように半円の中心をOとすると，三角形OBCと三角形OACは同じ大きさの直角二等辺三角形になる。よって，影《かげ》をつけた部分の一部は矢印のように移動することができるので，影をつけた部分の面積は，おうぎ形BDAの面積から三角形CABの面積をひいたものと等しくなる。おうぎ形BDAの面積は，$12\times12\times3.14\times\frac{45}{360}=18\times3.14=56.52(\text{cm}^2)$，三角形CABの面積は，$12\times6\div2=36(\text{cm}^2)$だから，影をつけた部分の面積は，$56.52-36=20.52(\text{cm}^2)$と求められる。

図1

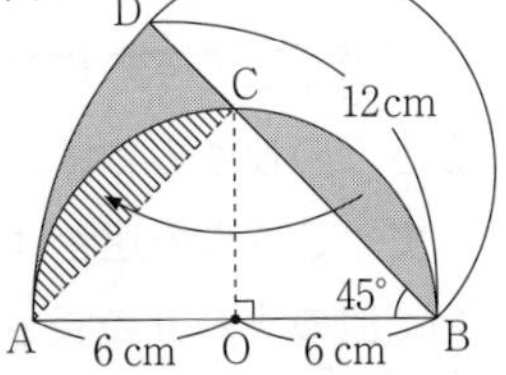

(5) 右の図2で，影をつけた部分の面積は，三角形ABFの面積から三角形AEGの面積をひいて求められる。はじめに，AFとDCを延長して交わる点をHとすると，三角形ABFと三角形HCFは相似になる。このとき，相似比は，BF：CF＝9：3＝3：1なので，$\text{CH}=(6+3)\times\frac{1}{3}=3(\text{cm})$とわかる。また，三角形AEGと三角形HDGも相似であり，相似比は，AE：HD＝6：(3＋3＋6)＝1：2だから，EG：GD＝1：2となる。よって，三角形AEGと三角形AGDの面積の比も1：2とわかる。次に，三角形ABFの面積は，$9\times(6+3)\div2=40.5(\text{cm}^2)$である。

図2

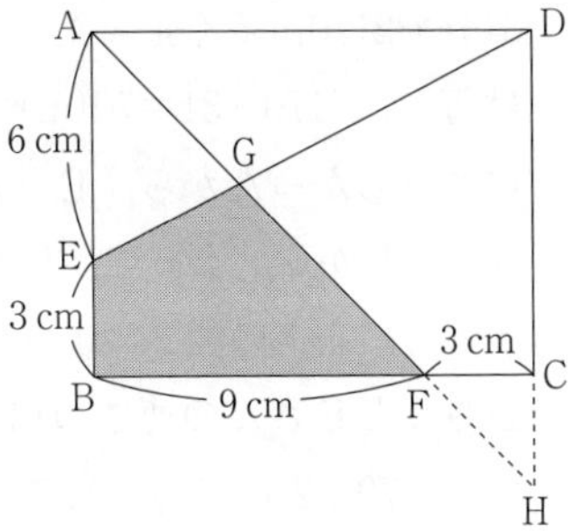

さらに，三角形AEDの面積は，$6\times(9+3)\div2=36(\text{cm}^2)$なので，三角形AEGの面積は，$36\times\frac{1}{1+2}=12(\text{cm}^2)$となる。したがって，影をつけた部分の面積は，$40.5-12=28.5(\text{cm}^2)$と求められる。

3 濃度《のうど》

(1) わかっていることをまとめると，右のようになる。Ⅱの加え方で，濃度が10％の食塩水に水と食塩を加えて濃度が10％になったから，＿部分の濃度も10％になることがわかる。よって，＿部分の食塩水の重さを△gとすると，△×0.1＝40(g)と表すことができるので，△＝40÷0.1＝400(g)と求められる。つまり，ウ＋40＝400(g)だから，ウ＝400－40＝360(g)とわかる。したがって，はじめに加えた水の重さも360gである。

Ⅰ　ア％イg＋水ウg　→10％エg(食塩水A)
Ⅱ　10％エg＋水ウg＋食塩40g→10％オg(食塩水B)

(2) オ×0.1＝100(g)と表すことができるので，オ＝100÷0.1＝1000(g)とわかる。よって，Ⅱの加え方は，エ＋360＋40＝1000(g)となるから，エ＝1000－40－360＝600(g)と求められる。すると，Ⅰの加え方は，イ＋360＝600(g)となるので，イ＝600－360＝240(g)とわかる。さらに，食塩水Aにふくまれている食塩の重さは，600×0.1＝60(g)だから，はじめの食塩水にふくまれていた食塩の重さも60gであり，はじめに入っていた食塩水の濃度(ア)は，60÷240＝0.25，0.25×100＝25(％)と求められる。

4 旅人算

(1) 出発してから14分後にAさんとCさんがすれちがった地点をPとし，そのときにBさんがいた地点をQとすると，下の図1のようになる。PQ間の道のりは，AさんとBさんが14分で歩いた道のりの差にあたるから，(80－65)×14＝210(m)である。また，この1分30秒後にBさんとCさんがすれちがったので，PQ間の道のりはＢさんとＣさんが１分30秒で歩く道のりの和にもあたる。これが210mだから，ＢさんとＣさんの速さの和は毎分，$210 \div 1\frac{30}{60}=140$(m)と求められる。よって，Ｃさんの速さは毎分，140－65＝75(m)である。

図１

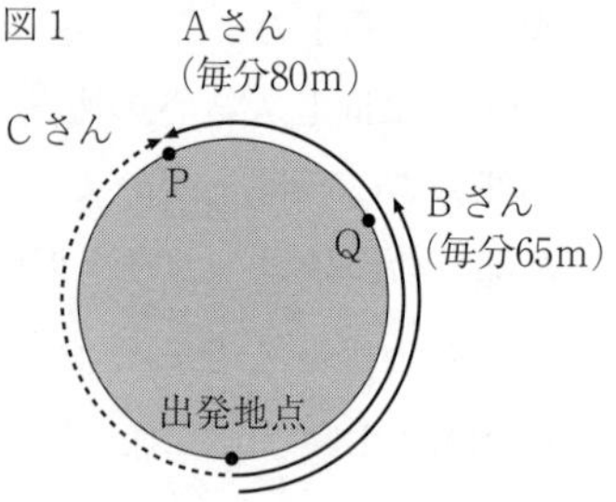

(2)　池のまわりの長さは，ＡさんとＣさんが14分で歩いた道のりの和と同じになる。よって，(80＋75)×14＝2170(m)とわかる。

(3)　ＤさんはＦさんを31分ごとに追い抜《ぬ》いたので，ＤさんはＦさんよりも31分で2170m多く走ったことになる。つまり，ＤさんとＦさんの速さの差は毎分，2170÷31＝70(m)である。また，ＥさんとＦさんは10分20秒ごとにすれちがったから，ＥさんとＦさんの速さの和は毎分，$2170 \div 10\frac{20}{60}=210$(m)とわかる。よって，Ｄさん，Ｅさん，Ｆさんの毎分の速さをそれぞれⒹ，Ⓔ，Ⓕと表すことにすると，右上の図２のようになる。図２の２つの式を加えると，Ⓓ＋Ⓔ＝70＋210＝280となるから，ＤさんとＥさんの速さの和は毎分280mとわかる。したがって，ＤさんとＥさんがすれちがったのは，$2170 \div 280=7\frac{3}{4}$(分)ごとで，$60 \times \frac{3}{4}=45$(秒)より，これは７分45秒ごとである。

図２

Ⓓ－Ⓕ＝毎分70m
Ⓔ＋Ⓕ＝毎分210m

5　平面図形－面積，相似

(1)　台形ABCDの面積は48cm²だから，下底(BCの長さ)を□cmとすると，(６＋□)×６÷２＝48(cm²)と表すことができる。よって，□＝48×２÷６－６＝10(cm)と求められる。

(2)　BP＝$\boxed{1}$，DF＝$\boxed{3}$とすると，右の図１のようになる。三角形PBCと三角形FECは相似であり，相似比は，BC：EC＝10：(10－６)＝５：２なので，BP：EF＝５：２となる。よって，EF＝$\boxed{1} \times \frac{2}{5}=\boxed{0.4}$，DE＝$\boxed{3}+\boxed{0.4}=\boxed{3.4}$とわかる。これが６cmにあたるから，$\boxed{1}$にあたる長さ(BPの長さ)は，$6 \div 3.4=\frac{30}{17}=1\frac{13}{17}$(cm)と求められる。

図１

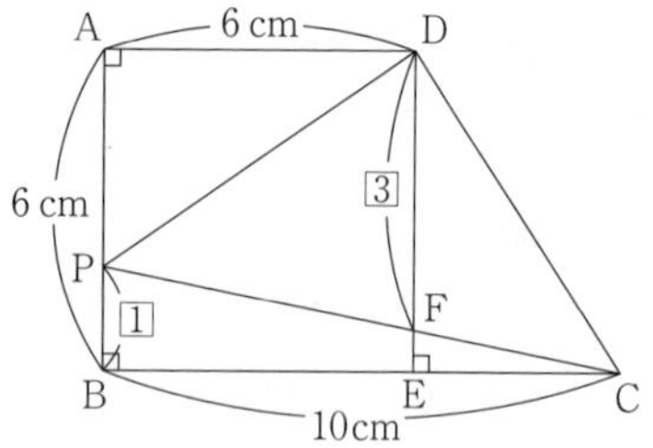

(3)　三角形DPCの面積は，右の図２の三角形AFGの面積と等しくなる。これが28cm²なので，DFの長さは，28×２÷10＝5.6(cm)となり，EFの長さは，６－5.6＝0.4(cm)とわかる。また，(2)と同様に，BP：EF＝５：２だから，BPの長さは，$0.4 \times \frac{5}{2}=1$(cm)と求められる。

図２

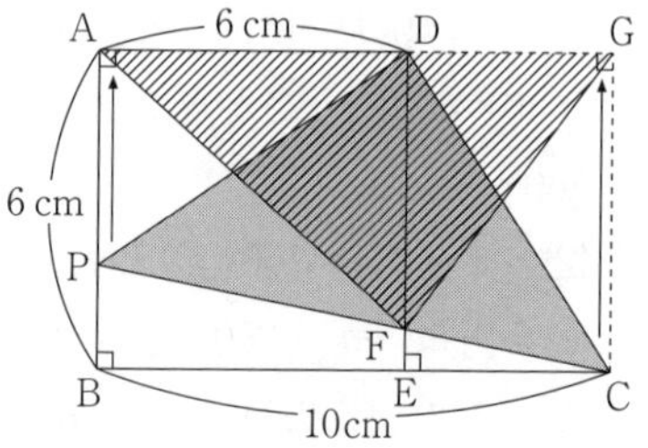

6　立体図形－分割

(1)　切り口の向かい合う辺は平行になるから，切り口は下の図１のような四角形ABCDになる。図１で，ABとDC，BCとADはそれぞれ平行であり，ABの長さとBCの長さは等しくないので，この四角形は平行四辺形(…カ)である。

(2)　上から切断したと考える。図１で，BCの真ん中の点をＥとすると，下段はAEの部分で切断が開始し，Ｂの部分で切断が終わることがわかる。同様に考えると，中段はＣを通りAEに平行な部分で切断が開始し，AEの部分で切断が終わる。また，上段はＤを通る部分で切断が開始し，Ｃを通りAEに平行な部分で切断が終わる。よって，切断が開始する部分を実線，切断が終わる部分を点線で表すと，下の図２のようになる。切断されるのは図２で影をつけた立方体だから，切断されない立方体の数は，５＋２＋５＝12(個)と求められる。

図１

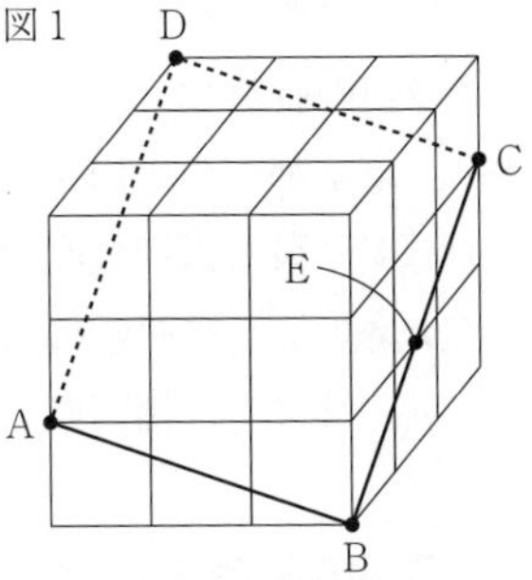

図２

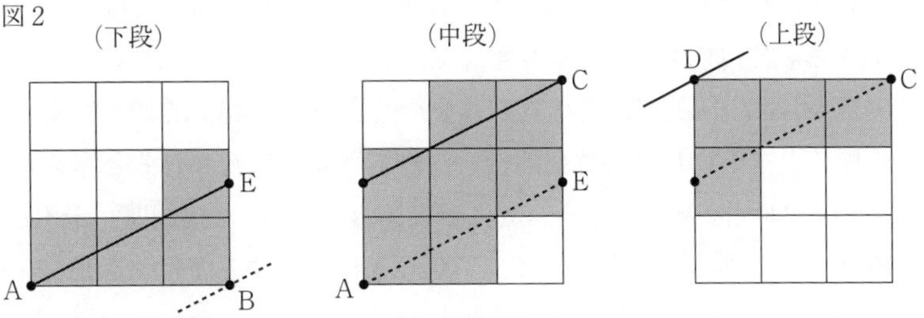

社　会　＜前期試験＞（45分）＜満点：100点＞

解　答

1 問１　オ　　問２　(1)　イ　　(2)　(例)　ゆるやか　　問３　ウ　　問４　(1)　イ　　(2)　カ　　問５　(1)　イ　　(2)　オ　　問６　ウ　　**2** 問１　イ　　問２　ウ　　問３　ウ　　問４　カ　　問５　ア　　問６　エ　　問７　イ　　問８　エ　　**3** 問１　オ　　問２　エ　　問３　ウ　　問４　ウ　　問５　ウ　　問６　イ　　問７　ア　　問８　オ

解　説

1　日本の地形，人口，産業や地形図の読み取りなどについての問題

問１　図１は，北海道や鹿児島県の円が大きいことから農産物収穫量と判断できる。また，図２は，太平洋ベルトにふくまれる都府県を中心に色が濃《こ》くなっており，この都府県の数値が高いと考えられることから，人口密度だとわかる。なお，桜の開花日は都道府県ごとに統計を取るのには適しておらず，開花日の同じ場所を線で結んで表される。

問２　(1)　実際の長さは，(地形図上の長さ)×(縮尺の分母)で求められるので，２万5000分の１の地形図上で５cmとされている線分acと線分bcの実際の長さは，５×25000＝125000(cm)＝1.25kmとなる。「線分acと線分bcがなす角度は90度」なのだから，求める扇《おうぎ》形の面積は，$1.25\times1.25\times3.14\times\frac{90}{360}=1.22\cdots$より，約$1.2km^2$と求めることができる。　(2)　山の斜面《しゃめん》を下ってきた川が平地に出ると，流れはゆるやかになる。このとき，川の水が土砂を運ぶ力が急激に弱まり，運ばれてきた土砂が扇形に積もってできる地形が，扇状地《せんじょうち》である。

問３　静岡県，山口県ともに県域はおおむね東西に長いので，「あ」か「え」のどちらかにあてはまると推測できる。それぞれの県の県庁所在地や地形について考えたとき，静岡市は県中部にあり，静岡市から見て北西には赤石山脈が連なっているため都市は見られない。山口市も県中部にあるが，山口市から見て北に位置する萩《はぎ》市など，県北部の日本海側にも都市がある。なお，「い」は群馬県で県庁所在地は前橋市，「う」は宮城県で県庁所在地は仙台市である。

問４　(1)　Cの地点は，１月の気温が－1.1℃と，４つの地点の中で最も低い。ここから，中央高地の気候に属する諏訪《すわ》(長野県)があてはまるとわかる。中央高地の気候は，夏と冬の気温の差が大きいことや，季節風の影響《えいきょう》が少なく，１年を通じて降水量が少ないことなどが特徴《とくちょう》となっている。なお，Ａとアは高知，Ｂとウは八丈島(東京都)，エは敦賀(福井県)のグラフ。　⑵「住民基本台帳人口移動報告」における人口移動とは，市(区)町村の転入届をもとに人口の移動を示したものである。XY間の人口移動の合計は，5671＋6402＝12073(人)，YZ間の人口移動の合計は，8321＋9129＝17450(人)，ZX間の人口移動の合計は，3846＋3710＝7556(人)である。東京都への人口集中を除くと，人口移動は比較的近い距離でさかんに行われると考えられる。よって，最も人口移動の多いYZは大阪府と愛知県，次に多いXYは大阪府と福岡県，最も少ないZXは愛知県と福岡県の組み合わせである。したがって，YZとXYに共通するＹは大阪府，XYとZXに共通するXは福岡県，ZXとYZに共通するＺは愛知県となる。

問５　⑴　ア　図１・図２とも寺院(卍)や神社(⛩)が多く見られるが，「規則的な距離をもって」位置しているとはいえない。　イ　図１を正しく読み取っている。　ウ　図２の中央左側に150mの計曲線(等高線の太い線)が見えることから，２つの地形図では等高線が10mおきに引かれているとわかる。「大覚寺御所跡」の史跡の地図記号(∴)と「トロッコ嵐山《あらしやま》駅」の間には５本以上の等高線は見られないので，標高差は50mもないことになる。なお，切れ目のある等高線は補助曲線とよばれ，ここでは５ｍおきに引かれている。　エ　阪急嵐山線の「嵐山駅」は，図１中に見られる鉄道の駅の中で最も「大覚寺御所跡」から遠い場所にある。「大覚寺御所跡」に最も近い駅は，JR山陰本線の「嵯峨《さが》嵐山駅」である。　⑵「あ」は道の両側に竹林(ㄴ)があるので，Bになる。「い」は道がまっすぐにのび，両側に建物が並んでいることから，Cとわかる。残った「う」がAである。

問６　富山県は日本海側の気候に属しており，冬の間は積雪で田が使えないことから，水田単作を行っている地域が多く，耕作地の９割が水田である。そのため，農業産出額に占《し》める米の割合が非常に高い。一方，山梨県の農業の中心は，ももやぶどうを中心とする果樹栽培で，農業産出額に占める米の割合は低い。なお，Aにある●は北海道，Bにある●は鹿児島県，Cにある●は新潟県，Dにある●は滋賀県を表している。

2　各時代の歴史的なことがらについての問題

問１　あ「陸奥《むつ》国の内陸部(現在の福島県)にあった幕府領の年貢米」を，太平洋側の航路を使って江戸に運ぶのだから，福島県東部をおおむね南北に流れ，宮城県南部で太平洋に注ぐ阿武隈《あぶくま》川を利用したことになる。　い「出羽《でわ》国の内陸部(現在の山形県)にあった幕府領の年貢米」を「積み出し港の酒田」に送るとある。酒田は山形県北西部に位置し，最上川の河口がある。なお，北上川は岩手県から宮城県へと南に流れ，太平洋に注ぐ。

問２　伊勢《いせ》国は現在の三重県の旧国名で，伊勢神宮などにその名が残っている。信濃《しなの》国は現在の長野県のことをさし，木曽はその南西部に位置する。その他の旧国名は，愛知県西部が尾張《おわり》国・東部が三河国，岐阜県北部が飛驒《ひだ》国・南部が美濃《みの》国，和歌山県が紀伊《きい》国，山梨県が甲斐《かい》国。

問３　江戸時代には，江戸の日本橋を起点として五街道が整備された。このうち，東海道は太平洋側を通って京都に，中山道は中央高地を通って京都に，日光道中は北上して日光(栃木県)に，奥州道中は宇都宮(栃木県)までを日光道中と併用《へいよう》して白河(福島県)に，甲州街道は甲府(山梨県)にいたった。伊勢国を通っているのは東海道なので，伊勢国から江戸に向かう場合，東海道を利用する可能性が最も高い。

問4　青木昆陽《こんよう》は18世紀前半，新井白石は18世紀初め，伊能忠敬《ただたか》は19世紀初め，杉田玄白《げんぱく》と前野良《りょう》沢《たく》は18世紀後半に活躍《かつやく》した学者なので，年代の古い順にb→a→d→cとなる。

問5　アの朝倉氏は一乗谷《いちじょうだに》を拠点《きょてん》にして越前《えちぜん》国(福井県北部)を支配した戦国大名で，朝倉義景《よしかげ》は近江《おうみ》国の浅井《あざい》長政と結んで織田信長と対立したが，姉川の戦い(1570年)などに敗れて滅亡《めつぼう》した。なお，イの今川氏は駿河《するが》国(静岡県東部)，ウの上杉氏は越後《えちご》国(新潟県)，エの武田氏は甲斐国を拠点として勢力を広げた戦国大名。

問6　「大津が激戦地となった古代最大の内乱」は，672年に起こった壬申《じんしん》の乱をさしている。壬申の乱は天智天皇の後継《あとつ》ぎ争いで，天智天皇の弟の大海人《おおあまの》皇子が，天智天皇の子の大友皇子を破り，天武天皇として即位《そくい》した。天武天皇は，天皇中心の国づくりのため，新たな都の造営を命じたが，完成前に亡くなった。妻の持統天皇がその遺志を引き継いで藤原京を完成させ，694年にここに都を移した。なお，アは聖武天皇，イは聖徳太子(厩戸《うまやとの》皇子)，ウは天智天皇が行ったことがら。

問7　19世紀後半，清(中国)は朝鮮を属国とみなしていたが，日本は朝鮮を支配下におこうと考えたため，両国の対立が深まった。これが1894～95年の日清戦争へとつながり，講和条約として結ばれた下関条約で日本は，朝鮮が独立国であることを清に認めさせた。なお，アは日清修好条規(1871年)，ウは日朝修好条規(1876年)の内容。

問8　厳島《いつくしま》神社は広島県，石見《いわみ》銀山は島根県，姫路《ひめじ》城は兵庫県，吉野ヶ里遺跡は佐賀県にある。文章から，西廻《まわ》り航路は九州を通らないことが読み取れる。

3　アイヌについての文章を題材とした問題

問1　「う」は「切るな」という語と結びついているので，木があてはまるとわかる。「あ」と「い」を加工した製品を写真で見ると，「い」には毛と考えられる部分が見えるので，これがシカだと判断できる。残った「あ」には，シャケがあてはまる。

問2　「生物多様性の観点から重要度の高い海域」への指定は，自然環境の保全との関係が深い。公害の防止や自然環境の保護・整備など，環境保全にかかわる行政は，環境省が担当している。

問3　地方公共団体はそれぞれに代表者を選出し，それぞれの地域の現状に合った政治を進めることが認められている。

問4　日本国憲法は第50条で「両議院の議員は，法律の定める場合を除いては，国会の会期中逮捕《たいほ》されず，会期前に逮捕された議員は，その議院の要求があれば，会期中これを釈放《しゃくほう》しなければならない」としている。これは国会議員の不逮捕特権とよばれ，「議員の任期中」ではなく「国会の会期中」のみ認められている。なお，国会外での現行犯の場合には，不逮捕特権が適用されない。

問5　ア　坂上田村麻呂は，東北地方の蝦夷《えみし》を平定して朝廷の支配地域を広げた。　イ　江戸時代には蝦夷《えぞ》地(北海道)に松前藩が置かれ，和人の商人がアイヌとの交易を行っていたが，和人が北海道全域に居住したわけではなく，「アイヌを追放した」ということもない。　ウ　明治時代の和人の移住について，正しく説明している。　エ　屯田兵《とんでんへい》は明治時代に派遣され，北方の防衛と北海道の開拓にあたった。

問6　ア　違憲審査権は，すべての裁判所が有している。　イ　最高裁判所について，正しく説明している。　ウ　国民投票は，憲法改正のさいには行われるが，法律の制定は国会の議決によって行われ，国民投票は実施されない。　エ　違憲審査権は，具体的な事例が憲法に適合するかしないかを審査するための裁判で行使される権限で，エの内容のような規定はない。

問７　言語など，文化にかかわることがらは，UNESCO《ユネスコ》の仕事にあたる。UNESCOは国連教育科学文化機関の略称で，教育・科学・文化などの分野での国際協力を通じて世界平和を実現することを目的に活動している。なお，UNHCRは国連難民高等弁務官事務所，UNHRCは国連人権理事会，UNICEF《ユニセフ》は国連児童基金の略称。

問８　【時刻表】と，列車どうしの乗り換《か》え時間は10分という条件から，友人は，はやぶさ１号→特急北斗《ほくと》９号と乗り継ぎ，13時34分に白老《しらおい》駅に着くとわかる。【時刻表】によると，これよりあとに白老駅に着くのは13時54分発着の普通電車(列車名のない列車)しかないので，これに乗ることになる。【北海道路線図】と【時刻表】より，新千歳《ちとせ》空港駅から白老駅までは，まず南千歳駅まで行き，そこから苫小牧《とまこまい》駅を経由していくことになる。13時54分白老駅発着の普通列車は13時30分に苫小牧駅を出るので，遅くとも13時10分苫小牧駅着の普通列車に乗らなければならない。この列車は12時50分に南千歳駅を出るので，12時30分新千歳空港駅発，12時33分南千歳駅着の快速エアポート125号に乗れば，乗り換えができる。12時30分に新千歳空港駅にいるためには，乗り換え時間の条件から，その60分前の11時30分に新千歳空港に着いている必要がある。これを満たす最も出発時間の遅い飛行機は，９時30分成田空港発，11時20分新千歳空港着のピーチアビエーション567便である。

理　科　＜前期試験＞（45分）＜満点：100点＞

解　答

1　(1)　7　(2)　2　(3)　4
2　(1)　C　(2)　A　(3)　3　(4)　1.2g
3　(1)　1　(2)　11　(3)　4　(4)　3
4　(1)　50kg　(2)　6cm　(3)　20kg
5　(1)　10　(2)　4
6　(1)　30cm　(2)　8cm　(3)　2.5cm　(4)　32cm

解　説

1　昆虫《こんちゅう》の生態についての問題

(1)　昆虫の体は頭部・胸部・腹部の３つに分かれている。昆虫の３対６本の足はすべて胸部についている。多くの昆虫には，胸部にはねが２対４枚ついている。また，昆虫の頭部には１対２本の触角《しょっかく》がある。

(2)　ホルモンとは，生物体内における分泌《ぶんぴつ》物で，体の成長をうながすものや調子を整えたりするものなどさまざまなものがある。ホルモンは体内に分泌されるため，他の個体とのコミュニケーションには用いられない。なお，マウンティングはホ乳類の動物などが交尾《こうび》のさいや個体間の優位性の確認のときに，他の個体に馬乗りになる行動である。８の字ダンスはミツバチが他のミツバチにえさ場のある場所を伝えるために行う動きである。さえずりはオスの鳥が出す鳴き声で，なわばりを他の個体に知らせたり，メスをひきつけてつがいをつくったりするために行う。マーキングは，動物が木や岩などにフンや尿《にょう》をかけたり体の一部をこすりつけたりしてにおいをつけることで，なわばりを示す行動である。

(3)　1　孤独《こどく》相の親から生まれても，成長過程での個体群密度が高く，他個体とのぶつかり合いが多いと群生相に変化する。　2　孤独相の個体は，成長過程での個体群密度が高いと群生相になるが，成虫に成長したあとには変化をしない。また，群生相から孤独相へ変化することもない。
3，4　孤独相の個体はせまい範囲《はんい》で生活するので，遠くまで飛ぶ必要がない。そのため，とびはねて移動することが多く，後ろ足は群生相の個体に比べて長くなる。群生相の個体は長距離移動する必要があるため，孤独相の個体に比べて飛行時に用いるはねが大きい。

2　物質の重さと体積についての問題

⑴　金属は水に溶《と》けないので，水100cm^3が入ったメスシリンダーに金属球を入れたとき，100cm^3から増えた体積が金属球の体積である。また，水1cm^3は1gより，100gから増えた重さが金属球の重さになる。すると，表1より，金属Aの重さは，127－100＝27(g)，体積は，110－100＝10(cm^3)だから，金属A1cm^3あたりの重さは，27÷10＝2.7(g)とわかる。同様に考えると，それぞれの金属1cm^3あたりの重さは，金属Bが，8÷1＝8(g)，金属Cが，57÷5＝11.4(g)，金属Dが，84÷8＝10.5(g)となるので，1cm^3あたりの重さがもっとも大きい金属はCとなる。

⑵　⑴から，金属A～Dは1cm^3あたりの重さが軽い順に，金属A，金属B，金属D，金属Cとなる。4種類の金属の1cm^3あたりの重さは，軽い順にアルミニウム，鉄，銀，鉛《なまり》となるので，アルミニウムは金属Aとなる。

⑶　表2で，水に溶けないでんぷんは，10＋100＝110より，物質を入れた後の体積が，物質の体積と水の体積の和となっている。一方，水に溶ける砂糖や食塩では，物質を水に入れた後の体積が，物質の体積と水の体積の和より小さくなっている。よって，サラダ油は，100＋100＝200より，物質を水に入れた後の体積が，物質の体積と水の体積の和になっているので，水に溶けないことがわかる。エタノールは，100＋100＝200より，物質を水に入れた後の体積が，物質の体積と水の体積の和より小さくなっているので，水に溶けることがわかる。なお，物質を水に入れても，空気中と重さは変わらない。また，食塩においては重さと体積は比例しているが，他の物質における重さと体積の関係については，実験2では調べていないので，実験2からはわからない。

⑷　66gの食塩のうち，水100cm^3に溶ける重さは，66－29＝37(g)である。また，表2から，食塩29gの体積を求めると，$10\times\frac{29}{22}=\frac{145}{11}$($cm^3$)となる。これより，37gの食塩が100$cm^3$に溶けてできる食塩水は，体積が，$125-\frac{145}{11}=\frac{1230}{11}$($cm^3$)，重さが，100＋37＝137(g)となるので，食塩水1cm^3あたりの重さは，$137\div\frac{1230}{11}=1.22\cdots$より，およそ1.2gとなる。

3　星や望遠鏡についての問題

⑴　2021年12月に，米航空宇宙局(NASA)が打ち上げた宇宙望遠鏡はジェイムズ・ウェッブ宇宙望遠鏡である。ジェイムズ・ウェッブ宇宙望遠鏡は口径約6.5メートルの望遠鏡で，1990年に打ち上げられ，おもに可視光線を中心にとらえていた口径2.4メートルのハッブル宇宙望遠鏡の後継《こうけい》機として開発された。

⑵　夏の大三角形は，はくちょう座のデネブ，こと座のベガ，わし座のアルタイルを結んでできる三角形である。なお，さそり座の1等星はアンタレス，シリウスはおおいぬ座の1等星である。

⑶　星の見かけの明るさは「等星」を使って表され，数字が小さいほど明るいことを示す。そのため，1等星の星Aよりも3等星の星Bの方が暗く見える。また，地球からの距離《きょり》が2倍になると，

明るさが，$\frac{1}{2}\times\frac{1}{2}=\frac{1}{4}$(倍)になり，3倍になると$\frac{1}{3}\times\frac{1}{3}=\frac{1}{9}$(倍)になる。したがって，暗く見える星Bの明るさが星Aの明るさの$\frac{1}{6.25}$となることから，$\frac{1}{6.25}=\frac{1}{2.5}\times\frac{1}{2.5}$より，地球からの距離は，星Bが星Aの2.5倍遠くにあることがわかる。

(4)　星Cはオリオン座に含《ふく》まれる1等星のベテルギウスである。ベテルギウスは2019年ごろに明るさが急減したため，近い将来，超新星爆発《ばくはつ》を起こすのではないかと言われていた(その後の調査では，爆発までまだ10万年以上あるのではないかと言われている)。地球からベテルギウスまでの距離は約600光年なので，ベテルギウスから発せられた光が地球に達するまでには600年程度かかることになる。そのため，ベテルギウスが爆発してから，その爆発が地球で観測できるまでは600年程度の時間のずれがあることになる。

4　力のつり合いについての問題

(1)　つり合っておもりが静止しているとき，体重計に乗った人は，ひもを引く力と同じ大きさの力で，上に引かれている。おもりが床《ゆか》から浮《う》き上がるとき，ひもがおもりを引く力は10kgなので，ひもが人を上に引く力も10kgになる。よって，体重計にかかる重さは，60－10＝50(kg)となる。

(2)　体重計が48kgを示しているとき，体重計に乗った人は，60－48＝12(kg)の力でばねに引かれている。このとき，ばねにも12kgの力がかかるので，ばねののびの長さは，$1\times\frac{12}{2}=6$(cm)となる。

(3)　人が乗った箱の全体の重さは，60＋15＋5＝80(kg)である。つり合いを保ちながら箱が浮き上がるとき，箱全体は，見かけ上，箱の一番上を引いているひもと人を引いているばねで支えられていることになる。80kgの重さがひもとばねにかかるので，それぞれにかかる力は，80÷2＝40(kg)となる。よって，体重計に乗った人は，40kgの力でばねによって上に引かれるので，体重計にかかる重さは，60－40＝20(kg)となる。

5　タンパク質の合成とRNAについての問題

(1)　はやぶさ2がリュウグウから持ち帰った試料からは複数のアミノ酸や液体の水が検出された。多くの生物の体はほとんど水からできている。また，動物の多くは，体がタンパク質で構成されていて，タンパク質はアミノ酸が多数つながってできている。そのため，生命誕生には水やアミノ酸が必要といえる。また，タンパク質を多く含む食品は豆腐《とうふ》や納豆である。米やトウモロコシにはデンプンが多く含まれ，野菜や果物にはビタミンなどが多く含まれる。

(2)　図で，3番目のGが欠けてしまった場合，塩基を連続した3つごとに組(コドン)にして順に並べて読むと，AUA，GUA，CCG，UGA，CCC，…となる。表を使ってこのコドンが指定するものを見ると，Ile，Val，Pro，停止，Pro，…となるので，4組目のコドンでタンパク質の合成が終了してしまう。

6　電熱線と電流についての問題

(1)　表1から，電熱線の長さと電流の大きさとは反比例していることがわかる。よって，0.01Aの電流が流れたときの電熱線の長さは，$5\times\frac{0.06}{0.01}=30$(cm)となる。

(2)　表1から，20cmの電熱線を1本つないだときに流れる電流は0.015Aだから，表2から，並列につないだ電熱線の本数と電流の大きさとは比例していることがわかる。12本の電熱線を並列につないだときに流れた電流の大きさが0.45Aだったので，この電熱線1本あたりに流れる電流の大きさは，0.45÷12＝0.0375(A)となる。電熱線の長さと電流の大きさとは反比例していることから，この電熱線の長さは，$5\times\frac{0.06}{0.0375}=8$(cm)となる。

⑶ 長さ20cmの電熱線を8本並列につないだときに流れる電流の大きさは，0.015×8＝0.12(A)となる。図1のように電熱線を1本つなぐとき，電熱線の長さと流れる電流の大きさは反比例するから，0.12Aの電流が流れる電熱線の長さは，$5\times\frac{0.06}{0.12}=2.5$(cm)となる。

⑷ 電熱線Xの長さをx cm，電熱線Yの長さをy cmとする。電熱線Xを8本並列につなぐと，電熱線X1本のときの8倍の電流が流れる。これは，$x\times\frac{1}{8}=\frac{x}{8}$(cm)の電熱線と同じと考えることができる。同様に，電熱線Y6本を並列につないだ部分は，$\frac{y}{6}$cmの電熱線と同じと考えられる。さらに，図1のとき，0.05Aの電流が流れる電熱線の長さは，$5\times\frac{0.06}{0.05}=6$(cm)である。よって，図5のように電熱線Xと電熱線Yをつないだときに，0.05Aの電流が流れたので，電熱線Xを並列につないだ部分と電熱線Yを並列につないだ部分は6cmの電熱線とみなすことができるから，$\frac{x}{8}+\frac{y}{6}=6$の関係が成り立つ。また，電熱線Xと電熱線Y1本あたりの長さの合計は44cmなので，$x+y=44$となる。これをまとめると右の図のようになり，アを24倍するとウ，イを3倍するとエになる。ウとエの差を考えると，$4\times y-3\times y=144-132$，$1\times y=12$となるので，電熱線Yの長さは12cmとわかる。したがって，電熱線Xの長さは，44−12＝32(cm)と求められる。

$\frac{x}{8}+\frac{y}{6}=6$…ア
$x+y=44$…イ
⇩
$3\times x+4\times y=144$…ウ
$3\times x+3\times y=132$…エ

国　語　＜前期試験＞（45分）＜満点：100点＞

解　答

一　問1　ロ，ニ　問2　ニ　問3　直観力　問4　ホ　問5　ロ　問6　ハ　問7　ホ　問8　個別に成長　問9　ハ　問10　ロ　二　問1　らす。　問2　ニ　問3　ハ　問4　ロ　問5　ハ　問6　ハ　問7　ホ　問8　ホ　問9　ニ　問10　ニ

解　説

一　**出典は山極寿一《やまぎわじゅいち》の『人生で大事なことはみんなゴリラから教わった』による。**社会に対する信頼《しんらい》，個人に対する信頼をうまく使って楽しく生きるには，どうしたらいいかが説明されている。

問1　「規則」は，ものごとの決まり。「則」は，決まりを表す。よって，基本的な決まりをいうロの「原則」，一般《いっぱん》的な規則や方法から外れていることを意味するニの「変則」が選べる。なお，イの「予測」は，先のことを前もって見当づけること。ハの「速報」は，ものごとの結果や事件などを素早《すばや》く知らせること。ホの「補足」は，不足を補うこと。への「測量」は，天体や建造物などの高さ，深さ，長さ，広さ，位置，方向，距離《きょり》などを測ること。地表の高低，位置，形，面積などを

測ること。トの「結束」は，一つに束ねること。団結すること。チの「息災」は，健康なこと。リの「側面」は，横の面。

問2　筆者は，社会や個人に対する「信頼をうまく使って楽しく生きるためにはどうしたらいいか」と述べたうえで，まずは「自然の中に一人で踏《ふ》み入って，さまざまな動植物とつきあってみること」をすすめている。動物たちの世界にとけこみ，彼《かれ》らの動きに合わせて行動し，「ルール」を見出《みいだ》す「直観力」を養うことは「人間の世界でもおおいに役に立つ」，つまり，さまざまな国，地域に浸透《しんとう》している文化などの「慣習やルール」を感じ取ることに応用できるというのだから，ニがふわさしい。

問3　人々が自然界(動植物たちの世界)に浸透している「ルール」を把握《はあく》するには，「五感を用いた直観力」を働かせる必要があり，それは「人間の世界でもおおいに役に立つ」と述べられていることをおさえる。つまり，人間の世界において，慣れ親しんだものとは異なる「ルール」が存在する地域に身を置いたとき，人々が「決定的な大失敗」を起こさないためには，自然の中でしたことと同様，「直観力」に頼《たよ》るべきだというのである。

問4　筆者は，「日本を出てフランスへ行った」場合の例を取り上げた後，異国の「ルールや習慣」を理解し，「素早く身体化」(自らの身体になじませること)するには，「言葉」より「経験がものをいう」と述べている。よって，ホが合う。

問5　「これまでにあたえられている情報から現在の解決策を導き出している」だけの情報(ツール)に頼りきりになることで，自らが慣れ親しんだ「ルール」の通用しない場面において思わぬ危険にさらされてしまう可能性があると，筆者は具体例をあげつつ述べている。つまり，置かれている「現在の状況《じょうきょう》をはっきり見定め」，人々が自ら最終的な判断を下すという経験を積み重ねる中で主体性を身につけることの重要性を筆者は説いているので，ロが正しい。

問6　続く部分で筆者は，個別的な信頼関係において「自分と相手が一体になりすぎ」る危険があることを指摘《してき》している。「何事も自分だけで判断できず」，相手に「相談する」ような依存《いそん》関係におちいらないよう，「自分に対する自覚と判断力」が重要だというのだから，ハがよい。なお，「無数に広がる」友人関係は，個別的な信頼関係とはいえないので，ニはふさわしくない。

問7　前後で述べられている，ゴリラたちの関係と人間たちの関係を比較《ひかく》する。いっしょにいる間，ゴリラたちは「たがいに気を使い合うが，自立したくなれば距離を置くだけで，きれいさっぱりそれまでの関係を解消」できる。一方，人間たちは「なかなか友達関係を解消できない」のだから，ホが選べる。

問8　「魔物《まもの》」とは，人を迷わせたり，よくない方向に導いたりする存在。ここでは，「友達関係を解消」したいと思っても，依存してこようとする相手からたくみにかけられる，「『親友だよね』とか，『いつも頼りにしているから』といった言葉」を指す。本来，それぞれに個性を伸《の》ばすべきであるにもかかわらず，相手をしばりつけ，「個別に成長」することをさまたげる点で，これらの言葉は「魔物」だというのである。

問9　問7でもみたように，本文では「距離を置くだけで～関係を解消」できるゴリラに対し，「なかなか友達関係を解消できない」のが人間だと述べられている。ハがこの内容に合わない。

問10　イ　スマホのせいで「特定の相手」としかつながれない人が増えている，とは述べられていない。本文では「いつでもどこでもつながれる」スマホによって，いやになっても「友達関係を解消できない」と説明されている。　ハ　ぼう線(3)をふくむ段落で，筆者は「自分で判断に迷った場合，情報に聞くのはいいとしても，最終的には自分で状況を見極《みきわ》めて決断することが重要なのだ」と述べており，「有用な情報」の活用を完全に否定しているわけではない。　ニ　「他者の言葉の背後にある気持ちを見ぬく能力」(行間を読む能力)をつちかえとは述べられていない。　ホ　本文の最後の段落で，個別の信頼関係は「言葉や情報」によってできるのではないと述べられているので，「正しい情報を発信することによって，人と人とが認め合えるようになる」というのは誤り。

二　出典は朝井《あさい》リョウの「清水課長の二重線」による。ゲーム開発の部署から総務部へと異動になった「俺《おれ》」(岡本)は，以前の部署を懐《なつ》かしんでいたが，ある日，仕事への姿勢に変化がおとずれる。

問1　もどす文の内容より，「訂正《ていせい》の二重線」に関する話題が前後で展開されているものと想像できる。ぼう線(3)の少し後にある，「『あ』俺は思わず声を漏《も》らす」の後に入れると，「領収書」という表記を早々《そうそう》に二重線で消し，捺印《なついん》した小出課長を見て，再三，清水課長から二重線を引いて訂正するときは「必ず定規を使うよう」にと言いつけられてきた「俺」が一瞬《いっしゅん》とまどうようすを表す形になり，文意が通る。

問2　「流れ着く」は，"居場所を転々として，ある所に行き着く"という意味。部署の「異動」を「流れ着く」と表現するところに，クリエイティブな「デジタルコンテンツ事業部」から地味な「総務部」への配置換《が》えに対する，「俺」の失意や不満が表れている。清水課長や村西部長もまた，自分同様に「総務部」への異動は不本意だったはずだと「俺」は思っているのだから，ニが選べる。

問3　望んでいた「ゲームの開発に携《たずさ》われ」る部署からは程遠い「総務部」に配属された「俺」は，自分のもとに届く夢と希望に満ちた就活生のメールを見ながら，同じ就活生であった過去を振《ふ》り返っている。かつて，あふれる熱意に燃えていた「俺」の質問に答えていたOBはその姿に自身を重ね，就活生だったころの理想とはあまりにかけ離《はな》れた現実との差にくじけないよう，自らを納得《なっとく》させるかのごとく「ウソをつい」たのではないかと「俺」は考えている。よって，ハが選べる。OBの「ウソ」は，「俺」をではなく，かつて夢と希望に満ちていた自分自身を守ろうとしてついたものだったことがうかがえるので，ニは誤り。

問4　社内規程では「領収証」と書くべきところ，「領収書」の表記で掲出《けいしゅつ》された書類について，「俺」は小出課長にその意図をたずねている。小出課長の両側にいる人が「すげえ細かい」と噴《ふ》き出したことからもわかるように，あまりにもささいな部分にこだわる清水課長のもとで働かなければならない「俺」を，小出課長は同情しながら「大変だね」と言っているので，ロが合う。

問5　何より「スピード」が重視されるデジタルコンテンツ事業部では，書類上「全角と半角が揃《そろ》っていない」程度ならば，読み手に理解してもらえることを期待し，修正せずにそのまま仕事を進めたというのである。このことがぼう線(4)の意味にあたるので，ハが合う。

問6　倉庫に預けている資料を整理するにあたり，保管期限を迎《むか》える箱の内容リストの確認《かくにん》と要否を，部下である「俺」が上司の「村西部長」にお願いしているのだから，ハがふさわしい。なお，「いただく」は「もらう」の謙譲《けんじょう》語。恩恵《おんけい》となる行為《こうい》を受ける場合，自分をへりくだっていう表現。

問7　「破顔」とは，表情をやわらげて笑うこと。「定規で引かれた二重線」とともに「清水課長の訂正印が押《お》され」た内容リストを広げ，村西部長は昔を懐かしむようにしている。よって，ホがふさわしい。

問8　几帳面《きちょうめん》に修正されている内容リストを見た村西部長から，十年前，「期限延長する」と伝えたところ，「もとの保管期限をぐしゃぐしゃ」と塗《ぬ》りつぶした清水課長（当時は総務部に来てまもないころだった）の仕事の仕方を厳しく叱《しか》りつけたというエピソードを聞き，「俺」は思わず「え」と声を漏らしそうになっている。問４でみたように，細かい誤りであっても定規で二重線を引いて訂正するように求める清水課長が，若いころずさんな仕事ぶりだったことをすぐには信じられなかったのだから，ホがふさわしい。なお，「え」は，驚《おどろ》きや疑問を感じて思わず発する言葉。

問9　あまりの細かさゆえに社内の笑いものになっている清水課長のもとで働くことになった「俺」は，不本意な部署への配属になったことも相まって，その無駄《むだ》とも思えるような仕事ぶりに意味を見出せずにいた。しかし，村西部長から，今ではとても想像のつかないかつての清水課長のようすを聞き，「基本」の重要性を強く認識させられた「俺」は，ほかの者から見ればさえない人間のように映るかもしれない清水課長の姿にあるべき自分の姿を見出し，内容リストをデスクに広げ，「ノックしたボールペンの先を，定規に沿ってすうと滑《すべ》らせ」始めている。村西部長から言われたとおり，「いい上司に恵《めぐ》まれた」と感じた「俺」は，誇《ほこ》りを持って業務にあたろうと決めているので，ニがふさわしい。

問10　イ　「俺」（岡本）は，自分が総務部で終わるかもしれないことと清水課長の昔の訂正印を結びつけて「気味の悪いもの」とは思っていない。　　ロ　デジタルコンテンツ事業部は，小さなミスなら相手の理解力を信頼して修正しないが，ささいなことを切り捨ててかまわないという方針ではない。　　ハ　問９でみたように，清水課長は「基本」をないがしろにしない人物として「俺」に認識されるようになっている。　　ホ　清水課長の心情は描《えが》かれていない。

2023年度 東邦大学付属東邦中学校

【算　数】〈**後期試験**〉(45分)〈満点：100点〉

1　次の$\boxed{}$にあてはまる最も適当な数を答えなさい。

(1)　$\left\{\left(3-\frac{3}{5}\right)\times 1.25-\frac{5}{54}\div\left(0.5-\frac{1}{9}\right)\right\}\times 1\frac{3}{4}=\boxed{}$

(2)　$(11-8.2)\times\left\{\left(\frac{5}{3}-\boxed{}\right)\times 2-\frac{1}{3}\right\}=5\frac{3}{5}$

(3)　33分20秒$\div 12\frac{1}{2}+$ 1時間5分20秒$=\boxed{}$分

2　次の問いに答えなさい。

(1)　あめ玉を何人かの生徒に配ります。1人7個ずつ配ると5個余ります。また11個ずつ配ろうとすると，3個しかもらえない人が1人，1個ももらえない人が1人でます。このとき，あめ玉は何個あるか求めなさい。

(2)　縦24cm，横57cmの長方形があります。右の図のように，この長方形の辺の上と内側に，黒い点をすべて3cmずつはなして並べます。黒い点は全部で何個必要となるか求めなさい。ただし，黒い点の大きさは考えないものとします。

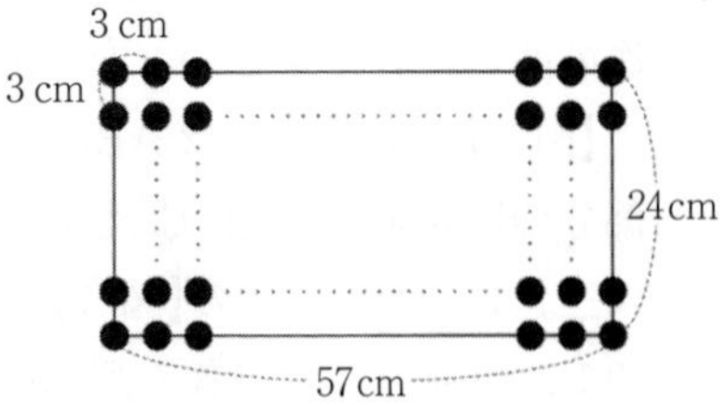

(3)　秒速0.5mの速さで動く歩道があります。太朗さんが，この歩道の上を動く方向と同じ方向に歩くと1分20秒で渡り終えます。また太朗さんが，この歩道の上を動く方向と反対方向に歩くと4分40秒で渡り終えます。この動く歩道の長さは何mか求めなさい。ただし，太朗さんの歩く速さは一定で，動く歩道よりはやく歩きます。

(4)　右の図のように，面積が1 cm^2の正三角形を25個すき間なく並べました。このとき，図の中の3点A，B，Cを結んでできる三角形ABCの面積を求めなさい。

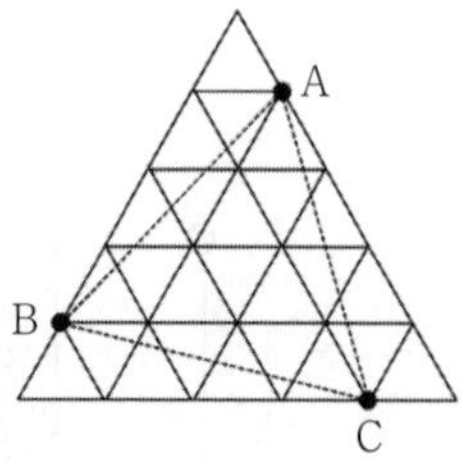

(5)　右の図のように，水の入った穴のあいていない容器が面BCFEを底面として平らな床の上に置いてあります。この容器には底面から高さ3cmのところまで水が入っています。三角形ABCは角Bの大きさが90°，三角形DEFは角Eの大きさが90°の直角三角形，四角形ABEDは長方形，四角形BCFEは正方形です。

　この容器を面ABCを底面として置きなおしたとき，底面から水面までの高さを求めなさい。ただし，容器の厚さは考えないものとします。

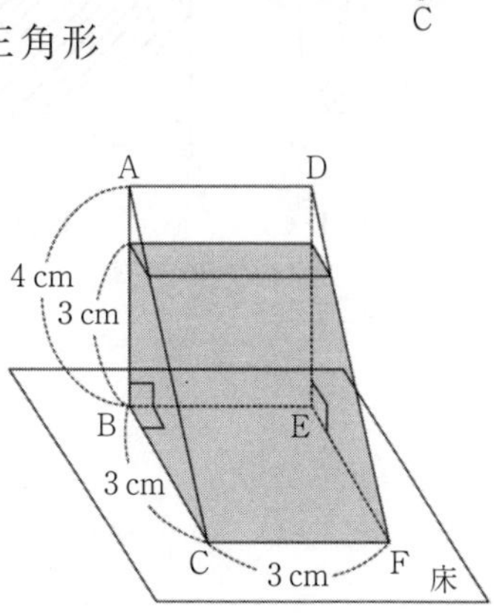

3　10％の食塩水があります。この食塩水から水を80ｇ蒸発させたところ，濃度は20％になりました。さらに，この食塩水から水を40ｇ蒸発させたところ，食塩の一部が溶けきれなくなり，容器の底に固体の食塩がしずんでいました。この状態での食塩水の濃度は25％でした。

このとき，次の問いに答えなさい。

(1)　最初にあった10％の食塩水は何ｇか求めなさい。

(2)　最後に容器の底にしずんでいた固体の食塩は何ｇか求めなさい。

4　たし算の記号と数字１，２，３，４を使って数の表し方が何通りあるかを考えます。ただし，同じ数字を何回使ってもよく，使わない数字があってもよいとします。例えば「３」という数は

$3=1+1+1,\qquad 3=1+2,\qquad 3=2+1$

の３通りの表し方があります。

このとき，次の問いに答えなさい。

(1)「４」という数の表し方は全部で何通りあるか求めなさい。

(2)「６」という数の表し方は全部で何通りあるか求めなさい。

5　下の【図１】の三角形ABCはAB＝6cm，BC＝8cmで，角Bの大きさは90°です。このとき，次の問いに答えなさい。ただし，円周率は3.14とします。

(1)【図１】の直角三角形ABCを下の【図２】のように４個並べて正方形DEFGを作ると，部分の四角形は１辺の長さがACの正方形となります。部分の面積を求めなさい。

(2)　三角形ABCを下の【図３】のように点Aを中心に矢印の方向に180°回転させます。このとき，辺BCが通過してできる図形の周りの長さを求めなさい。

(3)　(2)で周りの長さを求めた図形の面積を求めなさい。

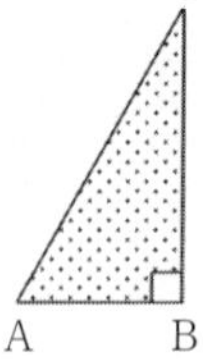

【図１】

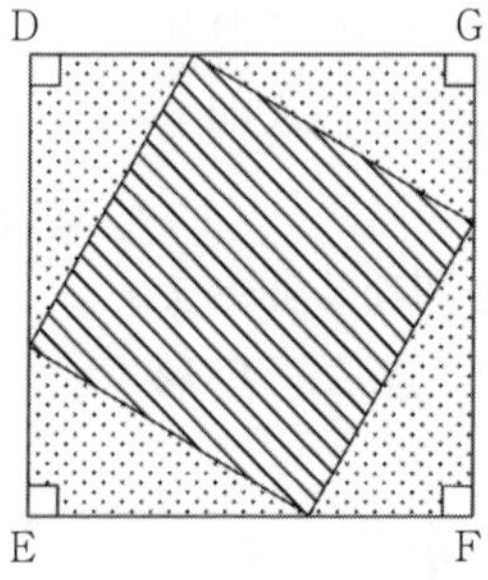

【図２】

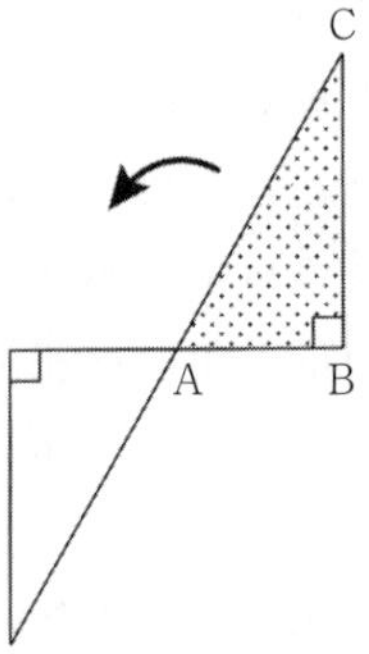

【図３】

6　ＡまたはＢで解答する１番～10番までの10題の問題があります。問題の配点はそれぞれ10点で100点満点です。東さん，邦《くに》夫《お》さん，大介さん，学さんの４人がそれぞれこの問題を解いたところ，４人の解答とその点数は次の表のようになりました。ただし，学さんの６番～10番の解答と点数はわかりません。

このとき，下の問いに答えなさい。

	１番	２番	３番	４番	５番	６番	７番	８番	９番	10番	点数
東さん	B	A	B	B	A	B	B	A	A	A	90
邦夫さん	A	A	B	A	B	B	B	B	B	B	50
大介さん	B	A	A	B	A	B	A	A	A	B	80
学さん	A	A	A	B	B						

(1)　２番と３番と７番の正解の組み合わせとして正しいものを次の**ア**～**ク**の中から一つ選び，記号で答えなさい。

ア．２番―A　３番―A　７番―A　**イ**．２番―A　３番―A　７番―B
ウ．２番―A　３番―B　７番―A　**エ**．２番―A　３番―B　７番―B
オ．２番―B　３番―A　７番―A　**カ**．２番―B　３番―A　７番―B
キ．２番―B　３番―B　７番―A　**ク**．２番―B　３番―B　７番―B

(2)　次のように解答したときの点数を求めなさい。

１番	２番	３番	４番	５番	６番	７番	８番	９番	10番
A	B	A	B	A	B	A	B	A	B

(3)　東さん，邦夫さん，大介さん，学さんの点数の中央値として考えられる値は，全部で何通りあるか求めなさい。

【社　会】〈後期試験〉(30分)〈満点：50点〉

〈編集部注：実物の入試問題では，**2** の図，**3** 問１(3)・問２(2)の写真や図はカラー印刷です。〉

1　日本の農業に関する次の文章を読んで，あとの各問いに答えなさい。

日本では全国各地で稲作《いなさく》が行われており，①全国の耕地面積の半分以上は水田となっています。特に稲作がさかんなのは②東北地方の日本海側から北陸地方にかけての平野部です。また，地域によって，特色のある農業がみられます。たとえば，大都市の周辺では近郊《きんこう》農業が発達し，野菜や花などの栽培《さいばい》がさかんです。交通網《こうつうもう》の発達によって遠方から短時間で運ぶことが可能であるため，③四国地方や④九州地方では温暖な気候を生かした野菜などの促成《そくせい》栽培が行われています。また，それぞれの土地にあった⑤果物の栽培も各地で行われています。ただ，現在は⑥貿易の自由化が進められており，日本の農業は海外からの価格の安い農産物によって，厳しい状況《じょうきょう》におかれています。その影響《えいきょう》もあって，他の先進諸国と比べて⑦日本の食料自給率は低い値となっています。

問１　下線部①に関して，耕地面積に対する水田の面積の割合を水田率といい，全国の水田率は54.4％(2021年)であるが，都道府県別では全国の水田率を大きく超《こ》える都道府県がある。右の表は，特に水田率の高い上位５位までの都道府県とそれぞれの水田率を示したものである。このうち，［X］と［Y］には近畿地方の都道府県があてはまる。次の二重線内の文章を参考にして，あてはまる都道府県をあとの**ア**～**キ**からそれぞれ１つ選び，記号で答えなさい。

順位	都道府県	水田率(％)
１位	富山県	95.3
２位	［X］	92.5
３位	［Y］	91.6
４位	福井県	90.7
５位	新潟県	88.8

統計年次は2021年。農林水産省「耕地及《およ》び作付面積統計」により作成。

> 近畿地方で耕地面積がもっとも広いのは［Y］，次いで［X］で，この２つだけで近畿地方の耕地面積の半分近くをしめており，どちらも稲作がさかんである。［X］は，そのほぼ中央にある大きな湖やその周辺の川などの豊富な水を利用した稲作が発展している。［Y］は日本酒の生産量が日本有数で，その原料としての米作りが特にさかんであり，瀬戸内海と日本海のそれぞれにそそぐ川の流域などで稲作が行われている。

ア．大阪府　　**イ**．京都府　　**ウ**．滋賀県　　**エ**．奈良県

オ．兵庫県　　**カ**．三重県　　**キ**．和歌山県

問２　下線部②に関して，次の表中の**ア**～**エ**は，東北地方の県のうち，青森県・秋田県・岩手県・宮城県のいずれかの県庁所在地の月別平均気温と月別降水量を示したものである。このうち，岩手県の県庁所在地にあてはまるものを**ア**～**エ**から１つ選び，記号で答えなさい。また，その県庁所在地名を**ひらがな**で答えなさい。

上段　気温(℃)　下段　降水量(mm)

	1月	2月	3月	4月	5月	6月	7月	8月	9月	10月	11月	12月	全年
ア	−1.9	−1.2	2.2	8.6	14.0	18.3	21.8	23.4	18.7	12.1	5.9	1.0	10.2
	53.1	48.7	80.5	87.5	102.7	110.1	185.5	183.8	160.3	93.0	90.2	70.8	1266.0
イ	−1.2	−0.7	2.4	8.3	13.3	17.2	21.1	23.3	19.3	13.1	6.8	1.5	10.4
	144.9	111.0	69.9	63.4	80.6	75.6	117.0	122.7	122.7	103.9	137.7	150.8	1300.1
ウ	1.6	2.0	4.9	10.3	15.0	18.5	22.2	24.2	20.7	15.2	9.4	4.5	12.4
	37.0	38.4	68.2	97.6	109.9	145.6	179.4	166.9	187.5	122.0	65.1	36.6	1254.1
エ	0.1	0.5	3.6	9.6	14.6	19.2	22.9	24.9	20.4	14.0	7.9	2.9	11.7
	119.2	89.1	96.5	112.8	122.8	117.7	188.2	176.9	160.3	157.2	185.8	160.1	1686.2

『データブック オブ・ザ・ワールド 2022年版』により作成。

問3　下線部③に関して，次の表は，四国地方の4つの県について，農業に関係するデータをまとめたものである。このうち，香川県と高知県にあてはまるものを**ア**〜**エ**からそれぞれ1つ選び，記号で答えなさい。なお，主副業別農家数の割合の県ごとの合計は，100％にならない場合がある。

	耕地面積(ha)2021年	水田率(%)2021年	主副業別農家数の割合(%)2019年			農業産出額構成割合(%)2020年			
			※1主業農家	※2準主業農家	※3副業的農家	米	野菜	果実	その他
ア	28100	68.3	20.3	8.9	71.5	12.9	36.9	9.9	40.3
イ	29300	83.3	10.6	10.6	78.8	15.0	30.0	8.5	46.5
ウ	46200	47.0	20.5	14.0	65.5	12.2	16.1	43.4	28.3
エ	26200	75.6	30.3	6.8	63.6	10.2	63.9	10.0	15.9

農林水産省「耕地及び作付面積統計」「農業構造動態調査結果」「生産農業所得統計」により作成。

〔語句解説〕

※1　主業農家…収入の面では農業が中心で，年間60日以上農作業をする65歳《さい》未満の人がいる農家。

※2　準主業農家…収入の面では農業以外が中心で，年間60日以上農作業をする65歳未満の人がいる農家。

※3　副業的農家…年間60日以上農作業をする65歳未満の人がいない農家。

問4　下線部④に関して，次の**表1**・**表2**はそれぞれ2000年と2020年の，九州地方の8つの県の茶の収穫量《しゅうかくりょう》(百t)・トマトの収穫量(千t)・菊《きく》の作付面積(ha)を示したものである。表中の**a**〜**c**にあてはまる農産物の組み合わせとして正しいものを，あとの**ア**〜**カ**から1つ選び，記号で答えなさい。

表1　2000年

	a	b	c
福岡県	341	102	22
佐賀県	60	91	6
長崎県	110	53	14
熊本県	155	96	76
大分県	81	…	11
宮崎県	137	156	19
鹿児島県	436	937	7
沖縄県	858	4	2

表中の「…」はデータがないことを意味する。
『データブック オブ・ザ・ワールド 2003年版』により作成。

表2　2020年

	a	b	c
福岡県	237	83	19
佐賀県	36	51	3
長崎県	167	28	13
熊本県	81	54	133
大分県	102	26	11
宮崎県	44	146	19
鹿児島県	242	1184	5
沖縄県	745	1	3

『データブック オブ・ザ・ワールド 2022年版』により作成。

	a	b	c
ア	茶	トマト	菊
イ	茶	菊	トマト
ウ	トマト	茶	菊
エ	トマト	菊	茶
オ	菊	茶	トマト
カ	菊	トマト	茶

問５　下線部⑤に関して，次の図**Ａ**～**Ｃ**は，りんご・ぶどう・もものいずれかの収穫量の都道府県別の割合を示したものである。図**Ａ**～**Ｃ**が示す果物の組み合わせとして正しいものを，あとの**ア**～**カ**から１つ選び，記号で答えなさい。また，図中の**Ｘ**にあてはまる都道府県名を**漢字**で答えなさい。

A.

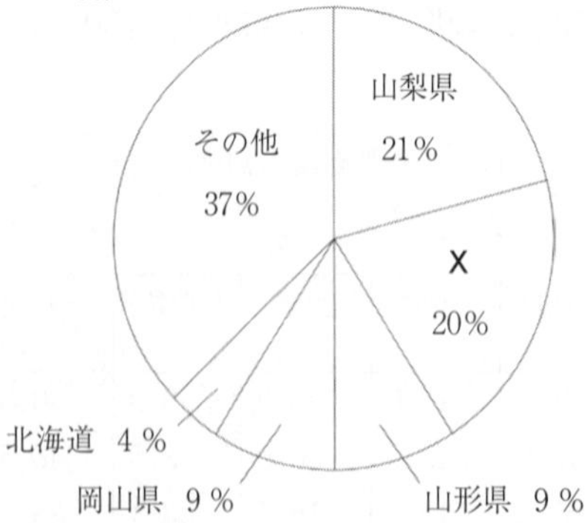

B.

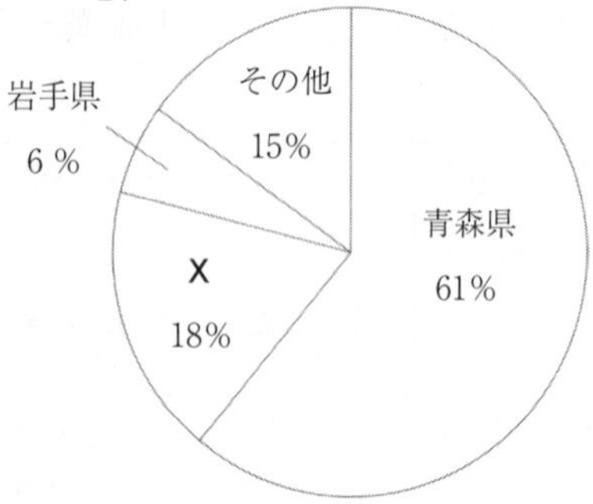

C.

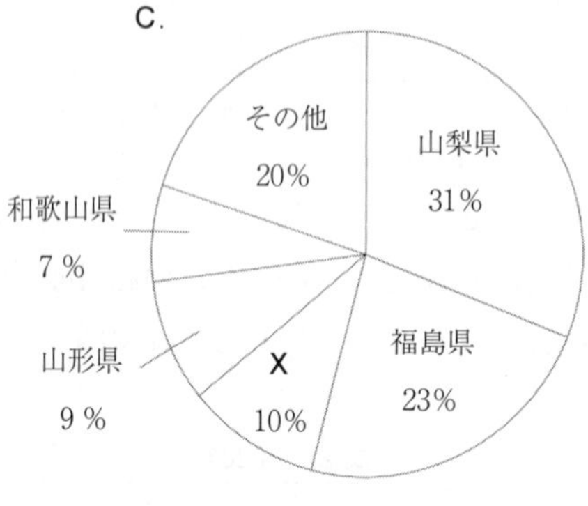

統計年次は2020年。農林水産省「果樹生産出荷《しゅっか》統計」により作成。

	A	B	C
ア	りんご	ぶどう	もも
イ	りんご	もも	ぶどう
ウ	ぶどう	りんご	もも
エ	ぶどう	もも	りんご
オ	もも	りんご	ぶどう
カ	もも	ぶどう	りんご

問６　下線部⑥に関して，次の二重線内の文章は，アジア太平洋地域の経済連携《れんけい》について述べた

ものである。文章中の下線部**A**～**C**について，それぞれにあてはまる略称《りゃくしょう》の組み合わせとして正しいものを，あとの**ア**～**カ**から１つ選び，記号で答えなさい。

> アジアおよび太平洋周辺諸国の経済連携として，かつて注目されていたのは A 環《かん》太平洋パートナーシップ協定だったが，2017年にアメリカのトランプ政権がこの協定からの離脱《りだつ》を宣言したことで，その注目度が下がった。その後に注目を集めたのが B 地域的な包括的《ほうかつてき》経済連携協定である。この協定は，C 東南アジア諸国連合の10か国と日本・中国・韓国《かんこく》・オーストラリア・ニュージーランドによる広域的な自由貿易協定であり，2020年にはこれらの15か国が合意・署名をしている。

	A	B	C
ア	ASEAN	TPP	RCEP
イ	ASEAN	RCEP	TPP
ウ	TPP	ASEAN	RCEP
エ	TPP	RCEP	ASEAN
オ	RCEP	ASEAN	TPP
カ	RCEP	TPP	ASEAN

問７　下線部⑦に関して，日本はたくさんの農畜産物《のうちくさんぶつ》や水産物を海外から輸入しているが，次の図**A**～**C**は，大豆・牛肉・エビのいずれかの輸入相手国および総輸入量にしめる割合を示したものである。図**A**～**C**が示す品目の組み合わせとして正しいものを，あとの**ア**～**カ**から１つ選び，記号で答えなさい。

A.

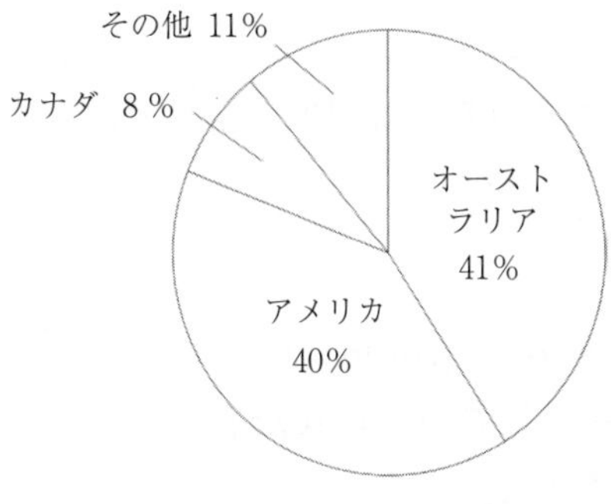

B.

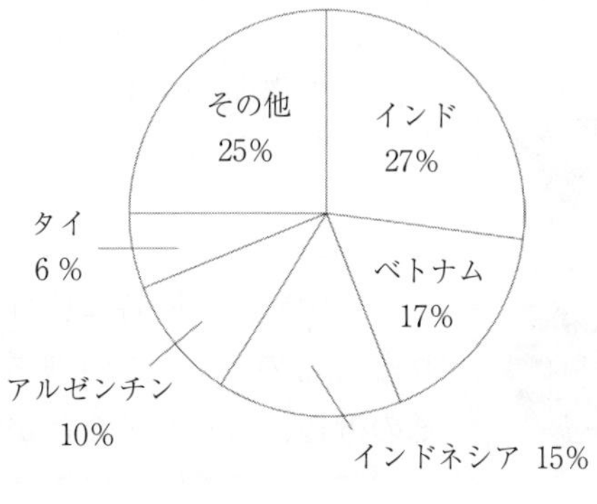

C.

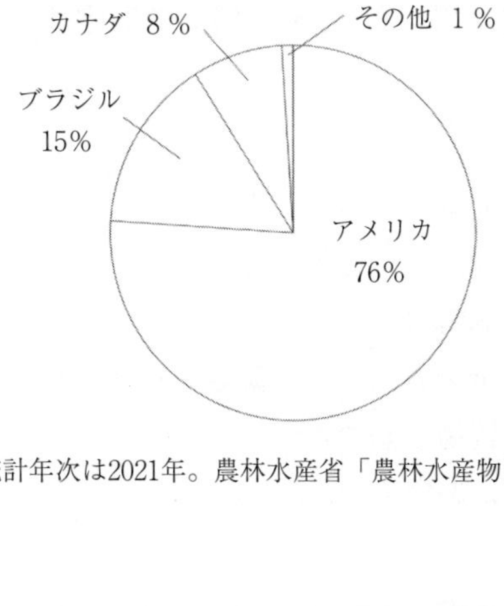

統計年次は2021年。農林水産省「農林水産物品目別実績」により作成。

	A	B	C
ア	大豆	牛肉	エビ
イ	大豆	エビ	牛肉
ウ	牛肉	大豆	エビ
エ	牛肉	エビ	大豆
オ	エビ	大豆	牛肉
カ	エビ	牛肉	大豆

2　次の表中の**A**～**F**は，様々なできごとを記念して日本で発行された記念貨幣《かへい》について説明したものです。これをみて，あとの各問いに答えなさい。

	貨幣	説明
A		昭和①天皇在位60年を記念してつくられた。平和を表す鳩《はと》と，日本の自然を表現した水が描《えが》かれている。
B		2020年東京オリンピック・パラリンピック競技《きょうぎ》大会を記念して，2018年につくられた。②鎌倉時代にもっともさかんだった流鏑馬《やぶさめ》と，「心技体」という文字が描かれている。
C		新幹線鉄道開業50周年を記念してつくられた。新幹線と富士山と桜が描かれている。日本で最初の新幹線は，江戸時代以来の③交通の中心である東海道で開通した。
D		④沖縄復帰50周年を記念してつくられた。首里城と県鳥であるノグチゲラ，県花であるデイゴが描かれている。
E		日本国憲法と同時に施行《しこう》された地方自治法の60周年を記念してつくられた貨幣のうち，岩手県をイメージしてつくられたもの。［　あ　］やその近辺に咲《さ》くハスなどが描かれている。
F		「円」を単位とする近代⑤通貨制度150周年を記念してつくられた。最初の円貨幣で用いられた，「円」の旧字体である「圓《えん》」の文字などが描かれている。

「財務省 HP」により作成。

問1　下線部①に関して，歴代の天皇が行ったことがらについて述べたものとして**誤っているもの**を，次の**ア**～**エ**から1つ選び，記号で答えなさい。

ア．平安京に都を移し，律令《りつりょう》国家を立て直そうとした。

イ．幕府に不満を持った武士を味方につけ，鎌倉幕府を滅《ほろ》ぼした。

ウ．日本国王として，明との貿易を始めた。

エ．大日本帝国《ていこく》憲法を，国民にあたえた。

問2　下線部②に関して，次の二重線内の**a**～**c**は，鎌倉時代のできごとについて述べたものである。その正誤の組み合わせとして正しいものを，あとの**ア**～**ク**から1つ選び，記号で答えなさい。

a．御家人《ごけにん》を統率《とうそつ》する，問注所という役所がつくられた。
b．いままでの武士のしきたりを大きく改める御成敗式目《ごせいばいしきもく》が，北条時宗によって定められた。
c．平氏の繁栄《はんえい》と滅亡《めつぼう》を描いた『平家物語』が，琵琶《びわ》法師によって語られた。

	ア	イ	ウ	エ	オ	カ	キ	ク
a	正	正	正	正	誤	誤	誤	誤
b	正	正	誤	誤	正	正	誤	誤
c	正	誤	正	誤	正	誤	正	誤

問3　下線部③に関して，日本の交通の歴史について述べたものとしてもっとも適しているものを，次の**ア**～**エ**から1つ選び，記号で答えなさい。

ア．鎌倉時代や室町時代の港町では，問《とい》(問丸)という業者が活躍《かつやく》した。

イ．江戸時代のおもな街道《かいどう》には一定の距離《きょり》ごとに関所がおかれ，人々の移動に役立った。

ウ．明治時代には，日本最初の鉄道が東京・大阪間で開通した。

エ．バブル経済崩壊《ほうかい》後に，日本で最初の高速自動車道として名神高速道路が開通した。

問4　下線部④に関して，沖縄県(琉球《りゅうきゅう》)の歴史について述べたものとしてもっとも適しているものを，次の**ア**～**エ**から1つ選び，記号で答えなさい。

ア．15世紀の琉球は，日本や中国，朝鮮《ちょうせん》などとの中継《ちゅうけい》貿易で繁栄していた。

イ．17世紀に薩摩藩《さつまはん》が琉球を支配すると，琉球は中国との貿易を禁止された。

ウ．19世紀に明治政府は琉球を中国と分割《ぶんかつ》する琉球処分を行い，現在の沖縄本島を領有した。

エ．20世紀にアメリカとソ連の冷戦が終結したことで，沖縄はアメリカから日本に返還《へんかん》された。

問5　文章中の［**あ**］にあてはまる建物について述べたものとしてもっとも適しているものを，次の**ア**～**エ**から1つ選び，記号で答えなさい。

ア．奈良時代に，唐《とう》の僧《そう》の鑑真《がんじん》が建立《こんりゅう》した。

イ．平安時代に，藤原清衡《ふじわらのきよひら》が建立した。

ウ．室町時代に，足利義満が建立した。

エ．戦国時代に，織田信長が焼き打ちを行った。

問6　下線部⑤に関して，日本の通貨の歴史について述べたものとしてもっとも適しているものを，次の**ア**～**エ**から1つ選び，記号で答えなさい。

ア．天武天皇のときに和同開珎《わどうかいちん》《ほう》がつくられ，都での取引で使用された。

イ．鎌倉時代には，中国から輸入した銅銭が商取引のための貨幣として流通した。

ウ．江戸時代には，東日本でおもに金貨が使用され，西日本でおもに銅貨が使用された。

エ．日清戦争で得た多額の賠償金《ばいしょうきん》をもとに，現在の「円」を単位とする通貨制度がつくられた。

問7　表中の**A**～**E**の5つの貨幣を**発行された順**に並べたとき，**2番目**と**5番目**にあたるものをそれぞれ1つ選び，記号で答えなさい。

3 **都道府県X**とその都道府県庁所在地に関する次の各問いに答えなさい。

問１　次の二重線内の文章は，**都道府県X**とその都道府県庁所在地に関して述べたものである。これを読んで，あとの(1)～(3)の各問いに答えなさい。

> **都道府県X**には，①江戸時代の禁教期にもひそかに信仰《しんこう》を続けていた「潜伏《せんぷく》キリシタン」が暮らしていた。その独自の文化・伝統が評価され，②2018年に世界文化遺産に登録された。また，2022年には都道府県庁所在地である［**あ**］まで，［**い**］新幹線が開通した。

(1)　文章中の［**あ**］・［**い**］にあてはまる語句の組み合わせとして正しいものを，次の**ア**～**ケ**から１つ選び，記号で答えなさい。

	ア	イ	ウ	エ	オ	カ	キ	ク	ケ
あ	鹿児島市	鹿児島市	鹿児島市	長崎市	長崎市	長崎市	福岡市	福岡市	福岡市
い	北九州	西九州	南九州	北九州	西九州	南九州	北九州	西九州	南九州

(2)　下線部①に関して，現在は，日本国憲法において信教の自由が保障されている。日本国憲法の信教の自由に関して述べたものとしてもっとも適しているものを，次の**ア**～**エ**から１つ選び，記号で答えなさい。

ア．信教の自由は精神の自由であるので，どの宗教を信仰するか，また信仰を持たないかは，国家や他者による制約を受けない。

イ．信教の自由は経済活動の自由であるので，公共の福祉《ふくし》のために一定の制約を受ける場合がある。

ウ．憲法には政教分離《ぶんり》の原則があるため，国会議員に選出された場合，または国務大臣に任命された場合は，個人の信仰の自由は放棄しなければならない。

エ．憲法には政教分離の原則があるため，国は神道《しんとう》以外の宗教に公金を支出したり，援助《えんじょ》を行うことは認められない。

(3)　下線部②に関して，この世界文化遺産の写真として正しいものを，次の**ア**～**エ**から１つ選び，記号で答えなさい。

ア．

イ．

ウ.

エ.

問２　次の二重線内の**資料１**～**資料４**は，**都道府県Ｘ**の都道府県庁所在地で作成している啓発《けいはつ》ポスターの言葉である。これを読んで，あとの(1)・(2)の各問いに答えなさい。

資料１　「わたしたちにできること」
[う]やビニールが海に漂《ただよ》っていると，
「たべもの」と間違《まちが》えて食べてしまう生き物がいます
その生き物を知らずに食べる生き物がいます
[う]でお腹《なか》がいっぱいで，
本当の食べものを食べずに餓死《がし》する生き物がいます
海岸のごみを拾ってみよう
わたしたちにできることを考えてやってみよう

資料２　「べんりのゆくえ」
つよくて，かるくて，せいけつで…
手に入れた便利の行くえを想像しよう
見たこともない500年先の未来には，
きっとわたしたちは存在していないのだけど
わたしたちが使った[う]は，
小さな小さな砂つぶになって
存在し続けているようです

資料３　「山＋街＋川→海」
ある日のこと，ごみが山で生まれました
ある日のこと，ごみが街で生まれました
ある日のこと，ごみが川で生まれました
どんぶらこ
どんぶらこ
やがてそのごみは，海に流れ着きました

資料４　「国産80％」
海洋ごみの80％が，山や街や川から生まれてきます
どこかで思っていませんでしたか？
このごみは，

わたしの国のものではありませんと
わたしが捨てたものではありませんと

(1) 二重線内の［う］にあてはまる言葉を，**カタカナ**で答えなさい。

(2) **資料1～資料4**が示している問題を解決するための具体的な行動としてもっとも適しているものを，次の**ア～エ**から1つ選び，記号で答えなさい。また，あとのSDGs(持続可能な開発のための17個の目標)の図をみて，**資料1～資料4**の示す問題と特に関わりの深い目標を図から**2つ**選び，**数字の小さい順に算用数字**で答えなさい。

ア．国は，車の排出《はいしゅつ》ガスを抑制《よくせい》するため，低公害車の利用に対して税金を減らす。

イ．企業《きぎょう》は，シェールオイルなどの新たな化石燃料を開発する。

ウ．消費者は，自然を守るため，自然素材ではない包装の商品を積極的に購入《こうにゅう》する。

エ．地方公共団体は，デポジット制度を採用している企業に補助金を出す。

「国際連合広報センターHP」より。

問3　次の二重線内の資料は，**都道府県X**の都道府県庁所在地にのみ適用される特別法の条文である。これを読んで，あとの(1)・(2)の各問いに答えなさい。なお，条文中の［　　］には，この都道府県庁所在地名が入る。

第1条　この法律は，国際文化の向上を図《はか》り，恒久《こうきゅう》平和の理想を達成するため，［　　］を国際文化都市として建設することを目的とする。

(1) この特別法は，憲法にもとづき住民投票を経て制定された。このように，国民や地方公共団体の住民が政治に直接参加し，政治の内容を決定するしくみについて述べたものとして**誤っているもの**を，次の**ア～エ**から1つ選び，記号で答えなさい。

ア．最高裁判所裁判官の罷免《ひめん》について審査《しんさ》をする。

イ．国会が発議した憲法の改正案の可否について投票を行う。

ウ．地方公共団体の首長について，解職の請求《せいきゅう》をする。

エ．地方公共団体の首長について，住民が選挙により選出する。

(2)　二重線内の下線部に関して，平和主義についての日本国憲法の記述として**誤っているもの**を，次の**ア**～**エ**から１つ選び，記号で答えなさい。

ア．平和を愛する諸国民の公正と信義に信頼《しんらい》して，われらの安全と生存を保持しようと決意した。

イ．全世界の国民が，ひとしく恐怖《きょうふ》と欠乏《けつぼう》から免《まぬ》かれ，平和のうちに生存する権利を有することを確認《かくにん》する。

ウ．国権の発動たる戦争と，武力による威嚇又《いかくまた》は武力の行使は，国際紛争《ふんそう》を解決する手段としては，永久にこれを放棄する。

エ．自衛のための必要最小限度の実力を超える陸海空軍その他の戦力は，これを保持しない。国の交戦権は，これを認めない。

【理　科】〈後期試験〉（30分）〈満点：50点〉

1　次の問いに答えなさい。

東邦大学付属東邦中学校と関わりの深い学校が，オーストラリアとシンガポールにそれぞれあります。2022年の３月21日（日本での春分），６月21日（日本での夏至），12月22日（日本での冬至）に，それぞれの国のある地点で太陽の動きを観測しました。**図１**のように紙の中心に棒を垂直に立て，棒の先端《せんたん》の影《かげ》の動きを記録しました。

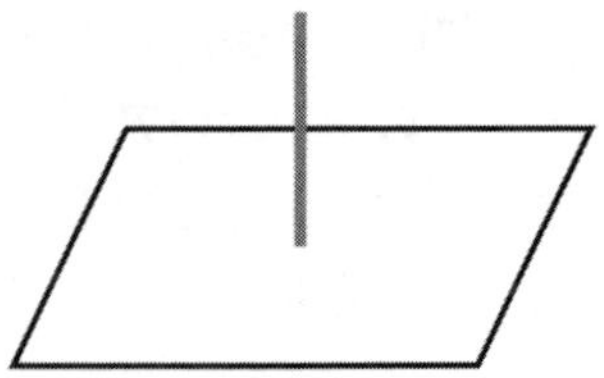

図１

千葉の館山（北緯《ほくい》35度），オーストラリアのキャンベラ（南緯《なんい》35度），シンガポールのセントーサ島（北緯１度）でそれぞれ観測を行った結果，下の記録のようになりました。記録中の記号はそれぞれ，日本での春分（■），日本での夏至（▲），日本での冬至（●）であり，（○）は棒の位置です。ただし，各地点において太陽は正午に南中したものとし，正午の前後２時間の観測をおこなったものとします。

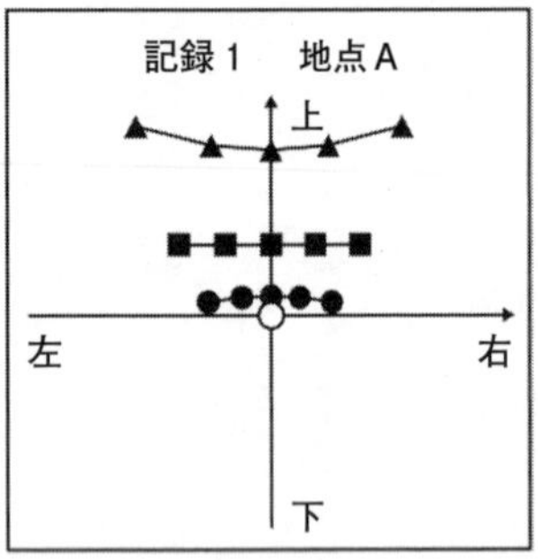

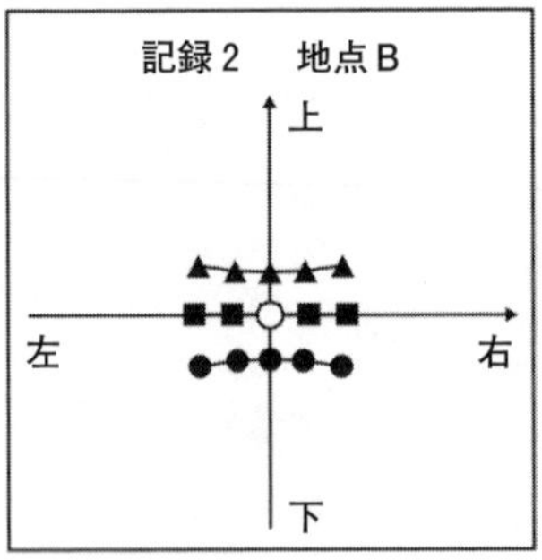

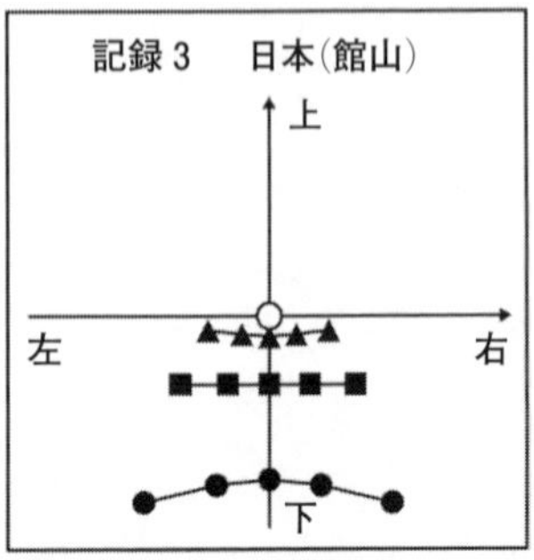

記録用紙の上側の方角，記録２の地点Ｂの場所，６月21日（日本での夏至）のキャンベラのおよその南中高度の組み合わせとしてもっとも適切なものを，あとの**１**～**８**の中から一つ選び，番号で答えなさい。なお南中高度とは，太陽が真南にきて，いちばん高く上がったときの地平線との間の角度です。ただし太陽が天頂より北側にある場合は，真北の地平線との間の角度とし，90度より小さな角度であらわします。

	上側の方角	地点Ｂの場所	キャンベラの南中高度
1	北	キャンベラ	82度
2	北	キャンベラ	32度
3	北	セントーサ島	82度
4	北	セントーサ島	32度
5	南	キャンベラ	82度
6	南	キャンベラ	32度
7	南	セントーサ島	82度
8	南	セントーサ島	32度

2 次の**実験**について，あとの(1)～(3)の問いに答えなさい。なお，用いる塩酸および水酸化ナトリウム水よう液は，すべて同じものです。

実験：塩酸100mLを入れたビーカーを４つ用意し，水酸化ナトリウム水よう液をそれぞれ10mL，20mL，30mL，40mL加えてまぜました。これらを水よう液Ａ～Ｄとし，それぞれをリトマス紙につけて色の変化を調べました。さらに，それぞれの水よう液を加熱して水をすべて蒸発させ，残った固体の重さを調べました。これらの結果をまとめたものが**表１**です。なお，水よう液Ａを加熱して水をすべて蒸発させたあとに残った固体を調べたところ，食塩であることがわかりました。

表１

	水よう液Ａ	水よう液Ｂ	水よう液Ｃ	水よう液Ｄ
用意した塩酸の体積	100mL	100mL	100mL	100mL
加えた水酸化ナトリウム水よう液の体積	10mL	20mL	30mL	40mL
青色リトマス紙の色の変化	赤くなった	赤くなった	変化なし	変化なし
赤色リトマス紙の色の変化	変化なし	変化なし	変化なし	青くなった
水を蒸発させたあとに残った固体の重さ	4 g	8 g	12g	14.5g

(1) 塩酸200mLに水酸化ナトリウム水よう液30mLを加えてまぜました。これを加熱して水をすべて蒸発させたあとに残る固体の重さは何ｇですか。

(2) 塩酸100mLに水酸化ナトリウム水よう液15mLを加えてまぜ，これにアルミニウムを入れると，あわを出してアルミニウムがとけます。このことと，上記の実験結果などから考えられることとして，**誤っているもの**はどれですか。次の**１**～**５**の中からもっとも適切なものを一つ選び，番号で答えなさい。

１．塩酸100mLに水酸化ナトリウム水よう液50mLを加えてまぜ，これを加熱して水をすべて蒸発させると，あとに残る固体の重さは14.5ｇより大きい。

２．水よう液Ａにアルミニウムを入れると，あわを出してアルミニウムがとける。

３．水よう液Ａを加熱すると，においがする。

４．水よう液Ａに鉄を入れても，鉄はとけない。

５．水よう液Ｂに石灰石を入れると，二酸化炭素が発生する。

(3) 塩酸150mLに水酸化ナトリウム水よう液20mLを加えてまぜました。これを加熱して水をすべて蒸発させ，残った固体に水を加えて水よう液にしました。この水よう液の説明として正しいものを，次の**1**～**5**の中から一つ選び，番号で答えなさい。

1．この水よう液は，赤色リトマス紙を青くするが，青色リトマス紙の色は変化させない。

2．この水よう液は，青色リトマス紙を赤くするが，赤色リトマス紙の色は変化させない。

3．この水よう液は，赤色リトマス紙の色も，青色リトマス紙の色も変化させない。

4．この水よう液に石灰石を入れると，二酸化炭素が発生する。

5．この水よう液を石灰水に入れると，白くにごる。

3　アリについて次の文章を読み，あとの(1)～(3)の問いに答えなさい。

多くのアリでは，一つの巣の中で卵を産む女王アリと，卵を産まない働きアリとで役割を分担しています。ある種類のアリでは，巣から女王アリがいなくなったとき，卵を産まなかった働きアリの一部が卵を産むようになります。

働きアリが巣に女王アリがいなくなったことを知るしくみについて調べるため，次の＜実験1＞～＜実験3＞を行いました。

＜実験1＞

図1のように，2つの部屋（A，B）に，働きアリを50匹ずつ入れ，部屋Aには女王アリも入れて飼育した。飼育を始めて30日後，部屋Aの働きアリは卵を産まず，部屋Bの働きアリの一部は卵を産んでいた。なお，部屋Aの働きアリは30日目以降も卵を産まなかった。

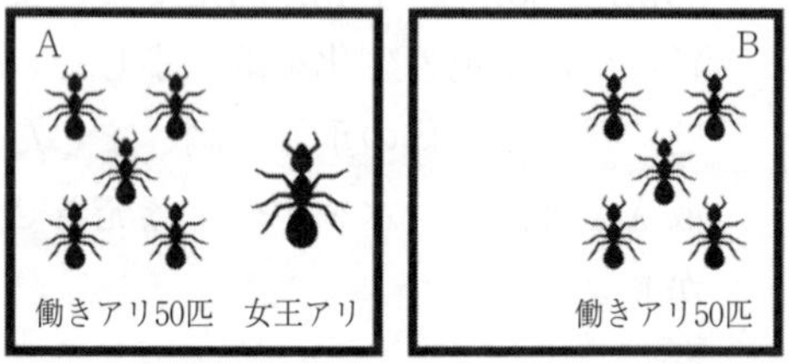

図1

＜実験2＞

図2のように，透明《とうめい》なガラス板でへだてて，お互いの部屋の中を見えるようにした，2つの部屋（A，B）に，働きアリを50匹ずつ入れ，部屋Aには女王アリも入れて飼育した。飼育を始めて30日後，部屋Aの働きアリは卵を産まず，部屋Bの働きアリの一部は卵を産んでいた。なお，部屋Aの働きアリは，30日目以降も卵を産まなかった。

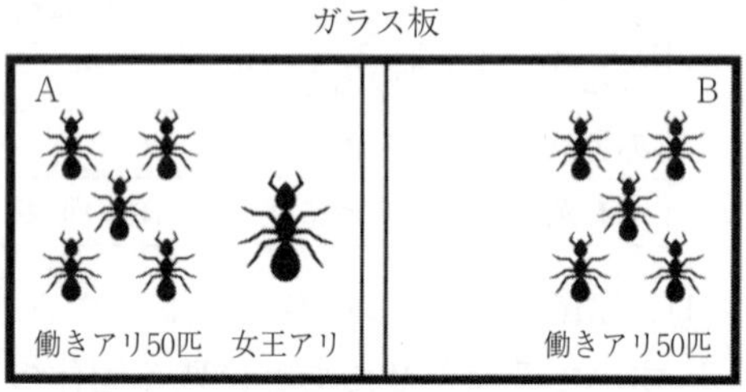

図2

＜実験3＞

図3のように，2枚の金網《かなあみ》でへだてて，お互いの部屋の中を見たり，においをかいだり，音を聞くことはできるが，触れ合うことはできないようにした，2つの部屋（A，B）に，働きアリを50匹ずつ入れ，部屋Aには女王アリも入れて飼育した。飼育を始めて30日後，部屋Aの働きアリは卵を産まず，部屋Bの働きアリの一部は卵を産んでいた。なお，部屋Aの働きアリは，30日目以降も卵を産まなかった。

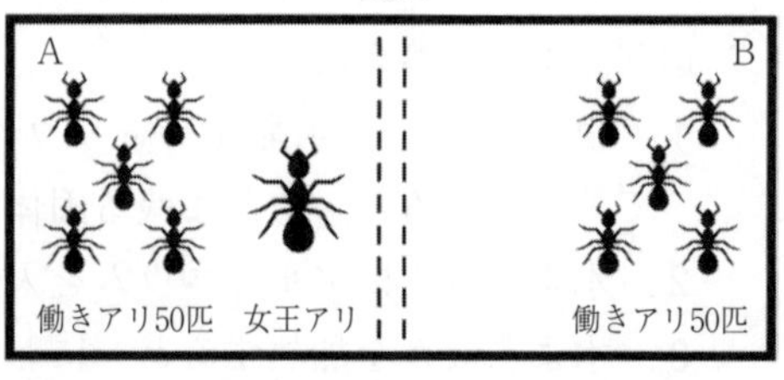

図3

(1)　＜実験1＞～＜実験3＞の結果から，働きアリは「巣に女王アリがいること」をどのような方法で知ると考えられますか。もっとも適切なものを下の**1**～**4**の中から一つ選び，番号で答えなさい。

1．働きアリが女王アリを見る

2．働きアリが女王アリのにおいをかぐ

3．働きアリが女王アリの出す音を聞く

4．働きアリが女王アリに触れる

(2)　働きアリどうしで「巣に女王アリがいること」を伝えているか調べるため，次の実験を行いました。

図4のように，2つの部屋（A，B）に，働きアリを50匹ずつ入れ，部屋Aには女王アリも入れて飼育した。部屋Aの働きアリのうち25匹に目印をつけ，この目印をつけた働きアリのうち10匹を部屋Bに移し，翌日，部屋Bに移した目印のついた働きアリ10匹を部屋Aにいる目印をつけた働きアリ10匹と交換した。このような方法で毎日，目印をつけた働きアリを交換しながら30日間飼育した。

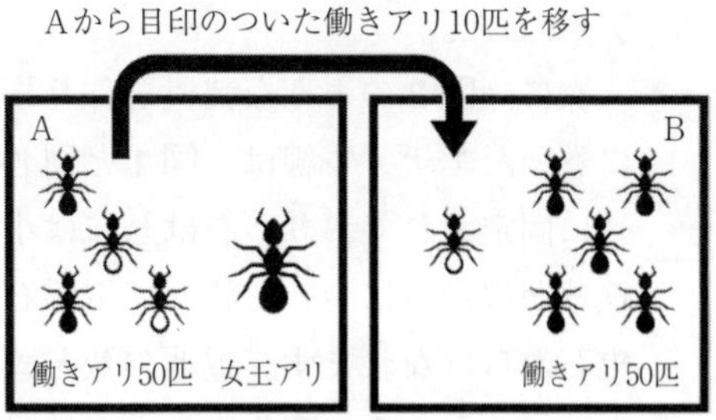

図4

この実験がどのような結果になったとき，働きアリどうしで「巣に女王アリがいること」を伝えていると考えられますか。もっとも適切なものを下の1～4の中から一つ選び，番号で答えなさい。

	部屋Aの目印のあるアリ	部屋Bのアリ
1	一部のアリが卵を産む	一部のアリが卵を産む
2	一部のアリが卵を産む	すべてのアリが卵を産まない
3	すべてのアリが卵を産まない	一部のアリが卵を産む
4	すべてのアリが卵を産まない	すべてのアリが卵を産まない

(3)　働きアリどうしで「巣に女王アリがいること」を伝えることができないと仮定します。＜実験１＞の部屋Aと同じ部屋を用意し，次のア～ウの条件でそれぞれ実験を行ったとき，巣の中に女王アリがいても働きアリが卵を産む可能性が高くなる条件をすべてあげたものを下の1～7の中から一つ選び，番号で答えなさい。

ア．部屋Aの中にいる働きアリを増やし，30日間飼育した。

イ．部屋Aの中にいる女王アリを増やし，30日間飼育した。

ウ．部屋Aの大きさを大きくして，30日間飼育した。

1．アのみ　　2．イのみ　　3．ウのみ　　4．アとイ

5．アとウ　　6．イとウ　　7．アとイとウ

4 次の文章を読み，あとの(1)～(3)の問いに答えなさい。ただし，どの実験でもエナメル線はすべて同じ長さで，電池，つつ，鉄しん，電球は同じものです。ばねは，電磁石や余ったエナメル線の影響《えいきょう》を受けません。

まず，つつにエナメル線を100回巻き，つつの中に鉄しんを入れて，**図1**のような電磁石を作りました。このときエナメル線に流れる電流の大きさを電流計で測ったら，0.8A(アンペア)でした。

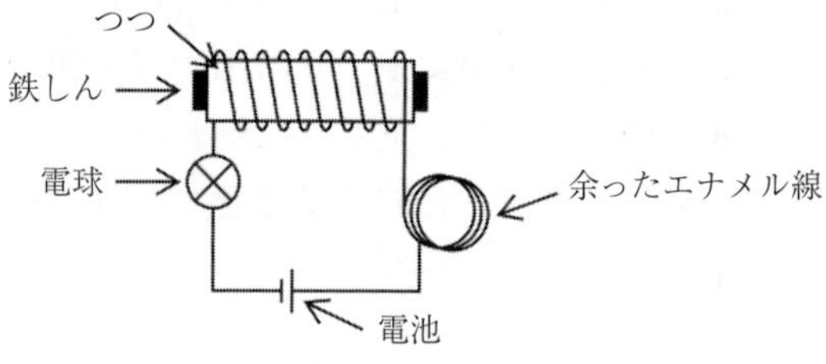

図1

次に，**図2**のような装置を作りました。つつに巻いたエナメル線は，**図1**と同じように電池と電球につながっています。ばねの左はしはかべに固定されており，右はしには小さな鉄球がついています。ゆかはなめらかで，水平です。鉄球が電磁石についた状態で電磁石を右へゆっくりと動かすと，ばねがのび，やがて鉄球は電磁石からはなれます。電池の数とコイルの巻き数を変えて，鉄球がはなれるときのばねののびを調べたところ，**表1**のような結果になりました。電球は，どの場合も1個です。

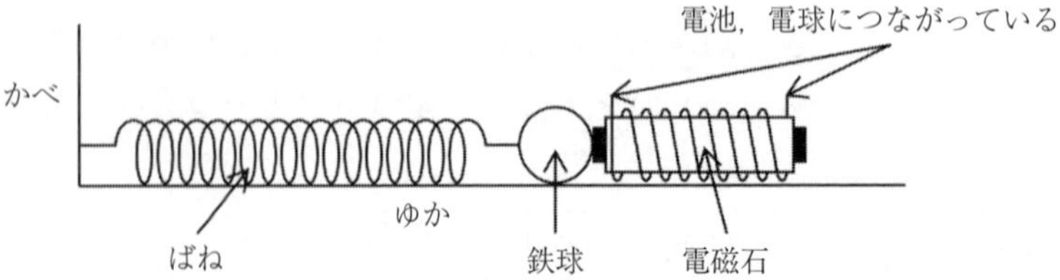

図2

表1

電池が1個のとき

コイルの巻き数〔回〕	100	200	300
ばねののび〔cm〕	2	4	6

電池が直列に2個のとき

コイルの巻き数〔回〕	100	200	300
ばねののび〔cm〕	4	8	12

電池が直列に3個のとき

コイルの巻き数〔回〕	100	200	300
ばねののび〔cm〕	6	12	18

(1) **図3**のように，電池を並列に2個つなぎ，コイルの巻き数を250回にした電磁石を用いて，**図2**と同じ装置で実験を行います。鉄球が電磁石からはなれるときのばねののびの長さは何cmになりますか。

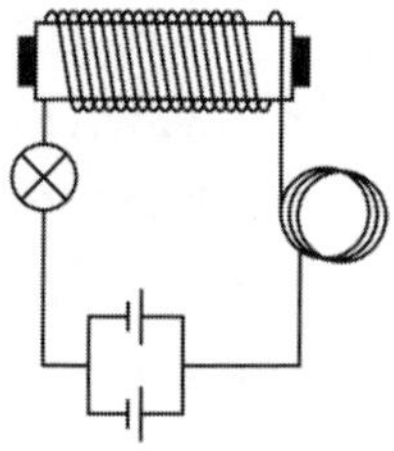

図3

(2) **図1**の装置から電池をはずし，かわりに，自由に電流の強さを変えることのできる電源装置をつけて，**図2**と同じ装置で実験を行います。コイルの巻き数が160回のとき，ばねを4.8cmのばすためには少なくとも何A以上の電流が必要ですか。

(3) 電磁石を2つ作り，電磁石と方位磁針を**図4**のように置きました。方位磁針Bの位置は2つの電磁石のちょうどまん中です。このとき，方位磁針A，B，Cの向きの組み合わせとして正しいと考えられるものを，あとの**1**～**8**の中から一つ選び，番号で答えなさい。

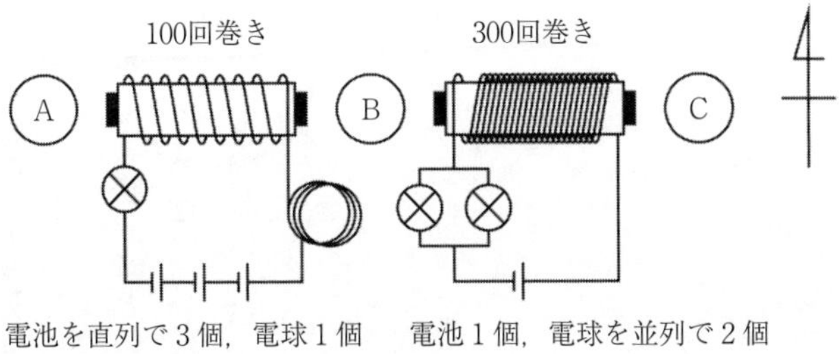
100回巻き
300回巻き
A
B
C
電池を直列で３個，電球１個
電池１個，電球を並列で２個

図４

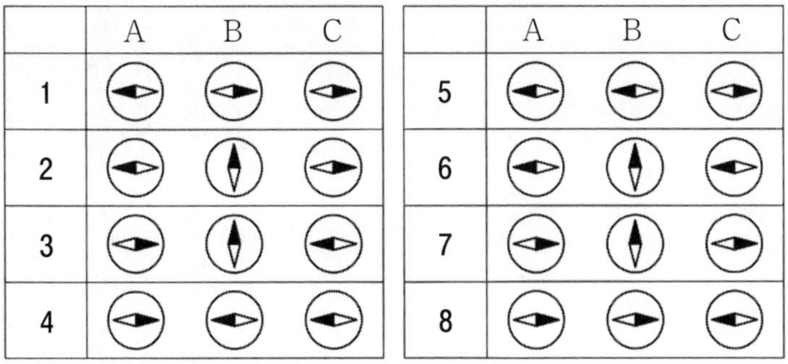
A
B
C
1
2
3
4
5
6
7
8

N極
S極

う幼い子どもに使う言葉をたくさん用いることは、「バーバ」を怒《おこ》らせ生きる気持ちをあえて奮い立たせようとする働きがある。

ホ 「一瞬、音という音が世界から消えた」という表現は、「マユ」の迷いの気持ちが全て消え去り大人へと成長したことを示すと同時に「バーバ」の死を予感させる重要な役割を果たしている。

ニ　一刻も早く「バーバ」のもとにかき氷を届けたいだけなのに、なかなか思い通りにいかないので、自分自身をふがいなく思っている。

ホ　だれもが不幸な出来事に心を痛めているのに、自分だけが不幸を装《よそお》い真面目に並ぶ人達をだまそうとしているのではと自らを責めている。

問7　――線**(6)**「ママの瞳から、つるんと一粒の涙が落ちる」とありますが、この時の「ママ」の気持ちの説明としてもっとも適切なものを次の**イ**～**ホ**の中から一つ選び、記号で答えなさい。

イ　このかき氷なら「バーバ」も食べてくれるにちがいないと思う反面、これがだめならもう手立てはないのではないかと思っている。

ロ　「バーバ」の介護《かいご》に追われ、「マユ」のために何一つしてあげられなかったのに、心やさしく成長してくれたことを喜ばしく思っている。

ハ　みんなが「バーバ」に気をつかって世話をしているということを、いつまでも分かってくれないことに心を痛め、にがにがしく思っている。

ニ　「マユ」が「バーバ」の思いをくみ取ってかき氷を買ってきてくれたことに心を打たれ、少しだけでも食べてあげてほしいと思っている。

ホ　かき氷を買ってきた「マユ」の思いをくみ取れない「バーバ」の姿に心を痛め、思いやりある昔の「バーバ」に戻ってほしいと思っている。

問8　――線**(7)**「ママは明らかに、私よりも年下の少女の顔に戻っていた」とありますが、その理由としてもっとも適切なものを次の**イ**～**ホ**の中から一つ選び、記号で答えなさい。

イ　祖母と孫との関係よりも、やはり母娘のつながりの方が強いのだと確信した「ママ」は、そのことを「バーバ」にも分かってもらおうとしたから。

ロ　「バーバ」がかつての振る舞いを取り戻したことで、「ママ」と「バーバ」の関係が介護する側とされる側から、かつての母と娘の関係に戻ったから。

ハ　「バーバ」のやさしさあふれる行動が、辛抱《しんぼう》強く「バーバ」の介護をしていた「ママ」の苦労を忘れさせ、「ママ」自身もやさしい気持ちを取り戻したから。

ニ　うわべだけの甘ったるい声で話しかけるばかりでなく、心から「バーバ」に寄りそう態度を見せることで、「バーバ」に元気になってもらおうとしたから。

ホ　やっと生気を取り戻してくれた「バーバ」の機嫌《きげん》が損なわれないようにと、「ママ」が気をつかって幼い子どもだったころの自分を演じようとしているから。

問9　本文における表現の説明としてもっとも適切なものを次の**イ**～**ホ**の中から一つ選び、記号で答えなさい。

イ　「飴色」、「オレンジ色」、「虹色」とカラフルな色彩《しきさい》を多用しているのは、常に付きまとう悲しい結末の予感を読者に忘れさせて、明るい気持ちにさせる効果がある。

ロ　「驚いたことに、バーバは自分で木のスプーンを持っている」という表現は、「バーバ」の行動に対して「マユ」だけでなく「ママ」も「驚いた」ことを暗に示している。

ハ　「口元がふわりと緩んで」、「きゅっとくちびるを閉ざして」や「口元をほころばせ」という描写《びょうしゃ》は「バーバ」の訴えかけようとする様子を、「マユ」の視点から表現したものである。

ニ　「ふーふーはしなくていいんだよ」や「はい、あーん」とい

ホ　はずかしそうな

b　うやうやしく

イ　手早くきれいに　**ロ**　気にせず適当に

ハ　じっくりと何度も　**ニ**　冷静にたんたんと

ホ　注意深くていねいに

問2　――線(1)「甘ったるい声になった」とありますが、この時の「私」の「バーバ」への接し方の説明として、もっとも適切なものを次の**イ**～**ホ**の中から一つ選び、記号で答えなさい。

イ　「ママ」が近くにいないことを良いことに、「バーバ」に甘えている。

ロ　「ママ」のまねをすることで、「バーバ」をなだめすかそうとしている。

ハ　「バーバ」を小さな子どものように扱《あつか》い、やさしい言葉づかいになっている。

ニ　「バーバ」の意図が分からずとまどっていることを、悟《さと》られまいとしている。

ホ　「バーバ」にキャラメルを食べてもらうために、こびた態度になっている。

問3　――線(2)「その瞬間、バーバの薄曇りのような色の奥まった瞳が、ピカッと輝いたように見えた」とありますが、この時の「バーバ」の説明としてもっとも適切なものを次の**イ**～**ホ**の中から一つ選び、記号で答えなさい。

イ　孫娘《まごむすめ》と仲むつまじいやり取りができて、喜びに満たされている。

ロ　それまでの落ち込んでいた気分が、うそのように解消されている。

ハ　ようやく自分の気持ちが伝わったことで、明るい気持ちになっている。

ニ　意識がぼんやりとしていたが、孫娘の一言でハッとわれに返っている。

ホ　相手の伝えたいことが分かったことで、晴れやかな気持ちになっている。

問4　――線(3)「だって、あの店は」の後に補う言葉として、もっとも適切なものを次の**イ**～**ホ**の中から一つ選び、記号で答えなさい。

イ　大人気店でかんたんには買えないでしょ。

ロ　いつ休みか分からないから危ないでしょ。

ハ　何年か前に家族みんなで行った店でしょ。

ニ　富士山にあるから遠くて行けないでしょ。

ホ　高すぎておこづかいじゃ買えないでしょ。

問5　――線(4)「バーバの体が変化していくようで」とありますが、このことを具体的に言いかえている**一文**を本文中からぬき出し、**最初と最後の三字ずつ**で答えなさい。（句読点、記号等は字数に数えます。）

問6　――線(5)「私はみるみる泣きたくなった」とありますが、この時の「私」の気持ちの説明としてもっとも適切なものを次の**イ**～**ホ**の中から一つ選び、記号で答えなさい。

イ　「バーバ」にかき氷を食べさせたいと思う一方で、行列に並んで待っている人たちの横入りをしてはいけないと考えている。

ロ　並んでいる人に申し訳なさを感じつつも、「バーバ」のためなのだから、だれも自分を非難する資格はないと半ば開き直っている。

ハ　家族みんなが一緒《いっしょ》にいた時は明るくふるまうことができたのに、悲しい事ばかりが続いたことで、何をするにも孤独《こどく》を感じている。

始めた。目の前のカップに、白い氷の山ができていく。私は、ポケットから小銭を取り出した。かき氷一杯《いっぱい》は買える。おじさんは、氷の小山の上から、透明なシロップをｂうやうやしくかけた。それを、クーラーボックスの中に入れてくれる。

「ありがとうございます！」

お金を払《はら》い、深々《ふかぶか》と頭を下げて、その場を立ち去った。

帰り道は、ますますスピードを上げて自転車を走らせる。クーラーボックスの中の小さな富士山が溶《と》け出す前に、どうしてもバーバに届けなくてはならない。

「ただいま。バーバ、富士山、持ってきたよ」

ホームに戻《もど》ると、またカーテンが閉じていて、部屋全体が飴色《あめいろ》に見える。クーラーボックスから、急いでかき氷を取り出した。もし全部溶けてしまっていたらと想像すると胸が潰《つぶ》れそうだったけれど、かき氷は、少し縮んだように見えるだけで、きちんと富士山の形を留めている。私は、ママにかき氷を手渡《てわた》した。

「はーなちゃん、あーん」

ママはそう言いながら、バーバの口元に木製のスプーンを差し出す。バーバのくちびるは、うっすらと開いている。けれど、スプーンが滑《すべ》り込めるほどの隙間《すきま》はない。

「マユが、一人で買いに行ってくれたんですよ」

(6)ママの瞳から、つるんと一粒《ひとつぶ》の涙が落ちる。やがてバーバは、何かを言いかけるように上下のくちびるを広げると、スプーンを受け入れた。

「おいしいでしょう？」

ママの声が湿《しめ》っている。二度、三度と、バーバはスプーンの上のかき氷を吸い込んだ。そのたびに、目を閉じてうっとりとした表情を浮《う》かべる。

私は確信する。バーバは今、数年前の夏の日、家族で行ったかき氷店のあの庭に帰っている。ごくり、と喉《のど》が鳴って、富士山の一部が、バーバの体の奥に染《し》み込んでいく。私は窓辺に移動して、カーテンをかきわけ外を見た。富士山が、オレンジ色に光っている。すると、マユ、とママが呼ぶ。

振り向くと、ほら、バーバがマユにも食べさせたいって、と、私を手招いている。驚いたことに、バーバは自分で木のスプーンを持っている。

近づくと、私の口にかき氷を含ませてくれた。同じように、ママの口にもかき氷を含ませてくれる。(7)ママは明らかに、私よりも年下の少女の顔に戻っていた。

「おいしいねぇ」

舌の上のかき氷は、まるで冷たい綿のようだ。さーっと溶けて、消えてなくなる。体のすみずみにまで、爽《さわ》やかな風が吹《ふ》き抜《ぬ》ける。

「眠くなってきちゃった」

そのままバーバのそばにいたら、泣いてしまいそうだったのだ。簡易ソファへ移動した。ママの前で泣くなんて、かっこ悪い。

「軽い熱中症《ねっちゅうしょう》かもしれないから、そこで少し休みなさい」

ママが、威厳《いげん》たっぷりに命令する。バーバとママ、二人の世界を邪《じゃ》魔《ま》しないよう、横になってそっとまぶたを閉じる。

（小川　糸『あつあつを召《め》し上がれ』より。）

問１　〰〰線ａ「はにかむような」、ｂ「うやうやしく」の本文中での意味として、もっとも適切なものをあとのイ～ホの中から一つずつ選び、それぞれ記号で答えなさい。

ａ　はにかむような

イ　元気そうな　ロ　幸せそうな

ハ　やさしそうな　ニ　うれしそうな

「だから、何年か前、みんなでかき氷を食べに行ったじゃない。あれだよ、あそこのなら、バーバ、食べられるんだって」
「(3)だって、あの店は」
「わかってる！　でも、行くしかないでしょっ！」
じれったくなり、つい乱暴な声を出してしまう。けれど、そうしている間にも、(4)バーバの体が変化していくようで怖《こわ》かったのだ。私は、ホームに置いてあるクーラーボックスを肩《かた》に担《かつ》ぎ、猛然《もうぜん》と部屋を飛び出した。廊下《ろうか》を走りながら、バーバが受け付けなかったキャラメルを、口の中に放り込む。
駐輪場《ちゅうりんじょう》に停《と》めてあった自転車にまたがり、かき氷店を目指した。大雑把《おおざっぱ》に言うと、そこは、かつて家族三人で暮らしていた町の方角にある。道なら覚えている。ただ、パパの車で通った時の記憶《きおく》だから、交通量の多い幹線道路を走らなくてはいけないけど。
夏休みで連休のせいか、車がかなり渋滞《じゅうたい》している。私は、臨機応変に歩道と車道を交互に走った。ぐんぐんと富士山が迫《せま》ってくる。急がなきゃ、急がなきゃ、気がつくと、猛スピードで走っていた。体が、風の一部になってしまいそうだった。
何かアクシデントが起きても不思議じゃなかったけど、何も起きずにかき氷の店まで辿《たど》り着く。でも、やっぱりここも、ものすごい人だかりだ。店の前に、長い行列ができている。どうしたら良いのだろう。このまま待っていたら、夜になってしまうかもしれない。私は、一心に店の奥へと突《つ》き進んだ。
この店では、天然氷というのを使っている。冬、プールのような所に水を貯《た》めて自然の力で凍《こお》らせ、それを切り出して保管し、かき氷にするのだ。私は今でも普通の氷との違いがよくわからないけれど、パパはその氷の味をえらく褒《ほ》めていた。この氷でウィスキーの水割り作ったら、うまいだろうなぁ、とか何とか言って。でも、今はそんな感傷に浸《ひた》っている場合ではない。一秒でも早くバーバにかき氷を届けなければ……。
店の庭では、みんなうれしそうにかき氷を頬張《ほおば》っている。あの時も向日葵《ひまわり》が満開だった。確かに数年前、私達はこのままいつまでも同じメンバーでいることに、何の疑いももたず、ここでかき氷を口に含んだのだ。
「すみません」
勇気を振《ふ》り絞《しぼ》り、窓の所で四角い氷を機械で削《けず》っているおじさんに声をかけた。でも、周りが騒《さわ》がしくて聞こえなかったのか、無視されてしまう。
「すみません！」
二度目は、声を強くした。ようやくおじさんが、できたての氷の山に透明《とうめい》なシロップをかけながら私の方を見てくれる。けれど、その先の言葉が繋《つな》がらない。(5)私はみるみる泣きたくなった。ただ、バーバにかき氷を食べさせたいだけなのに。どうしてこんなに悲しくなってしまうのだろう。けれど、早く言え、と何かが私の背中を強い力で前に押《お》してくれたのだ。
「バーバが、いえ祖母が、もうすぐ死にそうなんです。それで最後に、ここのかき氷を食べたいって」
ぐっとくちびるを噛《か》みしめ、涙《なみだ》の落下を食い止める。一瞬、音という音が世界から消えた。どうしてそんなことを口走ったのか、自分でもよくわからなかった。ママとの会話でも、ずっと気をつけて避《さ》けて通ってきた、一文字の単語。それが口をついて出たことに、自分でも驚《おどろ》いてしまう。
「ちょっと待ってて」
子供の言葉など相手にしてくれないかと懸念《けねん》していたのに、おじさんはぶっきらぼうにそう言うと、またくるくると機械のレバーを回し

二　次の文章を読んで、あとの問いに答えなさい。

「バーバ、おなかすかない？　私のキャラメル、食べる？」

ママの言い方が移って、幼い子供に話しかけるような口調になった。私は、箱からキャラメルを一つ取り出し、紙を剝《む》いてバーバの口元に持って行こうとする。と、その時、バーバの口元がふわりと緩《ゆる》んで、かすかに「ふ」という音がした。

「ふ？　ふって何？　このキャラメルは、熱くないから、ふーふーはしなくていいんだよ」

バーバが何かに反応したことに慌《あわ》ててしまい、早口になった。けれど、いざ私がキャラメルをバーバの口に入れようとすると、バーバはまたきゅっとくちびるを閉ざしてしまう。

「はい、あーん」

ママと同じ、(1)甘《あま》ったるい声になった。すると今度は、バーバの右手がすーっと伸《の》びて、窓の向こうを指差す。普段は直射日光が眩《まぶ》しいので、薄《うす》い方のカーテンは閉めたままだ。

「お外、見たいの？」

しっかりとバーバの目を見て尋《たず》ねると、バーバはまた、「ふ」という音を漏《も》らした。

じゃあ、ちょっとだけだよ、そう言って、私はバーバの寝《ね》ているベッドを離《はな》れ、窓辺に移動する。それから、カーテンを開けた。その時、

「バーバ、もしかして、ふって富士山の、ふ？」

ふとひらめいたのだ。(2)その瞬間《しゅんかん》、バーバの薄曇《うすぐも》りのような色の奥《おく》まった瞳《ひとみ》が、ピカッと輝《かがや》いたように見えた。

あまりにも当たり前に存在するので見慣れてしまい、忘れそうになっているけど、私達が暮らしている町からは、富士山がよく見える。昨日まで大雨が降っていたから、空気がいつもより澄《す》んでいるのかもしれない。富士山は、ホームの窓から見える景色の中で、しっかりとした輪郭《りんかく》を現わしている。

「これでいい？　バーバ、富士山が見たかったんだね」

カーテンを開けたせいで、ますます心地よい風が流れ込んでくる。ママは、すっかり眠《ねむ》っているらしい。けれど、まだバーバは、「ふ、ふ」とかすかな息を出す。マユならわかってくれるでしょ、と訴えかけるような表情で。

「見えない？　ほら、よーく目をこらすと、向こうに、富士山、見えるでしょ」

バーバは口元をほころばせ、くちびるをパクパクと動かしている。

「ん？　おなか空《す》いた？　やっぱりキャラメル食べてみる？」

そう言いかけた時、何かを思い出しそうになった。バーバのこの表情を、いつかどこかで見たことがある気がしたのだ。いつだっけ？　バーバの、aはにかむような柔《やわ》らかい表情。

あっ、そうだ。何年か前に家族みんなで、かき氷を食べに行った時だ。並んで並んで、やっと噂《うわさ》のかき氷にありつけた時、バーバは、言ったのだ。ほーら、マユちゃん、富士山みたいでしょう、って。あ、そうか、そういうことか!!

「バーバ、わかった、少し待ってて。マユ、かき氷買ってきてあげるから！」

気がつくと、大声で叫《さけ》んでいた。私が騒々《そうぞう》しく部屋を出て行こうとした時、ママが目を覚ました。

「マユ、どこ行くの？」

眠そうな気だるい声で尋ねるので、

「バーバ、富士山が食べたいんだよ、絶対にそうだよ、だから今」

そう言いかけると、

「富士山？」

ママは、不思議そうに本物の富士山の方を見つめる。

イ Ⅰ 欲求 Ⅱ 先天　ロ Ⅰ 認識 Ⅱ 一般
ハ Ⅰ 身体 Ⅱ 精神　ニ Ⅰ 経験 Ⅱ 生得
ホ Ⅰ 体験 Ⅱ 後天

問7 ――線(4)「自分一人の世界」とはどのようなものですか。その説明としてもっとも適切なものを次のイ～ホの中から一つ選び、記号で答えなさい。

イ 自分の周りに存在する他者の影響をまったく受けることがなく、赤ちゃん本人の感覚器官や身体の能力によって作り上げた自分特有のもの。

ロ 赤ちゃんが身体構造や感覚器官を発達させていくために欠かすことのできない、生まれる前からもともと誰にでも備わっている遺伝的なもの。

ハ 未熟な感覚器官や身体構造であることで生じる欲求によって、赤ちゃんが自分の力で作り上げていく人間にとって欠かすことのできないもの。

ニ 言葉を発するようになった赤ちゃんが自分の感覚器官・身体構造や欲求から生じた状況になって、はじめて獲得することができる普遍的なもの。

ホ 遺伝子によって形作られた感覚器官の基本的な部分によって作り上げられたものであるから、どんな赤ちゃんでもだいたい同じように形成されていくもの。

問8 本文の内容の説明として**適切でないもの**を次のイ～ホの中から一つ選び、記号で答えなさい。

イ 言語力を豊かにするためには「物には名前がある」という知識そのものが大事である。

ロ 子どもはいろいろなものが見えているはずなのに、その中から選別して個別のものを理解できるのは遺伝子のおかげである。

ハ 子どもはお母さんの顔を見つめたり、おもちゃを口や手でいじったりしているうちに一人で身の回りの世界を作り上げていく。

ニ 外国へ旅行したときに言葉がわからなくても、指を差して何か言われたら、それが名前だということは何となく理解できるものである。

ホ 言語を学ぶための前提となる知識はもともと子どもに備わっているものと考えなければ、子どもがものを理解することの説明がつかない。

問9 この文章の論の進め方を説明したものとしてもっとも適切なものを次のイ～ホの中から一つ選び、記号で答えなさい。

イ 言語を学ぶために必要な条件を具体例によって示しながら、人の言語感覚は身体構造や欲求によって普遍化されていると結論づけている。

ロ 子どもがものの名前を理解する能力について、具体例をまじえながら説明したうえで、その能力は人類普遍のものであると結論づけている。

ハ 子どもに言葉を教えるための方法を豊富な具体例や他の主張を紹介することで、わかりやすく読者に訴えながら言語獲得のための方策を示している。

ニ 言語によって物の名前を理解することの難しさを具体例をあげながら説明を加えたのちに、言語は人の身体構造によって制限を受けることを示している。

ホ 子どもの物の名前を理解する過程を、さまざまな具体例をあげて説明を加えながら幼児からの経験と知識が言語獲得において重要であると結論づけている。

が入る直前の**五字**をぬき出して答えなさい。（句読点、記号等も字数に数えます。）

生きていくために必要なものへの欲求も、みな同じでしょう。

問3　――線**(1)**「論理的に考えると極めて困難なのです」とありますが、その理由としてもっとも適切なものを次の**イ**～**ホ**の中から一つ選び、記号で答えなさい。

イ　ある言葉が何を示しているかということには無数の可能性があるので、一つに決定することはできないはずだから。

ロ　ある言葉が何を示しているかということを理解しようとしても、言葉自体が無数にあるので判断がつかなくなるから。

ハ　ある言葉が何を示しているかを判断するだけの経験がとぼしいので、一つにしぼって選び出すことは不可能であるから。

ニ　ある言葉が何を示しているかという判断は経験によってつくられていくが、その経験は人によってちがう可能性があるから。

ホ　ある言葉が何を示しているかということを理解しようとしても、そこで見えているものは人によって異なるものになってしまうから。

問4　――線**(2)**「実際には、たった一回、リンゴを示して『リンゴだよ』と言っただけで、子どもは何がリンゴなのかを適切に理解してしまいます」とありますが、そのように子どもが理解できる理由としてもっとも適切なものを、次の**イ**～**ホ**の中から一つ選び、記号で答えなさい。

イ　子どもはあらかじめ物の名前をわかっており、短い期間で言語を獲得できるから。

ロ　子どもは名前を知る前提として、それを覚えるための脳の機能が発達しているから。

ハ　子どもは物には名前があるということを、さまざまな経験を通して学習していくから。

ニ　子どもはもともと脳に言語の理解能力が備わっていて、すぐに活用できる存在だから。

ホ　子どもはいろいろな物には名前があるということを、生まれながらに知っているから。

問5　――線**(3)**「論争があります」とありますが、「論争」の説明としてもっとも適切なものを次の**イ**～**ホ**の中から一つ選び、記号で答えなさい。

イ　物体を認識して類似性を判断する能力をもともと備えているという主張と、言語を学ぶためには実生活での経験が欠かせないという主張が対立していること。

ロ　子どもは生まれた時から名前で呼ばれるものをすでに知っているという主張と生まれた後の経験によって言語を獲得するという主張が争って結果が出せないこと。

ハ　言語を学ぶために必要な知識がどのようなものでどのように遺伝子に書き込まれているのかといった点において、いくつかの主張が対立して決着がつかないこと。

ニ　言語の知識はどのようにつくられているのかという点について、遺伝によってつくられるのかそうではないのかという主張がたがいにゆずらず問題となっていること。

ホ　言語を学ぶ子どもがよりどころとする知識や経験はどのように遺伝子に書き込まれていくのかといった点において、いまだに解決にいたらないさまざまな主張があること。

問6　［Ⅰ］・［Ⅱ］に入る語として、もっとも適切な組み合わせを次の**イ**～**ホ**の中から一つ選び、記号で答えなさい。

争があります。たとえば、「子どもはリンゴが何かをあらかじめ知っている」というのは、あきらかに無理のある主張です。この世界にある、名前で呼ばれるべきものがすべて人間の遺伝子に書き込まれているわけがありません。他方、もう少し一般的《いっぱんてき》な能力、たとえば物体を識別し、その類似性《るいじせい》を判断する能力なら、遺伝的だといってよいかもしれません。

　いずれにせよ、言語は単に［Ⅰ］のみによって学ばれるのではなく、人間の［Ⅱ］的な要素が関わっていることは、まず間違《まちが》いないでしょう。

　言うまでもなく、感覚器官を含《ふく》む人間の身体は遺伝子によって形作られます。目や脳の構造の基本的な部分は人間という生物種において大体みな同じです。人間が世界について持つ認識《にんしき》は、そうした身体構造や欲求を前提として、世界との関わりあいによって作り上げられていきます。

　生まれたばかりの赤ちゃんは、目もよく見えず身体も十分に動かせません。それでも辺りを見回して、お母さんやお父さんの顔を見つけだし、そちらを見つめます。いくつかの心理学実験から、生まれたばかりの赤ちゃんでも「顔」を認識して、好んで見ることが明らかになっています。そして、おっぱいや哺乳瓶《ほにゅうびん》をくわえてミルクを飲みます。

　しばらくして視力が向上し身体も動かせるようになってくると、身の回りのものを手に取っていじったり口に入れたりして、それがどんなものなのかを理解しようとします。それは同時に、自分の身体を動かすことに慣れていくことでもあります。そして、形や色や、周りの人がそれをどのように使っているかといった用途《ようと》によって、身の回りのものを分類します。物体までの距離《きょり》を知覚したり、自分で動かせそうかどうかを見積もったり、次にどのようになるかを予測したりできるようになります。

　赤ちゃんは、個人差はあるもののおおむね一歳《いっさい》前後から言葉を発するようになりますが、そのころには自分なりに身の回りのものについて理解しています。人間は、言語を獲得して他者との相互《そうご》理解の世界に入る前に、まずは(4)自分一人の世界を作り上げるのです。そうした理解は、自分一人で作り上げたものではありますが、人間の感覚器官や身体の構造や欲求に対応するものなので、おおむねみな同じになります。それゆえに、私がリンゴを示しつつ「これはリンゴだよ」というだけで、赤ちゃんは何がリンゴなのかを理解できるのです。

　このような基本的な世界理解は、赤ちゃんが誰《だれ》にも教えられることなく実行するものですから、人類※2普遍《ふへん》だといって間違いないと思います。それゆえに、たとえば日本語を学習中の、リンゴが採れない国の人にリンゴを見せて、「これはリンゴです」と教えたら、私たちと同じように「リンゴ」を知覚して、「リンゴがこの物体の名前であり、この物体はリンゴという種類に②ゾクしているのだ」と理解するでしょう。

　このように考えてくると、人間の認識は言語によって「何でもあり」に変化するものではなく、人類共通の身体構造や欲求による制限を受けているといえるでしょう。

（山口裕之《ひろゆき》『「みんな違ってみんないい」のか？——相対主義と普遍主義の問題』より。
出題にあたり、文章の構成を一部改めました。）

（注）※1　チョムスキー…アメリカ合衆国の哲学者、言語学者。
※2　普遍…広くゆきわたること。また、すべてのものにあてはまること。

問1　══線①・②のカタカナを漢字に直しなさい。

問2　本文に次の一文を入れるとすると、どこが適切ですか。この文

2023年度

東邦大学付属東邦中学校

【国　語】〈後期試験〉（四五分）〈満点：一〇〇点〉

一　次の文章を読んで、あとの問いに答えなさい。

私たちは、子どもに言葉を教えるときに、物を見せてその名前を呼んだりします。たとえば、リンゴを見せて「これはリンゴだよ」と教えます。そのとき子どもは、何がリンゴという名前で呼ばれているのかを自分で理解しなくてはなりません。子どもには、リンゴだけでなく、それを持っている手やお父さんの顔など、さまざまなものが見えています。そのなかのどれが「リンゴ」なのか、どうやったらわかるでしょうか？

指で差してやったらわかるでしょうか。しかし、指の先には、リンゴだけでなく、赤い色も見えます。赤い色が「リンゴ」なのかもしれません。あるいは、何かが手にのっている状態が「リンゴ」なのかもしれません。ひょっとすると指が「リンゴ」なのかもしれません。「リンゴ」という言葉が何を指しているのかには、無数の可能性があります。何かを見せてその名前を呼んだだけで、その名前が見えているものの中のどれを指しているのかを決定することは、(1)論理的に考えると極《きわ》めて困難なのです。

もしも子どもたちがこの困難を経験のみによって克服《こくふく》するなら、もっとたくさんの経験が必要なはずです。たとえば、「リンゴ」という言葉一つを学ぶために、リンゴは赤い色でない、手にのっている状態でもない、指でも笑っているお父さんでもない……などと、無数の可能性をすべて検証する必要があります。しかし(2)実際には、たった一回、リンゴを示して「リンゴだよ」と言っただけで、子どもは何がリンゴなのかを適切に理解してしまいます。

しかも子どもは、「リンゴ」という名前が、①ガンゼンに示された物体の固有名ではなく、他のリンゴも「リンゴ」と呼ばれるのだということも理解します。これは、子どもが「名前で呼ばれるべきもの」がどんなものなのかをあらかじめ知っていると考えるほかないでしょう。

そもそも子どもは「物には名前がある」ということも自分で理解しなくてはなりません。たとえば、チンパンジーのような人間に極めて近いと考えられている動物でさえ、物を見せてその名前を呼ぶような教え方では決して言葉を学びません。チンパンジーには、物には名前があるということがわからないのです。しかし、物には名前があるということを、どのようにしたら教えることができるでしょうか。これは、名前を教えること自体の前提ですから、単に名前を教えることによって教えることはできないのです。

このように考えると、言語を学ぶためには、言語とは何なのかについての知識があらかじめ子どもの側に備わっていなくてはならないはずです。「物には名前がある」とか「名前は種類を示す」とか、さらには「個体識別することが重要なものについては固有名詞がある」「行為《こうい》や動作を示す言葉（動詞）もある」「文章は語順によって意味がまったく変わってしまうことがある」といったことを、子どもの側からあらかじめ知っているからこそ、子どもは短い期間で言語を獲得《かくとく》することができるのです。

このように、言語を学ぶためには経験だけでなく、前提となる知識が必要だという※1チョムスキーの主張はもっともなので、現在の言語学では定説の一つとなっています。

もちろん、その前提となる知識が具体的にどのような知識で、どのような形で遺伝子に書き込《こ》まれているのかといった点については(3)論

2023年度

東邦大学付属東邦中学校 ▶解　答

※　編集上の都合により，後期試験の解説は省略させていただきました。

算　数　＜後期試験＞（45分）＜満点：100点＞

解　答

1 (1) $4\frac{5}{6}$　(2) $\frac{1}{2}$　(3) 68　2 (1) 47個　(2) 180個　(3) 112m　(4) 13cm^2　(5) $2\frac{13}{16}$cm　3 (1) 160 g　(2) 8 g　4 (1) 7通り　(2) 29通り　5 (1) 100cm^2　(2) 66.24cm　(3) 100.48cm^2　6 (1) エ　(2) 50点　(3) 3通り

社　会　＜後期試験＞（30分）＜満点：50点＞

解　答

1 **問1**　**X**　ウ　**Y**　オ　**問2**　**記号**…ア　**県庁所在地名**…もりおか(市)　**問3**　**香川県**…イ　**高知県**…エ　**問4**　オ　**問5**　**記号**…ウ　**都道府県名**…長野(県)　**問6**　エ　**問7**　エ　2 **問1**　ウ　**問2**　キ　**問3**　ア　**問4**　ア　**問5**　イ　**問6**　イ　**問7**　**2番目**…E　**5番目**…F　3 **問1**　(1) オ　(2) ア　(3) ア　**問2**　(1) プラスチック　(2) **行動**…エ　**目標**…12，14　**問3**　(1) エ　(2) エ

理　科　＜後期試験＞（30分）＜満点：50点＞

解　答

1 8　2 (1) 12 g　(2) 4　(3) 3　3 (1) 4　(2) 4　(3) 5　4 (1) 5 cm　(2) 1.2A　(3) 1

国　語　＜後期試験＞（45分）＜満点：100点＞

解　答

一 **問1**　下記を参照のこと。　**問2**　同じです。　**問3**　イ　**問4**　ホ　**問5**　ハ　**問6**　ニ　**問7**　ホ　**問8**　イ　**問9**　ロ　二 **問1**　**a**　ホ　**b**　ホ　**問2**　ハ　**問3**　ハ　**問4**　イ　**問5**　バーバ～です。　**問6**　ニ　**問7**　ニ　**問8**　ロ

問９　ハ

●漢字の書き取り

□一 問１　①　眼前　②　属

Memo

2022年度　東邦大学付属東邦中学校

〔電　話〕 (047) 472－8191
〔所在地〕 〒275-8511　千葉県習志野市泉町2－1－37
〔交　通〕 京成電鉄―「京成大久保駅」より徒歩10分
JR総武線―「津田沼駅」よりバス15分

※　推薦は算数・社会・理科・国語を，帰国生は算数・英語・国語を受験します。

【算　数】〈推薦・帰国生試験〉（45分）〈満点：100点〉

1　次の□にあてはまる最も適当な数を答えなさい。

(1)　$4\times\frac{6}{5}-\frac{1}{10}\times(50-24\div6)=\square$

(2)　$\left\{0.56\times\frac{1}{5}\div\left(125\times\frac{7}{1000}\right)\right\}\div\square=\frac{1}{125}$

(3)　$2022\times3.14+2021\times3.26-2020\times6.4=\square$

2　次の問いに答えなさい。

(1)　7％の食塩水Aが50g，6％の食塩水Bが100g，濃度のわからない食塩水Cが100gあります。食塩水A，B，Cをすべて混ぜ合わせたところ，濃度が5.4％になりました。食塩水Cの濃度を求めなさい。

(2)　あるお菓子を生徒たちに4個ずつ配ると11個余り，6個ずつ配ると7個足りません。このお菓子を5個ずつ配るとき，何個余るか求めなさい。

(3)　ある小学校の6年生全員に国語と算数のテストをそれぞれ行いました。両方のテストに合格した人は全体の$\frac{2}{19}$で，どちらも不合格の人は全体の$\frac{1}{9}$でした。また国語に合格した人と算数に合格した人の人数比は3：2でした。算数だけに合格した人が50人のとき，この小学校の6年生全員の人数を求めなさい。

3　家から学校までの道のりは3kmあり，その道のりの途中《とちゅう》にA地点があります。家からA地点までは平らな道で，A地点から学校までは登り坂になっています。

ある日，兄は7時ちょうどに家を出て，歩いて学校へ向かいました。弟は7時10分に家を出て，自転車で学校へ向かいました。弟は7時16分に平らな道の途中で兄を追いこしましたが，登り坂の途中で兄に追いこされ，兄より5分遅れて学校に着きました。兄の歩く速さは平らな道でも登り坂でも分速60mです。弟の登り坂での自転車の速さは，平らな道での自転車の速さの$\frac{1}{4}$となります。

このとき，次の問いに答えなさい。

(1)　弟の平らな道での自転車の速さは分速何mか求めなさい。

(2)　A地点から学校までの道のりは何mか求めなさい。

4　右の図のような，AD：BC＝2：3 となる台形ABCDがあります。点E，Fを辺AD上にAE：EF：FD＝1：1：1となるようにとります。また，点Gを辺AB上にAG：GB＝4：1，点Hを辺DC上にDH：HC＝4：3となるようにとります。EHとFGが交わる点をＩとするとき，次の問いに答えなさい。

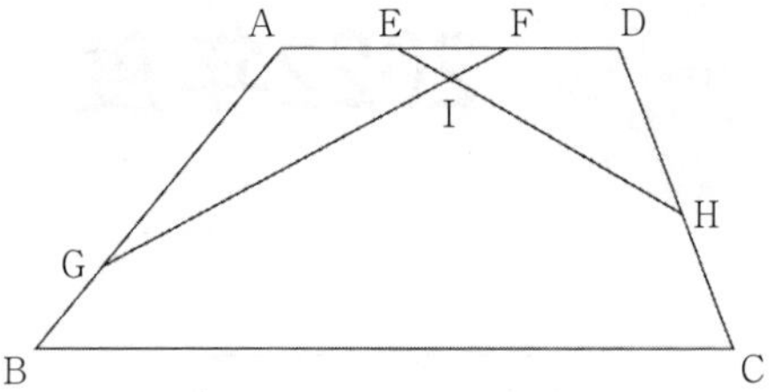

(1)　台形ABCDの面積は三角形AGFの面積の何倍か求めなさい。

(2)　FI：IGを最も簡単な整数の比で表しなさい。

5　下の【図１】のような，色のついた１辺15cmの正方形のタイルＡとタイルＢがたくさんあります。かべにある縦15cm，横45cmの長方形のわくに，同じ色がとなり合わないように３枚のタイルを並べて貼《は》ります。【図２】のように，タイルＡの向きを変えた貼り方は，別の貼り方とします。また，【図３】のように，180°回転した貼り方も，別の貼り方とします。さらに，１種類のタイルのみを貼ってもよいとします。

　このとき，下の問いに答えなさい。

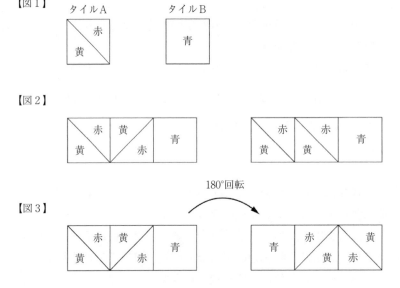

【図１】

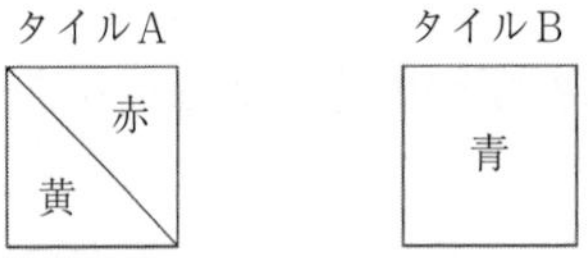

【図２】

【図３】

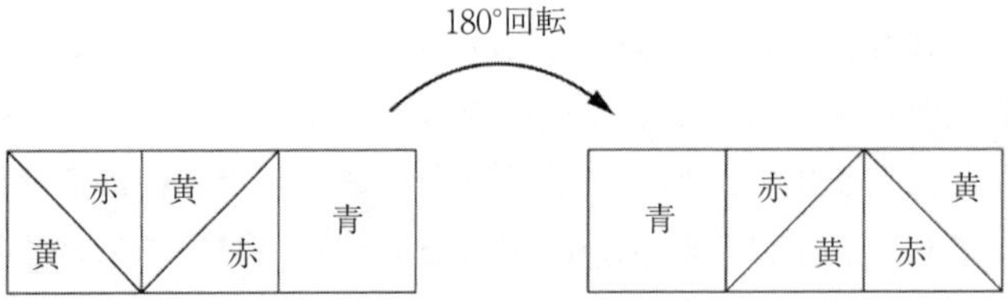

(1)　タイルＡを１枚，タイルＢを２枚使って貼るとき，この貼り方は何通りあるか求めなさい。

(2)　タイルＡを２枚，タイルＢを１枚使って貼るとき，この貼り方は何通りあるか求めなさい。

(3)　貼り方は全部で何通りあるか求めなさい。

6　右の図のような，高さ10cm の三角柱 ABCDEF があります。三角形 ABC は AB＝AC の二等辺三角形で，BC＝3cm です。この三角柱を３点Ａ，Ｅ，Ｆを通る平面で切ると，頂点Ｂを含む立体の体積は 40cm^3 になります。

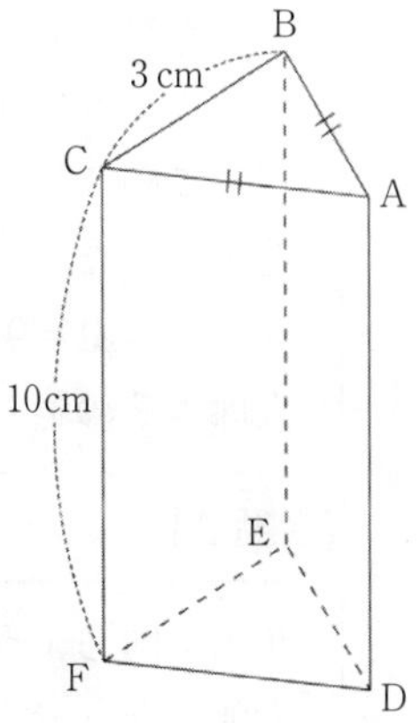

　このとき，次の問いに答えなさい。

(1)　この三角柱を３点Ａ，Ｅ，Ｆを通る平面で切るとき，頂点Ｄを含む立体の体積を求めなさい。

(2)　BF と CE が交わる点をＯ，辺 AD を二等分する点をＭとします。OM を軸にこの三角柱を90°回転させた立体と，もとの三角柱が重なる部分の体積を求めなさい。

7　太郎さんと花子さんは，次の 問題 について，以下のような会話をしています。【会話１】から【会話３】を読んで，(1)から(3)の問いに答えなさい。ただし，３つの会話の中にまちがった考え方で問題を解いているものがあります。

問題　A組，B組，C組の３クラスに対し，５点満点のテストを行いました。下の表は，各クラスの得点とその人数の関係を表したものです。A組とB組の平均点はともに３点で，３クラス全員の平均点は3.1点でした。また，どのクラスの人数も45人以下です。

　このとき，下の表の a ～ h にあてはまる整数を求めなさい。

A組

得点(点)	0	1	2	3	4	5	計
人数(人)	2	4	7	10	9	a	b

B組

得点(点)	0	1	2	3	4	5	計
人数(人)	c	7	d	e	18	5	40

（c の数は d の数より大きい）

C組

得点(点)	0	1	2	3	4	5	計
人数(人)	2	f	7	4	13	g	h

【会話１】

太郎：まず，A組の表から完成させていきましょう。

花子：a の数がわかれば解決ですね。

太郎：そうですね。ここでは，平均点よりも点数が低いグループと高いグループに分けて考えて，それぞれで平均点との差の合計を計算すると，[低いグループの合計]と[高いグループの合計]が等しくなることを利用しましょう。

花子：どういうことですか。

太郎：A組の平均点は３点なので，平均点よりも点数が低いグループは０点，１点，２点の人たちです。０点の人は，平均点よりも３点低く，A組には０点の人が２人いるので，3×2＝6 点が０点の人たちの平均点との差の合計になります。

花子：なるほど，

[低いグループの合計]＝3×2＋2×4＋1×7＝21(点)

となるわけですね。
太郎：そうですね。あとは，[低いグループの合計]＝[高いグループの合計]となるので，このことを a を使って式に表せますか。
花子：つまり，こういうことですね。

$21=9+2\times a$

太郎：その通りです。これで a の数がわかるので，b の数もわかりますね。

【会話２】

花子：同じように考えて，Ｂ組の表を完成させればいいですね。
太郎：そうですね。c，d を使って[低いグループの合計]＝[高いグループの合計]を式で表すと，

$3\times c+14+d=28$…①

となります。①にあてはまる c，d にはどんな数があるかわかりますか。
花子：$c=0$，$d=14$ はどうですか。
太郎：たしかにそれもあてはまりますね。でも，Ｂ組の人数は40人ですので…。
花子：なるほど，c と d はあわせて10以下にならないといけませんね。それでもまだ①にあてはまる c，d は何通りかありますよね。
太郎：その通りですね。でも，「c の数は d の数より大きい」にもあてはまるのは１通りしかありません。これで，c と d の数がわかるので，e の数もわかりますね。

【会話３】

太郎：最後にＣ組の表を完成させましょう。
花子：Ａ組とＢ組の平均点はともに３点で，３クラス全員の平均点は3.1点です。Ｃ組の平均点を x 点とすると，$(3+3+x)\div 3=3.1$ ですから，$x=3.3$ となります。
太郎：そうですね。f，g を使って[低いグループの合計]＝[高いグループの合計]を式で表すと，

$16.9+2.3\times f=9.1+1.7\times g$…②

となり，②にあてはまる f，g を見つければいいですね。
花子：でも，②にあてはまる f，g はたくさんありますよ。
太郎：そうなんですよ。しかし，「どのクラスの人数も45人以下」にあてはまるのはたった１通りしかありません。これで，f と g の数がわかるので，h の数もわかりますね。

(1)　３つの会話の中でまちがった考え方をしている会話を，次の(ア)～(キ)の中から選び，記号で答えなさい。

(ア)　【会話１】　(イ)　【会話２】　(ウ)　【会話３】
(エ)　【会話１】と【会話２】　(オ)　【会話１】と【会話３】　(カ)　【会話２】と【会話３】
(キ)　すべての会話

(2)　正しい考え方で解いたとき，a，c にあてはまる数を答えなさい。
(3)　正しい考え方で解いたとき，f にあてはまる数を答えなさい。

【社　会】〈推薦試験〉（30分）〈満点：50点〉

〈編集部注：実物の入試問題では，**１**問１の**図１**，問２と問３の図，**２**問４の写真はカラー印刷です。〉

１　日本の地理に関する次の各問いに答えなさい。

問１　次の**図１**は，**東邦中学校**のおよそ南側に広がる地理院地図であり，**図２**は同範囲《はんい》の1966年の空中写真である。**図１**・**図２**から読み取れることを述べたものとして**明らかに誤っているもの**を，あとの**ア**～**エ**から１つ選び，記号で答えなさい。

図１　現在の地理院地図

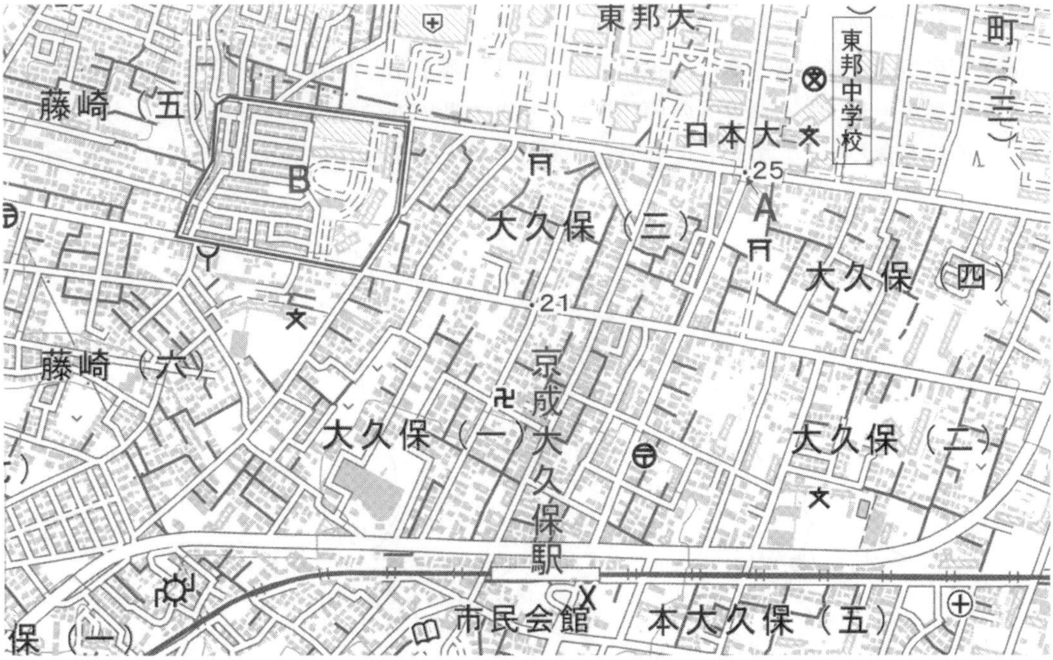

図２　1966年に撮影《さつえい》された空中写真

ア．**図1**の**東邦中学校**や**東邦大**と**日本大**の敷地《しきち》内には，**図2**では細長い建物が多くみられるが，何に使用されていたかはわからない。

イ．**図1**の**A**の標高点25mが示されている付近は，**図2**では南側に建物がみられるが，現在は一部が道路として活用されている。

ウ．**図1**の**大久保**(**一**)や**大久保**(**二**)の地域は現在市街地が広がっているが，**図2**では多くの場所で沼《ぬま》地がみられる。

エ．**図1**の**B**の範囲には，**図2**では建物のない広いスペースがあるが，現在では道が整備されて建物がみられる。

問2　次の図の直線**A**～**C**は，各都市間の最短距離《きょり》を示したものである。これらの直線上の平均標高が，もっとも高いもの(高位)，もっとも低いもの(低位)，その中間にあたるもの(中位)の組み合わせとして正しいものを，あとの**ア**～**カ**から1つ選び，記号で答えなさい。

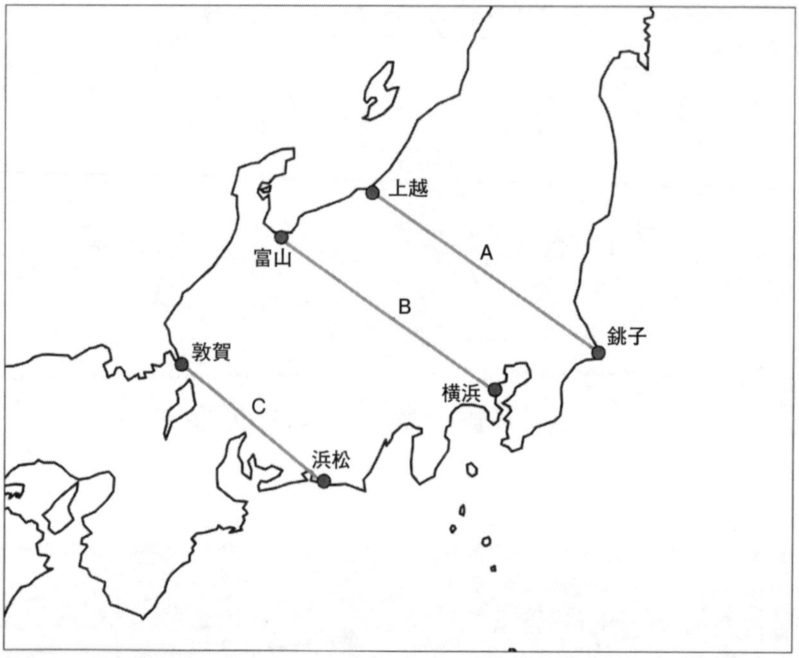

国土地理院「地理院地図」により作成。

	ア	イ	ウ	エ	オ	カ
高位	A	A	B	B	C	C
中位	B	C	A	C	A	B
低位	C	B	C	A	B	A

問３　近年，新型コロナウイルスの感染《かんせん》拡大に伴《ともな》い，病院の数や病床《びょうしょう》（ベッド）の数が話題になった。次の３つの図は，それぞれ一般《いっぱん》病院の都道府県別の病院数や病床数に関して示したものである。これらの**資料から判断**して，一般病院の医療《いりょう》の状況《じょうきょう》の説明として**明らかに誤っているもの**を，あとの**ア～エ**から１つ選び，記号で答えなさい。なお，図中の凡例《はんれい》の５つの数値の中央の数は，それぞれのおよその平均値を示している。

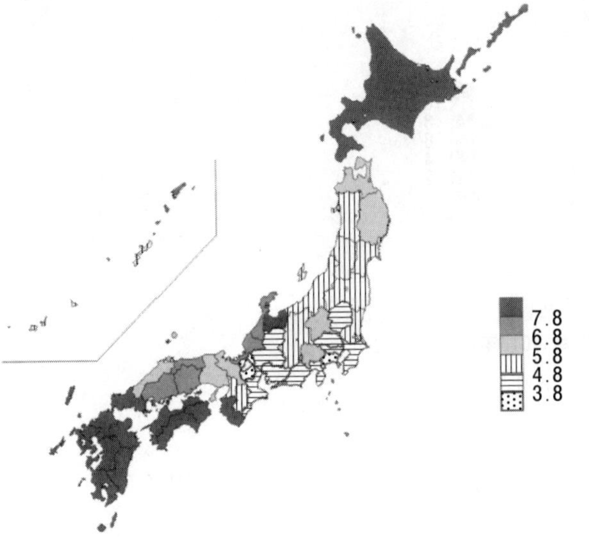

人口10万人あたりの一般病院数（2018年）

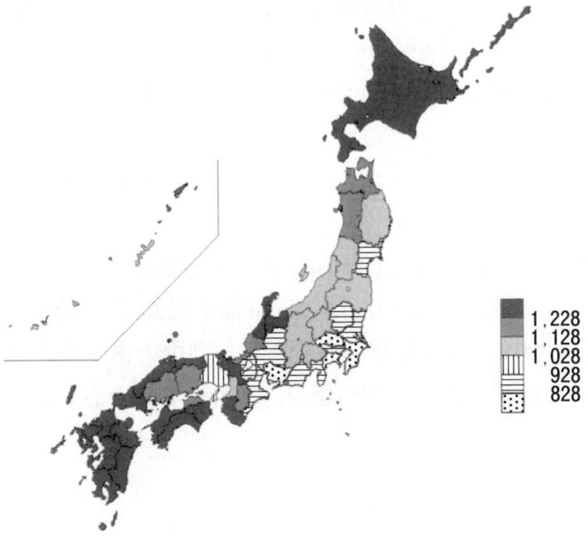

人口10万人あたりの一般病院病床数（2018年）

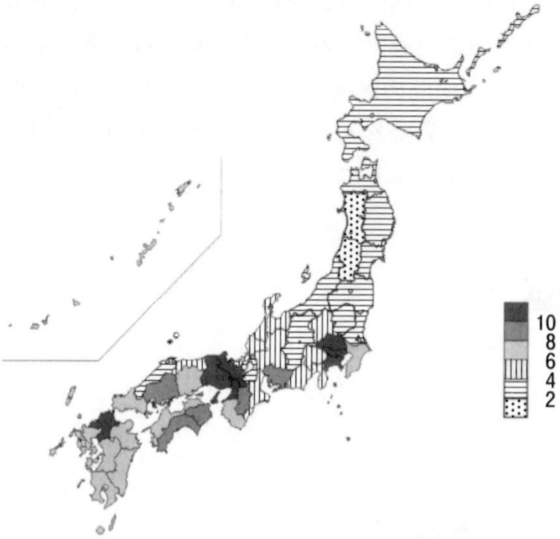

※可住地面積100km²あたりの一般病院数(2018年)

「総務省HP」により作成。

〔語句解説〕

※可住地面積…総面積から林野面積と主要湖沼《こしょう》面積を差し引いた，人が住み得る土地の面積のこと。

ア．九州地方や四国地方は，他の地域に比べて一般病院の医療体制が充実《じゅうじつ》している。

イ．宮城県や滋賀県はいずれの資料も値が低く，他の都道府県に比べて年少人口の割合が高いため，一般病院の医療体制にはあまり負荷《ふか》がかかっていない。

ウ．秋田県は一定の人口あたり比較《ひかく》的規模が大きい一般病院が多いが，およそ居住地から一般病院までの距離が遠い地域が多い。

エ．首都圏《しゅとけん》では居住地の近くに一般病院がある場合が多いが，その人口規模に対して病床数が少ない傾向《けいこう》にある。

問４　キャベツの栽培《さいばい》時の適温は15～20℃ぐらいである。季節によって産地をかえながら，安定して消費者に届くように供給される。次のページの図は，東京都中央卸売《おろしうり》市場におけるキャベツの入荷《にゅうか》先産地別数量を月別(2020年)に示したものである。図中の**あ**～**う**と県名との組み合わせとして正しいものを，あとの**ア**～**カ**から１つ選び，記号で答えなさい。

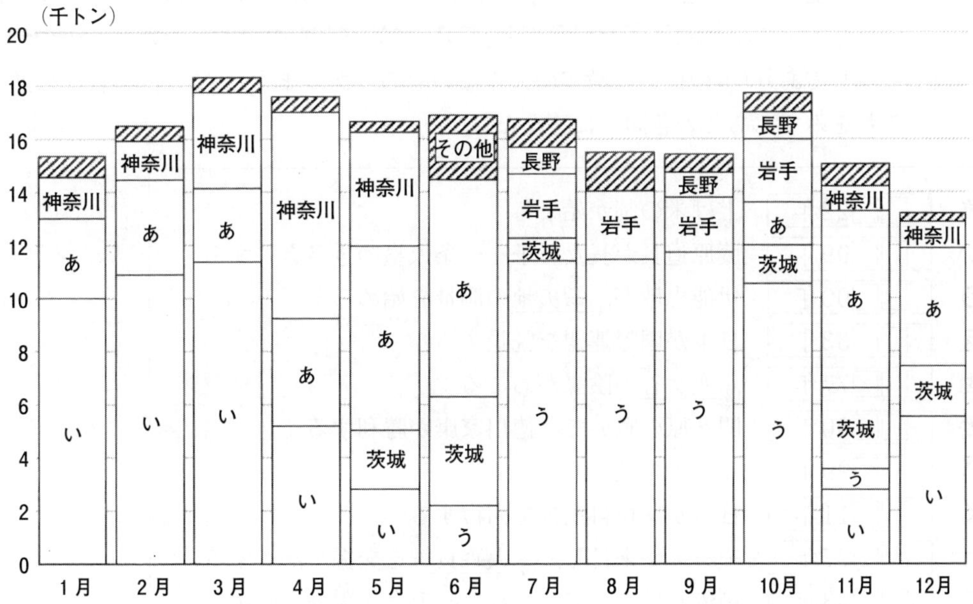

「東京都中央卸売市場HP」により作成。

	ア	イ	ウ	エ	オ	カ
あ	愛知	愛知	群馬	群馬	千葉	千葉
い	群馬	千葉	愛知	千葉	愛知	群馬
う	千葉	群馬	千葉	愛知	群馬	愛知

問5　近年，世界では脱炭素《だつたんそ》社会に向けて様々な対策がとられようとしている。次の図は，消費活動からみた日本の温室効果ガス排出《はいしゅつ》割合(2015年)を示している。これをみて，家計消費の中で割合のもっとも高い項目《こうもく》「住居」について，二酸化炭素の発生を減らすために，日頃《ひごろ》の生活の中でできる取り組みを，**8字以上15字以内**で答えなさい。

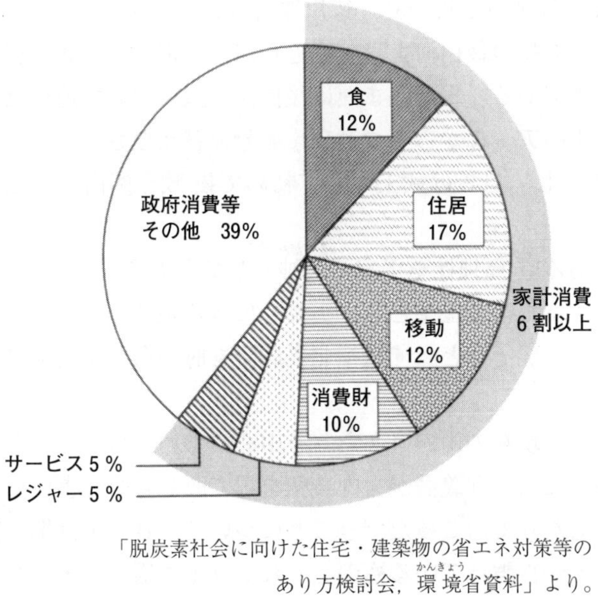

「脱炭素社会に向けた住宅・建築物の省エネ対策等のあり方検討会，環境《かんきょう》省資料」より。

2 来年は西暦《せいれき》2022年で，下２桁《けた》が同じ数字の年です。次の年表の**あ**～**す**は，来年のように西暦の下２桁が同じ数字の年におこったできごとについて並べたものです。ただし，千の位と百の位の数字は隠《かく》してあり(千の位には数字の入らないものもあります)，また，年代順に並んでいません。これをみて，あとの各問いに答えなさい。

あ	□□22年	上げ米の制が始まる
い	□□99年	藤原道長が長女彰子《しょうし》を一条天皇のきさきにする
う	□□00年	伊能忠敬が①蝦夷地《えぞち》の測量を始める
え	□□33年	日本が国際連盟を脱退する
お	□□77年	②鹿ケ谷《ししがたに》の陰謀《いんぼう》がおこる
か	□□00年	関ヶ原の戦いで，徳川家康が勝利する
き	□□99年	③応永《おうえい》の乱がおこる
く	□□11年	日本が関税自主権を回復する
け	□□77年	モースが来日し，④大森貝塚《かいづか》を発掘《はっくつ》・調査する
こ	□□33年	島流しにされていた後醍醐《ごだいご》天皇が隠岐《おき》を脱出する
さ	□□88年	⑤飛鳥寺《あすかでら》の建設が始まる
し	□□44年	聖武天皇が難波宮《なにわのみや》に都をおく
す	□□88年	加賀の一向一揆《いっこういっき》がおこる

問１　下線部①に関して，蝦夷地または北海道に関するできごとについて述べたものとしてもっとも適しているものを，次の**ア**～**エ**から１つ選び，記号で答えなさい。

ア．不当な方法で交易を行う松前藩《はん》に対し，アイヌのコシャマインが蜂起《ほうき》した。

イ．ロシアのラクスマンが根室《ねむろ》にやってきて，鎖国《さこく》中の日本に通商を求めた。

ウ．日ソ共同宣言により，千島列島を日本領に，樺太《からふと》をソ連領にすることが決まった。

エ．箱館《はこだて》(函館)の五稜郭《ごりょうかく》の戦いで戊辰《ぼしん》戦争が終わり，徳川慶喜《よしのぶ》は大政奉還《ほうかん》を行った。

問２　下線部②は，平清盛の政治に不満を持つ後白河上皇の側近らが，京都近くの鹿ケ谷で平家打倒《だとう》の話し合いをしたとされる事件である。平清盛または後白河上皇について述べたものとしてもっとも適しているものを，次の**ア**～**エ**から１つ選び，記号で答えなさい。

ア．平清盛は，娘《むすめ》を天皇のきさきとし，自らは武士として初めて摂政《せっしょう》・関白となるなど，藤原氏と同様の政治を行った。

イ．平清盛は，瀬戸内海の宮島にある厳島《いつくしま》神社を平家の氏神《うじがみ》としてうやまった。

ウ．後白河上皇は，天皇の位をゆずった後も上皇として実権をにぎる院政を最初に始めた。

エ．後白河上皇は，政治の権力を取り戻《もど》そうとして執権《しっけん》北条義時を討《う》つ命令を全国の武士に出した。

問３　下線部③に関して，応永の乱とは，現在の山口県あたりを中心に勢力を持っていた守護大名大内義弘《よしひろ》がおこした乱を，最終的には足利義満が大内義弘を堺《さかい》で敗死させた事件である。次の二重線内の**a**～**c**は山口県のあたりでおこったできごとについて，**d**～**f**は堺に関して述べたものである。**a**～**c**，**d**～**f**から**誤っているもの**をそれぞれ１つ選び，その組み合わせとして正しいものを，あとの**ア**～**ケ**から１つ選び，記号で答えなさい。

a．日清戦争の講和会議が下関で開かれ，日本の代表として伊藤博文と小村寿太郎《じゅたろう》が参加した。
b．源義経らは壇ノ浦《だんのうら》の戦いで平氏一族を滅《ほろ》ぼした。
c．関門海峡《かいきょう》を通る外国船を長州藩が砲撃《ほうげき》したため，欧米《おうべい》四か国は下関砲台を占領《せんりょう》した。

d．織田信長は城下町の経済力に着目し，楽市・楽座をしいた。
e．最大級の前方後円墳《ふん》である，仁徳天皇の墓との伝えがある大仙《だいせん》(大山)古墳がある。
f．日明貿易の拠点《きょてん》で，大商人たちが市政を担当し，自治を行った。

ア．aとd　イ．aとe　ウ．aとf　エ．bとd　オ．bとe
カ．bとf　キ．cとd　ク．cとe　ケ．cとf

問4　下線部④について，大森貝塚が営まれていた時代に属するものを，［**遺物**］A～Cと二重線内の文a～cから，それぞれ1つ選び，その組み合わせとして正しいものを，あとの**ア～ケ**から1つ選び，記号で答えなさい。

［**遺物**］

A．

B．

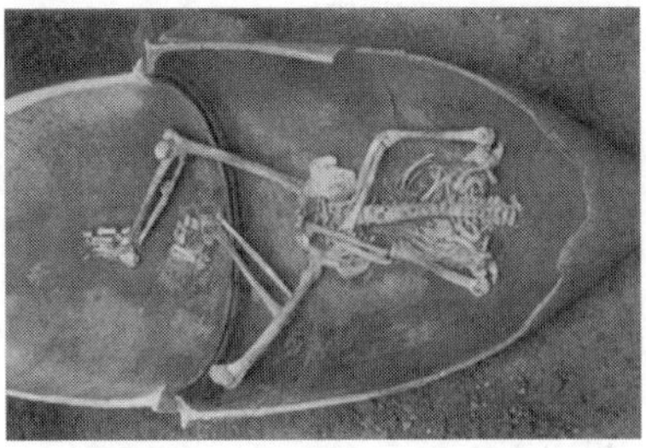

C．

a．豊かな実りを得るため，青銅器を使って儀式《ぎしき》を行っていた。
b．骨角器や弓矢などで，魚や小動物をつかまえていた。
c．大陸から鉄製農具が伝わり，ドングリやクルミの栽培を始めていた。

ア．Aとa　イ．Aとb　ウ．Aとc　エ．Bとa　オ．Bとb
カ．Bとc　キ．Cとa　ク．Cとb　ケ．Cとc

問５　下線部⑤に関して，飛鳥寺の本尊(飛鳥大仏)は，渡来人《とらいじん》の子孫がつくったとされている。次の二重線内のa～cは，仏教や渡来人に関して述べたものである。a～cの［X］～［Z］にあてはまる語句の組み合わせとして正しいものを，あとの**ア～ク**から１つ選び，記号で答えなさい。

a．仏教の受け入れをめぐって，蘇我《そが》氏と［X］が対立した。蘇我氏の馬子《うまこ》は反対派の［X］の守屋《もりや》をたおし，仏教は急速に広まった。
b．聖徳太子は仏教や儒教《じゅきょう》の教えを取り入れて十七条の憲法をつくり，［Y］が守るべき心がまえを示した。
c．渡来人の子孫の［Z］は，飛鳥寺の本尊や法隆寺の釈迦《しゃか》三尊像をつくった。

	X	Y	Z
ア	大伴《おおとも》氏	農民	鞍作鳥《くらつくりのとり》(鞍作止利《とり》)
イ	大伴氏	役人	鞍作鳥(鞍作止利)
ウ	大伴氏	農民	吉備真備《きびのまきび》
エ	大伴氏	役人	吉備真備
オ	物部《もののべ》氏	農民	鞍作鳥(鞍作止利)
カ	物部氏	役人	鞍作鳥(鞍作止利)
キ	物部氏	農民	吉備真備
ク	物部氏	役人	吉備真備

問６　10ページの年表の**あ～す**を，年代の古い順に並べたとき，**５番目**と**10番目**にあたるものをそれぞれ１つ選び，記号で答えなさい。

3　次の文章は，アメリカの公民権運動のきっかけとなったローザ・パークス事件に関して説明したものです。これを読んで，あとの各問いに答えなさい。

今から66年前の1955年12月１日，アメリカ合衆国南部のアラバマ州モントゴメリーで，黒人女性ローザ・パークスさんが，乗っていた市営バスの座席を白人に譲《ゆず》らなかったことで逮捕《たいほ》されました。これを聞いた①キング牧師らは市営バスの乗車ボイコット運動を行いました。当時のアメリカ南部ではきびしい人種差別が行われ，特に黒人の②権利が認められていませんでした。この事件は，黒人の権利を求める③公民権運動のきっかけのひとつとなり，1964年には公民権法が成立するなどして差別は禁止されました。しかし，現在も人種差別は解消せず，アメリカ社会の大きな問題となっています。

問１　下線部①について，次の二重線内の文章は，キング牧師の演説の一部である。文章中の［X］・［Y］にあてはまる語句の組み合わせとして正しいものを，あとの**ア～カ**から１つ選び，記号で答えなさい。

　いまや，われわれのいだく信念はその正しさを証明されたようにみえる。今朝，待望のバスの人種隔離《かくり》に関する合衆国最高裁判所の命令書がモントゴメリーに到着《とうちゃく》した。この命令書は，きわめて明瞭《めいりょう》な言葉で公共の交通機関の人種的隔離は法律上からも社会上からも無効であるとのべている。この命令書（中略）の趣旨《しゅし》にしたがって，一年の永きにわたった市バスに対する抗議《こうぎ》運動は公《おおや》けに中止を宣告され，モントゴメリーの※ニグロ市民は，明日の朝［　X　］ように勧告《かんこく》された。

　わたしは，一言注意せずにこのスピーチをおえることはできない。非暴力的な抗議運動にあけくれた過去一年の間にわれわれが得た経験とわれわれがとげた成長とはきわめて大きいので，われわれは，わが白人同胞《どうほう》にたいする裁判所の「勝利」だけに満足しているわけにはゆかない。われわれは，かつてわれわれを抑圧《よくあつ》した人々を十分に理解し，裁判所の命令が彼《かれ》らに加えた新しい調整を十分に評価してこの決定にこたえねばならぬ。われわれは，白人とニグロとが，利益と理解の真の調和にもとづいて協力することができるように行動せねばならない。われわれは相互《そうご》の［　Y　］を求めているのだ。

　いまこそ，われわれが冷静な威厳《いげん》と賢明《けんめい》な抑制を表明せねばならぬ時だ。感情の激するがままにゆだねてはならない。何人《なんぴと》にも暴力を振《ふる》ってはならない。なぜなら，もし暴力的な意図の犠牲《ぎせい》にされるならば，われわれはいくら歩いても無駄《むだ》であろうし，われらの光栄ある威厳の十二ヵ月は陰鬱《いんうつ》な破滅《はめつ》の夕にかわるだろう。再びバスにかえるときは，敵を友にかえるにたりるほど親切にふるまおうではないか。

〔語句解説〕

※ニグロ…黒人を意味する学術用語。近年はあまり好まれない。

M．L．キング『自由への大いなる歩み―非暴力で闘《たたか》った黒人たち』により作成。

	X	Y
ア	人種的隔離を廃止《はいし》したバスに再びのる	不干渉による独立
イ	人種的隔離を廃止したバスに再びのる	対立からなる分断
ウ	人種的隔離を廃止したバスに再びのる	尊敬にもとづく融和《ゆうわ》
エ	人種ごとに異なったバスに改めてのる	不干渉による独立
オ	人種ごとに異なったバスに改めてのる	対立からなる分断
カ	人種ごとに異なったバスに改めてのる	尊敬にもとづく融和

問２　下線部②に関して，次の(1)・(2)の各問いに答えなさい。

(1)　日本国憲法における精神の自由にあてはまるものとして正しいものを，次の**ア～オ**から**すべて**選び，記号で答えなさい。なお，記号は**五十音順**に答えること。

ア．婚姻《こんいん》は，両性の合意のみに基《もと》づいて成立し，夫婦《ふうふ》が同等の権利を有することを基本として，相互の協力により，維持《いじ》されなければならない。

イ．何人も，いかなる奴隷《どれい》的拘束《こうそく》も受けない。又《また》，犯罪に因《よ》る処罰《しょばつ》の場合を除いては，その意に反する苦役《くえき》に服させられない。

ウ．信教の自由は，何人に対してもこれを保障する。いかなる宗教団体も，国から特権を受け，又は政治上の権力を行使してはならない。

エ．思想及《およ》び良心の自由は，これを侵《おか》してはならない。

オ．検閲《けんえつ》は，これをしてはならない。通信の秘密は，これを侵してはならない。

(2)　人権問題に関する取り組みについて述べた，次の二重線内の文章中の[X]～[Z]にあてはまる語句の組み合わせとして正しいものを，あとの**ア～シ**から１つ選び，記号で答えなさい。

> 平和・人権問題などで国際的な協力活動を行っている組織に[X]がある。2019年に[Y]で何者かに銃撃《じゅうげき》されて亡《な》くなった医師の[Z]さんは，[X]「ペシャワール会」の現地代表を務め，医療活動に従事していた。しかし，干ばつを目《ま》の当たりにして水と食料がなければ命を救えないと考え，「100の診療所《しんりょうじょ》よりも１本の用水路」を持論に，活動するようになった。[Z]さん率いる「ペシャワール会」は，約1600本の井戸を掘《ほ》り，用水路を引いて，東京の山手線の内側の面積の2.6倍にあたる１万6500ヘクタールの農地をよみがえらせた。これにより，ふるさとに帰還《きかん》した難民は推定で15万人にのぼる。

	X	Y	Z
ア	NGO	アフガニスタン	緒方貞子《おがたさだこ》
イ	NGO	アフガニスタン	中村哲《てつ》
ウ	NGO	ミャンマー	緒方貞子
エ	NGO	ミャンマー	中村哲
オ	PKO	アフガニスタン	緒方貞子
カ	PKO	アフガニスタン	中村哲
キ	PKO	ミャンマー	緒方貞子
ク	PKO	ミャンマー	中村哲
ケ	UNHCR	アフガニスタン	緒方貞子
コ	UNHCR	アフガニスタン	中村哲
サ	UNHCR	ミャンマー	緒方貞子
シ	UNHCR	ミャンマー	中村哲

問３　下線部③に関して，次の**ア～エ**は近年の抗議運動について述べたものである。このうち，非暴力的な抗議運動の具体例として**あてはまらないもの**を１つ選び，記号で答えなさい。

ア．環境活動家のグレタ・トゥーンベリは，学校を休んで大人たちに温暖化対策を急ぐよう訴《うった》える「未来のための金曜日」活動を開始し，これが世界の若者たちに広がった。

イ．アメリカで白人警察官によって黒人の命が奪《うば》われる事件がおこり，テニスの大坂なおみ選手は，試合で犠牲者の名前が記されたマスクを着用し，人種差別への抗議を行った。

ウ．安倍政権が東京高等検察庁検事長(当時)の定年延長を決めたのち，検察官の定年を政府の判断で延長できる案を国会に提出したことに対し，SNSでの抗議の投稿《とうこう》が急速に広がった。

エ．トランプ大統領(当時)が，大統領選挙への抗議のために支持者に連邦《れんぽう》議会議事堂に向かって行進することを呼びかけたところ，暴徒化した支持者が多数，議事堂に乱入し，一時占拠《せんきょ》した。

【理　科】〈推薦試験〉（30分）〈満点：50点〉

1　ヒトの心臓と血液について，次の文章を読み，(1)～(5)の問いに答えなさい。

図1は体の血液の流れを示した図です。心臓は**図1**の**A**～**D**のように4つの区画に分かれた構造をしており，**図1**の区画**A**には肺以外の臓器(以下，臓器とする)から血液が入ってきます。

血液には，とけこんだ酸素を全身に運ぶ役割があり，血液に含まれるヘモグロビンという物質が血液にとけこんでいる酸素と結びつくことで，全身の臓器へ効率よく酸素を運ぶことができます。酸素と結びついているヘモグロビンが多い血液はあざやかな赤色，そうでない血液は暗い赤色をしています。

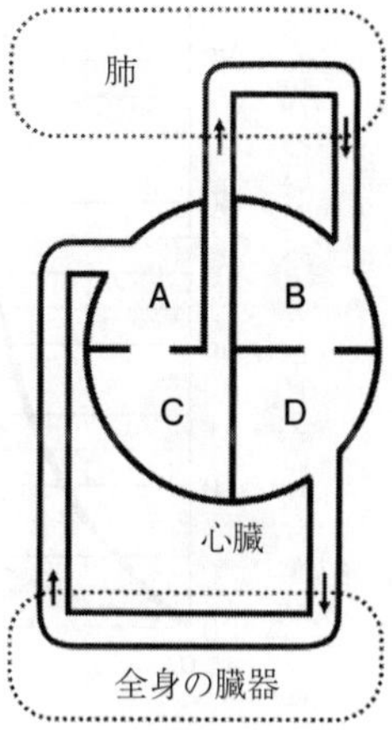

図1

(1)　**図1**の心臓の区画**B**～**D**の中から，区画**A**を流れる血液と比べてあざやかな赤色の血液が流れていると考えられる区画はどれですか。すべて選んだ組み合わせとして，もっとも適切なものを次の**1**～**7**の中から一つ選び，番号で答えなさい。

1．B　　2．C　　3．D　　4．BとC

5．BとD　　6．CとD　　7．BとCとD

(2)　母親の子宮の中で育つ子どもの心臓では，**図1**の心臓の区画**A**と**B**をつなぐ孔《あな》が開いています。この子どもの心臓では，血液が心臓の区画**A**に入り，各区画を通り心臓の外に流れていくまでの順序として考えられるものは，次の**ア**～**カ**の中に何通りあるか答えなさい。

ア．A→C

イ．A→B→C

ウ．A→B→D

エ．A→C→D

オ．A→B→D→C

カ．A→C→D→B

(3)　酸素と結びついたヘモグロビンは，臓器まで移動すると酸素をはなし，臓器に酸素をとどけます。次のページの**図2**は血液にとけこんでいる酸素の量と，その血液中のヘモグロビンが酸素と結びついている割合の関係を図示したものです。ただし，酸素の量は肺の血液にとけこんでいる酸素の量を100%としたときの割合で表しています。血液にとけこんでいる酸素の量が多いほど，ヘモグロビンは酸素と結びつきやすくなり，血液にとけこんでいる酸素の量が少ないほどヘモグロビンは酸素をはなしやすくなることが示されています。

ヘモグロビンと酸素が結びつく割合は，酸素の量だけではなく，血液にとけこんでいる二酸化炭素の量によっても変化します。**図2**の2種の曲線は二酸化炭素が肺の血管内と同じ量のときと，二酸化炭素が臓器の血管内と同じ量のときを実線と点線でそれぞれ示しています。

図2の点**a**～**d**のうち，**図1**の区画**A**，**B**を流れる血液中のヘモグロビンが酸素と結びついている割合を示している点の組み合わせとして，もっとも適切なものを下の**1**～**8**の中から一つ選び，番号で答えなさい。

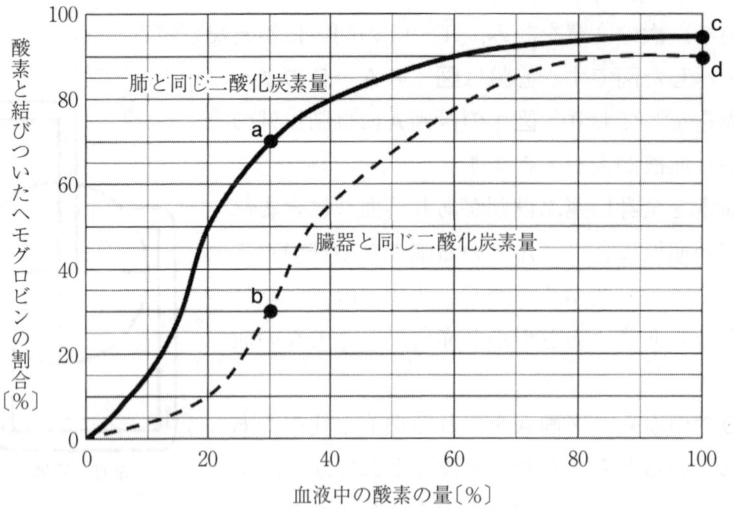

図 2

	区画 A	区画 B
1	a	c
2	c	a
3	b	c
4	c	b
5	a	d
6	d	a
7	b	d
8	d	b

(4) **図 2** を参考にして，肺で酸素と結びついたヘモグロビンの何％が臓器で酸素をはなすと考えられますか。小数点以下を四捨五入して答えなさい。

ただし，肺，臓器の酸素と二酸化炭素の量は，**図 2** の点 **a** ～ **d** のいずれかの値と等しいものとします。また，肺で酸素と結びついたヘモグロビンは，臓器に移動する途中では酸素をはなさないものとします。

(5) 母親の子宮の中で育つ子どもは，栄養や酸素をたいばんという臓器を通して受けとっています。たいばんでは，**図 3** のように母親の血液から子どもの血液へと酸素が受け渡されています。このとき，酸素を母親から効率よく受け取り，子どもの臓器にとどけるため，子どものヘモグロビンは母親とは異なる特徴《とくちょう》を持っています。この特徴を表している曲線として，もっとも適切なものを次のページの **図 4** の母親の肺の血液中の酸素の量を100％としたときの酸素の量と，酸素と結びついたヘモグロビンの割合の関係を図示した曲線 **1** ～ **4** の中から一つ選び，番号で答えなさい。

ただし，**図 4** の点線は臓器と同じ二酸化炭素量のときの母親の血液中の酸素の量と，母親のヘモグロビンが酸素と結びついている割合の関係を図示したものです。また，子どもの血液中の酸素の量は，

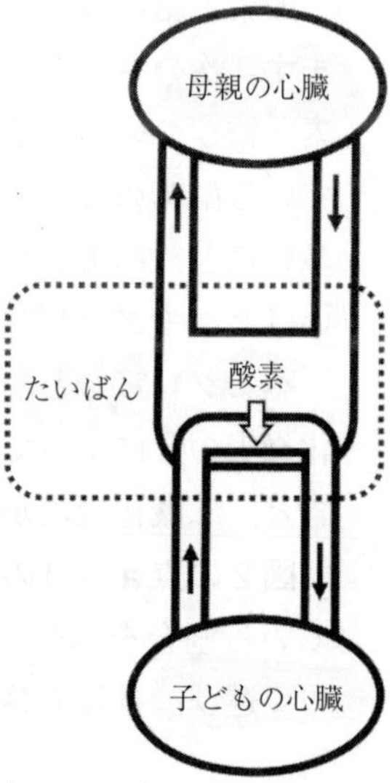

図 3

少ない場所では20%ほどになります。

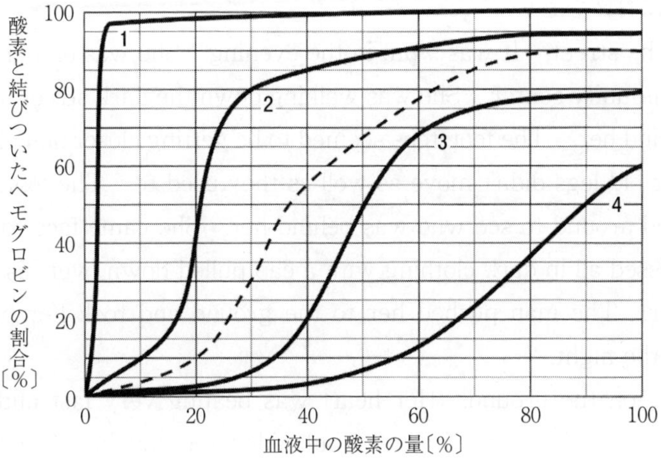

図4

2 次の文章を読み，あとの(1)〜(5)の問いに答えなさい。

炭酸カルシウム，炭酸ナトリウム，炭酸水素ナトリウムはどれも塩酸と反応して空気より重い気体を発生させます。また，亜鉛とマグネシウムも塩酸と反応して気体を発生させますが，この気体は空気より軽く，燃やすことができます。

十分な量の塩酸を用意し，前に述べた５つの物質のうち２つを塩酸と反応させ気体を合計１Ｌ発生させたいとおもいます。２つの物質の重さを様々に変えながら塩酸と反応させ気体が何Ｌ発生するか調べました。その結果，**表１**のような組み合わせと重さで塩酸と反応させると，気体は１Ｌ発生することがわかりました。

例えば，**表１**の実験１は，炭酸カルシウム３gと炭酸ナトリウム1.4gを塩酸と反応させると気体が１Ｌ発生したということを表します。

表１

	炭酸カルシウム	炭酸ナトリウム	炭酸水素ナトリウム	亜鉛	マグネシウム	発生する気体の体積
実験１	３g	1.4g				１Ｌ
実験２		２g		２g		１Ｌ
実験３			1.6g	２g		１Ｌ
実験４		３g			0.5g	１Ｌ
実験５			0.8g		１g	１Ｌ

(1) 気体を１Ｌ発生させるためには，マグネシウム１gと炭酸ナトリウム何gを塩酸と反応させればよいですか。

(2) 炭酸ナトリウムだけを塩酸と反応させて気体を１Ｌ発生させるためには，炭酸ナトリウムは何g必要ですか。

(3) 炭酸カルシウム１gを塩酸と反応させると何Ｌの気体が発生しますか。

(4) この５つの物質を全て１gずつ使用して塩酸と反応させると何Ｌの気体が発生しますか。

(5) 炭酸ナトリウムと炭酸水素ナトリウムとマグネシウムを同じ重さずつ使用して塩酸と反応させ，気体を１Ｌ発生させたい。何gずつ使用すればよいですか。

【英　語】〈帰国生試験〉（45分）〈満点：100点〉

Ｉ　次の英文を読んで，後の問いに答えなさい。

Gretchen was walking down the street. It was 9 pm in the evening. She was on her way home from a meeting at the community center. She was walking down the dark street to her house. She heard footsteps behind her. The footsteps seemed to be getting closer and closer. She tried to walk faster, but her old legs didn't move as well as they used to. The footsteps were coming closer. She turned around to see who was behind her. She came face to face with a man. The man was dressed all in dark clothing with a cap pulled down over his face. Gretchen's old heart beat faster. The man pushed her to the ground and took her purse. [A] He ran off into the night.

Gretchen found herself sitting on the ground. Her heart was beating very fast and her hands were shaking. [B] She looked around but didn't see anyone. Then she looked at her arms and her legs. She didn't seem to be hurt. She wasn't in any pain. Slowly she picked herself up. She was very lucky not to be hurt. But what about her purse? What was she going to do now? [C]

She walked the rest of the way home as fast as she could. [D] When she got inside, she went straight to the phone and called the police.

"Dayton Police Department, how may we be of service?" the voice said through the phone.

"I'd like to report a ①[　　]," Gretchen said.

"Okay, tell us what happened, ma'am," the police officer asked.

"My purse, it was stolen from me by a man. It happened as I was walking home just now," Gretchen said.

"Were you able to get a good look at the man?" the police officer asked.

"No, no I didn't. He was dressed all in black, and had a cap pulled down over his face," Gretchen said. Her hands were starting to shake again as she tried to remember the incident.

"Hmmm . . . Well, if you could give me your full name, address and telephone number, I can file a report for you. I need you to describe what happened ②[　　] as much detail as possible," the police officer said.

Gretchen told the police officer all she could. She didn't have many details to add. She told the police officer where she had been walking. She described her purse ②[　　] as much detail as she could.

"Were you carrying anything of value inside the purse, ma'am?" the police officer said.

"Yes, I had one hundred dollars," Gretchen said. Over the phone she could hear the sound of pen on paper.

"I'll get this report filed, ma'am. But I'm going to tell you right now that there's little chance that we'll be able to get your purse back. That's usually the ③<u>case</u> with these sorts of thefts. However, if we do find anything, we will let you know. I'm sorry there isn't much more we can do for you," the police officer said.

"Yes, I understand," Gretchen said.

Gretchen thanked the police officer and put the phone down. She put her head in her hands and began to cry softly. What was she supposed to do now? She had no friends or family to ask for help. After crying for a little while, she got up and went to her desk. She pulled out a piece of paper and a pen and began to write:

Dear God,

My name is Gretchen and I am 87 years old. Tonight a young man stole my purse from me. In that purse was one hundred dollars. That was the only money I had for the rest of the month. I have no friends or family who can look after me. If there is some way for you to help me, I would be very thankful. There is no one else I can ask for help.

Sincerely,
Gretchen

She placed the letter in an envelope and addressed it "to God." She placed a stamp on the envelope and put it into the mailbox on the corner.

＊ ＊ ＊

Phil worked at the post office. His job was to go through all the letters that couldn't be delivered. Some were written poorly. Others didn't have the correct stamps. In his stack of letters, he found an envelope that was addressed "to God." Phil had heard that, years ago, people would often write "to God." These days it wasn't very common. There used to be a charity that would open letters addressed "to God" and try to help those people if it was possible. But that charity had long since closed.

Phil was supposed to send the letter back to its sender. But something made Phil decide to open the letter. As he read it, he felt very sorry for the old woman. He showed the letter to the rest of the workers in the post office. They felt very sad for the old woman, too. They decided to try to help her. There were only a small number of people who worked at the post office. But they managed to collect ninety-six dollars between all of them. Phil put the money in an envelope addressed to the woman and put it with the mail to be delivered.

Several days passed when another letter arrived from the woman. This was also addressed "to God." Phil opened it and read it. It said:

Dear God,

How can I ever thank you for what you've done for me? Because of your gift of love, I will have enough to eat for the rest of the month. I will never forget what you've done for this poor old woman. I will pray every night that you might continue to help others who need it. By the way, there were four dollars missing. 【______】 I wonder how they spent it.

Sincerely,

Gretchen

問1 次の英文が入る最も適切な位置は A ～ D のうちどれか，記号で答えなさい。

Her keys were in her purse, but she had a spare key under the doormat.

問2 本文の流れから判断し，空所①，②に入る最も適切な**1語**をそれぞれ英語で答えなさい。ただし，①は本文中の語を必要に応じて形を変えて答えなさい。また，2カ所ある②には同じ語が入ります。

問3 下線部③と同じ意味で使われている "case" を含むものを次の**ア～エ**の中から**1つ**選び，記号で答えなさい。

ア Without knowing the background of the case, the lawyer couldn't possibly make any comments.

イ Customs officers found the amount of gold exceeding ¥1,000,000 concealed inside the case.

ウ As is often the case, the engineers complain that their skills are underestimated.

エ The dentists reported the successful use of the brand-new medical device to eradicate a case of intractable disease.

問4 次の質問にそれぞれ**15語程度の英文**で答えなさい。ただしピリオド，カンマは語数に数えません。

1 Why did Gretchen try to walk faster on her way home ?

2 What were some characteristics of the culprit Gretchen could describe ?

3 What could be a possible reason Phil opened the first letter addressed "to God" ?

4 After receiving the cash, what did Gretchen hope God would do ?

問5 本文の内容をふまえて，【__】に入ると考えられる英文を**10語～20語**で書きなさい。ただしピリオド，カンマは語数に数えません。

問6 本文の内容と一致《いっち》するものを次の**ア～キ**の中から**2つ**選び，記号で答えなさい。

ア Finding herself sitting on the ground, Gretchen felt very sad because her body ached.

イ Gretchen told the police officer how important her purse was because she was asked to explain its value.

ウ The police officer gave Gretchen hope that her purse would be recovered.

エ Gretchen began to cry after writing a letter "to God" asking for help.

オ Gretchen was going to scrape by for the rest of the month with the one hundred dollars that was stolen from her.

カ Phil would often deliver letters to a charity with the address "to God" on them.

キ Phil and his co-workers decided to help the old woman out of sympathy for her.

Ⅱ　次の英文を読んで，後の問いに答えなさい。

The most transcultural sound in the whole world is the sound of laughter. It transcends all borders and is immediately recognizable no matter what country you are in. But why do we laugh? What is the purpose of laughter? Nobody is able to answer these questions with 100% confidence, although the predominant school of thought is that laughter is a social communication tool designed to put other people at ease by displaying a sense of trustworthiness and strengthening bonds of friendship. This explanation, [X], is nothing more than a simplification and it does not cover the whole story. If it were true, the villain in B movies, for example, would not laugh diabolically just before initiating plans to destroy a large proportion of the world.

[A] Despite the fact that laughter is generally associated with humor, Robert R. Provine, a professor of psychology and neuroscience at the University of Maryland Baltimore County and the author of the book *Laughter : a Scientific Investigation*, ran a study of conversations in public places and discovered that < ① > were generated by humorous comments. < ② > were in response to mundane comments or statements. This seems to suggest that laughter is used for communication purposes, as opposed to simply a reaction to something that we find amusing.

It appears as if the human race is hard-wired for laughter. [Y] It triggers healthy physical changes within the body to strengthen our immune systems, boost our energy and protect us from stress. It also releases endorphins in the body, which are chemicals that promote an overall sense of well-being and temporarily alleviate pain.

[B] It has been proven that apes, rats, and maybe even dogs have this ability, although the sound of their laughter is not the same as ours owing to differently structured vocal chords. Like humans, apes and rats are ticklish and certain areas of their bodies are more susceptible to tickling than others. When being tickled, they emit high frequency sounds that are very similar to the ones they emit during play, which suggests the sensation of mirth. They also appear to prefer spending time with others of their species that are laughing.

[C] This is much more difficult to pinpoint. Humor itself is essentially subjective, and something that is considered amusing by one person will be considered bad taste by others. Comedy is also influenced by cultural backgrounds. In order for a person to find a certain joke or action amusing, it is necessary to be acquainted with 【　　　　】 in question. An example of this is the slapstick style of humor that is common in Japan, which usually involves a lot of slaps to the head of one member of a comedy duo. While this may earn laughs in Japan, hitting another person on the head in certain cultures is considered to be extremely insulting and is more likely to leave the viewers cringing, not chuckling.

Head slapping notwithstanding, visual comedy featuring ridiculous situations, [Z] spoken comedy with culturally complex punchlines, seems to have a universal attraction throughout most cultures of the world. A man slipping on a banana skin seems to hit the funny bone in any country. Some examples of visual comedy styles that have achieved popularity throughout the globe include *Charles Chaplin, **Monty Python's Flying Circus*, and, more recently, **Mr. Bean*.

（注）

Charles Chaplin 「チャールズ・チャップリン：『喜劇王』と言われるイギリスの映画監督・俳優」

Monty Python's Flying Circus 「空飛ぶモンティ・パイソン：イギリスで製作・放送したコメディ番組」

Mr. Bean 「Mr. ビーン：イギリスで放送されたコメディ番組」

問1　［**X**］と［**Z**］に入れるのに最も適切なものを次の**ア**～**エ**の中から**1つずつ**選び，記号で答えなさい。

［**X**］　**ア**　therefore　　**イ**　but　　**ウ**　however　　**エ**　besides

［**Z**］　**ア**　in terms of　　**イ**　similar to　　**ウ**　as a result of　　**エ**　as opposed to

問2　A ～ C に入れるのに最も適切なものを次の**ア**～**エ**の中から**1つずつ**選び，記号で答えなさい。

ア　But what of comedy and other things that make us laugh?

イ　It has not become clear yet why we human beings laugh though many scientists have done a lot of investigations.

ウ　Humans are not the only animals with the ability to laugh.

エ　However, there is no doubt that laughter, together with smiles, is a form of communication.

問3　＜①＞と＜②＞に入るものの組み合わせとして最も適切なものを次の**ア**～**エ**の中から**1つ**選び，記号で答えなさい。

ア　①　more than 80% to 90% of laughs　　②　The remaining 10% to 20%

イ　①　about 50% to 60% of laughs　　②　The remaining 40% to 50%

ウ　①　only 10% to 20% of laughs　　②　The remaining 80% to 90%

エ　①　about half of the laughs　　②　The rest of them

問4　Y には，次の**ア**～**エ**の英文が入る。本文が自然な流れとなるように，**ア**～**エ**の英文を適切な順番に並べかえ，記号で答えなさい。

ア　This is thought to be a function that allows the baby to interact with its mother and other people.

イ　Babies first begin to smile and laugh at around four-months old, which far precedes speech and comprehension.

ウ　It is also known that laughing is good for us.

エ　In other words, it is not something we do intentionally (although we can if we try), it is instinctive.

問5　【　】に入るように下の語(句)を並べかえるとき，**3番目**と**5番目**にくるものを次の**ア**～**キ**の中から選び，それぞれ記号で答えなさい。

ア　considered　　**イ**　within　　**ウ**　to be　　**エ**　what

オ the culture　　**カ** humorous　　**キ** is

問6　本文の内容と一致《いっち》するものを次の**ア～カ**の中から**2つ**選び，記号で答えなさい。

ア　A villain laughing proves that humans laugh to show positive feelings to others.

イ　Laughter is the only reaction we have when we feel amused.

ウ　Laughter brings us not only physical but also mental benefits.

エ　Animals are able to laugh and the sound of their laughter is similar to ours.

オ　Even if a certain style of comedy or humor is accepted in one country or society, it doesn't mean that people in other countries will find it funny.

カ　A man slipping on a banana skin doesn't seem to be universally funny compared to other examples of visual comedy styles.

問7　人とコミュニケーションをとる上で，あなたが大切だと考えるものは何ですか。その理由も含めて，**60語～70語程度の英語で**答えなさい。ただしピリオド，カンマは語数に数えません。

「読書の仕方」の説明としてもっとも適切なものを次の**イ**～**ニ**の中から一つ選び、記号で答えなさい。

イ　いじめをやらせないという目的のために本を読むという読書の仕方。

ロ　現実の困難から逃げるための手段として本を読むという読書の仕方。

ハ　現在ではない時代の中に身を置くために本を読むという読書の仕方。

ニ　学校と家とを自由に往復する方法として本を読むという読書の仕方。

問7　――線(5)「急速に調子に乗った」とありますが、この時の「私」の気持ちの説明としてもっとも適切なものを次の**イ**～**ニ**の中から一つ選び、記号で答えなさい。

イ　大人びた友だちと付き合うようになって、自分もその子のように大人として行動しようと思った。

ロ　孤独だと思ったのは間違いだったことに気づき、親の言いなりになっているのはおかしいと思った。

ハ　ひとりぼっちの自分に友人ができたことで、気が大きくなり、思うままに行動してもいいと思った。

ニ　これまでこそこそ逃げ回っていたことを忘れて、友だちのリーダーとしてみんなを導こうと思った。

問8　――線(6)「ただ連れ立って歩き回りたかったのだ」とありますが、この時の「私たち」の気持ちの説明としてもっとも適切なものを次の**イ**～**ニ**の中から一つ選び、記号で答えなさい。

イ　大人と同じことが自分にもできることを示したくて、初めての出来事に出会いたかった。

ロ　教室に居場所がなかったために、だれにもじゃまされない場所で自由を味わいたかった。

ハ　未知のものとの出会いを求めて、まるで冒険者にでもなったように行動してみたかった。

ニ　みんなとの友情の強さを確かめるために、さまざまな困難に立ち向かっていきたかった。

問9　本文の内容の説明としてもっとも適切なものを次の**イ**～**ニ**の中から一つ選び、記号で答えなさい。

イ　教室の中でいじめを受けていた小学生時代、そのつらさをだれにも知られないように小説の世界に入り込んだことを前半で描いている。そして、読書のすばらしさに気づき、読書を通して知り合って友だちになった仲間たちとの田舎に向けての冒険の旅について後半で描いている。

ロ　自分が小学生だったころの出来事を大人になった現在の視点から振り返っている。当時のことを思い出しながら、そのころの自分に対するいとおしさ、大人になっても変わらない思いを盛り込みつつ、友だちとすごした放課後の冒険について子供らしいエピソードを交えて描いている。

ハ　いじめにあっていた自分のために両親が買い与えてくれた文学全集によって小説の世界に入り浸ることを覚えて現実のいじめから逃げられるようになった。そして、新たに出会った友だちとの交流によって学校や家から遠く離《はな》れた自然の中にすっかり溶け込んだ様子を描いている。

ニ　涙を流して感動した文学作品を紹介《しょうかい》することで、小学生の時に出会った文学全集が作家になるきっかけであることを表している。その読書がきっかけとなって自分の生活が一新して新しい友だちと出会い、ようやく楽しい学校生活を送れるようになったことをユーモラスに描いている。

体を捜《さが》す旅に出たように、私たちは連れ立って歩いていた。彼らとは違って、あてもない旅であったが。

田畑の間を歩いたり、橋を無視して水の中を移動して渡《わた》ったりする時、自然は、私の全身を抱《だ》き締《し》めてくれた。その心地《ここち》良さに浸りながら、私は、仲間たちに本から得たさまざまな知識を披露《ひろう》して偉《えら》ぶった。

（山田詠美《やまだえいみ》『私のことだま漂流記《ひょうりゅうき》』より。）

問1　〰〰線a「うってつけの」、b「こまっしゃくれた」の本文中の意味としてもっとも適切なものをあとのイ〜ニの中から一つずつ選び、それぞれ記号で答えなさい。

a「うってつけの」

イ　なんとなく身についた　　ロ　いきなりあらわれた

ハ　ちょうどぴったり合った　　ニ　自力で見つけ出した

b「こまっしゃくれた」

イ　おさないのに大人のようなふりをした

ロ　みんなとのちがいを見せつけた

ハ　わかりもしないことを知ったかぶった

ニ　難しいことばをちりばめた

問2　――線(1)「気にしない術」とありますが、どのようにして「気にしない」ようにしたのですか。その説明としてもっとも適切なものを次のイ〜ニの中から一つ選び、記号で答えなさい。

イ　嫌がらせをする子を無視して今まで気づかなかった友だちをさがすようにした。

ロ　自分に親しみを感じてくれる友だちを見つけて教室の中にいられるようにした。

ハ　小説の主人公になりきることで教室とはちがう世界ですごしているようにした。

ニ　学校にいる時間をできるだけ短くして家で一人で小説を読みふけるようにした。

問3　――線(2)「なーんか、もったいぶってる感じがする、と思って、これは後に回そうと思った」とありますが、この時の「私」の気持ちの説明としてもっとも適切なものを次のイ〜ニの中から一つ選び、記号で答えなさい。

イ　名前がわからない登場人物の話ではいつまでも内容がはっきりしないと予想して、読み終えられないことを恐《おそ》れている。

ロ　話の内容が難しいから読まないのではなくて、作者の書き方が良くないから今回はやめようと自分に言い訳をしている。

ハ　あやふやな書き出しで頭が混乱しているため何度も読み直す可能性があり、大人になってから読むべきだと考えている。

ニ　自分の読みたい内容が書かれていない予感がするので、もっとおもしろい話が書かれている本を見つけようとしている。

問4　――線(3)「子供の本じゃない」とありますが、では、どのような本だと考えられますか。その説明としてもっとも適切なものを次のイ〜ニの中から一つ選び、記号で答えなさい。

イ　子供向けにひらがなの題名をつけているが、中身は大人しかわからないことが書かれているような本。

ロ　子供のために書かれたものではなく、大人が読んで感動してもらうために難しい内容を盛り込んだ本。

ハ　子供を主人公としているものの、そのまわりの大人たちに起こった出来事を中心に話が進んでいく本。

ニ　子供が読んですぐにわかる話ではなく、登場人物の心の中に入り込むことで深く理解できるような本。

問5　[Ⅰ]・[Ⅱ]にあてはまる言葉をそれぞれ本文中から**五字以内**（すべてひらがな）でぬき出して答えなさい。

問6　――線(4)「かなり後ろ向きの読書の仕方」とありますが、この女を失って胸をかきむしらんばかりになるルパンの気持ちが。

読書は、タイムマシンに乗るようなものだ。ここではないどこかへ。現在ではない時の流れの中へ。自分ではない誰かの心へ。

自由自在だ。そして、それを選ぶ権利を持っているのは自分自身なのだ。人にコントロールされたり、強制されている訳じゃない。

私は、何かこつをつかんだような気がした。どういう「こつ」かというと、自分を失わずに現実逃避《とうひ》するこつだ。この先も、きっと本は、その恰好《かっこう》のツールになるだろうと予見した。嫌なことがあったって、本さえ読めばいいんだ。そこに飛び込みさえすれば、逃げ切れる。追《お》っ手《て》から身を守るかのように、私は真剣《しんけん》にページをめくったのだった。

(4)かなり後ろ向きの読書の仕方だった。しかし、その効用を知ってから、私の学校生活は少しずつ変化して行った。

困難が待ち受けているとしてもどうってことない。そう開き直った私には、ある種の落ち着きが出て来たのだと思う。気が合いそうだ、と感じてくれた子たちが話しかけてくれるようになった。

私は、(5)急速に調子に乗った。

小学校の高学年から、定年退職後に父の元上司が開いた英《えい》語塾《ごじゅく》に通っていたのだが、さぼりがちになった。放課後を一緒に過ごす仲間のひとりに、とても大人っぽい声音《こわね》の子がいたので、電話をかけてもらうのだ。

「えー、山田の母ですが、うちの子が、また風邪《かぜ》を引いてしまいまして……」

その背後で、私は、ゲホゲホと咳《せ》き込む演技をする。横で、二人ほど腹を抱《かか》えて笑いたいのをぐっとこらえる。

そんな浅知恵《あさぢえ》を働かせてまで、私たちは何をしたかったのか。

(6)ただ連れ立って歩き回りたかったのだ。私たちは、田舎道《いなかみち》を縦《じゅう》横無尽《おうむじん》に歩き回り、それを冒険《ぼうけん》と称《しょう》していた。

川を流れて来る犬の死骸《しがい》を棒きれで引き寄せて橋の下に墓を作ってやったり、そんなことをしていたら墓場に強烈《きょうれつ》に引き付けられ、いくつも並ぶ木の十字《じゅうじ》架《か》の前に順番に跪《ひざまず》いて祈《いの》りを捧《ささ》げてみたりした。そういう言葉は、まだ知らなかったが「敬虔《けいけん》」な自分たちを演出したのだった。

死んじゃって可哀相《かわいそう》、と誰かが口にしたのを皆が真似《まね》をし始めた。胸の前で手を組み、「可哀相、可哀相」と念仏の代わりに呟《つぶや》くようになったのだ。これまた、そんな言葉は、まだ知る由《よし》もなかったが「慈《じ》悲深《ひぶか》い」人間になった気がして誇《ほこ》らしかった。

しかし、ある時、誰かが言ったのだ。

「お墓に向かって、可哀相って言うと、死んだ人が、じゃあ、なんでおまえは助けてくれなかったんだって思って化けて出るんだって！」

それを聞いて震《ふる》え上がった私たちは、墓地通いをすぐさま中止した。

農家の土間に入り浸《びた》ることもした。そこでは、プロパンガスのコンロの上に鉄板を置いて、小麦粉を溶《と》いたものを焼いて食べさせてくれた。やり方を教えてくれたおばさんは、後は自分らでやってごらんと言ったきり、私たちを放って置いた。

東京で言う、もんじゃ焼きのようなものだろうか。確か、十円かそこらだったと記憶《きおく》している。おこづかいをもらったばかりで裕福《ゆうふく》な時は、三十円を出して、庭で産んだ玉子を付けてもらった。薄甘《うすあま》いお焼きに醤油《しょうゆ》を付けて食べた。

鉄板を囲む自分たちが、とてつもなく大人になったような気がした。あの時の[Ⅱ]した思いを、私は、今もキープしたままでいるようだ。傍《かたわ》らに酒のグラスがあるかないかの違いはあるが。

そんな道草をしながら、私たちは、田舎道をさまよった。今、思い出してみると、心持ちは、映画化もされた、スティーブン・キングの「スタンド・バイ・ミー」と同じである。あの作品の少年たちが、死持つ危険性を浮《う》き彫《ぼ》りにしている。

ロ　耳ざわりの良い言葉を安易に受容する現代人の風潮を批判するために疑問文を多用してはいるものの、聞き手である若者の柔軟《じゅうなん》な態度に希望を見出している。

ハ　若者にとってもわかりやすい具体例とユーモアを交えて話の聞き手の興味をひきつけながら、言葉というものに対する筆者自身の見解をはっきりと述べている。

ニ　「多くの日本語が死滅しかけている」「どれだけ多くの日本語がくらまされてしまったか」等の表現からは、現代の日本語が置かれた状況《じょうきょう》に対する筆者の危機意識がうかがえる。

二

次の文章を読んで、あとの問いに答えなさい。

小学校を卒業するまで、私は、ちまちまといじめられていた。しかし、その内、(1)気にしない術《すべ》を覚えて行った。すると、どこに隠れていたのか、私に親近感を持ってくれる子たちが現われ、教室の片隅《かたすみ》に居場所が出来たのである。

Kさんが転校してしまった後も、私に嫌がらせをする子供はいたが、もう、どうってことなかった。自分の孤独《こどく》な心にaうってつけの逃《に》げ場所を与《あた》えられたのである。

それは、両親がクリスマスのプレゼントとして毎年買い与えてくれた文学全集だった。私は、そこで初めて、大人の小説に出会い、その世界に逃げ込んだのである。

学校が終わると、一目散に家に帰った。そして、本棚《ほんだな》が足りないために段ボールに詰《つ》めたままの本の背表紙をながめる。これほどわくわくしたことはなかった。一冊を選んだだけで、別世界に旅立てるのだ。

初めは、前に買ってもらった「少年少女世界の名作文学」のようにピカピカしている訳ではない地味な装丁《そうてい》の本のどれを選んで良いのか、さっぱり解《わか》らずに困惑《こんわく》した。読めない漢字の題名も多かった。

まずは、平仮名のやつから始めてみよう。そう思った私は、「こころ」というのからやっつけようと思った。夏目漱石《なつめそうせき》という作者は聞き覚えがある。猫《ねこ》が喋《しゃべ》る話を書いた人だ。童話の人か。

そう予想して胸を高鳴らせて扉《とびら》を開いた私は愕然《がくぜん》とした。難しくて全然歯が立たないのである。

〈私はその人を常に先生と呼んでいた。だからここでもただ先生と書くだけで本名は打ち明けない〉

(2)なーんか、もったいぶってる感じがする、と思って、これは後に回そうと思った。それから数年後、私は「漱石の『こころ』と信じることの関係について」という感想文を書いて、昼の校内放送で読まれることになるのだが、それはまた後の話だ。何故《なぜ》、そんな事態になったのかは不明だが、私のbこまっしゃくれた読書感想文を放送部員がつっかえながら読み、皆《みな》、それを聞きながら、まずそうに給食を食べていたのを羞恥心《しゅうちしん》と共に思い出す。

次に手を出したのは、井上靖《いのうえやすし》の「しろばんば」だ。これには夢中になった。子供を描《えが》いているのに、(3)子供の本じゃない。うんと昔の話なのに、今、隣《とな》りにいる誰《だれ》かの物語のように思える。

主人公の洪作《こうさく》が、二階の窓から、おぬいばあさんの棺《ひつぎ》を送ってやるところで、私は泣いた。まったく異なる時代の、実在していない少年のために私は涙《なみだ》を流していたのだった。

本を読むって不思議なことだなあ、と思った。物語の中の登場人物に心動かされて涙したのは、これが初めてではなく、私は少し前に読んだ怪盗《かいとう》ルパンシリーズの「奇巌城《きがんじょう》」でも大泣きしたのだった。南《みなみ》洋一郎《よういちろう》による少年少女向けの訳だったが、男と女の間に起きる悲劇に［　Ⅰ　］来た。このモーリス・ルブランの書く世界なんて、それこそ自分とは無縁のもの。でも、解るのだ。解ってしまうのだ。愛する

「非常に便利」なのですか。もっとも適切なものを次の**イ**～**ニ**の中から一つ選び、記号で答えなさい。

イ　一般的《いっぱん》な観点からはあまり良い意味に思われないような言葉を、美しい意味の言葉にかえることができる点。

ロ　だれもが家族や親しい人に当たり前のように持っている感情を、絶対的なものへと変化させることができる点。

ハ　あまり好ましいものに思われないような感情を、違った印象をあたえる言葉へと言いかえることができる点。

ニ　仏教においては否定的に考えられている言葉を、人間にとってこの上なく大切なものへと作りかえることができる点。

問5　――線**(4)**「言葉のマジックです」とはどのようなことですか。もっとも適切なものを次の**イ**～**ニ**の中から一つ選び、記号で答えなさい。

イ　「愛」という言葉を用いてはいるが、人間は自らが地球を破壊しているという現実を、認めていないということ。

ロ　「愛」という言葉を用いることで、人間の人間に対する執着を、地球をいたわる気持ちにかえているということ。

ハ　「愛」という言葉を用いてはいるが、実際には「愛」はまったく存在せず、単なる人間の身勝手だということ。

ニ　「愛」という言葉を用いることで、人間の自分勝手な行いと自らに対する執着を見事に隠《かく》しているということ。

問6　――線**(5)**「夢は絶対にかないません」とありますが、その理由としてもっとも適切なものを次の**イ**～**ニ**の中から一つ選び、記号で答えなさい。

イ　「夢」は一つかなうとまたすぐにあらたな「夢」があらわれ、際限なく追求し続けなければならなくなるから。

ロ　「夢」は実現してしまうと「夢」とは言えなくなるので、自分から進んでかなえようと願うべきではないから。

ハ　「夢」という言葉を使う人々は、「夢」は「目標」と違って実現不可能であるとあきらめてしまっているから。

ニ　「夢」とは本来夜眠っている最中に見るものであって、そもそも現実にかなえられる性質のものではないから。

問7　筆者の主張としてもっとも適切なものを次の**イ**～**ニ**の中から一つ選び、記号で答えなさい。

イ　日本語には様々な表現があるものの、それらがかえりみられることなく、耳に聞こえの良い言葉ばかりがもてはやされる傾《けい》向《こう》がある。だからこそ様々な言葉を獲得《かくとく》し、使いこなしていく必要がある。

ロ　具体的な対象を持たず、イメージのみが先行した言葉を安易に使用する人が多い。だからこそあえて自分自身の固有の表現を探し求めることで、他者とは違った豊かな人生を送っていくべきである。

ハ　深く考えもせず印象だけで言葉を受け止めていると、相手にだまされてしまうこともある。だからこそ言葉の意味を深く考え、時には疑うことで、他人から干渉《かんしょう》されない自分だけの人生を送ることができる。

ニ　言葉にはその意味するもの以外を捨ててしまう性質があるため、印象が良い言葉ばかりを使っていると使用者の世界もせまくなってしまう。だからこそ多様な言葉を知り、使っていくよう努めなければならない。

問8　本文の表現および内容の説明として**適切でないもの**を次の**イ**～**ニ**の中から一つ選び、記号で答えなさい。

イ　現代人の「愛」や「夢」といった言葉に対する一般的な認識と、それらの言葉が持つ本来の意味を対比することで、言葉のことで美化してしまうのは、非常に危ないと思います。

「愛」と「夢」と「絆」ででき上がっている人生ってどうですか。執着と薄暗がりにつながれた人生ですよ。この手の言葉は、具体的な対象を持たないうえにイメージが先行するので、目眩《めくらま》しには最適です。たった一文字、「愛」という字だけで、どれだけ多くの日本語がくらまされてしまったか。

　また、それを使わないで表現しようと努力することによって、どれだけの語彙《ごい》が培《つちか》われることか。言い換えてみましょう。そうした包括《ほうかつ》的《てき》によさげな言葉、何でもかんでものみ込んでしまってよく見せかけるような、耳に聞こえのいい言葉は疑いましょう。聞く時に疑うだけでなく、使う時にも疑いましょう。安易に「愛」だの「夢」だの使わないで、ほかの言葉を探してみましょう。言い換える言葉がなかったら探してみましょう。辞書には何万語、何十万語という言葉が載《の》っています。それを手に入れることは、自分の人生を豊かにすることです。語彙は、その数だけ世界をつくってくれるんです。たくさんの言葉を知って、その言葉を使いこなすことが、どれだけ豊かな人生をつくってくれるか、それははかり知れないことでしょう。

(注) **※1** ヒューマニズム…ここでは「人間味」という意味。
※2 汎用性…様々な場面ではば広く活用できる性質。

問1　＝線「エンメイ」の「エン」と同じ漢字を使うものを次の**イ**～**リ**の中から選び、記号で答えなさい。なお、正解は一つとは限りません。いくつかある場合には、そのすべての記号を書きなさい。

イ　家庭サイエンを営む。
ロ　エンセンに住む住民。
ハ　エンケイからながめた絵。
ニ　素晴らしいエンソウ。
ホ　公開をエンキする。
ヘ　エンチョウ先生のあいさつ。
ト　エンガイが発生する。
チ　大ダンエンをむかえる。
リ　周りからケイエンされる。

問2　――線**(1)**「『愛』という言葉」についての筆者の考えとしてもっとも適切なものを次の**イ**～**ニ**の中から一つ選び、記号で答えなさい。

イ　一見すると良い言葉のように思えるが、時には人をおとしめる意味にもなるため、使用には気を配る必要がある。
ロ　多くの人が良い言葉だと思って多用しているが、言葉の意味を深く考えると、けっして良い言葉とは言い切れない。
ハ　筆者自身も良い言葉だとは考えているが、語源をたどると必ずしも良い意味とは言えないため、危険な言葉の代表と言える。
ニ　日本では悪い意味にはならない言葉だが、外国では必ずしも受け入れられるとは限らないので、使う時には注意すべきだ。

問3　――線**(2)**「これ」の指示内容としてもっとも適切なものを次の**イ**～**ニ**の中から一つ選び、記号で答えなさい。

イ　自分の家族を大事に思う感情を、「愛」という言葉にかえて表現してしまうこと。
ロ　自分の好きな人を強く思うあまり、結果的に嫌《きら》いになってしまうこともあること。
ハ　自分の恋人《こいびと》や友人を大切に思う気持ちと憎《にく》しみは、元をたどれば同じであること。
ニ　自分に近い間柄《あいだがら》の人やものに強く心ひかれたり、その逆に嫌悪《けんお》したりすること。

問4　――線**(3)**「非常に便利です」とありますが、どのような点がを救う」というキャッチフレーズのもとに行われる一連のイベントは、非常に※1ヒューマニズムあふれる、人間に対する「愛」に満ちあふれたものばかりです。

そう、愛しているのは地球ではなく、自分たちなんです。公平性を保つため、地球上にすむ人間全部という意味で「地球」としたんですね。身も蓋《ふた》もない言い方をするなら、あれは人類が生きのびるために、もしくは豊かな生活をするために、地球の資源を一日でも、一分でも、一秒でもいいから長もちさせよう、親のすねをかじり続けるために親をエンメイしようキャンペーンということになってしまいます。

でも、「愛」という言葉を使うことで、実にクリーンで崇高《すうこう》なものに感じられてしまうんですね。これ、(4)言葉のマジックです。「愛」は危ないですね。

最初に言いましたが、自分の気持ちを言葉に置きかえると、その言葉があらわすもの以外のものが全部捨てられてしまいます。そしてその言葉が持つ他の要素を囲い込《こ》むことになる。「愛」という言葉を使うと、その段階ですべてが「愛」に変換《へんかん》されてしまうんです。「愛」は雰囲気《ふんいき》使いのできる、便利で、しかも良い響《ひび》きの言葉ですから、使い勝手がとてもいい。※2汎用性《はんようせい》がある。でも、それでいいんでしょうか。

日本語には言葉がたくさんあります。たとえば「慈《いつく》しむ」、「情けをかける」、「かわいがる」、「大事にする」、「好き」、いくらでも言葉があります。「愛」なんか使わなくたっていい。言葉を選びましょう。「愛」で済ませることをやめましょう。(中略)

「愛」のような言葉のせいで、多くの日本語が死滅《しめつ》しかけているんです。ほかの言葉に言い換えてみましょう。違《ちが》う言葉のほうが伝わるかもしれないし、そのほうがより自分の気持ちに近いかもしれないじゃないですか。

たとえば「絆《きずな》」。フン。鼻で笑ってしまいました、すいません。絆、大事ですね。絆があればだいたい乗り切れますね。「絆」は、もともとは牛や馬をつないでおく綱《つな》のことですよ。犬が逃げないようにつけているリードです。「絆」は、足かせでしかないんです。今はいい意味で使われることが多いですが、いい意味でない使い方だってあったんです。何でも「絆」で済ませるのも危ないと思います。

それから、「夢」。「夢」はさすがにいい言葉だと思うでしょう。「夢は大きく」、「夢を捨てるな」、「夢を諦《あきら》めちゃいけない」と、みんな言うじゃないですか。

でも(5)夢は絶対にかないません。かなった途端《とたん》に、夢は夢でなくなっちゃうんです。そこを忘れていませんか。「宝くじに当たって、すてきな彼氏《かれし》ができました。夢みたい」、夢「みたい」です。「みたい」なんだから夢じゃないですね。現実です。かなう夢は全部夢じゃないんです。努力してかなうなら、それは「目標」です。運良く転がり込んでくるようなムシのいい幸運を望んでいるなら、それは「妄想《もうそう》」ね。夢は、寝《ね》ている時に見ればいいんです。「夢」という字は、「くらい」とも読むのです。夢の真ん中の部分は「目」です。上は「草」で、下は「月」。薄暗《うすぐら》くてよく見えない夜に見るのが夢です。

手の届く目標をかかげ、それを達成していくのはすばらしいことです。その目標をして「夢」としてしまうことは、夢の矮小化《わいしょうか》にほかなりません。それ、達成した段階で行き止まりですよ。「夢がかなった」って、じゃあ、もう後がないでしょう。夢を持つなら、絶対かなわない夢を持つべきです。そうでなくてはやってられません。

次々と夢がかなったら、あなたたちは次々と夢を失うことになるんですよ。世界平和とか宇宙征服《せいふく》とか、まずかなわないくらいの夢を持って、それを夜に見ていればいいんです。現実に持たなければいけないのは、きちんと達成できる目標です。それを夢だ、希望だみたいな

二〇二二年度 東邦大学付属東邦中学校

【国　語】〈推薦・帰国生試験〉（四五分）〈満点：一〇〇点〉

一　次の文章は作家の京極夏彦《きょうごくなつひこ》が10代の若者を相手におこなった講演を書籍《しょせき》化した『地獄《じごく》の楽しみ方』の一部です。これを読んで、あとの問いに答えなさい。（設問の都合上、一部省略した箇所《かしょ》、表記を改めた箇所があります。）

(1)「愛」という言葉があります。いい言葉ですね。何かにつけ、愛が足りないとか、愛がないからだとか言いますね。愛があればだいたい解決すると思われている。しかも愛は年に一遍《いっぺん》は地球を救ってくれる。

今この日本で「愛」を悪い意味で使う人はいません。「愛」はほぼ100パーセントいい言葉として使われています。それ、本当にいいのでしょうか。

「愛」という漢字は三つのパートに分かれます。まず、真ん中に「心」がありますね。下にあるのは足です。上のほうにチョンチョンチョンと冠《かんむり》みたいなのがある。あれは「立ちどまって振《ふ》り返る」という象形文字なんです。わかりますか。

「愛」は、仏教で言うなら「執着《しゅうちゃく》」です。夫婦《ふうふ》愛は伴侶《はんりょ》に対して執着を持つこと。家族愛は家族に執着を持つこと。愛国心は国に執着を持つこと。仏教においては、これら執着は全て捨て去るべきものと説かれます。「あなたが好きです」は、「あなたに執着しています」という意味です。これ、気持ち悪いでしょう。ほぼストーカーですね。言い換《か》えると、決していい言葉ではなくなる。

でも、よく考えてみてください。自分の好きな人や家族に執着を持つのは、至極《しごく》当然のことなんです。だって、家族は大事でしょう。いや、中には、家族が嫌《いや》だという人もいるかもしれませんし、俗《ぞく》に言う毒親《どくおや》に困っている人もいるかもしれない。あるいは兄弟仲が著《いちじる》しく悪い人もいるかもしれないんですが、それは同じことです。愛憎《あいぞう》はともに執着のうちですからね。それに、(2)これは血縁《けつえん》の問題でもありません。

一緒《いっしょ》に住んでいる人、あるいは一緒にいる仲間、友達、ペット、そうしたものに執着を持つのは当たり前のことです。「愛」という言葉でごまかされてしまっているけれど、それは執着なんです。美しく言い換えているんですね。

「愛」という言葉を使うと、おおむねごまかせるんです。(3)非常に便利です。

では、それをふまえて、「愛は地球を救う」というキャッチフレーズを考えてみましょう。考えナシだと非常にわかりやすいんですが、考えてみましょう。

まず、なぜ地球は救われなければならないのか。地球の資源は限られています。森林伐採《ばっさい》や資源の採掘《さいくつ》などで地球はどんどん痩《や》せ細っていく。しかも、環境汚染《かんきょうおせん》も著しいですね。地球はむしばまれ、瀕死《ひんし》です。でもこれ、全部人間の仕業《しわざ》ですね。人が生きて行くために地球を壊《こわ》しているんです。本当に地球を救おうとするなら、それをやめればいいんです。地球に「執着」するというのであれば、人間を滅《ほろ》ぼせということになっちゃいますね。ま、人間も地球の一部ではあるんだけども。

そうじゃないんですね。「地球を愛する」じゃなくて、「愛は地球を救う」ですからね。「執着」が地球を救うということになりますね。いや、執着なんかが地球を救うわけないじゃないか。

それではこの「愛」は何に対する「愛」なんでしょう。「愛は地球

2022年度

東邦大学付属東邦中学校 ▶解説と解答

算　数　＜推薦・帰国生試験＞（45分）＜満点：100点＞

解　答

1 (1) $\frac{1}{5}$　(2) 16　(3) 9.54　2 (1) 4％　(2) 2個　(3) 171人　3 (1) 分速160m　(2) 1400m　4 (1) $4\frac{11}{16}$倍　(2) 1：5　5 (1) 4通り　(2) 32通り　(3) 52通り　6 (1) $20cm^3$　(2) $12cm^3$　7 (1) (ウ)　(2) *a* 6　*c* 4　(3) 5

解　説

1 四則計算，逆算，計算のくふう

(1) $4\times\frac{6}{5}-\frac{1}{10}\times(50-24\div6)=\frac{24}{5}-\frac{1}{10}\times(50-4)=\frac{24}{5}-\frac{1}{10}\times46=\frac{24}{5}-\frac{23}{5}=\frac{1}{5}$

(2) $0.56\times\frac{1}{5}\div\left(125\times\frac{7}{1000}\right)=\frac{56}{100}\times\frac{1}{5}\div\frac{7}{8}=\frac{14}{25}\times\frac{1}{5}\times\frac{8}{7}=\frac{16}{125}$より，$\frac{16}{125}\div\square=\frac{1}{125}$　よって，$\square=\frac{16}{125}\div\frac{1}{125}=\frac{16}{125}\times\frac{125}{1}=16$

(3) $(A+B)\times C=A\times C+B\times C$となることを利用すると，右の図のように変形することができる。また，図の下線部分を足すと，2020×3.14＋2020×3.26＝2020×(3.14＋3.26)＝2020×6.4となる。よって，あたえられた式は，2020×6.4＋6.28＋3.26－2020×6.4＝6.28＋3.26＝9.54と求められる。

$$
\begin{aligned}
2022\times3.14&=(2020+2)\times3.14\\
&=2020\times3.14+2\times3.14\\
&=\underline{2020\times3.14}+6.28\\
2021\times3.26&=(2020+1)\times3.26\\
&=2020\times3.26+1\times3.26\\
&=\underline{2020\times3.26}+3.26
\end{aligned}
$$

2 濃度《のうど》，差集め算，割合と比

(1) できた食塩水の重さは，50＋100＋100＝250(g)である。また，(食塩の重さ)＝(食塩水の重さ)×(濃度)より，できた食塩水に含《ふく》まれている食塩の重さは，250×0.054＝13.5(g)とわかる。そのうち，食塩水Aに含まれていた食塩の重さは，50×0.07＝3.5(g)，食塩水Bに含まれていた食塩の重さは，100×0.06＝6(g)だから，食塩水Cに含まれていた食塩の重さは，13.5－(3.5＋6)＝4(g)と求められる。よって，食塩水Cの濃度は，4÷100＝0.04，0.04×100＝4(％)である。

(2) 下の図1から，4個ずつ配るのに必要な個数と6個ずつ配るのに必要な個数の差は，11＋7＝18(個)とわかる。これは，6－4＝2(個)の差が生徒の人数だけ集まったものなので，生徒の人数は，18÷2＝9(人)となる。よって，お菓子《かし》の個数は，4×9＋11＝47(個)だから，9人に5個ずつ配ると，47－5×9＝2(個)余る。

図1

	4個，4個，…，4個 ➡ 11個余る
	6個，6個，…，6個 ➡ 7個不足
差	2個，2個，…，2個 ➡ 18個

図2

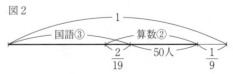

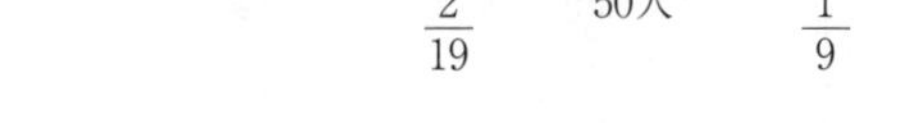

(3)　全員の人数を１として図に表すと，上の図２のようになる。国語と算数の少なくとも一方に合格した人(太線部分)の人数は，③＋②$-\frac{2}{19}$＝⑤$-\frac{2}{19}$なので，全員の人数は，⑤$-\frac{2}{19}+\frac{1}{9}$＝⑤$+\frac{1}{171}$と表すことができる。よって，⑤$+\frac{1}{171}=1$より，①$=\left(1-\frac{1}{171}\right)\div 5=\frac{34}{171}$，②$=\frac{34}{171}\times 2=\frac{68}{171}$と求められる。したがって，50人にあたる割合が，$\frac{68}{171}-\frac{2}{19}=\frac{50}{171}$だから，１にあたる人数，つまり全員の人数は，$50\div\frac{50}{171}=171$(人)とわかる。

3　速さ，つるかめ算

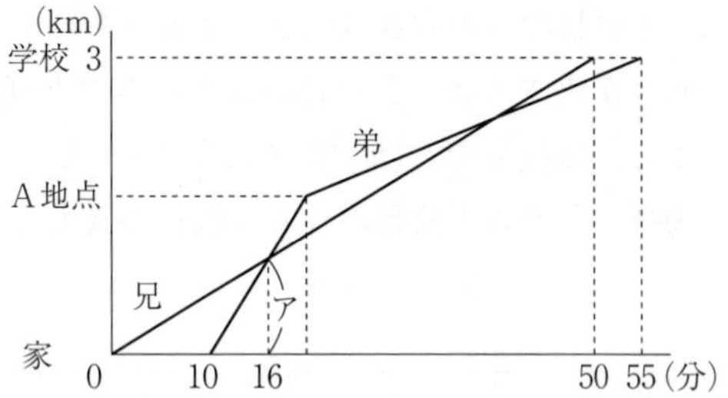

(1)　兄が家から学校まで行くのにかかった時間は，$3\times1000\div60=50$(分)だから，兄が家を出てからの時間と，２人が進んだ道のりの関係をグラフに表すと，右のようになる。兄が16分で進んだ道のり(グラフのア)は，$60\times16=960$(m)であり，弟がこの道のりを進むのにかかった時間は，$16-10=6$(分)なので，弟の平らな道での速さは分速，$960\div6=160$(m)とわかる。

(2)　弟の登り坂での速さは分速，$160\times\frac{1}{4}=40$(m)である。また，弟が家から学校まで進むのにかかった時間は，$55-10=45$(分)になる。分速160mで45分進んだとすると，$160\times45=7200$(m)進むので，実際に進んだ道のりよりも，$7200-3000=4200$(m)長くなる。分速160mのかわりに分速40mで進むと，進む道のりは１分あたり，$160-40=120$(m)ずつ短くなるから，分速40mで進んだ時間は，$4200\div120=35$(分)とわかる。よって，A地点から学校までの道のりは，$40\times35=1400$(m)である。

4　平面図形—辺の比と面積の比，相似

図１

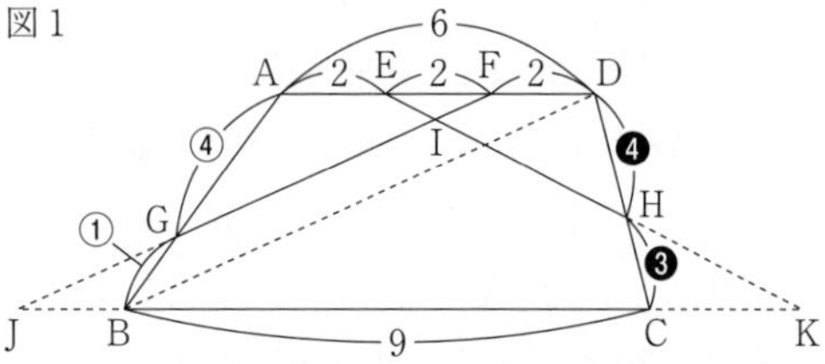

図２

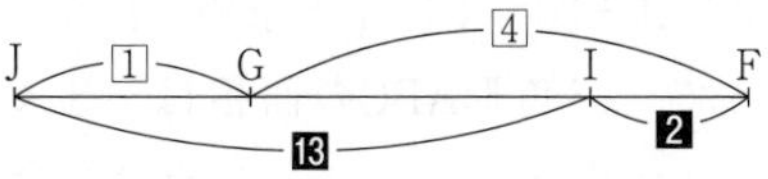

(1)　ADの長さを２と(１＋１＋１＝)３の最小公倍数の６とすると，BCの長さは，$6\times\frac{3}{2}=9$になるから，右の図１のように表すことができる。台形ABCDの面積を１とすると，三角形ABDと三角形DBCの面積の比は，AD：BC＝２：３なので，三角形ABDの面積は，$1\times\frac{2}{2+3}=\frac{2}{5}$とわかる。さらに，三角形AGFの面積は三角形ABDの面積の，$\frac{AG}{AB}\times\frac{AF}{AD}=\frac{4}{4+1}\times\frac{2+2}{6}=\frac{8}{15}$なので，三角形AGFの面積は，$\frac{2}{5}\times\frac{8}{15}=\frac{16}{75}$と求められる。よって，台形ABCDの面積は三角形AGFの面積の，$1\div\frac{16}{75}=\frac{75}{16}=4\frac{11}{16}$(倍)である。

(2)　図１のように，FGとCBを延長して交わる点をＪ，EHとBCを延長して交わる点をＫとする。三角形AGFと三角形BGJは相似であり，相似比は４：１だから，$BJ=(2+2)\times\frac{1}{4}=1$となる。同様に，三角形EHDと三角形KHCも相似であり，相似比は４：３なので，$CK=(2+2)\times\frac{3}{4}=3$となる。さらに，三角形EIFと三角形KIJも相似であり，相似比は，２：(１＋９＋３)＝２：13だから，直線JF上の比は右上の図２のようになる。そこで，JFの長さを，１＋４＝５と，13＋２＝

15の最小公倍数の15とすると，FI＝２，FG＝15×$\frac{4}{4+1}$＝12となるので，FI：IG＝２：(12－２)＝１：５と求められる。

5 場合の数

⑴　タイルＢをとなり合わせに貼《は》ることはできないから，ＡとＢの並べ方は右の図１のように決まる。また，Ａを並べる向きは右下の図２の４通りあるので，全部で４通りである。

図１

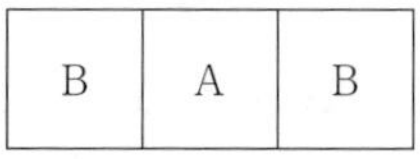

図２

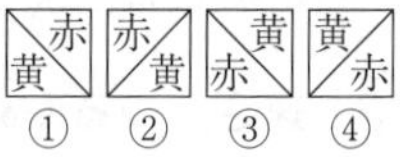

⑵　ＡとＢの並べ方は下の図３の３つの場合がある。㋐の場合，左から１枚目のＡの向きは図２の４通りある。どの場合も，１枚目のＡの向きが決まると，２枚目のＡの向きは２通り考えられる(たとえば，１枚目のＡが図２の①だとすると，２枚目のＡは①か④になる)。よって，㋐の場合は，４×２＝８(通り)となる。また，㋑の場合，左から１枚目のＡも３枚目のＡも４通り考えられるから，４×４＝16(通り)とわかる。さらに，㋒は㋐と同様に８通りなので，全部で，８＋16＋８＝32(通り)と求められる。

図３

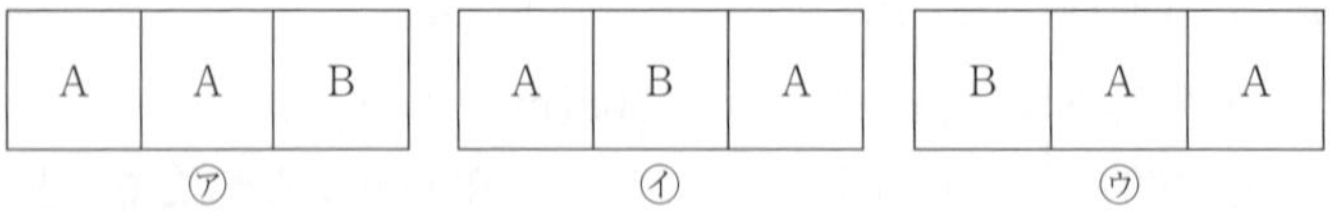

図４

⑶　⑴，⑵以外で考えられるのは，上の図４のようにＡを３枚貼る場合である。このとき，左から１枚目のＡは４通り，２枚目のＡは２通り，３枚目のＡも２通り考えられるから，全部で，４×２×２＝16(通り)となる。よって，貼り方は全部で，４＋32＋16＝52(通り)ある。

6 立体図形―分割，体積

⑴　頂点Ｂを含む立体は，右の図１の太線の立体である。これは，Ａを頂点とし，長方形CFEBを底面とする四角すいA-CFEBと考えることができる。ここで，底面積は，10×３＝30(cm²)だから，高さ(AGの長さ)を□cmとすると，30×□÷３＝40(cm³)より，□＝40×３÷30＝４(cm)と求められる。よって，三角形ABCの面積は，３×４÷２＝６(cm²)なので，頂点Ｄを含む立体(三角すいA-DEF)の体積は，６×10÷３＝20(cm³)とわかる。

図１

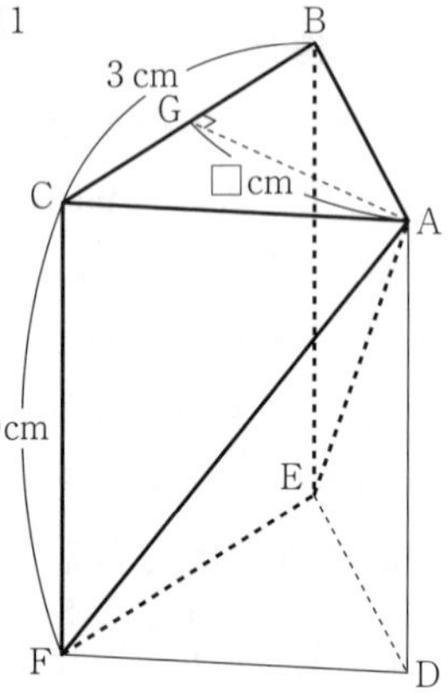

図２

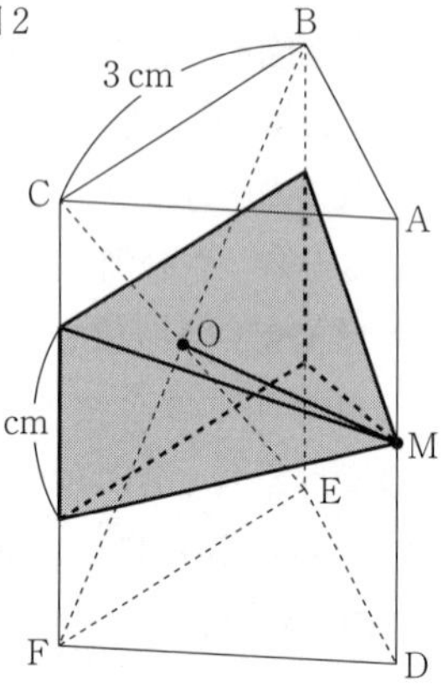

⑵　重なるのは，右上の図２のかげをつけた四角すいである。この四角すいの底面積は，３×３＝９(cm²)であり，高さ(MO)は図１のAGの長さと等しく４cmだから，体積は，９×４÷３＝12(cm³)と求められる。

7 条件の整理

⑴　【会話１】と【会話２】の考え方は正しい。ところが，Ａ組，Ｂ組，Ｃ組の人数が同じとは限らないから，{(Ａ組の平均点)＋(Ｂ組の平均点)＋(Ｃ組の平均点)}÷３＝(３クラス全員の平均点)という関係は成り立たない。よって，【会話３】だけは正しくないので，あてはまるのは㈦である。

(2)　【会話１】より，$21=9+2\times a$が成り立つから，$a=(21-9)\div 2=6$とわかる。また，【会話２】より，$3\times c+14+d=28$が成り立ち，これを簡単にすると，$3\times c+d=14$となる。これにあてはまるcとdの組は右上の図１のように５通りあり，このうち，「cとdはあわせて10以下」で「cの数はdの数より大きい」という条件に合うのは，$c=4$，$d=2$だけである。

図１

c	0	1	2	3	4
d	14	11	8	5	2

(3)　Ｂ組の人数は40人なので，$e=40-(4+7+2+18+5)=4$と求められ，右の図２のようになる。Ａ組，Ｂ組，Ｃ組の合計で考えると，平均点の3.1点よりも低いグループの合計は，$3.1\times(2+4+2)+2.1\times(4+7+f)+1.1\times(7+2+7)+0.1\times(10+4+4)=3.1\times 8+2.1\times 11+2.1\times f+1.1\times 16+0.1\times 18=67.3+2.1\times f$となり，平均点の3.1点よりも高いグループの合計は，$0.9\times(9+18+13)+1.9\times(6+5+g)=0.9\times 40+1.9\times 11+1.9\times g=56.9+1.9\times g$となる。よって，$67.3+2.1\times f=56.9+1.9\times g$と表すことができ，これを簡単にすると，$1.9\times g-2.1\times f=10.4$となる。ここで，$f=5$，$g=11$とすると，$h=2+5+7+4+13+11=42$となり，条件に合う。したがって，$f=5$である。

図２

	得点(点)	0	1	2	3	4	5	計
Ａ組	人数(人)	2	4	7	10	9	6	38
Ｂ組	人数(人)	4	7	2	4	18	5	40
Ｃ組	人数(人)	2	f	7	4	13	g	h

社　会　＜推薦試験＞（30分）＜満点：50点＞

解　答

1 **問１**　ウ　**問２**　ウ　**問３**　イ　**問４**　オ　**問５**　（例）　電気やガスの使用を節約する。　**2** **問１**　イ　**問２**　イ　**問３**　ア　**問４**　イ　**問５**　カ　**問６**　５番目…こ　10番目…う　**3** **問１**　ウ　**問２**　(1)　ウ，エ，オ　(2)　イ　**問３**　エ

解　説

1　地形図の読み取りや日本の地形，産業などについての問題

問１　図１の「大久保(一)」「大久保(二)」にあたる場所を図２で確認すると，図１で建物が並び，市街地になっていると考えられる場所に，図２では耕地と考えられる土地が広がっている。沼地が図２にみられるような直線的な形であることは考えにくいので，ウが正しくない。

問２　富山と横浜(神奈川県)を結ぶ直線Ｂは，富山側で3000ｍ級の山が連なる飛騨《ひだ》山脈(北アルプス)を横切るほか，八ヶ岳周辺などの山地・山脈を横切るので，３つの中でもっとも平均標高が高い。これに対し，敦賀《つるが》(福井県)と浜松(静岡県)を結ぶ直線Ｃは，敦賀側で伊吹《いぶき》山地を横切るものの，伊吹山地の山々は標高1000ｍほどで，中央から浜松寄りのおよそ３分の２の部分には濃尾《のうび》平野や岡崎平野などが広がっているため，３つの中ではもっとも平均標高が低い。上越(新潟県)と銚子《ちょうし》(千葉県)を結ぶ直線Ａは，上越側で2000ｍ級の山が連なる越後山脈を横切るが，中央から銚子寄りの場所には関東平野が広がっている。

問３　いずれの資料からも，年少人口の割合を読み取ることはできない。また，いずれの資料でも，宮城県は下から２・３番目，滋賀県は下から１・２番目と低い値を示しているため，ほかの都道府県に比べて一般病院の医療《いりょう》体制にかかる負荷は大きいと推測できる。よって，イが正しくない。

なお，病院の規模は「人口10万人あたりの一般病院病床《びょうしょう》数」から，居住地から病院までの距離が遠いか近いかは「可住地面積100km^{2}あたりの一般病院数」から読み取ることができる。

問4　「キャベツの栽培時の適温は15～20℃ぐらい」とある。7～10月に岩手県と長野県からの入荷量が増えていることから，この時期にはすずしい地域でキャベツが栽培されていると判断できる。示された3県のうち，この時期にこの環境でキャベツが栽培できるのは，県西部に高原が広がる群馬県である。群馬県の浅間山ろくに位置する嬬恋《つまごい》村は，高原のすずしい気候を利用して高原野菜の栽培を行っており，全国有数のキャベツの産地として知られている。よって，「う」に群馬県があてはまる。一方，関東地方の気温がキャベツ栽培の適温に近くなる春～夏には，近郊農業のさかんな東京都周辺の県からの入荷量が多くなることがグラフから読み取れるので，この時期に入荷量が増えている「あ」に千葉県があてはまる。千葉県北東部の銚子は，春キャベツの産地として全国的に知られている。また，愛知県では南東部の渥美《あつみ》半島を中心にキャベツの栽培がさかんに行われている。

問5　住居における二酸化炭素の発生源としては，冷暖房や給湯といった熱利用がおよそ5割を占《し》めるとされている。つまり，冷暖房の設定温度を適切に調整する，食事のあとの洗い物や風呂の入り方を家族で工夫するといったことで，住居からの二酸化炭素の排出をおさえることができる。これ以外にも，節電につとめたり，家電製品を省エネ性能の高いものに買いかえたりして，エネルギー消費量を削減《さくげん》することや，再生可能エネルギーによってつくられた電力を使うようにすること，ゴミの削減につとめることなども有効である。

2　各時代の歴史的なことがらについての問題

問1　ア　「コシャマイン」ではなく「シャクシャイン」が正しい。コシャマインは室町時代の1457年に蜂起《ほうき》し，蝦夷地《えぞち》(北海道)南部にいた和人(本州から来た人々)の本拠《ほんきょ》地を襲撃《しゅうげき》したが，まもなくしずめられた。　イ　1792年，ロシア使節のラクスマンが根室に来航し，日本に通商を求めた。日本は鎖国中であったため，ラクスマンは長崎への入港を認められたものの，通商要求は受け入れられなかった。よって，正しい。　ウ　1956年に出された日ソ共同宣言では，平和条約の締結《ていけつ》後に歯舞《はぼまい》群島・色丹《しこたん》島を日本に返還することが取り決められたが，千島列島のそのほかの島々についての取り決めはなされなかった。なお，1875年にロシアとの間で結ばれた樺太《からふと》・千島交換条約では，千島列島が日本領，樺太がロシア領とされた。　エ　戊辰《ぼしん》戦争は，江戸幕府の第15代将軍徳川慶喜《よしのぶ》が1867年に大政奉還を行った翌年の1868年に始まり，1869年に終結した。

問2　ア　平清盛は1167年に武士として初めて太政《だいじょう》大臣になったが，摂政・関白にはなっていない。　イ　平清盛と厳島《いつくしま》神社について，正しく説明している。　ウ　院政は，1086年に白河上皇が始めたのが最初である。　エ　1221年に起こった承久《じょうきゅう》の乱についての説明で，「後白河上皇」ではなく「後鳥羽《ごとば》上皇」が正しい。

問3　a～c　1895年，日清戦争の講和会議が下関(山口県)で開かれ，日本の代表として内閣総理大臣の伊藤博文と，外務大臣の陸奥宗光《むつむねみつ》が参加した。bは1185年，cは1863～64年のできごとを正しく説明している。　d～f　織田信長は1577年，みずからが本拠地とした安土城(滋賀県)の城下町を楽市・楽座とした。eとfは，堺(大阪府)について正しく説明している。なお，織田信長は1569年，自治都市で鉄砲の産地であった堺を武力で屈服《くっぷく》させた。

問4　大森貝塚は縄文時代の遺跡で，縄文時代にはAの縄文土器がつくられた。また，この時代には，狩猟《しゅりょう》や漁のための道具として，骨角器や磨製石器が使われていた。Bは甕棺《かめかん》とよばれるもので，弥生時代には大人をほうむるための棺《ひつぎ》として広まった。Cは銅鐸《どうたく》とよばれる青銅器で，弥生時代に祭りの道具として用いられたと考えられている。

問5　X　6世紀中ごろ，朝鮮半島の百済《くだら》から日本に仏教が伝えられると，当時の朝廷では仏教受け入れに賛成する蘇我《そが》氏と，これに反対する物部《もののべ》氏が対立した。この争いは，587年に蘇我馬子が物部守屋《もりや》をたおしたことで決着し，以後，朝廷内では仏教が急速に広まった。　Y　604年，聖徳太子は十七条の憲法を定め，和を大切にすること，あつく三宝(仏，仏教の教え，僧)を敬うこと，天皇の命令には従うことなど，役人の心構えを示した。　Z　鞍作鳥《くらつくりのとり》(鞍作止利，止利仏師)は渡来人の子孫で，7世紀初めに「飛鳥大仏」として知られる飛鳥寺の本尊をつくったほか，623年には法隆寺金堂の釈迦三尊像《しゃかさんぞんぞう》を完成させた。なお，吉備真備《きびのまきび》は奈良時代の学者・政治家で，留学生として唐(中国)に渡り，帰国後に朝廷で活躍《かつやく》した。

問6　「あ」は1722年，「い」は999年，「う」は1800年，「え」は1933年，「お」は1177年，「か」は1600年，「き」は1399年，「く」は1911年，「け」は1877年，「こ」は1333年，「さ」は588年，「し」は744年，「す」は1488年のできごとなので，年代の古い順に「さ→し→い→お→こ→き→す→か→あ→う→け→く→え」となる。

3　人権と日本国憲法についての問題

問1　X　合衆国最高裁判所は「公共の交通機関の人種的隔離《かくり》は法律上からも社会上からも無効である」と述べた。これは，バスにおける人種的隔離を廃止するよう命令し，黒人がボイコットを続けていたバスに再びのるよう勧告するものである。　Y　直前でキング牧師は「利益と理解の真の調和」にもとづいた協力の必要性をうったえているのだから，彼が求めているのは「相互の尊敬にもとづく融和」だとわかる。

問2　(1)　ア～オはいずれも日本国憲法の条文で，ウは信教の自由を定めた第20条，エは思想・良心の自由を定めた第19条の内容にあたる。また，オは第21条が定める表現の自由にかかわる内容で，その2項に規定がある。さらに，第23条では学問の自由が定められており，これらが精神の自由にあてはまる。なお，アは第24条で平等権，イは第18条で身体の自由にあたる。　(2)　X　国境を越えて平和・人権問題などの解決に取り組む民間の組織は非政府組織とよばれ，NGOと略される。なお，PKOは国連平和維持活動，UNHCRは国連難民高等弁務官事務所の略称。　Y，Z　中村哲《てつ》はNGO「ペシャワール会」の現地代表としてパキスタンやアフガニスタンで医療活動に従事したり，現地の人たちとともに水道整備の建設を行ったりしていたが，2019年，テロ組織の銃撃《じゅうげき》によって命を落とした。なお，緒方貞子《おがたさだこ》は国際政治学者で，1991年から2000年まで，UNHCRで日本人初の国連難民高等弁務官を務めたことで知られる。

問3　「暴徒化した支持者が多数，議事堂に乱入し，一時占拠した」という行動は「非暴力的な抗議運動」とはいえないので，エが正しくない。

理　科　＜推薦試験＞（30分）＜満点：50点＞

解　答

1　(1)　5　　(2)　2通り　　(3)　3　　(4)　68%　　(5)　2　　2　(1)　1g　　(2)　5g
(3)　0.24L　　(4)　1.79L　　(5)　0.8gずつ

解　説

1　ヒトの心臓と血液についての問題

(1)　図1の区画Aは，全身の臓器を流れたあと心臓にもどってきた血液が入る部屋で，右心房《ぼう》を示している。また，右心房の下の区画Cは右心室で，これらの区画には全身からもどってきた，二酸化炭素を多く含《ふく》むため暗い赤色をした血液（静脈血）が流れている。この血液は区画Cから肺動脈を通って肺へ送られ，二酸化炭素を放出し酸素を取りこんで，あざやかな赤色の血液（動脈血）となって区画B（左心房）に入り，さらに区画D（左心室）に入って，そこから全身へ送り出される。

(2)　区画Aと区画Bをつなぐ孔《あな》が開いている場合，区画Aの血液のその後の流れ方には，区画Cから心臓の外に流れていく場合と，孔を通って区画Bに入り，区画Dを通って心臓の外に流れていく場合の2通りが考えられる。

(3)　区画Aを流れる血液は，全身の臓器に酸素を渡《わた》し，二酸化炭素を多く含んでもどってきたものなので，とけこんでいる二酸化炭素の量は臓器と同じであると考えられ，酸素の量は少なく，酸素と結びついたヘモグロビンの割合も低くなっている。よって，点bがあてはまる。一方，区画Bを流れる血液は，肺で二酸化炭素を放出し酸素を取り入れた直後のものなので，肺の血液と見なして考えるとよい。つまり，とけこんでいる二酸化炭素の量は肺と同じで，血液中の酸素の量は100%といえるから，点cがあてはまる。

(4)　図2で，酸素と結びついたヘモグロビンの割合は，肺では点cの95%，臓器では点bの30%となっているので，臓器で酸素をはなしたのはヘモグロビン全体の，95−30＝65（%）である。よって，肺で酸素と結びついたヘモグロビン（全体の95%）のうち，臓器で酸素をはなしたもの（全体の65%）の割合は，65÷95×100＝68.4…より，68%と求められる。

(5)　子宮の中で育つ子どものヘモグロビンは，たいばんで母親の血液から酸素を受け取るために，母親のヘモグロビンよりも酸素と結びつきやすい必要がある。つまり，同じ酸素の量のとき，酸素と結びついたヘモグロビンの割合は，母親の血液よりも子どもの血液の方が高くなる。また，子どもの血液中の酸素の量は少ない場所では20%ほどになると述べられていることから，そのようなところでは酸素をはなすヘモグロビンが多くなり，酸素と結びついたヘモグロビンの割合は低くなると考えられる。

2　気体の発生についての問題

(1)　実験2と実験3を比べると，亜鉛《あえん》はどちらも2gで等しく，亜鉛から発生する気体の体積が同じなので，炭酸ナトリウム2gから発生する気体の体積と，炭酸水素ナトリウム1.6gから発生する気体の体積は同じとわかる。このときの炭酸ナトリウムと炭酸水素ナトリウムの重さの比は，2：1.6＝5：4だから，実験5で，炭酸水素ナトリウム0.8gのかわりに，$0.8\times\frac{5}{4}=1$（g）の炭酸ナトリウムを用いても，発生する気体の体積は1Lとなる。

(2)　(1)より，炭酸ナトリウム１ｇとマグネシウム１ｇが反応したとき，発生する気体の体積は１Ｌとなる。また，実験４の両方の物質とも２倍にした場合を考えると，炭酸ナトリウム６ｇとマグネシウム１ｇが反応したときは，発生する気体の体積も２倍の２Ｌになる。よって，これらを比べることで，炭酸ナトリウム，$6-1=5$（ｇ）が反応すると，気体が，$2-1=1$（Ｌ）発生することがわかる。

(3)　(2)より，炭酸ナトリウム１ｇから発生する気体は，$1\div5=0.2$（Ｌ）である。すると，実験１で，炭酸ナトリウム1.4ｇからは，$0.2\times1.4=0.28$（Ｌ）の気体が発生していることになるので，炭酸カルシウム３ｇから発生する気体は，$1-0.28=0.72$（Ｌ）とわかる。したがって，炭酸カルシウム１ｇからは，$0.72\div3=0.24$（Ｌ）の気体が発生する。

(4)　実験２で，亜鉛２ｇから発生する気体は，$1-0.2\times2=0.6$（Ｌ）なので，亜鉛１ｇからは，$0.6\div2=0.3$（Ｌ）の気体が発生する。実験３で，炭酸水素ナトリウム1.6ｇから発生する気体は，$1-0.6=0.4$（Ｌ）だから，炭酸水素ナトリウム１ｇから気体は，$0.4\div1.6=0.25$（Ｌ）発生する。実験４で，炭酸ナトリウム３ｇからは，$0.2\times3=0.6$（Ｌ）の気体が発生するので，マグネシウム１ｇから発生する気体は，$(1-0.6)\div0.5=0.8$（Ｌ）と求められる。以上より，５つの物質を１ｇずつ使用したときに発生する気体は，$0.24+0.2+0.25+0.3+0.8=1.79$（Ｌ）である。

(5)　炭酸ナトリウム，炭酸水素ナトリウム，マグネシウムを１ｇずつ使用すると，$0.2+0.25+0.8=1.25$（Ｌ）の気体が発生する。したがって，発生する気体を１Ｌにするには，３つの物質の重さを，$1\div1.25=0.8$（ｇ）ずつにすればよい。

英語　＜帰国生試験＞（45分）＜満点：100点＞

※編集上の都合により，英語の解説は省略させていただきました。

解答

Ⅰ　**問１**　D　**問２**　①　theft　②　in　**問３**　ウ　**問４**　**１**　（例）　Because she heard footsteps behind her and they seemed to be getting closer and closer.　**２**　（例）　He was dressed all in black and had a cap pulled down over his face.　**３**　（例）　He felt that the sender was in trouble and no one else would help her.　**４**　（例）　She hoped that God would continue to give help to others who need it.　**問５**　（例）　I think some people at the post office must have taken the money when they processed your letter.　**問６**　オ，キ

Ⅱ　**問１**　**X**　ウ　**Z**　エ　**問２**　**A**　エ　**B**　ウ　**C**　ア　**問３**　ウ　**問４**　エ→イ→ア→ウ　**問５**　**３番目**…ア　**５番目**…カ　**問６**　ウ，オ　**問７**　（例）　I think that listening is the key to effective communication when I talk with someone. Without listening to them carefully, I might misunderstand their message. My comments based on the misunderstanding would be pointless or even irritating to them. To avoid possible misunderstanding, I often try rephrasing what was said to me in my own words to show that I understand their message correctly.

国　語　＜推薦・帰国生試験＞（45分）＜満点：100点＞

解　答

一　問1　ホ　　問2　ロ　　問3　ニ　　問4　ハ　　問5　ロ　　問6　ニ　　問7　イ　　問8　ロ　　二　問1　a　ハ　　b　イ　　問2　ニ　　問3　ロ　　問4　ニ　　問5　Ⅰ　ぐっと　　Ⅱ　わくわく　　問6　ロ　　問7　ハ　　問8　ハ　　問9　ロ

解　説

一　**出典は京極夏彦《きょうごくなつひこ》の『地獄《じごく》の楽しみ方』による。**愛，夢，絆《きずな》といった聞こえのいい言葉を疑い，使う時にもほかの言葉で表現することを心掛《が》けるべきだと筆者は述べている。

問1　「延命」は，命をのばし，生きながらえること。「延期」と書くホがふさわしい。なお，イは「菜園」，ロは「沿線」，ハは「遠景」，ニは「演奏」，ヘは「園長」，トは「塩害」，チは「大団円」，リは「敬遠」。

問2　「愛」は，ほぼ確実に「いい言葉」として用いられるが，仏教では「執着《しゅうちゃく》」を意味し，捨て去るべきものとされている。この意味で，「愛」は決していい言葉ではないのだから，ロが合う。

問3　すぐ前に，「愛憎《あいぞう》はともに執着のうち」だと述べられていることをおさえる。家族を大切に思ったり，関係が著しく悪く，嫌悪《けんお》の対象になったりすることは，血縁《けつえん》だけの問題ではないというのである。

問4　「『愛』という言葉を使うと，おおむねごまかせる」ことが「便利」の内容にあたる。「執着」を「愛」に置き換《か》えることで美化するのと同様，自分たち「人類が生きのびるため」に地球を「長もちさせよう」としているにもかかわらず，「愛は地球を救う」という表現によってあたかも「崇《すう》高《こう》なもの」に見せかけているのだから，ハがよい。なお，「絶対的なものへと変化させる」とは述べられていないので，ロは合わない。

問5　問4でみたように，人類は自分たちの快適な暮らしのために地球を延命させているだけでありながら，「愛」という言葉によって地球を救おうとしているかのように表現している。これが「言葉のマジック」にあたるので，ロがふさわしい。なお，「マジック」は，ここではまやかしくらいの意味。

問6　続く部分で筆者は，「かなった途端《とたん》に，夢は夢でなく」なるのであって，「努力してかなう」のは「目標」だと述べている。また，「夢」は「世界平和とか宇宙征服《せいふく》」とか「絶対かなわない」もので，「寝《ね》ている時に見ればいい」とも説明しているので，ニが合う。

問7　愛・絆・夢のような，「使い勝手」はいいものの「具体的な対象を持たないうえにイメージが先行する」言葉を「何かにつけ」て使うために「多くの日本語が死滅《しめつ》しかけている」現状について，筆者は「何でもかんでものみ込《こ》んでしまってよく見せかける」ような「目眩《めくらま》し」の言葉によって，自らの「世界」が狭《せば》まってしまう点で「危ない」と警告している。そして，そういう言葉を「疑い」，「ほかの言葉」に言い換えてみることを勧《すす》めているので，イがよい。なお，「語彙《ごい》が培《つちか》われること」は「人生を豊かにする」とは言っているが，「他者とは違った豊かな人生を送っていくべき」だとは述べていないので，ロは合わない。

問8　本文では「聞き手である若者の柔軟《じゅうなん》な態度」については述べられていないので，ロがふさわしくない。

二　出典は2021年８月29日付「毎日新聞」掲載《けいさい》の「私のことだま漂流《ひょうりゅう》記（山田詠美《やまだえいみ》著）」による。小学校を卒業するまでちまちまといじめられていた「私」が，どんなふうに友だちができ，教室に居場所をつくったのかが語られている。

問１　**a**　両親が買ってくれた「文学全集」は，当時いじめられていた「私」の孤独《こどく》な心にちょうどよい「逃《に》げ場所」を与《あた》えてくれたのだから，ハが選べる。　**b**「私」はおさないながら，生意気にも「漱石《そうせき》の『こころ』と信じることの関係について」などという感想文を書いていたのだから，イがふさわしい。

問２　問１のａでみたように，いじめを「気にしない」方法とは，「小説」を「逃げ場所」にしたことにあたる。具体的には，「学校が終わると，一目散に家に帰」り読書にふけって現実から逃げたのだから，ニが合う。

問３　段ボールに入っていた本の題名に読めない漢字のものが多かった中，平仮名で「こころ」と書かれたタイトルを見た「私」は，著者である漱石を「童話の人」と思いこんでいた。しかし予想は外れ，「難しくて全然歯が立たない」ことに「愕然《がくぜん》」としている。つまり，自分の読解力の低さを認めたくなくて，「もったいぶってる」と著者のせいにしたのだから，ロがよい。なお，「愕然」は非常におどろくようす。「もったいぶる」は，“必要以上に体裁をつくろって威厳《いげん》を持たせる”という意味。

問４「しろばんば」を読んだ「私」が，「まったく異なる時代の，実在していない少年のために」悲しみ，「泣いた」ことをおさえる。つまり，「私」は物語を通して登場人物の気持ちに感情移入したのであり，理解するには小学生である自分の実体験だけでは足りない点を，「子供の本じゃない」と表現しているので，ニが合う。

問５　Ⅰ　男女間の悲劇に感情移入して泣いたのだから，激しい感情がこみあげるようすの「ぐっと」があてはまる。　Ⅱ　小学生の仲間だけでお金をはらって「お焼き」を食べるときの「とてつもなく大人になったような」気分なので，喜びなどで心が弾《はず》むようすの「わくわく」が入る。

問６「後ろ向き」は，考え方などが消極的なこと。ここでは，「私」の子供時代の読書が，いじめからの「現実逃避《とうひ》」だったことを表すので，ロがふさわしい。

問７「自分を失わずに現実逃避するこつ」を得て開き直った「私」には，「ある種の落ち着き」が生まれ，話しかけてくれる子たちが現れてきた。そのころの「私」は，友人と協力して通っていた英語塾《じゅく》をさぼりがちになるなど，いい気になっていたのだから，ハがふさわしい。

問８　友だちができて舞《ま》い上がった「私」は，「田畑の間を歩いたり，橋を無視して水の中を移動して渡《わた》ったり」といった他愛のないことをして，それを「冒険《ぼうけん》」と称していた。ハが，そのようすを正確にまとめている。

問９　イ　友だちができたのは，読書を通してではなく，読書に逃げ場を見つけた「私」に「落ち着きが出て来た」からである。　ハ　両親が本を買ってくれたのは，「私」がいじめられていることを知ったからではない。毎年「クリスマスのプレゼント」として買い与えてくれたものである。　ニ　作家になったきっかけについては，語られていない。

Dr.福井の 入試に勝つ！脳とからだのウルトラ科学

復習のタイミングに秘密あり！

算数の公式や漢字，歴史の年号や星座の名前……。勉強は覚えることだらけだが，脳は一発ですべてを記憶することができないので，一度がんばって覚えても，しばらく放っておくとすっかり忘れてしまう。したがって，覚えたことをしっかり頭の中に焼きつけるには，ときどき復習をしなければならない。

ここで問題なのは，復習をするタイミング。これは早すぎても遅すぎてもダメだ。たとえば，ほとんど忘れてしまってから復習しても，最初に勉強したときと同じくらい時間がかかってしまう。これはとっても時間のムダだ。かといって，よく覚えている時期に復習しても何の意味もない。

そもそも復習とは，忘れそうになっていることを見直し，記憶の定着をはかる作業であるから，忘れかかったころに復習するのがベストだ。そうすれば，復習にかかる時間が一番少なくてすむし，記憶の続く時間も最長になる。

では，どのタイミングがよいか？　さまざまな研究・発表を総合して考えると，１回目の復習は最初に覚えてから１週間後，２回目の復習は１か月後，３回目の復習は３か月後――これが医学的に正しい復習時期だ。復習をくり返すたびに知識が海馬《かいば》（脳の，知識をためる倉庫みたいな部分）にだんだん強くくっついていくので，復習する間かくものびていく。

この計画どおりに勉強するには，テキストに初めて勉強した日付と，その１週間後・１か月後・３か月後の日付を書いておくとよい。あるいは，復習用のスケジュール帳をつくってもよいだろう。もちろん，計画を立てたら，それをきちんと実行することが大切だ。

ちなみに，記憶量と時間の関係を初めて発表したのがドイツのエビングハウスという学者で，「エビングハウスの忘《ぼう》却《きゃく》曲線」として知られている。

えーと
1週間後
あ，そうだった！
1カ月後
あ，思い出した！
3カ月後
もう，覚えてるよ

Dr.福井（福《ふく》井《い》一成《かずしげ》）…医学博士。開成中・高から東大・文Ⅱに入学後，再受験して翌年東大・理Ⅲに合格。同大医学部卒。さまざまな勉強法や脳科学に関する著書多数。

2022年度　東邦大学付属東邦中学校

〔電　話〕（047）472―８１９１
〔所在地〕〒275-8511　千葉県習志野市泉町２―１―37
〔交　通〕京成電鉄―「京成大久保駅」より徒歩10分
JR総武線―「津田沼駅」よりバス15分

【算　数】〈前期試験〉（45分）〈満点：100点〉

1　次の□にあてはまる最も適当な数を答えなさい。

(1)　$1\frac{1}{110}+\frac{1}{5-\frac{3}{5}}=\square$

(2)　$\left\{2\frac{4}{5}-\left(\frac{3}{2}-\frac{5}{14}\right)\times0.625\right\}\times\frac{1}{146}=\square$

(3)　$\frac{3}{8}+\frac{27}{8}\div\left(\frac{4}{5}-\frac{1}{8}\right)+\square-\frac{11}{25}\times\left(1\frac{5}{6}-\frac{2}{9}-\frac{3}{2}\right)\div\frac{11}{9}=5.5$

2　次の問いに答えなさい。

(1)　45をある整数で割った余りは11です。そのような整数をすべて求めなさい。

(2)　濃度１％の食塩水Ａを200ｇと，濃度８％の食塩水Ｂを何ｇか混ぜ合わせたところ，濃度が３％になりました。
　このとき，食塩水Ｂを何ｇ混ぜ合わせたか求めなさい。

(3)　ある商品を200個仕入れて，仕入れ値に10％の利益を見込んだ値段で売り出しました。この商品を150個売ったところで，残りを１個あたり５円値下げして売り出しましたが10個売れ残りました。売れ残った商品をすてるのに１個あたり８円の費用がかかりました。そのため利益は1160円でした。この商品１個の仕入れ値を求めなさい。

3　右の図のような辺ADと辺BCが平行である台形ABCDがあります。点Eは辺AB上の点，点Fは辺CD上の点，点Hは辺BC上の点で，DF＝4cm，CF＝1cm，BH＝2cm，CH＝4cmで，ABとDHは平行です。また，点GはEFとDHが交わる点です。
　このとき，次の問いに答えなさい。

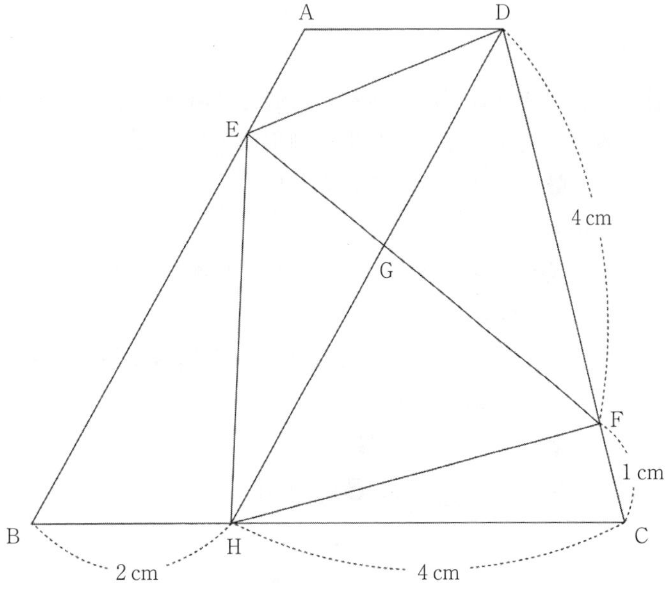

(1)　三角形DHFの面積と台形ABCDの面積の比を最も簡単な整数の比で求めなさい。

(2)　EG：GFを最も簡単な整数の比で求めなさい。

4 ある電気ポットは，スイッチを入れると設定した水の温度に調節できます。このポットは水の温度を１℃上げるのに９秒かかります。また，設定温度より２℃高くなると水の温度を上げる機能は止まり，設定温度より２℃低くなると水の温度を上げる機能が再び動き始めます。水の温度を上げる機能が停止しているとき，水の温度は30秒で１℃下がります。

いま，このポットに35℃の水が入っています。設定温度を95℃にして，スイッチを入れました。

このとき，次の問いに答えなさい。

(1) ２回目に水の温度が95℃となるのは，スイッチを入れてから何分何秒後か求めなさい。

(2) スイッチを入れてから30分間で，水の温度を上げる機能が何回停止したか求めなさい。

5 右の図のような１辺の長さが６cm の立方体があります。

このとき，次の問いに答えなさい。

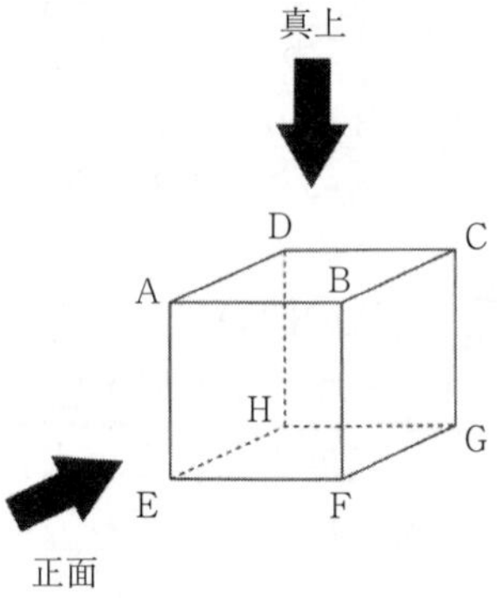

(1) 【図１】において，点Ｐは辺 BF 上の点，点Ｑは辺 CG 上の点，点Ｒは辺 DH 上の点です。

AP と PQ と QR と RE の長さの和が最も短くなるとき，四角形 BPQC の面積を求めなさい。

(2) この立方体を，ある３つの頂点を通る平面で切断してできる立体の１つを正面から見たのが【図２】，真上から見たのが【図３】です。この立体の体積を求めなさい。

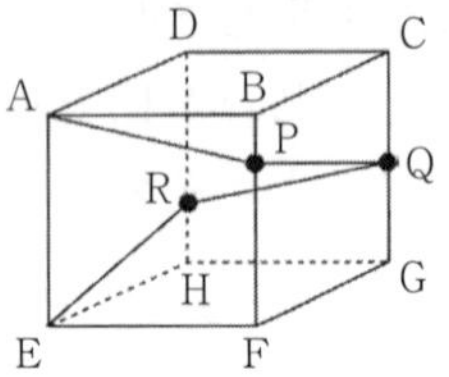

【図１】

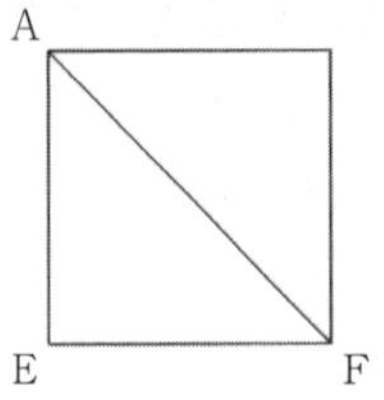

【図２】

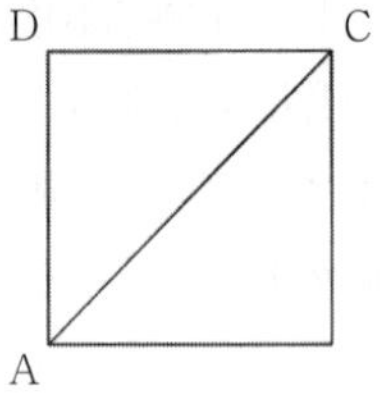

【図３】

6 整数AをB個かけあわせた値をA●B，また，ある整数をD個かけあわせてCとなる値をC▲Dと表すことにします。例えば，

２●４＝２×２×２×２＝16

16▲４＝２

（３●２）▲２＝（３×３）▲２＝９▲２＝３

となります。

このとき，□にあてはまる最も適当な整数を求めなさい。

(1) □●４＝2401

(2) ３●６＝□●３

(3) ２●□＝（８●18）▲６

7　下のグラフＡ～Ｅは，あるクラスの生徒全員の国語と算数のテストの得点を集計したものです。グラフＡ，Ｂは国語または算数の円グラフを，グラフＣ，Ｄは国語または算数の柱状グラフを表します。グラフＥはそれぞれの生徒全員の国語と算数の点数を表したグラフです。なお，グラフＡ～Ｄの区間は○点以上○点未満を表し，またグラフＥの１目もりの大きさは２点です。例えば，グラフＥで矢印がさす点は国語58点，算数95点の生徒を表します。

　このとき，次の問いに答えなさい。

(1)　算数の得点を集計したグラフをＡ，Ｂの中から１つ，またグラフＣ，Ｄの中から１つそれぞれ選びなさい。

(2)　国語の得点が算数の得点より高い生徒の人数を求めなさい。

(3)　次の文で，正しいものを(ア)～(カ)の中からすべて答えなさい。

(ア)　国語の最高点をとった生徒と算数の最高点をとった生徒は同じである。

(イ)　国語の得点が上から28番目の生徒の得点は42点である。

(ウ)　国語の中央値は算数の中央値より高い値である。

(エ)　算数の得点が60点以上の生徒の割合はクラスの52.5％である。

(オ)　国語の平均点は算数の平均点より高い。

(カ)　60点以上の生徒の人数は，国語より算数の方が多い。

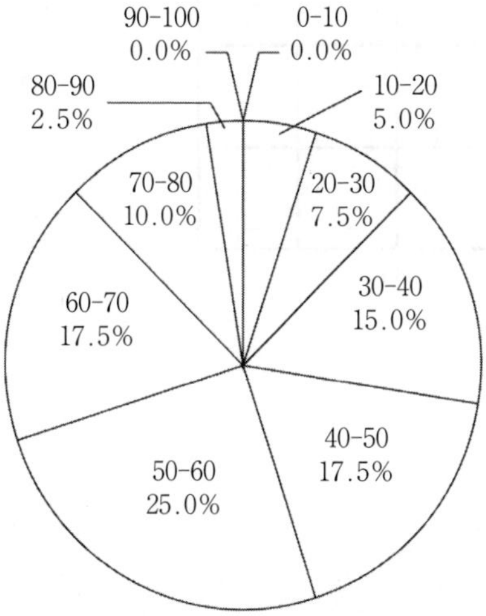

グラフＡ

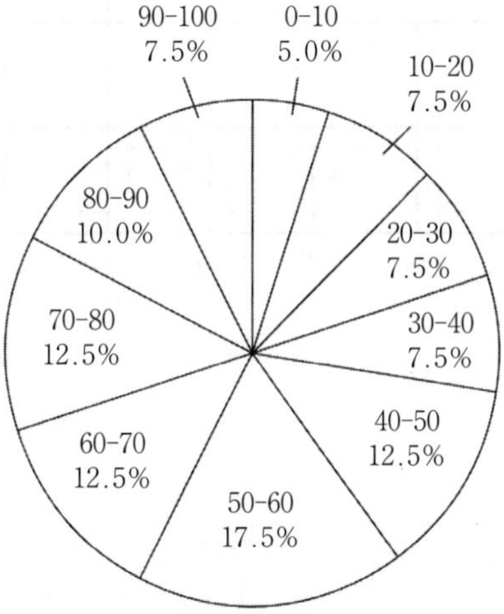

グラフＢ

グラフＣ

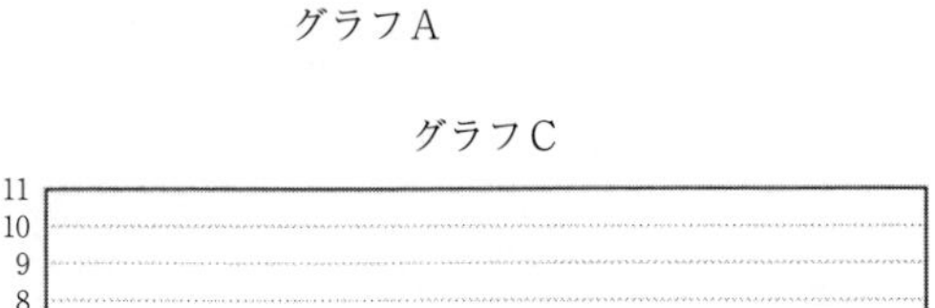

グラフＤ

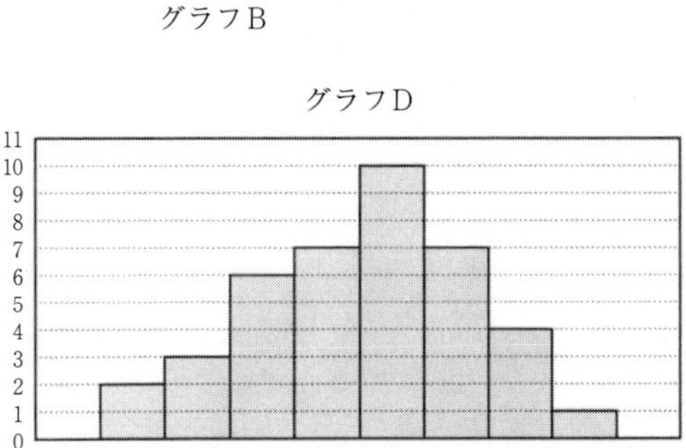

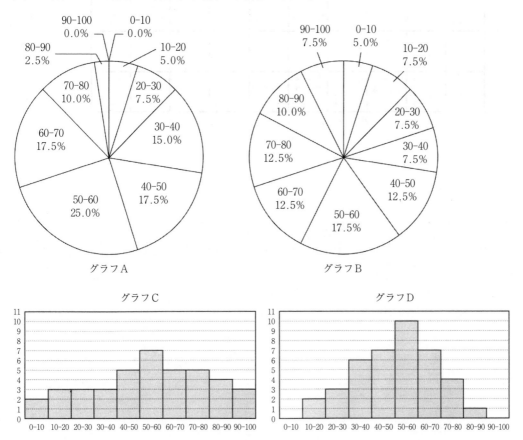

グラフE

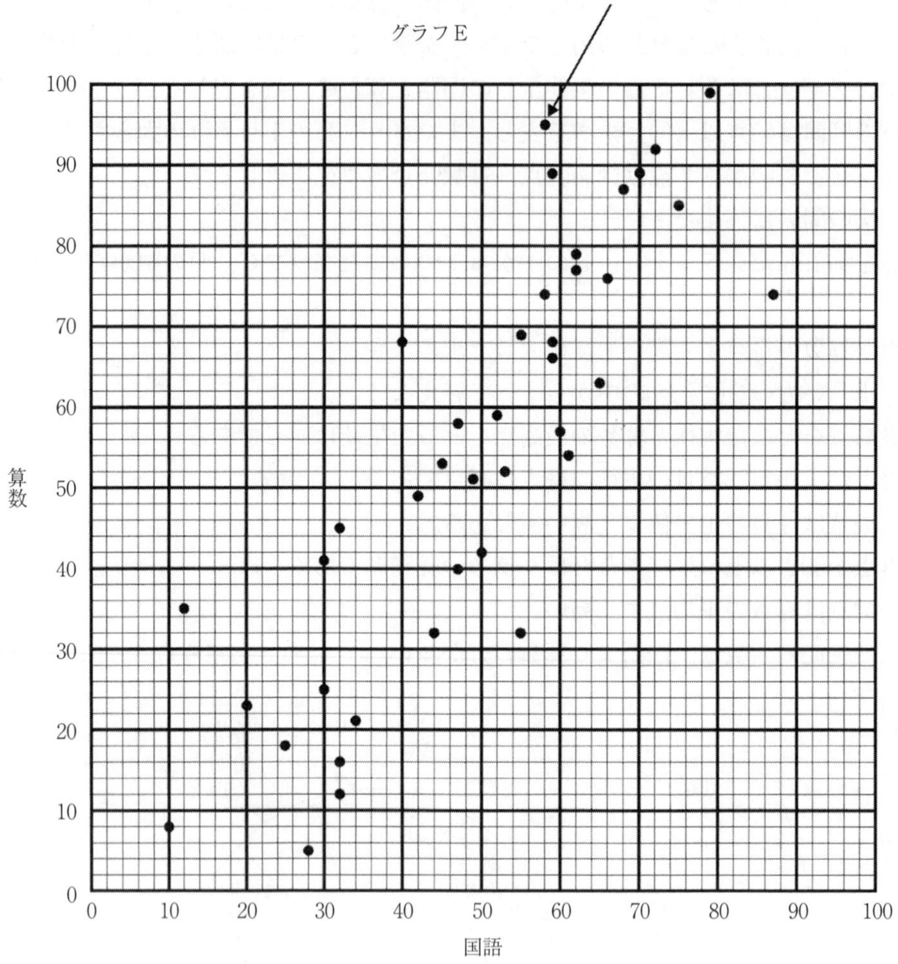

【社　会】〈前期試験〉(45分)〈満点：100点〉

〈編集部注：実物の入試問題では，写真と図の大部分はカラー印刷です。〉

1　テレビの旅番組で郷土料理に興味をもった邦平《くにへい》さんは，日本各地の郷土料理を調べて，カードにまとめました。次に示すものは，そのカードの一部です。これをみて，あとの各問いに答えなさい。なお，【①】〜【⑥】には，それぞれ都道府県があてはまります。

【 ① 】の郷土料理

うどんとカボチャにさまざまな野菜を加えた味噌味《みそあじ》の鍋《なべ》料理。戦国時代，米が貴重なこの地で，武田信玄《しんげん》が米に代わる料理として考案したなどの説がある。

【 ② 】の郷土料理

マスと酢飯《すめし》をつめ，笹《ささ》で包んで作られる押《お》し寿司。江戸時代に越中《えっちゅう》米と神通《じんづう》川のアユで作ったものが始まりとされ，のちにマスで作られるようになった。

【 ③ 】の郷土料理

良質な小麦と塩田の塩，小豆《しょうど》島のしょう油など，うどんやだしの素材が地元で生産することができ，古くから郷土料理として定着した。

【 ④ 】の郷土料理

つぶした米を棒の先に巻きつけて焼いたものを，地《じ》鶏《どり》や野菜などと煮込《にこ》んだ鍋料理。奥羽《おうう》山脈北西側に位置する【 ④ 】北部が発祥地《はっしょうち》。【 ④ 】は稲庭《いなにわ》うどんも有名。

【 ⑤ 】の郷土料理

サケとキャベツやタマネギなどの野菜を入れた味噌味の鍋料理。江戸時代から石狩《いしかり》地方でさかんであったサケ漁の漁師の料理が起源とされる。

【 ⑥ 】の郷土料理

江戸時代に開港地があったことで生まれた麺《めん》料理。名前の由来は中国語ともポルトガル語ともいわれる。海産物が豊富な【 ⑥ 】ならではの料理。

「一般《いっぱん》社団法人和食文化国民会議HP」などにより作成。

問1　【①】～【⑥】の都道府県に関して，次の(1)～(5)の各問いに答えなさい。

(1)　**【①】・【④】の郷土料理**は，いずれも鍋料理である。これらの鍋料理の名称《めいしょう》の組み合わせとして正しいものを，次の**ア～カ**から１つ選び，記号で答えなさい。

	【 ① 】の郷土料理	**【 ④ 】の郷土料理**
ア	ぼたん鍋	ほうとう鍋
イ	ぼたん鍋	きりたんぽ鍋
ウ	ほうとう鍋	ぼたん鍋
エ	ほうとう鍋	きりたんぽ鍋
オ	きりたんぽ鍋	ぼたん鍋
カ	きりたんぽ鍋	ほうとう鍋

(2)　次の表は，６つの都道府県の都道府県庁所在地から，もっとも近い都道府県庁所在地と２番目に近い都道府県庁所在地の直線距離をまとめたものである。表中の**A～C**にあてはまる都道府県名の組み合わせとして正しいものを，あとの**ア～ク**から１つ選び，記号で答えなさい。

都道府県	もっとも近い都道府県庁所在地		２番目に近い都道府県庁所在地	
	都道府県	距離(km)	都道府県	距離(km)
A	山形県	123.4	福島県	128.3
宮城県	山形県	44.6	福島県	67.7
【 ① 】	静岡県	78.1	**B**	92.1
長野県	**B**	83.9	【 ② 】	86.8
【 ③ 】	岡山県	37.0	**C**	56.5
和歌山県	兵庫県	51.6	**C**	58.8

「国土地理院 HP」により作成。

	A	**B**	**C**
ア	岩手県	群馬県	愛媛県
イ	岩手県	群馬県	徳島県
ウ	岩手県	栃木県	愛媛県
エ	岩手県	栃木県	徳島県
オ	新潟県	群馬県	愛媛県
カ	新潟県	群馬県	徳島県
キ	新潟県	栃木県	愛媛県
ク	新潟県	栃木県	徳島県

(3)　次の図は，**【②】**の都道府県庁所在地，松本市(長野県)，静岡市(静岡県)，与那国町《よなぐにちょう》(沖縄県)の月別降水量の平年値を示している。このうち，静岡市として正しいものを，図中の**ア～エ**から１つ選び，記号で答えなさい。

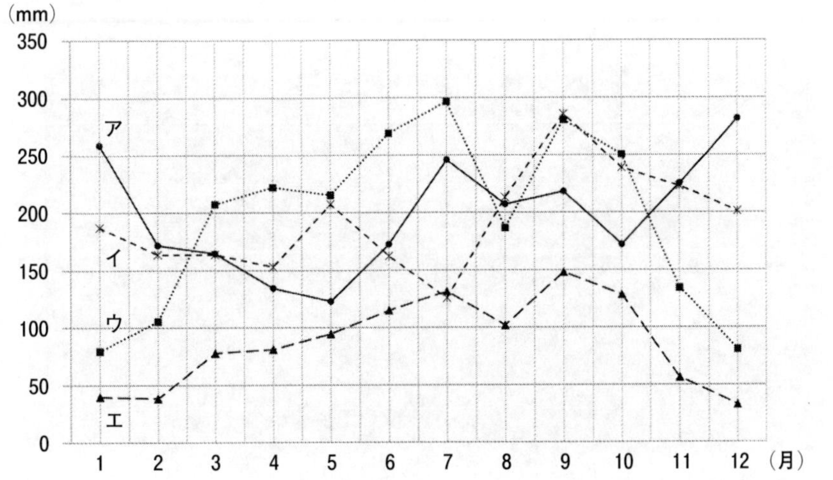

「気象庁HP」により作成。

(4)　次の表は，【⑤】，【⑥】，宮城県，静岡県，広島県における魚種別漁獲《ぎょかく》量を示しており，表中の**ア**～**オ**にはいずれかの都道府県があてはまる。このうち，宮城県にあてはまるものを，**ア**～**オ**から１つ選び，記号で答えなさい。なお，かき類のみ海面養殖《しょく》業の収獲《かく》量を示し，その他はすべて海面漁業の漁獲量を示している。

都道府県	かつお類 (百ｔ)	いか類 (百ｔ)	さば類 (百ｔ)	さけ・ます類 (百ｔ)	かき類 (百ｔ)
ア	…	1	0	…	960
イ	76	66	487	…	11
ウ	0	109	200	582	42
エ	186	44	117	4	182
オ	486	2	377	…	2

統計年次は2020年。表中の「…」はデータがないことを意味する。
「令和２年漁業・養殖業生産統計」(農林水産省)により作成。

(5)　次の２つの資料は，【①】～【⑥】のうち，いずれかの都道府県庁所在地の昭和時代のあゆみに関するものである。**資料１**は，この都市の中心地域を描《えが》いた古地図(1931年出版)で，**資料２**は，約半世紀前に制作された，この都市にまつわるできごとに関するポスターである。２つの資料が共通して示す都市を，**ひらがな**で答えなさい。なお，ポスターには一部修正を加えてある。

資料１

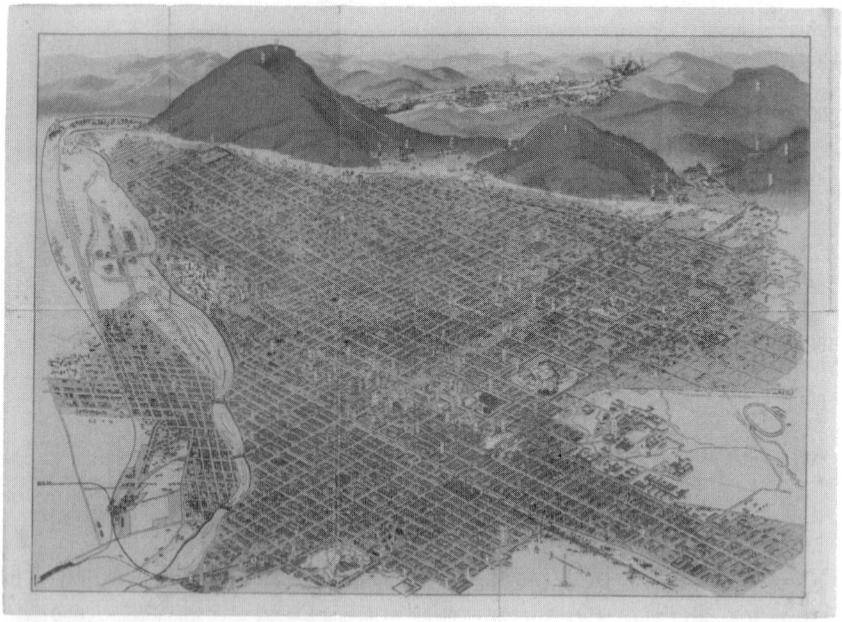

資料２

問２　郷土料理は，地元で生産される農作物や畜産物《ちくさんぶつ》または水産物などから作られることが多い。次の図は，米，小麦，キャベツの収穫量および豚《ぶた》の飼養頭数について，全国にしめる地方別の割合を示したものである。このうち，豚の飼養頭数を示すものを，図中の**ア**～**エ**から１つ選び，記号で答えなさい。

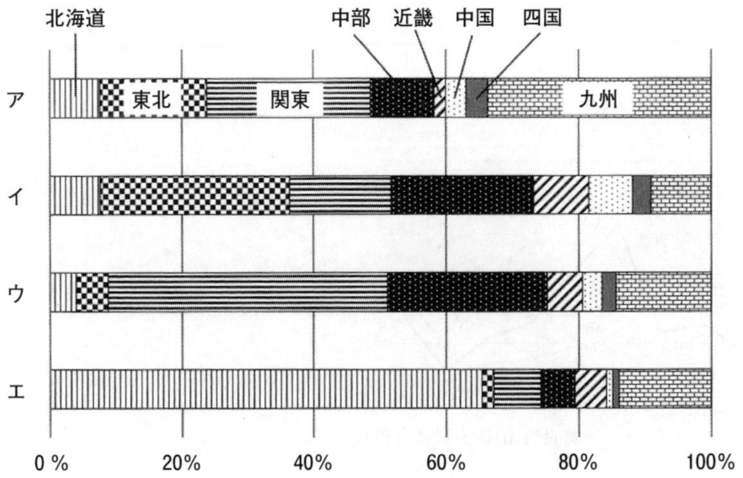

統計年次は2019年（キャベツのみ2018年）。
『データブック オブ・ザ・ワールド 2021年版』により作成。

問3　邦平さんは，郷土料理以外にも，日本の工業に興味をもった。次の図は，３つの工業製品の国内生産量について，1990年の生産量を１として，2015年までの５年ごとの生産量の変化を示したものであり，図中の**あ**～**う**は，レトルト食品，新聞用紙，テレビのいずれかである。工業製品と**あ**～**う**の組み合わせとして正しいものを，あとの**ア**～**カ**から１つ選び，記号で答えなさい。

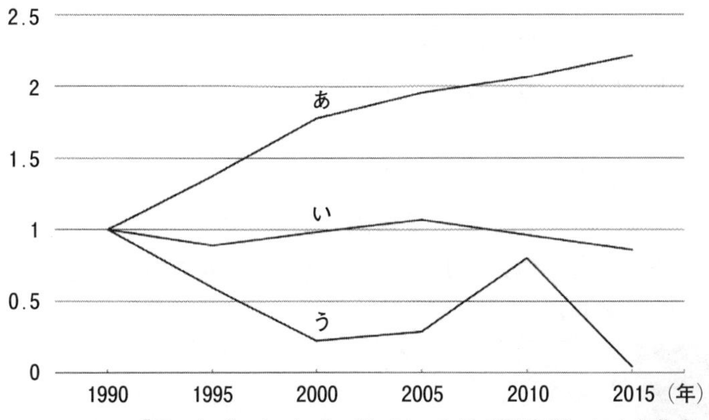

『データブック オブ・ザ・ワールド 2021年版』により作成。

	ア	イ	ウ	エ	オ	カ
レトルト食品	あ	あ	い	い	う	う
新聞用紙	い	う	あ	う	あ	い
テレビ	う	い	う	あ	い	あ

問4　邦平さんは，2021年に亡《な》くなった俳優の田中邦衛《くにえ》さんを偲《しの》ぶドラマの再放送をみて，【⑤】に位置する富良野《ふらの》市周辺の観光について調べることにした。次の図の**あ**～**う**は，1975年，1990年，2005年の富良野市の月別観光客数の移り変わりを示しており，あとの二重線内の文章は，この期間における観光客数の移り変わりについての説明である。図中の**あ**～**う**を，年代の古い順に並べたものとして正しいものを，あとの**ア**～**カ**から１つ選び，記号で答えなさい。

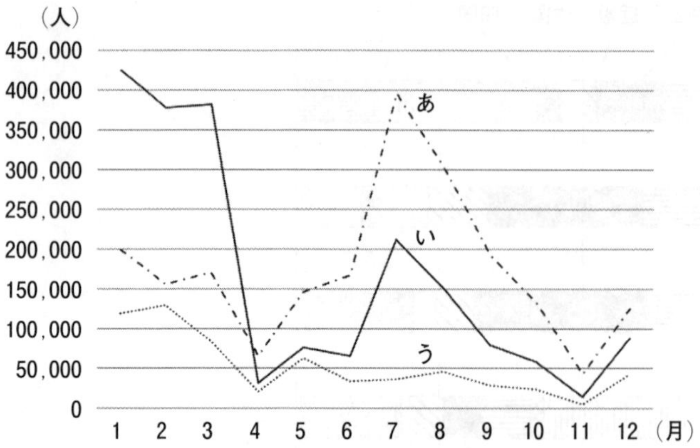

「富良野市HP」により作成。

【 ⑤ 】のほぼ中心に位置する富良野市は，多くの観光客にとって遠い地域であったため，1980年頃《ころ》まではスキー観光が中心であった。1980年代なかば頃から，スキーリゾートの整備が進んできたことに加え，テレビドラマの大ヒットなどにより，観光客数が増加していった。バブル経済崩壊後は，スキーブームの低下や遠い地域であることから冬の観光客数は減少したものの，他のドラマの舞台として認知度が上がったことなどを背景に，ラベンダー畑や自然を生かしたアクティビティなどの観光開発が進んだ。

ア．あ→い→う　　イ．あ→う→い　　ウ．い→あ→う
エ．い→う→あ　　オ．う→あ→い　　カ．う→い→あ

2　日本の歴史に関する次の各問いに答えなさい。

問１　次の**資料１**・**資料２**について述べた，あとの二重線内の文章中の□にあてはまる語句としてもっとも適しているものを，あとの**ア**～**エ**から１つ選び，記号で答えなさい。

資料１

資料２

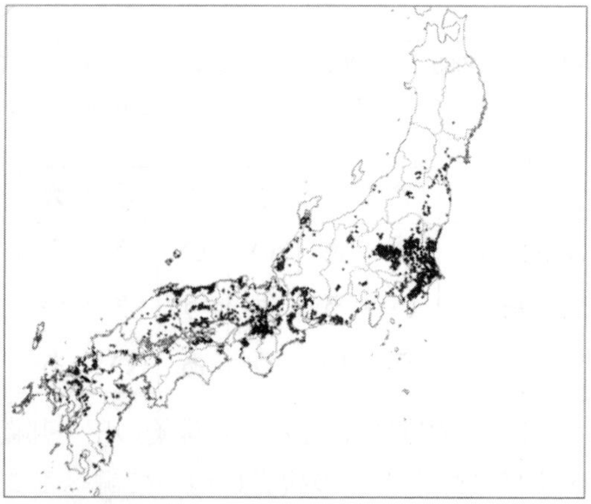

「奈良女子大学古代学学術研究センターHP」などにより作成。

> **資料1**は，奈良県の箸墓古墳《はしはかこふん》である。箸墓古墳は3世紀後半につくられた，日本でもっとも古い大型の前方後円墳である。前方後円墳は，日本列島独自の形の墓である。**資料2**は全国に広がる前方後円墳の分布を示したものである。前方後円墳には，各地の有力者が埋葬《まいそう》されている。以上を参考にすると，[　　　　　]と考えられる。

ア．全国を統一する政権が，関東を中心に形成された
イ．仏教が広まったことにより国家が統一された
ウ．これらの地域が中国皇帝《こうてい》の支配下に置かれた
エ．地方の政治勢力が次々と大和政権に結びついた

問2　右の年表は，飛鳥時代から奈良時代にかけてのできごとを示したものである。また，次の二重線内の文章は，年表内のできごとについて述べたものである。二重線内の下線部**ア～サ**のうち**誤りがあるもの**を1つ選び，記号で答えなさい。

	できごと
607年	遣隋使《けんずいし》が派遣される
645年	大化の改新が開始される
701年	大宝律令《りつりょう》が制定される
710年	平城京に都が移される

> 遣隋使は，倭《わ》の五王の遣使から途絶《とだ》えていた中国との外交を**ア**推古天皇のもとで再開するものだった。**イ**小野妹子が派遣され，隋の皇帝に渡《わた》された国書には，**ウ**対等な外交関係をめざすことが記されていた。
> 大化の改新は，**エ**唐《とう》にならって，土地と人民をすべて**オ**天皇のものとする国づくりをめざした。また，この年に初めて**カ**日本独自の年号が定められた。
> 大宝律令は，刑部《おさかべ》親王や**キ**藤原不比等《ふじわらのふひと》らにより定められ，唐にならった中央集権国家の基礎《きそ》が確立した。**ク**律は政治制度，令は刑法《けいほう》に関する規定だった。
> 平城京は，律令国家の新しい都として建設された。唐の都である**ケ**長安にならい，碁《ご》盤《ばん》の目のように区画された**コ**都市の北端《ほくたん》に天皇の宮殿《きゅうでん》が置かれ，市では**サ**和同開珎《わどうかいちん》《ほう》が売買に用いられた。

問3　次の二重線内の文章は，鎌倉幕府の成立について述べたものである。文章中の[A]～[C]にあてはまる語句の組み合わせとして正しいものを，あとの**ア～シ**から1つ選び，記号で答えなさい。

> 鎌倉幕府がいつ成立したかという問題は，源頼朝がいつ，どの程度の政治権力をもっていたかという点で判断が分かれる。1185年説は，平家滅亡後，頼朝が奥州へ逃げた源義経を追討《ついとう》するために，各国に[A]を置き，荘《しょう》園などにも[B]を置いたことから，実質的全国政権となったとみる考えである。また，1192年説は，頼朝が幕府開設に必要な[C]の地位に任命されたことから，名実ともに新しい政権となったとみる考えである。

	A	B	C
ア	国司	守護	将軍
イ	国司	守護	太政大臣《だいじょうだいじん》
ウ	国司	地頭	将軍
エ	国司	地頭	太政大臣
オ	守護	国司	将軍
カ	守護	国司	太政大臣
キ	守護	地頭	将軍
ク	守護	地頭	太政大臣
ケ	地頭	国司	将軍
コ	地頭	国司	太政大臣
サ	地頭	守護	将軍
シ	地頭	守護	太政大臣

問４　沖縄に住む小学生の邦平さんは，学校の授業で，昆布《こんぶ》の漁獲量のほとんどは北海道がしめていることを学習したが，昆布のとれない沖縄に昆布を使った伝統料理があることに疑問をもち，昆布が沖縄に定着した歴史について調べた。次の二重線内の文章は，邦平さんがまとめたものである。文章中の[A]～[C]にあてはまる語句の組み合わせとして正しいものを，あとの**ア**～**ケ**から１つ選び，記号で答えなさい。

江戸時代，昆布は生産地である蝦夷《えぞ》地から[A]によって大坂(大阪)まで運ばれていたことから，西日本には昆布を使った文化が定着した。しかし，[A]の交易ルートだけでは，琉球《りゅうきゅう》まで昆布を運ぶことはできない。

一方，江戸時代後期，財政の悪化により借金に苦しんでいた[B]は，その支配下にあった琉球を中継《ちゅうけい》地として[C]との貿易の拡大をはかっており，蝦夷地の昆布を交易品として輸出したのである。しかし，蝦夷地や大坂から遠く離れた[B]が昆布を手に入れるのは容易ではなかったため，その仲立ちとして現れたのが，※富山の薬売りだった。彼らは[A]から仕入れた昆布を[B]に売り，そのみかえりとして[B]から[C]の高価な薬の原料を手に入れたのである。こうして，沖縄に大量に昆布が流入し，[C]への輸出品として用いられる一方，料理にも取り入れられ沖縄に定着した。

〔語句解説〕

※富山の薬売り…富山でさかんだった薬の行商。江戸中期より富山藩の保護を受けて発展し，全国に得意先を広めた。

	A	B	C
ア	菱垣廻船《ひがきかいせん》	対馬《つしま》藩	中国
イ	菱垣廻船	薩摩《さつま》藩	ロシア
ウ	菱垣廻船	松前藩	朝鮮
エ	北前船	松前藩	ロシア
オ	北前船	対馬藩	朝鮮
カ	北前船	薩摩藩	中国
キ	樽《たる》廻船	薩摩藩	朝鮮
ク	樽廻船	松前藩	中国
ケ	樽廻船	対馬藩	ロシア

問5　幕末期，江戸幕府の大老を務めた井伊直弼《いいなおすけ》が日米修好通商条約に調印したことをきっかけに，欧米《おうべい》諸国との貿易が始まった。次の二重線内の文章は，欧米諸国との貿易により生じた問題について述べたものである。右の「**金・銀交換《かん》比**(重量)」の資料を参考に文章中の［A］～［C］にあてはまる語句の組み合わせとして正しいものを，あとの**ア～カ**から1つ選び，記号で答えなさい。

	金・銀交換比(重量)
外国	金1：銀15
日本	金1：銀5

欧米諸国との貿易が始まると，日本から［A］が大量に流出するようになった。これは，外国からもちこんだ［B］を，日本で［A］に交換し，その［A］を外国で［B］に交換すると，もとの量の［C］倍になることに気がついた外国人が，［A］を日本の国外に大量にもちだしたためであった。

	ア	イ	ウ	エ	オ	カ
A	金	金	金	銀	銀	銀
B	銀	銀	銀	金	金	金
C	3	5	15	3	5	15

問６　次の二重線内の歌は，近代日本の代表的な歌人がよんだ歌の一部である。この歌に関するあとの⑴・⑵の各問いに答えなさい。

あゝ《あ》を《お》とうとよ，
君を泣く，
君死にたまふ《う》ことなかれ，
末に生《うま》れし君なれば
親のなさけはまさりしも，
親は刃《やいば》をにぎらせて
人を殺せとを《お》しへ《え》しや，
人を殺して死ねよとて
二十四までをそだてしや。

⑴　この歌をよんだ歌人として正しいものを，次の**ア**～**エ**から１つ選び，記号で答えなさい。なお，写真の下にはその人物の代表的な作品や書籍《しょせき》を記してある。

ア．

『たけくらべ』

イ．

『みだれ髪《がみ》』

ウ．

『わたしと小鳥とすずと』

エ．

雑誌『青鞜《せいとう》』

⑵　この歌がよまれた当時の日本の様子を述べたものとしてもっとも適しているものを，次の**ア**～**エ**から１つ選び，記号で答えなさい。

ア．自由民権運動がさかんになっていた。
イ．官営工場が設立され，軽工業が発達してきた。
ウ．八幡《やはた》製鉄所が操業を始め，重工業が発達してきた。
エ．関東地方で大震災《だいしんさい》が発生し，恐慌《きょうこう》がおこった。

問７　右の資料は，1928(昭和３)年の衆議院議員総選挙に関連するポスターである。このポスターには※「国政は舟《ふね》のごとく，一票は櫂《かい》(舟を漕《こ》ぐための道具)のごとし」と書いてあるが，当時この舟に乗ることができた国民の条件として正しいものを，次の**ア**～**エ**から１つ選び，記号で答えなさい。

※ポスターの言葉をやさしく書きあらためたもの。

ア．納税額による制限のない，満25歳以上のすべての男子
イ．納税額による制限のない，満25歳以上のすべての男女
ウ．直接国税15円以上をおさめている，満25歳以上の男子
エ．直接国税15円以上をおさめている，満25歳以上の男女

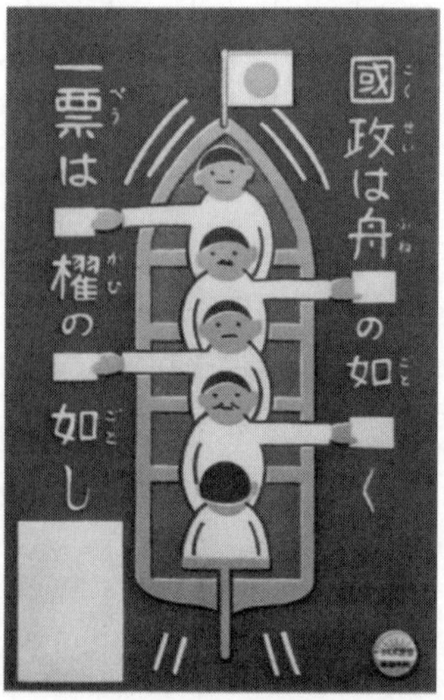

3　次の文章を読んで，あとの各問いに答えなさい。

①ドイツの国民は，2011年３月11日の東日本大震災に伴《ともな》う原発事故に即座《そくざ》に反応した。全国各地で日本の震災被害者《ひがいしゃ》を追悼《ついとう》・支援《しえん》する催《もよお》しが開かれる一方，反原発・脱《だつ》原発を掲《かか》げた市民集会や抗議《こうぎ》デモが繰《く》り広げられたのである。彼ら自身が被害を受けた　あ　原発事故(1986年４月26日)から25周年の日が近づき，当時の記憶《きおく》が　い　と重なって反原発の思いが強化された。メディアも連日連夜，原発事故の話題をトップに取り上げ，繰り返し討論番組を組んだ。②連邦《れんぽう》議会でも議論が続き，　う　連邦首相《しゅしょう》は新たに「エネルギー安全供給のための倫理《りんり》委員会」を設置した。他方，電力産業界は性急な脱原発に警告を発したが，世論を抑《おさ》えることはできなかった。2011年３月末におこなわれたバーデン・ヴ《ビ》ュルテンベルク州③議会選挙では，環境《かんきょう》保護や反原発を訴《うった》える「緑の党」が第一党に躍《おど》り出たのである。最も保守勢力の地盤《じばん》が強かった州に，※1ドイツで初めて「緑の党」の首相が誕生し，これを機に脱原発ムードがさらに高まっていく。

当時，ドイツの脱原発に向けた迅速《じんそく》な動きに，国の内外から「集団ヒステリーだ」と※2揶《や》揄《ゆ》する声が上がった。極端《きょくたん》に過激な反応をする人がいたことも事実である。しかし，単に「ヒステリー」の一言で片づけてはいけない。倫理委員会は脱原発に向けたさまざまな課題や問題について，各界代表を呼んで公聴会《こうちょうかい》を開き，賛否両論，長時間にわたる討論をテレビとインターネットで公開した。こうして協議を重ねた倫理委員会の提言に基《もと》づき，連邦政府は早期脱原発(④2022年全原発永久停止)に踏《ふ》み切ったのである。

ドイツの国民は，⑤ヒロシマ・ナガサキの記憶，　あ　の記憶，　い　の記憶から引き出された力により脱原発を選択《せんたく》し，政府を突《つ》き動かしたと言えるのではないか。その際，自由でオープンな議論が激しく戦わされた。これが「過去の克服《こくふく》」を成し遂《と》げた戦後ドイツ民主主義の本質だ。その結果，政府は早期に脱原発を望む国民の声を支持するに至った。　う　連邦首相自身「ヘラクレスの難題だ(超《ちょう》難題の意)」と言いつつ，世紀の大プロジェクトとしてエネルギー転換にドイツの未来の命運を懸《か》けたのである。

この国の選択を見る限り，やはり「記憶」には未来への希望という大きなエネルギーがこめられているようだ。

岡　裕人《ひろと》『忘却《ぼうきゃく》に抵抗《ていこう》するドイツ』より(一部改)。

〔語句解説〕

※1　「緑の党」の首相…バーデン・ヴュルテンベルク州の首相。ドイツは各州に首相が存在する。

※2　揶揄…からかうこと。

問１　文章中の　あ　・　い　にあてはまる語句の組み合わせとして正しいものを，次の**ア**～**カ**から１つ選び，記号で答えなさい。

	あ	い
ア	チェルノブイリ	ビキニ環礁《かんしょう》
イ	チェルノブイリ	フクシマ
ウ	ビキニ環礁	チェルノブイリ
エ	ビキニ環礁	フクシマ
オ	フクシマ	チェルノブイリ
カ	フクシマ	ビキニ環礁

問２　文章中の［う］にあてはまる，2005年から2021年までドイツの首相を務めた人物を，次の**ア**～**エ**から１つ選び，記号で答えなさい。

ア．アンゲラ・メルケル　　**イ**．エマニュエル・マクロン

ウ．ジョー・バイデン　　**エ**．ボリス・ジョンソン

問３　下線部①に関して，次の二重線内の資料は，ドイツの憲法にあたる「ドイツ連邦共和国基本法」の条文である。これと同様の内容が含《ふく》まれている日本国憲法の条文として，もっとも適しているものを，あとの**ア**～**オ**から１つ選び，記号で答えなさい。

> ドイツ連邦共和国基本法　第８条
> (1)　すべてのドイツ人は，届出または許可なしに，平穏《へいおん》かつ武器を持たないで集会する権利を有する。

ア．日本国民は，正義と秩序《ちつじょ》を基調とする国際平和を誠実に希求し，国権の発動たる戦争と，武力による威嚇《いかく》又《また》は武力の行使は，国際紛争《ふんそう》を解決する手段としては，永久にこれを放棄《ほうき》する。

イ．すべて国民は，個人として尊重される。生命，自由及《およ》び幸福追求に対する国民の権利については，公共の福祉《ふくし》に反しない限り，立法その他の国政の上で，最大の尊重を必要とする。

ウ．何人《なんぴと》も，損害の救済，公務員の罷免《ひめん》，法律，命令又は規則の制定，廃止《はいし》又は改正その他の事項《じこう》に関し，平穏に請願《せいがん》する権利を有し，何人も，かかる請願をしたためにいかなる差別待遇《たいぐう》も受けない。

エ．集会，結社及び言論，出版その他一切《いっさい》の表現の自由は，これを保障する。検閲《けんえつ》は，これをしてはならない。通信の秘密は，これを侵《おか》してはならない。

オ．何人も，現行犯として逮捕《たいほ》される場合を除いては，権限を有する司法官憲が発し，且《か》つ理由となっている犯罪を明示する令状によらなければ，逮捕されない。

問４　下線部②に関して，次の(1)・(2)の各問いに答えなさい。

(1)　ドイツは連邦議会と連邦参議院の二院制である。次の**ア**～**エ**は，アメリカ，イギリス，ドイツ，日本の二院の選出のしくみについての説明である。このうち，日本の説明として正しいものを１つ選び，記号で答えなさい。なお，二院の表記はすべて上院，下院としてある。

ア．下院は，国民の直接選挙により選出される。上院は，貴族らにより構成される。

イ．下院は，国民の直接選挙により選出される。上院は，各地方政府の代表により構成される。

ウ．上院，下院とも国民の直接選挙により選出される。各地方から，上院は２名ずつ，下院は人口比例で議席が割り当てられる。

エ．上院，下院とも国民の直接選挙により選出される。両院とも全国民を代表し，同時に両院の議員となることはできない。

(2)　日本では，法律案は憲法に特別の定めのある場合を除いては，両議院で可決したとき法律となる。衆議院で可決した法律案のその後の取りあつかいについての説明として正しい

ものを，次の**ア～エ**から１つ選び，記号で答えなさい。

ア．法律案について，参議院で衆議院と異なった議決をした場合に，法律の定めるところにより，両議院の協議会を開いても意見が一致《いっち》しないときは，衆議院の議決を国会の議決とする。

イ．法律案について，参議院で衆議院と異なった議決をした場合に，国会が国民に提案して法律案の賛否を問わなくてはならない。この法律案の制定には，国民投票において，その過半数の賛成を必要とする。

ウ．参議院が，衆議院の可決した法律案を受け取った後，国会休会中の期間を除いて30日以内に，議決しないときは，衆議院の議決を国会の議決とする。

エ．参議院が，衆議院の可決した法律案を受け取った後，国会休会中の期間を除いて60日以内に，議決しないときは，衆議院は，参議院がその法律案を否決したものとみなすことができる。

問５　下線部③に関して，次の表は，現在の日本の衆議院議員総選挙のしくみを説明するための架空《かくう》の投票結果である。比例代表 には３つの政党が候補者をたてており，そのうちの〔人間党比例名簿《めいぼ》〕を示している。小選挙区 では，人間党の候補者が重複立候補する小選挙区の投票結果を示している。これらの表をもとに，あとの「**手順**」に従い，人間党の**比例代表での当選者**をあとの**ア～オ**から**すべて**選び，記号で答えなさい。なお，記号は**五十音順**に答えること。

比例代表　**定数８**

政党	自然党	生命党	人間党
得票数	33,000	7,200	24,000
÷１	33,000	7,200	24,000
÷２	16,500	3,600	12,000
÷３	11,000	2,400	8,000
÷４	8,250	1,800	6,000
÷５	6,600	1,440	4,800

〔人間党比例名簿〕

順位	候補者	
1	**佐藤みお**	比例単独
2	**鈴木はると**	重複立候補(小選挙区①)
2	**高橋めい**	重複立候補(小選挙区②)
2	**田中そうた**	重複立候補(小選挙区③)
2	**伊藤いちか**	重複立候補(小選挙区④)

小選挙区

	小選挙区①		小選挙区②		小選挙区③		小選挙区④	
当選	渡辺みなと	500	中村はるき	300	加藤いつき	400	**伊藤いちか**	600
次点	**鈴木はると**	300	小林あかり	250	**田中そうた**	280	山田あおい	160
３位	山本ゆい	150	**高橋めい**	240	吉田はな	200	佐々木りこ	140

「**手順**」

手順１　ドント方式を用いて，**定数８**のうちの人間党の比例代表の議席配分を決定する。

手順２　小選挙区で当選した重複立候補者を比例名簿から除く。

手順３　小選挙区で落選した重複立候補者得票数の「同じ小選挙区の当選者の得票に対する割合(**惜敗《せきはい》率**)」を求める。

手順４　比例名簿の上位から人間党の比例代表の当選者を決定する。同一順位の候補者は**惜敗率**の高い順に当選者を決定する。

ア．佐藤みお　　イ．鈴木はると　　ウ．高橋めい

エ．田中そうた　　オ．伊藤いちか

問６　下線部④に関して，日本では2018年に民法が改正され，2022年４月１日より成年年齢《れい》が引き下げられる。2022年４月１日に成年に達する人の生年月日を，解答欄に合うように**算用数字**で答えなさい。

問７　下線部⑤に関して，次の二重線内の文章を読んで，あとの(1)・(2)の各問いに答えなさい。

2021年１月，核《かく》兵器の開発や実験，保有などを全面的に禁じる［X］が発効した。この条約は，2017年７月にニューヨークの国連本部で行われた会議で，124か国中122か国という圧倒《あっとう》的多数の賛成により採択された。右の写真は，話し合いに不参加だった日本政府代表の席に置かれた折《お》り鶴《づる》を撮影《さつえい》したものである。折り鶴には「# wish you were here(あなたがここにいてほしい)」と書かれている。このメッセージには，戦争において世界で［Y］である日本にこの条約に参加してほしいという願いがこめられている。

(1)　文章中の［X］にあてはまる条約を，次の**ア**～**エ**から１つ選び，記号で答えなさい。

ア．部分的核実験禁止条約　　**イ**．核兵器拡散防止条約

ウ．包括《ほうかつ》的核実験禁止条約　　**エ**．核兵器禁止条約

(2)　文章中の［Y］にあてはまる言葉を，**ひらがな９～11字**で答えなさい。ただし，句読点は用いないこととする。

【理　科】〈前期試験〉（45分）〈満点：100点〉

1　次の文章を読み，あとの(1)～(3)の問いに答えなさい。

あるAという動物と，Bという動物が，同じ地域に生息しています。Aは生息地域の植物を食べる動物で，BはAを食べる動物です。

(1)　あるとき，Aの個体数が減少しました。Aの個体数が減少したときの生息環境《せいそくかんきょう》の状態が，次の①または②である場合，その後，AとBの生息する地域ではどのようなことが起こると考えられますか。考えられる結果**ア**～**エ**の組み合わせとしてもっとも適切なものを，あとの**1**～**12**から一つ選び，番号で答えなさい。

①　特に生息環境に変化はない

②　人間活動により生息地域の植物が回復の見込《みこ》みがないほど衰退《すいたい》している

ア．いずれBの個体数も減るので，Aの個体数はそれに遅《おく》れて回復する。

イ．Bの個体数は増える一方なので，Aは絶滅《ぜつめつ》に追いやられる。

ウ．やがてBの個体数も減り，AもBも絶滅に追いやられる。

エ．Aの個体数は減ったまま維持《いじ》され，Bの個体数に変化はない。

	①	②		①	②		①	②		①	②
1	ア	イ	2	ア	ウ	3	ア	エ	4	イ	ウ
5	イ	エ	6	イ	ア	7	ウ	エ	8	ウ	ア
9	ウ	イ	10	エ	ア	11	エ	イ	12	エ	ウ

(2)　Aの集団の中には，体毛の様子だけが異なる同じ種類の動物A′が，オス・メスともに数個体ずつ存在します。ふつう，長い年月を重ねて子孫を残し世代交代を続けても，Aに対してA′は，個体数が少ないままとなります。しかし場合によっては，A′がAの個体数と同じくらいになったり，Aより個体数が多くなったりすることもあります。Bとの関係をふまえて，次の**ア**～**カ**のうち，A′がより増えやすくなる場合の組み合わせはどれですか。もっとも適切なものを，あとの**1**～**9**から一つ選び，番号で答えなさい。

ア．BがAやA′を認識する手段が主に音である場合。

イ．BがAやA′を認識する手段が主ににおいである場合。

ウ．BがAやA′を認識する手段が主に色である場合。

エ．Aに対してA′の体毛の長さが変化し，生息環境で体温調節がしやすくなった場合。

オ．Aに対してA′の体毛の太さが変化し，生息環境ですべりにくくなった場合。

カ．Aに対してA′の体毛の色が変化し，生息環境で目立ちにくくなった場合。

1	ア	エ	2	ア	オ	3	ア	カ
4	イ	エ	5	イ	オ	6	イ	カ
7	ウ	エ	8	ウ	オ	9	ウ	カ

(3)　2030年までに持続可能でよりよい世界を目指す国際目標を「持続可能な開発目標(SDGs)」といいます。この目標は17項目《こうもく》に分かれており，その1つに，「陸生資源」に関するものがあります。この「陸生資源」に関する目標では，「陸域生態系の保護，回復，持続可能な利用の推進，持続可能な森林の経営，砂漠化《さばくか》への対処，ならびに土地の劣化《れっか》の阻止《そし》・回復及《およ》び生物多

様性の損失を阻止する」ことがかかげられています。この生物多様性とはどのようなことを示していると考えられますか。生物多様性の説明として**適切でないもの**を，次の**1**～**4**から一つ選び，番号で答えなさい。

1．さまざまな種類の生物が生息していること。
2．さまざまな生物の生息環境が存在していること。
3．さまざまな国や人種の人々が，生物資源保護のために多様な意見を出し合うこと。
4．同じ種類の生物においても，さまざまな特徴《とくちょう》(遺伝子)のちがいがあること。

2　次の文章を読み，あとの(1)～(3)の問いに答えなさい。

パン作りなどに用いるベーキングパウダーや，掃除《そうじ》などに使う重曹《じゅうそう》の主成分は炭酸水素ナトリウムという白色の粉末です。炭酸水素ナトリウムは，試験管に入れて十分に加熱すると，二酸化炭素と水と炭酸ナトリウムに変化します。この変化を熱分解といいます。

邦夫くんは，次に示す炭酸水素ナトリウムの熱分解の[**実験方法**]を教わり，自分で試してみました。

[**実験方法**]

操作1　炭酸水素ナトリウム2gを乾《かわ》いた試験管に入れ，**図**のような，試験管の口を少し下に向けた装置を組み立て，弱火で加熱する。

操作2　加熱によって発生した気体を試験管に集め，ゴム栓《せん》をする。このとき，はじめに出てくる気体は集めない。

操作3　気体の発生がなくなったら，ガラス管先端《せんたん》を水から取り出した後，加熱をやめる。

操作4　発生した気体を集めた試験管に石灰水を入れ，ゴム栓をつけよく振《ふ》って変化を調べる。

操作5　熱した試験管が冷えたら，試験管の口の周辺についた液体をよくふき取り，試験管の内側に残った物質を薬包紙にとる。

操作6　加熱する前の物質(炭酸水素ナトリウム)と加熱した後の物質(試験管の内側に残った物質)をそれぞれ別の試験管に入れ，それぞれの試験管に2mLの水を加えてよく振り，水への溶《と》け方を比べる。

操作7　**操作6**のそれぞれの試験管にフェノールフタレイン溶液《ようえき》を数滴《すうてき》加え，色の変化を観察する。

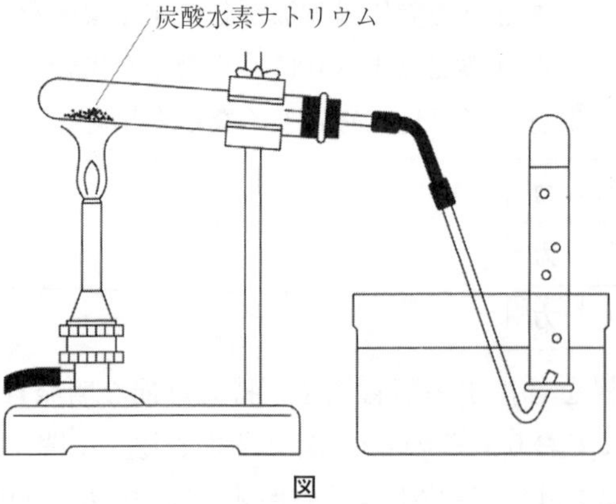

図

実験後，邦夫くんはレポート(実験報告書)を作成することにしました。レポートを作成するにあたって，この実験について複数の書物やインターネットで調べ，その実験結果を自分の実験結果と比べ，**表**にまとめました。

表

	邦夫くんの実験結果	書物やインターネットなどで調べた実験結果
操作4 石灰水を加えた時の変化	変化なし(無色透明《むしょくとうめい》のまま)	白く濁《にご》る
操作6 水への溶け方	加熱前：溶けない 加熱後：あまり溶けない	加熱前：溶けにくい 加熱後：よく溶ける
操作7 フェノールフタレイン溶液を加えた時の変化	加熱前：薄《うす》い赤色 加熱後：薄い赤色	加熱前：薄い赤色 加熱後：濃い赤色

邦夫くん「ぼくの実験結果と調べた実験結果はずいぶん違《ちが》うなあ。ぼくは注意事項《ちゅういじこう》をあまり守らずに実験しちゃったから，失敗しちゃったかもしれないなあ。」

(1) **操作6**の実験結果において，炭酸水素ナトリウムが水に「溶けない」のか「溶けにくい」のかを容易に判断する方法としてもっとも適切なものを，次の**1**～**5**から一つ選び，番号で答えなさい。

1．炭酸水素ナトリウムに加える水の量ができるだけ多くなるように，試験管の口ぎりぎりまで水を加える。

2．溶けたかどうかを判断しやすくするために，できるだけ少ない量の炭酸水素ナトリウムを水に加える。

3．溶けたかどうかを判断しやすくするために，できるだけ多い量の炭酸水素ナトリウムを水に加える。

4．炭酸水素ナトリウムに水を加えて試験管を振る前と後とで，全体の質量をはかって比べる。

5．炭酸水素ナトリウムに水を加えて試験管を振る前と後とで，全体の体積をはかって比べる。

(2) **操作7**において，邦夫くんの実験結果が書物やインターネットなどで調べた実験結果と異なってしまった理由としてもっとも適切なものを，次の**1**～**6**から一つ選び，番号で答えなさい。

1．**操作1**で試験管に入れた炭酸水素ナトリウムの量が少なすぎた。

2．**操作1**で試験管の口を上に向けて加熱をした。

3．**操作3**で試験管の加熱をやめるのが早すぎた。

4．**操作5**で熱した試験管が冷える前に中の物質を取り出した。

5．**操作5**で試験管の口の周辺についた液体をよくふき取らずに中の物質を取り出した。

6．**操作6**で試験管をよく振らなかった。

(3) 実験のレポート作成に関する次の**ア**～**オ**のうち，適切なものはどれですか。あとの**1**～**9**から一つ選び，番号で答えなさい。

ア．自分で行った実験結果と，書物やインターネットなどで調べた実験結果とが異なるときには，自分で行った実験結果を書き直すことが必要である。

イ．レポートを書くときには，自分で考えることが大切なので，書物やインターネットなどで調べないことが望ましい。

ウ．書物やインターネットで調べた内容をレポートに書く時には，何を引用・参考にしたのか，書物の題名や著者，URL などを明記する。

エ．インターネットの情報は必ず正しい。

オ．インターネットの情報は正確でないこともあるが，書物の情報は必ず正しい。

1	アのみ	2	イのみ	3	ウのみ
4	エのみ	5	オのみ	6	アとエ
7	アとオ	8	ウとエ	9	ウとオ

3　次の文章を読み，あとの(1)，(2)の問いに答えなさい。

植物が刺激《しげき》の来る方向に対して，決まった方向に曲がって成長する性質を屈性《くっせい》といいます。例えば，光の来る方向やその反対方向に曲がって成長するようなとき，この屈性を光屈性といいます。

光屈性について調べるために，イネ科植物の一種であるマカラスムギの芽生えを用いて，次の[**実験**]①～⑦をそれぞれ行いました。

[**実験**]

① **図1**のように，芽生えに横から光を当てると，先端部《せんたんぶ》よりも下部が光の来る方向に曲がって成長した。

② **図2**のように，芽生えを暗所に置くと，成長はしたが，曲がらなかった。

③ **図3**のように，芽生えの先端部を切り取り，横から光を当てると，成長せず，曲がらなかった。

④ **図4**のように，芽生えの先端部に不透明《ふとうめい》な覆《おお》いをかぶせ，横から光を当てると，成長はしたが，曲がらなかった。

⑤ **図5**のように，芽生えの先端部以外の部分に不透明な覆いをかぶせ，横から光を当てると，先端部よりも下部が光の来る方向に曲がって成長した。

⑥ **図6**のように，芽生えの先端部近くで，光の来る方向に(注)雲母片《うんもへん》を水平に差しこむと，先端部よりも下部が光の来る方向に曲がって成長した。

⑦ **図7**のように，芽生えの先端部近くで，光の来る方向とは反対側に雲母片を水平に差しこむと，ほとんど成長せず，曲がらなかった。

(注) 雲母片は液体とそれに溶《と》けている物質を通さない性質があります。

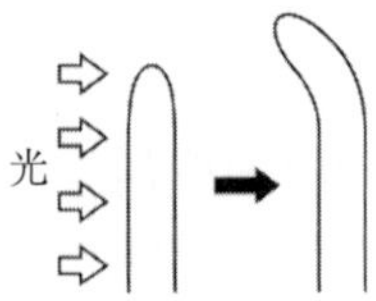

図1

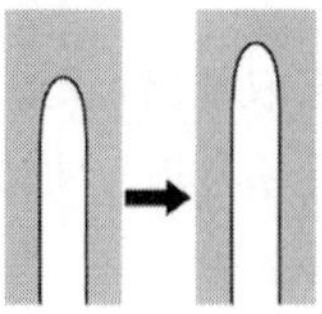
図2

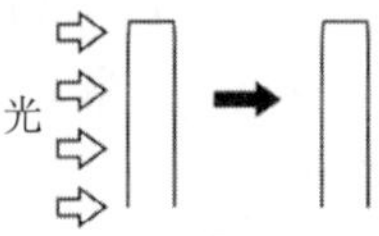

図3

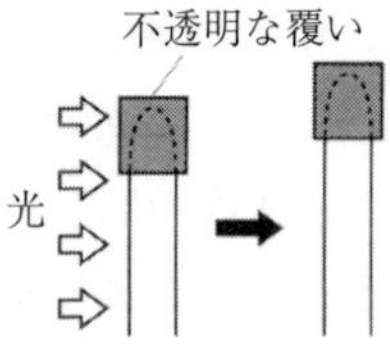

図4

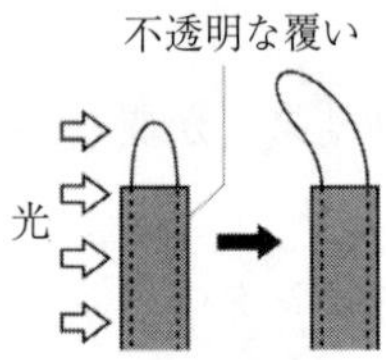

図5

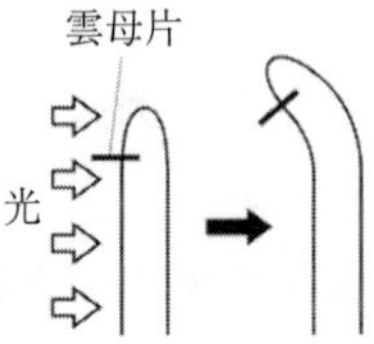

図6

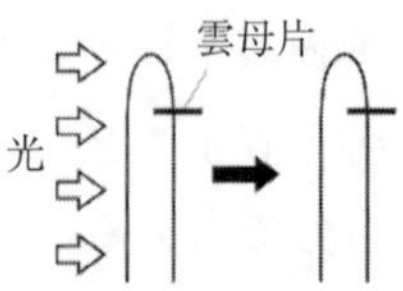

図7

(1)　**[実験]**からわかることを次の**ア～ク**から三つ選び，その組み合わせとしてもっとも適切なものを，あとの**1～16**から一つ選び，番号で答えなさい。

ア．芽生えの先端部で光を感じ取る。

イ．芽生えの先端部よりも下部で光を感じ取る。

ウ．芽生えの成長をうながす物質があり，光を感じる部分でつくられる。

エ．芽生えの成長をうながす物質があり，光を感じない部分でつくられる。

オ．芽生えの成長をうながす物質は，光の当たる側の先端部を成長させる。

カ．芽生えの成長をうながす物質は，光の当たらない側の先端部を成長させる。

キ．芽生えの成長をうながす物質は，光の当たる側の先端部よりも下部を成長させる。

ク．芽生えの成長をうながす物質は，光の当たらない側の先端部よりも下部を成長させる。

1	ア	ウ	オ	2	ア	ウ	カ	3	ア	ウ	キ	4	ア	ウ	ク
5	ア	エ	オ	6	ア	エ	カ	7	ア	エ	キ	8	ア	エ	ク
9	イ	ウ	オ	10	イ	ウ	カ	11	イ	ウ	キ	12	イ	ウ	ク
13	イ	エ	オ	14	イ	エ	カ	15	イ	エ	キ	16	イ	エ	ク

(2)　マカラスムギの芽生えの先端部近くで，雲母片を片側にのみ水平に差しこみ，暗所に置いたとき，結果はどのようになりますか。もっとも適切なものを，次の**1**～**4**から一つ選び，番号で答えなさい。

1．雲母片を差しこんだ側に曲がって成長する。

2．成長したり，曲がったりしない。

3．雲母片を差しこんだ側とは反対方向に曲がって成長する。

4．成長するが，曲がらない。

4　次の文章を読み，あとの(1)～(3)の問いに答えなさい。ただし，物質を溶《と》かしたときの水溶液《すいようえき》の体積変化は考えないものとし，発生する熱はすべて水溶液の温度変化に使われるものとします。

物質が水に溶けるときには熱の出入りをともないます。このときの熱は溶ける物質の量に比例し，種類によって異なります。また，この熱によって物質を溶かす前の水の温度と，溶かしたあとの水溶液の温度に差が生じます。この温度差は，溶かした物質の量が同じなら水の量に反比例し，発生した熱に比例します。

塩酸に水酸化ナトリウムを加えたときにも熱が発生します。また，水に溶かしたときに水酸化ナトリウムと同じようにアルカリ性を示す水酸化カリウムという物質があり，塩酸に水酸化カリウムを加えたときにも熱が発生します。これらによって，加える前と後とで水溶液の温度に差が生じます。この温度差は水溶液中の水の量に反比例し，発生した熱に比例します。また，同じ濃さ，同じ体積の塩酸の酸性をちょうど打ち消したときに発生する熱は，水酸化ナトリウムと水酸化カリウムで同じになります。

水，塩酸，水酸化ナトリウム，水酸化カリウムを用いて，次の実験を行いました。

[実験１]

20℃の水50mLに水酸化ナトリウム２ｇを溶かすと，できた水酸化ナトリウム水溶液**A**の温度が30.4℃になりました。

［**実験２**］

20℃の塩酸**B**50mL に水酸化ナトリウム２ｇを溶かすと，塩酸と水酸化ナトリウムがたがいの性質をちょうど打ち消し合い，できた水溶液の温度が43.8℃になりました。

［**実験３**］

20℃の水50mL に水酸化カリウム２ｇを溶かすと，できた水酸化カリウム水溶液**C**の温度が29.8℃になりました。

(1)　20℃の水300mL に，ある量の水酸化ナトリウムを溶かしたところ，その温度が22.6℃になりました。このとき加えた水酸化ナトリウムは何ｇですか。

(2)　20℃の水酸化ナトリウム水溶液**A**50mL に，20℃の塩酸**B**50mL を加えると，水溶液の温度は何℃になりますか。

(3)　20℃の塩酸**B**50mL に，水酸化カリウム２ｇを溶かすと，できた水溶液**D**の温度が39.3℃になりました。水溶液**D**はまだ酸性を示していました。この水溶液**D**の酸性をちょうど打ち消すために必要な水酸化ナトリウムは何ｇですか。小数第３位を四捨五入して，小数第２位まで答えなさい。

5　次の文章を読み，あとの(1)～(4)の問いに答えなさい。

宇宙から見たとき，地球は**図１**のように，太陽のまわりを１年かけて１周しています。これを，地球の公転といいます。また，公転する道すじをふくむ平面を公転面といいます。

さらに，地球は自らも１日に１回転しており，これを地球の自転といいます。地球から見ると，太陽が動くことで昼(日の出から日の入りまで)と夜(日の入りから日の出まで)がくり返しているように見えます。しかし，そのように見えるのは，太陽が動いているからではなく地球が自転しているからです。

地球が自転するときの回転軸《かいてんじく》は地軸《ちじく》とよばれ，**図２**のように，地軸は地球の北極点と南極点を結ぶ位置にあります。

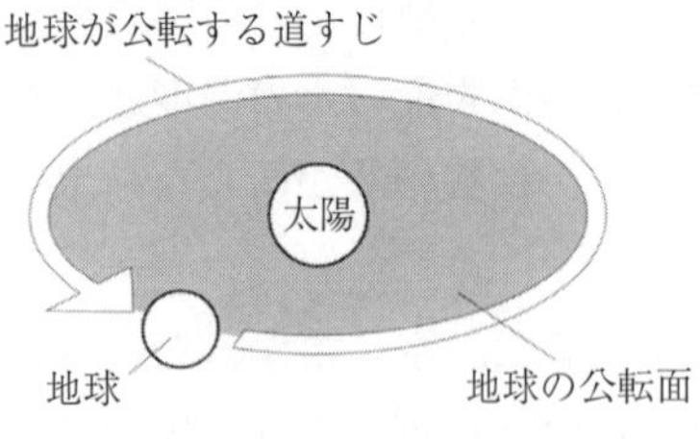

図１

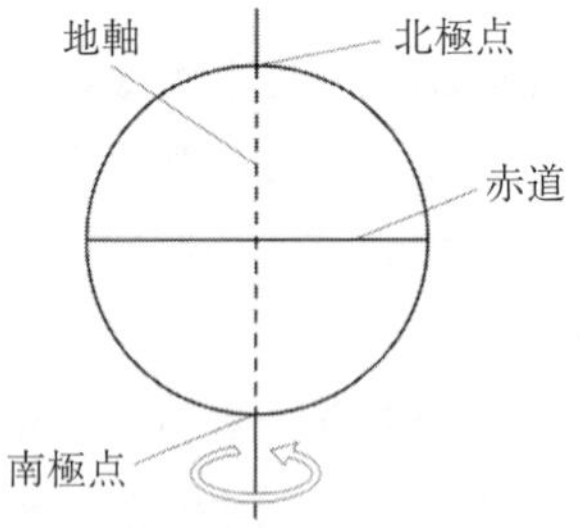

図２

(1)　いま，**図３**および**図４**のように，太陽の光が地軸に対して垂直に地球にあたっているものとします。このとき，太陽の光があたっている部分は，太陽がある方向の側面(地球の半分)です。地球は自転しているので，**図３**に示した地球上の地点**A**～**C**は，太陽の光があたっている昼の部分と太陽の光があたっていない夜の部分の両方を通過していきます。自転する速さが一定であるとき，地点**A**～**C**における昼と夜の時間の関係についての説明としてもっとも適切なものを，あとの**1**～**8**から一つ選び，番号で答えなさい。ただし，地点**A**と**C**の緯度《いど》は同じものとします。

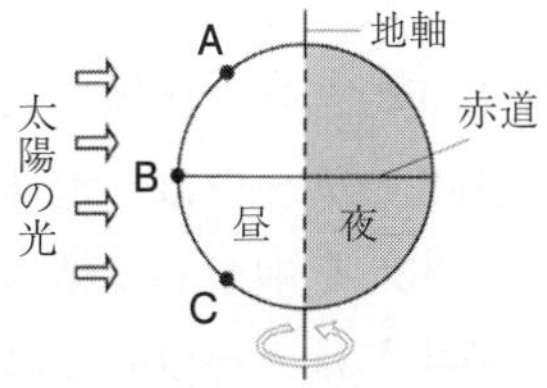

図3　赤道を真横からみた様子

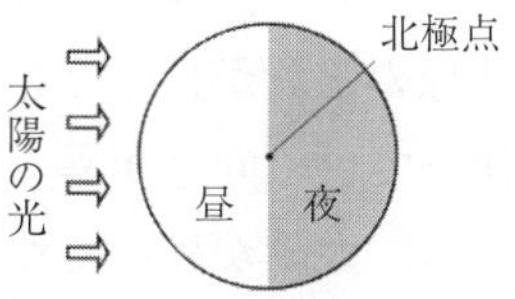

図4　北極点を真上からみた様子

1．地点Aの昼は他の地点よりも長時間であり，地点Cの夜は他の地点よりも長時間である。
2．地点Bの昼は他の地点よりも長時間であり，地点Aの夜は他の地点よりも長時間である。
3．地点Bの昼は他の地点よりも長時間であり，地点AとCの昼の長さは同じである。
4．地点Bの昼は他の地点よりも長時間であり，地点Cの夜は他の地点よりも長時間である。
5．地点Cの昼は他の地点よりも長時間であり，地点Aの夜は他の地点よりも長時間である。
6．地点A～Cの昼の長さはそれぞれ同じであり，すべての地点において昼のほうが夜よりも長時間である。
7．地点A～Cの昼の長さはそれぞれ同じであり，すべての地点において昼と夜の長さも同じである。
8．地点A～Cの昼の長さはそれぞれ同じであり，すべての地点において夜のほうが昼よりも長時間である。

(2)　実際には，**図5**や**図6**のように，太陽の光が地軸に対して垂直に地球にあたらないことがほとんどです。地軸の向き以外の条件がすべて(1)と同じであるとき，**図5**の地点D～Fにおける昼と夜の時間の関係についての説明としてもっとも適切なものを，あとの1～8から一つ選び，番号で答えなさい。ただし，地点DとFの緯度は同じものとします。

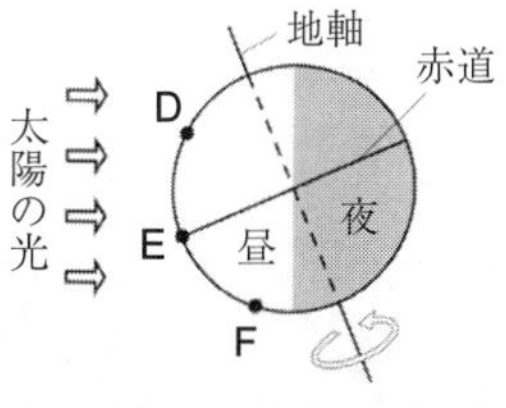

図5　赤道を真横からみた様子

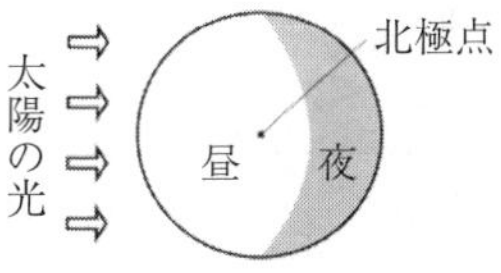

図6　北極点を真上からみた様子

1．地点Dの昼は他の地点よりも長時間であり，地点Fの夜は他の地点よりも長時間である。
2．地点Eの昼は他の地点よりも長時間であり，地点Dの夜は他の地点よりも長時間である。
3．地点Eの昼は他の地点よりも長時間であり，地点DとFの昼の長さは同じである。
4．地点Eの昼は他の地点よりも長時間であり，地点Fの夜は他の地点よりも長時間である。
5．地点Fの昼は他の地点よりも長時間であり，地点Dの夜は他の地点よりも長時間である。
6．地点D～Fの昼の長さはそれぞれ同じであり，すべての地点において昼のほうが夜よりも長時間である。
7．地点D～Fの昼の長さはそれぞれ同じであり，すべての地点において昼と夜の長さも同じである。
8．地点D～Fの昼の長さはそれぞれ同じであり，すべての地点において夜のほうが昼よりも長時間である。

(3)　次の**図７**は，地球が公転しているようすを表したものです。地球の位置が**G**や**I**のときは，(1)のように，太陽の光に対して地軸は垂直です。地球の位置が**J**のときは，(2)のように，太陽の光に対して地軸は傾《かたむ》いています。地球の位置が**H**のときは，位置が**J**のときと同様に太陽の光に対して地軸は傾いていますが，傾いている向きが異なります。**図８**の**ア**〜**ウ**は，地球の位置が**G**〜**J**のとき，北半球の地点**X**から，太陽が昇《のぼ》って沈《しず》むまでの道すじを観察した結果です。地球の位置が**G**〜**J**のそれぞれの場合で，地点**X**から見ると太陽の道すじは**ア**〜**ウ**のどれになりますか。もっとも適切なものを，あとの**1**〜**12**から一つ選び，番号で答えなさい。

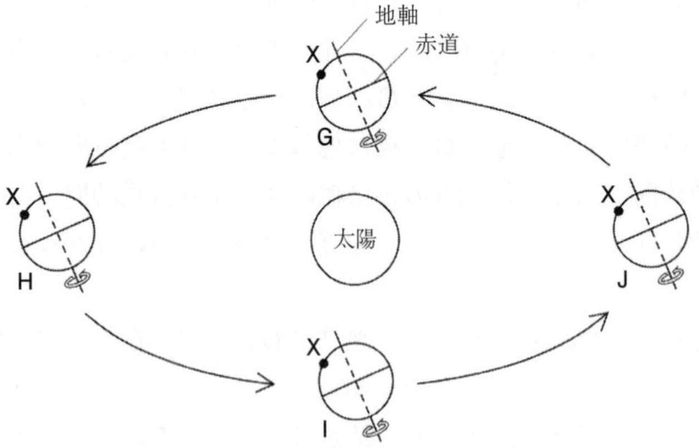

図７

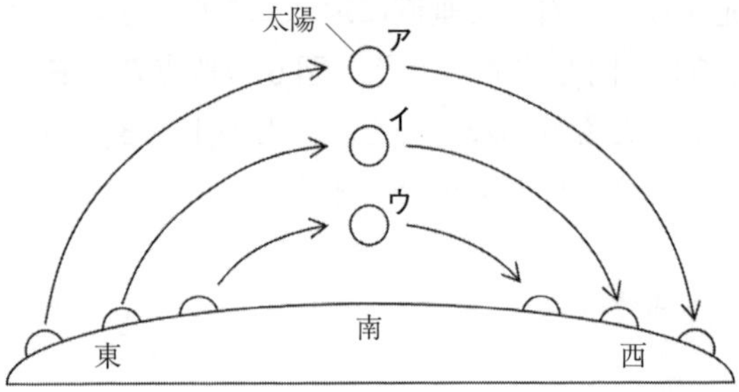

図８

	G	H	I	J		G	H	I	J		G	H	I	J
1	ア	イ	ア	ウ	2	ア	ウ	ア	イ	3	イ	ア	イ	ウ
4	イ	ウ	イ	ア	5	ウ	ア	ウ	イ	6	ウ	イ	ウ	ア
7	イ	ア	ウ	ア	8	ウ	ア	イ	ア	9	ア	イ	ウ	イ
10	ウ	イ	ア	イ	11	ア	ウ	イ	ウ	12	イ	ウ	ア	ウ

(4)　(3)で示した**図８**のように，太陽が昇ってから沈むまでの道すじは，太陽に対する地球の位置によって変わることがわかります。これは太陽だけでなく，月が昇ってから沈むまでの道すじについても，同じことが言えます。**図７**の地点**X**において，満月が**図８**の**ア**のように動いて見えるのは，地球の位置が**図７**の**G**〜**J**のどの位置に近いときですか。もっとも適切なものを，次の**1**〜**4**から一つ選び，番号で答えなさい。ただし，月は地球のまわりを公転しており，月の公転面は，地球の公転面と同一平面上にあるものとします。

1．**G**の位置　　**2**．**H**の位置　　**3**．**I**の位置　　**4**．**J**の位置

6 次の文章を読み，あとの(1)〜(5)の問いに答えなさい。

図1のように，バケツに水を入れて勢いよく振《ふ》り回《まわ》すと，水はこぼれません。これは，円の中心から遠ざかる向きの力が水に対してはたらいているためです。このように，回転している物体にとって，その回転の中心から遠ざかる向きにはたらく力を遠心力と言います。

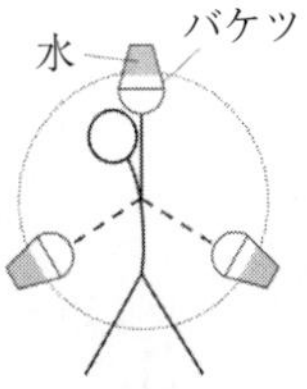

図1

遠心力のはたらきについて調べるために，ばね，細い筒《つつ》，おもり，糸を用意しました。水平な床《ゆか》にばねを固定し，もう一方に糸をつけて筒に通し，その先におもりをつけ，**図2**のような装置を作りました。筒を床に対して垂直に持ち，おもりを振り回して水平面内で円運動させ，おもりの回転とばねの伸《の》びの関係について調べました。

重さ10gのおもりを糸につなげ，回転半径が5cmになるように筒の高さを調節しながら，おもりを回転させました。1秒あたりの回転数とばねの伸びの関係を調べたところ，**図3**のようになりました。

次に，重さ10gのおもりを糸につなげ，おもりを1秒間に2回転させ，回転半径を様々な長さに変化させたときのばねの伸びについて調べました。同様に，おもりの重さが20g，30gの場合についてもばねの伸びについて調べたところ，**図4**のようになりました。

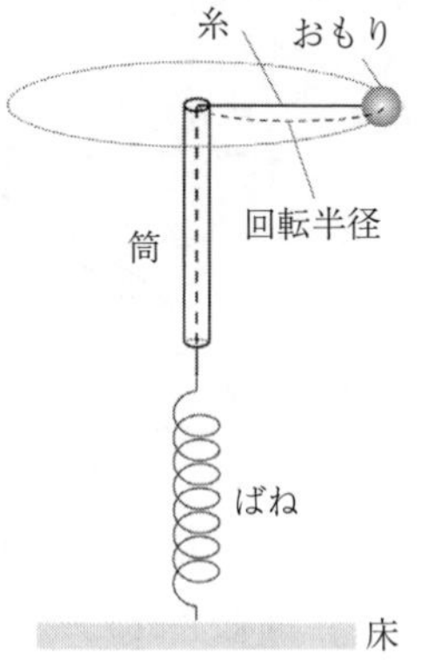

図2

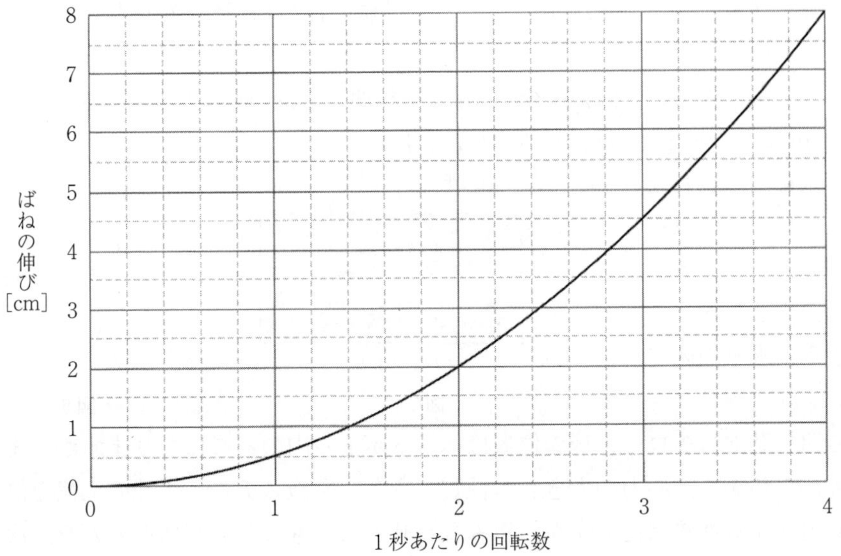

図3

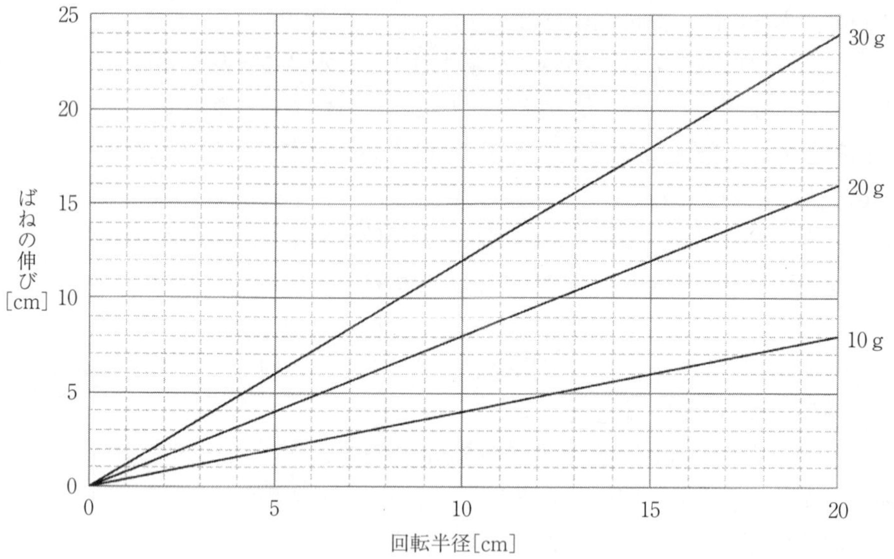

図 4

⑴　おもりの重さ10 g，回転半径 5 cm で 1 秒間に 2 回転させたときのばねの伸びは，1 秒間に 1 回転させたときのばねの伸びの何倍ですか。

⑵　おもりの重さ10 g，回転半径12cm で 1 秒間に 2 回転させたとき，ばねの伸びは何 cm ですか。

⑶　おもりの重さ20 g で 1 秒間に 3 回転させたところ，ばねの伸びは18cm でした。このときの回転半径は何 cm ですか。

⑷　ある重さのおもりを糸につなげ，回転半径24cm で 1 秒間に1.5回転(1 回転半)させたところ，ばねの伸びは13.5cm でした。おもりの重さは何 g ですか。

図 5 のように，水で満たされたペットボトル内に，発泡《はっぽう》スチロール球を空気の泡《あわ》が入らないように入れ，栓《せん》をしました。このペットボトルを**図 6** のように水平面内で振り回しました。

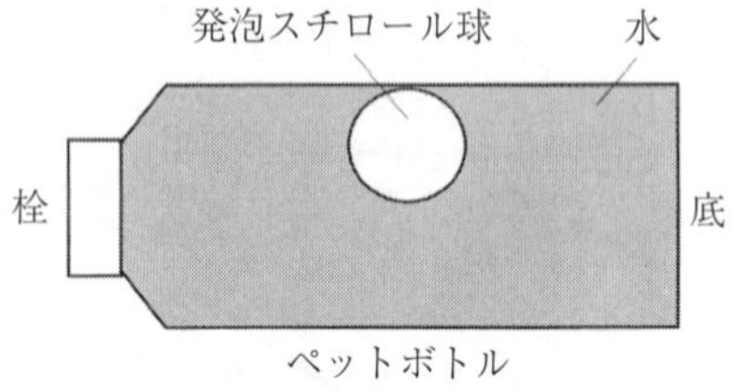

図 5

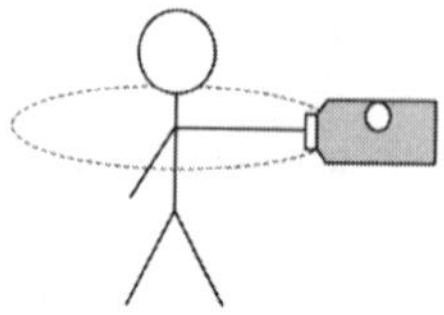

図 6

⑸　振り回している間，発泡スチロール球の位置はペットボトル内のどこになりますか。また，**図 3** と**図 4** の結果からわかる遠心力の大きさの性質のうち，発泡スチロール球の位置を決めるもっとも大きな原因となる性質は何ですか。組み合わせとしてもっとも適切なものを，次の **1** ～ **6** から一つ選び，番号で答えなさい。

	発泡スチロール球の位置	遠心力の大きさの性質
1	栓側	遠心力の大きさは，1 秒あたりの回転数が多いほど大きい。
2	栓側	遠心力の大きさは，回転半径が長いほど大きい。
3	栓側	遠心力の大きさは，重い物体ほど大きい。
4	底側	遠心力の大きさは，1 秒あたりの回転数が多いほど大きい。
5	底側	遠心力の大きさは，回転半径が長いほど大きい。
6	底側	遠心力の大きさは，重い物体ほど大きい。

められないところ。

ホ　友達思いで善意にあふれているものの、「わたし」の気持ちには合わない「彼女」の的外れな言動を、うとましく思ってみくびっているところ。

問8　――線(6)「嘘っぱちの世界」とは、具体的にはどのような世界ですか。その説明としてもっとも適切なものを次の**イ**～**ホ**の中から一つ選び、記号で答えなさい。

イ　やさしさを身につけろと言いながら、相手の都合を考えずに自分の考えるやさしさだけを主張する人しかいないような悪意に満ちた世界。

ロ　やさしさを身につけろと言いながら、少しでも反抗的な態度をとる人間はすぐに仲間外れにされるような親しみのかけらもない世界。

ハ　やさしさを身につけろと言いながら、相手が本当に求めていることに気づこうとしないような、他人に対する無関心さにあふれた世界。

ニ　やさしさを身につけろと言いながら、目の前にいる相手を傷つけることを言う人が野放しになっているような殺伐《さつばつ》とした世界。

ホ　やさしさを身につけろと言いながら、生意気な態度をとる人だけをねらいうちにして責め立てるような道理に合わない世界。

問9　――線(7)「自分の少女時代が終わった」とありますが、なぜ「わたし」はそのように思ったのですか。その理由としてもっとも適切なものを次の**イ**～**ホ**の中から一つ選び、記号で答えなさい。

イ　「わたし」自身、かつては「阿子ちゃん」と同じように、プライドの高さがもとで生きづらさを感じていて、そういう意味で「阿子ちゃん」に対して親近感をいだいていたが、「阿子ちゃん」から自分の気持ちは「わたし」にわかりっこないと言われたことで、自分と「阿子ちゃん」を同一視するような考えは捨てようと決意したから。

ロ　「わたし」自身、かつては「阿子ちゃん」と同じように、「わたし」の気持ちを理解することができない周囲の人々を見下すような態度をとる少女であったが、「阿子ちゃん」の態度に不快感をおぼえたことで、いつの間にか自分も「傲慢だ、謙虚さを身につけろ」と思う側の人間になってしまったのだと実感したから。

ハ　「わたし」自身、かつては「阿子ちゃん」と同じように、気が強く自意識過剰だったこともあり、周囲の人々を傷つけることもたびたびあったが、「阿子ちゃん」の横暴な態度に怒りをおぼえたことで、当時の自分がいかに傲慢であったかを改めて思い知り、これから先は決してあのような態度をとるまいとかたく心に決めたから。

ニ　「わたし」自身、かつては「阿子ちゃん」と同じように、頭が良いことを鼻にかけて、周囲の人たちに対して生意気な態度をとる傲慢な少女であったが、「わたし」が貸してあげた本を「阿子ちゃん」が傷つけたことで「阿子ちゃん」に対する憎しみが生まれるとともに、今の自分はさすがにそこまでひどくはないと思い直したから。

ホ　「わたし」自身、かつては「阿子ちゃん」と同じように、自分は周囲の友だちと比べて能力が高いという自負心をもって生きていたが、しだいに「阿子ちゃん」の我の強さや傲慢さ、過剰な自意識が鼻につくようになり、本を汚された一件が決め手となって、「阿子ちゃん」に共感することはもうできないと強く感じたから。

くため、自分の勉強を思うように進められずあせりを感じてきたから。

ロ　気の強い自分よりも、素直でかわいい「おしんちゃん」を「わたし」がえこひいきしているように感じられてさびしく思ったから。

ハ　自分のほうが「おしんちゃん」よりずっと優秀なのに、「わたし」が自分を高く評価してくれないことにいらだちをおぼえたから。

ニ　能力の低い「おしんちゃん」が授業の足を引っ張っているのに、「わたし」が彼女を厳しく注意しないことを腹立たしく思ったから。

ホ　ゆっくりしたペースの「おしんちゃん」にあわせて授業が進んでいくので、まじめに勉強をするのがばからしくなってしまったから。

問5　――線(3)「不敵に笑いながら」とありますが、このときの「阿子ちゃん」の気持ちの説明としてもっとも適切なものを次の**イ**～**ホ**の中から一つ選び、記号で答えなさい。

イ　借りた本を故意に汚したわけではないし、自分から弁償すると申し出たのだから、「わたし」への謝罪は十分にできたと安心している。

ロ　借りた本をわざと汚した証拠《しょうこ》はないうえ、自分から弁償すると申し出たのだから、「わたし」も怒《おこ》るに怒れないはずだと確信している。

ハ　借りた本を誤って汚してしまったが、自分から弁償すると申し出たのだから、「わたし」は優しく許してくれるだろうと楽観している。

ニ　借りた本をあてつけに汚したが、自分から弁償すると申し出たのだから、「わたし」もわざと汚したとは思うまいと高をくくっている。

ホ　借りた本をうっかり汚しはしたものの、自分から弁償すると申し出たのだから、「わたし」も自分のことを見直すだろうと期待している。

問6　――線(4)「誇っていたのだ」とありますが、このときの「わたし」の気持ちを説明した次の文にあてはまる言葉を本文中から**十一字**でぬき出して答えなさい。（句読点・記号等も字数に数えます。）

> ほかのクラスメートに対して、□を持っていた。

問7　――線(5)「なるほど、わたしは傲慢だった」とありますが、「わたし」のどのようなところが「傲慢だった」のですか。その説明としてもっとも適切なものを次の**イ**～**ホ**の中から一つ選び、記号で答えなさい。

イ　無邪気な人がらゆえに他人の悪意に鈍感で、「わたし」に嫌われていることにも気づけない「彼女」の幼さを、心の内で見下しているところ。

ロ　勉強もスポーツもでき、芸術の才能まであるにもかかわらず、人間的なおもしろみに欠ける「彼女」のきまじめさを、馬鹿にしているところ。

ハ　先生に叱られ傷ついた「わたし」に対し、さらに傷つけるような言葉をかけてしまう「彼女」の鈍感さを、心の底から軽蔑しているところ。

ニ　成績も良く容姿にも才能にもめぐまれている「彼女」のことをうらやましく思いつつ、プライドの高さからそれを素直に認というようなことが書いてあった。

わたしは彼女の善意を疑っていなかったし、たぶん、彼女のほうが大人の世界では正しいのだろうと思ったけれど、なにか理不尽《りふじん》な怒《いか》りを覚えた。〝やさしさを身につけろ〟という世界は、誠実な顔つきで、真綿で首をしめてくる、いやな世界だった。(6)嘘《うそ》っぱちの世界だった。わたしはすべてに苛立ち、もがいていた。

そういった我の強さ、傲慢さ——といって悪ければひりひりするような過剰《かじょう》な自意識。たしかに阿子ちゃんはわたしに似ていた。コーヒーでごわごわになった※5『オズの魔法使《まほうつか》い』を眺《なが》めながら、

「阿子ちゃんはきっと、あたしの気持ちなんか、おまえにわかるもんかと思ってるんでしょうね」

とわたしは呟《つぶや》いた。阿子ちゃんは※6矜持《きょうじ》というものを知っている少女の目を、まっすぐにわたしに当てたまま、

「そりゃそうでしょ。わかりっこないよ」

と頬《ほお》をゆがめて笑った。確信にみちた言い方だった。わたしはそのとき、(7)自分の少女時代が終わったことを知った。彼女を一瞬《いっしゅん》、生意気なくそガキが！　と憎《にく》むことによって。

（氷室冴子《ひむろさえこ》「さようなら女の子」より。）

（注）※1　興福寺の阿修羅像…国宝。三つの顔と六本の腕《うで》を持ち、細身の体つきや少年のような顔立ちなどに特色がある仏像。

※2　『おしん』…テレビドラマ。貧しい農家に生まれた少女・おしんが、明治・大正・昭和という激動の時代を必死に生きる姿をえがく。

※3　サディスティック…相手に苦痛を与《あた》えることに喜びをおぼえるような性質。

※4　ムラハチブ…村八分。村のおきてにそむいた者に対して、村民全員がその家と絶交すること。転じて仲間外れにすること。

※5　『オズの魔法使い』…アメリカのL・F・ボーム作の児童小説。少女ドロシーが竜巻《たつまき》に巻き上げられて魔法使いオズの支配する国を旅する。

※6　矜持…自分の能力を信じていだく誇り。プライド。

問1　Ⅰ・Ⅲにあてはまる言葉をそれぞれ**漢字一字**で答えなさい。

問2　Ⅱにあてはまる言葉としてもっとも適切なものを次の**イ**〜**ホ**の中から一つ選び、記号で答えなさい。

イ　自尊心　**ロ**　敵対心　**ハ**　向上心

ニ　嫉妬《しっと》心　**ホ**　好奇《こうき》心

問3　——線(1)「手強そうな子」とありますが、その説明としてもっとも適切なものを次の**イ**〜**ホ**の中から一つ選び、記号で答えなさい。

イ　いっしょに勉強をする友達に対して、思いやりのなさそうな子。

ロ　見るからに気が強そうで、すぐにかんしゃくを起こしそうな子。

ハ　簡単には他人の言いなりにならない、一筋縄《ひとすじなわ》ではいかなそうな子。

ニ　教えるべきことがほぼないように見える、いかにも利発そうな子。

ホ　精神年齢《ねんれい》が高く、同年代の子どもより数倍のみこみの早そうな子。

問4　——線(2)「彼女はしだいに反抗的な態度をとりはじめた」とありますが、それはなぜですか。その理由としてもっとも適切なものを次の**イ**〜**ホ**の中から一つ選び、記号で答えなさい。

イ　のみこみの遅い「おしんちゃん」にあわせて授業が進んでい

ようになり、覚えのおそいおしんちゃんにくり返し説明していると、これみよがしにアクビをして、歌を口ずさむ。注意すると、とうにやり終えた問題を投げてよこす。

　おしんちゃんがわたしから本を借りて、その感想を遠慮《えんりょ》がちにしゃべる習慣ができたころ、彼女も、

「センセイが好きな本、どれ」

といって、借りていった。数日後、コーヒーをこぼしちゃったといって、全ページが汚《よご》れた本を返してきた。汚しちゃった、弁償《べんしょう》するよと(3)不敵に笑いながら。

　彼女は、中学生のころのわたしに、ちょっと似ていた。

　当時のわたしは顔こそ阿修羅には似てもにつかない童顔だったけれど、かなり気がつよく、年上の姉の影響《えいきょう》もあって、中学生が読まないような雑誌や本をよみ、レコードを聴《き》いていたわりに、それについて、おしゃべりできるクラスメートがいないことに苛立ち、たぶん、ひそかに(4)誇《ほこ》っていたのだ。

　好きな男の子がいながら、その子がおもしろみのない優等生であることに苛立ち、校則のことばかりいう教師にも不満がいっぱいで、その不満を口にすることに躊躇《ちゅうちょ》がなかった。

　そういうわたしを、ハラハラして見守る優しい姉のようなクラスメートがいて、彼女はわたしを親友だといって憚《はばか》らなかった。

　わたしが生意気な口をきいて職員室によばれ、

「おまえは傲慢《ごうまん》だ。謙虚《けんきょ》さってものを身につけろ」

と叱られ、めちゃめちゃになったプライドを抱《かか》えて、青ざめて教室に戻《もど》ると、彼女はすぐに走りよってきて、とても心配そうに、

「気にしちゃダメだよ、サエちゃんは根がいい人なんだから」

とトンチンカンなことをいうのだった。

　彼女がやさしいこと、悪意というものがないことを、わたしはよく知っていたし、だから彼女を嫌いはしなかったけれど、ときどき、とても苛々させられた。

　彼女は目のぱっちりしたコで、成績はトップクラスで、だれに対しても優しく、しかもスポーツ万能《ばんのう》で、六歳のときから絵画の個人レッスンにつき、お習字教室に通っていて、習字のクラスのとき、書道講師が彼女にお手本を書かせるほどだった。

　それはもう、眩《まばゆ》いばかりの美と技《わざ》をもち、けれど残念なことに、心をゆさぶるものがなかった。わたしの[Ⅱ]を刺激《しげき》するものがなかった。犯人のわかったミステリーを読むようなものだった。

　わたしは、傲慢だ、謙虚さを身につけろといわれて、[Ⅲ]の気が失《う》せるほど打撃《だげき》をうけたけれど、かといって、気にしちゃダメだよと優しく慰《なぐさ》めてくれる彼女の鈍感《どんかん》さ、といって悪ければ幼さや無邪気《むじゃき》さには、うんざりさせられた。(5)なるほど、わたしは傲慢だった。

　あるとき、理由は忘れたけれど、彼女にまつわりつかれるのがほとほと嫌《いや》になって、

「あたし、ひとりになって、いろいろ考えたいこともあるし。あたしたち、しばらくともだちづきあい、止《や》めない？」

と昼休みの教室で、彼女にいい放った。彼女は呆然《ぼうぜん》とし、みるみるうちに目に涙《なみだ》をうかべ、顔を歪《ゆが》めて泣きだした。

　クラスの女の子たちがわっと周りに集まってきて、どうしたの、どうしたのと騒《さわ》いだ。彼女はすすり泣きながら、

「サエちゃんが、絶交するって……」

ととぎれとぎれにいった。女の子たちはいっせいにわたしを睨《にら》みつけ、その後しばらく※4ムラハチブになってしまった。

　絶交宣言はいちはやく教師の耳にとどいたらしく、その学期の通信簿《ぼ》の通信欄《らん》に、

「ともだちの気持を思いやる、やさしさを身につけてほしい」

ハ　最初にテーマの示す問題点を具体的に述べたのちに、テーマが成り立つ根拠《こんきょ》を前置きで論証し、テーマが正しいことを明らかにしている。

ニ　最初に本文のテーマを設定したうえで、そのテーマを設定するにいたった経緯《けいい》を説明し、最後に改めてテーマを論じる意義を説いている。

ホ　最初に本文のテーマを明らかにしたのちに、テーマと関わる事柄《ことがら》について説明し、その内容に沿った形で改めてテーマについて論じている。

二　次の文章を読んで、あとの問いに答えなさい。

彼女《かのじょ》は——もう名前も忘れてしまったけれど、十三歳《さい》で、中学一年生になりたてだった。わたしは大学四年生だった。

いろいろな事情から、彼女と、その友だちの家庭教師をすることになったときの第一印象は、頭がよさそうで、(1)手強《てごわ》そうな子だなということだった。人をまっすぐに見る目が、そう思わせた。

色は浅黒く、まっくろな長い髪《かみ》、目は切れ長で、ちょっと※1興福《こうふく》寺《じ》の阿修羅像《あしゅらぞう》ににていた。一目で、相手に強く印象づけるものをもっていた。全身から、もやもやした苛《いら》だちのようなものを発散していた。急激に成長してゆく精神に、体がついていかない感じだった。

一方の友だちは、ちょっと※2『おしん』の子ども時代の子役女優ににていた。小学生のなごりのある、かわいい子だった。そうして気の強い、ピリピリした阿修羅少女が、教師や大人とぶつかるのをはらはら見守っているふうだった。

男の子の世界ではどうなのか知らないけれど、阿修羅&おしんちゃんコンビは、女の子の世界では、そう珍《めずら》しいものではない。

女王と侍女《じじょ》、まま娘《むすめ》とシンデレラ、奔放《ほんぽう》な妹とジミで優《やさ》しい姉というパターンはよくある。そうして、しばしば、それらは影《かげ》の構図をもつ。

実は孤独な女王をあやつる※3サディスティックな侍女、けなげさに逃《に》げこむシンデレラと欲望に忠実であるために誤解されるまま娘、権力欲をやさしさの中で行使する姉と、我《が》を通すことでしか抵抗《ていこう》できない不器用な妹、というふうに。

だから阿修羅少女とおしんちゃんの関係の内実も、どうだったのかは未《いま》だにわからないけれど、ともあれ、ふたりは週二回、わたしの自宅に通ってきて、数学だの英語だのを勉強した。

よくあるように、阿修羅少女——かりに阿子ちゃんのほうが、だんぜん、のみこみが早かった。一方のおしんちゃんはのみこみが遅《おそ》いぶん、性格がよくて、宿題はかならずやってきたし、単語の書き取りも、飽《あ》きることなく書きつづけた。

阿子ちゃんのほうは、

「もう、これ覚えちゃったよ、センセ」

といってシャーペンを放り出してしまい、のたのたしているおしんちゃんを軽蔑《けいべつ》するように、ふん、と笑うのだった。

彼女はあきらかに、ふたり同時に、おなじ速度で教えてもらうことで、みずからの優位性に確信をもちはじめていた。

にもかかわらず、家庭教師のわたしはいつも公平で、ふたりを差別したり、阿子ちゃんだけを褒《ほ》めそやしたり、

「阿子ちゃんをみならいなさい」

とおしんちゃんを叱《しか》ったりすることはなかった。

それに対して、阿子ちゃんが不満を募《つの》らせてゆくのが、[I]にとるように感じられた。彼女は正当に(すくなくとも彼女が望むやり方で)認められることを望んでいた。

(2)彼女はしだいに反抗的な態度をとりはじめた。時間に遅れてくる

された個人の気持ちは、どのようなものでも受け入れるべきであるということ。

ロ　贅沢の程度を決めるのは個人の気持ちであるが、個人の気持ちは尊重されなければならないので、評価基準を設けることは適切ではないということ。

ハ　贅沢の適切さを決めるのは個人の気持ちであるが、個人の気持ちは他者との関係によって変わるので、一定の基準を設けることができないということ。

ニ　適切な贅沢を決めるのは個人の気持ちであるが、個人の気持ちを具体的な数字を基準にすることは他者の気持ちをないがしろにすることになるということ。

ホ　贅沢の基準を決めるのは他者への配慮であるが、他者の気持ちを理解して適切な行動をとることは他者の気持ちが読めない以上不可能であるということ。

問8　本文中の「倹約」という語の説明としてもっとも適切なものを次の**イ**～**ホ**の中から一つ選び、記号で答えなさい。

イ　人間がヒトとして生きていく中で他者へ配慮するための支出が「交際費」である。「交際費」が多すぎる場合が「見栄っぱり」であり、少なすぎる場合が「けち」である。「見栄っぱり」では自分の生活に不足が出てしまい、「けち」の場合は他者との交際が難しくなる。この「見栄っぱり」と「けち」の違いをあらわすのが「倹約」である。

ロ　人間がただ生きるのではなく他者とかかわるための必要経費が「交際費」である。「交際費」が多すぎることが「奢侈」であり、交際費が少なすぎることが「けち」である。「奢侈」も「けち」も程度が過ぎると他者との関係を築くためのさまたげとなる。この「奢侈」と「けち」とのバランスをとって、他者との関係を保つのが「倹約」である。

ハ　人間が他人と交際しながら生きていくための必要経費が「交際費」である。「交際費」が多すぎる場合「吝嗇」であり、少なすぎる場合は「見栄っぱり」となる。「吝嗇」であると人と交際ができず、「見栄っぱり」が過ぎれば生活すること自体が難しくなる。この「吝嗇」と「見栄っぱり」のバランスをとるための基準となるのが「倹約」である。

ニ　人間が社会的動物として生きていくための必要経費が「交際費」である。交際費が多すぎる場合には「見栄っぱり」といわれ、少なすぎる場合は「けち」とみなされる。「見栄っぱり」だと生活のためのお金が不足し、「けち」だとお金がそのまま残ってしまう。この「見栄っぱり」でも「けち」でもない適切な「交際費」を定める基準が「倹約」である。

ホ　人間が自分の生存を保つ以外に社会的に他者と交わるための必要経費が「交際費」である。「交際費」が多すぎると「見栄っぱり」といわれ、少なすぎる場合は「吝嗇」といわれる。「見栄っぱり」が過ぎると他者との交際のさまたげとなり、「けち」が過ぎると自分の生活を保つことが難しくなる。この「見栄っぱり」と「吝嗇」を見分ける基準が「倹約」である。

問9　本文の説明としてもっとも適切なものを次の**イ**～**ホ**の中から一つ選び、記号で答えなさい。

イ　最初に本文のテーマに軽くふれたのちに、まず前置きで設定したテーマの正しさを証明し、テーマの内容についてくわしく述べている。

ロ　最初にテーマにいたる前提を確認したうえで、改めて本文のテーマを提示し、テーマの示す問題点について具体例をあげて解説している。

はとても難しいのです。（第19段落）

そもそも贅沢は他者への配慮から生じるものです。しかし、他者への配慮が、どの程度あれば十分といえるかどうかは、カロリー計算のように算定できるものではありません。（第20段落）

他者への配慮とは、要は気持ちです。気持ちが要求する費用に、元来相場などはありません。大切な人への贈《おく》り物に、バラの花一本で適当だともいえますし、ダイヤモンドでも足りないという考え方もありましょう。（第21段落）

「倹約」という徳は、実はこうした相場のない交際費の適度な水準をとらえるために、古人が編み出してきた大切な知恵の一つなのです。（第22段落）

（菅野《かんの》覚明《かくみょう》『日本の元徳』より。
出題にあたり、文章の構成を一部改めました。）

（注）※ロビンソン・クルーソー…イギリスの作家デフォーの小説、およびその主人公の名前。物語の中でロビンソンは無人島に漂《ひょう》着《ちゃく》し、「フライデー君」があらわれるまでたった一人で無人島で過ごした。

問1 ‖線「カソウ」の「ソウ」と同じ漢字を使うものを次の**イ**～**リ**の中から選び、記号で答えなさい。なお、正解は一つとは限りません。いくつかある場合には、そのすべての記号を答えなさい。

イ 機械をソウサする。
ロ リソウを持つ。
ハ 意見をソウゴウする。
ニ ドウソウ会を開く。
ホ チソウの年代。
ヘ ソウテイ外の出来事。
ト 曲をエンソウする。
チ ソウリツ記念日。
リ ヘンソウして出歩く。

問2 本文を大きく三つに分けるとすると、二つ目はどの段落からどの段落までになりますか。**最初と最後の段落番号**を**算用数字**で答えなさい。なお、一つの段落だけの場合は同じ数字を書きなさい。

問3 ――線(1)「得」と同じ意味で使われているものを次の**イ**～**ホ**の中から一つ選び、記号で答えなさい。

イ 取得　**ロ** 得意　**ハ** 習得　**ニ** 損得　**ホ** 得心

問4 ――線(2)「今日の我々の生活に要するかかりのほとんどは、余計なもの、つまりは贅沢だということがわかるでしょう」とありますが、「余計なもの」とはどのようなものですか。本文中から**八字**でぬき出して答えなさい。（句読点・記号等も字数に数えます。）

問5 Ⅰ・Ⅳにあてはまる言葉としてもっとも適切なものを次の**イ**～**ホ**の中から一つずつ選び、それぞれ記号で答えなさい。

イ 仮に　**ロ** さらに　**ハ** むしろ
ニ 要するに　**ホ** あたかも

問6 Ⅱ・Ⅲにあてはまる言葉の組み合わせとしてもっとも適切なものを次の**イ**～**ホ**の中から一つ選び、記号で答えなさい。

イ Ⅱ 肉体的 Ⅲ 全体的　**ロ** Ⅱ 個人的 Ⅲ 本質的
ハ Ⅱ 人工的 Ⅲ 文明的　**ニ** Ⅱ 個性的 Ⅲ 共同的
ホ Ⅱ 本能的 Ⅲ 社会的

問7 ――線(3)「これがなかなかに悩ましい問題なのです」とありますが、「悩ましい問題」とはどのようなことですか。その説明としてもっとも適切なものを次の**イ**～**ホ**の中から一つ選び、記号で答えなさい。

イ 贅沢の度合を決めるのは他者への配慮であるが、そこで表現人目を気にしなければ、どんな粗末《そまつ》な着物でも用は足ります。美しい着物、洒落《しゃれ》た着物が欲しいと思うのは、他人の目を意識するからにほかなりません。人前へ出るためのよそゆきこそが、贅沢を生んでいるのです。（第9段落）

贅沢を要求するのは、自分の体に備わった Ⅱ な欲望なのではありません。むしろ、我々が欲望だと思っているもののほとんどは、他者との関係に根ざしているのです。たとえば、おいしいものが食べたいというのは、自分の体の自然な要求であると考えられがちです。しかし、身を保つために体が要求するのは、空腹なときに十分に食べるという一事にすぎません。もし体が美味を求めるのだとしても、それは空腹にまずいものなしという美味にすぎません。（第10段落）

材料を吟味《ぎんみ》し、上手に調理された料理の美味は、しかしそれとは異なります。そこで求められているのは、単に食べることではなく、食べる楽しみです。それは、ご馳走《ちそう》をする楽しみ、ご馳走になる楽しみ、他の料理と比べる楽しみ等々、要するに他者との関係における楽しみなのです。どんな美味な料理でも、無人島で一人食べるなら味気ないものになるでしょう。贅沢を求める我々の欲望自体が、本来 Ⅲ なものなのです。（第11段落）

Ⅳ 、ただ生きるため以上の余分なかかり（贅沢）は、すべて他者への配慮、対人関係の産物なのです。このことは衣食住すべてについていえるのですが、なかでも、余計な消費の典型である「遊び」をみると、その間の事情がよくわかります。古くは歌舞管弦《かぶかんげん》の優雅《ゆうが》な遊びから、さまざまな競技・ゲームまで、遊びはまさに生きるための用を離れて、ただただ他者との交わり、関係を楽しむための営みです。現代の孤独《こどく》なテレビゲームでさえ、たとえカソウ的な形であれ、他と競い戯《たわむ》れるという要素がなければ、とうてい楽しむことはできないはずです。（第12段落）

さて、大分前置きが長くなりましたが、そろそろ「倹約」という本題に入っていきましょう。（第13段落）

我々の消費生活において、身を養うための「必要経費」はほんのごく一部分で、残りの大半は、対人関係のための支出、つまりは「交際費」なのだということを申し上げました。つまり、よそゆきもいらないし、会食も来客も遊び相手もない※ロビンソン・クルーソー（ただしフライデー君があらわれる前の）が必要としない支出、それが我々の余分なかかりに相当するということです。（第14段落）

この余分なかかりは、しかし全くの無駄な支出であるというわけではありません。人間は社会的動物でありますから、社会的な支出もまた、生きていくための必要経費とは別の意味での必要経費には違《ちが》いないのです。（第15段落）

ですから、身を保っていく以外はすべて無駄な費用だといって、一切の交際費を否定するような考えは、昔から「吝嗇」という一種の悪徳と考えられてきました。しかしその一方で、むやみに交際費を費やすあり方もまた「奢侈《しゃし》」という悪徳として嫌《きら》われました。今流にいえば、けちと見栄っぱりは、ともに適度を失していると考えられてきたのです。（第16段落）

けちな一方では、プラスアルファが使い道がないままそっくり残り、また見栄っぱりに過ぎれば、身を保つ最低限度まで不足をきたすことになります。（第17段落）

そこで問題になってくるのは、対他関係に要する社会的費用は、どのくらい必要なのかということです。ところが困ったことに、(3)これがなかなか悩《なや》ましい問題なのです。（第18段落）

身を保つための必要ということなら、摂取カロリーやら何やらで、ともかくも一定の計算は可能です。しかし、プラスアルファの使い道が適当であるかどうか、つまりは適切な贅沢がどの程度かという計算

二〇二二年度　東邦大学付属東邦中学校

【国　語】〈前期試験〉（四五分）〈満点：一〇〇点〉

一　次の文章を読んで、あとの問いに答えなさい。なお、設問の都合上、段落の終わりに番号を付けてあります。

「倹約《けんやく》」は美徳である。そういわれても、今日の人にはいま一つピンとこないかもしれません。倹約は、「徳」というよりも「(1)得」のことだと思うのが、おそらく今日の常識であるようです。しかし、倹約とは本来「贅沢《ぜいたく》」を否定する思想ではありません。倹約と「けち」、すなわち「吝嗇《りんしょく》」との間には、はっきりした区別がありました。（第1段落）

贅沢とは、衣食が足りている上で、さらに余分な消費をすることだといえるでしょう。とすると、贅沢は、一体何のためになされているのでしょうか。「衣食足《た》って礼節を知る」という慣用句がありますが、実はその余分は、本質的には「礼節」、すなわち社会秩序《ちつじょ》を保つためのかかり（必要な費用）なのだと考えられるのです。そうして、その社会的費用の適正な水準をとらえる知恵《ちえ》が、倹約というものにほかなりません。道徳としての倹約をとらえ直す。それが、ここでのテーマです。（第2段落）

縄文《じょうもん》時代の人間と比べて、今日の人間が進歩したのか退化したのかは知りませんが、少なくとも人一人が身を養い、生きていくために必要なかかり（物質の量）は、大昔も今もほとんど同じなのではないでしょうか。同じヒトという生き物なのですから、一日のうちに吸収する空気や水の量、食物エネルギーの摂取《せっしゅ》量、雨露《あめつゆ》をしのぎ、温度を保つ住居・衣類などの必要最低限度の量に、おそらく変わりはないはずです。（第3段落）

かりに、身を養うための最低限度のかかりを算出してみたなら（たとえば、電気は不要、車もいらない等々と引き算していくと）、(2)今日の我々の生活に要するかかりのほとんどは、余計なもの、つまりは贅沢だということがわかるでしょう。（第4段落）

もちろん、その余計な分がただちに無駄《むだ》であるといいたいわけではありません。また、実際に最低限度のライフスタイルを試してみようにも、厳密にそれを行うことは、今の世の中の仕組みからして不可能であるのも確かでしょう。そもそも国土のすべてが誰《だれ》かの土地ですから、地代なしで掘《ほ》っ立《た》て小屋に住むわけにはまいりませんし、腰蓑《こしみの》ひとつで往来を歩けばたちまち軽犯罪法に引っかかってしまいます。（第5段落）

［I］考えてみたいのは、最低限度がどうこうではなく、余分なかかり（贅沢）の中身は一体何かというほうにあります。我々の消費生活において、余分なかかりは、本質的には何のために費やされているのかということです。（第6段落）

結論を先に申し上げるなら、我々の消費支出の大半は、他の人々とのかかわりのために費やされる、いわば社交のための費用であるといえるでしょう。（第7段落）

たとえば、衣服について考えてみましょう。身体を保護し、温度を保つという生きていくための必要だけを考えるなら、身につけるものはそれこそ木の葉や新聞紙であっても構わないはずです。色やデザインが美しいとか、着心地がよいといったことは、生きていく必要からみれば、全く余計なことに属します。では、この余計なものを、何ゆえに人は求めるのでしょうか。それはすべて、他の人々への配慮《はいりょ》、すなわち対人関係から生じるのです。（第8段落）

2022年度

東邦大学付属東邦中学校 ▶解説と解答

算 数 ＜前期試験＞（45分）＜満点：100点＞

解 答

1 (1) $1\frac{13}{55}$ (2) $\frac{1}{70}$ (3) $\frac{33}{200}$ 2 (1) 17，34 (2) 80g (3) 160円 3 (1) 2：5 (2) 5：8 4 (1) 10分18秒後 (2) 8回 5 (1) 13.5cm² (2) 180cm³ 6 (1) 7 (2) 9 (3) 9 7 (1) B，C (2) 16人 (3) (イ)，(カ)

解 説

1 四則計算，逆算

(1) $5-\frac{3}{5}=\frac{25}{5}-\frac{3}{5}=\frac{22}{5}$より，$\frac{1}{5-\frac{3}{5}}=\frac{1}{\frac{22}{5}}=1\div\frac{22}{5}=1\times\frac{5}{22}=\frac{5}{22}$ よって，$1\frac{1}{110}+\frac{5}{22}=1\frac{1}{110}+\frac{25}{110}=1\frac{26}{110}=1\frac{13}{55}$

(2) $\left\{2\frac{4}{5}-\left(\frac{3}{2}-\frac{5}{14}\right)\times0.625\right\}\times\frac{1}{146}=\left\{\frac{14}{5}-\left(\frac{21}{14}-\frac{5}{14}\right)\times\frac{5}{8}\right\}\times\frac{1}{146}=\left(\frac{14}{5}-\frac{16}{14}\times\frac{5}{8}\right)\times\frac{1}{146}=\left(\frac{14}{5}-\frac{5}{7}\right)\times\frac{1}{146}=\left(\frac{98}{35}-\frac{25}{35}\right)\times\frac{1}{146}=\frac{73}{35}\times\frac{1}{146}=\frac{1}{70}$

(3) $\frac{27}{8}\div\left(\frac{4}{5}-\frac{1}{8}\right)=\frac{27}{8}\div\left(\frac{32}{40}-\frac{5}{40}\right)=\frac{27}{8}\div\frac{27}{40}=\frac{27}{8}\times\frac{40}{27}=5$，$\frac{11}{25}\times\left(1\frac{5}{6}-\frac{2}{9}-\frac{3}{2}\right)\div\frac{11}{9}=\frac{11}{25}\times\left(1\frac{15}{18}-\frac{4}{18}-\frac{27}{18}\right)\div\frac{11}{9}=\frac{11}{25}\times\left(\frac{33}{18}-\frac{4}{18}-\frac{27}{18}\right)\div\frac{11}{9}=\frac{11}{25}\times\frac{2}{18}\times\frac{9}{11}=\frac{1}{25}$より，$\frac{3}{8}+5+\square-\frac{1}{25}=5.5$ よって，$\square=5.5+\frac{1}{25}-\frac{3}{8}-5=0.5+\frac{1}{25}-\frac{3}{8}=\frac{1}{2}+\frac{1}{25}-\frac{3}{8}=\frac{100}{200}+\frac{8}{200}-\frac{75}{200}=\frac{33}{200}$

2 整数の性質，濃《のう》度《ど》，売買損益

(1) 45を割ると11余るから，45－11＝34を割ると割り切れる。また，余りは割る数よりも小さいので，求める数は，34の約数のうち11よりも大きい数である。よって，{17，34}の2個である。

(2) 食塩水Bの重さを□gとして図に表すと，右のようになる。この図で，ア：イ＝(3－1)：(8－3)＝2：5だから，200gと□gの比は，$\frac{1}{2}:\frac{1}{5}=5:2$とわかる。よって，$\square=200\times\frac{2}{5}=80$(g)と求められる。

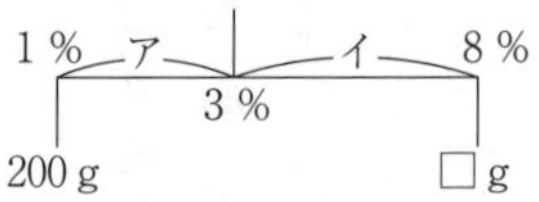

(3) 1個の仕入れ値を1とすると，1×(1＋0.1)＝1.1の値段で150個，そこから5円値下げした値段で，200－(150＋10)＝40(個)売り，残りの10個はすてたことになる。もし，5円値下げせずに40個売ったとすると利益は，5×40＝200(円)増え，さらに，残りの10個をすてるのに費用がかからなかったとすると利益は，8×10＝80(円)増えるので，この場合の利益は，1160＋200＋80＝1440(円)になる。次に，仕入れ値の合計は，1×200＝200であり，この場合の売り上げは，1.1×(150＋40)＝209だから，この場合の利益は，209－200＝9となる。これが1440円にあたるので，1

にあたる金額，つまり１個の仕入れ値は，1440÷９＝160(円)と求められる。

3 平面図形―辺の比と面積の比

⑴　右の図で，四角形ABHDは平行四辺形だから，ADの長さは２cmである。はじめに，台形ABCDと三角形DHCは高さが等しいので，面積の比は底辺の和の比と等しく，（２＋２＋４）：４＝２：１とわかる。よって，台形ABCDの面積を１とすると，三角形DHCの面積は，$1\times\frac{1}{2}=\frac{1}{2}$となる。さらに，三角形DHFと三角形FHCも高さが等しいから，面積の比は底辺の比と等しく４：１である。したがって，三角形DHFの面積は，$\frac{1}{2}\times\frac{4}{4+1}=\frac{2}{5}$なので，三角形DHFと台形ABCDの面積の比は，$\frac{2}{5}$：１＝２：５と求められる。

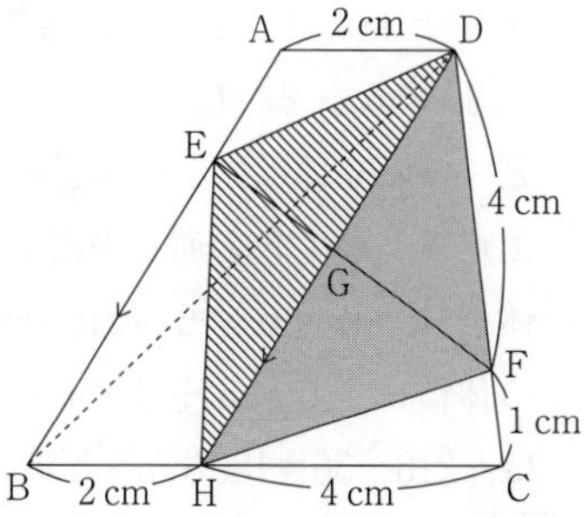

⑵　三角形DEHの底辺をDH，三角形DHFの底辺をDHとすると，この２つの三角形の底辺は共通だから，面積の比と高さの比は等しくなる。さらに，高さの比はEG：GFと等しいので，EG：GFは，三角形DEHと三角形DHFの面積の比と等しくなる。台形ABCDと平行四辺形ABHDの面積の比は，（２＋２＋４）：（２＋２）＝２：１だから，平行四辺形ABHDの面積は，$1\times\frac{1}{2}=\frac{1}{2}$である。また，三角形DEHと三角形DBHの面積は等しいので，三角形DEHの面積は平行四辺形ABHDの面積の半分であり，$\frac{1}{2}\div 2=\frac{1}{4}$とわかる。よって，三角形DEHと三角形DHFの面積の比は，$\frac{1}{4}:\frac{2}{5}$＝５：８だから，EG：GF＝５：８となる。

4 速さ，周期算

⑴　最初に機能が停止するのは水温が，95＋２＝97(℃)になるときだから，スイッチを入れてから，97－35＝62(℃)上がるときである。つまり，スイッチを入れてから，９×62＝558(秒後)である。また，機能が停止しているのは，設定温度より２℃高い状態から２℃低い状態になるまでの間である。つまり，水温が，２＋２＝４(℃)下がる間なので，その時間は，30×４＝120(秒)とわかる。さらに，設定温度より２℃低い状態から２℃高い状態まで上がるのにかかる時間は，９×４＝36(秒)だから，グラフに表すと右上のようになる。このグラフで，２回目に95℃になるのは●の部分である。これは，下がり始めてから，30×２＝60(秒後)なので，スイッチを入れてから，558＋60＝618(秒後)とわかる。よって，618÷60＝10余り18より，10分18秒後となる。

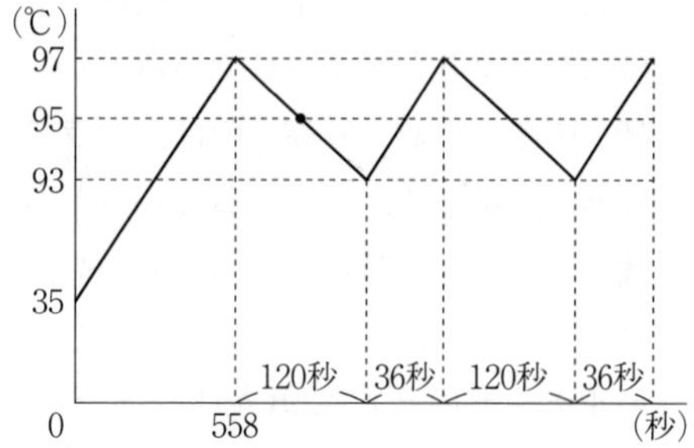

⑵　558秒後から先は，120秒で４℃下がり，36秒で４℃上がることをくり返す。これを周期と考えると，１つの周期の時間は，120＋36＝156(秒)になる。また，558秒後から30分後までの時間は，60×30－558＝1242(秒)だから，1242÷156＝７余り150より，30分後までにはこれが７回くり返され，さらに150秒あるとわかる。よって，停止する回数は全部で，７＋１＝８(回)と求められる。

5 立体図形―展開図，相似，面積，分割，体積

⑴　立方体の側面を展開図に表して考える。AP，PQ，QR，REの長さの和が最も短くなるのは，下の図①のように，これらの直線が一直線上に並ぶときである。図①で，三角形APB，三角形

図①

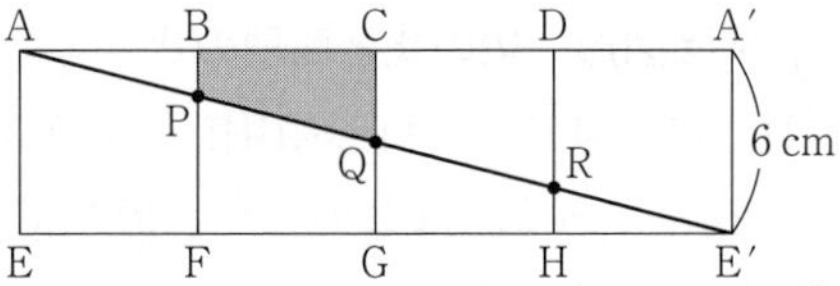

AQC，三角形AE′A′は相似であり，相似比は1：2：4だから，BP＝6×$\frac{1}{4}$＝1.5(cm)，CQ＝6×$\frac{2}{4}$＝3(cm)とわかる。よって，四角形BPQCの面積は，(1.5＋3)×6÷2＝13.5(cm^2)と求められる。

(2) この立体は，右の図②のように，立方体を3つの頂点A，C，Fを通る平面で切断した立体である。もとの立方体の体積は，6×6×6＝216(cm^3)であり，切断した三角すいF-ABCの体積は，6×6÷2×6÷3＝36(cm^3)なので，この立体の体積は，216－36＝180(cm^3)と求められる。

図②

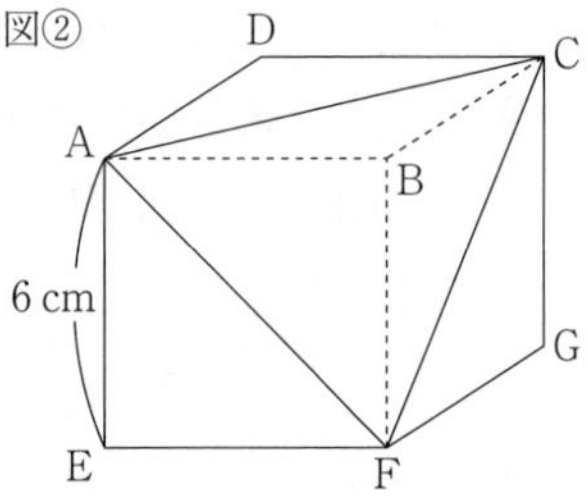

6 約束記号

(1) 7×7×7×7＝2401より，7●4＝2401となるから，□にあてはまる数は7である。

(2) 3●6＝3×3×3×3×3×3＝(3×3)×(3×3)×(3×3)＝9×9×9より，3●6＝9●3と表すことができる。よって，□にあてはまる数は9となる。

(3) 8●18＝(8×8×8)×(8×8×8)×(8×8×8)×(8×8×8)×(8×8×8)×(8×8×8)より，(8●18)▲6＝8×8×8と表すことができる。さらに，8＝2×2×2なので，2●□＝(2×2×2)×(2×2×2)×(2×2×2)となるから，□にあてはまる数は9とわかる。

7 表とグラフ

(1) 問題文中のグラフEから，算数が0点以上10点未満の生徒は2人いるが，国語が0点以上10点未満の生徒はいないことがわかる。よって，算数を表すのはグラフBとグラフCである。

(2) 国語が算数より高いのは，グラフEの対角線の右側(右の図の斜線《しゃせん》部分)である。よって，かぞえると16人とわかる。

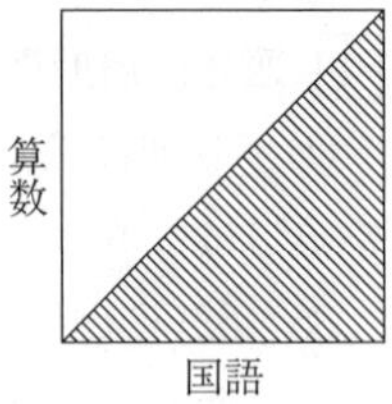

(3) (ア) グラフEから，国語の最高点は87点であり，この生徒の算数の得点は74点とわかる。これは算数の最高点ではないから，正しくない。 (イ) グラフDから，国語が40点以上の生徒は，1＋4＋7＋10＋7＝29(人)いることがわかる。よって，グラフEから，国語が40点の生徒は上から29番目，42点の生徒は上から28番目となるので，正しい。 (ウ) グラフDから，全体の人数は，29＋6＋3＋2＝40(人)とわかるから，上から20番目の得点と21番目の得点の平均が中央値になる。グラフCから，算数が60点以上の生徒は，3＋4＋5＋5＝17(人)いることがわかるので，グラフEでこの続きを調べると，上から20番目の得点は57点，21番目の得点は54点となり，算数の中央値は，(57＋54)÷2＝55.5(点)と求められる。また，グラフDから，国語が50点以上の生徒は，1＋4＋7＋10＝22(人)いることがわかる。グラフEでこの手前を調べると，上から21番目の得点は52点，20番目の得点は53点となり，国語の中央値は，(52＋53)÷2＝52.5(点)と求められる。よって，算数の方が高いので，正しくない。 (エ) グラフBから，算数が60点以上の割合は，12.5＋12.5＋10＋7.5＝42.5(％)とわかるから，正しくない。 (オ) (2)から，国語より算数の方が高い生徒の方が多いことがわかる。また，中央値も算数の方が高く，60点以上の生徒の割合も算数の方が多いので，平均点も算数の方が高いと予想できる。よって，正しくない。なお，40人の合計点を実際に求めると，算数の方が高いことがわかる。 (カ) グラフAから，国語が60点以上の割合は，

17.5＋10＋2.5＝30(％)とわかる。また，算数が60点以上の割合は42.5％なので，正しい。

社　会　＜前期試験＞（45分）＜満点：100点＞

解　答

1 **問１** (1) エ　(2) カ　(3) ウ　(4) エ　(5) さっぽろ(市)　**問２** ア　**問３** ア　**問４** カ　**2** **問１** エ　**問２** ク　**問３** キ　**問４** カ　**問５** ア　**問６** (1) イ　(2) ウ　**問７** ア　**3** **問１** イ　**問２** ア　**問３** エ　**問４** (1) エ　(2) エ　**問５** ア，ウ，エ　**問６** (20)02(年４月１日～20)04(年４月１日)　**問７** (1) エ　(2) (例) ただひとつのひばくこく(ゆいいつのひばくこく)

解　説

1 都道府県の特色や日本の産業についての問題

問１ (1) 【①】は山梨県で，戦国時代には武田信玄が領有していた。山梨県の山間部では米づくりが難しかったため，小麦でつくった麺《めん》料理であるほうとうが根づいたといわれている。【④】は，奥羽山脈の北西部に位置する秋田県で，稲庭うどんが始まったとされる稲庭は，秋田県南東部の湯沢市にある。きりたんぽは秋田県の郷土料理で，つぶした米を巻くための棒に，特産の秋田スギが用いられることもある。なお，ぼたん鍋《なべ》はいのししの肉を使った鍋で，兵庫県の郷土料理として知られている。また，【②】は富山県で，紹介《しょうかい》されている郷土料理はます寿司《ずし》，【③】は香川県で，紹介されている郷土料理は讃岐《さぬき》うどん，【⑤】は北海道で，紹介されている郷土料理は石狩鍋，【⑥】は長崎県で，紹介されている郷土料理はちゃんぽん。　(2) A　山形県の県庁所在地である山形市と，福島県の県庁所在地である福島市がほぼ同じ距離にあることから，この２つの県に接している新潟県(県庁所在地は新潟市)だとわかる。岩手県の県庁所在地は盛岡市で，最も近い県庁所在地は秋田県秋田市，２番目は青森県青森市となる。　B　長野県の県庁所在地である長野市から最も近く，【①】の山梨県の県庁所在地である甲府市から２番目に近いのだから，群馬県(県庁所在地は前橋市)があてはまる。栃木県の県庁所在地は宇都宮市で，最も近い県庁所在地は茨城県水戸市，２番目は群馬県前橋市である。　C　【③】の香川県の県庁所在地である高松市と，和歌山県の県庁所在地である和歌山市のいずれからも２番目に近いことから，香川県と陸で接し，紀伊水道をはさんで和歌山県と向かい合っている徳島県(県庁所在地は徳島市)とわかる。なお，愛媛県の県庁所在地は松山市で，最も近い県庁所在地は広島県広島市，２番目は高知県高知市となっている。　(3) １月の降水量が最も多いアには，冬の降水量が多い日本海側の気候に属する【②】の富山県の県庁所在地である富山市があてはまる。また，１年を通じて降水量が少ないエには，内陸に位置するため季節風の影響《えいきょう》が少なく，そのために降水量も少ない松本市(長野県)があてはまる。イとウのうち，５月や９月に降水量が増えるイは，梅雨入りが早く，台風の通り道になることも多い与那国《よなぐに》町(沖縄県)で，残ったウが静岡市だと判断できる。　(4) かき類の養殖は，瀬戸内海に面する広島県や岡山県，リアス海岸として知られる三陸海岸がある岩手県や宮城県でさかんに行われており，養殖収獲《しゅうかく》量は第１位が広島県，第２位が宮城県，第３位が岡山県となっている。よって，アに広島県，エに宮城県があてはまる。なお，さば類の収獲量が多いイは【⑥】の長崎県，さけ・ます類の収獲量が多いウは【⑤】の北海道，かつお類の収獲量が多いオは静岡県。統計資料は『日本国勢図会』2021／22年版による(以下同じ)。　(5)　北海道の道庁所在地である札幌市は，明治時代に政府が本格的に北海道の開拓を始めたさい，開拓と北方の警備にあたる屯田兵《とんでんへい》が入植するための都市として計画的に建設され，これを監督《かんとく》するための役所として開拓使も置かれた。そのため，資料１にあるように，街路が整然と区切られているのである。また，札幌市では1972年に冬季オリンピックが開かれ，資料２のポスターには，北海道の先住民族であるアイヌの姿が描かれている。

問２　豚の飼養頭数は鹿児島県が全国第１位，宮崎県が第２位となっており，この２県で全国の20％以上を占《し》めるため，九州の割合が高い。なお，東北地方が最も大きな割合を占めるイには米が，関東地方と中部地方でかなりの割合を占めているウにはキャベツが，北海道が６割以上を占めるエには小麦があてはまる。

問３　レトルト食品は需要《じゅよう》が減る要因が少なく，商品の種類も増えていることから，生産量は増加傾向《けいこう》にある。一方，テレビはすでに十分普及《ふきゅう》していることと，海外生産がほとんどで国内生産が減っていることから，生産量の減少の幅《はば》が大きいが，2010年には2011年に地上デジタル放送への移行があったために生産量が一時的に増えた。新聞用紙は，近年新聞の定期購読《こうどく》者が減っているために生産量が減る傾向にあるが，ほぼ横ばいといえる。

問４　「1980年頃《ころ》まではスキー観光が中心であった」とあるので，１・２月に特に観光客が増えるものの，それ以外の時期の観光客は少ない「う」が，1975年のものになる。その後，「1980年代なかば頃から，スキーリゾートの整備」が進んだことなどによって，観光客数が増加したとある。これは特に冬の観光客数の増加につながると考えられるので，１～３月の観光客数がほかの２つよりも飛びぬけて多い「い」が，1990年のものと判断できる。残る「あ」は2005年のもので，1990年代初めにバブル経済が崩壊《ほうかい》したことで「観光客数は減少したものの」，「ラベンダー畑」のように夏でも楽しめるアクティビティが，この時期の観光客数の増加につながったのだとわかる。

2　各時代の歴史的なことがらについての問題

問１　古墳時代には，豪族が大王《おおきみ》(のちの天皇)を頂点として結びつき，奈良県やその周辺の地域で大和《やまと》政権を確立して支配地域を広げていった。このことは，各地で出土する遺物や古墳からうかがうことができる。資料や文章に示されたように，前方後円墳のうち，奈良県にある箸墓《はしはか》古墳が「日本でもっとも古い大型の前方後円墳」であることと，これと同じ形の古墳が各地の有力者の墓として各地に分布していることは，大和政権の勢力が広がり，地方の有力者を従えていったことを示す証拠《しょうこ》になると考えられる。

問２　飛鳥時代には，唐(中国)の制度にならって律令の整備がすすめられた。まず，政治制度などについての規定で，現在の行政法や民法にあたる令が定められ，ついで刑罰に関する規定で，現在の刑法にあたる律がつくられた。こうして整備された日本の律令制度は，701年の大宝律令で確立された。

問３　源頼朝が指揮する源氏の軍は，頼朝の弟の義経らの活躍《かつやく》により，1185年の壇ノ浦《だんのうら》の戦いで平氏をやぶり，これを滅《ほろ》ぼした。しかし，このあと頼朝と義経は不仲となり，頼朝は逃《に》げる義経を追《つい》討《とう》するという名目で国ごとに守護，荘園や公領ごとに地頭を置くことを朝廷に認めさせた。頼朝は1192年に朝廷から征夷《せいい》大将軍に任命され，名実ともに鎌倉幕府を成立させた。

問４　Ａ　北前船は蝦夷《えぞ》地(北海道)の産物を，江戸時代に整備された西廻《まわ》り航路を使って大坂(大阪)まで運んだ。西廻り航路は東北地方の日本海側と大坂を結ぶ航路で，船は日本海各地に寄港し，関門海峡，瀬戸内海をへて大坂にいたった。なお，菱垣廻船《ひがきかいせん》と樽《たる》廻船は，江戸と大坂を結ぶ南海路に就航した。　B，C　江戸時代初め，薩摩藩(鹿児島県)は琉球《りゅうきゅう》王国を武力で支配下に置いたが，独立国として明，清(いずれも中国)との貿易も続けさせた。昆布《こんぶ》は琉球王国から中国へと輸出されたが，この昆布は蝦夷地でとられたのち，北前船で運ばれた。薬売りで知られていた富山は北前船の寄港地となっており，商人らは北前船から昆布を仕入れて薩摩藩にこれを売りこみ，代わりに薩摩藩が琉球王国との貿易で手に入れた中国産の薬の原料を買いつけた。蝦夷地から琉球王国にいたるこの「昆布ロード」によって昆布が流入した琉球王国では昆布料理がつくられるようになり，沖縄県の伝統料理として受けつがれている。なお，対馬《つしま》藩(長崎県)は朝鮮との，松前藩(北海道)は蝦夷地に住むアイヌとの交易の窓口になっていた。

問5　資料からわかるように，外国では金1：銀15だが，日本では金1：銀5で交換《こうかん》できるので，外国から銀5をもってきて日本で金1と交換し，その金1を外国で銀15に交換すると，もともともっていた量の3倍の銀が手に入れられる。こうして日本から金が外国へともちだされ，国内から金が大量に流出した。

問6　(1)　与謝野晶子《よさのあきこ》は明治時代の終わりから昭和時代にかけて活躍した詩人・歌人で，代表的歌集に『みだれ髪』がある。日露戦争(1904～05年)が起こったさいには，戦場にいる弟の身を案じて雑誌「明星《みょうじょう》」に「あゝ《(あ)》をとうとよ」で始まる反戦詩「君死にたま《(もう)》ふことなかれ」を発表した。なお，アは樋口一葉《ひぐちいちよう》，ウは金子みすゞ《(ず)》，エは平塚らいてう。　(2)　日露戦争が始まる3年前にあたる1901年，官営八幡製鉄所が操業を開始し，ここから日本の重化学工業が発達していった。なお，アとイは1870～80年代，エは1923年のできごと。

問7　1925年に普通選挙法が成立したことで，選挙権における納税額の制限がなくなり，満25歳以上のすべての男子に選挙権が認められた。資料にある1928年の衆議院議員総選挙は，この法律が適用された最初の選挙であった。

3　現代の社会と日本国憲法についての問題

問1　あ　1986年，当時のソ連，現在のウクライナにあったチェルノブイリ原発が爆発事故を起こし，周囲に放射性物質が広がって大きな被害を出した。2022年1月時点でもなお，事故後の処理が続けられている。　い　2011年3月11日に発生した東日本大震災では，東京電力の福島第一原発が地震の揺《ゆ》れと津波の被害を受けて爆発し，周囲に放射性物質を拡散させるという重大な事故を起こした。この事故は「フクシマ」として外国でも大々的に取り上げられ，脱《だつ》原発の議論が活発になるきっかけとなった。　なお，ビキニ環礁《かんしょう》では，1954年にアメリカの水爆実験で日本の漁船が被ばくするという第五福竜丸事件が起こった。

問2　アンゲラ・メルケルは，2005年に女性として初めてドイツ連邦の首相に就任すると，2021年まで16年にわたって政権を担当した。なお，エマニュエル・マクロンはフランス大統領，ジョー・バイデンはアメリカ大統領，ボリス・ジョンソンはイギリス首相(いずれも2022年1月時点)。

問3　資料は，ドイツ人の「集会する権利」を保障した条文なので，集会の自由を保障しているエがあてはまる。エは日本国憲法第21条の条文で，ここでは自由権のうちの表現の自由が規定されている。なお，アは平和主義(戦争放棄《ほうき》)について定めた第9条，イは個人の尊重について定めた第13条，ウは請願権を保障する第16条，オは自由権のうちの身体の自由に関係する第33条の条文。

問４　(1)　日本の二院制では，衆議院も参議院も議員は国民の直接選挙で選出される。また，日本国憲法第48条の規定により，同時に両方の議員になることはできない。なお，日本では，衆議院が下院にあたるとされている。また，アはイギリス，イはドイツ，ウはアメリカのしくみ。　(2)　日本では衆参両院は対等ではなく，衆議院に強い権限が認められている(衆議院の優越)。法律案について，衆議院が可決し，参議院がこれを否決した場合には，衆議院で出席議員の３分の２以上の賛成によって再可決すると法律が成立する。また，衆議院が可決した法律案を参議院が受け取ったあと，国会休会中の期間を除き60日以内に議決しないとき，衆議院は参議院がこれを否決したとみなすことができる。なお，アとウは予算の議決や条約の承認の場合，イの国民投票は国会が憲法改正の発議を行った場合の手続き。

問５　まず，「手順１」に従って人間党の比例代表の議席配分を求める。ドント方式は，各党の得票数を正の整数で割っていき，商の大きい順に定数まで当選するという方式で，この方法を用いると，自然党から４人，生命党から１人，人間党から３人の合わせて８人が当選となる。「手順２」に従うと，比例名簿《めいぼ》に名前がある候補者のうち，小選挙区④で当選した伊藤いちかが〔人間党比例名簿〕から除かれる。「手順３」に従って重複立候補者の惜敗《せきはい》率を求めると，鈴木はるとは，300÷500×100＝60(％)，高橋めいは，240÷300×100＝80(％)，田中そうたは280÷400×100＝70(％)となる。「手順４」より，人間党の比例代表の当選者は，比例名簿の順位が第１位の佐藤みおと，小選挙区で当選した伊藤いちかを除く第２位の３人のうち，惜敗率が高かった高橋めいと田中そうたの合わせて３人になる。

問６　2018年に民法が改正され，成年年齢がそれまでの満20歳から満18歳へと引き下げられた。この法律が施行される前日にあたる３月31日には未成年で，2022年４月１日に成年に達するのは，2022年３月31日には満19歳であったために未成年だった2002年４月１日生まれの人から，2022年４月１日にちょうど満18歳になる2004年４月１日の生まれの人である。

問７　(1)　核兵器禁止条約は核兵器を全面的に禁止する条約で，2017年７月に国連総会で採択《さいたく》され，2021年１月に発効した。なお，アの部分的核実験禁止条約(PTBT)は1963年，イの核兵器拡散防止条約(NPT)は1968年，ウの包括《ほうかつ》的核実験禁止条約(CTBT)は1996年に採択された。　(2)　核兵器禁止条約は2021年１月に発効したが，アメリカをはじめとする核保有国だけでなく，アメリカと同盟関係にある日本や韓国などは，この条約に参加していない。しかし，日本は世界で唯一《ゆいいつ》の核兵器による被ばく国であり，核兵器のおそろしさを体験した国として，この条約に参加するべきだという意見も多い。

理　科　＜前期試験＞（45分）＜満点：100点＞

解　答

1　(1)　2　(2)　9　(3)　3　　2　(1)　2　(2)　3　(3)　3　　3　(1)　4　(2)　1　　4　(1)　3 g　(2)　26.7℃　(3)　0.58 g　　5　(1)　7　(2)　1　(3)　4　(4)　2　　6　(1)　4倍　(2)　4.8cm　(3)　10cm　(4)　25 g　(5)　3

解説

1 食物連鎖《れんさ》についての問題

(1) ① Aの個体数が減ると，Aの天敵であるBはエサが少なくなるため，個体数が減る。すると，AはBに食べられる数が減るので，Aの個体数はやがて回復する。 ② Aの個体数が減るとBの個体数も減り，AはBに食べられる数が減るが，Aのエサとなる植物が衰退《すいたい》しているため，Aは個体数を回復することができず，やがてAもBも絶滅《ぜつめつ》に追いやられる。

(2) 天敵のBがAを認識する手段が主に色だった場合，A′はAよりもBにエサとして認識されにくくなり，個体数が減少しにくくなることが考えられる。Aに対してA′の体毛の色が変化し，生息環境《かんきょう》で目立たなくなると，Bに見つかりにくくなるため，個体数が減少しにくくなる。

(3) 生物多様性とは，さまざまな種類の生物が生息して，それぞれの生物が他の生物にとってエサや栄養となって互《たが》いに依存《いぞん》し合っていること，森林や河川・干潟《ひがた》や湿原《しつげん》などさまざまな生息環境が存在すること，同じ種類の生物でもさまざまな特徴《とくちょう》(遺伝子)を持つことにより病気や気候変動による絶滅を防いでいることなどである。生物資源保護のために話し合うことは，生物多様性を守るうえで大切であるが，生物多様性の説明としては適切でない。

2 炭酸水素ナトリウムについての問題

(1) 炭酸水素ナトリウムが水に溶《と》ける量は，水の温度と量によって決まっている。実験の結果，溶け残りがあるように見えても，炭酸水素ナトリウムが全く溶けていないのか，一部は溶けて溶け残りが出ているのかがわかりにくい。溶かす水の量が2mLと少ないので，溶けるかどうかを判断するには，少ない量の炭酸水素ナトリウムを加えて確かめるのがよい。なお，溶かす水の量を多くして確かめる方法も考えられるが，そのさい，試験管に入れる液体の量は試験管の$\frac{1}{5}$〜$\frac{1}{4}$までにする。

(2) 操作4で，石灰水を加えたときの変化が調べた実験結果と異なるのは，操作3で試験管の加熱をやめるのが早すぎて，炭酸水素ナトリウムの熱分解が進んでおらず，炭酸水素ナトリウムが別の物質に変化していなかったためと考えられる。その結果，操作7で，加熱後の物質にフェノールフタレイン溶液《ようえき》を加えたときの実験結果も加熱前後で変わらなかったと考えることができる。

(3) 実験のレポート作成では，引用・参考にした書物の題名や著者，URL(ウェブページの場所を示すもの)などを明記する必要がある。ただし，書物やインターネットの情報が必ず正しいとは限らない。また，自分で行った実験結果と調べた結果が異なったからといって，自分で行った実験結果を書き直してはいけない。

3 植物の光屈性《ひかりくっせい》についての問題

(1) 実験①，実験④，実験⑤より，先端《せんたん》部に光が当たった場合に芽生えは曲がって成長するので，光を感じ取るのは芽生えの先端部であると考えられる。また，実験③より，先端部を切り取ると，芽生えは成長しないことから，芽生えの成長をうながす物質は，芽生えの先端部でつくられるとわかる。さらに，実験②より，光が当たらない場合は芽生えが曲がらずに成長していることや実験⑥と実験⑦より，光が当たっていない側に雲母片を差しこんで，成長をうながす物質が移動できないようにした場合のみ芽生えがほとんど成長していないことから，芽生えの成長をうながす物質は，光の当たらない側の先端部よりも下部を成長させると考えられる。

(2) 実験②より，芽生えを暗所に置いた場合は曲がらずに成長することがわかるが，実験⑦より，雲母片を入れた側はほとんど成長していないので，雲母片を片側にのみ水平に差しこんで暗所に置いた場合は，芽生えの雲母片を入れていない側のみ成長し，雲母片を差しこんだ側に曲がって成長する。

4 物質の溶け方と水溶液が反応するときに発生する熱についての問題

(1) 実験１で，20℃の水50mLに水酸化ナトリウム２ｇを溶かすと，できた水溶液Ａの温度は，30.4−20＝10.4(℃)上昇《じょうしょう》した。発生した熱による上昇温度は，溶ける物質の量に比例し，水の量に反比例する。そのため，20℃の水300mLに水酸化ナトリウムを溶かしたとき，温度が，22.6−20＝2.6(℃)上昇したことから，溶かした水酸化ナトリウムの量を□ｇとすると，$10.4\times\frac{\square}{2}\times\frac{50}{300}=2.6$が成り立ち，□＝３となる。よって，加えた水酸化ナトリウムは３ｇである。

(2) 実験２で発生した熱は，水酸化ナトリウム２ｇが50mLの水に溶けたときに発生した熱と，塩酸と水酸化ナトリウムが中和したときに発生した熱の和である。実験２で，塩酸Ｂ50mLと水酸化ナトリウムの混合液50mLの上昇温度，43.8−20＝23.8(℃)のうち，中和によって発生した熱によって，50mLの混合液は，23.8−10.4＝13.4(℃)上昇したことがわかる。また，実験２より，塩酸Ｂ50mLと水酸化ナトリウム２ｇはちょうど中和するので，塩酸Ｂ50mLと実験１でつくった水酸化ナトリウム水溶液Ａ50mLもちょうど中和する。よって，20℃の水酸化ナトリウム水溶液Ａ50mLと塩酸Ｂ50mLを混ぜると，$13.4\times\frac{50}{50+50}=6.7$(℃)上昇し，水溶液の温度は，20＋6.7＝26.7(℃)となる。

(3) 実験３より，20℃の水50mLに水酸化カリウム２ｇを溶かすと，29.8−20＝9.8(℃)上昇するので，中和で発生した熱による水溶液Ｄの上昇温度は，(39.3−20)−9.8＝9.5(℃)である。塩酸Ｂ50mLが完全に中和したときに発生する熱による上昇温度は13.4℃で，そのときに必要な水酸化ナトリウムは２ｇなので，水溶液Ｄを完全に中和させるのに必要な水酸化ナトリウムは，$2\times\frac{13.4-9.5}{13.4}=0.582\cdots$より，0.58ｇと求められる。

5 地球の公転と太陽の動きについての問題

(1) 太陽の光が地軸《ちじく》に対して垂直に当たっているとき，地点Ａ～Ｃは，地軸が１回転する間の半分は昼，半分は夜となるので，すべての地点において昼と夜の長さは同じである。

(2) 右の図より，図の円周上の地点Ｄの場所から昼と夜の境目まで長さが昼の方が長く，地点Ｅでは昼と夜の境目までの長さが等しく，地点Ｆは夜の時間の方が長くなることから，１が選べる。

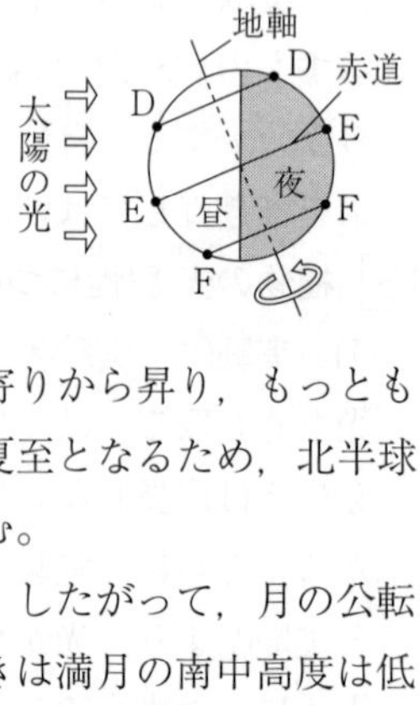

(3) 地球の位置がＧとＩの場合，それぞれ秋分・春分に当たり，太陽は真東から昇《のぼ》り，真西に沈《しず》む。Ｈの場合は地軸の北極側が太陽と反対に傾《かたむ》いており，冬至となるため，北半球にあるＸ地点では，太陽がもっとも南寄りから昇り，もっとも南寄りに沈む。また，Ｊの場合は地軸の北極側が太陽の側に傾いており，夏至となるため，北半球にあるＸ地点では，太陽はもっとも北寄りから昇り，もっとも北寄りに沈む。

(4) 満月となる月は，地球をはさんで太陽と反対側にあるときに見られる。したがって，月の公転面が地球の公転面と同一平面上にあるとすると，太陽の南中高度が高いときは満月の南中高度は低く，太陽の南中高度が低いときは満月の南中高度は高くなる。満月が図８のアのように動いて見えるとき，太陽の南中高度は低くなるので，地球の位置としてＨがもっとも適切である。

6 ばねと遠心力についての問題

(1) 図３より，おもりの重さ10ｇ，回転半径５cmの場合，１秒間に２回転させたときのばねの伸《の》びは１回転させたときのばねの伸びの，$2\div0.5=4$（倍）である。

(2) 図４より，ばねの伸びは，回転半径とおもりの重さに比例することがわかる。おもりの重さ10ｇ，回転半径12cmで，１秒間に２回転させたときのばねの伸びは，同じおもりの重さで，回転半径５cmのときのばねの伸びが２cmであることから，$2\times\frac{12}{5}=4.8$(cm)となる。

(3) 図３で，おもりの重さ10ｇで，回転半径が５cmのとき，１秒間に３回転させるとばねの伸びは4.5cmとなる。したがって，おもりの重さが20ｇで，１秒間に３回転させたとき，ばねの伸びは，$4.5\times\frac{20}{10}=9$（cm）となり，ばねの伸びが18cmになるのは，回転半径を，$5\times\frac{18}{9}=10$(cm)にしたときである。

(4) 図３より，１秒間当たりの回転数を２倍，３倍にすると，ばねの伸びは４倍，９倍になる。図３で，おもりの重さ10ｇ，回転半径が５cmのとき，１秒間に１回転させるとばねの伸びは0.5cmである。よって，おもりの重さが□ｇとすると，$0.5\times\frac{\square}{10}\times\frac{24}{5}\times(1.5\times1.5)=13.5$が成り立つ。これより，□＝25となるから，おもりの重さは25ｇと求められる。

(5) 遠心力の大きさは，１秒間当たりの回転数が多いほど，回転半径が長いほど，重い物体ほど大きい。図６のようにペットボトルを振《ふ》り回しているとき，回転の中心から栓《せん》までの長さと底までの長さはほとんど変わらず，１秒間当たりの回転数は同じであると考えると，水は発泡《はっぽう》スチロール球より同じ体積で比べたときに重いため，水にかかる遠心力の方が発泡スチロール球にかかる遠心力より大きくなり，水は底側，発泡スチロール球は栓側に移動する。

国　語　＜前期試験＞（45分）＜満点：100点＞

解　答

一 **問１** ロ，ヘ　**問２** ３～12　**問３** ニ　**問４** 社交のための費用　**問５** Ⅰ ハ　Ⅳ ニ　**問６** ホ　**問７** ハ　**問８** ニ　**問９** ホ　**二** **問１** Ⅰ 手　Ⅲ 血　**問２** ホ　**問３** ハ　**問４** ハ　**問５** ロ　**問６** みずからの優位性に確信　**問７** ホ　**問８** ハ　**問９** ロ

解　説

一 **出典は菅野覚明《かんのかくみょう》の『日本の元徳』による。**生存のために必要な最低限度の経費と，今の我々がそれ以外に費やす支出の違《ちが》いを指摘《してき》し，後者との関わりで「倹約《けんやく》」という考え方を説明している。

問１ 「仮想」は，仮にこうだと考えてみること。よって，こうありたいと望む最高の状態を意味する「理想」と，状況《じょうきょう》や条件を仮に設定することを表す「想定」が選べる。なお，イの「操作」は，器具や機械などを動かすこと。ハの「総合」は，別々のものを一つにまとめること。ニの「同窓」は，学校または先生を同じくすること。ホの「地層」は，砂・小石・泥《どろ》などが地表または水底に堆積《たいせき》し，層状に重なってできた岩体。トの「演奏」は，楽器で音楽をかなでること。チの「創立」は，会社や学校などの組織，機構を初めてつくること。リの「変装」は，別人に見せかけるため容貌《ようぼう》や身なりなどを変えること。

問2　まず，第[1]段落と第[2]段落で筆者は，「倹約」とは「贅沢《ぜいたく》」を否定する思想ではないと前置きしたうえで，「贅沢」の本質が「社会秩序《ちつじょ》を保つ」点にあることを指摘《してき》し，その適正な水準をとらえる知恵《ちえ》こそ「倹約」なのだと主張している。これをもとに筆者は続く第[3]段落～第[12]段落で，ほかの人々との関わりのために費やされる，いわば社交のための費用が「贅沢」なのだとわかりやすく説明し，最後の第[13]段落～第[22]段落で，本題となる「倹約」について考察を深めている。

問3　「徳」は，精神的あるいは道徳的にすぐれた品性・人格を意味する。これまで，「『倹約』は美徳」だとされてきたが，合理性を重んじる「今日《こんにち》の常識」からいえば，むしろ人々は「得」をした，儲《もう》かったという意味でとらえるのだろうと筆者は感じている。よって，ニが正しい。

問4　身を養うための最低限度の費用を除いた「余計なもの」(贅沢)に対する支出は，そのほとんどが「対人関係」から生じる，つまり「社交のための費用」だと第[7]段落で述べられている。

問5　Ⅰ　今日の我々の生活では「余計なもの」に対するかかりがほとんどだといえるが，だからといって「最低限度のライフスタイル」を試すかどうかという話をするのではなく，どちらかといえばその「余分なかかり(贅沢)」自体に注目し，支出の本質を探《さぐ》ることが大事なのではないかという文脈である。よって，前の内容よりも後のことがらを選ぶ気持ちを表す「むしろ」が合う。

Ⅳ　「着物」一つとっても，身体を保護し，温度を保つという生命維持《いじ》の観点から見れば「粗末《そまつ》」なもので足りるにもかかわらず，人々は「他人の目を意識」して美しく，洒落《しゃれ》た装《よそお》いをしたいと願っている。また，「食べる」ことについても人々は空腹のためだけに食事をするのではなく，誰《だれ》かに「ご馳走《ちそう》」をしたり，誰かから「ご馳走」になったりすること，ほかの料理と比べることに「楽しみ」を見出《みいだ》している。いずれも，「他者への配慮《はいりょ》，対人関係」から生じるものだといえるので，前に述べられた内容を後でまとめるときに用いる「要するに」があてはまる。

問6　Ⅱ，Ⅲ　「美しい着物，洒落た着物が欲しい」と思うことや，「おいしいものが食べたい」と感じること，つまり「贅沢を求める」人々の「欲望」は，自らの体に備わった「自然な要求」ではなく「他者との関係に根ざし」たものだというのだから，空らんⅡには「本能的」，空らんⅢには「社会的」が入る。

問7　続く部分で筆者は，「身を保つための必要」ならば，「カロリー計算」など一定の算定は可能だが，「他者への配慮」から生じる「余分なかかり」は，例えば「バラの花一本」で済む場合もあれば，「ダイヤモンドでも足りない」場合もあるので，適切な度合いを算定するのが難しいと述べている。この意味で「対他関係に要する社会的費用」の適切な度合いをはかるのは「悩《なや》ましい」と言っているのだから，ハがふさわしい。

問8　これまでみてきたとおり，「贅沢」(交際費)とは「対人関係のための支出」であり，生命維持とは別の意味で人間にとっては必要な経費だが，適切な支出の度合いを算定することが非常に難しく，一切《いっさい》の交際費を否定すれば「吝嗇《りんしょく》」，むやみに交際費を費やせば「奢侈《しゃし》」となり，いずれも「悪徳」とみなされてきた。そのようななかで生み出された「倹約」という徳は，相場の無い交際費の適度な水準をとらえるための尺度として重要な役割を果たしてきたのだから，ニが正しい。

問9　問2でもみたように，まずは「倹約」という本文のテーマを示し，続いてその説明に必要な「贅沢」について述べた後，改めて主題である「倹約」について考察を深めている。よって，ホが選べる。

二　出典は氷室冴子《ひむろさえこ》の「さようなら女の子」による。大学四年生のとき，いろいろな事情から中学生の家庭教師をすることになった「わたし」は，反抗《はんこう》的な阿子ちゃんに昔の自分を重ねる。

問1　Ⅰ　おしんちゃんよりも勉強ののみこみが早い自分を特別あつかいしたり褒《ほ》めたりすることなく，あくまで「公平」な態度をとる「わたし」に，阿子ちゃんは明らかに不満を募《つの》らせていったのだから，「手にとるように感じられた」とするのがよい。「手にとるよう」は，はっきりと特定の状態にあることがうかがえるようす。　Ⅲ　阿子ちゃんに過去の自分を重ねた「わたし」は，職員室で「おまえは傲慢《ごうまん》だ。謙虚《けんきょ》さってものを身につけろ」と言われ，強烈《きょうれつ》なショックを受けたことを思い返している。よって，「血の気が失《う》せる」とするのが正しい。なお，「血の気が失せる」とは，“怒《いか》りや恐《おそ》れ，悲しみなどの心理的な動揺《どうよう》によって青ざめる”という意味。

問2　傲慢だった当時の自分には，美しく誰に対しても優《やさ》しいうえに運動は万能《ばんのう》，成績もトップクラスといった，いわゆる「優等生」の友人がいたものの，彼女には「心をゆさぶるものがなかった」と「わたし」は振《ふ》り返っている。つまり，「好奇《こうき》心」が刺激《しげき》されなかったことになる。

問3　見透《みす》かすようにまっすぐに人を見つめてくる目や，全身から苛立《いらだ》ちを発散している，気の強そうな雰囲気《ふんいき》を持つ阿子ちゃんのようすから，「わたし」は利発かつ「手強《てごわ》そうな子」だなという印象を受けている。つまり，阿子ちゃんからどこか自分の思うようにならなそうな感覚を抱《いだ》いたものと考えられるので，ハが選べる。

問4　おしんちゃんよりも勉強ができることは明確なのに自分を認めてくれず，あくまで「大人」の対応をくずさない「わたし」に阿子ちゃんは不満を募らせ，「反抗的な態度」をとったものと推測できる。よって，ハが正しい。

問5　続く部分で，「わたし」は過去の自分と阿子ちゃんの姿を重ねている。当時，自意識の強かった「わたし」は心をゆさぶるものを持たない友人に嫌気《いやけ》がさし，距離《きょり》を置こうと言い放ったことで，「誠実な顔つき」をした，何も自分のことを知らない教師から一方的に「やさしさを身につけろ」と伝えられた。そんな「嘘《うそ》っぱち」の「いやな世界」に生きる「大人」への苛立たしさを，「わたし」同様，阿子ちゃんも抱いているのだろうと感じたことをおさえる。このとき阿子ちゃんは，借りた本を汚《よご》して返すことで，自分を評価しない「わたし」への不満をぶつけるとともに，「大人」の世界に生きているのだから，たとえ「わざと」だと感じていても弁償《べんしょう》すると「誠実」な態度を取られたならば，決して怒ることなどできないはずだと「わたし」をみくびっている。よって，ロが選べる。

問6　阿子ちゃんと自分は「ちょっと似ていた」と「わたし」が感じていることをおさえる。当時の「わたし」は，中学生が読まないであろう雑誌，本，音楽にふれ，そのことを話し合えるクラスメートがいないことに苛立ちながらも得意になっていた。勉強のできる阿子ちゃんが，のみこみの遅《おそ》いおしんちゃんに抱いていたのと同様，「わたし」もまたクラスメートに対し「みずからの優位性に確信」を持っていたのである。

問7　当時の自分には，美しくて誰に対しても優しいことに加え，運動は万能，成績もトップクラスといった「優等生」の「親友」がいたが，実のところ「犯人のわかったミステリー」並《な》みに退屈《たいくつ》な人物だったし，善意で「トンチンカン」な慰《なぐさ》めを言う「鈍感《どんかん》さ」にも「うんざり」していたと「わたし」は振り返っている。このように，善良で親切な「親友」の言動を鈍感とさげすみ，嫌になっていた点が「傲慢」だといえるので，ホが合う。なお，「傲慢」は，人を見下す思い上がり。

問8　「誠実な顔つき」で「やさしさを身につけろ」と求めてくる「大人の世界」が，代表的な「嘘っぱちの世界」にあたる。問5でも検討したように，当時，自意識過剰《かじょう》で，あらゆることに不満を抱いていた「わたし」が「親友」にともだちづきあいをやめたいと持ちかけたところ，何も知らない周囲から非難されてしまったことに注目する。「優等生」の「親友」は守られる反面，自分のあり方は尊重されず一方的に「謙虚さ」ばかりが要求される現状を知って，その理不尽《りふじん》さに「わたし」はやりきれなさを感じたのだから，ハが選べる。

問9　自分の気持ちなど「わかりっこない」とあざけるように言う阿子ちゃんに対し，「一瞬《いっしゅん》，生意気なくそガキが！　と憎《にく》」しみを抱いた「わたし」は，そのとき自らの「少女時代が終わった」と感じている。つまり，阿子ちゃんの発言に怒りを覚えたことで，「わたし」はいつの間にかあれほど嫌《きら》っていた「謙虚さ」を求める側に自分が立っていると気づかされたのである。「似ていた」はずの阿子ちゃんとは異なる「大人」の意識を自分が持つようになったことに，「わたし」は少女時代の終わりを感じたのだから，ロがふさわしい。

2022年度　東邦大学付属東邦中学校

〔電　話〕(047) 472―8191
〔所在地〕〒275-8511　千葉県習志野市泉町2―1―37
〔交　通〕京成電鉄―「京成大久保駅」より徒歩10分
JR総武線―「津田沼駅」よりバス15分

【算　数】〈後期試験〉(45分)〈満点：100点〉

1　次の□にあてはまる最も適当な数を答えなさい。ただし，(2)の2つの□には同じ数が入ります。

(1)　$5.75 \div \left(\dfrac{7}{3}+1.5\right) \times \left(1.5-\dfrac{5}{4}\right)=\square$

(2)　$\left(\dfrac{1}{3}+\dfrac{1}{5}\right) \div \left(\dfrac{1}{5}+\dfrac{1}{6}\right)=\dfrac{\square}{\square-10}$

2　次の問いに答えなさい。

(1)　40人の生徒のうち，兄のいる生徒は16人，姉のいる生徒は22人，兄も姉もいない生徒は6人です。このとき，兄も姉もいる生徒は何人か求めなさい。

(2)　右の図において，●の印がついている角の大きさが等しいとき，ECの長さを求めなさい。

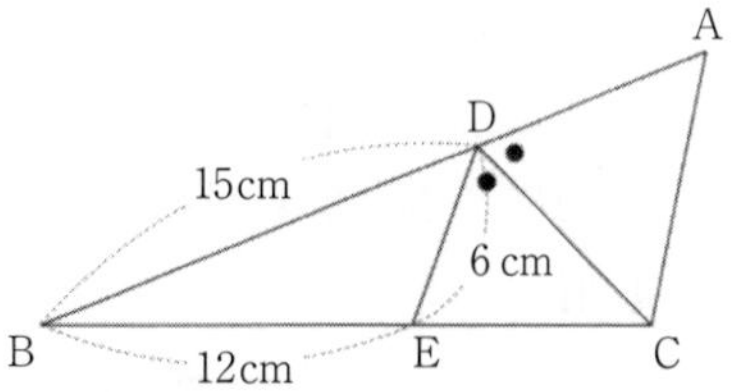

(3)　7でわると6あまり，13でわると8あまる3けたの整数のうち，最も小さい数を求めなさい。

(4)　3つの容器A，B，Cには，すべて異なる量の水が入っています。この3つの容器に同じ重さの食塩をそれぞれ加えて濃度を調べたところ，容器Aは2％，容器Bは4％，容器Cは5％の食塩水になりました。このとき，はじめに容器A，B，Cに入っていた水の量の比を，最も簡単な整数の比で求めなさい。

3　あるクラスの生徒36人の算数のテストの平均点は60点でした。このとき，次の問いに答えなさい。

(1)　このクラスの生徒を2つのグループに分け，それぞれの平均点を計算したところ，50点と65点でした。平均点が65点のグループの人数を求めなさい。

(2)　このクラスの生徒を3つのグループに分け，それぞれの平均点を計算したところ，52点と56点と65点でした。平均点が65点のグループの人数を求めなさい。

4　右の図のように，三角形ABCの辺AB，辺AC上に，それぞれ点M，Nがあり，AM：MB＝１：１，AN：NC＝２：１です。

また，辺BC上に点Qをとり，AQとMNの交点をPとすると，三角形APNの面積と四角形MBQPの面積が等しくなりました。

このとき，次の問いに答えなさい。

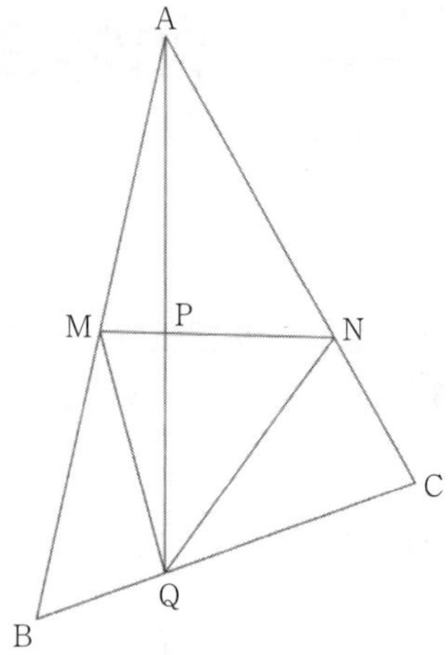

(1)　BQ：QCを最も簡単な整数の比で求めなさい。

(2)　三角形AMNと三角形MQNの面積の比を，最も簡単な整数の比で求めなさい。

5　【図】のように，１から100までの整数が１つずつ書かれている100枚のカードがあります。このカードはすべて，表面が赤色，裏面が青色にぬられており，同じ数字が両面に書かれています。

はじめ，すべてのカードが，赤色の面を上にして置かれています。

ここで次の【操作】を，操作１から操作100まで続けて行います。なお，カードが表面ならば裏面に，裏面ならば表面にすることを「カードをひっくり返す」といいます。

【図】

【操作】

操作１　：１の倍数が書かれているカードをすべてひっくり返す。
操作２　：２の倍数が書かれているカードをすべてひっくり返す。
操作３　：３の倍数が書かれているカードをすべてひっくり返す。
・
・
・
・
操作100：100の倍数が書かれているカードをすべてひっくり返す。

このとき，次の問いに答えなさい。

(1)　操作３まで行ったとき，赤色の面を上にして置かれているカードは全部で何枚あるか求めなさい。

(2)　操作100まで行ったとき，30の数字が書かれたカードは何回ひっくり返したか求めなさい。

(3)　操作100まで行ったとき，赤色の面を上にして置かれているカードは全部で何枚あるか求めなさい。

6　右の図のような，底面が1辺4cmの正方形で，高さが12cmの直方体ABCDEFGHがあります。

この直方体に，糸Pと糸Qを次のように巻き付けました。

まず，この直方体の頂点Aには糸Pの先端をつけ，頂点Cには糸Qの先端をつけました。

次に，糸Pは直方体の側面を，上面から見て反時計回りに3周させて頂点Eまで巻き付け，糸Qは直方体の側面を，上面から見て時計回りに2周させて頂点Gまで巻き付けました。

糸Pと糸Qがそれぞれもっとも短くなるように巻き付けたとき，次の問いに答えなさい。

ただし，糸の太さは考えないものとします。

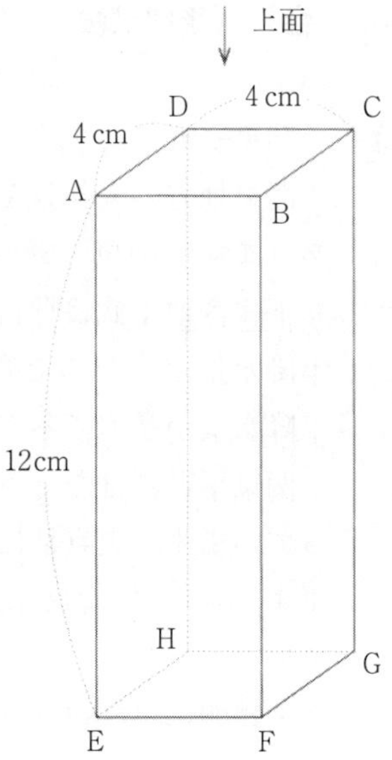

(1)　糸Pと糸Qは何回交わっているか求めなさい。

(2)　側面AEFBにおいて，2周目に側面AEFBを通った糸P，糸Qと，辺AE，辺BFとで囲まれている部分の面積を求めなさい。

(3)　糸Pが辺AEを最初に通過する点をXとします。また，糸Qが辺BFを最初に通過する点をY，辺CGを最初に通過する点をZとします。

3点X，Y，Zを通る平面でこの直方体を切断したとき，頂点Aを含む立体の体積を求めなさい。

7　右の図のように，円形の机の周りに4つのいすA，B，C，Dがあります。

初めに いすAに座って，さいころをふって出た目の数だけ時計回りに数えた いす に移動して座るゲームをします。

例えばさいころを2回ふって，1回目に3の目が出て，2回目に2の目が出たときは，1回目で，いすAから いすDに移動して座り，2回目で，いすDから いすBに移動して座ります。

このとき，次の問いに答えなさい。

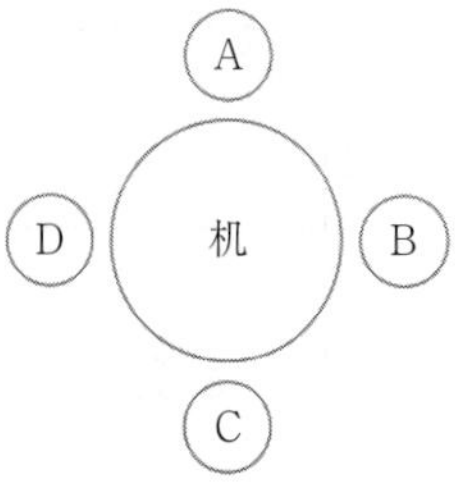

(1)　さいころを2回ふった後に，いすAに座っているようなさいころの目の出方は，何通りあるか求めなさい。

(2)　さいころを3回ふったとき，いすCに1回も座らないようなさいころの目の出方は，何通りあるか求めなさい。

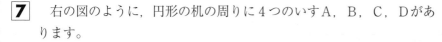

【社　会】〈後期試験〉（30分）〈満点：50点〉

〈編集部注：実物の入試問題では，**3**問１・問３の写真や図はカラー印刷です。〉

1　関東平野に関する次の文章を読んで，あとの各問いに答えなさい。

関東地方の大部分をしめる①関東平野は日本最大の平野で，北側と西側に山地や高地などがあります。関東平野の地形の特徴《とくちょう》として，利根川や江戸川などの河川《かせん》周辺の低地だけでなく，②下総《しもうさ》台地や武蔵野《むさしの》台地といった台地が広いことがあげられます。気候については，内陸部が年降水量が少なめで寒暖の差が大きいのに対して，南部の沿岸部が黒潮の影響《えいきょう》などによって，年降水量が多めで冬でも比較《ひかく》的あたたかいことが特徴となっています。

関東平野にはたくさんの人が住んでいて，③関東地方は日本でもっとも人口の多い地方となっています。東京都には，日本国内だけでなく，世界各地から人・物・資金などが集まっています。さらに，おもに鉄道に沿って住宅地などの開発が進み，④神奈川県・埼玉県・千葉県・茨城県などにかけての大都市圏《けん》が形成されています。このような大都市圏では，⑤野菜・果物・鶏卵《けいらん》(ニワトリの卵)・肉類・牛乳・花などの，特に新鮮《しんせん》さが大切な農畜産物《のうちくさんぶつ》を生産する近《きん》郊《こう》農業が発展しています。また，パンや弁当などの食品工場が多く，重くて輸送費のかかる飲み物の工場もたくさん立地しています。⑥海外からの資源の輸入に便利な東京湾《わん》岸には製鉄所や石油化学コンビナートなどが立地し，さらに，⑦北関東にも電気機械や自動車関連などの工場がたくさん進出しています。

問１　下線部①について，次の表は，関東平野に次いで面積の広い４つの平野についてまとめたものである。このうち，表中の あ ・ い にあてはまる平野の名前を，それぞれ**ひらがな**で答えなさい。

平野	※面積	説明
石狩《いしかり》平野	約3800km^2	北海道の中西部にあり，日本海に面している。明治時代の屯田兵《とんでんへい》制度以来，開拓《かいたく》が進んで，北海道の中心地となった。稲作《いなさく》を始めとして，畑作や酪農《らくのう》もさかんである。
あ 平野	約3600km^2	北海道の南東部にあり，太平洋に面している。北海道を代表する畑作地で，農家一戸当たりの経営面積が広いことに特徴がある。農産物の種類・生産量ともに多い。
越後《えちご》平野	約2030km^2	北陸地方の北部にあり，日本海に面している。日本有数の稲作地として知られるが，果物や花などを栽培《さいばい》する園芸農業もさかんである。
い 平野	約1800km^2	東海地方の西部にあり，伊勢《いせ》湾に面している。日本の平野の中で特に人口の多い平野の１つであり，近郊農業が発展している。また，工業の発展もいちじるしい。

※面積は「百科事典マイペディア」より。

問2　下線部②について，下総台地について述べたものとしてもっとも適しているものを，次の**ア**～**エ**から１つ選び，記号で答えなさい。

ア．周辺の火山からもたらされた火山灰がつもったシラス台地と呼ばれる台地に分類され，落花生・さつまいもをはじめ，様々な農作物の栽培がさかんに行われている。

イ．日当たりがよく，水はけがよくて水害の心配も少ないことなどから，周辺の低地よりも早くから農用地や住宅地としての開発が進んだ。

ウ．台地上は広い土地が確保しやすいことなどから，国際空港が開設されたり，大規模な住宅地開発や大型商業施《し》設《せつ》の建設が進められている。

エ．台地の西部は東京都と接しているため，都市化が特に進行して住宅地や商工業地の開発が進んでおり，東京都心部と同じように農用地はまったくみられない。

問3　下線部③について，次の図は，日本全国を北海道・東北・中部・関東・近畿・中国・四国・九州の８つの地方に分けて，それぞれの地方の人口と面積の全国に対する割合を示したものである。図中の**ア**～**オ**には，北海道・東北・中部・近畿・四国のいずれかの地方があてはまる。このうち，中部地方にあてはまるものを**ア**～**オ**から１つ選び，記号で答えなさい。

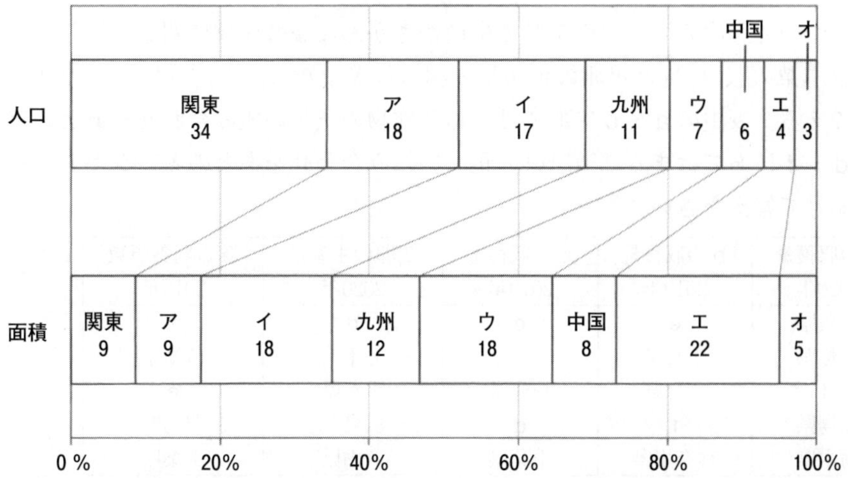

統計年次は，人口は2020年，面積は2021年。総務省「令和２年 住民基本台帳に基《もと》づく人口，人口動態及《およ》び世帯数」，国土地理院「令和３年 全国都道府県市町村別面積調」により作成。
※割合の合計は，100％にならない場合がある。

問４　下線部④について，次の表は，東京都周辺の神奈川県・埼玉県・千葉県・茨城県と，大阪府周辺の兵庫県・京都府・滋賀県についてのさまざまなデータをまとめたものである。このうち，千葉県と京都府にあてはまるものを，表中の**ア**～**キ**からそれぞれ１つ選び，記号で答えなさい。

	面積 (km^2) 2021年	耕地面積 (ha) 2020年	府県庁所在地の人口(万人) 2020年	海岸線の長さ (km) 2016年	最高地点の 標高(m)
ア	2416	18400	375	432	1673
イ	3798	74100	131	0	2483
ウ	4017	51200	34	0	1377
エ	4612	29800	141	315	971
オ	5158	123500	97	534	408
カ	6097	163600	27	195	1022
キ	8401	73000	153	850	1510

国土地理院「令和３年　全国都道府県市町村別面積調」「都道府県の最高地点」，農林水産省「令和２年　耕地及び作付面積統計」，総務省「令和２年　住民基本台帳に基づく人口，人口動態及び世帯数」，環境《かんきょう》省「平成29年版　環境統計集」により作成。

問５　下線部⑤について，次の表は，千葉県で生産がさかんな農畜産物に関して，じゃがいも・だいこん・日本梨《なし》の収穫量《しゅうかくりょう》と鶏卵の生産量・豚《ぶた》の飼養頭数の，上位５位までの都道府県を示したものである。表中の**a**～**c**にあてはまる農作物の正しい組み合わせをあとの**ア**～**カ**から，表中の**d**～**f**にあてはまる都道府県の正しい組み合わせをあとの**キ**～**シ**から，それぞれ１つ選び，記号で答えなさい。

	aの収穫量 2020年	**b**の収穫量 2019年	**c**の収穫量 2019年	鶏卵の生産量 2020年	豚の飼養頭数 2019年
１位	千葉県	**e**	**e**	**d**	**f**
２位	長野県	千葉県	**f**	**f**	宮崎県
３位	**d**	青森県	長崎県	千葉県	**e**
４位	福島県	**f**	**d**	広島県	群馬県
５位	栃木県	神奈川県	千葉県	岡山県	千葉県

「農林水産省 HP」により作成。

	a	**b**	**c**
ア	じゃがいも	だいこん	日本梨
イ	じゃがいも	日本梨	だいこん
ウ	日本梨	だいこん	じゃがいも
エ	日本梨	じゃがいも	だいこん
オ	だいこん	日本梨	じゃがいも
カ	だいこん	じゃがいも	日本梨

	d	**e**	**f**
キ	茨城県	北海道	鹿児島県
ク	茨城県	鹿児島県	北海道
ケ	鹿児島県	北海道	茨城県
コ	鹿児島県	茨城県	北海道
サ	北海道	鹿児島県	茨城県
シ	北海道	茨城県	鹿児島県

問6　下線部⑥について，日本が輸入しているおもな資源として石炭・液化天然ガス・鉄鉱石があげられる。次の図は，それらの資源の日本のおもな輸入相手国と輸入額全体にしめる割合を示したものである。図中の**X**にはいずれも同じ国があてはまるが，**X**の国について述べたあとの二重線内の文章中の(　)の中から正しいものをそれぞれ1つ選び，**その3つの番号の合計**を答えなさい。例えば，**1**と**4**と**7**が正しい場合は，答えは**12**となる。

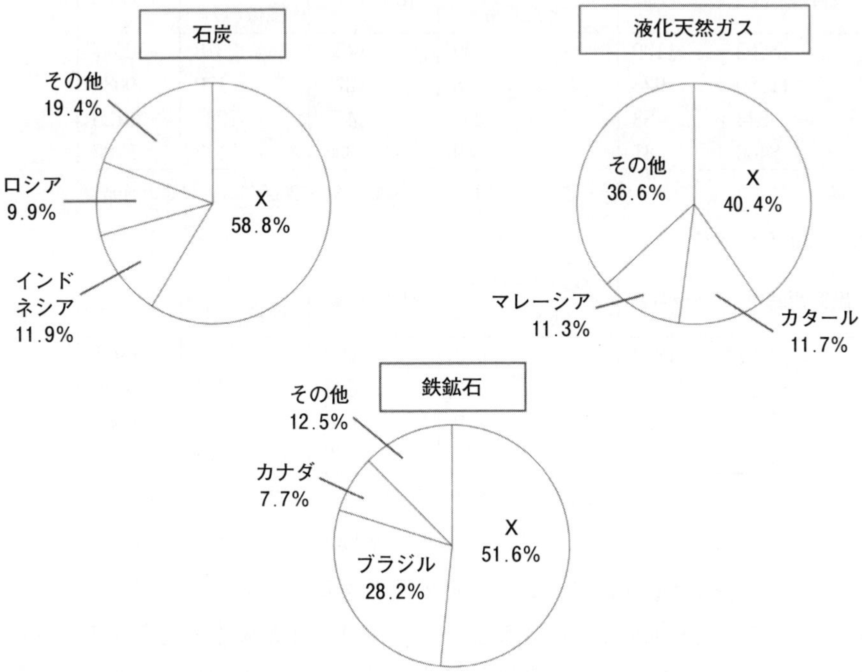

統計年次は2019年。『データブック オブ・ザ・ワールド 2021年版』により作成。

この国の面積は約769万 km^{2}で，日本の面積の(**1**．約20倍　　**2**．約25倍　　**3**．約30倍)もある。その広い国土から産出する多くの鉱産資源や生産されるさまざまな農畜産物の輸出が，この国の重要な産業である。人口は国の南東部に集中していて，首都の(**4**．ワシントンD.C.　　**5**．ペキン　　**6**．キャンベラ)もその南東部にある。首都を含《ふく》むこの国の東部の標準時は，日本標準時よりも(**7**．1時間早い　　**8**．7時間遅《おそ》い　　**9**．14時間遅い)。

問7　下線部⑦について，次の**表1**・**表2**はそれぞれ1997年と2017年の，北関東工業地域が分布する埼玉県・茨城県・栃木県・群馬県の製造品出荷《しゅっか》額の総計とその内訳を示したものである。これらから読み取れることを述べたものとして正しいものを，あとの**ア**～**エ**から1つ選び，記号で答えなさい。

表1　1997年　製造品出荷額　（十億円）

	出荷額総計	食料品	パルプ・紙・紙加工品	化学工業	輸送用機械器具	その他
埼玉県	15562	1190	539	1438	2318	10077
茨城県	11750	928	288	1275	170	9089
栃木県	8544	483	203	451	1281	6126
群馬県	8400	581	89	336	2112	5282

『データブック オブ・ザ・ワールド 2000年版』により作成。

表2　2017年　製造品出荷額　（十億円）

	出荷額総計	食料品	パルプ・紙・紙加工品	化学工業	輸送用機械器具	その他
埼玉県	13507	1889	474	1688	2521	6935
茨城県	12279	1474	230	1603	926	8046
栃木県	9233	657	279	680	1535	6082
群馬県	9029	829	83	643	3675	3799

『データブック オブ・ザ・ワールド 2021年版』により作成。

ア．2017年の食料品の出荷額については，埼玉県と茨城県の額が栃木県と群馬県に比べて大きいが，1997年と比べた増加額については栃木県と群馬県の方が大きい。

イ．2017年のパルプ・紙・紙加工品の出荷額については，4県の中で埼玉県の額が特に大きいが，1997年と比べると埼玉県の出荷額は減少しており，また，他の3県の出荷額もそれぞれ減少している。

ウ．2017年の化学工業製品の出荷額については，埼玉県と茨城県の額が栃木県と群馬県に比べて大きいが，2017年のそれぞれの県の出荷額総計に対する化学工業製品の出荷額の割合がもっとも高いのは群馬県である。

エ．2017年の輸送用機械器具の出荷額については，4県の中で群馬県の額がもっとも大きく，2017年のそれぞれの県の出荷額総計に対する輸送用機械器具の出荷額の割合がもっとも高いのも群馬県である。

2　次の文章は，日本の茶の歴史についてまとめたものです。これを読んで，あとの各問いに答えなさい。

【茶の起源】

茶は中国で生まれた飲み物で，①漢王朝のころに茶の栽培が始まったと考えられています。日本にははじめ薬草として8世紀に伝来し，僧《そう》や貴族の間で徐々《じょじょ》に広まっていったとされます。しかし，②平安時代に入ると，茶は貴族たちから忘れ去られていきました。

【武士に根付いた茶】

鎌倉時代に入るころには，中国にわたった③栄西が，茶の種と抹茶《まっちゃ》を日本に持ち帰り，貴族階級に茶の作法を広めました。また，栄西らが禅宗《ぜんしゅう》を武士に説いていく中で，禅宗とともに茶の文化は武士の社会にも強く根付き，茶は薬としてだけでなく飲料として味わうものになっていきました。④室町時代に入ると，武士たちは他者をもてなすために茶会を開くようになり，優《すぐ》れた茶会を催《もよお》せること，美しい茶器を持っていることが社会的地位を表すものになっていきました。

【茶の湯の完成】

戦国時代には，武士たちを中心に豪勢《ごうせい》な茶会が開かれた一方で，茶の湯と呼ばれる文化も広まっていきました。茶の湯は，飾《かざ》り気のない簡素な茶会を通じて禅の精神を実践《じっせん》し，静かな心の境地にひたるというもので，⑤千利休らによってつくられました。これは伝来元の中国にはみられない日本独自のものでした。

【大衆飲料へ】

江戸時代になると，簡単な製法で加工した茶葉を煮《に》出した煎茶《せんちゃ》という形で，庶民《しょみん》の間に広まりました。明治維新《いしん》後には，茶は日本の主力輸出品のひとつになりましたが，イギリスが植民地で栽培した茶を世界中に輸出するようになると，⑥日本の茶の輸出は落ち込《こ》みました。茶は，次第《しだい》に日本国内での消費に向けられ，日常的な飲料になっていきました。

【茶の現在】

1980年代以降，緑茶や紅茶に加えて烏龍《うーろん》茶がブームになったり，缶《かん》やペットボトルに入った茶が販売《はんばい》されたりと，茶の種類や販売形態も多様化しました。その一方で，2000年代以降は日本国内の茶の消費量は徐々に減少しており，これを克服《こくふく》するため，⑦スマート農業を導入して，生産費をおさえつつ品質の高い茶を生産しようとする農家も現れてきています。

問1　下線部①に関して，漢王朝でつくられた歴史書に記された日本のようすについて述べたものとしてもっとも適しているものを，次の**ア〜エ**から１つ選び，記号で答えなさい。

ア．百余りの小さな国があった。

イ．邪馬台国《やまたいこく》の卑弥呼《ひみこ》が，まじないで人々を治めていた。

ウ．五人の王が，中国に使者を送った。

エ．田をつくり，米を高床《たかゆか》倉庫に蓄《たくわ》え，収穫高を文字で記録した。

問2　下線部②に関して，次の二重線内の文**a**〜**c**は，平安時代のことがらについて述べたものである。これらの文の正誤の組み合わせとして正しいものを，あとの**ア〜ク**から１つ選び，記号で答えなさい。

a．かな文字を使った『古今和歌集』が，藤原定家らによって編さんされた。
b．貴族がもつ荘園《しょうえん》には，不輸・不入の権が認められるものもあった。
c．朝廷《ちょうてい》は，僧兵をかかえた寺院の要求をのむこともあった。

	ア	イ	ウ	エ	オ	カ	キ	ク
a	正	正	正	正	誤	誤	誤	誤
b	正	正	誤	誤	正	正	誤	誤
c	正	誤	正	誤	正	誤	正	誤

問3　下線部③に関して，栄西らが開いた，鎌倉時代に生まれた新しい仏教について述べたものとしてもっとも適しているものを，次の**ア〜エ**から１つ選び，記号で答えなさい。

ア．臨済宗は，「南無阿弥陀仏《なむあみだぶつ》」という念仏を唱えるだけで救われると説いた。

イ．時宗は，源平の戦いのなかで全国を巡《めぐ》り歩いた法然により広まった。

ウ．日蓮《にちれん》宗は，座禅を組む修行《しゅぎょう》を通じてさとりを開くことを目的とした。

エ．浄土《じょうど》真宗は，親鸞《しんらん》によって開かれ，戦国時代には信者たちが大きな一揆《いっき》をおこした。

問４　下線部④に関して，武士による茶会は次第に，現在の和室の元となった書院造の部屋で行われるようになった。この書院造のもっとも早い例として慈照寺《じしょうじ》(銀閣寺)がある。慈照寺が建立《こんりゅう》された時期としてもっとも適しているものを，右の年表中の**ア**～**エ**から１つ選び，記号で答えなさい。

	できごと
1392年	南北朝が統一される
	ア
1404年	勘合《かんごう》貿易が始まる
	イ
1467年	応仁《おうにん》の乱がおこる
	ウ
1543年	鉄砲《てっぽう》が伝来する
	エ
1573年	室町幕府が滅《ほろ》ぶ

問５　下線部⑤に関して，千利休が仕えた武将が行ったことについて述べたものとしてもっとも適しているものを，次の**ア**～**エ**から１つ選び，記号で答えなさい。

ア．すぐれた役者の観阿弥《かんあみ》・世阿弥《ぜあみ》親子を保護し，能を発展させた。

イ．税さえ払《はら》えばだれもが自由に市で物を売ることができる，楽市令を出した。

ウ．本能寺の変のあと，山崎《やまざき》の戦いで明智光秀《あけちみつひで》を破った。

エ．各大名を親藩《しんぱん》，譜代《ふだい》，外様《とざま》の３つに区別した。

問６　下線部⑥に関して，次の図は，日本における明治から昭和初期までの茶の年間輸出量を示したものである。これをみると，1891年頃《ごろ》から輸出量は徐々に減少傾向《けいこう》にあるが，ある年の輸出量が例外的に最高値を記録した。その時期に茶の輸出量が急増したことに影響をあたえたできごととして，もっとも適しているものを，**本文を参考にして**，あとの**ア**～**カ**から１つ選び，記号で答えなさい。

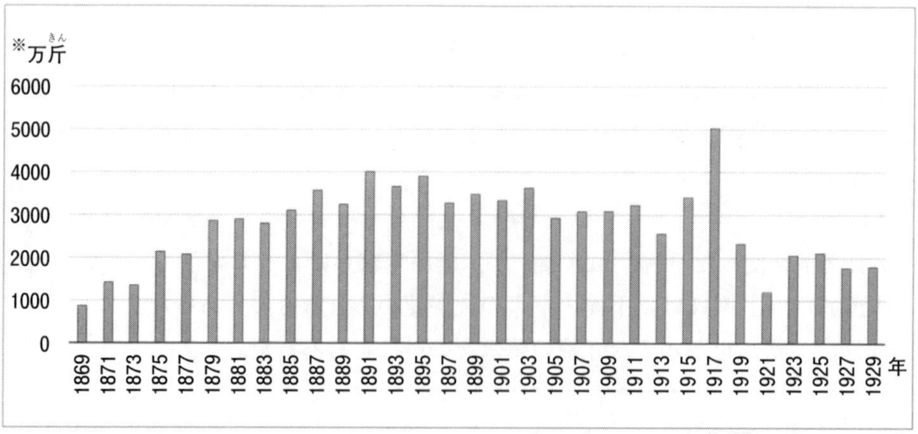

※当時の重さの単位。　　　　『日本農業基礎《きそ》統計』により作成。

ア．日本の産業革命　　イ．韓国併合《かんこくへいごう》

ウ．米騒動《そうどう》　　エ．大正デモクラシー

オ．第一次世界大戦　　カ．ロシア革命

問７　下線部⑦に関して，次の二重線内の文章は，スマート農業について述べたものである。文章中の X ・ Y にあてはまる語句の組み合わせとして正しいものを，あとの**ア**～**エ**から1つ選び，記号で答えなさい。

> スマート農業とは，ロボット技術や X ， Y などの先端《せんたん》技術を活用して，省力化・精密化や高品質生産を実現する等を推進している新たな農業のことです。ロボットによる農作業の自動化や X による分析《ぶんせき》を行ったデータの活用， Y を用いた関係者間の情報共有の簡易化などにより，政府は，農業分野におけるソサエティ5.0の実現を目指しています。

「農林水産省 HP」により作成。

	ア	イ	ウ	エ
X	AI	AI	LSI	LSI
Y	e コマース	IoT	e コマース	IoT

3 次の2020年10月1日の新聞記事を読んで，あとの各問いに答えなさい。

①日本航空は1日から，機内や空港で使用していた「ladies and gentlemen(レディース・アンド・ジェントルメン)」の英語アナウンスを廃止《はいし》し「all passengers(オール・パッセンジャーズ)」「everyone(エブリワン)」など②ジェンダーに中立的な表現に変更《へんこう》した。

日航は「無意識に性別を前提とする言葉を使っていた。これからは③誰《だれ》もが利用しやすい環境をつくりたい」としている。

日航ではこれまで，客室乗務員が機内でのサービスを始める前のアナウンスで使用。国際線だけでなく，外国人の乗客が搭乗《とうじょう》する国内線などでも使われていた。

日航は2014年に「④ダイバーシティ宣言」を出し，性別や性的指向などの属性によらず，多様な人材が活躍《かつやく》できる会社づくりを推進。同性パートナーを配偶者《はいぐうしゃ》と同等に扱《あつか》う社内制度を導入するなどしている。(後略)

問1　下線部①に関して，右の切手は，かつて日本航空が世界一周航空路線を開設したことを記念して発行されたものである。また，次の二重線内の資料は，切手に示された就航都市を航路に沿って2021年の夏にオンラインで旅行した際の旅行記のうち，都市**A**～**E**に関する部分を抜き出したものである。これをみて，あとの(1)・(2)の各問いに答えなさい。

> **A**．東京の羽田空港を出発して，東廻《まわ》りで世界一周航路をめぐった。2つの都市を経由し，都市**A**に到着《とうちゃく》した。この都市は，国際経済・金融《きんゆう》の中心都市で，多くの国際機関もおかれている。右の写真の「自由の女神《めがみ》」は，都市**C**のある国から，独立100周年を記念して贈《おく》られたものだ。この都市は，いわゆる「9.11同時多発テロ」により大きな被害《ひがい》を受けた。

B．次に都市**B**に到着した。写真は国会議事堂で，その時計塔《とう》はこの都市のシンボルのひとつとなっている。この都市の近郊には，世界標準時子午線が通る旧グリニッジ天文台があり，「河港都市グリニッジ」は世界遺産に指定されている。近年，この国はこれまで加盟していたEUからの離脱《りだつ》が合意に至り，1年間の移行期間を経て「ブレグジット」が完了《かんりょう》した。

C．都市**B**から都市**C**へのフライトは1時間ほどだった。今は鉄道での移動が便利なようだ。芸術や文化を語るのに欠かせない都市で，たくさんの美術館や建造物を目的に観光客が訪《おとず》れる。近年，加速する地球温暖化にブレーキをかけるための新協定がこの都市で締結《ていけつ》された。

D．ヨーロッパを離《はな》れ，アフリカの都市に到着した。この都市は，世界最大規模のイスラム都市として発展し，この都市を拠点《きょてん》に写真のような世界遺産をめぐる観光客も多く訪れる。日本で東日本大震災《だいしんさい》がおこった年，民主化を求める「アラブの春」と呼ばれる運動の結果，長期独裁政権が倒《たお》れた。

E．アジアの諸都市をめぐり，最後に都市**E**を訪問した。この都市は，19世紀から都市**B**のある国の植民地となっていたが，1997年に現在の国に返還《へんかん》された。返還時より50年間は民主的な政治制度が維持される「一国二制度」が約束されていたが，近年，現在の国からの統制が強まり，この都市の反政府的な活動を取り締《し》まる「国家安全維持法」が施行され，民主政治は大幅《おおはば》に後退した。

(1)　切手が発行された頃の日本経済のようすとして正しいものを，次の**ア**～**エ**から1つ選び，記号で答えなさい。

ア．石油危機による戦後初のマイナス成長を経験し，日本経済は低成長時代に移行した。

イ．バブル景気がおこり，日本企業《きぎょう》が海外の企業や不動産を買収していった。

ウ．高度経済成長により経済が大きく発展したが，各地で公害などの環境問題も発生した。

エ．朝鮮《ちょうせん》戦争の特需《とくじゅ》景気により経済は復興し，「もはや戦後ではない」といわれた。

(2)　二重線内の**A**～**E**の文章中の下線部は，各都市の21世紀におこったできごとを示している。これらのできごとを年代の古い順に並べたとき，**3番目**にあたるものとして正しいものを**A**～**E**から1つ選び，記号で答えなさい。

問2　下線部②に関して，性別を前提とした表現を中立的に改めた言葉として，**誤っているもの**を，次の**ア**～**オ**から**すべて**選び，記号で答えなさい。なお，記号は**五十音順**に答えること。

ア．看護師　　**イ**．家政婦　　**ウ**．ウェイトレス　　**エ**．保育士　　**オ**．助産師

問3　下線部③に関して，社会的支援《しえん》を必要としている人々が，日常的に社会に参加し生活できるようにする「ノーマライゼーション」，または，すべての人々を孤独《こどく》や孤立，排除《はいじょ》や摩擦《まさつ》

から援護し，健康で文化的な生活の実現につなげるよう，社会の構成員として包み支え合う「ソーシャル・インクルージョン」という考え方がある。これに関する次の(1)・(2)の各問いに答えなさい。

(1)　これらの目的のために用いられているマークとして**適切でないもの**を，次の**ア**～**エ**から1つ選び，記号で答えなさい。

ア.

イ.

ウ.

エ.

(2)　次の写真は，ある自治体が導入した公園の砂場である。砂場がテーブル状であることの長所を述べた，あとの二重線内の文中の［　　］にあてはまる語句を**5字以上10字以内**で答えなさい。

「株式会社コトブキHP」より。

> ［　　　　　］が遊びやすくなる。

問4　下線部④に関して，次の(1)・(2)の各問いに答えなさい。

(1)　ダイバーシティは「多様性」を意味する。次の二重線内は，多様性を尊重する内容を持つ日本国憲法の条文である。条文中の［X］・［Y］にあてはまる語句の組み合わせとして正しいものを，あとの**ア**～**カ**から1つ選び，記号で答えなさい。

> 第13条　すべて国民は，［　　X　　］尊重される。生命，自由及び幸福追求に対する国民の権利については，公共の福祉《ふくし》に反しない限り，立法その他の国政の上で，最大の尊重を必要とする。
>
> 第26条　すべて国民は，法律の定めるところにより，その能力に応じて，ひとしく［　　Y　　］を有する。

	X	Y
ア	国家の一員として	教育を受ける権利
イ	国家の一員として	納税の義務
ウ	国家の一員として	勤労の義務
エ	個人として	教育を受ける権利
オ	個人として	納税の義務
カ	個人として	勤労の義務

(2)　多様性の尊重について，2021年の日本においておこった象徴的なできごととして正しいものを，次の**ア～エ**から１つ選び，記号で答えなさい。

ア．「政治分野における男女共同参画の推進に関する法律」の施行後初めての衆議院議員総選挙では，各政党の女性候補者の数が男性とほぼ同数となった。

イ．最高裁判所は，「夫婦《ふうふ》は，婚姻《こんいん》の際に定めるところに従い，夫又《また》は妻の氏を称《しょう》する。」とした民法の規定を違憲《いけん》とし，選択《せんたく》的夫婦別姓《べっせい》制度の導入をうながした。

ウ．「多様性と調和」を掲《かか》げた東京オリンピック・パラリンピックでは，入場行進の旗手や宣誓《せんせい》も男女でつとめ，LGBTQ を公表した選手も過去最多となった。

エ．国会は，LGBTQ など性的少数者に対する差別を禁止する「性的指向および性同一性に関する国民の理解増進に関する法律」を成立させた。

【理　科】〈後期試験〉（30分）〈満点：50点〉

1　次の文章を読み，問いに答えなさい。

地震《じしん》の発生の仕組みの一つとして，地下での岩盤《がんばん》のずれによるものがあります。岩盤にずれが生じると，そのずれによるゆれが地面に伝わり地震が起こります。地表にはまず小さなゆれが伝わり，その後に大きなゆれが伝わります。また，岩盤がずれはじめた点を震源《しんげん》といいます。

ある時刻に地震が起こり，その地震の震源は，地表のＡ点の真下の深さ60kmの位置にありました。Ａ点では，震源でゆれが生じてから10秒後に小さなゆれを，さらに2.5秒後に大きなゆれを観測しました。また，Ａ点で大きなゆれを観測した時刻と同時刻に，地表のＢ点では小さなゆれを観測しました。Ａ点とＢ点の間の直線距離は何kmですか。

ただし，ゆれはそれぞれ一定の速さで真っすぐ伝わるものとし，地表は高低差のない平らな面として考えます。また，**図１**のように，３辺の長さの比が３：４：５となる三角形は，長さの比が３：４の２辺がつくる角が直角であることを利用してよいものとします。

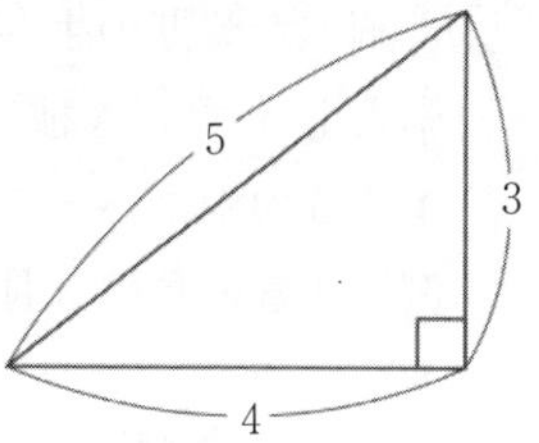

図１

2　次の文章Ⅰ・Ⅱを読み，あとの(1)～(3)の問いに答えなさい。

Ⅰ　千葉県の小川や水田用の水路などでもみられるメダカは，春にめすが卵をうみます。受精はめすのからだに卵をつけたままおこなわれ，その後，卵を水草などにうつします。

図１は，メダカのめすのようすを表したものです。この図では，せびれとしりびれの形はかかれてなく，せびれとしりびれの場所を点線で示してあります。

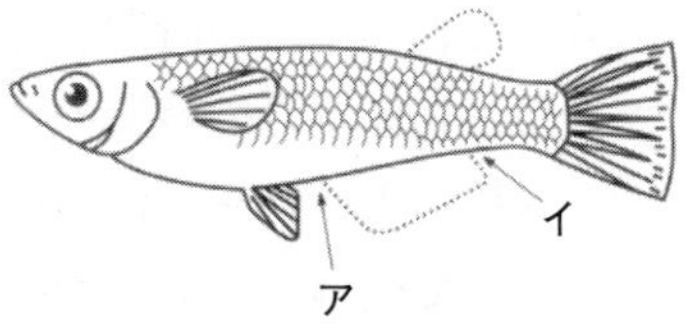

図１　メダカのめす

(1)　メダカのめすがうんだ卵をつけているからだの部分と，せびれとしりびれの形として適したものはどれですか。正しい組み合わせを，あとの**1**～**8**の中から一つ選び，番号で答えなさい。なお，**ウ**と**エ**はおすまたは，めすのせびれを，**オ**と**カ**は，おすまたは，めすのしりびれをあらわしています。

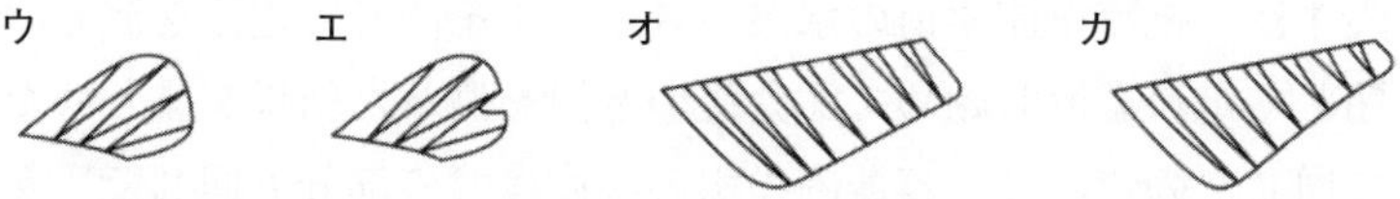

	卵をつけている部分	せびれ	しりびれ		卵をつけている部分	せびれ	しりびれ
1	ア	ウ	オ	**2**	ア	ウ	カ
3	ア	エ	オ	**4**	ア	エ	カ
5	イ	ウ	オ	**6**	イ	ウ	カ
7	イ	エ	オ	**8**	イ	エ	カ

Ⅱ　**表１**はメダカと同じく，受精した卵から子どもがかえる２種類(Ａ種・Ｂ種)の魚について，それぞれ卵からかえって死亡するまで，２ヵ月ごとに生きていた数(生存数)を調べ，まとめたものです。

　この２種類の魚はともに３月に卵からかえり，12月にはすべて死亡していました。また，Ａ種もＢ種も，生存数のうち半数はめすでした。

表１　２種類の魚の生存数

	Ａ種の魚	Ｂ種の魚
３月	8000	10000
５月	400	3000
７月	160	900
９月	80	270
11月	60	84

(2)　調べた時期の生存数に対する，次に調べる時期までに死亡した数の割合を，その時期の死亡率とします。Ａ種，Ｂ種の死亡率についてのべた文として，もっとも適切なものをあとの**１**～**５**の中から一つ選び，番号で答えなさい。

例：Ａ種の魚の３月の時期の死亡率

$$\frac{8000-400\quad\text{(３月から５月の間の死亡数)}}{8000\quad\text{(３月の生存数)}}=0.95$$

１．Ａ種の死亡率は，５月の時期が最も小さい。

２．Ｂ種の死亡率は，５月の時期が最も小さい。

３．２種の５月の時期の死亡率を比べると，Ａ種の死亡率のほうが大きい。

４．２種の７月の時期の死亡率を比べると，Ａ種の死亡率のほうが大きい。

５．２種の９月の時期の死亡率を比べると，Ｂ種の死亡率のほうが大きい。

(3)　Ａ種の魚は，９月に生存していためすが卵をうみ，生命をつないでいます。めすのうんだ卵はすべて受精し，その受精した卵から子どもが必ずかえるとした場合，このＡ種の魚の数が前の年と同じになるには，生存していためすは，１匹あたり何個の卵をうめばよいですか。**表１**を参考にして答えなさい。

３　水を入れた容器の中に電熱線を入れ，電流を流して水をあたためる[**実験**]を行いました。この[**実験**]の結果を参考にして，あとの(1)～(3)の問いに答えなさい。

[**実験**]　**図１**の①～⑦のように電池，スイッチ，電熱線を使い，電熱線に電流を流して水の温度を上げる実験をしました。**表１**は，電流を流す前の水温，スイッチを閉じて電流を流し始めて10分後の水温，スイッチを閉じて電流を流し始めて20分後の水温を測った結果をまとめたものです。電熱線と電池はすべて同じものであり，容器内の水の温度はどの部分も同じで，熱のやりとりは電熱線と水との間だけで行われているものとします。

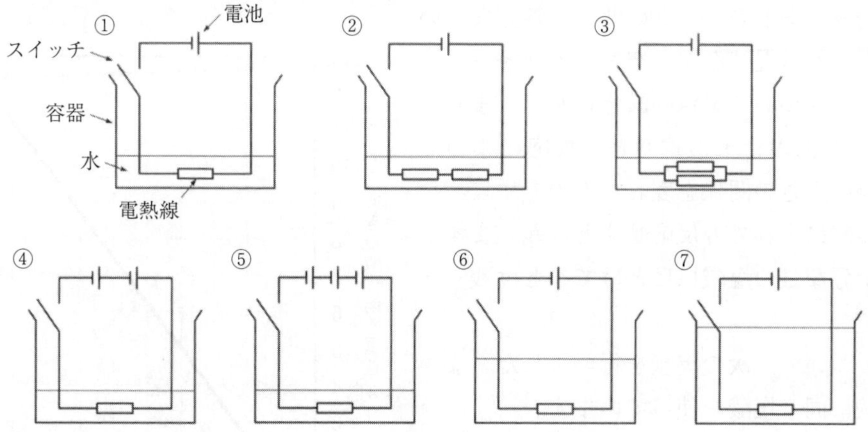

図 1

表 1

	水の体積	電流を流す前の水温	スイッチを閉じて10分後の水温	スイッチを閉じて20分後の水温
①	100mL	14℃	20℃	26℃
②	100mL	21℃	24℃	27℃
③	100mL	18℃	30℃	42℃
④	100mL	16℃	40℃	64℃
⑤	100mL	16℃	70℃	(ふっとうする)
⑥	200mL	20℃	23℃	26℃
⑦	300mL	20℃	22℃	24℃

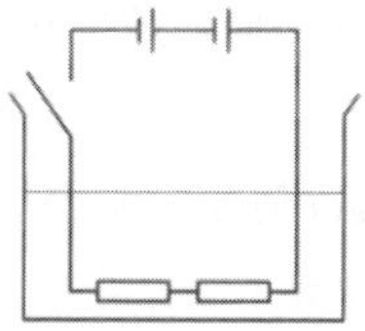

図 2

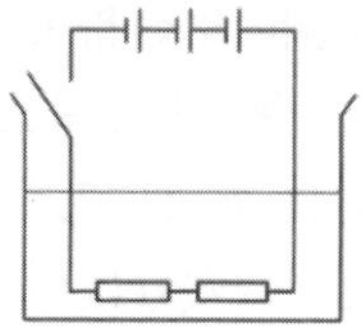

図 3

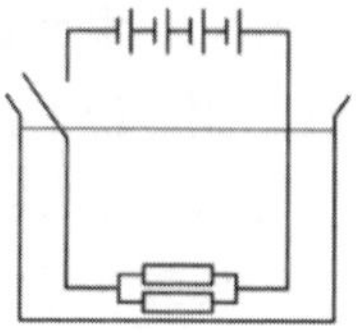

図 4

(1) **図 2** のように電池と電熱線をつなぎ，200mL の水に入れた電熱線に電流を10分間流しました。電流を流す前の水温は20℃でした。10分間電流を流した後の水温は何℃になりますか。

(2) **図 3** のように電池と電熱線をつなぎ，水に入れた電熱線に電流を40分間流しました。電流を流す前の水温は16℃，電流を流した後の水温は70℃でした。水の体積は何 mL ですか。

(3) **図 4** のように電池と電熱線をつなぎ，300mL の水に入れた電熱線に電流を流しました。電流を流す前の水温は14℃，電流を流した後の水温は62℃でした。電流を流した時間は何分何秒ですか。

4 次の文章を読み，あとの(1)～(3)の問いに答えなさい。

銅の粉末をよくかき混ぜながら空気中で熱すると，空気中の酸素と結びついて黒色の酸化銅ができました。**図１**は用いた銅の粉末の重さと，反応によってできた酸化銅の重さの関係を表したものです。

また，銅は塩酸に入れても反応せずとけ残りますが，酸化銅は十分な量の塩酸にはとけて，とけ残りはできません。

銅と酸化銅について，次の実験を行いました。なおすべての実験に同じ塩酸を使っています。

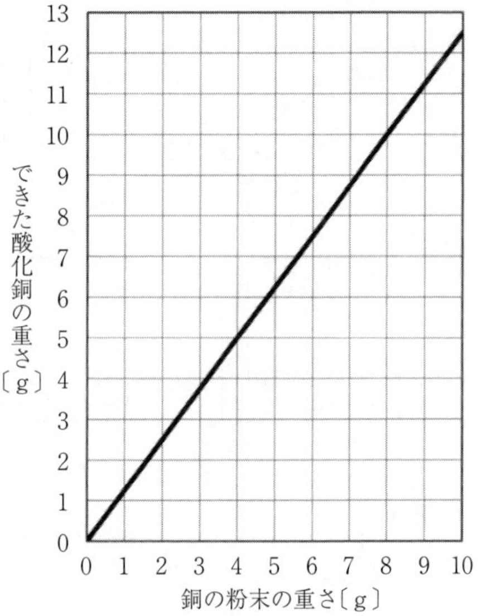

図１

実験１：銅の粉末8.0ｇをかき混ぜながら空気中で熱して，すべて反応し終わる前に加熱をやめた。加熱後の粉末の重さは9.2ｇだった。

実験２：酸化銅の粉末10ｇをビーカーに入れ，塩酸250mLを加えると，酸化銅の粉末はすべてとけた。

実験３：実験１でできた粉末9.2ｇをすべてビーカーに入れ，塩酸250mLを加えると，粉末の一部はとけたがすべてはとけきらず，とけ残りができた。

実験４：銅の粉末と酸化銅の粉末をよく混ぜて，均一な混合粉末Ａをつくった。

実験５：混合粉末Ａをかき混ぜながら空気中で熱して，空気中の酸素と完全に反応させると，すべて酸化銅の黒い粉末となり，加熱前に比べて重さが11％ふえた。

(1) 銅の粉末4.4ｇを酸素と完全に反応させると，すべて酸化銅の黒い粉末になりました。このとき，銅の粉末4.4ｇと反応した酸素は何ｇですか。

(2) 実験３でできたとけ残りは何ｇですか。

(3) 熱する前の混合粉末Ａ5.0ｇの中に酸化銅は何ｇありましたか。

なったということ。

問8　――線(7)「はっとさせられた」とありますが、げんがそのように思ったのはなぜですか。その理由としてもっとも適切なものを次の**イ**～**ニ**の中から一つ選び、記号で答えなさい。

イ　フェスを安心してまかせた船頭が、実はフェスに対してかなり悪意を持った対応をしていたとわかり、心が強く痛んだから。

ロ　船頭たちの態度を見て、家族だけでなく船頭たちまでもげんの軽はずみな行いを非難しているかのように疑ってしまったから。

ハ　船頭たちはフェスが家に帰ったものと思っており、本当のことを言うと船頭の対応のまずさを責めることになると気づいたから。

ニ　フェスをほめる船頭の言葉を聞いたとたんに、その対応ではフェスが家に戻ることはいよいよ難しいのではないかと思い知ったから。

問9　本文の説明としてもっとも適切なものを次の**イ**～**ニ**の中から一つ選び、記号で答えなさい。

イ　フェスとげんの繋がりの強弱の変化が情景描写《びょうしゃ》によってたとえられており、「うすい朝霧が川面を這っていた」という表現からはフェスに対するげんの愛情の弱まりが見て取れる。

ロ　「選びわけた」を「選みわけた」、「ぎくりと」を「きくりと」と記すなど、独特な言葉の使用によって小説全体の持つ現実ばなれした雰囲気《ふんいき》をいっそう強調することに成功している。

ハ　げんの目にはフェスがまるで人間と同様の感情を持つ存在であるかのように映っており、「人を失った哀しみ」「はいりきれない切なさ」といった表現にげんの思いを見ることができる。

ニ　フェスの外見は部分を少しずつ描写し、組み合わせながら全体におよぶ手法でえがかれ、「花綱の尻尾と房のような耳」「円い頭、長い耳」からは堂々とした姿が自然と読者に浮《う》かんでくる。

きっているということ。

ハ　フェスと「よその犬」がそれぞれ庭のどこにいればいいのか通じ合っているということ。

ニ　フェスと「よその犬」とでどちらがより上位の存在であるかわかり合っているということ。

問3　――線(2)「フェスがげんをたしなめているところがあった」とはどのようなことですか。その説明としてもっとも適切なものを次のイ～ニの中から一つ選び、記号で答えなさい。

イ　途方にくれてしまうようなことをやらせるなと、フェスが目で言っているようにげんには思われたということ。

ロ　自分は下等な芸をしこまれるような犬ではないと、フェス自身が教えているようにげんには思われたということ。

ハ　自分の飼い犬の能力をどのくらい知っているか、フェスが試《ため》しているかのようにげんには感じられたということ。

ニ　げんが来客のよしあしをうまく見ぬけないことを、フェスがとがめているようにげんには感じられたということ。

問4　――線(3)「げんの愛情は犬の利口さと優しさの上に定着していた」とはどのようなことですか。その説明としてもっとも適切なものを次のイ～ニの中から一つ選び、記号で答えなさい。

イ　フェスが利口で優しいのは、げんが愛情をこめて接していることによるものだということ。

ロ　フェスが利口で優しい犬だからこそ、げんも飼い犬に対して愛情を持っているということ。

ハ　フェスの気持ちがわからない以上、げんはフェスが利口で優しいと思い込むしかないということ。

ニ　フェスの性質を理解しようとせず、げんの勝手な思い込みだけでフェスを飼っていたということ。

問5　――線(4)「案の定」とありますが、げんはどのようなことを予想していましたか。次の文の□にあてはまる言葉を**十五字以内**で答えなさい。（句読点・記号等も字数に数えます。）

> 自分が走り出せば、フェスも□だろう、ということ。

問6　――線(5)「うまく行った、と思った」とありますが、それはなぜですか。次の文の□にあてはまる言葉を本文中から**六字**でぬき出して答えなさい。（句読点・記号等も字数に数えます。）

> りこうなフェスをまんまと□から。

問7　――線(6)「登校の道と犬とどっちなのだ」とありますが、この説明としてもっとも適切なものを次のイ～ニの中から一つ選び、記号で答えなさい。

イ　学校に行くこととフェスの去ったあとを追いかけることのどちらを優先すべきだったかと、答えの出ない問いを繰り返したということ。

ロ　学校に行くことよりもフェスの去ったあとを追いかけることのほうがずっと大事ではなかったかと、今さらながらに気づいたということ。

ハ　学校に行くよりもフェスを探しに行くことが何より重要なのに、なぜか行動に移せない自分に対してふがいなさがこみあげているということ。

ニ　学校に行く道が歩いたり船に乗ったりと複雑なことが悪いのか、勝手についてきたフェスが悪いのか、自分でもわからなくへ当《あた》って、底は浅くないのだ。はいりかねて二、三歩脇《わき》へ寄ったところを計ってみている。大きな耳の根がぐいともちあがって顔が細くなっている。うおおと鳴いた。水勢が強くて、はいりきれない切なさがぴりぴりと響《ひび》いた。「お帰り！　お帰り！」とげんはありったけ叫《さけ》んだ。入れかわりになる休み番の船頭が気がついてフェスの頸輪《くびわ》をおさえてくれた。ほっとした。こちらの船頭が、「なあに、犬は利口だからさっさと帰る」と慰《なぐさ》めてくれた。河幅《かわはば》は広く、うすい朝霧《あさぎり》が川面を這《は》っていた。犬はいい塩梅《あんばい》に諦《あきら》めたか、桟橋を小さくあがって行った。⑹登校の道と犬とどっちなのだ？　げんはしおれきっていた。

　一日じゅう気は晴れなかった。そして帰って来て、はたして犬はいなかった。家でもみなが不機嫌で、繋がなかった女中さんと、連れて行って渡し場ではぐらかした無神経なげんとが、無言で責められた。げんは渡し場へ行った。そこで又《また》⑺はっとさせられた。頸輪をつかまえてくれた老船頭は、犬をなだめてうちの方角を指し、「うちへ帰れ、な、あっちだ、あっちだ」といったら、えらいもんだ、さっさと聴《き》わけて行っちまった」と感心していた。あっちとはどっちへ行った、――我慢《がまん》しても涙《なみだ》が出た。交番へ行った。そんな犬は見ないといわれた。犬のあっちはげんには見当がつかなかった。怪訝《けげん》そうに見る人をかまわず、「フェス、フェス」と呼んで歩き、日は急に昏《く》れてきて小家の台処は油こい魚を焼く煙《けむり》が漂《ただよ》っていた。いつもならこんな時間に犬は、あかりと食物と人のいる台処の前で腹這《はらば》っていたが、いまはげんにも灯《ひ》のある台処がなつかしくて、小路《こうじ》小路の小暗さにひょいひょいと円《まる》い頭、長い耳が見えるような気がした。

　ひっそりして日が過ぎた。交番の巡査《じゅんさ》は交替《こうたい》だからいろんな人が替《かわ》るけれど、どの人にもげんはｂもてあまされた。あまりしつこく訊《き》きに行くからなのだ。ゆくえはなかった。もう生きて飼われていることが考えられず、どこかで死んでいると考えられてきた。屍体《したい》でいいから見きわめたかった。「あんまりよすぎたから」などと母がいうので、なおさら、諦めるどころでなく、執着《しゅうちゃく》は深くなっていた。牛乳屋は仲間の蔓《つる》を引っ張って捜《さが》してくれて、甲斐《かい》がなかった。そこへ端書《はがき》が来た。川下の小工場地からで、犬を預かっている知らせだった。げんは鎖と食物を持って受取《うけと》りに行った。うわずっていて、嬉《うれ》しいより殺《さっ》伐《ばつ》になっていた。

（出題にあたり、本文の表記を一部改めました。）

（注）
※1　伺候…尊い人の近くにいて仕えること。
※2　三遍まわってたばこにしよ…犬にやらせる芸の一つ。
※3　畜犬票…飼い犬登録後に与えられる許可証のこと。
※4　花綱…花を編んでつくったかざり。
※5　あとがえっている…後ろにもどっている。

問1　～～線ａ「拾いもの」、ｂ「もてあまされた」の本文中での意味としてもっとも適切なものをあとのイ～ニの中から一つずつ選び、それぞれ記号で答えなさい。

ａ　拾いもの
イ　思いがけない得　ロ　偶然のきっかけ
ハ　予想をこえる結果　ニ　予期しないできごと

ｂ　もてあまされた
イ　軽くあしらわれた　ロ　じゃまにされた
ハ　同情をさそわれた　ニ　あつかいに困られた

問2　――線⑴「めいめいの位置も品格もきまる」とはどのようなことを表していますか。その説明としてもっとも適切なものを次のイ～ニの中から一つ選び、記号で答えなさい。
イ　フェスと「よその犬」はいつでも飼い主の愛情の強さを競《きそ》う関係であるということ。
ロ　フェスと「よその犬」ではどちらが大事か飼い主にはわかり

まるで自分の領分のうちといった顔で侵入《しんにゅう》して来る。フェスはそれらを一応嗅《か》いで調べるが、それだけのことでちゃんと(1)めいめいの位置も品格もきまるものらしい。お客犬は主人犬に上越《こ》す紳士淑女《しんししゅくじょ》がいないからである。したがって彼等は※1伺候《しこう》といった恰好《かっこう》になってしまう。捨犬《すていぬ》迷い犬としてここに連れて来られたのではあるが、ひがみ根性《こんじょう》やこせつきや荒《あら》っぽさがなくて、生《うま》れか育ちか知らないが、品と優《やさ》しさが具《そな》わっていた。

　こういうのをこそa拾いものというのだろう、父親もげんもすっかり上機嫌《じょうきげん》になって日とともに深く惚《ほ》れこんで行った。ただしげんは父親からきつくいいつけられた。「犬が利口だからといって下らないことなんぞ仕込《しこ》むな。曲馬の犬じゃないんだからな。こういう奴《やつ》はそっと見ていれば、自然にこっちがどうしてやればいいかがわかってくるんだ。」

　不服である。※2三遍《さんべん》まわってたばこにしよ、くらいは何でもなさそうだし、お使いだってじき覚えそうなのである。でもげんは父のいうことを守った。父親の犬に対する知識と経験を信用していたし、もう一つは(2)フェスがげんをたしなめているところがあった。なぜならフェスは、このうちへ来る相当数の来客をどこで鑑別《かんべつ》するのか、吠《ほ》える人と吠えない人に選《えら》みわけたからである。取次《とりつぎ》はおもにげんの役ときめられていたが、げんも父親も好ましくないと思っている客が来たとき、犬は唸《うな》ったり吠えたりした。そういう能力のまえに、げんは三遍まわってなどということを教えるのは恥《は》ずかしくもなるのだ。教えたのではなく、教えたいと思っただけなのだが、そのげんの気もちを感じ知って、彼女《かのじょ》はあっちとこっちをまちがえずに覚えるほど鋭《するど》いのである。台処《だいどころ》であっちといえば犬は茶の間の縁《えん》へ行く。こっちといえばむろん声のするところへ来る。座敷《ざしき》にいてこっちといえば沓脱《くつぬぎ》へすわるが、もうひと声励《はげ》まして強く、「こっちよ」といえば、はなはだ困惑《こんわく》しながらてれながら座敷へあがって来る。そういうときげんの弟が、「こら！」といえば、たちまちそこへ平伏《へいふく》し、命令者のげんのほうを哀《かな》しく見、どうすればいいか途方《とほう》にくれて素直《すなお》なのである。

　(3)げんの愛情は犬の利口さと優しさの上に定着していた。

　すっかり慣れて、しかし朝から午後までは繋《つな》いであった。近処《きんじょ》へ連れだすときもげんがかならず鎖《くさり》をとった。それがひと朝、げんが登校の道を行って、ふと後ろにけはいを感じてふりかえると、フェスがそこに駈《か》けて追って来たのだ。爽快《そうかい》で大元気で追いついて来た。連れ戻すだけの時間の余裕《よゆう》はないし、もう慣れきって心配はなし、こんなに喜んでいるし、それにちらりと、もう正式に届けは済んで※3畜犬《ちくけん》票《ひょう》もつけているからということが、げんをルーズにした。犬と女学生は土手道を行った。※4花綱《はなづな》の尻尾《しっぽ》と房《ふさ》のような耳がはでりっぱだった。げんは河を越えて町へ行くのだが、渡船《わたしぶね》を利用する。犬とはそこで別れなければならない。それでげんは考えていきなり駈けだした。(4)案の定、犬は勢いづいてどっと駈けるとはるかに先へ行った。げんはちょろっと横の桟橋《さんばし》へ降りると渡船へ移った。毎日なじみの船頭さんは駈けて来るげんを待っていたようなものだから、舟《ふね》はすいと岸を離《はな》れた。

　(5)うまく行った、と思ったのは束《つか》の間《ま》だった。犬は土手の上を不可解なようすでうろうろし、地を擦《す》って嗅ぎ、急に鼻をあげて嗅ぎ、たちどまってきっと見、また地を嗅ぎして※5あとがえっている。渡《わた》し場《ば》でうろついているところを牛乳屋に拾われたことが鮮明《せんめい》にきくりと、げんに思いだされていた。犬の、おそらくはまだ記憶《きおく》にあるだろう「人を失った哀しみ」が、そこに実際で、見せられていた。と、犬はとうとう桟橋道を見つけて嗅ぎ下りた。桟橋の端《はし》は水である。水をすかした。船を見た。げんを見た。うおおと細い口を明けて遠吠《とおぼ》えをした。頸《くび》を水すれすれにさげて瀬《せ》を計っている。水勢は突《つ》き出た桟橋

イ　日本の親は少子化が進む社会にあって「家」の役割の重要さを十分にわかっているために、しつけや教育を「家」の中で完《かん》了《りょう》させてしまう傾向《けいこう》が強くなってしまうから。

ロ　日本の親はしつけや教育を「家」のみで行うことには限界を感じてはいるが、日本古来の文化として子どもを育てるという「家」の役割を捨て去ることなどできないから。

ハ　日本の親はしつけや教育を自分たちの「家」だけで完結させようとする文化の中で生きてきたので、そのようなしつけや教育をそのまま子どもに与えようとするから。

ニ　日本の親は社会全体で子どもの教育に関わるという文化を知らないため、しつけや教育は「家」でするものだという社会からの求めに応じないわけにはいかないから。

問8　――線(4)「少しでも長生きしよう、という発想」とありますが、その発想の根底にあるものは何ですか。その説明としてもっとも適切なものを次の**イ**～**ニ**の中から一つ選び、記号で答えなさい。

イ　死ぬという人間のさだめを受け入れ、残された時間を少しでも長く、次の世代の多様性を生かすために使わなければならないという感情。

ロ　多様性を持たせつつ、次の世代、またその次の世代が社会の中で生きていけるように、環境《かんきょう》を整えて育てあげなくてはならないという感情。

ハ　自分の長生きが次の世代の多様性をさまたげる原因となる後ろめたさを和《やわ》らげるために、次の世代が生きるための環境作りを手伝いたいという感情。

ニ　おたがいに多様性を認め合いながら、自分と同じ失敗を繰《く》り返さないような社会基盤を作っていけるように次の世代を支えていきたいという感情。

問9　この文章の内容や論の進め方の説明としてもっとも適切なものを次の**イ**～**ニ**の中から一つ選び、記号で答えなさい。

イ　有性生殖による多様性の確保は社会生活を営むヒトにとって不可欠なものであることを説明したうえで、子どもの個性は親の死と多様性を重視した教育によって育まれるから、親以外の大人が長生きして子育てに関わる必要があると論じている。

ロ　多様性の獲得には有性生殖が必要であることを説明したうえで、子どもは親より多様性に満ちている優秀な存在であるから、親や年長の世代は長生きして優秀さを損なわない教育を子どもたちに等しく与えていかなければならないと論じている。

ハ　有性生殖による多様性の獲得と死との関係を説明したうえで、ヒトのような高度な社会を営む生物は遺伝的な多様性を損なわない教育が必要となるので、年長者が少しでも長生きして次の世代を育てていかなければならないと論じている。

ニ　多様性の獲得には有性生殖による進化が必要なことを説明したうえで、ヒトの進化のためには親の死の経験や社会を理解するための教育が必要なので、年長者がその大役を引き受けるために長生きする必要があると論じている。

二

次の文章は、幸《こう》田《だ》文《あや》が一九五六(昭和三一)年に発表した小説「町の犬」の一節です。「げん」は女性の名前、「フェス」はめす犬の名前です。これを読んで、あとの問いに答えなさい。

雀《すずめ》ばかりでない、このうちへはちょいちょいよその犬の訪問があるが、それらへも寛大だった。久しく飼犬《かいいぬ》がいなかったので、どこの犬にでもお菓子《かし》くらい投げてやるのを彼等《かれら》はおもいだし、ときどきやって来るのだ。そうした犬くぐりが裏の垣根《かきね》には二つ三つできていたし、いう発想が出てきます。

死ぬこと自体はプログラムされていて逆らえませんが、年長者が少しでも元気に長生きして、次世代、次々世代の多様性の実現を見届け、そのための社会基盤《きばん》を作る雑用を多少なりとも引き受けることは、社会全体にとってプラスとなります。ですので、長生き願望は決して利己的ではなく、当然の感情です。またヒトの場合、長生き願望は死に対する恐怖《きょうふ》という側面もありますが、その恐怖の根源には、しっかりと次世代を育てなければならない、という生物学的な理由があります。最低でも、子供がある程度大きくなるまでは頑張って生きないといけないのです。

（小林武彦《たけひこ》『生物はなぜ死ぬのか』より。
出題にあたり、文章の構成を一部改めました。）

（注） **※1** マイナー…規模が小さいこと。

※2 有性生殖…哺乳類などに見られる、卵が受精することによって子孫を残していく方法。

※3 コンセプト…考え。

※4 ビジョン…未来の見通し。

※5 感情の動物…筆者はヒトが進化する過程の中で、同情したり共感したりする能力を、他の動物よりも抜きん出て強く獲得していったと考えていることから生まれた表現。

問1 ＝線①・②のカタカナを漢字に直しなさい。

問2 ――線(1)「進化は結果であり目的ではない」とありますが、これはどのようなことについて述べたものですか。その説明としてもっとも適切なものを次の**イ**～**ニ**の中から一つ選び、記号で答えなさい。

イ 有性生殖という仕組みを獲得した生物が子孫の多様性を生み出して生物界において生き残ってきたということを述べている。

ロ 子孫の多様性を獲得するために有性生殖という仕組みをうまく作り変えて自然界の中で生き続けてきたということを述べている。

ハ 有性生殖という仕組みを見つけ出した生物が子孫の多様性を獲得して他の生物との生存競争を勝ちぬいてきたということを述べている。

ニ 子孫の多様性を生み出すために有性生殖の仕組みを完成させた生物が新たな進化をとげて世界中で今も生きているということを述べている。

問3 A・Bにあてはまる言葉をそれぞれ**漢字一字**で答えなさい。

問4 ――線(2)「親は進化の過程で、子より早く死ぬべくプログラムされている」とありますが、その理由を説明した次の文の□にあてはまる言葉を本文中から**十七字**でぬき出して答えなさい。（句読点・記号等も字数に数えます。）

□から。

問5 Ⅰ・Ⅱにあてはまる言葉としてもっとも適切なものを次の**イ**～**ヘ**の中から一つずつ選び、それぞれ記号で答えなさい。

イ もし　**ロ** また　**ハ** そして
ニ しかし　**ホ** あるいは　**ヘ** そのうえ

問6 □にあてはまる言葉としてもっとも適切なものを次の**イ**～**ニ**の中から一つ選び、記号で答えなさい。

イ 単一的　**ロ** 積極的　**ハ** 効率的　**ニ** 利己的

問7 ――線(3)「親にはできない個性の実現」とありますが、「親にはできない」のはなぜですか。その理由としてもっとも適切なものを次の**イ**～**ニ**の中から一つ選び、記号で答えなさい。

要となってくるのは、親の存在のみならず「子育て（教育）の質」です。これは「社会の質」と言ってもいいかもしれません。

ここまでを一旦《いったん》整理します。

生物は、常に多様性を生み出すことで生き残ってきました。有性生殖はそのための手段として有効です。親は子孫より多様性の点で劣《おと》っているので、子より先に死ぬようにプログラムされています。ただ、死ぬ時期は生物種によって異なります。大型の哺乳動物は大人になるまで時間がかかるため、その間、親の長期の保護が必要となります。ヒト以外の大型哺乳動物、例えばゾウなども、生きる知恵《ちえ》を、親を含めた集団（コミュニティ）から学びます。

このような生物学の死の意味から考えると、ヒトの場合、親や学校なども含めたコミュニティが、子供に何を教えるべきか自《おの》ずと見えてきます。まず、必要最小限の生きていくための知恵と技術を伝えるのは当然です。昔で言うところの「読み・書き・そろばん」で、現代の義務教育の教科になります。これは社会のルールを理解し、協調して生活するための最低限必要な教育です。

ここからが重要ですが、次に子供たちに教えないといけないのは、せっかく有性生殖で作った遺伝的な多様性を損《そこ》なわない教育です。ヒトの場合には、多様性を「個性」と言い換えてもいいと思います。親や社会は、既存《きそん》の枠《わく》にとらわれないようにできるだけ多様な選択肢《せんたくし》を与《あた》えること、つまりは［　　］な尺度で評価をしないことです。

加えて、この個性を伸《の》ばすためには親以外の大人の存在が、非常に重要になってきます。自分の子供がいなくても、自分の子供でなくても。社会の一員として教育に積極的にかかわることは、⑶親にはできない個性の実現に必須《ひっす》です。特に日本は、②デントウ的に「家」を重んじ、しつけや教育をそこで完結させる文化があります。子供が小さいときには、基本はそれでいいのですが、個性が伸び始める中学・高校生くらいからは積極的にたくさんの「家の外のいい大人」と関わらせるべきです。私は、少子化が進む日本にとって社会全体で多様性を認め、個性を伸ばす教育ができるかどうかが、この国の命運を分けると思っています。

他人と違《ちが》うこと、違う考えを持つことをまず認めてあげないといけませんね。残念なことに日本の教育は、戦後の画一化したものに比べて良くはなっていますが、まだそこまで若者の個性に寛容《かんよう》ではありません。若者が自由な発想で将来の※4ビジョンを描《えが》ける社会が、本当の意味で強い社会になります。

正直に言って、個性を伸ばす教育というものは、ともすれば型にはまらないことを良しとする教育なので難しいです。それを達成するための一番簡単で効率的な方法は、「本人に感じさせること」でしょう。親やコミュニティが自ら見本を見せることです。また、親の世代も含めた社会全体で多様性（個性）を認め合うことが大切です。「君は君らしく生きればいいよ、私がやってきたみたいにね」という感じです。子供の個性の実現を見て、親はその使命を終えることができるのです。

補足ですが、個性的であることを強要するのは、違います。何が個性か、何が正解かは、誰《だれ》も答えを知らないのです。それが多様性の一番の強みであり、予測不可能な未来を生きる力なのです。

こうしてお話ししてきたように、ヒトのように社会を持つ生き物は、まず社会を生き抜く作法を覚える必要があり、教育に時間がかかります。そのため、どうしても教育する側の親やコミュニティの年長者は簡単には死ねません。加えて先にお話ししましたが、ヒトは悲しみを共有する「※5感情の動物」であり、死にたくはないと思うものなのです。それでアンチエイジング、つまり⑷少しでも長生きしよう、と

二〇二二年度 東邦大学付属東邦中学校

【国　語】〈後期試験〉（四五分）〈満点：一〇〇点〉

[一] 次の文章を読んで、あとの問いに答えなさい。

多様性を生み出す仕組みについてですが、体の構造が複雑になると、生命誕生時に行われていたような、偶然《ぐうぜん》に任せてバラバラにして組み直すようなフルモデルチェンジは、マイナス面のほうが大きくなりました。もっと巧《たく》みな方法で、ある程度変化を抑《おさ》えつつ多様性を確保する※1マイナーなチェンジが必要です。

そこで登場したのが、オスとメスがいる「性」という仕組みです。性の目的は※2有性生《せいしょく》殖です。（中略）有性生殖は、マイナーチェンジの多様性を生み出すために進化した仕組みです。本書的に言うと、(1)進化は結果であり目的ではないので、有性生殖が多様性を生み出すのに有効だったから、この仕組みを持つ生物が選択《せんたく》されて生き残ってきたということになりますね。生物のほとんどがこの有性生殖の仕組みを[A]なり[B]なり取り入れています。

（中略）

さて本題に戻《もど》り、この性による多様性の獲《かく》得と死なければいけない理由の関係です。

ここからは私の考えですが、生物の成り立ちは「変化と選択」による進化の賜物《たまもの》であるとお話ししてきました。性に関しては、卵・精子・胞子《ほうし》などの配偶子の形成および接合や受精が「変化」を生み出します。

一方「選択」は、もちろん有性生殖の結果生み出される多様な子孫に対して起こりますが、実は子孫だけではなく、その選択される対象に、それらを生み出した「親」も含《ふく》まれているのです。つまり親は、死ぬという選択によってより一族の変化を加速するというわけです。

当然ですが、子供のほうが親よりも多様性に満ちており、生物界においてはより価値がある、つまり生き残る可能性が高い「優秀《ゆうしゅう》な」存在なのです。言い換《か》えれば、親は死んで子供が生き残ったほうが、種を維持《いじ》する戦略として正しく、生物はそのような多様性重視の※3コンセプトで生き抜《ぬ》いてきたのです。

となると、極端《きょくたん》な話、子孫を残したら親はとっとと死んだほうがいいということにもなります。(2)親は進化の過程で、子より早く死ぬべくプログラムされているわけです。

ご存じのように、確かにそのような生き物はたくさんいます。前にお話ししたサケなどはまさにそうですね。サケは川の最上流まで頑張《がんば》って行って、そこで卵さえ産めば「親はすぐ死ぬ」でいいのです。昆《こん》虫《ちゅう》などの多くの小動物は、サケ同様、子孫に命をバトンタッチして「あとはお任せします」といった具合に死んでいきます。

[Ⅰ]、例えばヒトのような、子供を産みっぱなしにできない生き物の親は、そう単純ではありません。自分たちよりも（多様性に富んでいるという意味で）優秀な子孫が独り立ちできるようになるまでは、しっかり世話をする必要があります。つまり子育ては、遺伝的多様性と同程度に重要ということになります。

ヒトのような高度な社会を持つ生き物は、単なる保護的な子育てに加えて社会の中で生き残るための教育が重要です。そのために、親は元気に長生きしないといけません。親だけではなく、祖父母や社会（コミュニティ）も教育、子育てに関わります。ですのでヒトの場合は、親や祖父母の元気さ、加えて周りのサポートが大切になってきます。

ヒトのみならず、大型の哺乳類《ほにゅうるい》は成長して①ジカツするまで親やコミュニティの保護が必要なので、基本的には同じです。[Ⅱ]重

2022年度

東邦大学付属東邦中学校 ▶解　答

※　編集上の都合により，後期試験の解説は省略させていただきました。

算　数　＜後期試験＞（45分）＜満点：100点＞

解　答

[1] (1) $\frac{3}{8}$　(2) 32　[2] (1) 4人　(2) 8cm　(3) 125　(4) 49：24：19　[3] (1) 24人　(2) 20人　[4] (1) 1：2　(2) 6：5　[5] (1) 51枚　(2) 8回　(3) 90枚　[6] (1) 5回　(2) $15cm^2$　(3) $80cm^3$　[7] (1) 9通り　(2) 74通り

社　会　＜後期試験＞（30分）＜満点：50点＞

解　答

[1] 問1　あ　とかち　い　のうび　問2　ウ　問3　イ　問4　千葉県　オ　京都府　エ　問5　農作物　ウ　都道府県　キ　問6　14　問7　エ　[2] 問1　ア　問2　オ　問3　エ　問4　ウ　問5　ウ　問6　オ　問7　イ　[3] 問1　(1) ウ　(2) C　問2　イ，ウ　問3　(1) エ　(2)（例）車いすに乗った子ども　問4　(1) エ　(2) ウ

理　科　＜後期試験＞（30分）＜満点：50点＞

解　答

[1] 45km　[2] (1) 2　(2) 5　(3) 200個　[3] (1) 26℃　(2) 200mL　(3) 7分30秒　[4] (1) 1.1g　(2) 3.2g　(3) 2.8g

国　語　＜後期試験＞（45分）＜満点：100点＞

解　答

[一] 問1　下記を参照のこと。　問2　イ　問3　A　大　B　小　問4　親は子孫より多様性の点で劣っている　問5　Ⅰ　ニ　Ⅱ　ハ　問6　イ　問7　ハ　問8　ロ　問9　ハ　[二] 問1　a　イ　b　ニ　問2　ニ　問3　ロ　問4　ロ　問5

（例）勢いよく走り出しずっと先に行く　**問6**　はぐらかした　**問7**　イ　**問8**　ハ
問9　ハ

●漢字の書き取り

一　**問1**　①　自活　②　伝統

Memo

Memo

2021年度　東邦大学付属東邦中学校

〔電　話〕(047) 472－８１９１
〔所在地〕〒275-8511　千葉県習志野市泉町２－１－37
〔交　通〕京成電鉄－「京成大久保駅」より徒歩10分
JR総武線－「津田沼駅」よりバス15分

※　推薦は算数・社会・理科・国語を，帰国生は算数・英語・国語を受験します。

【算　数】〈推薦・帰国生試験〉（45分）〈満点：100点〉

1　次の □ にあてはまる最も適当な数を答えなさい。

(1)　$\left\{4.8-\left(1.4-\frac{1}{8}\right)\times\frac{4}{3}\right\}\div 2\frac{4}{5}+\frac{11}{28}=\square$

(2)　$5-\left(1\frac{7}{8}\div\square\right)\times 1\frac{17}{20}=2\frac{3}{16}$

2　次の問いに答えなさい。

(1)　現在，父は42才，母は38才，３人の子どもはそれぞれ13才，11才，６才です。父と母の年齢の合計と３人の子どもの年齢の合計の比が３：２となるのは何年後か求めなさい。

(2)　右の図のように平らな面の上に高さ36cmの棒があり，その先端《せんたん》に照明がついています。また照明のついた棒から離《はな》れた所に長方形ABCDがあり，AB＝24cm，BC＝9cmです。

このとき，長方形ABCDによって影《かげ》になっている部分の面積を求めなさい。ただし，照明のついた棒と長方形は平らな面に垂直に立てられており，ABとOBは垂直です。

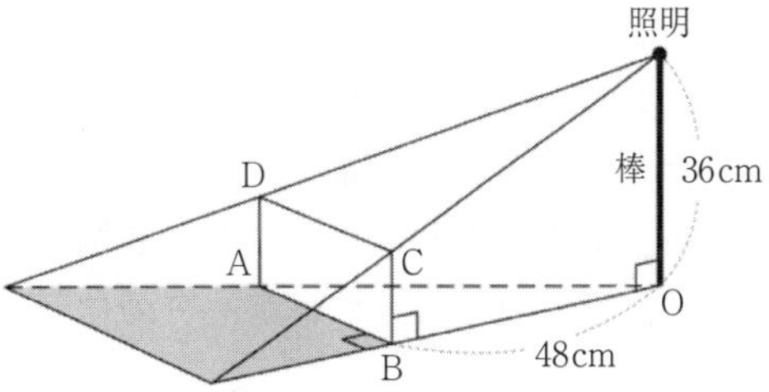

(3)　店Aと店Bでは同じ種類の牛肉を売っています。店Aではこの牛肉を100ｇあたり450円で売っていますが，500ｇ以上買うと500ｇをこえた分は３割引きになります。店Bではこの牛肉を100ｇあたり360円で売っています。この牛肉を □ ｇ買うと，店Aの金額と店Bの金額は同じになります。

□ にあてはまる最も適当な数を答えなさい。ただし，消費税は考えないものとします。

(4)　赤色，白色，黄色，青色の箱が１つずつと，赤色，白色，黄色，青色のボールが１個ずつあります。１つの箱に１個のボールを入れるとき，どの箱も入れたボールの色と箱の色が異なるようにします。このような入れ方は何通りあるか求めなさい。

3　A，B，C，Dの４つの食塩水があります。３％の食塩水Aが50ｇ，５％の食塩水Bが50ｇ，濃度のわからない食塩水Cが200ｇ，２％の食塩水Dが60ｇあります。

このとき，次の問いに答えなさい。

(1)　食塩水Aを50ｇと食塩水Bを50ｇ混ぜ合わせてできる食塩水の濃度を求めなさい。

(2)　(1)で作った食塩水を100ｇと食塩水Cを200ｇ混ぜ合わせました。そのうちの120ｇと食塩水Dを60ｇ混ぜ合わせたところ，濃度が８％になりました。はじめの食塩水Cの濃度を求めなさい。

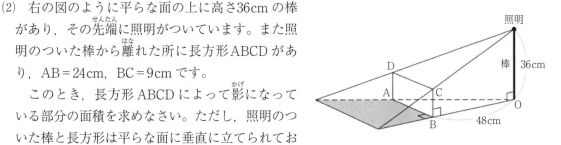

4　1辺10cmの立方体Mがたくさんあります。これらの立方体Mを次の《決まり》にしたがって1個ずつ直方体の形をした水そうの中にしずめていきます。

> 《決まり》
> 　水そうの底面と立方体Mの底面が重なるように1個目の立方体Mをしずめます。
> 　2個目からは，1つ前にしずめた立方体Mの上の面に重なるようにしずめます。

【図1】のように水そうに110cmの高さまで水が入っています。《決まり》にしたがってこの水そうに1個目の立方体Mをしずめると水面が8cm上昇します。

このとき，次の問いに答えなさい。

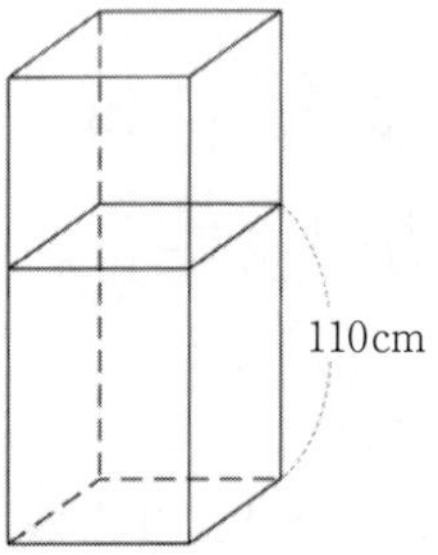

【図1】

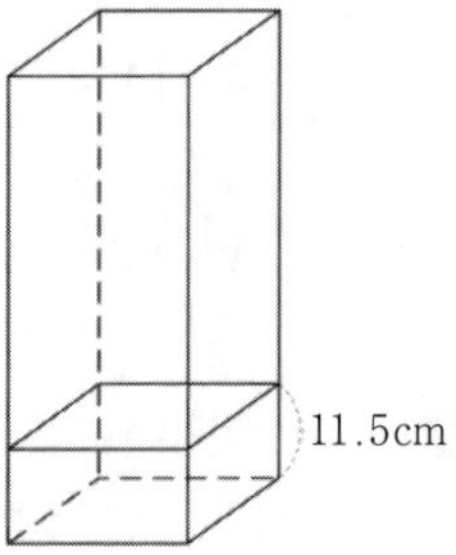

【図2】

(1)　《決まり》にしたがって【図1】の水そうに立方体Mを全部で6個しずめても水はあふれませんでしたが，7個目の立方体Mをしずめたところ，$750cm^3$だけ水があふれました。水そうの深さを求めなさい。

(2)　(1)のあとに一度水そうの中の水と立方体Mをすべて取り除き，【図2】のようにあらためて水そうに11.5cmの高さまで水を入れました。《決まり》にしたがってこの水そうに立方体Mを6個しずめようとしたところ，6個目の立方体Mの一部は水面から出ていました。

この水面から出ていた部分の体積を求めなさい。

5　右の図のような正方形ABCDに，辺AD上に点E，辺AB上に点F，辺CD上に点Gがあります。四角形BCGFと四角形EHGFは辺GFで折り返すと重なります。また，辺CDと辺EHが交わる点をI，辺BDと辺EHが交わる点をJ，辺BDと辺FGが交わる点をKとします。

AE，EF，FAの長さがそれぞれ6cm，10cm，8cmのとき，次の問いに答えなさい。

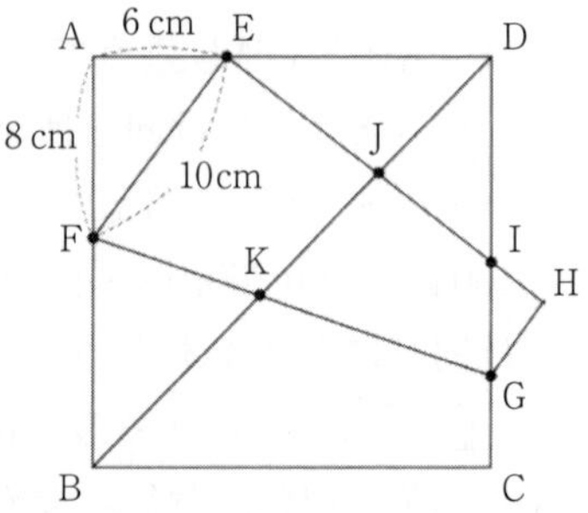

(1)　EIの長さを求めなさい。

(2)　四角形EHGFの面積を求めなさい。

(3)　BK：KJ：JDを最も簡単な整数の比で表しなさい。

6　整数AとBについて，<A，B>は整数AとBの共通な約数の個数を表します。

例えば，<4，8>=3です。

このとき，次の問いに答えなさい。

(1)　下の式の□にあてはまる最も適当な数を求めなさい。

<42，140>=□

(2)　<X，72>=1となる整数Xのうち，1以上72未満の整数Xの個数を求めなさい。

7　【図１】のような，横に並んだ６つのボタンⒶ，Ⓑ，Ⓒ，Ⓓ，Ⓔ，Ⓕがついている機械があります。

この機械は，あるボタンを押すと，そのボタンを押した回数がとなりのボタンの下に１ずつ足されて表示されます。

例えば，【図２】は【図１】の状態からボタンⒹを１回押したあとの状態で，【図３】は【図１】の状態からボタンⒶとⒸとⒻを１回ずつ押したあとの状態です。

このとき，次の問いに答えなさい。

(1)　【図１】の状態から，機械のボタンをいくつか押したところ，【図４】のように表示されました。

押していないボタンをⒶ，Ⓑ，Ⓒ，Ⓓ，Ⓔ，Ⓕの中からすべて答えなさい。

(2)　【図１】の状態から，機械のボタンをいくつか押したところ，【図５】のように表示されました。

押した回数が最も多いボタンをⒶ，Ⓑ，Ⓒ，Ⓓ，Ⓔ，Ⓕの中から答えなさい。また，押した回数も答えなさい。

(3)　【図５】の状態のあと，ボタン１つがこわれてしまい，そのボタンを１回押すたびにとなりのボタンの下に２ずつ足されて表示されるようになってしまいました。そのボタンがこわれたまま，機械のボタンをいくつか押したところ，【図６】のように表示されました。

こわれてしまったボタンをⒶ，Ⓑ，Ⓒ，Ⓓ，Ⓔ，Ⓕの中から答えなさい。また，【図５】の状態のあとからこわれたボタンを押した回数を答えなさい。

機械

Ⓐ	Ⓑ	Ⓒ	Ⓓ	Ⓔ	Ⓕ
0	0	0	0	0	0

【図１】

機械

Ⓐ	Ⓑ	Ⓒ	Ⓓ	Ⓔ	Ⓕ
0	0	1	0	1	0

【図２】

機械

Ⓐ	Ⓑ	Ⓒ	Ⓓ	Ⓔ	Ⓕ
0	2	0	1	1	0

【図３】

機械

Ⓐ	Ⓑ	Ⓒ	Ⓓ	Ⓔ	Ⓕ
1	1	1	1	1	1

【図４】

機械

Ⓐ	Ⓑ	Ⓒ	Ⓓ	Ⓔ	Ⓕ
13	24	24	23	24	14

【図５】

機械

Ⓐ	Ⓑ	Ⓒ	Ⓓ	Ⓔ	Ⓕ
30	41	56	48	52	29

【図６】

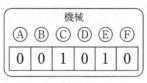

【社　会】〈推薦試験〉（30分）〈満点：50点〉

〈編集部注：実物の入試問題では，すべての図と写真がカラー印刷です。〉

1　日本の地理に関する次の各問いに答えなさい。

問１　北緯《ほくい》40度について，次の(1)・(2)の各問いに答えなさい。なお，北緯40度線は，秋田県の八《はち》郎潟干拓《ろうがたかんたく》地を通る。

(1)　ほぼ北緯40度線に沿って示される地形断面図としてもっともあてはまるものを，次の**ア**～**エ**から１つ選び，記号で答えなさい。ただし，水平距離《きょり》に対して垂直距離は約20倍で表現している。

ア.

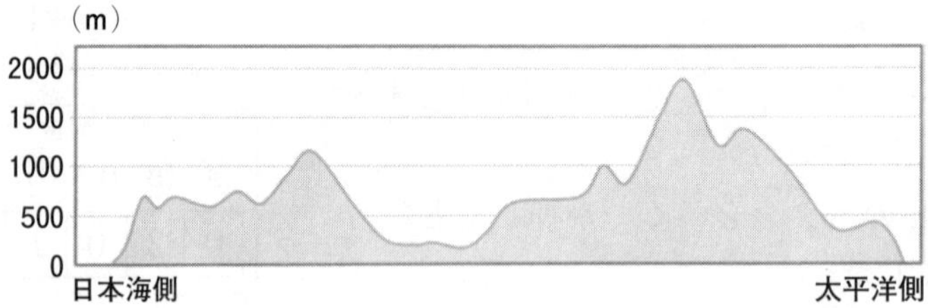

イ.

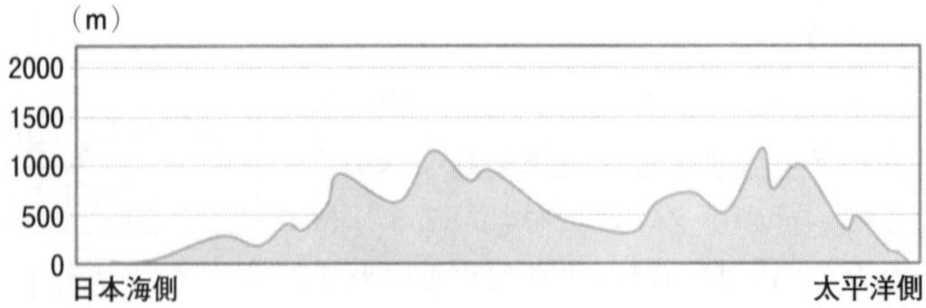

ウ.

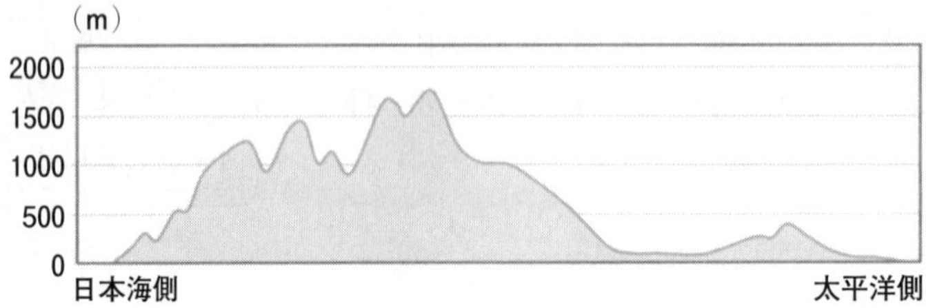

エ.

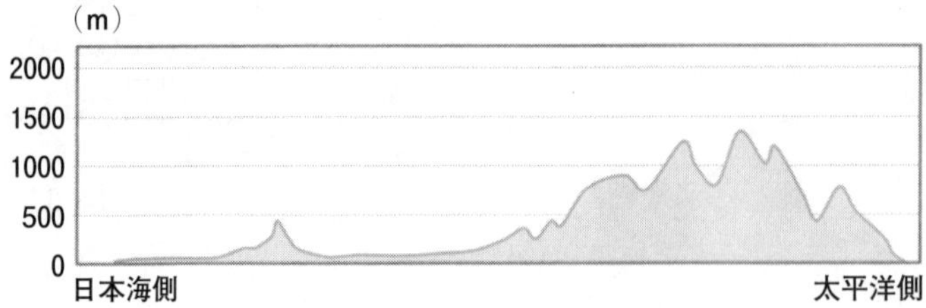

国土地理院「地理院地図」により作成。

(2) 次の地形図は，北緯40度付近の太平洋側にみられる普代《ふだい》村のものである。また，右下の写真は，図中にある普代水門である。普代水門の果たす役割について述べた，あとの二重線内の文中の □ にあてはまる語句を，**ひらがな**で答えなさい。

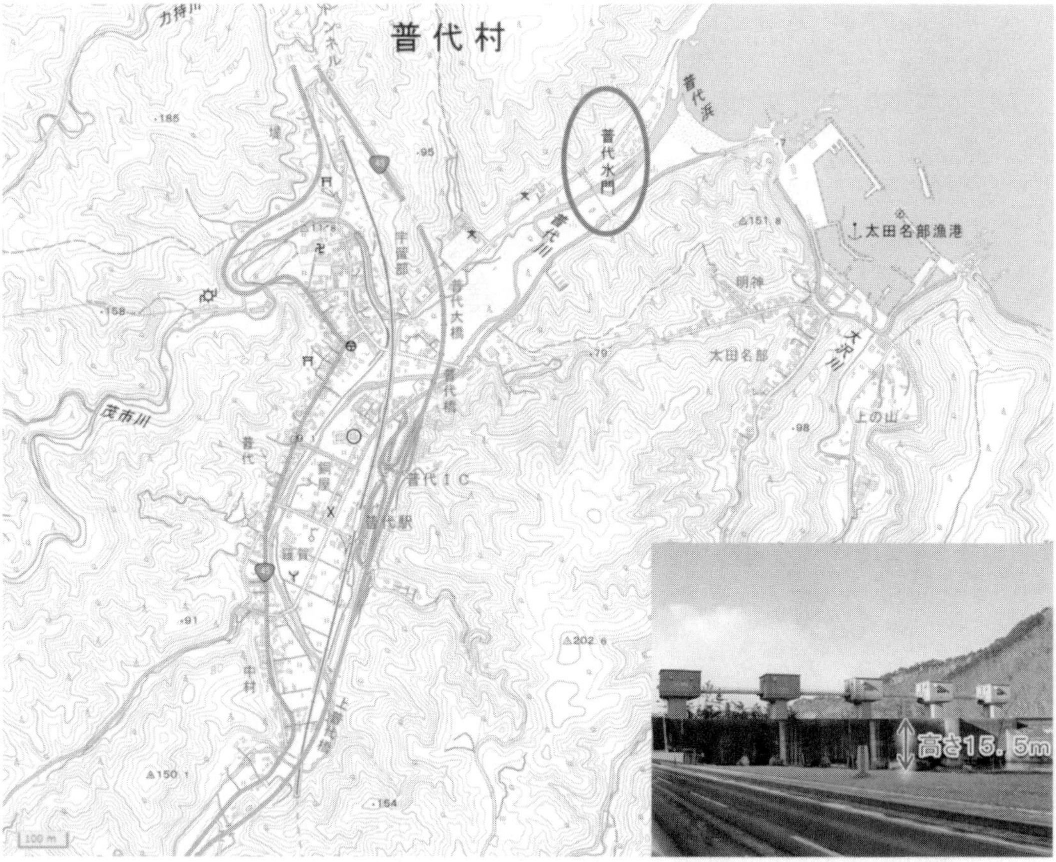

国土地理院「地理院地図」により作成。

> 普代水門は，□ の被害《ひがい》を防ぐ役割のために設置された施設《しせつ》である。

問２ 台風などで風水害の被害を首都圏《しゅとけん》でも受けることがある。都市化が進行した地域ではビルが林立し，舗装《ほそう》道路が整備されるなど多くのところでコンクリートやアスファルトなどに覆《おお》われ，あふれた水が地面に浸透《しんとう》せず直接河川《かせん》に流入することによるはんらんが心配されてきた。このような洪水《こうずい》を防ぐための対策として，河川の上流でみられる谷を利用したダムの設置や堤防《ていぼう》の設置・拡張以外に有効と思われることがらを**１つ**答えなさい。

問３ 鹿児島県，静岡県，福井県の県庁所在地は，いずれも同じ程度の年降水量である。しかし，雨の降る季節の違《ちが》いなどによって，１年間の平均降水日数は違いがみられる。次のページの**図**は，**１年間の平均日照時間**を都道府県別に示している。この**図**を参考にして，３つの県と平均降水日数との組み合わせとして正しいものを，あとの**ア～カ**から１つ選び，記号で答えなさい。なお，ここにあげている統計は，いずれも2009～2018年の平均値である。

図　1年間の平均日照時間

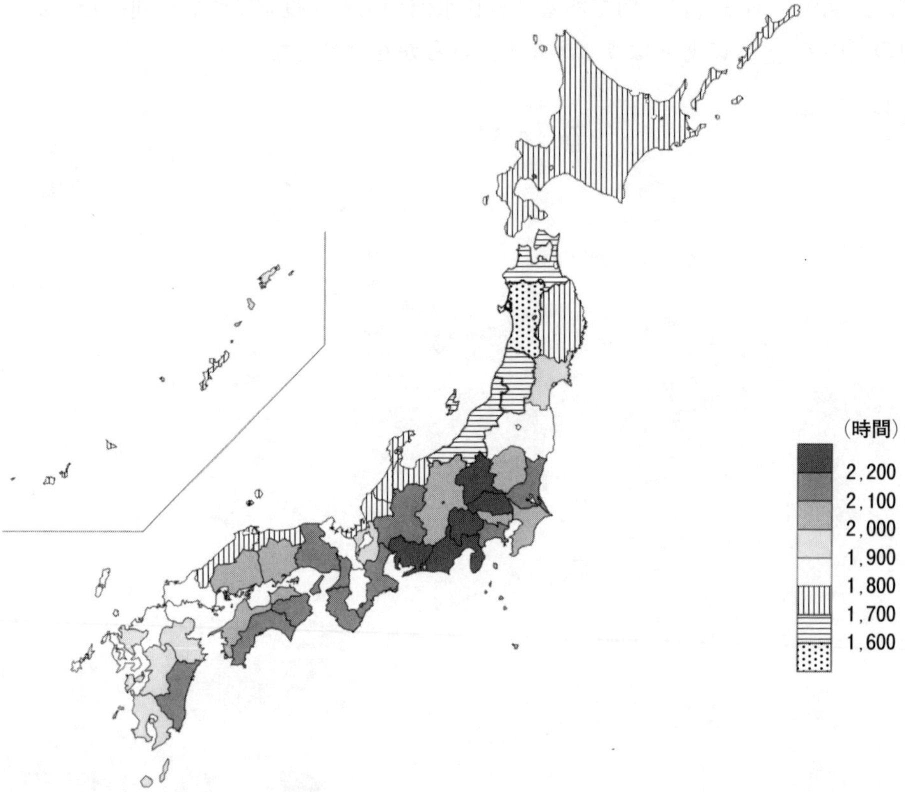

「総務省HP」により作成。

	ア	イ	ウ	エ	オ	カ
鹿児島県	174日	174日	125日	125日	105日	105日
静岡県	125日	105日	174日	105日	174日	125日
福井県	105日	125日	105日	174日	125日	174日

「総務省 HP」により作成。

問4　次の二重線内の文は，四国4県のいずれかについて説明したものである。また，あとの表は，四国4県における米，小麦，なす，みかんの収穫《しゅうかく》量を示したものである。二重線内で説明されている県のものとして正しいものを，表中の**ア**～**エ**から1つ選び，記号で答えなさい。

> 県庁所在地における年降水量(1981～2010年の平均値)は4県中2番目に多く，県の東に開けた平野部を中心に農業が行われている。

(t)

	米	小麦	なす	みかん
ア	53600	198	7370	12000
イ	59900	6480	1760	11700
ウ	69200	666	3510	120300
エ	50700	11	41700	6600

統計年次は2017年。
「中国四国農政局 HP」により作成。

問５　次の表は，東京都，北海道，山形県について，自動車，ルームエアコン，パソコン，太陽光発電システムの，二人以上の世帯における千世帯あたりの所有数と都道府県中の順位を示したものである。表中の**あ**～**う**にあてはまる都道府県の組み合わせとして正しいものを，あとの**ア**～**カ**から１つ選び，記号で答えなさい。

都道府県	自動車		ルームエアコン		パソコン		太陽光発電システム	
	台	順位	台	順位	台	順位	台	順位
あ	2111	1	2471	37	1350	15	37	39
い	1325	40	344	47	1233	29	18	47
う	665	47	2820	28	1570	1	35	41

統計年次は2014年。総務省「統計でみる都道府県のすがた2020」により作成。

	ア	イ	ウ	エ	オ	カ
東京都	**あ**	**あ**	**い**	**い**	**う**	**う**
北海道	**い**	**う**	**あ**	**う**	**あ**	**い**
山形県	**う**	**い**	**う**	**あ**	**い**	**あ**

問６　次の図は，都道府県別の製造品出荷《しゅっか》額《がく》等割合を示したものであり，図中の**a**～**d**は群馬県，千葉県，東京都，北海道のいずれかである。図中の**あ**・**い**にあてはまるものの組み合わせとして正しいものを，あとの**ア**～**カ**から１つ選び，記号で答えなさい。

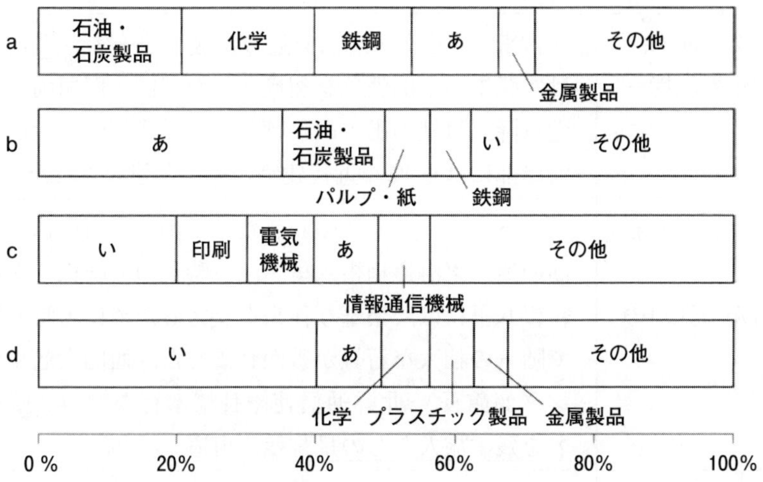

統計年次は2017年。『データでみる県勢2020年版』により作成。

	ア	イ	ウ	エ	オ	カ
あ	せんい	せんい	輸送用機械	輸送用機械	食料品	食料品
い	輸送用機械	食料品	せんい	食料品	せんい	輸送用機械

2 文化庁は令和元年度までに83の※日本遺産を認定《にんてい》しています。次の表は，７つの日本遺産についてまとめたものです。これを見て，あとの各問いに答えなさい。

タイトル	ストーリーの概要《がいよう》
かかあ天下 ―ぐんまの絹物語―	古くから絹産業の盛《さか》んな上州では，女性が①養蚕・製糸・織物で家計を支え，近代になると，製糸工女や織手としてますます女性が活躍《かつやく》した。(略)
「なんだ，コレは！」 信濃川《しなのがわ》流域の火焔《かえん》型土器と雪国の文化	日本一の大河・信濃川の流域は，8,000年前に気候が変わり，世界有数の雪国となった。この雪国から5,000年前に誕生した「火焔型土器」は大仰《おおぎょう》な４つの突起《とっき》があり，②縄文《じょうもん》土器を代表するものである。(略)
“日本最大の海賊《かいぞく》”の本拠《ほんきょ》地： 芸予《げいよ》諸島 ―よみがえる③村上海賊“Murakami KAIZOKU”の記憶《きおく》―	戦国時代，宣教師ルイス・フロイスをして“日本最大の海賊”と言わしめた村上海賊（略）は掟《おきて》に従って航海の安全を保障し，瀬戸内海《せとないかい》の交易・流通の秩序《ちつじょ》を支える海上活動を生業《なりわい》とした。(略)
荒波《あらなみ》を越《こ》えた男たちの夢が紡《つむ》いだ異空間 ―④北前船《きたまえぶね》寄港地・船主集落―	日本海や瀬戸内海沿岸には，山を風景の一部に取り込《こ》む港町が点々とみられます。(略) これらの港町は，荒波を越え，(略) 各地に繁《はん》栄をもたらした北前船の寄港地・船主集落で…。(略)
関門“ノスタルジック”海峡《かいきょう》 ―時の停車場，近代化の記憶―	古来より陸上・海上交通の要衝《ようしょう》であった⑤関門地域は，幕末の下関戦争を契機《けいき》とした下関・門司両港の開港以降，海峡の出入口には双子《ふたご》の洋式灯台が設置され，沿岸部には重厚《じゅうこう》な近代建築が続々と建設された。(略)
旅人たちの足跡《あしあと》残る悠久《ゆうきゅう》の石《いし》畳《だたみ》道 ―箱根八里で辿《たど》る遥《はる》かな江戸の旅路―	『天下の険《けん》』と歌に唄《うた》われた箱根山を東西に越える一筋の道，東海道箱根八里。江戸時代の大幹線であった箱根八里には，繁華《はんか》な往来を支えるために当時の日本で随《ずい》一の壮大《そうだい》な石畳が敷《し》かれました。西国大名やオランダ商館長，朝鮮《ちょうせん》通信使や長崎奉行《ぶぎょう》など，⑥歴史に名を残す旅人たちの足跡残る街道《かいどう》…。(略)
知ってる⁉　悠久の時が流れる石の島 ―海を越え，日本の礎《いしずえ》を築いたせとうち備讃《びさん》諸島―	せとうち備讃諸島の花崗《かこう》岩と石切り技術は長きにわたり日本の建築文化を支えてきた。日本の近代化を象《しょう》徴《ちょう》する⑦西洋建築，また古くは近世城郭《じょうかく》の代表である大坂城の石垣《いしがき》など，日本のランドマークとなる建造物が，ここから切り出された石で築かれている。(略)

「文化庁 HP」により作成。

〔語句解説〕

※日本遺産…文化庁が，地域の歴史的魅力《みりょく》や特色を通じて我《わ》が国の文化・伝統を語るストーリーを日本遺産として認定している。

問１　下線部①について，蚕のえさとして栽培《さいばい》される植物を，**ひらがな**で答えなさい。

問２　下線部②について，次の二重線内の**a**～**c**の文は，縄文土器について述べたものである。その正誤の組み合わせとして正しいものを，あとの**ア**～**ク**から１つ選び，記号で答えなさい。

> **a**．縄文土器は，縄文時代を通じて形状は一定で，縄目《なわめ》模様がつけられていた。
> **b**．縄文土器は，窯《かま》を使って焼き上げられていたため，かたく丈夫《じょうぶ》な土器である。
> **c**．縄文土器は，食料の貯蔵や煮炊《にた》きに用いられた。

	ア	イ	ウ	エ	オ	カ	キ	ク
a	正	正	正	正	誤	誤	誤	誤
b	正	正	誤	誤	正	正	誤	誤
c	正	誤	正	誤	正	誤	正	誤

問３　下線部③に関して，村上海賊と同じように瀬戸内海を舞台《ぶたい》に海賊行為《こうい》を行った人物と関連したことがらの組み合わせとして正しいものを，次の**ア**～**エ**から１つ選び，記号で答えなさい。

ア．紀貫之《きのつらゆき》－土佐国《とさのくに》の国司　　**イ**．平清盛－厳島《いつくしま》神社
ウ．藤原純友《ふじわらのすみとも》－伊予国《いよのくに》の国司　　**エ**．源頼朝《よりとも》－大宰府《だざいふ》の長官

問４　下線部④について，北前船とは江戸時代に蝦夷地《えぞち》と大坂(大阪)を結んで，物流に携《たずさ》わっていた船である。次の二重線内の**a**～**d**の文は，日本の商品の物流に関して述べたものである。このうち，正しいものが２つある。その組み合わせとして適しているものを，あとの**ア**～**カ**から１つ選び，記号で答えなさい。

> **a**．縄文時代には，産地が限られる黒曜石《こくようせき》が，広く流通していた。
> **b**．奈良時代には，多くの商品が都に運ばれ，和同開珎《わどうかいちん》と交換《こうかん》されていた。
> **c**．室町時代には，近江国《おうみのくに》の馬借《ばしゃく》という運送業者が都に物資を運んだ。
> **d**．江戸時代には，西回り航路・東回り航路が整備され，全国の商品が江戸に集中した。

ア．**a**と**b**　　**イ**．**a**と**c**　　**ウ**．**a**と**d**
エ．**b**と**c**　　**オ**．**b**と**d**　　**カ**．**c**と**d**

問５　下線部⑤について，関門地域でおこったできごとを述べた次の二重線内の文**a**～**d**を，年代の古い順に並べたものとして正しいものを，あとの**ア**～**ク**から１つ選び，記号で答えなさい。

> **a**．官営八幡《やはた》製鉄所が操業を開始した。
> **b**．長州藩《はん》が関門海峡を通過する外国船を砲撃《ほうげき》した。
> **c**．日清戦争の講和条約が下関で結ばれた。
> **d**．第二次長州征討《せいとう》において，小倉《こくら》で幕府軍と長州藩が戦った。

ア．**a**→**c**→**b**→**d**　　**イ**．**a**→**c**→**d**→**b**　　**ウ**．**c**→**a**→**b**→**d**
エ．**c**→**a**→**d**→**b**　　**オ**．**b**→**d**→**a**→**c**　　**カ**．**b**→**d**→**c**→**a**
キ．**d**→**b**→**a**→**c**　　**ク**．**d**→**b**→**c**→**a**

問6　下線部⑥に関して，次の**ア～エ**の人物は関東と近畿《きんき》を結ぶ街道を行き来した人物である。彼《かれ》らと関連することがらの組み合わせとして**誤っているものを**，次の**ア～エ**から１つ選び，記号で答えなさい。

ア．兼好《けんこう》法師―『徒然草《つれづれぐさ》』

イ．明治天皇―東京遷都《せんと》

ウ．徳川家光―参勤交代

エ．足利尊氏―花の御所《ごしょ》

問7　下線部⑦について，次の**あ～う**の写真は，日本の近代化を象徴する西洋建築である。これらの西洋建築とその名称《めいしょう》の組み合わせとして正しいものを，あとの**ア～カ**から１つ選び，記号で答えなさい。

あ．

い．

う．

名称	ア	イ	ウ	エ	オ	カ
迎賓館《げいひんかん》赤坂離宮《りきゅう》	あ	あ	い	い	う	う
東京駅	い	う	あ	う	あ	い
日本銀行本店	う	い	う	あ	い	あ

3　次の生徒と先生の会話文を読んで，あとの各問いに答えなさい。

生徒「今年は［　あ　］の大統領選についてのニュースをよく見ました。政党や候補者の特徴を比較《ひかく》するよい機会になりました。ニュースでは，トランプ大統領の政策だけでなく，［　い　］のEU離脱《りだつ》にみられるように，自国のことを第一に考えるような①政治が支持されていると言っていました。」

先生「そのような指導者が，大衆の不満や怒《いか》りの感情などを上手に操作して支持を増やしているね。そのようなやり方をポピュリズムって言うんだよ。」

生徒「政治に不満を持っている大衆が，そのような指導者を選んでいるのですか？」

先生「そう。民主主義の中でそのような政治を生み出してしまうことがあるんだよ。」

生徒「そういえば，ヒトラーも国民に選ばれたと授業で習いました。」

先生「ヒトラーも社会の不安をあおったり，マス・メディアを利用して国民の支持を拡大させたから，ポピュリズムの一例といえるね。［　う　］では，②選挙権が財産や性別などにより制限されない［　え　］選挙の制度が実現した後に，ナチス政権が誕生したんだ。新たに選挙権をもった者の判断が政治に与《あた》えた影響《えいきょう》が大きかったんだね。」

生徒「選挙権の拡大がそんな風に影響することがあるんですね。」

先生「20世紀になって，［　え　］選挙の制度はいろいろな国に普及《ふきゅう》したけど，すべての国でポピュリズムが支持されている訳ではないよ。ただ，ポピュリズムの台頭というのは，近年指《し》摘《てき》されるようになってきているから，気をつけないといけないね。」

生徒「気をつけるって？」

先生「ポピュリズムの手法をとる指導者は，対立する構造をつくるんだ。自分たちを『善』として，自分たちと異なる意見を『悪』として排除《はいじょ》しようとする。そのような政治がどんな結果を生み出すかわかるかな？」

生徒「そうか，自分たちで選んだ指導者の政治が，違う方向に向かってしまうかもしれないってことか。」

先生「そう。国民の不満は，政治だけでなく③経済にも生まれる。しっかりと勉強したり，新聞やニュースを見て関心を持つことはとても大事だね。」

問1　文章中の［あ］～［う］にあてはまる国名を，それぞれ**カタカナ**で答えなさい。

問2　文章中の［え］にあてはまる語句を，**ひらがな**で答えなさい。

問3　下線部①について，日本の政治制度について説明したものとして正しいものを，次の**ア**～**エ**から1つ選び，記号で答えなさい。

ア．内閣は国会に対して連帯して責任を負っているので，内閣総理大臣および各国務大臣は，すべて国会議員の中から選ばれなければならない。

イ．内閣は国会に対して連帯して責任を負っているので，衆議院および参議院はそれぞれ不信任決議案を可決し，内閣を総辞職させることができる。

ウ．内閣の首長である内閣総理大臣は，国務大臣を任命したり，任命した国務大臣をやめさせたりすることができる。

エ．内閣の首長である内閣総理大臣は，国会の指名に基づいて，最高裁判所長官とその他の裁判官を任命する。

問4　下線部②について，2019年の選挙は戦後7回目の「亥年《いどし》選挙」であった。次の二重線内の文は，亥年選挙について説明したものである。文中の[X]～[Z]にあてはまる語句や数字の組み合わせとして正しいものを，あとの**ア**～**カ**から１つ選び，記号で答えなさい。

> [X]年ごとの[Y]通常選挙と，[Z]年ごとの統一地方選挙が，亥年に重なることから，亥年選挙とよばれている。

	X	Y	Z
ア	3	参議院議員	4
イ	4	参議院議員	3
ウ	6	参議院議員	4
エ	3	衆議院議員	4
オ	4	衆議院議員	3
カ	6	衆議院議員	4

問５　下線部③に関して，次の二重線内の文章は，日本の農業に関する新しい動きについて述べたものである。文章中の[W]～[Z]にあてはまる数字を，それぞれ**算用数字**で答えなさい。

> 農業では，農産物を生産する第[W]次産業としてだけでなく，加工品の製造を行う第[X]次産業，さらには第[Y]次産業である販売《はんばい》業や飲食業などを手がける活動までを行う「[Z]次産業化」が注目されている。例えば，桃《もも》の生産者が，桃の販売だけでなく，スイーツやジュースなどに加工して，自ら運営するカフェで提供をするというようなことである。

【理　科】〈推薦試験〉（30分）〈満点：50点〉

1　植物の根の成長について，次の文章ⅠとⅡを読み，あとの(1)～(5)の問いに答えなさい。

Ⅰ．植物の根の成長を調べるため，発芽して根の長さが２cmになったダイコンを用意しました。根の先端《せんたん》から0.5mmごとに表面に印Ａ～Ｅをつけ，時間とともに先端とそれぞれの印の位置がどのように変わるのかを観察しました。

図１は観察を開始してから６時間後までの10本のダイコンについて調べた結果の平均値をまとめたものです。

ダイコンの根は，根の先端から決まった長さの範囲《はんい》内にある伸長域《しんちょういき》と呼ばれる部分が成長することで伸《の》びていきます。伸長域が成長して，この範囲から外れると，外れた部分はほぼ成長しなくなり伸長域ではなくなります。

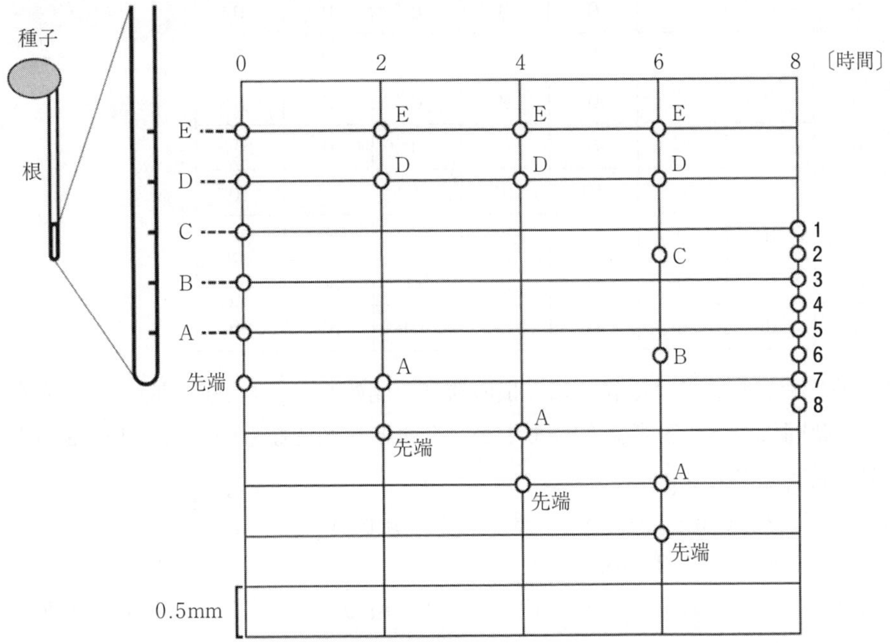

※観察を開始してから２時間後と４時間後の
印Ｂと印Ｃの位置は示していません。

図１　根の先端と印Ａ～Ｅの位置の変化

(1)　次のア～エの文のうち，ダイコンの根の役割を説明したものをすべて選んだ組み合わせとして，もっとも適切なものをあとの**1**～**6**の中から一つ選び，番号で答えなさい。

ア．水を吸収する

イ．肥料の成分を吸収する

ウ．二酸化炭素を吸収する

エ．からだを支える

1．アイ　　**2**．アウ　　**3**．アイウ　　**4**．アイエ　　**5**．アウエ　　**6**．イウエ

(2)　**図１**に示された観察結果から，伸長域は根の先端から何mm～何mmの範囲にあると考えられますか。もっとも適切なものを次の**1**～**6**の中から一つ選び，番号で答えなさい。

1．0～0.5mm　　**2**．0～1.5mm　　**3**．0.5～1.0mm

4．0.5～2.0mm　　**5**．1.0～1.5mm　　**6**．1.0～2.5mm

(3)　8時間後の印Cの位置はどのようになったと考えられますか。もっとも適切なものを**図1**の**1**～**8**の中から一つ選び，番号で答えなさい。

Ⅱ．ダイコンの根の成長を観察していると，根の表面の一部に根毛と呼ばれる細かい毛のようなものが生えました。この根毛は，植物の根の働きにおいて重要な部分です。

文章Ⅰの観察を記録した動画を使い，根毛の生えるようすを調べました。根の表面を根の先端から0.5mmずつの範囲で分け，それぞれの範囲が根毛に何％おおわれているのかを調べました。**表1**は，これを2時間ごとに調べた結果です。

表1　根の表面のうち根毛でおおわれている面積の割合〔％〕

根の先端からのきょり〔mm〕	根の観察を開始してからの時間							
	0時間	2時間	4時間	6時間	8時間	10時間	12時間	14時間
0～0.5	0	0	0	0	0	0	0	0
0.5～1.0	0	0	0	0	0	0	0	0
1.0～1.5	0	0	0	0	0	0	0	0
1.5～2.0	0	0	0	0	0	0	0	0
2.0～2.5	0	0	0	10	10	10	10	10
2.5～3.0	0	0	0	0	30	30	30	30
3.0～3.5	0	0	0	0	0	50	50	50
3.5～4.0	0	0	0	0	0	0	50	50

(4)　6時間後に根毛でおおわれている範囲は，根の観察を開始したとき(0時間)に根の先端から何mm～何mmの範囲にあったと考えられますか。もっとも適切なものを次の**1**～**5**の中から一つ選び，番号で答えなさい。

1．0～0.5mm　　**2**．0.5～1.0mm　　**3**．1.0～1.5mm
4．1.5～2.0mm　　**5**．2.0～2.5mm

(5)　根の観察の結果から考えられることとして，もっとも適切なものを次の**1**～**4**の中から一つ選び，番号で答えなさい。

1．根毛は伸長域に生え，根が成長して伸長域から外れると，その部分に根毛は生えなくなる
2．根毛は根が成長して伸長域から外れた部分に生える
3．根毛は伸長域に生え，根が成長して伸長域から外れても，その部分に根毛は生えてくる
4．根毛は根の先端からはなれるほど少なくなっている

2　次の文章を読み，あとの(1)～(5)の問いに答えなさい。

身の回りには様々な金属があります。鉄やアルミニウム，銅などです。1円硬貨《こうか》はアルミニウムでできていますが，5円硬貨は黄銅《おうどう》(しんちゅう)という，銅と亜鉛《あえん》の合金，50円硬貨と100円硬貨は白銅《はくどう》という，銅とニッケルの合金でできています。

ここで，合金とは金属にほかの金属をとかし合わせて作られた金属のことで，その体積はとかし合わせた金属の体積の合計であるとします。

いまここに，それぞれ体積20cm^3の5つの金属球A，B，C，D，Eがあります。次のページの**表1**に示すように，金属球Aは鉄，Bはアルミニウム，Cは銅でできています。また，金

属球Dは亜鉛と銅の合金，金属球Eはマグネシウムとアルミニウムの合金でできています。

各金属の密度を示した**表2**を参考に以下の問いに答えなさい。なお，密度とは物の重さを体積で割った値で単位はg/cm^3で，例えば体積が$10cm^3$で重さが25gの物体の密度は$2.5g/cm^3$となります。素材が同じ場合，大きさや形が異なっても密度は等しくなります。

表1

金属球	金属の種類
A	鉄
B	アルミニウム
C	銅
D	亜鉛と銅の合金
E	マグネシウムと アルミニウムの合金

表2

金属の種類	密度〔g/cm^3〕
鉄	7.9
アルミニウム	2.7
銅	9.0
亜鉛	7.1
マグネシウム	1.7

(1)　金属球Aの重さは何gですか。答えは小数第1位を四捨五入して整数で答えなさい。

(2)　金属球A，B，Cについて述べた文のうち，正しいものはどれか，次の**1**～**5**の中から一つ選び，番号で答えなさい。

1．Aは電気をよく通したが，Bには電気が流れなかった

2．Aは水にういたが，Cは水にしずんだ

3．A，B，Cとも磁石に引き寄せられて，くっついた

4．水酸化ナトリウム水よう液に入れると，Bは気体を出しながらとけたが，Aは反応しなかった

5．塩酸に入れると，Cは気体を出しながらとけたが，Bは反応しなかった

(3)　**図1**のように，長さ40cmの棒を真ん中でつるし，左はしに金属球Bをつり下げて，金属球Cを真ん中から右にx〔cm〕のところにつるすとつりあいました。金属球Cをつり下げたのは真ん中から右に何cmのところですか。ただし，棒の重さは無視できるものとします。

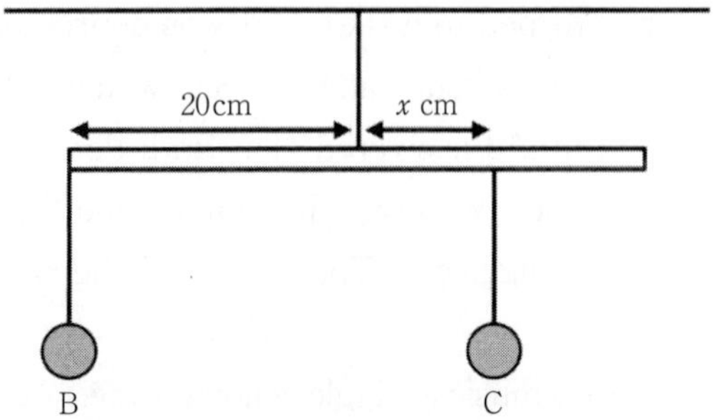

図1

(4)　金属球Dは銅と亜鉛を重さの比9：1でとかし合わせて作った合金です。金属球Dの重さは何gですか。答えは小数第1位を四捨五入して整数で答えなさい。

(5)　**図2**のように，長さ30cmの棒を真ん中でつるし，左はしに金属球Eをつり下げて，金属球Cを真ん中から右に3.5cmのところにつるすとつりあいました。金属球Eにマグネシウムは何gふくまれていますか。答えは小数第1位を四捨五入して整数で答えなさい。ただし，棒の重さは無視できるものとします。

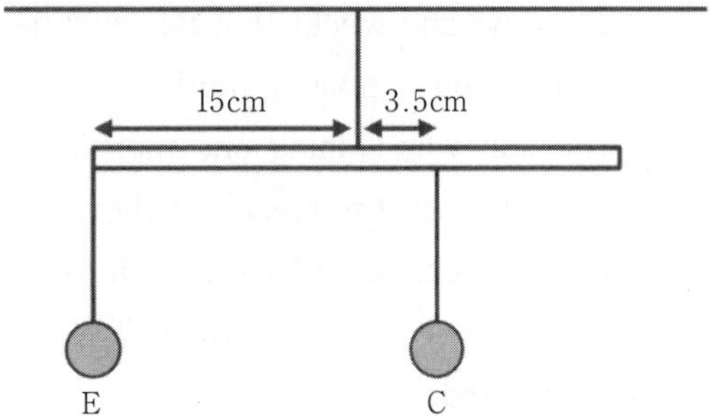

図2

【英　語】〈帰国生試験〉（45分）〈満点：100点〉

I　次の英文を読んで，後の問いに答えなさい。

Several years ago, a neighbor ①**related to** me an experience that happened to her one winter on a beach in Washington State. The incident stuck in my mind and I took note of what she said. Later, at a writers' conference, the conversation came back to me and I felt I had to set it down. Here is her story, as *haunting to me now as when I first heard it:

She was six years old when I first met her on the beach near where I live. I drive to this beach, a distance of three or four miles, whenever the world begins to close in on me.

She was building a sand castle or something and looked up, her eyes as ②[　　] as the sea.

"Hello," she said. I answered with a nod, not really in the mood to bother with a small child.

"I'm building," she said.

"I see that. What is it ?" I asked, not caring.

"Oh, I don't know. I just like the feel of the sand."

That sounds good, I thought and slipped off my shoes. A *sandpiper glided by.

"That's a joy," the child said.

"It's what ?"

"It's a joy. My mama says sandpipers come to bring us joy."

The bird went flying down the beach. "Good-bye, joy," I muttered to myself, "hello, pain," and turned to walk on. I was depressed ; my life seemed completely out of balance.

"What's your name ?" She wouldn't give up.

"Ruth," I answered, "I'm Ruth Peterson."

"Mine's Wendy." It sounded like Windy. "And I'm six." "Hi, Wendy."

She giggled. "You're funny," she said. ③[　　　　] my gloom I laughed too and walked on.

Her musical giggle followed me. "Come again, Mrs. P," she called. "We'll have another happy day."

The days and weeks that followed belonged to others: a group of uncontrollable Boy Scouts, PTA meetings, an ailing mother.

The sun was shining one morning as I took my hands out of the dishwater. "I need a sandpiper," I said to myself, gathering up my coat.

The ever-changing *balm of the seashore awaited me. The breeze was chilly, but I strode along, trying to recapture the calm I needed. I had forgotten the child and was startled when she appeared.

"Hello, Mrs. P," she said. "Do you want to play ?"

"What did you have in mind ?" I asked, with a sudden feeling of annoyance.

"I don't know. You say."

"How about *charades ?" I asked sarcastically.

The tinkling laughter burst forth again. "I don't know what that is."

"Then let's just walk." Looking at her, I noticed the delicate fairness of her face. "Where do you live ?" I asked.

"Over there." She pointed toward a row of summer cottages. Strange, I thought, in winter.

"Where do you go to school ?"

"I don't go to school. Mommy says we're on vacation."

She chattered "little-girl" talk as we strolled up the beach, but my mind was on other things. When I left for home, Wendy said it had been a happy day. Feeling surprisingly better, I smiled at her and agreed.

Three weeks later, I rushed to my beach in a state of near panic. I was in no mood even to greet Wendy. I thought I saw her mother on the porch and felt like demanding that she keep her child at home.

"Look, if you don't mind," I said angrily when Wendy caught up with me, "I'd rather be alone today." She seemed unusually pale and out of breath.

"Why ?" she asked.

I turned on her and shouted, "Because my mother died !" — and thought, my God, why was I saying this to a little child ?

"Oh," she said quietly, "then this is a bad day."

"Yes, and yesterday and the day before that and — oh, go away !"

"Did it hurt ?"

"Did what hurt ?" I was extremely annoyed with her, with myself.

"When she died ?"

"Of course it hurt !" I snapped, misunderstanding, wrapped up in myself. [A] I strode off.

[B] A month or so after that, when I next went to the beach, she wasn't there. [C] A drawn-looking young woman with honey-colored hair opened the door. [D]

"Hello," I said. "I'm Ruth Peterson. I missed your little girl today and wondered where she was."

"Oh yes, Mrs. Peterson, please come in."

"Wendy talked of you so much. I'm afraid I allowed her to bother you. If she was a nuisance, please accept my apologies."

"④[　　　　] — she's a delightful child," I said, suddenly realizing that I meant it.

"Where is she ?"

"Wendy died last week, Mrs. Peterson. She had *leukemia. Maybe she didn't tell you."

Struck dumb, I tried to find a chair. My breath caught.

"She loved this beach; so when she asked to come, we couldn't say no. She seemed so much better here and had a lot of what she called happy days. But the last few weeks she declined rapidly. Her voice became weaker." "She left something for you, if only I can find it. Could you wait a moment while I look ?"

I nodded stupidly, my mind racing for something, anything, to say to this lovely young woman.

She handed me a dirty envelope, with MRS. P printed in bold, childish letters.

Inside was a drawing in bright crayon hues — a yellow beach, a blue sea, a brown bird. Underneath was carefully printed:

A SANDPIPER TO BRING YOU JOY

Tears welled up in my eyes and a heart that had almost forgotten how to love opened wide. I took Wendy's mother in my arms. "I'm sorry, I'm sorry," "I'm so sorry," I muttered over and over, and we wept together.

The precious little picture is framed now and hangs in my study. Six words — one for each year of her life — that speak to me of inner harmony, courage, undemanding love. A gift from a child with blue eyes and hair the color of sand — who taught me the gift of love.

Note

haunting : beautiful, sad or frightening in a way that cannot be forgotten

sandpiper : a small bird with long legs and a long thin mouth, usually living by the sea

balm : something that gives you comfort

charade : a party word guessing game

leukemia : a type of cancer of the blood

問1　下線部①に最も近い意味の語を次の**ア**～**エ**の中から**1つ**選び，記号で答えなさい。

ア　reminded　**イ**　told　**ウ**　gave　**エ**　concerned

問2　本文の流れから判断し，空所②に入る最も適切な**1語**を文中から抜き出して答えなさい。

問3　本文の流れから判断し，空所③，④に入れるのに最も適切なものを次の**ア**～**エ**の中から**1つずつ**選び，記号で答えなさい。

③　**ア**　Because of　**イ**　For the sake of　**ウ**　At the mercy of　**エ**　In spite of

④　**ア**　Not at all　**イ**　By all means　**ウ**　Yes, I will　**エ**　Go ahead

問4　次の英文が入る最も適切な位置は A ～ D のうちどれか，記号で答えなさい。

Feeling guilty, ashamed and admitting to myself I missed her, I went up to the cottage after my walk and knocked at the door.

問5　次の質問にそれぞれ**10語程度の英文**で答えなさい。ただしピリオド，カンマは語数に数えません。

1　What did Wendy's mother say about sandpipers ?

2　Why did Ruth say "hello, pain" ?

3　Why did Wendy stay in a summer cottage in winter ?

4　What was in the envelope that Wendy left for Ruth ?

問6　本文の内容と一致《いっち》するものを次の**ア**～**キ**の中から**2つ**選び，記号で答えなさい。

ア　Wendy went to the beach whenever she was having a difficult time.

イ Ruth was always pleased to meet Wendy by the seashore.

ウ Wendy hardly talked to her mother about Ruth.

エ Wendy was six when Ruth first met her, but she was seven when she died.

オ Ruth could not apologize to Wendy to her face for not having been nice to her.

カ It was not until Ruth visited Wendy's home that she knew her name.

キ Ruth never went to the beach just to see Wendy before her death.

Ⅱ 次の英文を読んで，後の問いに答えなさい。

The Internet is sometimes said to be "a mile wide and an inch deep." This is a creative way of saying that the Net is extremely broad in its scope but disappointingly shallow: there are millions of websites out there and billions of pages of content, but all too often [①].

For example, try looking for a description of Kyoto. Consulting a well-known travel website, we learn that because the city was not bombed during the Second World War, "Countless temples, shrines, and other historically priceless structures survive in the city today." Next we plug that sentence into a search engine . . . and get some 7,000 results. Who crafted this sentence first, probably after strolling down Kyoto's streets for days and reading all the books about the city that he or she could find ? Which 6,999 people simply copied it and pasted it into their own site, without making any effort to verify its accuracy or give credit to the original writer ? There's no way of knowing.

That's just one example; no matter what subject you choose to research, you can quickly and easily find others. This *rampant plagiarism is annoying enough when what we're reading is true (as it is in the Kyoto example), but [②].

Lies have been around as long as humans have been able to speak. They've always been powerful, but for most of history, they spread slowly: information — both true and false — moved from person to person, and it often stopped when it reached a natural boundary, such as an ocean or a high mountain range. However, in the early nineteenth century, the telegraph was invented, and soon after that, in 1855, an English preacher named Charles Spurgeon warned his congregation in a sermon, "A lie will go round the world while truth is pulling its boots on." The telegraph was just a taste of what was to come : with the invention of the telephone, then the radio, and then television, [③].

As a result of technology, information became even more powerful. A well-timed rumor — again, whether true or false — could cause the value of a company's stock to *plummet, destroy a candidate's chances of winning an election, or send the population of an entire country out into the streets to demand the overthrow of the government. Not surprisingly, managing information started to become a high priority for those in power: spreading favorable news (or manufacturing it if none existed to be spread) and trying to *squelch unfavorable information. When wars were fought, governments on both sides of the conflict would broadcast stories about their soldiers' bravery and hard-fought victories together with stories about the enemies' hideous war crimes. *Propaganda became an indispensable weapon in everybody's arsenal, and [④].

Thanks to the Internet, today lies can travel more quickly than ever before, and people tend to fall into one of three categories: the gullible ones, who believe everything they hear; the cynical ones, who believe nothing; and the rest of us, caught in the middle and not sure what to believe.

The Internet doesn't discriminate: [⑤]. When you read that a fast food chain has been using contaminated beef in its hamburgers, you'll probably also read the chain's press release, flatly denying the rumor. No sooner do you hear that a celebrity has split up with her husband than you see a photo of the happy couple walking down the red carpet at last week's awards ceremony.

(X)**It's not hard to get confused**. Which is true, the reports of illegal donations to a political party or the party's statement to the media that all donations have been properly accounted for? Which is true, the whispers that your favorite athlete will soon be traded to another team or his current team's claim that they're about to sign him to a long-term contract? All these conflicting bits of information could easily be spreading on the Internet at the same time.

As citizens of the 21st century, we need to be level-headed when analyzing the blizzard of information that falls on us every day, evaluating which pieces come from trustworthy sources, and acting only when we've got a clear, balanced picture of the situation. Or at least we need to wait long enough for truth to finish pulling its boots on.

(注)

rampant plagiarism 「他人の盗用《とうよう》がはびこっていること」　plummet 「急落する」

squelch 「押さえ込む」　propaganda 「主義・思想の組織的な宣伝(活動)」

問 1　[①]～[⑤] に入れるのに最も適切なものを次の**ア～オ**の中から **1 つずつ**選び，記号で答えなさい。

ア　public relations departments took on a major role in every organization

イ　it's even worse when something that's not true suddenly starts popping up all over the Internet

ウ　they say exactly the same thing

エ　it allows the truth to spread just as quickly as lies

オ　lies traveled a great deal faster and farther

問 2　下線部(X)のように筆者が述べる理由を，**40字以内の日本語で**答えなさい。ただし，句読点も 1 字に数えます。

問 3　本文の内容と一致するものを次の**ア～オ**の中から **2 つ**選び，記号で答えなさい。

ア　When you search the Internet, it is important to find out which information is original.

イ　No matter what subject you choose to research on the Internet, you can quickly and easily find exactly what you are looking for.

ウ　Before the early 19th century, the spread of information was limited geographically.

エ　A well-timed rumor — whether true or false — could travel faster than anything else.

オ　It is better for us to consider carefully before acting when we are not sure whether information is true on the Internet.

問4　今日インターネットは多くの人々にとって身近なものになっています。あなたは，子供がインターネットを利用することに賛成ですか，反対ですか。その理由も含めて，**60語程度の英語で**答えなさい。ただしピリオド，カンマは語数に数えません。

ニ　今もなお「私」の両親の家で元気に花をさかせているアジサイ。

問8　――線**(6)**「三つ子の魂なんとやら」とありますが、もともとはどのようなことわざですか。次の□にあてはまる言葉を**三字**で答えなさい。

三つ子の魂□

問9　――線**(7)**「モノが生命に変わる瞬間だ」とありますが、ここでいう「モノ」と同じ意味で使われている言葉を本文中から**二語**ぬき出し、それぞれ**二字**で答えなさい。

問10　══線「買えないには、それなりのわけがある」とありますが、「私」が「ポトス」を「買えない」理由としてもっとも適切なものを次の**イ**～**ニ**の中から一つ選び、記号で答えなさい。

イ　簡単に挿し木で増やすことができるポトスに夢中になっている「私」だが、仕事場の空気を浄化するためには、サンスベリアの方が適していると考えたから。

ロ　小学校の授業で挿し木の魅力《みりょく》を知った「私」は、その時のアジサイのようにポトスの一枝が自分の元に巡ってきて挿し木で育てられることを期待しているから。

ハ　小学校の担任の先生に教えられてポトスはアジサイより簡単に挿し木で増やせるということを知っていた「私」は、ポトスならわざわざ買うまでもないと思っていたから。

ニ　挿し木によって植物を育てることを楽しむようになった「私」には、はじめから大きさや形がそろって整っているポトスを買うのはあまりにつまらないことのように思えたから。

としてもっとも適切なものを、あとの**イ**～**ニ**の中から一つずつ選び、それぞれ記号で答えなさい。

a 意気揚々と
イ 期待に満ちて　**ロ** 余裕《よゆう》をもって
ハ 楽しい気分で　**ニ** ほこらしげに

b 肩を落とした
イ はらはらした　**ロ** しみじみした
ハ ぼんやりした　**ニ** がっかりした

問2 [Ⅰ]・[Ⅱ]にあてはまる言葉を、次の**イ**～**ホ**の中から一つずつ選び、それぞれ記号で答えなさい。
イ そして　**ロ** だから　**ハ** なぜなら
ニ あるいは　**ホ** けれども

問3 ――線(1)「そのこと」とは、どのようなことを指していますか。もっとも適切なものを次の**イ**～**ニ**の中から一つ選び、記号で答えなさい。
イ 家にある植物の枝を二、三本切って持ってくるように言われたこと。
ロ 植物は一本の枝からでも、再び木全体に成長することができること。
ハ 理科の授業の時に佐藤先生が教えてくれたことが、印象に残ったこと。
ニ 植物もトカゲも同様に、切れた部分を再生する能力を持っていること。

問4 ――線(2)「のんびりした時代」とありますが、どのような時代ですか。もっとも適切なものを次の**イ**～**ニ**の中から一つ選び、記号で答えなさい。
イ 多少のことはゆるしてもらえるおおらかな時代。
ロ 自分の考えを元に物事を判断できる自立した時代。
ハ だれもが時間を気にせず行動できるおだやかな時代。
ニ 先生に逆らってもおこられることがない自由な時代。

問5 ――線(3)「あれはきっとダメだな」とありますが、「ダメ」とはどういうことを指していますか。もっとも適切なものを次の**イ**～**ニ**の中から一つ選び、記号で答えなさい。
イ うまく根付かないだろうということ。
ロ 先生にしかられるだろうということ。
ハ 枝には栄養が残っていないだろうということ。
ニ 挿し木で増やすことはできないだろうということ。

問6 ――線(4)「私は、自分のツツジの苗を差し出して、アジサイの子に交換してもらった」とありますが、それはなぜですか。その理由としてもっとも適切なものを次の**イ**～**ニ**の中から一つ選び、記号で答えなさい。
イ 自分が手にしたツツジよりも友だちが持っているアジサイの方が、立派に成長していたから。
ロ 予想を裏切って挿し木に成功したアジサイなら、自分でも育てることができると思ったから。
ハ 元から家にあるツツジより、家にはないアジサイを持って帰った方が母が喜ぶと思ったから。
ニ ちっぽけな枝だったアジサイが見事に再生したことに、予想外の驚きと感動を味わったから。

問7 ――線(5)「そのアジサイ」として**適切でないもの**を次の**イ**～**ニ**の中から一つ選び、記号で答えなさい。
イ 現在「私」が住んでいる家の庭に植えられているアジサイ。
ロ 小学校の頃「私」がツツジの苗と交換してもらったアジサイ。
ハ かつて「私」が小学校から持ち帰り、栽培していたアジサイ。

れてしまった。

梅雨が明け、プール授業が始まり、もうすぐ夏休みという空気が教室に漂《ただよ》い始めた頃、佐藤先生は「挿し木が根付いたか確かめに行こう」と言った。急に挿し木のことを思い出した私たちはわくわくして「挿し木農園」へと繰《く》り出した。

期待していた私の柿は葉を落とし、ただの棒きれになっていた。掘り返してみても根が出ていない。一方、ツツジには瑞々《みずみず》しい新しい葉が芽吹《めぶ》いていた。例の雑木林からやってきたクヌギも棒切れになっていた。一方、ケヤキは根付いていた。サツマイモは、ぐんぐんツルを伸《の》ばし、葉をいっぱいつけていた。驚いたのは、あの日、佐藤先生が満開の花だけを教室の花瓶に残して挿したアジサイが新芽と根を出していたことだった。花を失ったアジサイが、たった十センチの枝から完全なひとつの個体になろうとしているのを、私は眩《まぶ》しい気持ちで眺《なが》めた。

挿し木に成功した苗《なえ》をポットに植え替《か》えて、夏休みの前に持ち帰ることになった。どの生徒も持って帰ることができるように、あらかじめ佐藤先生は校庭に植わっている木からいくつか選んで、内緒《ないしょ》で挿し木をしておいてくれた。 Ⅱ 、全員が何かしらを持って帰ることができた。(4)私は、自分のツツジの苗を差し出して、アジサイの子に交換《こうかん》してもらった。どうしてもアジサイを持って帰るのだと心に決めていた。

自宅に持って帰ったアジサイは、二年目に淡《あわ》い水色の毬《まり》のような花を二つつけた。翌年には一人前の「アジサイの木」になった。その翌年、私は違う家に引っ越《こ》すことになった。私は手折《たお》って、挿し木にし、次の家へと持っていった。今でも(5)そのアジサイは両親の家で健在である。

それからというもの、私は植物を見るときに「なんの気もなく眺めて楽しむ」ということができなくなった。ついつい「これは挿し木したら増えるだろうか」と考えてしまう。(6)三つ子の魂《たましい》なんとやら。お恥《は》ずかしい。正月の活け花からは金箔《きんぱく》で彩《いろど》られたユキヤナギとネコヤナギは挿し木で増やして庭に下ろした。料理用に買ったクレソンとセリは※3水耕栽培《さいばい》して根を生やしてから素焼《すや》き鉢に植えて、メダカの鉢に入れた。台風のときに道に落ちていた※4紫御殿《むらさきごてん》の一枝は庭の端で大きな一叢《ひとむら》に育った。どの植物も、最初に根が出る朝が一番わくわくする。(7)モノが生命に変わる瞬間《しゅんかん》だ。

様々な植物の中で、もっとも簡単に挿し木で増やせる植物のひとつがポトスだ。(そして、柿は挿し木では容易に増やせない。)だとするならば、あの日、アジサイを手に入れたように私の元にポトスが巡《めぐ》ってくることがないとも言えない。「いくらでも増えちゃって置き場に困ってるの。もらってくれない?」という言葉に送り出されて、申し訳なさそうに私の元にやってくるはずの一枝のポトス。その偶然《ぐうぜん》の楽しさ、嬉《うれ》しさを思うと、白いプラスチックの下げ鉢に体裁《ていさい》よく植えられて二千円と値札がついたポトスを購《あがな》うのはあまりに味気ないではないか。

そういうわけで、この原稿《げんこう》を書いている私のデスクの横にあるのは、ポトスではなく、同じく空気を浄化する作用があるといわれるサンスベリアの大鉢なのである。

(新井《あらい》紀子《のりこ》「ポトスが買えない深いわけ」より。)

(注) ※1 ポトス…サトイモ科の観葉植物。
※2 入梅…梅雨の季節に入ること。梅雨入り。
※3 水耕栽培…土を使わずに植物を育てる栽培方法。
※4 紫御殿…ツユクサ科の園芸植物。

問1 ~~~線a「意気揚々と」、b「肩を落とした」の本文中の意味室」を例に挙げて示し、両者の目の色の違いが原因であると語っている。

二　自分の勝手な思い込みによる「明かり」に関する失敗談を、「おフランスざんす」や「光を、もっと光を！」という読者がどこかで聞いたことがあるような言葉によるユーモアを交えて語っている。

二　次の文章を読んで、あとの問いに答えなさい。

※1ポトスを買おうかな、と思ったのは今の職場に異動したときだから、十八年も前のことだ。塗装《とそう》の臭《にお》いが残る気密性の高い新築のビル。ポトスを置けば少しは空気浄化《じょうか》に役立つのではないかと思ったのである。だが、買う気になれない。ポトスなど五百円も出せば十分な大きさの鉢《はち》が買える。にも関わらず買えないには、それなりのわけがある。

小学校でもっとも印象に残った授業は四年生の理科の授業だ。梅雨《つゆ》入り間近の六月の初旬《しょじゅん》だったと思う。担任の佐藤《さとう》先生は帰りの会でこう言った。

「明日の理科の授業で使うので、おうちの人に頼《たの》んで、十センチくらい植物の枝を切ってもらうように。二、三本あるといいな。枝が乾《かわ》かないように濡《ぬ》れたちり紙でくるんで、ビニール袋《ぶくろ》に入れてもって来るように。」

なんでも「挿《さ》し木」ということをするらしい。先生によれば「動物は腕《うで》や足から身体全体が再生することはないね。でも、植物は一部から全体が再生することがある」という。それを聞いたとき、私の目は驚《おどろ》きでまん丸になったに違いない。トカゲを捕《つか》まえようとするとしっぽを切って逃《に》げる。逃げたトカゲのしっぽは再生する。切れたしっぽもしばらくは動いている。しかし、しっぽはやがて動かなくなり、硬《かた》くなり、ひからびて、トカゲが再生するということはない。けれども、植物はたった一枝から全体が再生するというのだ。

私は家に帰ると興奮して母に(1)そのことを伝えた。翌日、母は庭からツツジとカキを二枝ずつ花鋏《はなばさみ》で切ってくれた。その頃《ころ》、家には次《じ》郎柿《ろうがき》の木があり、私の好物だった。一枝から柿が増えたならどんなに良いだろう。学校までの道のりは四十分もあったけれど、その日は苦にならず、a意気揚々《いきようよう》と登校した。

ようやく理科の時間になり、全員がビニール袋を開けた。持ってくるのを忘れていて、通学途中《とちゅう》の雑木林からクヌギやケヤキの枝を失敬してきたらしいクラスメートもいた。サツマイモのツルをもってきた農家の子もいた。おうちの人に「先生が何か花をもってくるように言った」とでも伝えたのだろう。満開のアジサイの花を新聞紙にくるんで持ってきた生徒もいた。(2)のんびりした時代だった。

四年生に与《あた》えられた「挿し木用の農園」は、校舎と校舎の間の、固い土にゼニゴケだけが生えている陰気《いんき》な場所だった。私はb肩《かた》を落とした。こんな場所では、きっと失敗するに違いない。なぜ校長先生はもっと良い場所をくれなかったのだろう。けれども佐藤先生は「挿し木が根を出すまでは、あまり日光が当たらないほうがいい」という。そういうものか。私たちはスコップで土を掘《ほ》り起こし、柔《やわ》らかくして、それぞれが持ってきた枝の端《はし》を斜《なな》めに切って、挿した。アジサイをもってきた子は、花だけ花瓶《かびん》に活《い》けてもらい、十センチほど残った枝を挿した。「(3)あれはきっとダメだな」と私は内心思った。

私たちは当番を決めて、毎日水をやった。当番でなくても私は毎日見に行った。［ Ⅰ ］、教室で飼っているメダカやハツカネズミとは違って、植物は目に見えて変化するわけではない。まもなく※2入梅し、水をやる必要がなくなると、私たちは挿し木のことはすっかり忘

ロ　壁のスイッチで明かりをつけて自動的に消える仕組みはドイツ人がつくり出したものだと思っていたが、ヨーロッパではそれがあたりまえのことだと考えることができなかった点。

ハ　欧米のホテルで明かりが薄暗いのはロマンティックな気分を高めるためだと知りながら、日本のホテルの個室もそれを真似して薄暗くしていると考えることができなかった点。

ニ　欧米人にとっては真夏の太陽が日本人以上にまぶしいものであることを知りながら、そのために室内の照明でも見え方が違うことにつなげて考えることができなかった点。

問5　――線**(2)**「このやり方は合理的だ」とありますが、その説明としてもっとも適切なものを、次の**イ**～**ニ**の中から一つ選び、記号で答えなさい。

イ　必要な時に必要なだけの明かりをつけるのはロマンティックなことで、心が落ち着く明るさを大切にする良いやり方である。

ロ　階段のスイッチの場所はすぐに見つかる位置にあるので、ヨーロッパに住む人ならだれもが知っている良いやり方である。

ハ　階段を上ったり下りたりする時に、スイッチを押してつけた明かりが各階に着くごとに自然と消えるのは良いやり方である。

ニ　常時明かりをつけておくのはもったいないことであり、薄暗い程度の明かりと大人の雰囲気をつくり出す良いやり方である。

問6　――線**(3)**「ドイツ人気質」とありますが、その説明としてもっとも適切なものを、次の**イ**～**ニ**の中から一つ選び、記号で答えなさい。

イ　経済的な部分においてむだを極力少なくしようとする性質。

ロ　理論的に物事を考えて最善の方法を見つけようとする性質。

ハ　親しい友人に対しては常に変わらない気配りができる性質。

ニ　だれであっても間違った考え方には決して賛同しない性質。

問7　[Ⅰ]にあてはまる言葉を本文中から**八字**でぬき出して答えなさい。（句読点、記号等も字数に数えます。）

問8　[Ⅱ]・[Ⅲ]には、**対**《つい》になる**漢字**が入ります。それぞれ**一字**で答えなさい。

問9　――線**(4)**「それにしては引き出しに聖書が入っているが……」とありますが、最後の「……」の表していることとしてもっとも適切なものを、次の**イ**～**ニ**の中から一つ選び、記号で答えなさい。

イ　客に対する欧米系列のホテルの深い思いやりを知って心打たれた気持ちを表している。

ロ　自分が考える暗さの理由と合わない出来事を前にしていぶかしむ気持ちを表している。

ハ　同じような体験を以前にもしたはずなのに思い出せずもどかしい気持ちを表している。

ニ　仕事ができず引き出しを開けたら聖書があっておどろいたという気持ちを表している。

問10　本文の内容の説明としてもっとも適切なものを、次の**イ**～**ニ**の中から一つ選び、記号で答えなさい。

イ　自分にとっての理想的な「明かり」が得られずに「苛々が募っていた」り「腹立たしい」と思っていたが、全てが思い過ごしであったことに気づき、今後のホテルの過ごし方について語っている。

ロ　国が変われば「明かり」に対する考え方も変わるという事実について、ドイツ留学の出来事から帰国して日本でのホテル暮らしの苦労を通して初めて知ることができたということを語っている。

ハ　ドイツ人と日本人とでは「明かり」のもたらす雰囲気の感じ方が異なっていることを、「壁のスイッチ」や「ホテルの個そんなこんなの末に、遂《つい》にわたしは衝撃《しょうげき》の事実(?)を知る。

たまたま医学雑誌をめくっていた時だ。アジア人の黒い眼《め》と欧米人の青い眼の違《ちが》いについて書かれていた。彼《かれ》らは暗い照明でも平気なのだという。いや、「暗い」というのは我々黒目の人種が感じるだけで、彼らにはちっとも暗くない。彼らにちょうどよい明かりは我らに暗く、我らにちょうどよい明かりは、彼らにはまぶしいのだ！　なんだ、そんな単純な話だったのか！

大人の雰囲気だの、ロマンティックだの、そんなものはこちらの思い込《こ》みで、彼らにはあたりまえの明るさというにすぎなかった。どうしてもっと早く気づかなかったのか。だいたい青い眼の一族は太陽の眩《まぶ》しさに耐《た》えきれず、真夏はサングラスをかけている。一方、黒い眼の一族たる我々は、ぎらつく日の元で存外平気だ。そのことはとっくに知っていたのに、室内照明にまで思い至らなかったのが口惜《くちお》しい。薄暗い欧米ホテル、イコール高級感、との刷《す》り込みが強烈《きょうれつ》だったに違いない。

今にして思えば壁のスイッチも、彼らの薄い眼の色によって容易に見つけられるものだった。夕暮れの室内は彼らには昼間と同じ。ホテルの個室の照明も、本を読むのに充分な明るさなのだ。改めて腹立たしい。

何ゆえ我ら黒い眼の一族が、青い眼の一族の真似をして余計な苦労をしなければならないのか。黒い眼にちょうどいい明かりを取りもどそう。ホテルに「光を、もっと光を！」。

(中野京子「ロマンティックな薄明り」より。)

(注)　エントランス…入り口。

問1　‖線「ツイキュウする」の「キュウ」と同じ漢字を使うものを次の**イ**～**ヌ**の中から選び、記号で答えなさい。なお、正解は一つとは限りません。いくつかある場合には、そのすべての記号を書きなさい。

イ　大雨のためウンキュウする。
ロ　おぼれた人をキュウシュツする。
ハ　エイキュウ不変の真理。
ニ　災害のキキュウを伝えるニュース。
ホ　新聞のキュウジン広告。
ヘ　曲がった線路をフッキュウする。
ト　建設のキュウシを決める。
チ　戦時中の米のハイキュウを学ぶ。
リ　平和な世界をキキュウする。
ヌ　カイキュウによって差をつける。

問2　～～線「やっかいになった」の本文中での意味としてもっとも適切なものを、次の**イ**～**ニ**の中から一つ選び、記号で答えなさい。

イ　めんどうな仕事をさせた　　**ロ**　手のかかるせわをかけた
ハ　いらない気がねをさせた　　**ニ**　大きなめいわくをかけた

問3　本文に次の一文を入れるとすると、どこが適切ですか。この文が入る直前の**四字**をぬき出して答えなさい。(句読点、記号等も字数に数えます。)

不便といったらありはしない。

問4　――線(1)「己れの考えの足りなさ加減」とありますが、どのような点について考えが足りなかったのですか。その説明としてもっとも適切なものを、次の**イ**～**ニ**の中から一つ選び、記号で答えなさい。

イ　自分にとっての明るさがドイツの友人にとってはまぶしいことに気づかなかったため、電気代を気にしてくれたと思って友人の本当の思いについて考えることができなかった点。

二〇二一年度 東邦大学付属東邦中学校

【国　語】〈推薦・帰国生試験〉（四五分）〈満点：一〇〇点〉

一　次の文章を読んで、あとの問いに答えなさい。

「明かり」という言葉で真っ先に思うのは、(1)己《おの》れの考えの足りなさ加減に対する情けなさだ。

学生時代、ドイツ留学中の友人宅にしばらくやっかいになったことがある。そこは古い集合住宅で、(注)エントランスはいつも薄暗《うすぐら》かった。おまけに階段部は常に消燈《しょうとう》してあり、階上へのぼるときは壁《かべ》のスイッチを押《お》さねばならない。スイッチを押すと天井《てんじょう》の電気が、やはり薄ぼんやりと点《つ》くのだが、二階分ほど上ったあたりで自然に消えてしまう。そこでまた壁を手探《てさぐ》りしてその階のスイッチを押し……と、くり返してやっと五階の彼女《かのじょ》の部屋へ辿《たど》りつく。

同じ建物で顔見知りになったドイツ人に、スイッチの場所が見つけにくくて困りますよね、と挨拶《あいさつ》がわりに言うと、そんなことはない、(2)このやり方は合理的だ、と返事がかえってきた。さすがケチと名高いドイツ人だけあると感心した。

それからずいぶん月日が流れ、知人のドイツ人が我《わ》が家へ遊びに来た。夕方になり、室内にも闇《やみ》が近づいてきたので電気を点けると、まだ外は明るいのにもったいない、フロアスタンドだけで充分《じゅうぶん》だと言われた。他人の家の電気代まで考慮《こうりょ》してくれるとはさすがドイツ人、と以前と同じ感想を持った。

そのうちスイッチ式建物が、ヨーロッパ各国で昔はたくさんあったことを知り、(3)ドイツ人気質とは関係ないことがわかる。同時に、欧《おう》米《べい》映画における夜の室内シーンが、ずいぶん暗いのにも気づくようになる。書斎《しょさい》で読書する場面など、ほぼ必ずといっていいほど手元のスタンドしか点けない。おまけにその明度自体、かなり低い。日本の子どもがこういう状態で勉強していれば、母親から「目を悪くしますよ」と叱《しか》られるのではないかと思うほどだ。

そしてホテル。昔も今も現地のホテルは、薄闇のごとく照明を落としている。レストランやバーなら、その仄暗《ほのぐら》さがムードを高めるだろうから良しとして、個室まで明度が足りないので、照明を全部点けてもまだ読書には不向きだ。いったい全体、どうしてこうも暗いのか。

何かの雑誌でこんなエッセーを読んだ。日本の旅館は煌々《こうこう》と明かりが点《とも》り、下品である、それに比べて欧米のホテルは、しっとりした大人の雰囲気《ふんいき》が醸《かも》しだされて素晴《すば》らしい、云々《うんぬん》。

なるほど、明るすぎるより少し暗いほうが心が鎮《しず》まるし、自然に声も低くなり、集中しやすいのは確かだなと納得《なっとく》した。そのエッセーを読んだころにはすでにもう日本中に欧米系列のホテルが建ちならび、現地に倣《なら》ってロビーもレストランも個室も薄暗いのだった。やがて日本原産のホテルや旅館の一部まで真似《まね》をしだしたので、エントランスに一歩踏《ふ》み入ると［　Ⅰ　］になること、この上ない。

しかし実をいえば、だんだん個室での苛々《いらいら》が募《つの》っていた。［Ⅱ］的空間ではできるだけ騒《さわ》がしくならないよう、明かりを落とすのはわかる。でも［Ⅲ］的空間ではもっと勝手にふるまわせてほしい。明るい部屋で陽気になりたい場合だってあるだろう。少なくともわたしには、我が家におけるのと同等の光量が必要だ。なぜなら仕事でホテルに泊《と》まるときは、資料に目を通すことが多いのに、こんなうすらぼんやりした中で文字を追うと、集中するより先に疲《つか》れてしまう。

おフランスざんすじゃあるまいし、何ゆえ個室まで仄暗くしてロマンティックを(4)ツイキュウするのか、それともホテルは読書させまいとしているのか、それにしては引き出しに聖書が入っているが……。

2021年度

東邦大学付属東邦中学校 ▶解説と解答

算　数　＜推薦・帰国生試験＞（45分）＜満点：100点＞

解　答

1 (1) $1\frac{1}{2}$　(2) $1\frac{7}{30}$　2 (1) 14年後　(2) 448cm^2　(3) 1500　(4) 9通り　3 (1) .4％　(2) 14.5％　4 (1) 160cm　(2) 250cm^3　5 (1) 15cm　(2) 126cm^2　(3) 35：25：24　6 (1) 4　(2) 24個　7 (1) Ⓒ，Ⓓ　(2) **ボタン**…Ⓐ，**回数**…15回　(3) **ボタン**…Ⓒ，**回数**…5回

解　説

1 四則計算，逆算

(1) $\left\{4.8-\left(1.4-\frac{1}{8}\right)\times\frac{4}{3}\right\}\div2\frac{4}{5}+\frac{11}{28}=\left\{\frac{24}{5}-\left(\frac{7}{5}-\frac{1}{8}\right)\times\frac{4}{3}\right\}\div\frac{14}{5}+\frac{11}{28}=\left\{\frac{24}{5}-\left(\frac{56}{40}-\frac{5}{40}\right)\times\frac{4}{3}\right\}\div\frac{14}{5}+\frac{11}{28}=\left(\frac{24}{5}-\frac{51}{40}\times\frac{4}{3}\right)\div\frac{14}{5}+\frac{11}{28}=\left(\frac{24}{5}-\frac{17}{10}\right)\div\frac{14}{5}+\frac{11}{28}=\left(\frac{48}{10}-\frac{17}{10}\right)\div\frac{14}{5}+\frac{11}{28}=\frac{31}{10}\times\frac{5}{14}+\frac{11}{28}=\frac{31}{28}+\frac{11}{28}=\frac{42}{28}=\frac{3}{2}=1\frac{1}{2}$

(2) $5-\left(1\frac{7}{8}\div\square\right)\times1\frac{17}{20}=2\frac{3}{16}$より，$\left(1\frac{7}{8}\div\square\right)\times1\frac{17}{20}=5-2\frac{3}{16}=\frac{80}{16}-\frac{35}{16}=\frac{45}{16}$，$1\frac{7}{8}\div\square=\frac{45}{16}\div1\frac{17}{20}=\frac{45}{16}\div\frac{37}{20}=\frac{45}{16}\times\frac{20}{37}=\frac{225}{148}$　よって，$\square=1\frac{7}{8}\div\frac{225}{148}=\frac{15}{8}\times\frac{148}{225}=\frac{37}{30}=1\frac{7}{30}$

2 年齢《ねんれい》算，相似，面積，平均とのべ，場合の数

(1) 現在，父と母の年齢の合計は，42＋38＝80(才)，3人の子どもの年齢の合計は，13＋11＋6＝30(才)である。また，①年後に，父と母の年齢の合計は，①×2＝②(才)，3人の子どもの年齢の合計は，①×3＝③(才)増えるから，(80＋②)：(30＋③)＝3：2となるときを求めればよい。ここで，$A:B=C:D$のとき，$B\times C=A\times D$となるので，(30＋③)×3＝(80＋②)×2と表すことができる。よって，90＋⑨＝160＋④，⑨－④＝160－90，⑤＝70より，①＝70÷5＝14(年後)とわかる。

(2) 真横から見ると下の図1のようになる。図1で，三角形EFOと三角形CFBは相似であり，相似比は，EO：CB＝FO：FB＝36：9＝4：1なので，真上から見ると下の図2のようになる。図2で，FB：BO＝1：(4－1)＝1：3より，FBの長さは，$48\times\frac{1}{3}=16$(cm)とわかる。また，三

図1

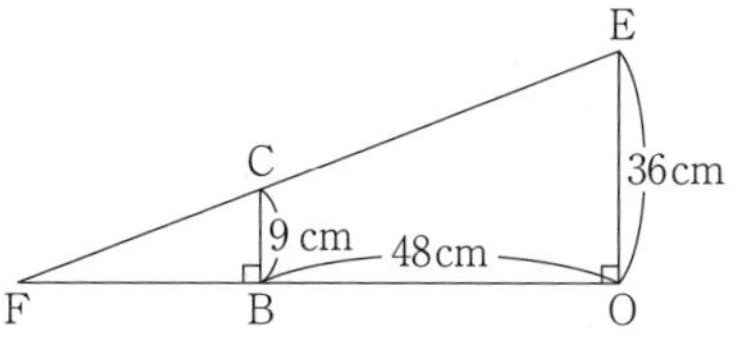

図2

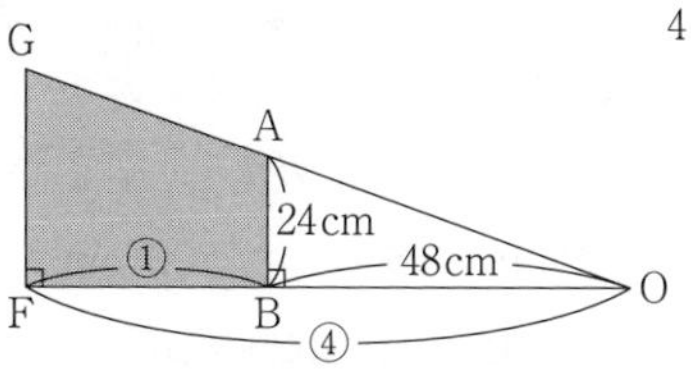

図3

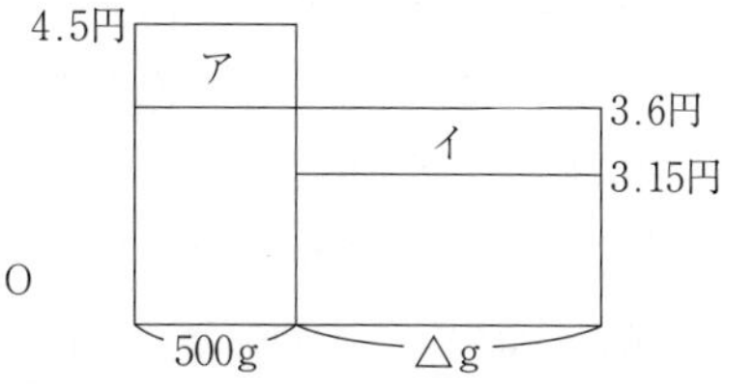

角形GFOと三角形ABOは相似であり，相似比は，FO：BO＝４：３だから，GFの長さは，$24\times\frac{4}{3}$＝32(cm)と求められる。よって，影《かげ》の部分(台形AGFB)の面積は，(24＋32)×16÷２＝448(cm^2)である。

⑶　１ｇあたりの値段で考えると，店Ａでは，500ｇまでは，450÷100＝4.5(円)，500ｇをこえた分は，4.5×(１－0.3)＝3.15(円)になり，店Ｂでは，360÷100＝3.6(円)になる。よって，店Ａと店Ｂの金額が同じになるときのようすを面積図で表すと，上の図３のようになる(500ｇをこえた分の重さが△ｇ)。図３で，アとイの長方形は面積が等しく，たての長さの比が，(4.5－3.6)：(3.6－3.15)＝２：１なので，横の長さの比は，$\frac{1}{2}:\frac{1}{1}$＝１：２となる。したがって，△＝$500\times\frac{2}{1}$＝1000(ｇ)だから，全体の重さは，500＋1000＝1500(ｇ)とわかる。

⑷　赤色の箱に白色のボールを入れる場合は，右の図４のように３通りある。赤色の箱に黄色，青色のボールを入れる場合も同様に３通りずつあるので，全部で，３×３＝９(通り)とわかる。

図４

3 濃《のう》度《ど》

⑴　食塩水Ａ50ｇにふくまれている食塩の重さは，50×0.03＝1.5(ｇ)，食塩水Ｂ50ｇにふくまれている食塩の重さは，50×0.05＝2.5(ｇ)とわかる。よって，これらの食塩水を混ぜ合わせると，食塩の重さの合計は，1.5＋2.5＝４(ｇ)，食塩水の重さの合計は，50＋50＝100(ｇ)になる。したがって，できる食塩水の濃度は，４÷100＝0.04，0.04×100＝４(％)と求められる。

⑵　⑴で作った食塩水100ｇと食塩水Ｃ200ｇを混ぜ合わせてできた食塩水を，食塩水Ｅとする。また，食塩水Ｅの濃度を□％とすると，食塩水Ｅ120ｇと食塩水Ｄ60ｇを混ぜ合わせたときのようすは，右の図のようになる。

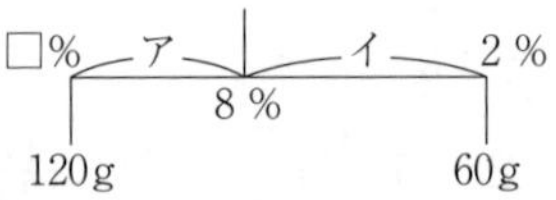

この図で，混ぜ合わせた食塩水の重さの比は，120：60＝２：１なので，ア：イ＝$\frac{1}{2}:\frac{1}{1}$＝１：２となる。さらに，イ＝８－２＝６(％)だから，ア＝$6\times\frac{1}{2}$＝３(％)となり，□＝８＋３＝11(％)と求められる。よって，食塩水Ｅにふくまれている食塩の重さは，(100＋200)×0.11＝33(ｇ)であり，そのうち，⑴で作った食塩水100ｇにふくまれていた食塩の重さは４ｇなので，食塩水Ｃ200ｇにふくまれていた食塩の重さは，33－４＝29(ｇ)とわかる。したがって，食塩水Ｃの濃度は，29÷200＝0.145，0.145×100＝14.5(％)である。

4 水の深さと体積

⑴　１個しずめたときのようすは右の図１のようになる。図１で，アの部分とイの部分の体積は等しく，アの部分の体積は，10×10×10＝1000(cm^3)だから，イの部分の底面積(水そうの底面積)は，1000÷８＝125(cm^2)とわかる。よって，７個しずめたときのようすは右上の図２のようになる(オはあふれた水を表す)。

図１

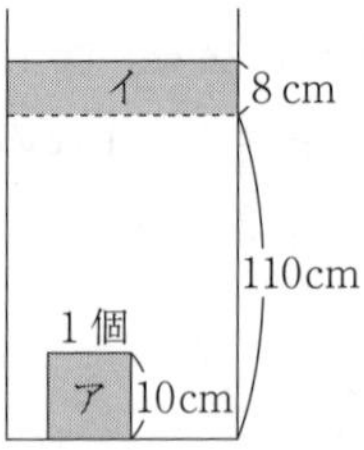

図２

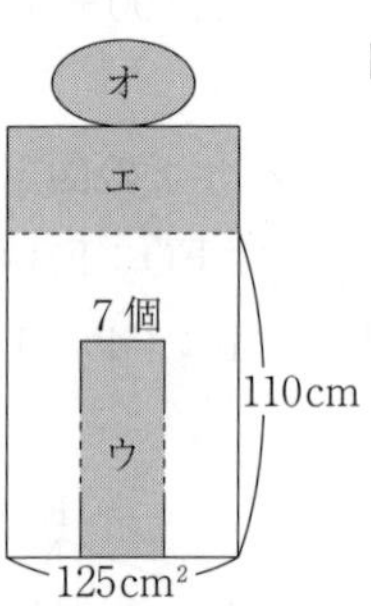

図３

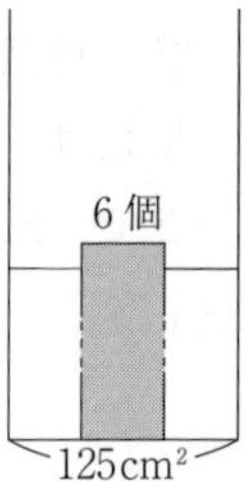

図２で，ウの部分と(エ＋オ)の部分の体積は等しく，ウの部分の体積は，10×10×10×７＝7000(cm^3)である。また，オの部分の体積は750cm^3なので，エの部分の体積は，7000－750＝6250(cm^3)となる。したがって，エの部分の高さは，6250÷125＝50(cm)だから，水そうの深さは，110＋50＝160(cm)と求められる。

⑵　6個しずめたときのようすは上の図3のようになる。ここで，あらためて水そうに入れた水の体積は，125×11.5＝1437.5(cm^3)であり，図3で水が入っている部分の底面積は，125－10×10＝25(cm^2)なので，図3の水の深さは，1437.5÷25＝57.5(cm)とわかる。よって，水面から出ている部分の高さは，10×6－57.5＝2.5(cm)だから，その体積は，10×10×2.5＝250(cm^3)と求められる。

5　平面図形—相似

⑴　下の図1で，同じ印をつけた角の大きさはそれぞれ等しい。よって，3つの三角形AFE，DEI，HGIは相似であり，これらの三角形の3つの辺の長さの比はどれも，6：8：10＝3：4：5になる。また，FE＝FB＝10cmより，正方形ABCDの1辺の長さは，8＋10＝18(cm)となり，ED＝18－6＝12(cm)とわかる。したがって，EI＝12×$\frac{5}{4}$＝15(cm)と求められる。

⑵　各部分の長さを求めると，下の図2のようになる。よって，台形EHGFの面積は，(4＋10)×18÷2＝126(cm^2)とわかる。

図1

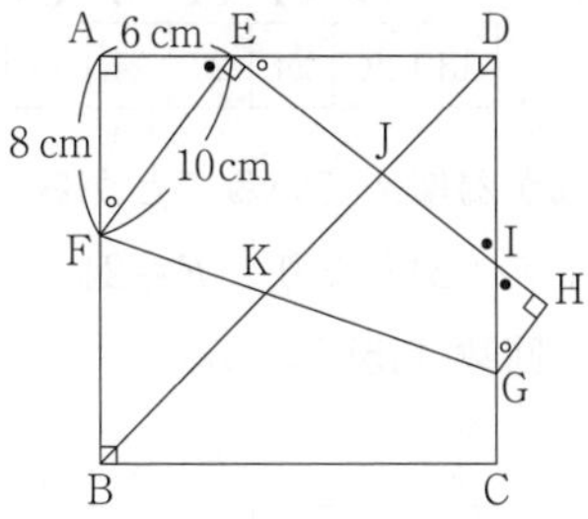

図2

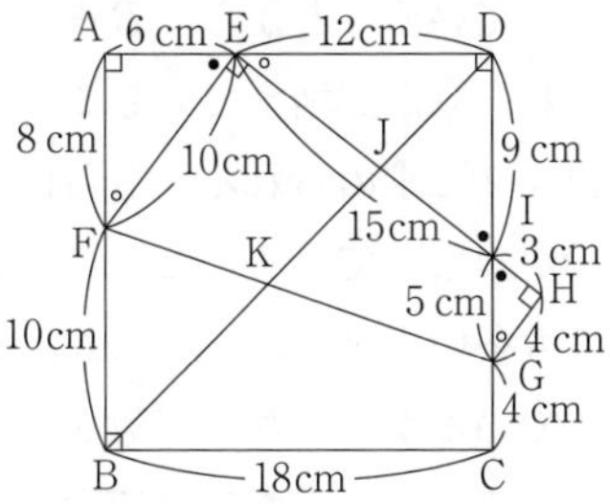

図3

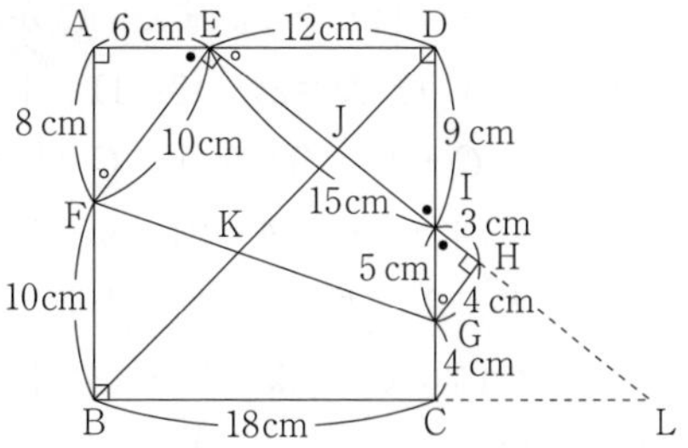

⑶　上の図3のように，EHとBCを延長して交わる点をLとする。図3で，三角形FBKと三角形GDKは相似であり，相似比は，FB：GD＝10：(5＋9)＝5：7なので，BK：KD＝5：7となる。また，三角形EIDと三角形LICは合同だから，CL＝12cmである。さらに，三角形EJDと三角形LJBは相似であり，相似比は，ED：LB＝12：(18＋12)＝2：5なので，BJ：JD＝5：2とわかる。よって，BD＝1とすると，BK＝1×$\frac{5}{5+7}$＝$\frac{5}{12}$，JD＝1×$\frac{2}{5+2}$＝$\frac{2}{7}$となるから，BK：KJ：JD＝$\frac{5}{12}$：$\left(1-\frac{5}{12}-\frac{2}{7}\right)$：$\frac{2}{7}$＝35：25：24と求められる。

6　約束記号，整数の性質，集まり

⑴　「共通な約数」は「最大公約数の約数」だから，42と140の最大公約数の約数の個数を求めればよい。右の図1の計算から，42と140の最大公約数は，2×7＝14と求められる。また，14の約数は{1，2，7，14}の4個なので，〈42，140〉＝4となる。

図1

```
2) 42  140
7) 21   70
    3   10
```

⑵　*X*と72の最大公約数の約数の個数が1個だから，*X*と72の公約数は1だけである。また，72を素数の積で表すと，72＝2×2×2×3×3となるので，*X*は2でも3でも割り切れない数とわかる。はじめに1以上72以下の整数で考えると，2の倍数は，72÷2＝36(個)，3の倍数は，72÷3＝24(個)，2と3の公倍数(最小公倍数である6の倍数)は，72÷6＝12(個)あるから，右上の図2のようになる。よって，1以上72以下の整数のうち，2または3で割り

図2

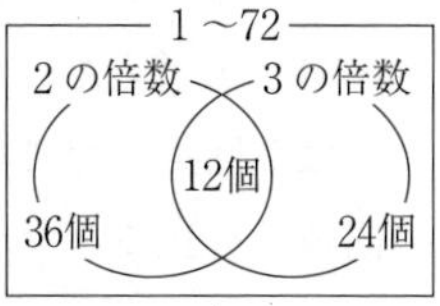

切れる数は，36＋24－12＝48(個)あるので，２でも３でも割り切れない数は，72－48＝24(個)あることがわかる。この中には72はふくまれていないから，１以上72未満の整数の中にも24個ある。

7 条件の整理

⑴　Ⓐが増えるのはⒷを押《お》したときだけだから，Ⓑは必ず押していて，このときⒶとⒸが１になる。同様に，Ⓕが増えるのはⒺを押したときだけなので，Ⓔは必ず押していて，このときⒹとⒻが１になる。よって，この段階で右の図①のアのようになる(●は押したボタン)。次に，Ⓑが増えるのはⒶまたはⒸを押したときであるが，Ⓒを押すとⒹが２になるから，押したのはⒶとわかる。同様に，Ⓔだけを増やすにはⒻを押す必要があるので，イのようになる。したがって，押していないボタンはⒸとⒹである。

図①

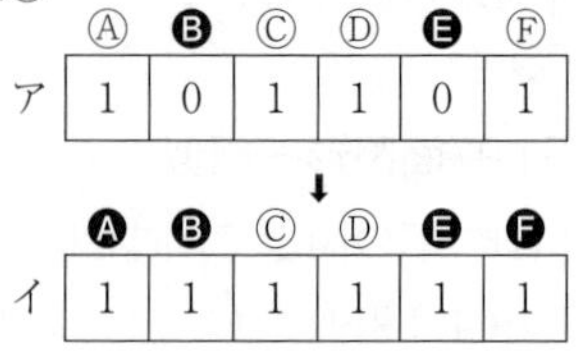

⑵　右の図②の矢印のように増える。Ⓐ，Ⓑ，Ⓒ，Ⓓ，Ⓔ，Ⓕのボタンを押した回数をそれぞれA，B，C，D，E，Fとすると，Ⓐが13増えていることから，$B=13$となり，Ⓕが14増えていることから，$E=14$となる。また，Ⓒが24増えていることから，$B+D=24$となり，$D=24-13=11$と求められ，Ⓓが23増えていることから，$C+E=23$となり，$C=23-14=9$と求められる。さらに，Ⓑが24増えていることから，$A+C=24$となり，$A=24-9=15$，Ⓔが24増えていることから，$D+F=24$となり，$F=24-11=13$とわかる。よって，押した回数が最も多いボタンはⒶであり，その回数は15回である。

図②

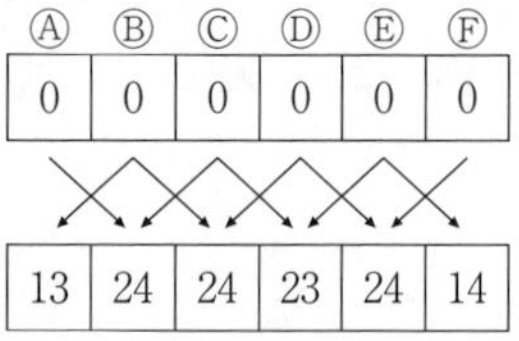

⑶　右の図③で，Ⓐは，30－13＝17増えているが，これは奇数《きすう》なので，Ⓑのボタンがこわれていることはなく，Ⓑのボタンは17回押したことが決まる。同様に，Ⓕは，29－14＝15増えているから，Ⓔのボタンがこわれていることはなく，Ⓔのボタンは15回押したことが決まる。次に，Ⓒに注目すると，Ⓑのボタンを17回押すことによって，24＋17＝41になるので，Ⓓのボタンを押すことによって，56－41＝15増えたことになる。これも奇数だから，Ⓓのボタンがこわれていることはなく，Ⓓのボタンは15回押したことが決まる。さらに，Ⓔに注目すると，Ⓓのボタンを15回押すことによって，24＋15＝39になるので，Ⓕのボタンを押すことによって，52－39＝13増えたことになる。これも奇数だから，Ⓕのボタンがこわれていることはなく，Ⓕのボタンは13回押したことが決まる。これまでのことから，上の図④のようになり，ⒶとⒸのどちらかがこわれていることになる。Ⓓに注目すると，Ⓔのボタンを15回押すことによって，23＋15＝38になるので，Ⓒのボタンを押すことによって，48－38＝10増えたことになる。このとき，Ⓑのボタンは，24＋10＝34になるから，Ⓐのボタンを押すことによって，41－34＝７増えたことになる。これは奇数なので，Ⓐのボタンがこわれていることはなく，Ⓐのボタンは７回押したことが決まる。よって，こわれているのはⒸのボタンであり，Ⓒのボタンを押した回数は，10÷２＝５(回)と求められる。

図③

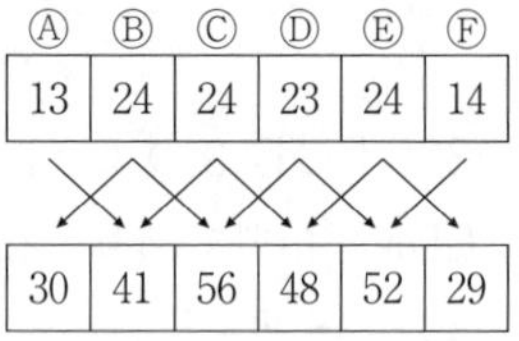

図④

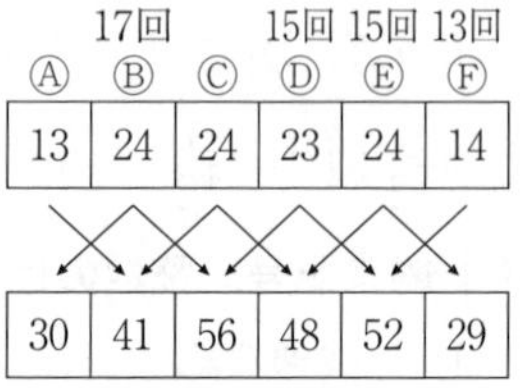

社　会　＜推薦試験＞（30分）＜満点：50点＞

解　答

1 **問1**　(1)　イ　(2)　つなみ　**問2**　（例）　地下に雨水をためる貯水池をつくる。（地下に大規模な放水路を設ける。）　**問3**　エ　**問4**　ア　**問5**　カ　**問6**　カ　2 **問1**　くわ　**問2**　キ　**問3**　ウ　**問4**　イ　**問5**　カ　**問6**　エ　**問7**　ウ
3 **問1**　**あ**　アメリカ　**い**　イギリス　**う**　ドイツ　**問2**　ふつう　**問3**　ウ　**問4**　ア　**問5**　**W**　1　**X**　2　**Y**　3　**Z**　6

解　説

1 日本の国土や気候，産業などについての問題

問1　(1)　北緯40度の緯線が通る八郎潟干拓《かんたく》地は，秋田県北西部で日本海に突《つ》き出す男鹿《おが》半島のつけ根にあり，標高は０ｍに近い。ここから東北地方を太平洋側に向かうと，出羽山地を通り，東北地方中央部を南北に走る奥羽山脈にいたる。さらに進むと，奥羽山脈を下ったのち，東北地方東部を南北に走る北上高地にぶつかる。北上高地を下ると，リアス(式)海岸で知られる三陸海岸にいたる。リアス海岸は，山地が海に沈《しず》みこんでできた地形なので，海岸線に近い場所でも比較《ひかく》的標高が高いことが多い。これらの条件に最もよくあてはまる断面図は，イである。　(2)　一般に，川に設置される水門は水量を調節するために設けられ，その下流域の洪水《こうずい》の被害をおさえる役割を果たす。しかし，地形図中に見られる普代《ふだい》水門は河口付近に設置されており，洪水になっても，ここより上流にある集落を守る役割は果たさない。ここから，普代水門は，海から押し寄せる水，つまり津波《つなみ》や高潮から集落を守るために設置されたのだとわかる。普代村は，明治時代と昭和時代に津波の被害を受けた教訓から普代水門を建設し，2011年３月11日に発生した東日本大震災のさいには，これによって津波による村の被害が最小限に食い止められた。

問2　地面の多くがコンクリートやアスファルトで覆《おお》われている都市部では，短時間に多くの雨が降ると，河川や下水道に一気に雨水が流れこんでしまうため，河川がはんらんしたり，マンホールから水があふれたりすることがある。こうした被害を防ぐため，地下に大規模な貯水池をつくったり，河川の水を分散させることのできる放水路をつくったりして，洪水が発生しないようにしている。

問3　図によると，１年間の平均日照時間は，鹿児島県が1900～2000時間，静岡県が2200時間以上，福井県が1700～1800時間である。平均日照時間が多ければ平均降水日数は少ないと考えられるので，この３県では静岡県が最も平均降水日数が少なく，福井県が最も多いと判断できる。

問4　四国４県のうち，「県の東に開けた平野部」があるのは徳島県である。また，表において，小麦の収穫量が最も多いイは，「うどん県」として知られ，古くから小麦の栽培がさかんな香川県，なすの収穫量が最も多いエは，高知平野などで夏野菜の促成栽培がさかんに行われている高知県，みかんの収穫量が最も多いウは，みかんをはじめとするかんきつ類の生産がさかんな愛媛県になる。残ったアに，徳島県があてはまる。

問5　東京都は，特に都市部で，地価が高くて駐車場《ちゅうしゃじょう》を確保するのに費用がかかることや，公共交通機関が発達していることから，世帯あたりの自動車所有台数が少ない。また，夏は比較的すず

しく，冬の寒さが厳しい北海道では，暖房にストーブを用いる家庭が多いため，冷房機能のついたルームエアコンの世帯あたりの所有台数が少ない。よって，カがあてはまる。

問6　「石油・石炭製品」や「化学」，「鉄鋼」が上位に入っているａには，石油化学工業がさかんで，複数の製鉄所も立地する京葉工業地域が広がる千葉県があてはまる。示された4つのうち，「パルプ・紙」が上位に入っているｂには，豊かな森林資源を背景に製紙業が発達した北海道があてはまる。「印刷」や「情報通信機械」が上位に入っているｃには，日本の政治・経済・文化の中心地として，多くの情報が集まる東京都があてはまる。残ったｄに，群馬県があてはまる。北海道は，乳製品やビールなどをつくる食料品工業がさかんで，製造品出荷額等で最も大きな割合を占《し》める。関東内陸工業地域にふくまれる群馬県では，輸送用機械を中心とした機械工業が発達している。よって，カがあてはまる。統計資料は『データでみる県勢』2020年版による。

2　日本遺産を題材にした各時代の歴史的なことがらについての問題

問1　蚕はくわの葉をえさにして成長する。蚕は自然界では生きのびていけないため，人の手で育て，生糸の原料となる繭《まゆ》をとる。これを養蚕という。

問2　縄文時代には，食料の貯蔵や煮炊《にた》きなどのため，土器がつくられるようになった。縄文土器は，粘土《ねんど》を成形したものを地面に置き，その上から草などをかぶせるような簡単なしくみで焼き上げられたため，厚いわりにもろかった。時代が進むにつれて形状や模様は変化し，縄文時代後期には縄目模様がないものも多くつくられるようになった。よって，キがあてはまる。

問3　平安時代前半，伊予国(愛媛県)の国司となった藤原純友は，任期が終わっても京都にもどらず，939年に瀬戸内海で海賊《かいぞく》を率いて反乱を起こした。純友らは瀬戸内海沿岸各地の国府などを襲《おそ》い，大宰府《だざいふ》(福岡県)を焼き打ちするなどしたが，941年，朝廷が派遣した小野好古《よしふる》と源経基《つねもと》に敗れた。なお，アとイは，組み合わせは正しい。エについて，源頼朝は大宰府の長官(大宰権帥《ごんのそち》)にはなっていない。

問4　ａ　黒曜石は，和田峠《とうげ》(長野県)や箱根(神奈川県)，隠岐《おき》(島根県)など，産地が限られているにもかかわらず，その周辺をふくむ広い範囲《はんい》から出土しており，縄文時代に広く交易が行われたことを示す証拠《しょうこ》となっている。よって，正しい。　ｂ　和同開珎《わどうかいちん》は，奈良時代になる少し前の708年に鋳造《ちゅうぞう》された貨幣《かへい》である。奈良時代には都にたくさんのものが運びこまれたが，その多くは税として納められたもので，代金として貨幣が支払われることはなかったと考えられる。　ｃ　室町時代には産業や物流が発展し，馬借とよばれる運送業者が活躍《かつやく》した。近江《おうみ》国(滋賀県)では，水陸交通の接点となる大津や坂本などが馬借の拠点《きょてん》となり，物資を京都や奈良に運んだ。よって，正しい。ｄ　江戸時代には，米をはじめとする各地の産物が大坂(大阪)に集まり，活発に取引が行われた。

問5　ａは1901年，ｂは1863年，ｃは1895年，ｄは1866年のできごとなので，年代の古い順にｂ→ｄ→ｃ→ａとなる。

問6　花の御所《ごしょ》は，室町幕府の第3代将軍足利義満が京都室町に建てた邸宅《ていたく》で，義満はここで政治を行い，幕府の全盛期を築いた。よって，エが誤っている。足利尊氏は室町幕府の初代将軍である。

問7　「あ」は東京駅丸の内駅舎で，1914年に創建されたときの建物が2012年に復原された。「い」は迎賓館《げいひんかん》赤坂離宮で，東宮《とうぐう》御所としてつくられ，1909年に完成した。現在は，外国の国家元首や政府の長といった国賓《こくひん》を迎え入れるさい，会食や宿泊などの接遇《せつぐう》を行う施設として使われている。

「う」は日本銀行本店で，上から見ると「円」の字に見えることが特徴《とくちょう》となっている。よって，ウが正しい。

3 **日本の政治のしくみや現代社会についての問題**

問1　**あ**　2020年11月，アメリカ(合衆国)で大統領選挙が行われ，民主党のジョー・バイデンが共和党の現職ドナルド・トランプ大統領に勝利した。　**い**　イギリスは，2016年に行った国民投票の結果を受け，EU(ヨーロッパ連合)からの離脱《りだつ》手続きを進めた。離脱手続きは難航したが，2020年1月，イギリスはEUから正式に離脱した。　**う**　第一次世界大戦で敗戦国となったドイツでは，1919年，民主的な選挙や社会権などを規定したワイマール憲法が制定された。ヒトラーが率いたナチス(国家社会主義ドイツ労働者党)は，この憲法のもとで行われた1932年の選挙で第一党となり，その後も国民の高い支持を背景に独裁体制を築いていった。

問2　財産(納税額)や性別などによって選挙権を制限せず，一般に，年齢以外の制限を加えない選挙を普通《ふつう》選挙という。日本では，1945年に衆議院議員選挙法が改正されたことで，男女による普通選挙が実現した。

問3　ア　内閣総理大臣は国会議員の中から国会の指名で選ばれるが，国務大臣は過半数が国会議員であれば，民間から登用してもよいことになっている。　イ　内閣不信任案(信任案)を議決できるのは，衆議院だけである。　ウ　内閣総理大臣の権限について正しく説明している。
エ　最高裁判所長官は内閣の指名にもとづいて天皇が任命し，その他の裁判官は内閣が任命する。

問4　参議院議員の任期は6年だが，3年ごとに定数の半数が改選される。参議院は衆議院とちがって解散がなく，3年ごとに選挙が行われるため，参議院議員選挙は「通常選挙」とよばれる。また，統一地方選挙は，地方公共団体の選挙日程を全国的に統一して，4年に1度実施される選挙である。3と4の最小公倍数は12なので，12年ごとに参議院議員通常選挙と統一地方選挙が重なる。これが干支《えと》の「亥年《いどし》」にあたることから，この年に行われる選挙は「亥年選挙」とよばれる。

問5　農林水産業は第1次産業，製造業や建設業などは第2次産業，販売《はんばい》業や飲食業といった商業，サービス業などは第3次産業に分類される。第1次産業に従事する人がみずから，あるいは地域の人などと連携《れんけい》して，生産した農林水産物を加工し(第2次産業)，これを販売する(第3次産業)という取り組みは，それぞれの産業をかけ合わせたものであることから「6次産業化」とよばれる。6次産業化を進めることにより，第1次産業に従事する人の所得が上がるだけでなく，生産物に新たな価値が生まれる，地域が活性化するといった効果も期待できるため，国も補助金を出すなどしてこれを推進している。

理　科　＜推薦試験＞(30分)＜満点：50点＞

解　答

1 (1)　4　　(2)　4　　(3)　2　　(4)　3　　(5)　2　　**2** (1)　158 g　　(2)　4　　(3)　6 cm　　(4)　175 g　　(5)　20 g

解　説

1 **植物の根の成長についての問題**

⑴　ダイコンなどの植物の根は，土の中から水を吸収するはたらき，その水にとけている肥料の成分を吸収するはたらき，それに，地上部のからだを支えるはたらきなどをしている。また，ダイコンやゴボウ，ニンジンなどでは，根に養分をたくわえるはたらきもしている。

⑵　図１で，６時間後の様子を０時間後と比べると，先端《せんたん》～Ａ，Ｄ～Ｅの間隔《かんかく》は変わっていないが，Ａ～Ｂ，Ｂ～Ｃ，Ｃ～Ｄの間隔はいずれも大きくなっている。このことから，０時間後ではＡ～Ｄに伸長《しんちょう》域があったと考えられ，それは根の先端から0.5～2.0mmの範囲《はんい》である。

⑶　⑵より，伸長域が根の先端から0.5～2.0mmの範囲にあるので，６時間後のＣの位置(先端から約2.75mm)は伸長域から外れていると考えられる。伸長域から外れているとＥからのきょりが一定になるので，８時間後のＣの位置は６時間後と変わらず２の位置にあるといえる。

⑷　表１より，６時間後に根毛でおおわれている範囲は根の先端から2.0～2.5mmの間で，それは図１より，Ｂ～Ｃの範囲内にある。Ｂ～Ｃは０時間後には根の先端から1.0～1.5mmの範囲にある。

⑸　伸長域は根の先端から0.5～2.0mmの範囲にあるが，表１より，その範囲内には時間が経過しても根毛は生えていない(すべて０％となっている)。⑷で述べた６時間後には，Ｂ～Ｃの大部分は伸長域から外れており，そこに根毛が見られることから，根毛は伸長域から外れた部分に生えると考えられる。

2　金属の密度，てこのつり合いについての問題

⑴　20cm^{3}のＡを作る鉄の密度は7.9g/cm^{3}なので，$7.9\times20=158$(g)である。

⑵　１について，すべての金属は電気を通しやすく，Ｂのアルミニウムにも電気が流れる。２について，密度が水(約１g/cm^3)よりも小さいものは水にうき，大きいものは水にしずむ。３について，Ａの鉄は磁石にくっつくが，Ｂのアルミニウムやのの銅は磁石にくっつかない。５について，Ｃの銅は塩酸にとけない。Ｂのアルミニウムは塩酸にとけて水素を発生する。

⑶　ＢとＣの重さの比は，$(2.7\times20):(9.0\times20)=3:10$なので，図１でＢとＣの支点(棒の真ん中)からのきょりの比は$10:3$である。よって，xは，$20\times\frac{3}{10}=6$(cm)と求められる。

⑷　Ｄを作るときにとかし合わせた銅と亜鉛《あえん》の体積比は，$(9\div9.0):(1\div7.1)=71:10$なので，20cm^{3}のＤは重さが，$20\times\frac{71}{71+10}\times9.0+20\times\frac{10}{71+10}\times7.1=20\times\frac{71}{81}\times(9.0+1)=175.3\cdots$より，175gと求められる。

⑸　Ｅの重さは，$9.0\times20\times3.5\div15=42$(g)である。ここで，Ｅがすべてアルミニウムだとすると，その重さは，$2.7\times20=54$(g)となるが，実際はそれよりも，$54-42=12$(g)軽い。また，アルミニウムをマグネシウムに入れかえると，重さは１cm^{3}あたり，$2.7-1.7=1.0$(g)軽くなる。よって，Ｅにふくまれるマグネシウムの体積は，$12\div1.0=12$(cm^3)とわかる。その重さは，$1.7\times12=20.4$より，20gである。

英　語　＜帰国生試験＞（45分）＜満点：100点＞

※編集上の都合により，英語の解説は省略させていただきました。

解　答

Ⅰ **問1**　イ　**問2**　blue　**問3**　③　エ　④　ア　**問4**　C　**問5**　**1**　（例）She said they came to bring joy to people.　**2**　（例）Because her life was out of balance and she was depressed.　**3**　（例）Because she loved the beach near the cottage and asked to go there.　**4**　（例）A drawing in bright crayon hues with a message was.　**問6**　オ，キ

Ⅱ **問1**　①　ウ　②　イ　③　オ　④　ア　⑤　エ　**問2**　（例）インターネット上では，矛盾する２つの情報が容易にかつ同時に広まってしまうから。　**問3**　ウ，オ

問4　（例）I agree that children should be able to use the Internet.　The Internet is useful for everyone, whether the user is an adult or a child.　It can help children study, because they can learn a lot through the Internet.　However, there's so much wrong information online that could mislead children, so their parents need to teach them how to choose information that is right.

国　語　＜推薦・帰国生試験＞（45分）＜満点：100点＞

解　答

一 **問1**　ホ，リ　**問2**　ロ　**問3**　りつく。　**問4**　ニ　**問5**　ロ　**問6**　イ

問7　しっとりした大人　**問8**　Ⅱ　公　Ⅲ　私　**問9**　ロ　**問10**　ニ　二 **問1**

a　イ　**b**　ニ　**問2**　Ⅰ　ホ　Ⅱ　ロ　**問3**　ロ　**問4**　イ　**問5**　イ　**問6**

ニ　**問7**　イ　**問8**　百まで　**問9**　一部(と)一枝　**問10**　ロ

解　説

一 **出典は日本文藝《ぶんげい》家協会編の『ベスト・エッセイ2015』所収の「ロマンティックな薄明《うすあか》り(中野京《なかのきょう》子《こ》作)」による。**欧米《おうべい》のホテルの薄暗さについて長く誤解していた筆者が，その理由を語っている。

問1　「ツイキュウ」には「追求」「追及」「追究」などの同音異義語があり，「追求」は“欲しいものを手に入れるため手段をつくすこと”，「追及」は“責任や間違《まちが》いを問いつめること”“犯人を追いつめること”，「追究」は“未知のものごとを深く調べて明らかにしようとすること”を表す。本文の二重傍線《ぼうせん》は「追求する」であり，イは「運休」，ロは「救出」，ハは「永久」，ニは「危急」，ホは「求人」，へは「復旧」，トは「休止」，チは「配給」，リは「希求」，ヌは「階級」と書く。

問2　「やっかい」は，“めんどうでめいわくなこと”“せわをすること”などを表す。本文中では“友人宅にしばらく寄宿した”という意味で使われているので，ロが合う。

問3　もどす文の「不便」は，何かをする場合に不自由で具合が悪いようす。二つ目の段落で，ドイツの集合住宅で五階に辿《たど》りつくまでにどれほど大変だったかが描《えが》かれているので，その直後に入れると文意が通る。

問4　傍線(1)の「考え」は，「アジア人の黒い眼《め》と欧米人の青い眼の違い」によって「明かり」の

明るさの感じ方が違うことについての「考え」である。よって,「欧米人」と「日本人」の「見え方がちがうこと」にふれているニがよい。

問5　イ，ニ 「合理的」は“理屈《りくつ》にかなうようす”を表すので,「ロマンティック」(現実離《ばな》れしていて空想的なようす)や「大人の雰囲気《ふんいき》」はふさわしくない。　ロ 「スイッチの場所が見つけにくくて困りますよね，と挨拶《あいさつ》がわりに言うと，そんなことはない～と返事がかえってきた」「スイッチ式建物が，ヨーロッパ各国で昔はたくさんあった」とあるので，あてはまる。　ハ 「天《てん》井《じょう》の電気」が消えるのは,「二階分ほど上ったあたり」であり,「各階に着くごと」ではない。

問6　二つ前の段落に「ケチと名高いドイツ人」とあることに注意する。「ケチ」は“金やものを出し惜《お》しむこと”を表すので,「経済的」「むだを極力少なく」とあるイが選べる。

問7　日本原産のホテルや旅館の一部が欧米系列のホテルを真似《まね》て照明を薄暗くしたのは，その「しっとりした大人」の雰囲気を真似るためである。

問8　Ⅱ，Ⅲ　ホテルにおいて,「できるだけ騒《さわ》がしくならないよう」にすべきロビーなどは薄暗くても仕方がないが,「もっと勝手にふるまわせてほしい」個室では明るくしたいという筆者の考えを押《お》さえる。ロビーなどは「公的空間」，個室は「私的空間」である。

問9　ホテルが個室を仄暗《ほのぐら》くしているのが「読書させまいとしている」ためならば，その個室に「聖書」が備えられているのはおかしいといえる。このように筆者はいぶかしんでいるのだから，ロが合う。

問10　イ　筆者にとってホテルの明かりが薄暗いことは，事実であり「思い過ごし」ではない。　ロ　筆者が「明かり」の事実について知ったのは,「日本でのホテル暮らし」の時ではなく,「たまたま医学雑誌をめくっていた時」である。　ハ　本文で日本人やアジア人と比較《ひかく》されているのは「欧米人」であり,「ドイツ人」よりも対象の範囲《はんい》が広い。　ニ　本文の後半の内容と合う。

二 **出典は『エデュカーレ』所収の「ポトスが買えない深いわけ(新井紀子《あらいのりこ》作)」による。**観葉植物のポトスを買う気になれないわけについて，小学校四年生のときの理科の授業にさかのぼって回想し，説明している。

問1　a 「意気揚々《ようよう》」は，得意になっているようす。この場面では，挿《さ》し木で好物の柿が「増えたならどんなに良いだろう」と期待に満ちているようすを表す。　b 「肩《かた》を落とす」は，気力をなくしてがっくりとするようす。楽しみにしていた「挿し木用の農園」が「校舎と校舎の間の～陰気《いんき》な場所だった」ことにがっかりしたのである。

問2　Ⅰ　挿し木を毎日見に行っても，メダカなどの動物と違って目に見えては変化しないという文脈なので，前のことがらを受けて，それに反する内容を続けるときに用いる「けれども」が入る。Ⅱ　佐藤先生が内緒《ないしょ》で挿し木をしておいてくれたことは，全員が何かしらを持ち帰れたことの理由なので，続く部分の理由が前にあることを示す「だから」がふさわしい。

問3　傍線⑴は直前の一文の「植物はたった一枝から全体が再生する」ことを指しているので，ロが選べる。

問4　生徒たちが持ってきた植物の枝には，佐藤先生の指示どおりでないものもある。それでも特に問題とはされないようすが「のんびり」という言葉からうかがえるので,「多少のことはゆるしてもらえる」とあるイがよい。

問5　「挿し木」は,「根付い」て全体が再生すれば成功である。そうならなければ「ダメ」なのだから，イが合う。なお，続く部分に「挿し木が根付いたか」「根が出ていない」「根を出していた」とあるように，佐藤先生や生徒たちは「根付」いたかどうかに注目しているので，「増やす」とあるニよりも，「根付」くことにふれているイのほうがよい。

問6　少し前に，「花を失ったアジサイが，たった十センチの枝から完全なひとつの個体になろうとしているのを，私は眩《まぶ》しい気持ちで眺《なが》めた」とある。よって，この一文とほぼ同じ内容のニがふさわしい。

問7　「今でもそのアジサイは両親の家で健在」という表現から，「私」が両親と同居していないことと，「そのアジサイ」が両親の家にはあるが「私」の家にはないことがわかる。よって，イが適切でない。なお，「健在」は，元気で無事に暮らしていること。

問8　「三つ子の魂《たましい》百まで」は，幼いころの性質は，年をとっても変わらないというたとえ。似た意味のことわざに「雀《すずめ》百まで踊《おど》り忘れず」などがある。

問9　「モノが生命に変わる」とは，二つ前の文の「紫御殿《むらさきごてん》の一枝は庭の端《はし》で大きな一叢《ひとむら》に育った」という例のような，ごくわずかなものから大きく発展することがらである。本文では「植物は一部から全体が再生する」「植物はたった一枝から全体が再生する」ことが語られているので，「一部」「一枝」がぬき出せる。

問10　イ　本文では，ポトスとサンスベリアの「空気を浄化《じょうか》する作用」の大きさについては語られていない。　ロ　最後から二つ目の段落の内容と合う。　ハ　小学校時代について語られている部分では，ポトスは取り上げられていない。　ニ　「私」がポトスを買えないのは，ポトスを買えば，「私の元にポトスが巡《めぐ》ってくる」という「偶然《ぐうぜん》の楽しさ，嬉《うれ》しさ」を得られなくなるからである。

2021年度　東邦大学付属東邦中学校

〔電　話〕(047) 472－８１９１
〔所在地〕〒275-8511　千葉県習志野市泉町２－１－37
〔交　通〕京成電鉄－「京成大久保駅」より徒歩10分
JR総武線－「津田沼駅」よりバス15分

【算　数】〈前期試験〉（45分）〈満点：100点〉

1　次の□にあてはまる最も適当な数を答えなさい。

(1) $\left(2\frac{1}{4}\div0.375\div6-0.3\div\frac{3}{8}\right)\div\frac{1}{25}=\square$

(2) $5.5\div1\frac{5}{9}-\left\{21\times\left(0.5-\frac{1}{3}\right)-\square\right\}=0.25$

2　次の問いに答えなさい。

(1) 6468×2＋939×5を13でわった余りを求めなさい。

(2) 太郎君は，毎朝７時30分に家を出て，同じ通学路で学校へ向かいます。月曜日は歩いて通学したところ，８時に学校に着きました。火曜日は家から100mの地点まで走り，残りを歩いて通学したところ，７時58分に学校に着きました。水曜日は家を出て２分間走り，残りを歩いて通学したところ，７時52分に学校に着きました。

このとき，自宅から学校までの道のりは何mか求めなさい。ただし，太郎君の歩く速さと走る速さはそれぞれ一定とします。

(3) 右の図のように，１辺の長さが４cmのひし形と，その中に入る最も大きい円があります。円の面積とひし形の面積の比が３：５のとき，円の周の長さを求めなさい。

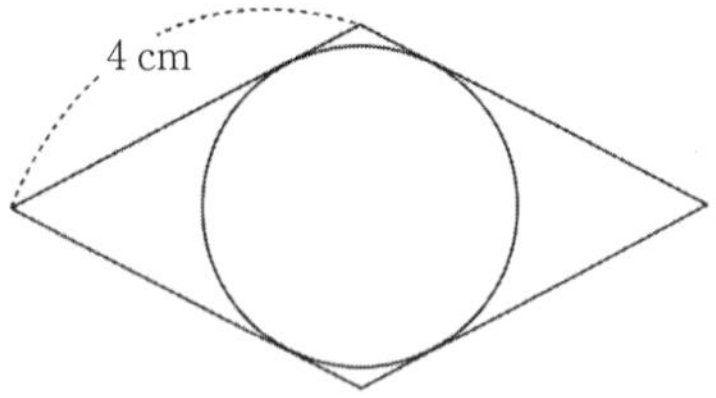

(4) あるタクシーは，走った道のりが1270m以下のときは，かかった時間や道のりに関係なく，料金は500円です。1270mを超《こ》えると，263mを１区間として，新しい区間に入るごとに110円が加算されます。また，1270mを超えると，停車時間が１分35秒を超えるごとに100円が加算されます。例えば，走った道のりが1600mで，停車時間が２分間の場合，料金は820円になります。このタクシーで10km走ったところ，料金は4840円でした。

このとき，停車時間は少なくとも何分何秒より長いか求めなさい。

(5) 容器Ａ，容器Ｂにはどちらも同じ量と同じ濃度の食塩水が入っています。容器Ａに食塩を何ｇか加えたところ，濃度は３％高くなりました。次に，容器Ａに入れた食塩と同じ重さの水を容器Ｂに加えたところ，濃度は１％低くなりました。最初に容器Ａ，Ｂに入っていた食塩水の濃度は何％か求めなさい。

3　一定の速さで流れる川の上流にＡ地点があり，下流にＢ地点があります。２つの船Ｐ，Ｑは，静止した水面では，どちらも時速20kmで移動します。船Ｐは，Ａ地点を出発し，Ｂ地点へ向かいます。船Ｑは，Ｂ地点を出発し，Ａ地点へ向かいます。２つの船は，同時に出発してから21分後に，Ａ地点からの距離《きょり》とＢ地点からの距離の比が５：３であるＣ地点で初めてすれちがいました。また，船P，Qは，それぞれB地点，A地点に着くとすぐにそれぞれA地点，B地点へ引き返します。

このとき，次の問いに答えなさい。

(1) A地点とB地点の間は，何kmか求めなさい。

(2) 川が流れる速さは，時速何kmか求めなさい。

(3) 船P，QがC地点で初めてすれちがってから，何分何秒後に再びすれちがうか求めなさい。

4 記号○と△には，次のようなきまりがあります。ただし，Aには0以外の整数が入ります。

$A^{\bigcirc}=1\div\{1-1\div(1+A)\}$，　$A^{\triangle}=1\div\{1+1\div(1+A)\}$

例えば，$1^{\bigcirc}=2$，$2^{\triangle}=\dfrac{3}{4}$です。

このとき，次の□にあてはまる最も適当な数を答えなさい。

(1) $1^{\triangle}\times2^{\bigcirc}+2^{\triangle}\times3^{\bigcirc}+3^{\triangle}\times4^{\bigcirc}+4^{\triangle}\times5^{\bigcirc}+\cdots+2019^{\triangle}\times2020^{\bigcirc}+2020^{\triangle}\times2021^{\bigcirc}=$□

(2) $(1^{\bigcirc}\times2^{\bigcirc}\times3^{\bigcirc}\times\cdots\times2020^{\bigcirc}\times2021^{\bigcirc})\times(1^{\triangle}\times2^{\triangle}\times3^{\triangle}\times\cdots\times2019^{\triangle}\times2020^{\triangle})=$□

5 右の図において，三角形ABCと三角形BDEの面積は等しく，AE＝2cm，EB＝3cm，BC＝4cmです。また，辺ACと辺DEの交わる点をPとします。

このとき，次の問いに答えなさい。

(1) CDの長さを求めなさい。

(2) AP：PCの比を最も簡単な整数の比で求めなさい。

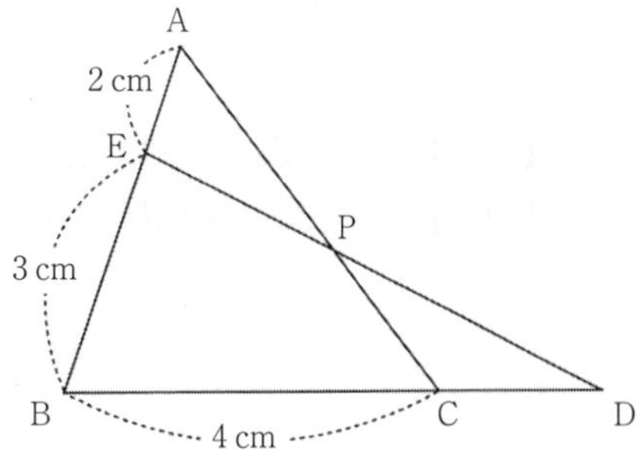

6 右の図のような，正六角形を底面とする六角柱ABCDEF-GHIJKLがあります。点Mは，三角形MGHと三角形MIJの面積の比が3：2となるような辺LK上の点です。

このとき，次の問いに答えなさい。

(1) LM：MKの比を最も簡単な整数の比で求めなさい。

(2) 3つの頂点A，E，Mを通る平面で，この立体を切断しました。切断されてできた立体のうち，頂点Fを含む立体の体積は，六角柱の体積の何倍か求めなさい。

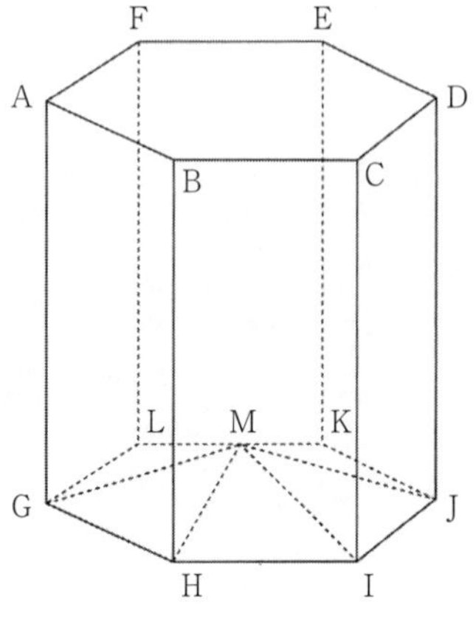

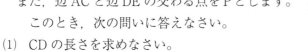

7　右の【図１】のような，白色の板Aと板Bがたくさんあります。【図２】は，12枚の板Aをすきまなく並べたものです。また，【図３】は，12枚の板Aと６枚の板Bをすきまなく並べたものです。これらの【図２】，【図３】のそれぞれについて，２枚の板全体を黒色にぬりつぶして模様《もよう》をつくります。ただし，回転させて同じになるときは，同じ模様だと考えます。また，板を裏返すことはしません。

このとき，次の問いに答えなさい。

【図１】

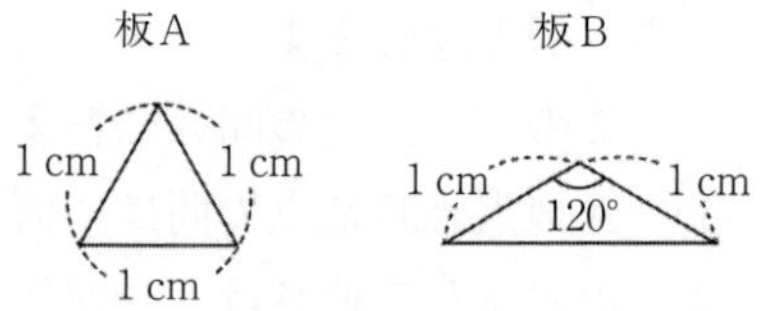

【図２】

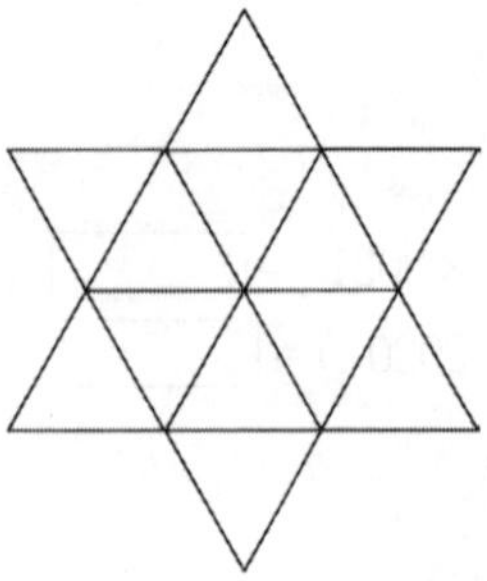

【図３】

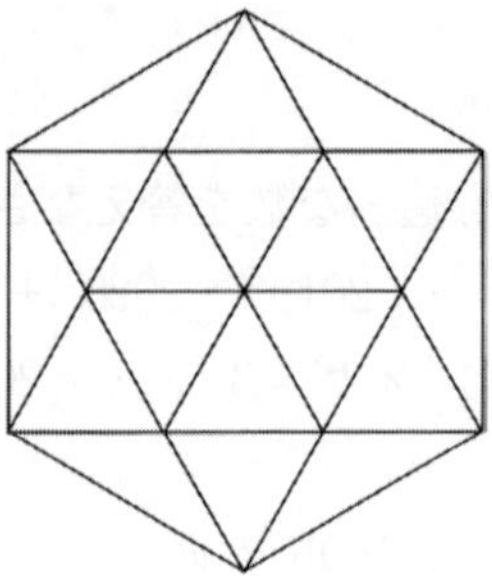

(1)　【図２】について，模様は何通りつくれるか求めなさい。

(2)　【図３】について，模様は何通りつくれるか求めなさい。

【社　会】〈前期試験〉（45分）〈満点：100点〉

〈編集部注：実物の入試問題では，すべての写真と，図の大部分はカラー印刷です。〉

1　2021年に，「東京2020オリンピック・パラリンピック」の開催《かいさい》をひかえ，邦平《くにへい》君は，世界的大都市である東京の地理に興味をもち，夏休みの自由研究で，東京をはじめとする日本の大都市や都道府県の地理について調べることにしました。これについて，次の各問いに答えなさい。

問１　最初に邦平君は，日本の都市の人口について調べた。次の図は，宮城県，千葉県，山口県のそれぞれの人口第１位の都市の人口について，「都道府県全体にしめる割合」を横軸《よこじく》に，「※第２位の都市との比」を縦《たて》軸にとり，グラフで示したものである。都道府県と図中の**あ**～**う**との組み合わせとして正しいものを，あとの**ア**～**カ**から１つ選び，記号で答えなさい。なお，参考として北海道の人口第１位の都市である札幌市の例を，図中に示してある。

※第２位の都市との比＝第１位の都市の人口÷第２位の都市の人口

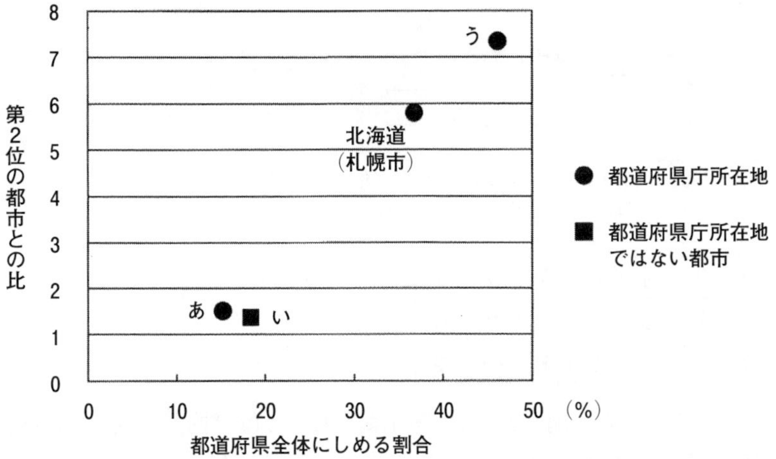

統計年次は2018年。「総務省統計局HP」により作成。

	ア	イ	ウ	エ	オ	カ
宮城県	あ	あ	い	い	う	う
千葉県	い	う	あ	う	あ	い
山口県	う	い	う	あ	い	あ

問２　次に邦平君は東京に着目し，東京の中でもさまざまな地域差があることに気づき，右の地図に示した江東区，新宿区，東村山市について調べた。次の二重線内の文章**a**～**c**は，それぞれの区や市の説明で，図中のグラフ**あ**～**う**は，1980年の人口を１とした時の人口の変化を，2015年まで５年ごとに示したものである。江東区を示す文章とグラフの組み合わせとして正しいものを，あとの**ア**～**ケ**から１つ選び，記号で答えなさい。

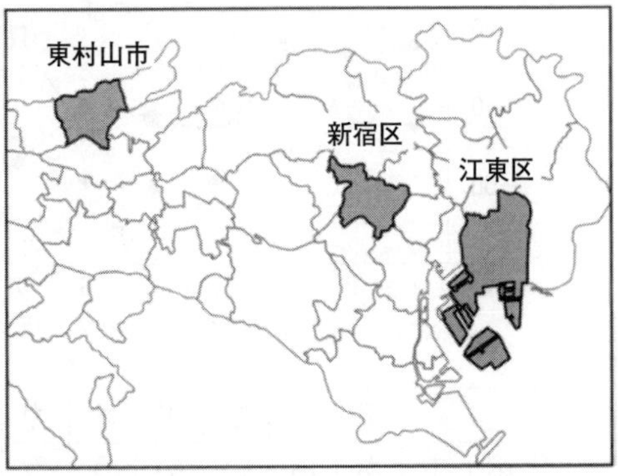

a．住宅地や工業地域が発達している一方で，有名な神社仏閣も多い。1980年以降，他の２つの地域の面積はほぼ変化しないのに対し，ここでは面積の増加がみられる。
b．土地利用は住宅地がもっとも多く，交通の便が良いことから，農村地域から住宅都市へと変化してきた。日本を代表するコメディアンの出身地としても知られる。
c．江戸時代に，五街道《ごかいどう》の１つである街道の宿場町を中心に発展した。現在は繁華街《はんかがい》が広がり，官公庁，大学，病院などが数多くあり，商業地と住宅地の両方の性格をもつ。

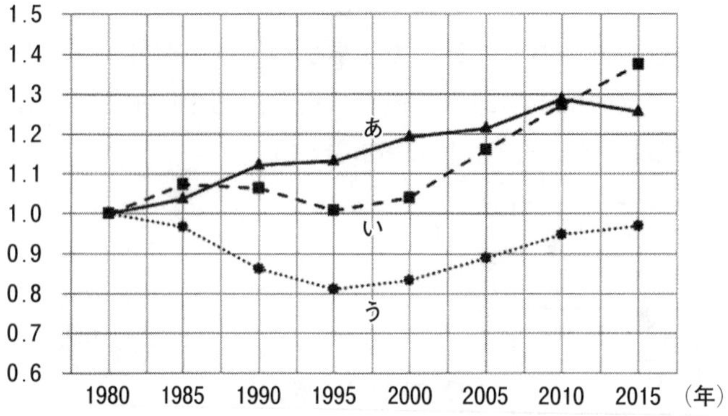

「総務省統計局HP」により作成。

	ア	イ	ウ	エ	オ	カ	キ	ク	ケ
文　章	a	a	a	b	b	b	c	c	c
グラフ	あ	い	う	あ	い	う	あ	い	う

問３　邦平君は，都市の気候についても調べた。次の図は，東京とほぼ同じ緯度《いど》にある銚子《ちょうし》市，甲府市，鳥取市の月降水量について，東京との差をそれぞれ示したものである。図中の**あ**～**う**と都市の組み合わせとして正しいものを，あとの**ア**～**カ**から１つ選び，記号で答えなさい。

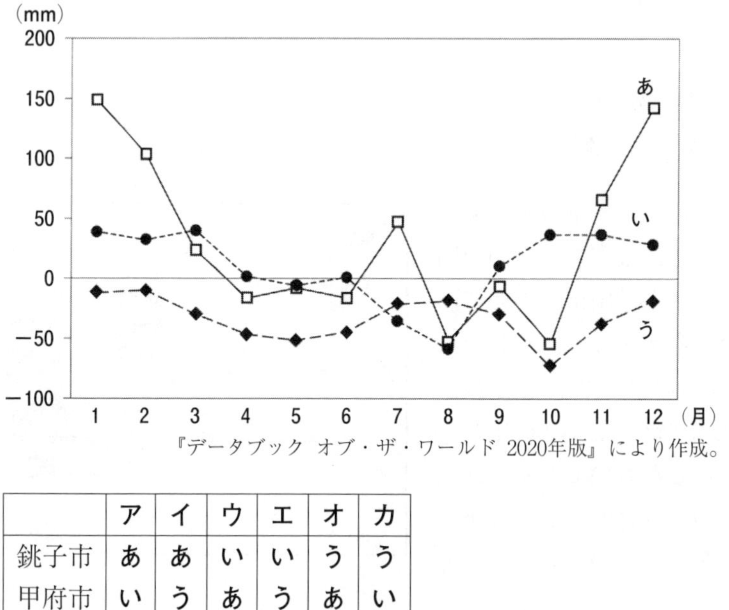

『データブック オブ・ザ・ワールド 2020年版』により作成。

	ア	イ	ウ	エ	オ	カ
銚子市	あ	あ	い	い	う	う
甲府市	い	う	あ	う	あ	い
鳥取市	う	い	う	あ	い	あ

問4　邦平君は，東京が工業もさかんであることから，関東地方の工業についても調べた。関東地方の工業の特色について述べたものとして**誤っているもの**を，次の**ア**～**エ**から1つ選び，記号で答えなさい。

ア．東京は，多くの人口をかかえ，さまざまな情報が集まることから，インターネットに関連した情報通信技術関連産業や映像制作に関連した産業が発展している。

イ．海外からの原材料輸入や製品輸出に便利なことから，特に京葉工業地域では製鉄所や火力発電所が多く，製鉄業のほか，輸入した原油を原料に石油化学工業が発展している。

ウ．新しい製品や技術を開発するために，大学などの研究機関との連携《れんけい》や，情報入手のしやすさが重要なことから，東京やその郊外《こうがい》には，企業《きぎょう》の研究所が多くみられる。

エ．養蚕がさかんであった北関東地方は，交通網《もう》が整備され，広い用地が確保できることから工業地域が形成され，現在もせんい産業を中心に発展している。

問5　邦平君は，都道府県についても調べた。次の表は，6つの都道府県におけるいくつかの農作物の生産についてまとめたものである。この6つの都道府県は，3つのグループに分かれており，グループ内はとなり合う都道府県となっている。この表をみて，あとの(1)・(2)の各問いに答えなさい。なお，数値が太字になっているものは，全国1位であることを示している。

			a	みかん	大麦	小麦	きく	茶
			収穫量（千t）	収穫量（千t）	収穫量（百t）	収穫量（百t）	作付面積（ha）	収穫量（百t）
都道府県	グループ1	X	245	24	3	228	**1293**	42
		Y	16	82	0	17	159	**1505**
	グループ2	長野	71	…	20	75	114	…
		Z	**261**	…	67	231	…	…
	グループ3	佐賀	9	51	351	369	…	57
		福岡	25	21	206	549	242	96

統計年次は2017年または2018年。表中の「…」はデータがないことを意味する。
『データブック オブ・ザ・ワールド 2020年版』により作成。

(1)　表中の**Z**にあてはまる都道府県と，**a**にあてはまる農作物名の組み合わせとして正しいものを，次の**ア**～**カ**から1つ選び，記号で答えなさい。

	ア	イ	ウ	エ	オ	カ
Z	群馬県	群馬県	山梨県	山梨県	静岡県	静岡県
a	レタス	キャベツ	レタス	キャベツ	レタス	キャベツ

(2)　表中の太い線で囲まれたところをみると，佐賀県，福岡県ともに，大麦，小麦の生産量が他に比べて共通して多いことが分かる。ここでは，冬でも温暖な気候を利用して，稲作《いなさく》が終わったあとの土地で，大麦や小麦を栽培《さいばい》していることが多い。このように，同じ耕地で1年間に2回異なる作物を栽培することを，**漢字3字**で答えなさい。

問６　邦平君は，地方の都市にも目を向け，親戚《しんせき》がいる茨城県結城《ゆうき》市についても調べた。次の地図は，JR 結城駅周辺の２万5000分の１地形図を拡大したものである。これをみて，あとの⑴・⑵の各問いに答えなさい。

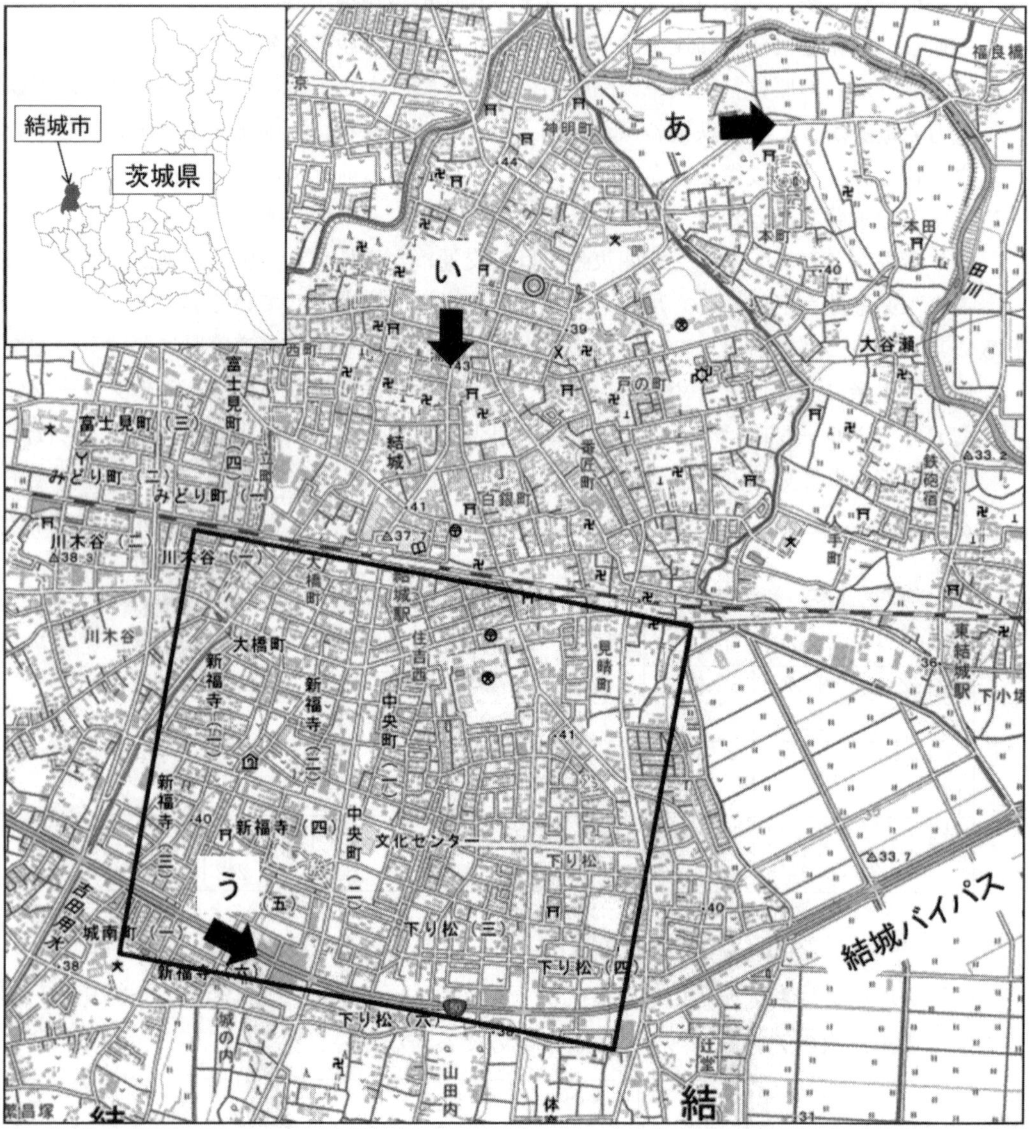

⑴　次の写真ａ～ｃは，地形図中**あ**～**う**のいずれかの地点で矢印の方向に向けて撮影《さつえい》したものである。ａ～ｃと**あ**～**う**の組み合わせとして正しいものを，あとの**ア**～**カ**から１つ選び，記号で答えなさい。

ａ．

ｂ．

ｃ．

「Google ストリートビュー」などにより作成。

	ア	イ	ウ	エ	オ	カ
ａ	あ	あ	い	い	う	う
ｂ	い	う	あ	う	あ	い
ｃ	う	い	う	あ	い	あ

⑵　地形図中の長方形は，邦平君が「結城駅」南口に広がる住宅地の広さを知るために，およその範《はん》囲《い》を囲んだものである。２万5000分の１地形図上では，長方形の縦の長さは５cm，横の長さは６cmである。この長方形の実際の面積を，解答欄に合うように，四捨五入して小数第１位まで求め，**算用数字**で答えなさい。

問７　邦平君は，都道府県のマスコットキャラクター(ゆるキャラ)にも興味をもった。次のａ～ｅは，ある県の公式マスコットキャラクターをそれぞれ描《えが》いたもので，あとの二重線内の文章は，その説明である。ａ～ｅが示す県のうち，県名と県庁所在地名が異なるものが２つある。その組み合わせとして正しいものを，あとの**ア**～**コ**から１つ選び，記号で答えなさい。

〔編集部注…ここには，a「きいちゃん」，b「トリピー」，c「ふじっぴー」，d「みきゃん」，e「わんこきょうだい」のイラストがありましたが，著作権上の問題により掲載《けいさい》できません。〕

a．「きいちゃん」…名前は，この県の古いよび方から付けられており，体の緑色のWは県名にちなむとともに，豊かな緑を表している。

b．「トリピー」…鳥と，特産品である梨をイメージして誕生した。生まれた場所は，日本海に面する港町とされる。

c．「ふじっぴー」…この県に位置する山をもとに誕生し，体の青色は海の青さを表している。また，おしりの跳《は》ね上がりは，県名の頭《かしら》文字の形にちなんでいる。

d．「みきゃん」…特産品であるみかんと，子犬の鳴き声「きゃん」をかけあわせて名付けられた。この県のみかんの生産量は，全国第２位（2017年）である。

e．「わんこきょうだい」…わんこそばと，生産量全国第１位（2017年）のうるしを使った漆器《しっき》をもとに誕生したそばっちをメインに，合計５つのキャラクターがいる。そばっちは，北上高地に住んでいるとされる。

ア．ａとｂ　イ．ａとｃ　ウ．ａとｄ　エ．ａとｅ　オ．ｂとｃ
カ．ｂとｄ　キ．ｂとｅ　ク．ｃとｄ　ケ．ｃとｅ　コ．ｄとｅ

2　次の【１】～【８】は，さまざまな工芸品とそれに関して述べたものです。これらをみて，あとの各問いに答えなさい。

【１】　右の写真は，熱帯の木やらくだに乗る人を，光沢《こうたく》のある貝で装飾《そうしょく》した琵琶《びわ》です。これは，①聖武天皇の遺品として，正倉院におさめられたものです。正倉院には，この琵琶のように大陸の文化の影響《えいきょう》を受けたものが多く見られます。

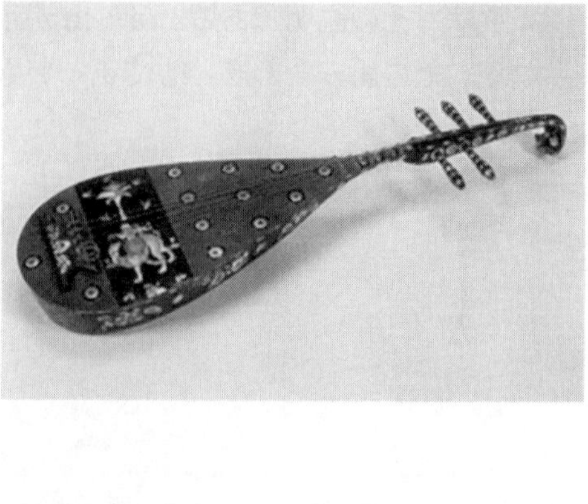

問１　下線部①に関して，聖武天皇の在位中に行われたことについて述べた，次の二重線内のａ～ｄの文のうち，正しいものが２つある。その組

み合わせとして正しいものを，あとの**ア～カ**から１つ選び，記号で答えなさい。

a．国ごとに寺をつくることが決められた。
b．墾田《こんでん》永年私財法という法令が定められた。
c．権力を持っていた道鏡が追放された。
d．長岡《ながおか》京に都を移した。

ア．aとb　イ．aとc　ウ．aとd
エ．bとc　オ．bとd　カ．cとd

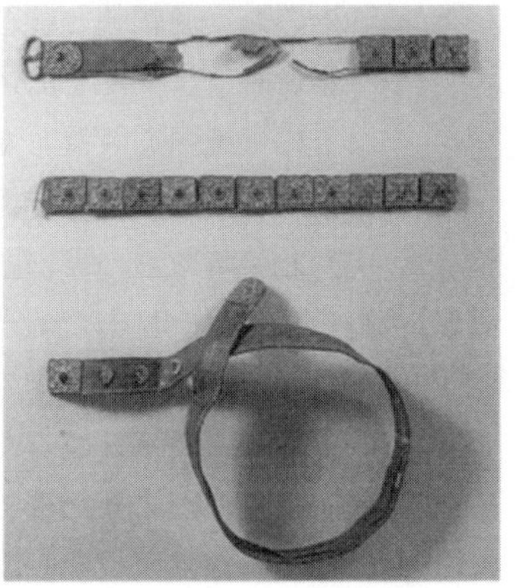

【2】 右の写真は，四角い金属製の飾《かざ》りがついた革製《かわせい》のベルトです。この飾りは，表面にオシドリや馬に乗った狩人《かりゅうど》が彫《ほ》られ，中央には水晶《すいしょう》がはめ込《こ》まれるなど，細かな装飾が施《ほどこ》されています。このベルトは，②菅原道真《すがわらのみちざね》の遺品であるとされ，平安時代の貴族の様子を知る貴重なものです。

問２ 下線部②について，菅原道真について述べたものとして**誤っているもの**を，次の**ア～エ**から１つ選び，記号で答えなさい。
ア．優秀《ゆうしゅう》な学者で，政治家としても朝廷《ちょうてい》で重んじられた。
イ．平氏の協力により，地方武士の反乱をしずめた。
ウ．唐《とう》の衰退《すいたい》などを理由に，遣唐使《けんとうし》の廃止《はいし》をすすめた。
エ．藤原《ふじわら》氏と対立し，大宰府《だざいふ》に流された。

【3】 右の写真は，大阪の四天王寺におさめられている首にかけるお守りです。桜の花びらの形にした木材に錦《にしき》を張ったもので，近年の調査で，内部に細かな彫刻《ちょうこく》が施された仏像がおさめられていることがわかりました。これは③平安時代の身分の高い貴族が所有していたものとされており，当時の信仰《しんこう》の様子がうかがえます。

問３ 下線部③に関して，平安時代の仏教について述べたものとして，もっとも適しているものを，次の**ア～エ**から１つ選び，記号で答えなさい。
ア．年貢《ねんぐ》の減免《げんめん》を求める百姓《ひゃくしょう》らを一向宗の門徒がまとめて，各地で一揆《いっき》がおこった。
イ．当時の政府は，京都や鎌倉《かまくら》にある禅《ぜん》宗の寺を保護し，僧侶《そうりょ》やその領地を管理した。
ウ．各地でおこる戦乱や疫病《えきびょう》の広がりを背景に浄土《じょうど》信仰が広まり，阿弥陀仏《あみだぶつ》像がつくられた。
エ．題目を唱えることで救われるという日蓮《にちれん》宗が生まれ，この宗派は他宗を非難した。

【4】 右の写真は，馬の背につける漆塗《うるしぬ》りの鞍《くら》です。この鞍の表面には，『新古今和歌集《しんこきんわかしゅう》』にある，④慈円《じえん》がよんだ和歌に使用されている「恋《こい》」や「時雨《しぐれ》」などの文字が，装飾のなかの植物の柄《がら》にまぎれて隠《かく》されているのが，大きな特徴《とくちょう》となっています。

問４　下線部④に関して，慈円が生きていた12世紀後半から13世紀前半におこったできごとについて述べたものとして，もっとも適しているものを，次の**ア**～**エ**から１つ選び，記号で答えなさい。

ア．源頼朝は後白河上皇の援助《えんじょ》を受けて太政大臣《だいじょうだいじん》となった。こののちの保元《ほうげん》の乱で，頼朝は平清盛に敗れ，伊豆《いず》に流された。

イ．平氏滅亡《めつぼう》後の一ノ谷の戦いでは，源義経の働きにより東北地方の奥州《おうしゅう》藤原氏は滅亡した。こののち，源頼朝と義経は侍所《さむらいどころ》を設置した。

ウ．鎌倉幕府は支配を広げていくなかで，治安維持《いじ》などのために，国ごとには守護を，荘園《しょうえん》などには地頭を設置した。

エ．後鳥羽上皇は幕府を倒《たお》すため，尼《あま》将軍とよばれていた北条政子とともに反乱をおこしたが，北条時政らの軍に敗れて隠岐《おき》に流された。

【５】　右の写真は，日本で焼かれた２つの国宝の茶碗《ちゃわん》のうちの１つで，⑤<u>天正・文禄《ぶんろく》のころ</u>につくられたものとされています。この茶碗はろくろで形をととのえたのちに，わざと崩《くず》してゆがませたことから独特な形をしており，表面の縦横の線は垣根を表現しているといわれています。

問５　下線部⑤に関して，天正・文禄年間は1573年から1596年までである。この期間におこったできごとについて述べたものとして**誤っているもの**を，次の**ア**～**エ**から１つ選び，記号で答えなさい。

ア．織田信長は，安土城《あづちじょう》下を楽市として，商人の自由な営業を認めた。

イ．織田信長は，本能寺の変で，家臣の明智光秀《あけちみつひで》に攻《せ》められて自害に追《お》い込《こ》まれた。

ウ．豊臣秀吉は，小牧・長久手《ながくて》の戦いで，毛利氏を降伏《こうふく》させて中国地方を平定した。

エ．豊臣秀吉は，枡《ます》の大きさや長さの単位などを統一して，全国的な検地を実施《じっし》した。

【６】　右の写真は，⑥<u>17世紀</u>に活躍した野々村仁《ののむらにん》清《せい》がつくった焼き物の香炉《こうろ》です。これは実際の雉《きじ》とほぼ同じ大きさのもので，緑や紺《こん》，赤で彩《いろど》られ，金の色で羽毛《うもう》を美しく表現しています。これは上下２つに大きく分かれ，上の部分には焚《た》いた香《こう》がでるように，４個の穴があいています。

問６　下線部⑥に関して，次の二重線内の文**ａ**～**ｃ**は17世紀におこったできごとである。これらのできごとを年代の古い順に並べたものとして正しいものを，あとの**ア**～**カ**から１つ選び，記号で答えなさい。

ａ．オランダの商館が出島に移された。 ｂ．大坂(大阪)の陣《じん》により，豊臣氏が滅亡した。 ｃ．参勤交代が制度化した。

ア．ａ→ｂ→ｃ　　イ．ａ→ｃ→ｂ　　ウ．ｂ→ａ→ｃ
エ．ｂ→ｃ→ａ　　オ．ｃ→ａ→ｂ　　カ．ｃ→ｂ→ａ

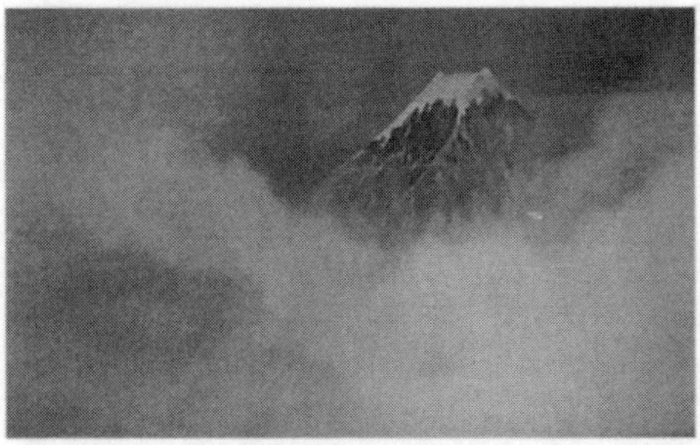

【7】 右の写真は，濤川惣助《なみかわそうすけ》の作品です。これは，富士山を題材にして，ガラス質の塗料《とりょう》を用いて焼き付ける七宝焼《しっぽうやき》という技術に，独自の工夫《くふう》を加えてつくられたものです。⑦<u>シカゴで行われた博覧会</u>では絵画として出品され，その技術は高い評価を得ました。

問７　下線部⑦に関して，この博覧会は1893(明治26)年に行われた。明治時代の外交に関して述べたものとして，もっとも適しているものを，次の**ア**～**エ**から１つ選び，記号で答えなさい。

ア．征韓論《せいかんろん》を主張していた明治政府は，これに反対していた西郷隆盛《たかもり》を政府から追放した。

イ．ロシアとの国境が画定し，樺太《からふと》と千島列島の全域は日本の領土に編入された。

ウ．日清戦争後の三国干渉《かんしょう》によって，日本は多額の賠償金《ばいしょうきん》と遼東《りょうとう》半島を獲得《かくとく》した。

エ．アメリカの仲介《ちゅうかい》により，ポーツマス条約が結ばれ，日露《にちろ》戦争は終結した。

【8】 右の写真は，板谷波山《いたやはざん》が⑧<u>1926年</u>につくった花瓶《かびん》です。全面に孔雀《くじゃく》やザクロなどの文様が薄《うす》く彫《ほ》り込《こ》まれており，彩《さい》色《しき》には板谷波山独自の特殊《とくしゅ》な技法が用いられています。

問８　下線部⑧に関して，次の二重線内の文**a**～**c**は，1920年代におこったできごとについて述べたものである。その正誤の組み合わせとして正しいものを，あとの**ア**～**ク**から１つ選び，記号で答えなさい。

a．各地の農村で小作料の引き下げを求めて小作争議がおこっていたことを背景に，農民らが団結して全国水平社がつくられた。

b．普通《ふつう》選挙法と同じ年に，治安維持法が制定され，この法律により社会主義運動や労働運動をきびしくとりしまった。

c．金融恐慌《きんゆうきょうこう》によって経営が悪化した大銀行が次々に倒産《とうさん》したため，政府は多くの中小銀行を設立して不況《ふきょう》を乗り越《こ》えようとした。

	ア	イ	ウ	エ	オ	カ	キ	ク
a	正	正	正	正	誤	誤	誤	誤
b	正	正	誤	誤	正	正	誤	誤
c	正	誤	正	誤	正	誤	正	誤

3　次の歌詞は，ロックバンド「サザンオールスターズ」の楽曲「ピースとハイライト」です。これを読んで，あとの各問いに答えなさい。

①何気なく観《み》たニュースで
お隣《となり》の人が怒《おこ》ってた
今までどんなに対話《はな》しても
それぞれの主張は変わらない

教科書は現代史を
やる前に時間切れ
そこが一番知りたいのに
何でそうなっちゃうの？

希望の苗《なえ》を植えていこうよ
地上に愛を育てようよ
未来に②平和の花咲《はなさ》くまでは…※1憂鬱《Blue》
絵空事《えそらごと》かな？　お伽噺《とぎばなし》かな？
③互いの幸せ願うことなど

④歴史を照らし合わせて
助け合えたらいいじゃない
硬《かた》い拳《こぶし》を振《ふ》り上《あ》げても
心開かない

都合のいい大義名分《かいしゃく》で
争いを仕掛《しか》けて
⑤裸《はだか》の王様が牛耳《ぎゅうじ》る世は…※2狂気《Insane》
20世紀で懲《こ》りたはずでしょう？
燻《くすぶ》る火種が燃え上がるだけ

色んな事情があるけどさ
知ろうよ互《たが》いのイイところ!!

希望の苗を植えていこうよ
地上に愛を育てようよ
この素晴《すば》らしい地球《ふるさと》に生まれ
悲しい過去も　愚《おろ》かな行為《こうい》も
人間《ひと》は何故《なぜ》に忘れてしまう？

愛することを躊躇《ためら》わないで

作詞：桑田佳祐《くわたけいすけ》

〔語句解説〕
※1憂鬱…ゆううつ。気持ちがふさいで晴れないこと。歌詞では英語でBlue(ブルー)と読ませる。
※2狂気…きょうき。気が狂《くる》っていること。また，異常をきたした精神状態。歌詞では英語でInsane(インセイン)と読ませる。

問1　下線部①に関して，日本と周辺諸国との領土問題について述べたものとしてもっとも適しているものを，次の**ア**～**エ**から1つ選び，記号で答えなさい。

ア．北方領土は，日露戦争の結果日本の獲得した領土であり，第二次世界大戦後，ソ連が占《せん》領《りょう》したが，日ソ共同宣言により2島が返還《へんかん》された。

イ．尖閣《せんかく》諸島は，中国が領有権を主張しているが，日本政府は領土問題は存在しないという立場をとっている。

ウ．南鳥島は，日本の主権回復後もアメリカに占領され，小笠原諸島《おがさわらしょとう》が返還された後もアメリカの施政《しせい》下にあり，日本復帰が実現していない。

エ．竹島は，第二次世界大戦後に成立した韓国《かんこく》に実効支配されていたが，日韓《にっかん》基本条約により返還され，現在は長崎県に属している。

問２　下線部②について，次の(1)・(2)の各問いに答えなさい。

(1)　日本の平和主義について述べたものとして**誤っているもの**を，次の**ア**～**エ**から１つ選び，記号で答えなさい。

ア．日本国憲法の前文では，平和を愛する諸国民の公正と信義に信頼《しんらい》して，われらの安全と生存を保持することを宣言している。

イ．日本国憲法の第９条では，国権の発動たる戦争と，武力による威嚇《いかく》または武力の行使は，国際紛争《ふんそう》を解決する手段としては，永久に放棄《ほうき》している。

ウ．日本の主権回復後，わが国の平和と独立を守り，国の安全を保つため，わが国を防衛することを主たる任務として自衛隊が設立された。

エ．冷戦の終結後，安全保障関連法が制定され，国際連合の平和維持活動に自衛隊が参加することが可能となり，自衛隊はカンボジアに派遣《はけん》された。

(2)　次のサザンオールスターズの「平和の琉歌《りゅうか》」の歌詞は，日本のある都道府県をテーマにつくられている。その都道府県名を**ひらがな**で答えなさい。

この国が平和だと　誰《だれ》が決めたの？
人の涙《なみだ》も渇《かわ》かぬうちに

アメリカの傘《かさ》の下　夢も見ました
民を見捨てた戦争《いくさ》の果てに

蒼《あお》いお月様が泣いております
忘れられないこともあります

愛を植えましょう　この島へ
傷の癒《い》えない人々へ
語《かた》り継《つ》がれてゆくために

この国が平和だと　誰が決めたの？
汚《けが》れ我《わ》が身の罪《つみ》ほろぼしに

人として生きるのを　何故《なぜ》に拒《こば》むの？
隣《とな》り合わせの軍人さんよ

蒼いお月様が泣いております
未《いま》だ終わらぬ過去があります

愛を植えましょう　この島へ
歌を忘れぬ人々へ
いつか花咲くその日まで

作詞：桑田佳祐

(JASRAC 出 2100949-101)

問３　下線部③に関して，日本国憲法は国民一人ひとりが幸せを求めていく権利を保障している。この権利について述べたものとしてもっとも適しているものを，次の**ア**～**エ**から１つ選び，記号で答えなさい。

ア．国民は，健康で文化的な最低限度の幸福を保障される権利を持ち，国は，社会福祉《ふくし》，社会保障及《およ》び公衆衛生の向上などに努めることとされている。

イ．国民は，法律の範囲内において，幸福追求に対する権利やそれを表現する言論や著作物の発行などの自由を持つとされている。

ウ．生命，自由及び幸福追求に対する国民の権利については，公共の福祉に反しない限り，立法その他の国政の上で，最大の尊重を必要とするとされている。

エ．生命，自由及び幸福追求に対する国民の権利は，戦争または国家の緊急《きんきゅう》事態の場合において，天皇の大権《たいけん》を制約しないとされている。

問４　下線部④に関して，日本は日本国憲法前文で「われらは，いづれの国家も，自国のことのみに専念して他国を無視してはならない…」と規定し，国際連合(国連)にも加盟している。国連について，次の(1)・(2)の各問いに答えなさい。

(1)　次の二重線内の文章は，国連総会で採択《さいたく》された「平和のための結集」決議の説明である。文章中の X にあてはまる機関を，あとの**ア**～**エ**から１つ選び，記号で答えなさい。

> 総会が1950年11月に採択した「平和のための結集」決議の下に，国際平和への脅威《きょうい》，平和の破壊《はかい》および侵略《しんりゃく》行為が存在すると思われるにもかかわらず，常任理事国の全会一致《いっち》の合意が得られないために X が行動をとれない場合は，総会が代わって行動を取ることができる。総会には，平和の破壊あるいは侵略行為が発生した場合，国際の平和と安全を維持または回復するために必要とみなせば，武力の行使をも含《ふく》む集団安全保障措置《そち》を加盟国に勧告《かんこく》するため，直ちにその問題を取り上げる権限も与《あた》えられている。

「国際連合広報センターHP」により作成。

ア．安全保障理事会　　**イ**．人権理事会
ウ．国際司法裁判所　　**エ**．経済社会理事会

(2)　次の図は，SDGs(持続可能な開発のための目標)の17個の目標を示している。SDGs は，2015年９月に国連サミットで採択された，2030年までに全世界が取り組むべき目標である。また，あとの二重線内の**a**～**c**の文章は，図の目標のいずれかを達成するために，日本の企業が取り組んでいる事例を示したものである。**a**～**c**と図の目標との組み合わせとしてもっとも適しているものを，あとの**ア**～**ケ**から１つ選び，記号で答えなさい。なお，企業の取り組みは複数の目標を達成しているものも含まれる。

「国際連合広報センターHP」より。

a．ある化粧品《けしょうひん》メーカーでは，女性管理職を増やすための研修を設けたり，育児や介護《かいご》をしながら働き続けられるテレワークなどのしくみを取り入れている。

b．ある電気機械メーカーでは，工場から排出《はいしゅつ》される二酸化炭素から，プラスチックなどの原料を作る技術の実用化を進めている。また，ある洗剤《せんざい》メーカーでは，ゴミをリサイクルした燃料を使って発電を行っている。

c．ある飲料メーカーでは，森での植樹活動や森林整備活動を行っている。また，ある洗剤メーカーでは，人と環境《かんきょう》にやさしい無添加《むてんか》石けんの製造・販売《はんばい》を行っている。

	ア	イ	ウ	エ	オ	カ	キ	ク	ケ
a	5	10	16	5	10	16	5	10	16
b	3	8	7	8	7	3	7	3	8
c	15	1	11	1	1	11	15	11	15

問５　下線部⑤について，「裸の王様が牛耳る世」は独裁者または独裁的な政治への批判と考えられる。これに関して，次の(1)・(2)の各問いに答えなさい。

(1)　近代国家では，国の権力を分立させ，権力の集中を排除し，独裁がおこらないようにするしくみを整えてきた。日本における三権分立の説明として**あてはまらないもの**を，次の**ア**～**エ**から１つ選び，記号で答えなさい。

ア．国会は，内閣の首長である内閣総理大臣を指名する。内閣は，行政権の行使について国会に対し，連帯して責任を負う。

イ．内閣は，最高裁判所長官を指名し，その他の裁判官を任命する。裁判所は，内閣に対し違憲審査権《いけんしんさけん》を行使し，行政の過《あやま》ちを監視《かんし》する。

ウ．裁判所は，国会に対し違憲審査権を行使し，立法の過ちを監視する。国会は，弾劾《だんがい》裁判所を設置し，裁判官としてふさわしくない行為をした裁判官をやめさせる。

エ．天皇の国事行為には，内閣の助言と承認《しょうにん》を必要とし，内閣が責任を負う。天皇は，内閣総理大臣を任命する。

(2)　ドイツのヒトラーは，反体制的な，また自らの考え方に合わない芸術家や芸術作品を「退廃《たいはい》芸術」とよんで迫害《はくがい》した。次の写真は，その迫害を受けた彫刻家《ちょうこくか》エルンスト・バルラッハの作品で，ドイツのマクデブルク大聖堂におさめられている。この作品は**ある戦争**の戦没者《せんぼつしゃ》記念碑《ひ》として制作された。写真の中から情報を読み取り，**ある戦争**として正しいものを，あとの**ア**～**カ**から１つ選び，記号で答えなさい。

ア．アヘン戦争　　**イ**．第一次世界大戦　　**ウ**．第二次世界大戦
エ．冷戦(冷たい戦争)　　**オ**．第四次中東戦争　　**カ**．湾岸《わんがん》戦争

【理　科】〈前期試験〉（45分）〈満点：100点〉

1　右の**図**はある地域のがけをスケッチしたものです。これについて，あとの(1)〜(3)の問いに答えなさい。

(1)　**C**の層からアサリの化石が発見されました。このことから，この層が堆積《たいせき》した場所の，堆積した当時の環境《かんきょう》がどのようであったと推測できますか。もっとも適切なものを，次の**1**〜**4**から一つ選び，番号で答えなさい。

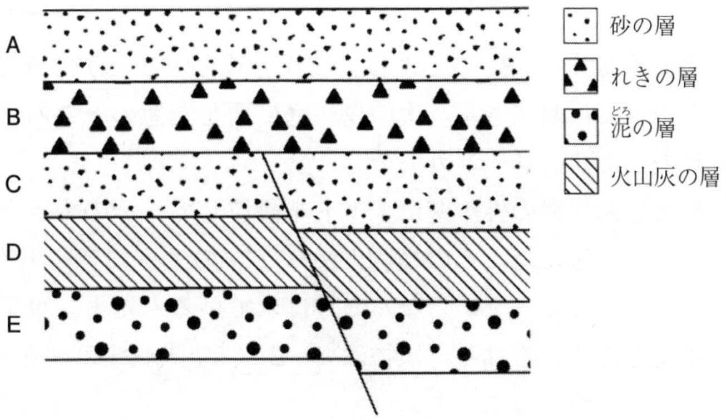

図

1．浅い湖　　**2**．深い湖　　**3**．浅い海　　**4**．深い海

(2)　**D**の層に含まれる火山灰は，他の層に含まれる泥《どろ》や砂，れきに比べてどのような特徴《とくちょう》がありますか。次の文中の[　　]に当てはまる語句としてもっとも適切なものを，あとの**1**〜**4**から一つ選び，番号で答えなさい。

泥や砂，れきは川を流れる水によって運ばれたものが堆積するが，火山灰は噴火《ふんか》によって噴《ふん》出《しゅつ》したものが堆積するため，粒《つぶ》が[　　　]。

1．大きい　　**2**．小さい　　**3**．丸い　　**4**．角ばっている

(3)　次の**ア**〜**キ**は，このがけの地層がつくられていったときに起きた現象です。これらを起きた順番に並べかえたとき，３番目と５番目になるものの組み合わせとしてもっとも適切なものを，あとの**1**〜**8**から一つ選び，番号で答えなさい。ただし，**A**〜**E**の層が堆積する間に，噴火は１回しか起こらなかったものとします。

ア．**A**の層が堆積する　　**イ**．**B**の層が堆積する　　**ウ**．**C**の層が堆積する
エ．**D**の層が堆積する　　**オ**．**E**の層が堆積する　　**カ**．断層ができる
キ．噴火が起こる

	３番目	５番目		３番目	５番目
1	ウ	イ	**2**	ウ	カ
3	エ	イ	**4**	エ	ウ
5	エ	カ	**6**	キ	イ
7	キ	ウ	**8**	キ	カ

2　次の文章と会話文を読み，あとの(1)〜(3)の問いに答えなさい。

政府が毎年国会に提出する，環境《かんきょう》の状況および環境の保全に関する施策《しさく》についての報告書を環境白書と言います。2020年の環境白書では，近年の度重なる気象災害について「気候危機」ということばを初めて使い，地球温暖化対策の必要性を強調しています。

この環境白書に関する報道を見た東子さんと邦夫くんが，お父さんと話をしています。

東子さん「地球温暖化の問題に対して，私たちでも何かできることはないかな。」
邦夫くん「地球温暖化の原因は，[　**A**　]によって地球が暖められることだから，[　**A**　]を少しでも減らせるといいよね。」

お父さん「[A]にはいくつかの種類があるけれど，２人はその代表的なものは知っているかい？」

邦夫くん「[B]だよね。これを減らすことができて，僕《ぼく》たちの家でも取り組めることは…。」

東子さん「お父さん。次の夏，庭に面した窓のところにグリーンカーテンを作るのはどう？」

邦夫くん「グリーンカーテン？」

お父さん「窓の外や壁《かべ》にネットを設置して，そのネットにからんで成長するツル性の植物を育てるんだ。その植物がカーテンのように窓や壁を覆《おお》うから，『グリーンカーテン』や『緑のカーテン』なんて呼ばれているんだよ。東子，それはいい案だね。」

邦夫くん「なるほど。植物は[B]を吸収するから，少しは地球温暖化対策への貢献《こうけん》になるかもね。」

東子さん「それに，グリーンカーテンがあれば日差しもさえぎられるから，エアコンの設定温度を少し高めにできるし，エアコンを使わなくて済む日も増えるかもしれないでしょ。そうしたら電気の使用量も減って，[B]の排出量《はいしゅつりょう》も減らせるかもしれないわ。」

邦夫くん「それは，ふつうのカーテンでもできると思うけど…。」

お父さん「確かに日差しをさえぎるだけなら，ふつうのカーテンでもできるね。でも，グリーンカーテンには温度を下げる効果もあるんだよ。」

邦夫くん「えっ，どうして？」

東子さん「[C]という植物のはたらき，知ってる？」

邦夫くん「うん。植物が吸収した水を，気体として出すはたらきのことだよね。」

お父さん「実は[C]には，温度を下げる効果があるんだよ。水が気体になるには熱が必要だから，[C]の時には周囲の熱がうばわれるんだ。普通のカーテンにはない効果だね。」

邦夫くん「そうなんだ！　すごいね。じゃあお父さん，早速グリーンカーテンにする植物の種を買いに行こう！　食べられる植物がいいなあ…。」

東子さん「そうね，せっかくだからゴーヤとか…。夏が待ち遠しいわね。」

(1)　会話文中の[A]と[B]にあてはまる語句の組み合わせとしてもっとも適切なものを，次の1～6から一つ選び，番号で答えなさい。

	A	B		A	B
1	保温効果ガス	窒素《ちっそ》	2	保温効果ガス	二酸化炭素
3	発熱効果ガス	窒素	4	発熱効果ガス	二酸化炭素
5	温室効果ガス	窒素	6	温室効果ガス	二酸化炭素

(2)　会話文中の[C]にあてはまる語句と，[C]を特に盛んに行う植物の器官の組み合わせとしてもっとも適切なものを，次の1～9から一つ選び，番号で答えなさい。

	C	植物の器官		C	植物の器官		C	植物の器官
1	蒸発	根	2	蒸散	根	3	発散	根
4	蒸発	茎《くき》	5	蒸散	茎	6	発散	茎
7	蒸発	葉	8	蒸散	葉	9	発散	葉

(3)　東子さんと邦夫くんは，植物が会話文中の B を吸収するようすを調べるために，千葉県習志野市に生育するソメイヨシノ(サクラの木)を観測しようと考えました。7月の晴れた日における1日の B の吸収量を調べて得られるグラフとしてもっとも適切なものは，次の**ア**～**ウ**のうちのどれですか。また，同じソメイヨシノで1年間の B の吸収量を調べて得られるグラフとしてもっとも適切なものは，次の**エ**～**キ**のうちのどれですか。これらの組み合わせとして正しいものを，あとの**1**～**12**から一つ選び，番号で答えなさい。

ア.
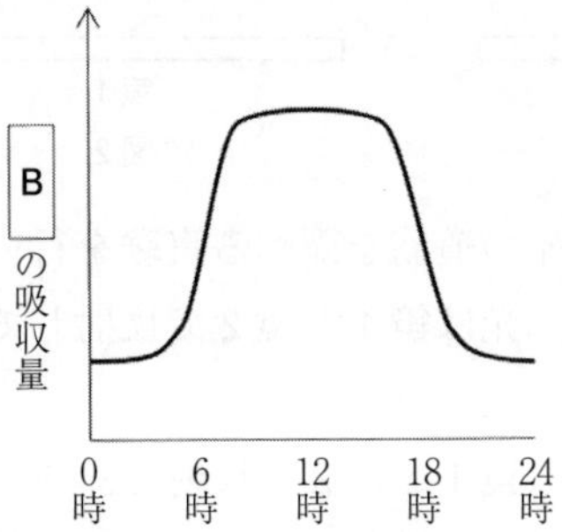

イ.
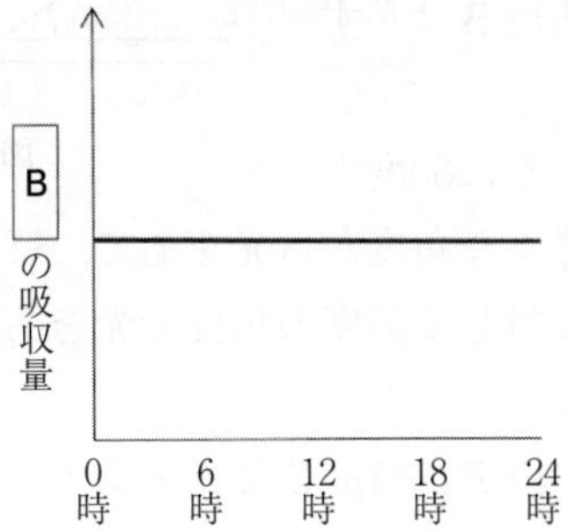

ウ.
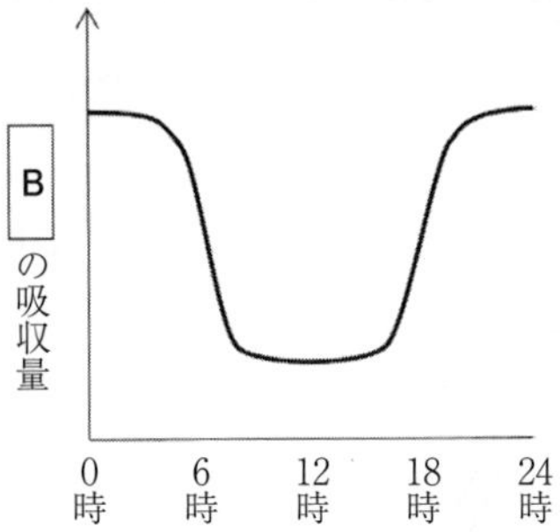

エ.
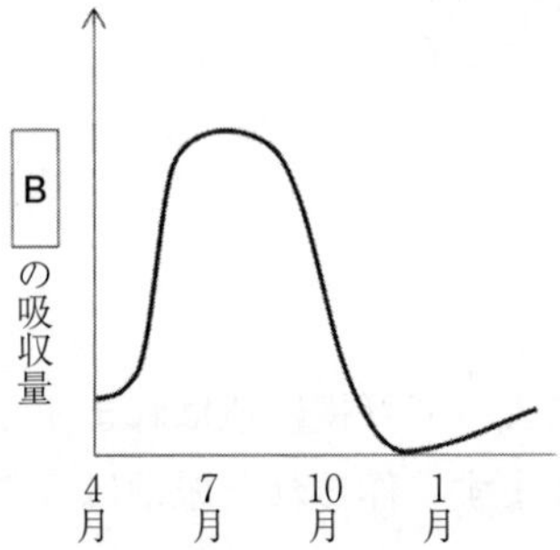

オ.
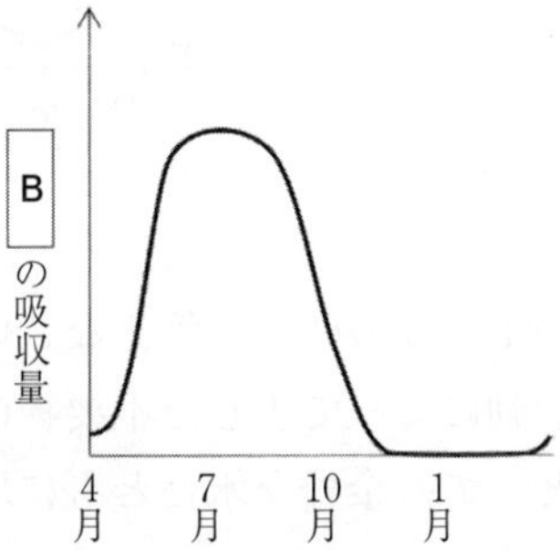

カ.
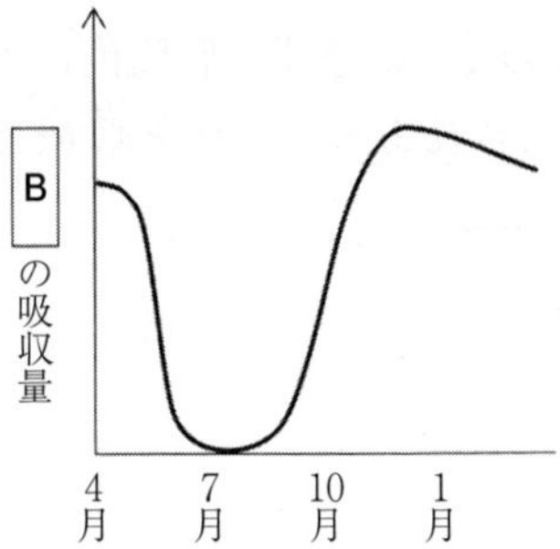

キ.
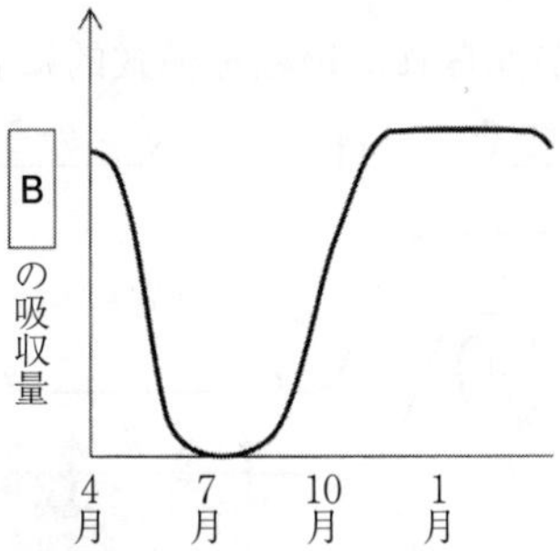

1．**ア**・**エ**　**2**．**ア**・**オ**　**3**．**ア**・**カ**　**4**．**ア**・**キ**
5．**イ**・**エ**　**6**．**イ**・**オ**　**7**．**イ**・**カ**　**8**．**イ**・**キ**
9．**ウ**・**エ**　**10**．**ウ**・**オ**　**11**．**ウ**・**カ**　**12**．**ウ**・**キ**

3 次の文章を読み，あとの(1)～(3)の問いに答えなさい。

光が鏡にあたると，その光は鏡にはね返されます。これを光の反射といいます。**図1**のように，鏡にあたる前の光と鏡がつくる角度を角度**A**，反射した光と鏡がつくる角度を角度**B**とすると，角度**A**と角度**B**は必ず等しくなります。

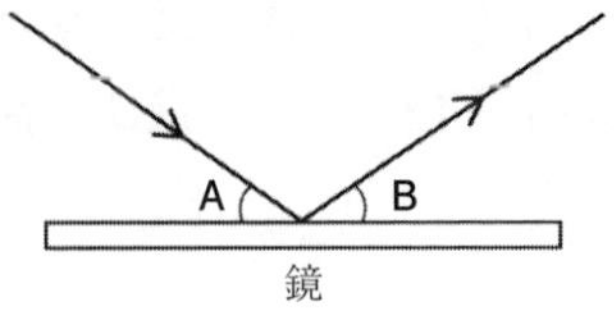

図1

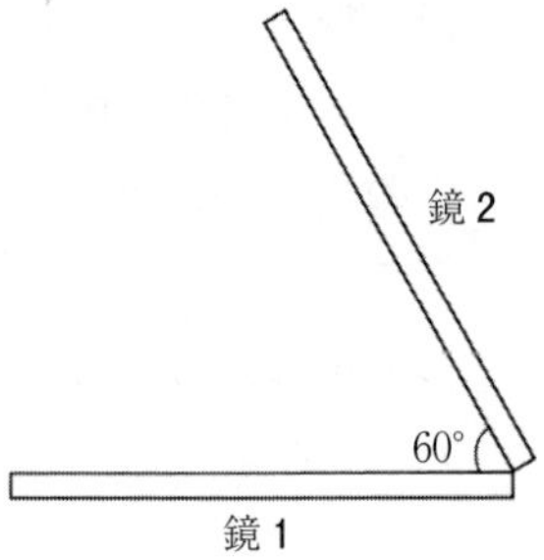

図2

鏡**1**と鏡**2**を**図2**のように60度の角度で設置し，鏡**1**に様々な角度から光をあて，反射した光の道筋を調べる実験を行いました。

(1) **図3**のように，鏡**1**に対して65度の角度で光をあてると，光は鏡**1**と鏡**2**で反射して進みました。角度**C**は何度になりますか。

(2) **図4**のように，鏡**1**の点**ア**に角度**D**で光をあてると，光は鏡**1**と鏡**2**で反射し，さらに鏡**1**の点**ア**より右側で反射して進みました。このように光が反射して進むには，角度**D**は何度未満である必要がありますか。

(3) **図4**で，角度**E**は何度になりますか。

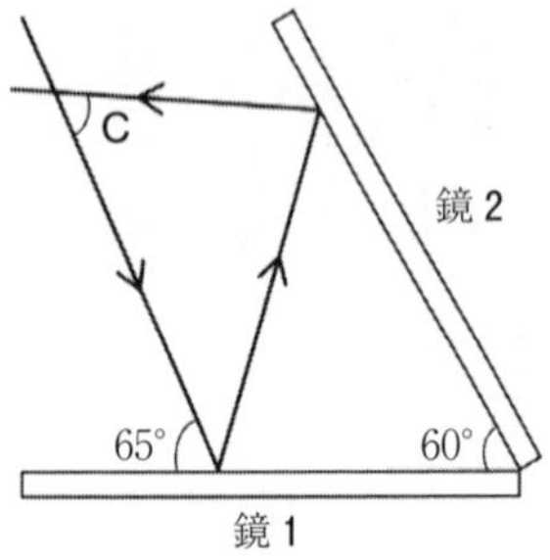

図3

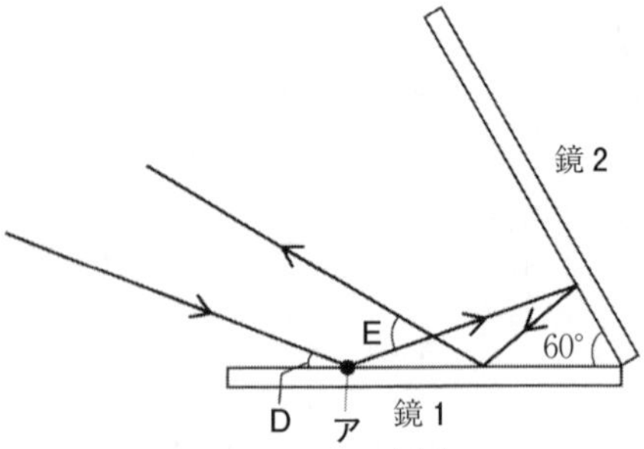

図4

4 次の文章を読み，あとの(1)～(3)の問いに答えなさい。

ヒトの体内では，生命活動によって生じた不要物は血液によって腎臓《じんぞう》に運ばれます。腎臓では血液中の不要物をこしとって，余分な水とともに尿《にょう》を作ります。作られた尿はぼうこうにためられ，体の外に出されます。

次の**図**は，腎臓内で尿が作られる過程を模式的に表したものです。まず，腎臓内に入ってきた血液は a糸球体《しきゅうたい》の部分でその一部がボーマンのうにこし出されます。これを原尿《げんにょう》といいま

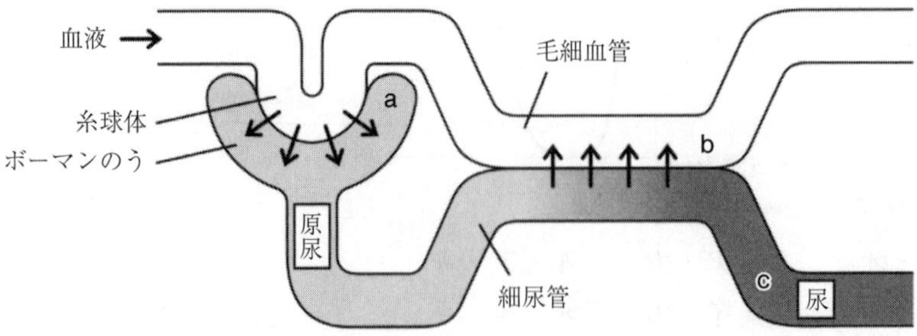

図

す。原尿はボーマンのうから細尿管《さいにょうかん》へ移動し，細尿管を通る中でb必要な成分が水とともに毛細血管に再吸収され，c残ったものが尿となります。

血液にはブドウ糖，尿素，クレアチニンなどの成分が含まれます。腎臓内で原尿，尿へと変化する過程で，それらの成分の割合は変化していきます。右の**表**は，原尿と尿に含まれる各成分の重さの割合[％]を示したものです。ただし，１日に作られる原尿の量は180Ｌ，１日に排出される尿の量は1.4Ｌです。また，原尿，尿はそれぞれ１Ｌあたりの質量を1000ｇとします。

表

成分	原尿[％]	尿[％]
ブドウ糖	0.1	0
尿素	0.03	2
クレアチニン	0.001	0.075

(1)　原尿のうち，細尿管から毛細血管に再吸収される量は１日あたり何Ｌですか。

(2)　原尿に含まれるクレアチニンのうち，細尿管から毛細血管に再吸収される量は１日あたり何ｇですか。

(3)　尿素は原尿中に比べ，尿中では何倍濃《こ》くなっていますか。小数第１位を四捨五入して整数で答えなさい。

5　次の文章を読み，あとの(1)～(5)の問いに答えなさい。ただし，気体の体積は同じ条件で測定し，発生した気体は水にとけないものとします。

石灰石と白色の固体の物質**A**について，塩酸を用いて，次の実験を行いました。

[実験１]

５mLの塩酸**B**にある重さの石灰石を加えたところ，石灰石はとけ残り，60mLの気体**C**が発生しました。

同様に５mLの塩酸**B**に石灰石と同じ重さの物質**A**を加えたところ，物質**A**はすべてとけ，120mLの気体**C**が発生しました。このあとさらに物質**A**を加えると，とけはしましたが気体は発生しませんでした。

[実験２]

１ｇの石灰石を十分な量の塩酸**B**に加えると，240mLの気体**C**が発生しました。同様に１ｇの物質**A**を十分な量の塩酸**B**に加えると，240mLの気体**C**が発生しました。このとき石灰石と物質**A**はともにすべてとけ，それぞれの水溶液《すいようえき》にBTB溶液を加えると，ともに黄色になりました。

(1)　気体**C**の性質として，**適切でないもの**を次の**１**～**４**の中から一つ選び，番号で答えなさい。

１．無色無臭《むしょくむしゅう》である　　**２**．空気より軽い

３．石灰水を白くにごらせる　　**４**．ものを燃やすはたらきがない

(2)　[**実験１**]において，とけた石灰石は何ｇですか。

(3)　20ｇの石灰石をすべてとかすために最小限必要な塩酸**B**は何mLですか。

(4)　20ｇの物質**A**から，気体**C**の発生を終わらせるために最小限必要な塩酸**B**は何mLですか。

水酸化ナトリウム水溶液はアルカリ性を示し，塩酸の酸性を打ち消すはたらきを持ちます。50mLの塩酸**B**に50mLの水酸化ナトリウム水溶液**D**を加えたところ，お互いの性質がちょうど打ち消された水溶液ができました。

石灰石を加えたあとの塩酸**B**について，水酸化ナトリウム水溶液**D**を用いて次の実験を行いました。

［**実験3**］

100mL の塩酸**B**にある重さの石灰石を加えると，600mL の気体**C**が発生しました。このあとの水溶液は酸性を示しました。この酸性をちょうど打ち消すために必要な水酸化ナトリウム水溶液**D**は50mL でした。

(5) 100mL の塩酸**B**にある重さの物質**A**を加えると，600mL の気体**C**が発生しました。このあとの水溶液は酸性を示しました。この酸性をちょうど打ち消すために必要な水酸化ナトリウム水溶液**D**は何 mL ですか。

6 次の文章を読み，あとの(1)〜(3)の問いに答えなさい。図中の矢印の向きは動く向きを表しています。

東子さんがお父さんの運転する自動車に乗っています。道路のわきに立っている邦夫くんが，それを見ています。邦夫くんから見て，東子さんの自動車は東向きに秒速15mの速さで走っています。

図1のように，止まっている自動車**A**に東子さんの自動車が近づく時，東子さんには自動車**A**が秒速15mの速さで西向きに動いて，自分に近づいているように見えます。

図2では，邦夫くんから見ると自動車**B**は東向きに秒速20mで走っていますが，東子さんには自動車**B**が秒速５mの速さで東向きに動いて，自分から遠ざかっていくように見えます。

図3では，邦夫くんから見ると自動車**C**は西向きに秒速12mで走っていますが，東子さんには自動車**C**が秒速［ア］mの速さで［イ］向きに動いているように見えます。

図4では，邦夫くんから見ると自動車**D**は東向きに秒速12mで走っていますが，東子さんには自動車**D**が秒速［ウ］mの速さで［エ］向きに動いているように見えます。

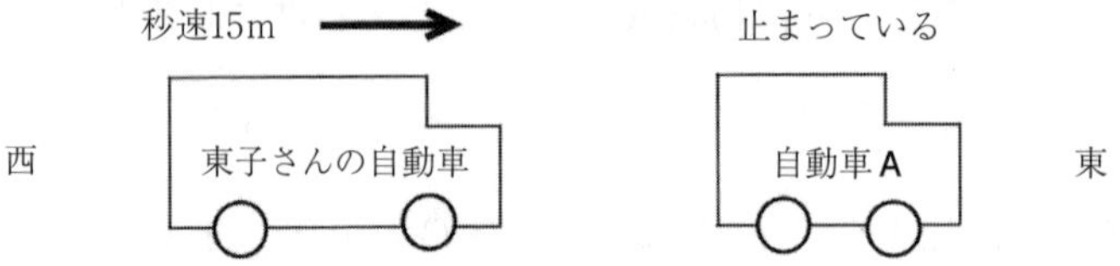

図1

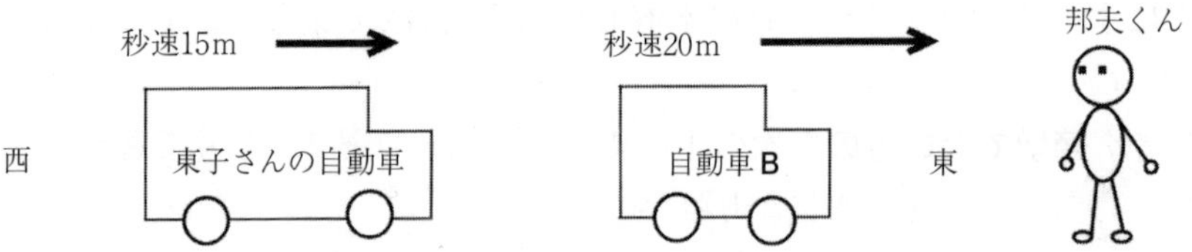

図2

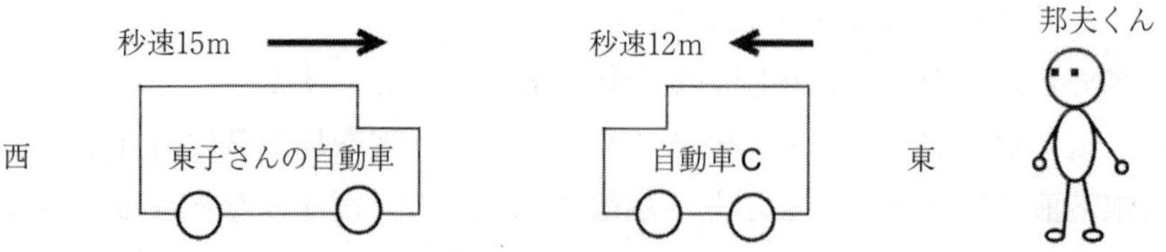

図3

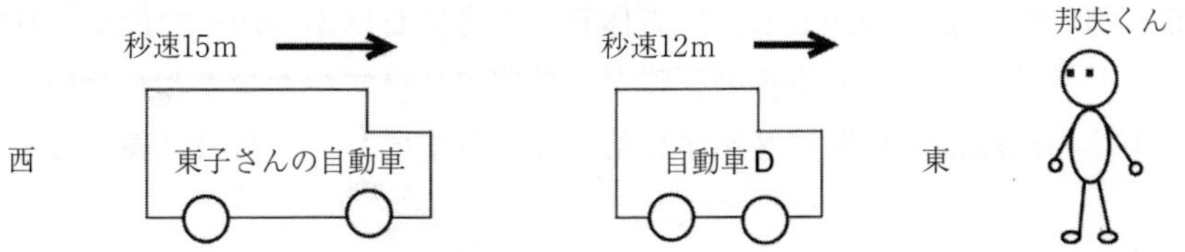

図4

(1) 文中の ア ～ エ に当てはまるものの組み合わせとしてもっとも適切なものを，次の1～16から一つ選び，番号で答えなさい。

	ア	イ	ウ	エ		ア	イ	ウ	エ		ア	イ	ウ	エ		ア	イ	ウ	エ
1	27	東	27	東	2	27	東	27	西	3	27	東	3	東	4	27	東	3	西
5	27	西	27	東	6	27	西	27	西	7	27	西	3	東	8	27	西	3	西
9	3	東	27	東	10	3	東	27	西	11	3	東	3	東	12	3	東	3	西
13	3	西	27	東	14	3	西	27	西	15	3	西	3	東	16	3	西	3	西

次に，以下のような［**実験**］をなめらかな床《ゆか》の上で行いました。

［**実験**］

大理石でできた立方体Eを，動かないように床に固定します。**図5**のように，プラスチックでできた立方体Fが一直線上を東向きに進み，立方体Eにぶつかると，立方体Fは同一直線上を西向きにはねかえりました。ぶつかる前の立方体Fの速さと，はねかえった後の立方体Fの速さを測ると，**表1**のようになりました。

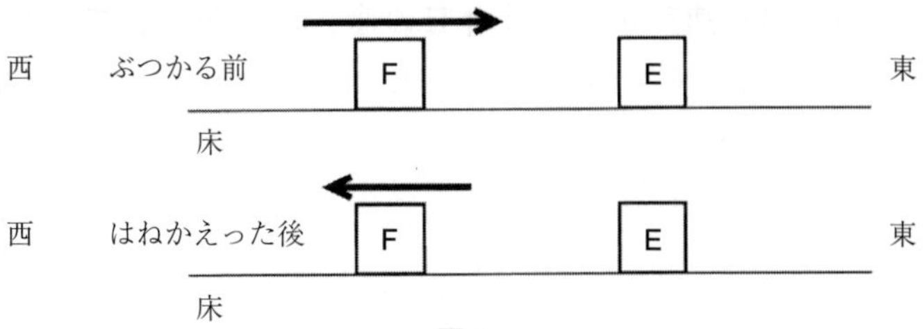

図5

また，プラスチックでできた立方体Fのかわりに，木で作った立方体Gを立方体Eにぶつけて同じことをすると，**表2**のようになりました。

表1

ぶつかる前のFの速さ［m/秒］	2	4	6	8	10
はねかえった後のFの速さ［m/秒］	1.6	3.2	4.8	6.4	8

表2

ぶつかる前のGの速さ［m/秒］	2	4	6	8	10
はねかえった後のGの速さ［m/秒］	0.7	1.4	2.1	2.8	3.5

（注） 表中のm/秒とは速さの単位であり，例えば2m/秒は秒速2mを表します。

物体と物体がぶつかってはねかえる時，ぶつかる前に物体同士が近づく速さと，ぶつかった後に物体同士が離《はな》れる速さの間には，一定の比があります。この比のことを，はねかえり係数といいます。はねかえり係数は，何と何がぶつかるかによって決まっています。また，固定された物体と動いている物体の間だけではなく，動いている物体同士の間でも，はねかえり係数は同じ値になります。

例えば**図6**のように，なめらかな床の上で，プラスチックの立方体Fと大理石の立方体Eが同一直線上を東向きに進み，

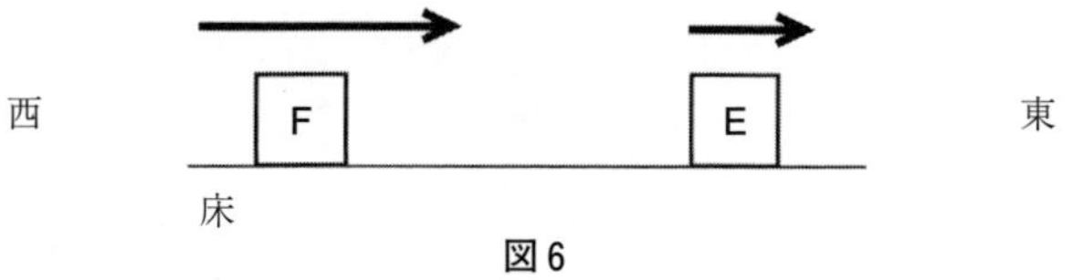

図6

立方体**F**が立方体**E**に追いついてぶつかると，立方体**F**と立方体**E**はぶつかった後で離れていきます。この時，ぶつかる前に2つの立方体の距離《きょり》が1秒間に10mずつ近づくとしたら，ぶつかった後に2つの立方体の距離は1秒間に8mずつ離れていきます。この結果は**表1**と同じです。

(2)　**図7**のように，なめらかな床の上で，プラスチックの立方体**F**と大理石の立方体**E**が同一直線上を東向きに進んでいます。ぶつかる前，立方体**F**の速さは秒速8.7m，立方体**E**の速さは秒速5.2mでした。ぶつかった後，立方体**F**は東向きに秒速6.2mの速さで動いていました。ぶつかった後の立方体**E**の速さは秒速何mですか。

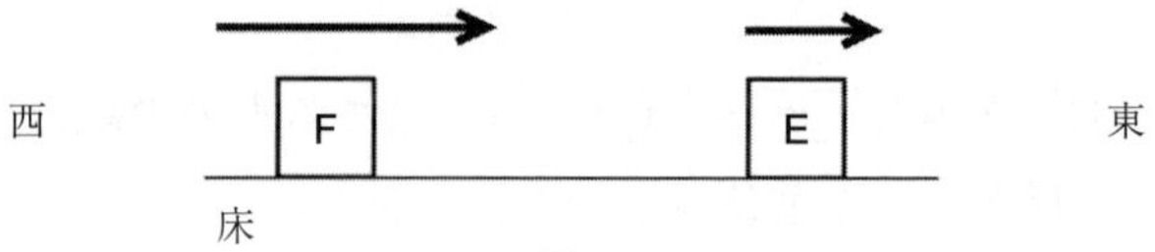

図7

(3)　**図8**のように，なめらかな床の上で，木で作った立方体**G**が東向きに進み，同一直線上を大理石の立方体**E**が西向きに進んでいます。ぶつかる前，立方体**G**の速さは秒速7.6m，立方体**E**の速さは秒速6.4mでした。ぶつかった後，立方体**G**は西向きに秒速1.9mの速さで動いていました。ぶつかった後の立方体**E**の速さは秒速何mですか。

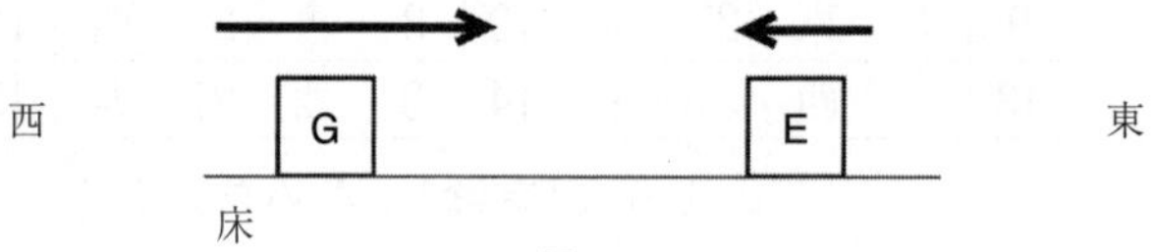

図8

いきそうな気配をとらえたこと。

問9 ――線**(8)**「水青の眉間からいつのまにか力が抜けている」とありますが、その理由としてもっとも適切なものを次の**イ**～**ニ**の中から一つ選び、記号で答えなさい。

イ 全の言葉によって自分のこれまでのかたくなな生き方をふり返り、反省する気持ちになったから。

ロ 全が自分の思いを受け止めながら布地を選択してくれているのがわかり、気持ちがほぐれたから。

ハ 全が自分に似合うドレスを本気で作ってくれそうだということがわかり、心からうれしくなったから。

ニ 全の言葉は自分に親身になってくれているからだと感謝はするが、応対にはつかれ果ててしまったから。

問10 ――線**(9)**「目を大きく見開いて父親の手元を注視していた」とありますが、この時の清澄の気持ちの説明としてもっとも適切なものを次の**イ**～**ニ**の中から一つ選び、記号で答えなさい。

イ 父の手元を見つつ、自分とは経験年数が違うのだとあきらめ半分の思いでいる。

ロ 将来の自分の技能として手にするべく、父の手の動きを冷静に観察している。

ハ 今まで父を軽視していたことをすっかり忘れ、尊敬の思いがあふれている。

ニ プロとしての父の技術の見事さに圧倒《あっとう》され、驚きをもって見つめている。

問11 本文の説明としてもっとも適切なものを次の**イ**～**ニ**の中から一つ選び、記号で答えなさい。

イ 黒田は男性であるため、水青が結婚相手の母親の気持ちをくんでドレスを着ようとしている思いを理解することができない。また、全が次第に水青との心の距離を縮めていくことにも心おだやかではいられない。「吹いてくる風に鳥肌が立つ」は、そんな黒田の、全に対するねたみを象徴《しょうちょう》した表現である。

ロ 全は「無口で無表情」な人間として登場するが、我が子である水青と久々に話をかわし、結婚式の時に着るドレスを考えることを通じて生気があふれてくる。黒田の発した「おかえり」は、デザイナーとしての熱情がよみがえり、自分の世界に没頭《ぼっとう》する全の姿を心から待っていた気持ちの素直な表れだと言える。

ハ 水青はドレスのデザインや装飾すべてを「似あわない」とかたづけたり、清澄のデザインしたドレスを「給食着」と切り捨てたりするかたくなさを持つ。だがそれは単に自分の外見を見ただけでの結論ではなく、心の深いところにある気持ちの表れであった。そのことを見抜いたのは父親である全一人しかいなかった。

ニ 水青に声をかけるのに「滑稽なほどに声を裏返らせて」しまう全であったのに「力強い声」で接することができるようになる。これは水青が着る側、全が作る側の人間であるからである。一方、全が最後まで清澄に接することがないのは、清澄が作る側の人間であるため、競争相手としか考えられないからである。

てもっとも適切なものを次の**イ**～**ニ**の中から一つ選び、記号で答えなさい。

イ　水青の全身から伝わってくる全に対する反感を、清澄を呼んでなだめてもらおうとした。

ロ　間が持てないため、本題である清澄の作ろうとしている水青のドレスの話に入ろうとした。

ハ　自分だけでは荷が重いので、清澄を呼び話に加わってもらって全を元気づけようと考えた。

ニ　いくら無口な全でも、自分の子供二人を目の前にすれば喜んで話し始めるだろうと考えた。

問4　――線(3)「『給食着』という印象」とはどのようなことですか。その説明としてもっとも適切なものを次の**イ**～**ニ**の中から一つ選び、記号で答えなさい。

イ　実用性ばかりを重んじたデザインだということ。

ロ　ドレスの清潔感だけが強調されているということ。

ハ　ドレスの持つはなやかさからはほど遠いということ。

ニ　軽々しい流行に左右されない強さがあるということ。

問5　――線(4)「だから」の後に省略されている言葉を本文中から**六字**でぬき出して答えなさい。（句読点、記号等も字数に数えます。）

問6　――線(5)「清澄を押しのけてボディの前に立つと、引きはがすようにしてドレスを脱がしはじめた」とありますが、この時の全の行動の説明としてもっとも適切なものを次の**イ**～**ニ**の中から一つ選び、記号で答えなさい。

イ　水青の着るドレスを一から考え直すために、不要な情報を目の前から取りのぞこうとしている。

ロ　水青の着るドレスについて何かひらめくものが生まれて、動き出さずにいられなくなっている。

ハ　清澄の作るドレスを根本から否定しようとする思いがまさり、つい強い行動に出てしまっている。

ニ　清澄の作るドレスに姉への愛情を感じ取って、自分も父としてできることがないかと探している。

問7　――線(6)「胸がぎゅっと痛んだ」とありますが、その理由としてもっとも適切なものを次の**イ**～**ニ**の中から一つ選び、記号で答えなさい。

イ　自分がいなければ全はもっと父親らしい行動をとれたはずだと思って申し訳なくなったから。

ロ　ささいな動作にもかつての勘《かん》を取りもどしつつある全のありさまが見られて感動したから。

ハ　水青も全も互《たが》いのことを思っているのに態度に出せないことがわかってもどかしかったから。

ニ　水青への気づかいに長く会っていなかった父親の遠慮《えんりょ》がうかがえてせつなくなったから。

問8　――線(7)「足元が揺れるのを感じる。水面が震え、湖畔の木々がざわめき、吹いてくる風に鳥肌が立つ」とありますが、ここからどのようなことが読み取れますか。その説明としてもっとも適切なものを次の**イ**～**ニ**の中から一つ選び、記号で答えなさい。

イ　黒田が心の中で、悪いことが起きるか良いことが起きるか、全くわからないという不安を持ったこと。

ロ　黒田が心の中で、計画していたことが思い通りに実現したという、確かな手ごたえをつかんだこと。

ハ　黒田が心の中で、全く予想されていなかった何か悪いことが起こりそうな感じをいだいたこと。

ニ　黒田が心の中で、これまでとは違う、何かが確実に変わって和子さんはつかまらなかったけれども、幸田さんはすぐに電話に出た。わけを話すと、すっ飛んできた。

俺《おれ》と全と清澄は応接室から追い出され、廊下《ろうか》で待たされている。中から幸田さんの「あんたが全さんの娘さん！　へえ！」とか「お勤めは！　塾《じゅく》！　まあ！」という大きな声が聞こえてくる。ひとりでも十四人分ぐらいやかましい。

全がぶつぶつ言いながらスケッチブックをめくりはじめた。机まで歩く時間が惜《お》しいのか、床にしゃがみこんでいる。そのまま這《は》いつくばるようにして、鉛筆《えんぴつ》を走らせはじめた。

いっさいの装飾のないドレスだった。トラペーズラインと呼ばれる、裾に向かって台形に広がるシルエット。襟《えり》は控《ひか》えめなUの字を描《えが》いている。長袖《ながそで》のカフスは大きめにとられていて、クラシカルな印象を与える。

左右非対称《ひたいしょう》な裾は三角形をかたちづくる。下にもう一枚、スカートを重ねるつもりのようだ。シンプルでいて、地味ではない。カジュアルな素材を用いても、くだけすぎない。きっとあの子の良さを引き立てるドレスになる。

「全」

おかえり、と言うべきか迷った。どうにも芝居《しばい》がかっているような気がして、口に出すのは照れくさい。でも、どっちにしろ今の全の耳には届かないだろう。

（寺地《てらち》はるな『水を縫う』より。）

（注）※1　全…水青と清澄の父。離婚をして子供たちとは別々に暮らしている。

※2　清澄…高校生。姉の水青のウェディングドレスを自分で作ろうとしている。

※3　工場…縫製工場。全の友人であり、全をデザイナーとしてやとっている黒田の工場。黒田の自宅も兼《か》ねていて、全を住まわせている。

※4　ボディ…洋裁用の人体模型。

※5　パターン…服を作るための型紙。

問1　〜〜〜線a「ちなみに」、b「おずおずと」の本文中での意味としてもっとも適切なものをあとのイ〜ニの中から一つずつ選び、それぞれ記号で答えなさい。

a　ちなみに
イ　簡単に言うと　　ロ　くわしく言うと
ハ　ついでに言うと　　ニ　具体的に言うと

b　おずおずと
イ　疑い深く　　ロ　心配そうに
ハ　気になりつつ　　ニ　ためらいながら

問2　——線(1)「つまさきで全の足を蹴る」とありますが、この時の黒田の行動の説明としてもっとも適切なものを次のイ〜ニの中から一つ選び、記号で答えなさい。

イ　水青と話をしたいと思っている全に会話をするきっかけを与えてやろうとしている。
ロ　全の役割の一つに水青の体調の悪さを見ぬくことがあるのだと知らせようとしている。
ハ　ぐずぐずせずに全の方から先に何か行動を取るべきだということを伝えようとしている。
ニ　いつも以上にやる気のなさそうな全をはげまし自分の仕事を思い出させようとしている。

問3　——線(2)「重い空気に耐えきれず、まだうろうろしている清澄を呼び戻した」とありますが、この時の黒田の気持ちの説明とし

「こっち来て」

壁際《かべぎわ》の鏡の前に、パイプ椅子《いす》を引っぱっていって、水青に向かって手招きした。水青がbおずおずとそこに腰《こし》かける。

「同じ※5パターンでも、生地でずいぶん変わるんやで」

水青の肩《かた》にふわりと、シルクの布がかけられる。真っ白な生地が滝《たき》のようにまっすぐに床《ゆか》に垂れ下がった。

「どう？」

「……ちょっと苦手」

全は、そうやろな、と呟《つぶや》き、今度はジョーゼットの生地を重ねる。薄く透《す》けて、やわらかく身体に添《そ》う。

「そしたら、これもあんまり気に入らんのちゃう？」

「うん」

鏡の中で、水青の眉根がぎゅっと寄る。

「じゃあ、次。これは『タフタ』っていうねん」

ぱりっとしたはりのある、美しい布だ。縫製《ほうせい》の加減で、おもしろい陰影《いんえい》を生むだろう。しかし水青はかたくなに首を振る。

「たぶん、光沢《こうたく》のある生地が苦手《にがて》なんやな」

チュール、シフォン、オーガンジー。つぎつぎと水青の肩に重ねられていく。さきほどこの娘は「似あわない」と言ったが、そんなことはない、どれもよく似あう。

けれどもきっと、そういう表面的な問題ではないのだ。

「落ちつかない、はあかんな、水青。その感覚は大事にしたほうがええ」

全がコットンリネンの布を水青の肩にかける。指先が触《ふ》れないように気をつけていることが、動きでわかる。ただそれだけのことなのに、(6)胸がぎゅっと痛んだ。

「他人の目にかわいらしくうつるのは、けっこう簡単なことやねん。女の子って基本みんなかわいいからな。存在自体がかわいい。けどな、本人が着とって落ちつかへんような服はあかん。座っとるだけでいらいらして、肩に力が入ってしまって、疲《つか》れてしまう。疲れると自分で自分が嫌《きら》いになる。良うないわ水青、それは良うない」

全がこれほど長い言葉を一度に口にするのは、ひさしぶりかもしれない。

(7)足元が揺《ゆ》れるのを感じる。水面が震《ふる》え、湖畔《こはん》の木々がざわめき、吹いてくる風に鳥肌《とりはだ》が立つ。

「これはガーゼ」

(8)水青の眉間《みけん》からいつのまにか力が抜《ぬ》けている。ためらいがちに指を伸《の》ばして、布地に触れた。

「ふわふわしてる」

「うん、気持ちいいやろ」

そのやわらかさと軽さから、ガーゼはよくベビー服に用いられる。吸湿性に優《すぐ》れ、重ねれば暖かい。

ガーゼの生地がボディに巻きつけられた。全は口に咥《くわ》えたピンをつぎつぎと留めていく。平面の布は、つままれたり、折りたたまれたりしながら、自在にかたちを変えていく。ギャザーが生まれたと思ったら今度は、プリーツが出現する。花が咲く。風をはらんだカーテンのように膨《ふく》らむ。平面の布がまたたくまにドレスのかたちに変化する。どこにもはさみを入れることなく。

隣《となり》に立っている清澄は、(9)目を大きく見開いて父親の手元を注視していた。

「黒田」

ボディに向かったままの全から呼ばれ、思わずびくりと身体が震えた。

「幸田さんか和子さんか、誰《だれ》でもええから呼んで。採寸してほしい」

二 次の文章を読んで、あとの問いに答えなさい。

玄関《げんかん》のドアを開けたら、濡《ぬ》れた草の匂《にお》いがした。最近やけに雨が多い。約束した時間ぴったりにやってきたふたりは、言葉少なに傘をたたんでいる。※1全《ぜん》もまた、いつも以上に無口で無表情で、ほとんど眠《ねむ》そうですらある。

一緒《いっしょ》に入ってきたはずの※2清澄《きよすみ》の姿がない。どうも※3工場がめずらしいらしく、あちこち見てまわっているようだ。水青《みお》はよほど心細いのか、応接室のソファーの手すりに摑《つか》まるようにしてうつむいていた。

(1)つまさきで全の足を蹴《け》る。よほど驚《おどろ》いたらしく、ソファーの上で身体が軽く跳《は》ねた。

「ひさ、ひ、ひさしぶりやな」

滑稽《こっけい》なほどに声を裏返らせて、全がようやく娘《むすめ》に声をかける。まともに顔を合わせるのは、数年ぶりのことだろう。

「うん」

会話とも呼べないような会話が、すぐに途切《とぎ》れる。(2)重い空気に耐《た》えきれず、まだうろうろしている清澄を呼び戻した。

清澄が取り出した仮縫《かりぬ》いのドレスを、※4ボディに着せかける。実物を見てもやはり(3)「給食着」という印象は変わらない。仮縫いはこれが二着目だという。一着目はすでに「納得《なっとく》いかなくて」ほどいてしまったらしい。

「aちなみにこれが着たとこ」

清澄のスマートフォンの画面の中で、できそこないのドレスを着せられた水青が不機嫌《ふきげん》そうに眉根《まゆね》を寄せていた。

「……ドレスにこだわる必要はないんやで」

花嫁《はなよめ》も花婿《はなむこ》もタキシード姿の、海外の結婚式《けっこんしき》の写真を見たことがある。水青はしかし「紺《こん》……相手のお母さんが、ぜひ花嫁姿を見たいらしくて。(4)だから」と首を振る。そんなもの無視してしまえばいいと思うが、これからつきあっていく相手の要望となるとそうもいかないものなのか。

「でも水青ちゃんは、ドレスを着ることに抵抗《ていこう》があるわけやろ?」

膝《ひざ》を折った清澄が、給食着の裾《すそ》をしきりに引っ張っている。そうすれば、なにかヒントが見つかると信じているみたいに。

しっかりしていて、堅実《けんじつ》。悪く言えば地味。かたくな。水青からはいつも、そんな印象を受ける。

きつく唇《くちびる》を結んでこちらをまっすぐに見ている化粧《けしょう》っ気《け》のないこの娘は、美しく装《よそお》うことをなにかちゃらちゃらした行為《こうい》のようにとらえているのかもしれない。

そうなんか? と問うと、水青が顔を上げた。

「そんな単純な話ではありません」

ドレスに罪がないことは知ってます、と続ける。罪ときたか。ずいぶんおおげさな言葉を使う。

「でも、リボンやレースやフリルやビーズの装飾《そうしょく》も、身体の線が出るかっこうも、とにかく自分には似あわない気がするし、着てると落ちつかないんです」

「でも、とにかくドレスを用意せなあかん、そういうことやな?」

「そうです」

「そうです」

清澄と水青の声がそろった。

「ちょっとどいて」

ふいに放たれた力強い声が全のものだと、最初わからなかった。全は(5)清澄を押《お》しのけてボディの前に立つと、引きはがすようにしてドレスを脱《ぬ》がしはじめた。

部屋を出て行った全はやがて、大量の生地《きじ》を抱《かか》えて戻ってきた。

問4 Ⅲにあてはまる言葉を本文中から見つけ、**漢字一字**で答えなさい。

問5 ——線(1)「彼は大丈夫だと言って出かけた」とありますが、「彼」はなぜそうしたのですか。その理由としてもっとも適切なものを次の**イ**～**ニ**の中から一つ選び、記号で答えなさい。

イ 「彼」が出会ったばかりの「私」の忠告を軽く見ていたから。

ロ 「彼」が日本の山に登るのは野外調査のためではなかったから。

ハ 「彼」は見たことがない竹という植物の特性を知らなかったから。

ニ 「彼」自身が持っている知識をたよりに行動できると考えたから。

問6 ——線(2)「夏になるともう緑に呑み込まれるという感じ」と同じ表現の方法が用いられている文を次の**イ**～**ニ**の中から一つ選び、記号で答えなさい。

イ 金の切れ目が縁《えん》の切れ目とはよくいわれる言葉である。

ロ 先生が鬼《おに》のような顔でいたずらをした子をにらんでいる。

ハ 旅行の思い出は心の宝石箱の中に大切にしまっておこう。

ニ 朝から空はどんよりとくもって今にも泣き出しそうだった。

問7 ——線(3)「時間的な面」とはどのようなものですか。それを表す言葉を本文中から**八字**でぬき出して答えなさい。（句読点、記号等も字数に数えます。）

問8 ——線(4)「私は今でも冬にイチゴを食べるのは『ルール違反』というか、本来すべきでないことをしているような気持ちを払えないでいる」とありますが、それはなぜですか。その理由としてもっとも適切なものを次の**イ**～**ニ**の中から一つ選び、記号で答えなさい。

イ イチゴをおいしいと感じながら食べられる時期は、今も昔も暖かくなった季節しか考えられないから。

ロ 時代とともに生活スタイルが変わっても、先祖代々からの伝統を変えるべきではないと考えているから。

ハ 本来の自然の法則に逆らうようなことをしてまで、自分の欲望を満たそうとすることはしたくないから。

ニ 科学技術の発達で特殊な栽培が可能になったが、食べると人体に健康上の危険も伴うと思っているから。

問9 ——線(5)「都市的生活が自然との距離を隔たせるものであることによる」とはどのようなことですか。その説明としてもっとも適切なものを次の**イ**～**ニ**の中から一つ選び、記号で答えなさい。

イ 自然と密接であった日本人の今までの暮らしが、現代の生活スタイルによって利便性の高いものへと一気に改善されているということ。

ロ 自然の中にとけこんでいた日本人の今までの暮らしが、現代の生活スタイルによって自然を支配していこうとするものになったということ。

ハ 自然の脅威《きょうい》にさらされてきた日本人の今までの暮らしが、現代の生活スタイルによっていつでも安心・安全に過ごせるようになったということ。

ニ 自然とともに過ごしていた日本人の今までの暮らしが、現代の生活スタイルによって自然の営みを感じることができないものに変わったということ。

ちの祖父母の世代の人々の心の中にはいつでも「おてんとうさま」があって、倫理《りんり》的によくないことを「おてんとうさまに恥《は》ずかしいことをしてはいかん」とよく言っていたが、冬にイチゴを食べるのは、そのおてんとうさまに申《もう》し訳《わけ》ないような気持ちがある。それは冬に食べられるイチゴを作るのは特殊《とくしゅ》な栽培《さいばい》をする贅沢《ぜいたく》なことだから、おてんとうさまに申し訳ないということもあるが、イチゴは初夏にできるという自然の季節の摂理《せつり》に無理をさせてまで食の欲望を満たす自分に恥ずかしい思いがあるからであろう。

食べ物には食べておいしいタイミングがある。これを私たちの先人は「Ⅲ」と呼んだ。

私が子供だった昭和三〇年頃、イチゴはなかなかの貴重品だった。暑くなってきたある日、「今日はイチゴを買ってきたよ」とⅣ告げるほどのものだった。イチゴは小さな木箱の中にきれいに並べられていて、それを母が取り出して一人一人の皿に並べてくれたものだ。「どうぞ」と言われて口に入れると、その甘さがひろがり、うっとりするようなおいしさだった。

エンドウ豆もそうだった。モモ、ブドウ、カキと、果物はその旬《しゅん》のときしか食べられず、だからそのときが貴重だったように思う。

「目には青葉、山ほととぎす、初がつお」

この句ほど、日本人の旬への気持ちを表すものは少ないだろう。そこに読み取れるのは、「初夏のカツオを食べる季節がまた来た。今年も元気で夏を迎えることができた。生活が楽とはいえないが、家族は健康で仲良く暮らしている。カツオはちょっと高いが、それを食べられるほどの暮らしはできている。ありがたいことだ」という喜びであろう。

現代の、寒ければ暖房、暑ければ冷房、おいしいものはいつでも、という生活スタイルは、こうした旬の喜びという点からいえば、それを失わせているという面がある。それはとりもなおさず、(5)都市的生活が自然との距離を隔《へだ》てるものであることによる。

(高槻成紀《たかつきせいき》『唱歌「ふるさと」の生態学』より。
出題にあたり、原文の表記および構成を一部改めました。)

問1 ‖線「ヒョウコウサ」の「ヒョウ」と同じ漢字を使うものを次のイ〜ヌの中から選び、記号で答えなさい。なお、正解は一つとは限りません。いくつかある場合には、そのすべての記号を書きなさい。

イ 池がヒョウケツする。
ロ 虫のヒョウホンを作る。
ハ 議長をトウヒョウで決める。
ニ ドヒョウ入りをする。
ホ 意見をヒョウメイする。
ヘ 会社にジヒョウを出す。
ト ヒョウザンの一角だ。
チ 作品のヒヒョウをする。
リ 人生のシヒョウとなる本。
ヌ ヒョウバンが良い店。

問2 Ⅰ・Ⅳにあてはまる言葉としてもっとも適切なものを次のイ〜チの中から一つずつ選び、それぞれ記号で答えなさい。

イ くどくど　ロ よぼよぼ　ハ わくわく
ニ わざわざ　ホ いやいや　ヘ はきはき
ト のろのろ　チ へとへと

問3 Ⅱにあてはまる言葉としてもっとも適切なものを次のイ〜ニの中から一つ選び、記号で答えなさい。

イ 人とまったく無関係な　ロ 人にとって不愉快《ふゆかい》な
ハ 未《いま》だ確認《かくにん》されていない　ニ むしろ人が守られる

のほうを好んだのではないかと思わせる。
　ヨーロッパのがっちりした建物は洞窟《どうくつ》の延長線上にあるような気がするが、日本の家屋は開放的で、柱はあるが、壁《かべ》は最小限にし、雨戸などは取り外すものだし、障子などもドアというより、硬《かた》めのカーテンといったふうである。日本家屋の最大の課題は、暑くて湿度《しつど》の高い夏をいかに過ごすかにあり、その開放的な家は、野外と隔離するのを目的とするヨーロッパの家とは大きく違う。
　日本人の自然との距離の近さは、空間的なこと以上に(3)時間的な面に見いだすことができると思う。
　中緯度《ちゅういど》にある日本は、夏は熱帯並みに高温多湿であるが、冬は寒さが厳しく、雪も降り、地方によっては数メートルという世界でも屈指《くっし》の多雪地となる。それだけに四季の変化が鮮やかに見られ、日本人の生活のリズムはそれに合わせたものとなった。
　冬が過ぎれば北日本ではさわやかな新緑に被《おお》われるし、南日本では常緑樹の中に鮮やかな薄緑《うすみどり》が重なる生命感溢《あふ》れるものとなる。そして緑が濃《こ》くなるにつれて、さまざまな色の花が咲《さ》き、昆虫《こんちゅう》が生まれ、夏鳥が渡って来て、森も野もにぎやかになる。そして雨がちになって、梅雨を迎《むか》える。大人も子供も今日は傘《かさ》を持っていったほうがよいだろうかと、天気を気にするようになる。梅雨があければ青い空に入道雲が輝《かがや》くようになる。衣替《ころもが》えをして、気持ちを新たにし、生活は夏モードに入る。森の緑は濃くなり、セミの声が輪唱《りんしょう》のように響《ひび》く。子供たちは夏休みになって、川で遊んだり、虫とりをして遊ぶ。うだるようであった夏の光に少し力がなくなって、空気に透明感《とうめいかん》が感じられるようになると、雲のようすが変わり、高い空に絹雲《けんうん》が見られるようになる。やがて木々の葉が色づき、秋の野草がカラフルな花を咲かせるようになる。農家では刈り入れの季節になる。中でも稲《いね》刈りは春からの日々の農作業の文字通りの集大成であった。日照りの夏に水の心配をすることもあれば、台風の大雨に洪水《こうずい》の心配をすることもあった。その日々の努力が稲穂《いなほ》に集約されるのだ。無事に収穫《しゅうかく》できれば、天に感謝《かんしゃ》した。しばらく気持ちのよい季節が続き、黄葉が進むと、夏物では肌《はだ》寒く感じられるようになる。北日本では木枯《こが》らしが吹《ふ》くたびに木々の葉が少なくなり、年も暮れになると雪が降るところもある。質素に暮らしていた昔日《せきじつ》の日本人にとって正月を迎えることはまことに晴れやかで喜びに満ちていた。大晦日《おおみそか》に一年を振り返り、元旦《がんたん》を迎えるのは新しい年への希望に満ちた時間であった。
　形は変えながらも、そうした四季の移り変わりは現代生活にも引き継《つ》がれている。雨の多いこの国では天気予報は国民の大きな関心事であり、予報は詳細《しょうさい》で、正確でもある。まちがいなく世界最高レベルであろう。都市住民が多くなったから、農作業はなくなったものの、学校も会社も年度は四月のサクラの季節に始まる。季節の始まりが人の生活のスタートなのである。入学式、衣替え、夏休み、運動会、文化祭、冬休みと、学校は季節のリズムで進み、大人の社会も花見やお盆《ぼん》、忘年会《ぼうねんかい》などで区切りをつける。
　だが、現代生活は、冬は暖房《だんぼう》、夏は冷房をして、要するに一年中をできるだけ同じ環境《かんきょう》にしようとする。振《ふ》り返れば、わずか半世紀ほど前の日本では、暖房は火鉢《ひばち》とこたつ、冷房はなく団扇《うちわ》と扇子《せんす》であおいでいた。その頃は、冬は寒いもの、夏は暑いものであり、それが自然なのだから受け入れるものだという気分があった。あきらめというのではないが、生きるとはそういうことなのだという受け入れがあった。そうであるから、汗《あせ》をかくような季節になって食べるイチゴは本当においしかったし、夏のスイカ、秋のカキ、冬のミカンとそれぞれの季節に楽しむ果物があった。
　(4)私は今でも冬にイチゴを食べるのは「ルール違反《いはん》」というか、本来すべきでないことをしているような気持ちを払《はら》えないでいる。私た

二〇二一年度　東邦大学付属東邦中学校

【国　語】〈前期試験〉（四五分）〈満点：一〇〇点〉

一　次の文章を読んで、あとの問いに答えなさい。

私はよく野外調査に行くが、実際の野外調査は決して快適なものばかりではない。日本にはササが密生する山も多く、そういう場所での移動はたいへんで、「藪漕《やぶこ》ぎ」といわれる。まさにササを漕ぐように進まなければならず、一時間も藪漕ぎをすると［　Ⅰ　］になる。若い頃《ころ》、青森県の八甲田山《はっこうださん》でドイツから来た青年が地図を見ながら、あるピークに行こうとして、距離《きょり》とヒョウコウサを見ながら二時間ほどで行けると判断した。私は日本の山にはササがあるから、その見積りは甘《あま》いと言ったのだが、(1)彼《かれ》は大丈夫《だいじょうぶ》だと言って出かけた。しかし彼はしばらくすると戻《もど》って来て言った。「こんなに植物が密生していて、しかも丈夫な竹が隙間《すきま》なく生えているとは思わなかった。ヨーロッパではありえないことだ」と疲労困憊《ひろうこんぱい》のようすだった。日本の森林は、とても赤ずきんちゃんがとことこ歩くような森林ではないのである。

それに日本の夏は雨が多いから、数日の調査に行けば一日は雨に降られるということが多い。雨の中の調査はつらいものである。また夏であればカ(蚊《か》)がよくいて、刺《さ》されるとかゆくてかなわない。ハチの危険もあるし、マムシやクマもいる。私の調査地はシカがいるところが多いから、ヤマビルがいて、これに咬《か》まれると血が出て止まらなくなる。

日本の自然とはそういうものであり、生物多様性が高いのだが、生物多様性が高いということは守りたくなるような動植物が多いということではなく、［　Ⅱ　］動物植物もたくさんいるということである。

ある農業者が言った。「(2)夏になるともう緑に呑《の》み込《こ》まれるという感じ」と。日本の自然は保護しなければならないようなヤワなものではないのである。

違《ちが》う自然に暮らして来た日本人がヨーロッパ人と同じように自然を保護しようと考えるはずがない。

日本人は自然に接して生きてきた。たとえば居住空間も自然との境界が明快でなかった。一八五八年に日英修好通商条約締結《ていけつ》のために来日したエルギン卿《きょう》使節団の一員であったL・オリファントの記録（一九六八）によれば、江戸郊外《えどこうがい》では

「果樹や、息がつまらんばかりにしめつける蔦《つた》の中に、藁《わら》屋根をもたげている小さな田舎家《いなかや》は、風雅《ふうが》にしつらえた色鮮《あざ》やかな花壇《かだん》にとり囲まれ、丹念《たんねん》に刈《か》られた生垣《いけがき》の間に通路があった」（オリファント『エルギン卿遣日使節録《けんにちしせつろく》』雄松堂出版《ゆうしょうどうしゅっぱん》）

自然と人間空間が不明瞭《ふめいりょう》なばかりか、むしろ意図的にそうしていたようだ。日本の庭園では

「庭の入口が通りに面しているときには、前を流れる掘割《ほりわり》にひなびた橋を渡《わた》し、こんもり茂った喬木《きょうぼく》や灌木《かんぼく》で橋が隠《かく》れるようにし、そこに足を一歩踏《ふ》み入れると、人里遠く離《はな》れた原生林にいるような気がしてくる」（アンベール『幕末日本図絵』雄松堂出版）

とある。このことは、日本人が生活空間を自然と隔離《かくり》することで快適にすることよりも、むしろ自然をとりこむ、あるいは一体化すること

2021年度

東邦大学付属東邦中学校 ▶解説と解答

算　数　＜前期試験＞（45分）＜満点：100点＞

解　答

1 (1)　5　(2)　$\frac{3}{14}$　2 (1)　3　(2)　1200m　(3)　9.6cm　(4)　9分30秒　(5)　25％　3 (1)　14km　(2)　時速5km　(3)　47分36秒後　4 (1)　2020　(2)　2　5 (1)　$2\frac{2}{3}$cm　(2)　5：3　6 (1)　4：1　(2)　$\frac{61}{450}$倍　7 (1)　12通り　(2)　27通り

解　説

1 四則計算，逆算

(1)　$\left(2\frac{1}{4}\div0.375\div6-0.3\div\frac{3}{8}\right)\div\frac{1}{25}=\left(\frac{9}{4}\div\frac{3}{8}\div6-\frac{3}{10}\times\frac{8}{3}\right)\div\frac{1}{25}=\left(\frac{9}{4}\times\frac{8}{3}\times\frac{1}{6}-\frac{4}{5}\right)\div\frac{1}{25}=\left(1-\frac{4}{5}\right)\div\frac{1}{25}=\frac{1}{5}\times\frac{25}{1}=5$

(2)　$5.5\div1\frac{5}{9}=\frac{11}{2}\div\frac{14}{9}=\frac{11}{2}\times\frac{9}{14}=\frac{99}{28}$，$21\times\left(0.5-\frac{1}{3}\right)=21\times\left(\frac{1}{2}-\frac{1}{3}\right)=21\times\left(\frac{3}{6}-\frac{2}{6}\right)=21\times\frac{1}{6}=\frac{7}{2}$より，$\frac{99}{28}-\left(\frac{7}{2}-\square\right)=0.25$，$\frac{7}{2}-\square=\frac{99}{28}-0.25=\frac{99}{28}-\frac{1}{4}=\frac{99}{28}-\frac{7}{28}=\frac{92}{28}=\frac{23}{7}$　よって，$\square=\frac{7}{2}-\frac{23}{7}=\frac{49}{14}-\frac{46}{14}=\frac{3}{14}$

2 四則計算，速さと比，つるかめ算，面積，植木算，濃度《のうど》

(1)　6468×2＋939×5＝12936＋4695＝17631となる。また，17631÷13＝1356余り3より，17631を13でわった余りは3とわかる。

(2)　自宅から学校まで行くのにかかった時間は，月曜日が，8時－7時30分＝30分，火曜日が，7時58分－7時30分＝28分，水曜日が，7時52分－7時30分＝22分である。また，水曜日に走った時間は2分だから，水曜日に歩いた時間は，22－2＝20(分)となる。そこで，自宅をA，学校をB，水曜日に歩き始めた地点をCとして図に表すと，上の図1のようになる(実線は歩いた部分，点線は走った部分を表している)。月曜日に注目すると，CB間を歩いた時間(□)は水曜日と同じ20分なので，AC間を歩いた時間(△)は，30－20＝10(分)となる。よって，同じ道のりを歩く時間と走る時間の比は，10：2＝5：1だから，歩く速さと走る速さの比は，$\frac{1}{5}:\frac{1}{1}=1:5$とわかる。そこで，歩く速さを毎分1とすると，AB間の道のりは，1×30＝30となる。また，火曜日に28分歩いたとすると，1×28＝28しか進まないから，実際に進んだ道のりよりも，30－28＝2短くなる。したがって，走った時間は，2÷(5－1)＝0.5(分)と求められ，この間に進んだ道のりが100mなので，走る速さは毎分，100÷0.5＝200(m)とわかる。すると，歩く速さは毎分，

図1

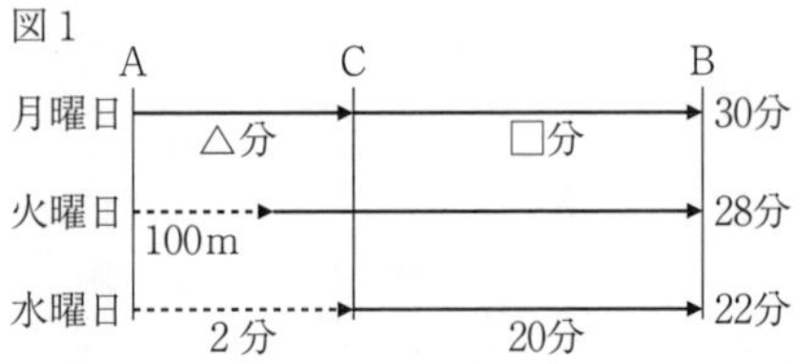

$200\times\frac{1}{5}=40$(m)だから，自宅から学校までの道のりは，40×30＝1200(m)と求められる。

(3)　右の図2のように，円の半径を□cmとすると，円の面積は，□×□×(円周率)(cm^2)と表すことができる。また，三角形OABの面積は，4×□÷2＝2×□(cm^2)なので，ひし形の面積は，2×□×4＝8×□(cm^2)となる。よって，円の面積とひし形の面積の比は，{□×▨×(円周率)}：(8×▨)＝{□×(円周率)}：8となり，これが3：5だから，{□×(円周率)}：8＝3：5と表すことができる。ここで，P：Q＝R：Sのとき，$P\times S=Q\times R$となるので，{□×(円周率)}×5＝8×3より，□×(円周率)＝24÷5＝4.8と求められる。したがって，円の周の長さは，□×2×(円周率)＝4.8×2＝9.6(cm)である。

図2

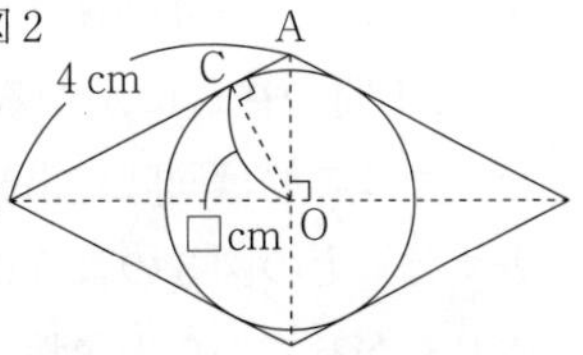

(4)　1270mを超《こ》えた分の道のりは，10×1000－1270＝8730(m)だから，8730÷263＝33余り51より，道のりに対して，33＋1＝34(回)加算される。よって，道のりに対して加算された金額は，110×34＝3740(円)なので，時間に対して加算された金額は，4840－(500＋3740)＝600(円)となり，時間に対して加算された回数は，600÷100＝6(回)とわかる。したがって，停車時間は，1分35秒×6＝6分210秒＝9分30秒よりも長いことがわかる。

(5)　容器A，Bに入っている食塩水の濃度を□%，重さを△g，容器A，Bに加えた食塩や水の重さを○gとして図に表すと，右の図3のようになる。図3で，アとイ，ウとエの面積はそれぞれ等しい。また，アとウは，横の長さが等しく，たての長さの比が3：1だから，面積の比も3：1となる。よって，イとエの面積の比も3：1になる。さらに，★と☆の面積の比も3：1なので，(イ＋★)と(エ＋☆)の面積の比(たての長さの比)も3：1とわかる。この和が，100－0＝100(%)だから，(エ＋☆)のたての長さは，$100\times\frac{1}{3+1}=25$(%)となり，□＝25%と求められる。

図3

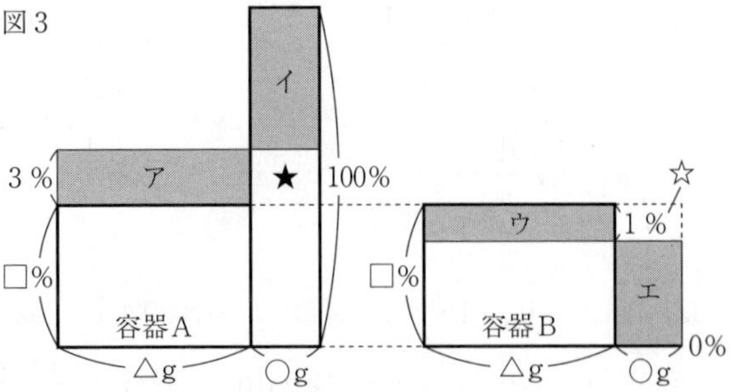

3　流水算，旅人算，速さと比

(1)　下の図1のように表すことができる。流れの速さを時速□kmとすると，下りの速さは時速(20＋□)km，上りの速さは時速(20－□)kmとなるから，下りと上りの速さの和は，時速，(20＋□)＋(20－□)＝40(km)とわかる。よって，AB間の距離《きょり》は，$40\times\frac{21}{60}=14$(km)である。

図1

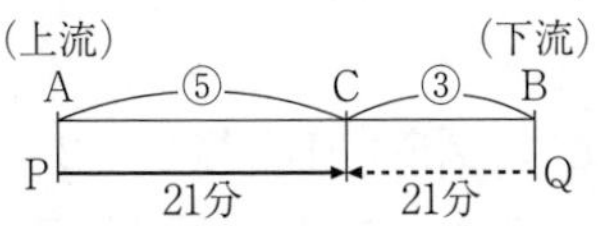

図2

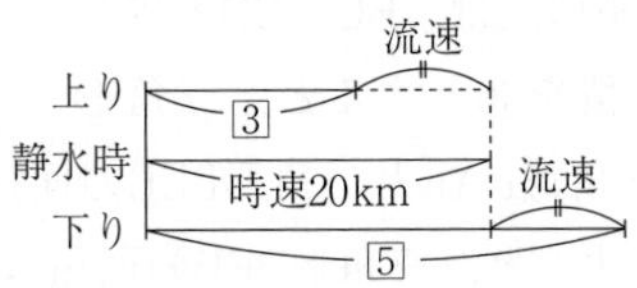

図3

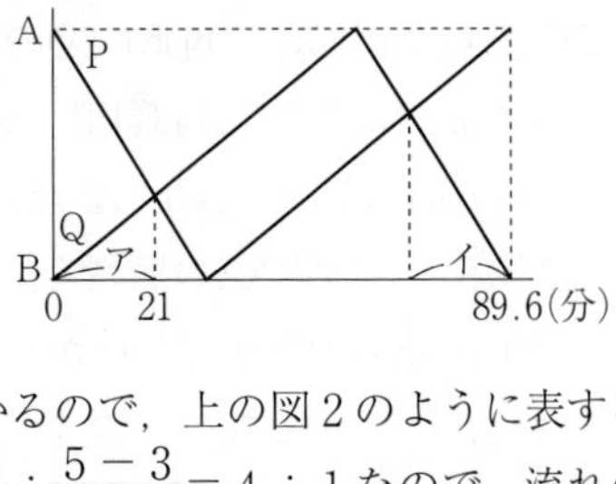

(2)　図1から，船の下りの速さと上りの速さの比は5：3とわかるので，上の図2のように表すことができる。よって，静水時の速さと流れの速さの比は，$\frac{3+5}{2}:\frac{5-3}{2}=4:1$なので，流れの

速さは時速，$20\times\frac{1}{4}=5$ (km)とわかる。

(3)　(2)より，下りの速さは時速，$20+5=25$(km)，上りの速さは時速，$20-5=15$(km)となるから，AB間の往復にかかる時間は，$14\div25+14\div15=\frac{112}{75}$(時間)，$\frac{112}{75}\times60=89.6$(分)とわかる。また，2つの船は同時に出発して同時に出発地点にもどるので，2つの船の進行のようすをグラフに表すと，上の図3のようになる。図3で，出発してから初めてすれちがうまでの時間(ア)と，再びすれちがってから出発地点にもどるまでの時間(イ)は等しいから，初めてすれちがってから再びすれちがうまでの時間は，$89.6-21\times2=47.6$(分)と求められる。よって，$60\times0.6=36$(秒)より，47分36秒後となる。

4　約束記号，計算のくふう

(1)　$A^{\bigcirc}$と$A^{\triangle}$は，それぞれ下の図1のように簡単にすることができる。よって，下の図2のようになるから，$1^{\triangle}\times2^{\bigcirc}=\frac{2}{3}\times\frac{3}{2}=1$，$2^{\triangle}\times3^{\bigcirc}=\frac{3}{4}\times\frac{4}{3}=1$，$3^{\triangle}\times4^{\bigcirc}=\frac{4}{5}\times\frac{5}{4}=1$，…となる。したがって，この式の値は，$1+1+1+\cdots=1\times2020=2020$と求められる。

図1

$$\begin{aligned}A^{\bigcirc}&=1\div\{1-1\div(1+A)\}\\&=1\div\left(1-\frac{1}{1+A}\right)\\&=1\div\left(\frac{1+A-1}{1+A}\right)\\&=1\div\frac{A}{1+A}\\&=\frac{1+A}{A}\end{aligned}$$

$$\begin{aligned}A^{\triangle}&=1\div\{1+1\div(1+A)\}\\&=1\div\left(1+\frac{1}{1+A}\right)\\&=1\div\left(\frac{1+A+1}{1+A}\right)\\&=1\div\frac{2+A}{1+A}\\&=\frac{1+A}{2+A}\end{aligned}$$

図2

$$1^{\bigcirc}=\frac{2}{1}\qquad1^{\triangle}=\frac{2}{3}$$
$$2^{\bigcirc}=\frac{3}{2}\qquad2^{\triangle}=\frac{3}{4}$$
$$3^{\bigcirc}=\frac{4}{3}\qquad3^{\triangle}=\frac{4}{5}$$
$$\vdots\qquad\qquad\vdots$$
$$2020^{\bigcirc}=\frac{2021}{2020}\qquad2020^{\triangle}=\frac{2021}{2022}$$
$$2021^{\bigcirc}=\frac{2022}{2021}\qquad2021^{\triangle}=\frac{2022}{2023}$$

(2)　図2より，$1^{\bigcirc}\times2^{\bigcirc}\times3^{\bigcirc}\times\cdots\times2020^{\bigcirc}\times2021^{\bigcirc}=\frac{\cancel{2}}{1}\times\frac{\cancel{3}}{\cancel{2}}\times\frac{\cancel{4}}{\cancel{3}}\times\cdots\times\frac{\cancel{2021}}{\cancel{2020}}\times\frac{2022}{\cancel{2021}}=2022$となる。また，$1^{\triangle}\times2^{\triangle}\times3^{\triangle}\times\cdots\times2019^{\triangle}\times2020^{\triangle}=\frac{2}{\cancel{3}}\times\frac{\cancel{3}}{\cancel{4}}\times\frac{\cancel{4}}{\cancel{5}}\times\cdots\times\frac{\cancel{2020}}{\cancel{2021}}\times\frac{\cancel{2021}}{2022}=\frac{2}{2022}$となるので，問題文の式の値は，$2022\times\frac{2}{2022}=2$と求められる。

5　平面図形—辺の比と面積の比

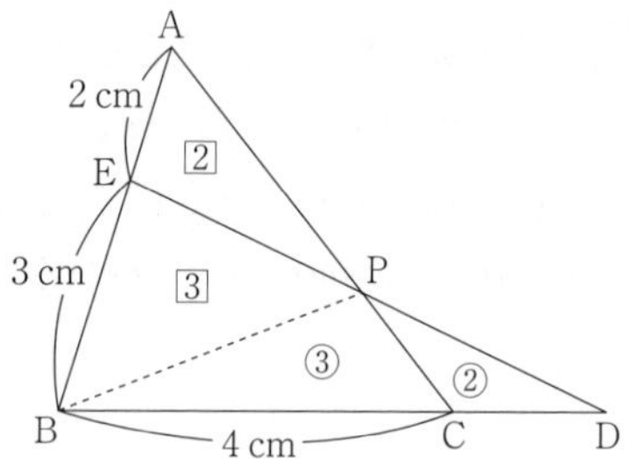

(1)　右の図の三角形ABCと三角形BDEは，面積が等しく，高さの比が，AB：EB＝$(2+3):3=5:3$だから，底辺の比は，BC：BD＝$\frac{1}{5}:\frac{1}{3}=3:5$となる。よって，BC：CD＝$3:(5-3)=3:2$なので，CD＝$4\times\frac{2}{3}=2\frac{2}{3}$(cm)とわかる。

(2)　三角形PBCと三角形PCDの面積の比は，BC：CDと等しく3：2だから，三角形PBCの面積を③とすると，三角形PCDの面積は②になる。また，三角形PAEと三角形PEBの面積の比は，AE：EBと等しく2：3なので，三角形PAEの面積を$\boxed{2}$とすると，三角形PEBの面積は$\boxed{3}$になる。ここで，三角形ABCと三角形BDEの面積が等しいから，$\boxed{2}$＋$\boxed{3}$＋③＝$\boxed{3}$＋③＋②より，$\boxed{5}$＋③＝$\boxed{3}$＋⑤，$\boxed{5}$－$\boxed{3}$＝⑤－③，$\boxed{2}$＝②，$\boxed{1}$＝①となる。つまり，$\boxed{1}$と①が表す大きさは同じなので，三角形ABPと三角形PBCの面積の比は，$(2+3):3=5:3$となり，AP：PC＝$5:3$とわかる。

6 平面図形，立体図形―辺の比と面積の比，分割，相似，体積

図1

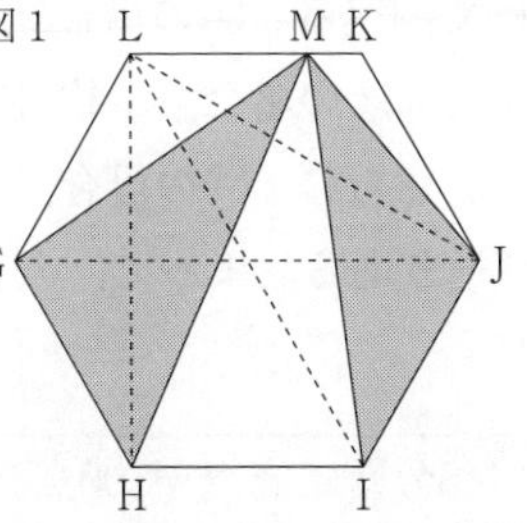

図2

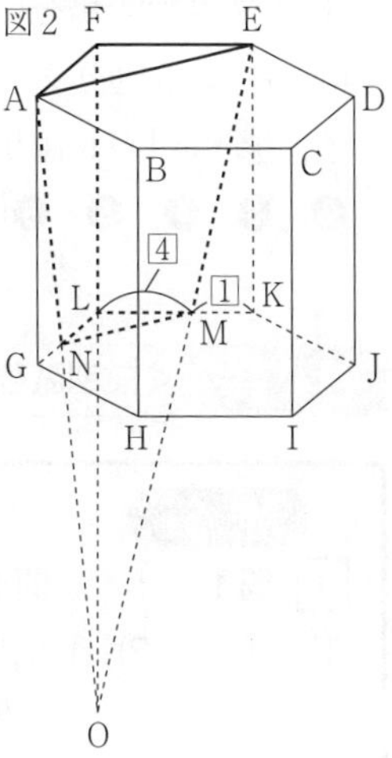

(1)　右の図1で，正六角形GHIJKLの面積を1とすると，三角形MHIの面積は三角形LHIの面積と等しいから$\frac{1}{3}$になる。また，三角形LGMと三角形MJKの面積の和は，三角形LJKの面積と等しいので$\frac{1}{6}$になる。よって，三角形MGHと三角形MIJの面積の和は，$1-\left(\frac{1}{3}+\frac{1}{6}\right)=\frac{1}{2}$だから，三角形MGHの面積は，$\frac{1}{2}\times\frac{3}{3+2}=\frac{3}{10}$と求められる。次に，三角形LGMと三角形LHMの底辺をLMと考えると，この2つの三角形の高さの比は1：2なので，面積の比も1：2になる。そこで，三角形LGMの面積を①，三角形LHMの面積を②とすると，四角形LGHMの面積は，三角形LGM＋三角形MGH＝①＋$\frac{3}{10}$，または，三角形LGH＋三角形LHM＝$\frac{1}{6}$＋②と表すことができる。これが等しいから，①＋$\frac{3}{10}=\frac{1}{6}$＋②より，②－①＝①が，$\frac{3}{10}-\frac{1}{6}=\frac{2}{15}$と求められる。したがって，三角形MJKの面積は，$\frac{1}{6}-\frac{2}{15}=\frac{1}{30}$なので，三角形LGMと三角形MJKの面積の比は，$\frac{2}{15}:\frac{1}{30}$＝4：1となり，LM：MK＝4：1とわかる。

(2)　A，E，Mを通る平面で切断するとき，頂点Fを含《ふく》む立体は，右上の図2の太線で囲んだ立体になる。これは，三角すいO-FAEから三角すいO-LNMを取りのぞいてできる立体である。ここで，2つの三角すいは相似であり，相似比は，FE：LM＝(4＋1)：4＝5：4だから，体積の比は，(5×5×5)：(4×4×4)＝125：64となる。よって，頂点Fを含む立体の体積は，三角すいO-FAEの体積の，$\frac{125-64}{125}=\frac{61}{125}$(倍)とわかる。次に，六角柱の底面積を1，高さを1とすると，六角柱の体積は，1×1＝1となる。また，三角すいO-FAEは，底面積が，$1\times\frac{1}{6}=\frac{1}{6}$，高さが，$1\times\frac{5}{5-4}=5$なので，体積は，$\frac{1}{6}\times5\times\frac{1}{3}=\frac{5}{18}$と求められる。したがって，頂点Fを含む立体の体積は，$\frac{5}{18}\times\frac{61}{125}=\frac{61}{450}$だから，六角柱の体積の，$\frac{61}{450}\div1=\frac{61}{450}$(倍)である。

7 場合の数

図Ⅰ

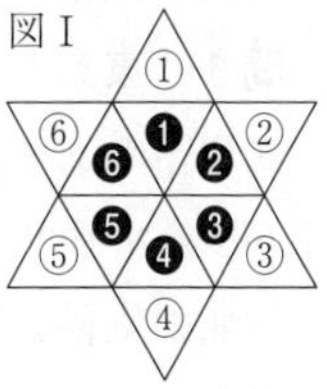

図Ⅱ

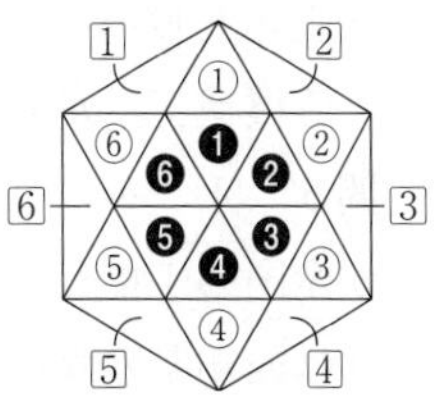

(1)　右の図Ⅰのように，外側の板Aを①〜⑥，内側の板Aを❶〜❻とする。また，黒くする2枚の選び方を，㋐(外側の2枚)，㋑(内側の2枚)，㋒(外側の1枚と内側の1枚)の3つの場合に分けて調べる。㋐の場合，1枚目を①に固定すると，2枚目の選び方は{②，③，④}の3通りある。同様に，㋑の場合，1枚目を❶に固定すると，2枚目の選び方は{❷，❸，❹}の3通りある。さらに，㋒の場合，1枚目を①に固定すると，2枚目の選び方は{❶，❷，❸，❹，❺，❻}の6通りある。よって，全部で，3＋3＋6＝12(通り)とわかる。

(2)　右の図Ⅱのように，板Bを[1]〜[6]とする。板Bを1枚も使わない場合は(1)で求めた12通りなので，板Bを使う場合について，黒くする2枚の選

び方を，㋓(板Ｂの２枚)，㋔(板Ｂの１枚と外側の板Ａの１枚)，㋕(板Ｂを１枚と内側の板Ａの１枚)の３つの場合に分けて調べる。㋓の場合，１枚目を[1]に固定すると，２枚目の選び方は{[2]，[3]，[4]}の３通りある。また，㋔の場合，１枚目を[1]に固定すると，２枚目の選び方は{①，②，③，④，⑤，⑥}の６通りある。さらに，㋕の場合，１枚目を[1]に固定すると，２枚目の選び方は{❶，❷，❸，❹，❺，❻}の６通りある。よって，全部で，12＋３＋６＋６＝27(通り)とわかる。

社 会 ＜前期試験＞（45分）＜満点：100点＞

解 答

[1] 問１ オ　問２ イ　問３ エ　問４ エ　問５ (1) イ　(2) 二毛作　問６ (1) イ　(2) 1.9(km^2)　問７ コ　[2] 問１ ア　問２ イ　問３ ウ　問４ ウ　問５ ウ　問６ エ　問７ エ　問８ カ　[3] 問１ イ　問２ (1) エ　(2) おきなわ(県)　問３ ウ　問４ (1) ア　(2) キ　問５ (1) エ　(2) イ

解 説

[1] 各都道府県の特色と地形図の読み取りについての問題

問１　宮城県は県庁所在地の仙台市，千葉県は県庁所在地の千葉市が県内の人口第１位の都市だが，山口県は県庁所在地の山口市よりも下関市のほうが人口が多い。よって，「い」に山口県があてはまる。千葉県には千葉市のほかにも，東京都に近く，人口が多い都市があるので，第１位の人口の都市と第２位の人口の都市(船橋市)の差は小さいと推測できる。よって，「あ」が千葉県となる。残った「う」が宮城県で，宮城県は人口の半分近くが仙台市に集中しているため，第２位の人口の都市(石巻市)との差が大きい。統計資料は『データでみる県勢』2021年版による(以下同じ)。

問２　「面積の増加がみられる」とあるａには，臨海部にあり，埋《う》め立てによって面積が増加した江東区があてはまる。ｂは東村山市，ｃは新宿区。また，江東区では1990年代以降，臨海部の再開発が始まり，1993年にはレインボーブリッジが開通するなど，交通網《もう》も整備された。さらに，2011年の東日本大震災以降は「職住近接(職場と住居が近いこと)」を望んで都心やその近くに住居を求める人が増えたこともあり，江東区の人口は大きく増加した。よって，「い」があてはまる。「あ」は東村山市，「う」は新宿区の人口の変化。

問３　東京と比べて冬に大きな差が生じる「あ」には，冬の降水量が多い日本海側の気候に属する鳥取市があてはまる。また，いずれの月でも東京を下回っている「う」には，年間を通じて降水量が少ない中央高地の気候に属する甲府市(山梨県)があてはまる。残った「い」は，東京と同じ太平洋側の気候に属する銚子《ちょうし》市(千葉県)である。

問４　かつて北関東地方では養蚕がさかんで，これを背景にせんい産業が発展した。しかし，第二次世界大戦後，日本のせんい産業はおとろえ，代わって北関東地方では自動車や電気機器などをつくる機械工業が発展した。よって，エが誤っている。

問５　(1)　茶の収穫量が全国第１位であるＹには静岡県が，静岡県ととなり合い，きくの作付面積が全国第１位となっているＸには，渥美《あつみ》半島での電照ぎくの栽培で知られる愛知県があてはまる。ａは愛知県の収穫量が多いことから，レタスではなくキャベツと判断でき，ここからＺには，嬬恋《つまごい》村などでの生産がさかんで，キャベツの収穫量が全国第１位の群馬県があてはまるとわかる。

(2)　同じ耕地で，１年間に２回異なる作物をつくることを二毛作という。佐賀県や福岡県では，米の裏作に麦類を栽培する二毛作がさかんで，麦類の収穫量は福岡県が北海道についで全国第２位，佐賀県が全国第３位となっている。

問６　(1)　左手に水田(‖)が広がるａには「あ」が，片側２車線の広い道路がみえるｂには結城バイパス(国道50号線)上の「う」が，住宅街の中の道であるｃには「い」があてはまる。　(2)　実際の距離は，(地形図上の長さ)×(縮尺の分母)で求められる。この地形図の縮尺は２万5000分の１なので，縦の長さは，５×25000＝125000(cm)＝1250(ｍ)＝1.25(km)，横の長さは，６×25000＝150000(cm)＝1500(ｍ)＝1.5(km)になる。1.25×1.5＝1.875より，この長方形の実際の面積は約1.9km^{2}と求められる。

問７　ａは，「県の古いよび方」が「きい(紀伊)」で，県名にＷが入ることから，和歌山県だとわかる。梨が特産品で「日本海に面する」とあるｂには鳥取県，マスコットキャラクターの名前に「ふじ」がついており，海に面する県であるｃには静岡県があてはまる。みかんの生産量が全国第２位とあるｄは愛媛県である。わんこそばで知られ，北上高地があるというｅには，岩手県があてはまる。これらの５県のうち，県名と県庁所在地が異なるのは，愛媛県松山市と岩手県盛岡市の２つである。

２　各時代の歴史的なことがらについての問題

問１　奈良時代後半，称徳《しょうとく》天皇(聖武天皇の娘)に重用され，大きな権力を持った僧の道鏡は，770年に称徳天皇が亡くなって光仁天皇が即位《そくい》すると，下野《しもつけ》(栃木県)に追放された。また，道鏡のように政治に介入《かいにゅう》する仏教勢力と離れるため，784年，桓武天皇は都を京都の長岡京に移した。なお，ａは741年，ｂは743年のできごとで，いずれも聖武天皇の在位中にあたる。

問２　地方武士が反乱を起こすようになるのは10世紀なかばのことで，平氏の協力によって地方武士の反乱をしずめた人物としては，最初の大きな反乱である平将門の乱(935～940年)をしずめた藤原秀郷《ひでさと》が知られる。菅原道真は10世紀初めの903年，左遷《させん》された先の大宰府《だざいふ》(福岡県)で亡くなっているので，イが誤っている。

問３　平安時代中ごろには社会不安があいつぐとともに，仏教の法が正しく行われなくなる末法の世界が訪れるという末法思想が広がった。こうしたことから，阿弥陀《あみだ》仏にすがって極楽往生《ごくらくおうじょう》を願う浄土《じょうど》信仰が広まり，各地に阿弥陀仏像や，これをまつる阿弥陀堂が建てられた。なお，アは戦国時代，イは室町時代，エは鎌倉時代の仏教について述べた文。

問４　ア　後白河上皇の援助を受け，1167年に武士として初めて太政《だいじょう》大臣となったのは平清盛で，源頼朝は太政大臣になっていない。　イ　平氏は，1185年の壇ノ浦《だんのうら》の戦い(山口県)で滅亡《めつぼう》した。一ノ谷の戦い(兵庫県)はこれより前の1184年に行われ，源義経・範頼《のりより》の軍にやぶれた平氏は，屋島(香川県)へと逃げて行った。また，侍所《さむらいどころ》は1180年に設置されている。　ウ　1185年に源頼朝が行ったことを正しく説明している。　エ　後鳥羽《ごとば》上皇は1221年，鎌倉幕府を倒そうとして承久《じょうきゅう》の乱を起こしたが，北条政子の演説などによって結束を固めた幕府の大軍の前にやぶれ，隠岐《おき》(島根県)に流された。また，鎌倉幕府の初代執権《しっけん》北条時政は政子の父で，承久の乱のさいには第２代執権義時が御家人を指揮し，のちに第３代執権となる泰時らが活躍《かつやく》した。

問５　1584年の小牧・長久手の戦いでは豊臣秀吉と徳川家康が戦ったが決着がつかず，和平を結んだ。また，1582年，秀吉は織田信長の命を受けて，中国地方を支配していた毛利氏と戦っていたが，その最中に本能寺の変が起きて信長が亡くなったため，和平を結んだ。よって，ウが誤っている。

問6　ａは1641年，ｂは1615年，ｃは1635年のできごとなので，年代の古い順にｂ→ｃ→ａとなる。

問7　ア　西郷隆盛は征韓論を主張したが受け入れられず，1873年に政府を去った。　イ　1875年に結ばれた樺太《からふと》・千島交換条約では，千島列島の全域が日本領，樺太がロシア領とされた。　ウ　日清戦争後の三国干渉《かんしょう》によって，日本は遼東《リャオトン》半島を清(中国)に返還した。　エ　日露戦争について述べた文として正しい。

問8　ａ「全国水平社」ではなく，「日本農民組合」が正しい。全国水平社は，差別されている人々の解放を目的として1922年に結成された。　ｂ　1925年のできごとを正しく説明している。　ｃ　1927年に金融恐慌《きんゆうきょうこう》が始まると中小銀行は次々と倒産し，大銀行はそれらの中小銀行を吸収してさらに大きくなった。

3　日本国憲法や政治のしくみ，国際社会などについての問題

問1　ア　択捉《えとろふ》島・国後《くなしり》島・色丹《しこたん》島・歯舞《はぼまい》群島からなる北方領土の返還《へんかん》交渉は2020年末時点でも続けられており，いずれの島の返還も実現していない。　イ　尖閣《せんかく》諸島(沖縄県)の状況を正しく説明している。　ウ　小笠原《おがさわら》諸島は1968年に日本に返還され，このとき，日本の最東端の島である南鳥島も返還された。　エ　島根県に属する竹島は，2020年末時点でも韓国(大韓民国)に実効支配されている。

問2　⑴　エは「安全保障関連法」ではなく「PKO(国際連合平和維持活動)協力法」が正しい。安全保障関連法は2015年に成立し，これによって集団的自衛権の行使が可能になった。　⑵「琉歌《りゅうか》」という曲名や，「アメリカの傘《かさ》の下」「この島」「隣《とな》り合わせの軍人さん」といった歌詞から，沖縄県だと判断できる。「琉歌」の「琉」は，沖縄県の古いよび名である琉球からとられたものと考えられる。また，沖縄県は第二次世界大戦後，アメリカ軍の施政権下に置かれ，このときに多くの軍事基地が建設された。1972年に日本に返還されたあとでも，沖縄県には多くのアメリカ軍基地があり，県民の生活に深くかかわっている。

問3　ア　日本国憲法第25条は，「健康で文化的な最低限度の生活を営む権利」として生存権を保障している。　イ，ウ　基本的人権は人間が生まれながらにして持っている最も基本的な権利のことで，日本国憲法第11条はこれを「侵《おか》すことのできない永久の権利」として保障している。法律の範囲《はんい》内という制限はないが，公共の福祉(国民全体の幸福や利益)に反する場合には，基本的人権が制限されることもある。　エ　日本国憲法において，天皇は一切の政治権力を持たず，いかなる場合でも大権(国を統治する権限)を行使するようなことはできない。

問4　⑴　世界の平和と安全を守る国際連合の中心機関は安全保障理事会で，採決には常任理事国すべての合意が得られなければならない。常任理事国はアメリカ・ロシア・イギリス・フランス・中国の５か国で，この５か国には，１か国でも反対すると議決ができないという特別な権利である「拒否《きょひ》権」が認められている。しかし，1950年に総会が採択《さいたく》した「平和のための結集」決議では，常任理事国の全会一致の合意が得られないために安全保障理事会が行動をとれない場合，総会が代わって行動をとることができるとした。　⑵　ａは「目標５：ジェンダー(社会的・文化的に形成された性別の差)平等を実現しよう」と，ｂは「目標７：エネルギーをみんなに　そしてクリーンに」と，ｃは「目標15：陸の豊かさも守ろう」と関係が深い取り組みである。

問５　(1)　天皇は国会の指名にもとづいて内閣総理大臣を任命するが，これは国事行為にあたる儀礼的なもので，立法権を持つ国会・行政権を持つ内閣・司法権を持つ裁判所がそれぞれを監視《かんし》し，おさえ合うという三権分立のはたらきとは異なる。　(2)　写真中央の十字架《じゅうじか》には，1914から1918までの数字が書かれ，これは第一次世界大戦の行われていた期間の年号にあたる。ドイツが関係した戦争であること，ヒトラーが指揮した第二次世界大戦よりも前につくられた作品であることからも判断できる。

理　科　＜前期試験＞（45分）＜満点：100点＞

解　答

1 (1)　3　(2)　4　(3)　5　2 (1)　6　(2)　8　(3)　2　3 (1)　60度　(2)　30度未満　(3)　60度　4 (1)　178.6L　(2)　0.75ｇ　(3)　67倍　5 (1)　2　(2)　0.25ｇ　(3)　400mL　(4)　200mL　(5)　75mL　6 (1)　8　(2)　秒速９ｍ　(3)　秒速３ｍ

解　説

1 地層のでき方についての問題

(1)　アサリは浅い海の海底にすむので，アサリの化石が発見された地層は，浅い海の海底に堆積《たいせき》したと考えられる。このアサリのように，地層が堆積した当時の環境《かんきょう》を知る手がかりとなる化石は示相化石とよばれる。

(2)　火山灰の層をつくる粒《つぶ》は，泥《どろ》や砂，れきなどとちがい流れる水のはたらきを受けていないので，角ばっている。また，いろいろな色の鉱物がふくまれていることも多い。

(3)　ここでは地層の逆転がないと考えると，下の層ほど古いので，Ｅの層→Ｄの層→Ｃの層→Ｂの層→Ａの層の順に堆積したとわかる。また，火山が噴火《ふんか》して噴《ふ》き出された火山灰が降り積もることで火山灰の層がつくられるので，火山の噴火はＤの層が堆積する前になる。さらに，断層はＣ～Ｅの層を切っているが，Ａ，Ｂの層は切っていないので，断層はＣの層の堆積の後にできたと考えられる。以上より，オ→キ→エ→ウ→カ→イ→アの順となる。

2 地球温暖化と植物の蒸散についての問題

(1)　二酸化炭素やメタンなどは，太陽から届く熱は通し，地表から宇宙空間へ出ていく熱は吸収して，気温を上昇《じょうしょう》させるはたらきが強い。このようすは温室に似ていることから温室効果と呼ばれ，これら温室効果が強い気体を温室効果ガスという。地球温暖化には，化石燃料の大量消費や森林の減少などによって増加している二酸化炭素などが影響《えいきょう》をおよぼしていると考えられている。

(2)　植物は体内の水分を水蒸気として放出するはたらきを行っていて，これを蒸散という。蒸散は気こうと呼ばれる小さなすき間で行われ，多くの植物では気こうは葉の裏側に多くある。

(3)　葉が茂《しげ》っている７月の晴れた日に二酸化炭素の吸収量が多くなるのは，日光がよくあたり，光合成が盛んに行われる昼間である。よって，１日の二酸化炭素の吸収量を表すグラフとしてはアが選べる。また，ソメイヨシノは落葉樹で秋に葉をすべて落とすので，冬の間は光合成が行われず，二酸化炭素の吸収量はほぼ０になる。よって，１年間の二酸化炭素の吸収量を表すグラフとしてはオのグラフがふさわしい。

3 光の反射と道すじについての問題

図 i

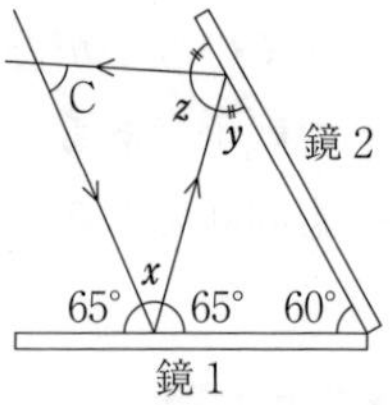

(1) 右の図 i で，x＝180－65×２＝50(度)，y＝180－(60＋65)＝55(度)，z＝180－55×２＝70(度)なので，角度Ｃは，180－(50＋70)＝60(度)である。

(2) 図４で，もし点アで反射した光が鏡２に直角にあたるとすると，鏡２で反射した光が点アにもどってきて，角度Ｄは，180－(90＋60)＝30(度)となる。角度Ｄがこれより大きくなると，鏡２で反射した光は点アより左側にもどり，角度Ｄがこれより小さくなると，鏡２で反射した光は点アより右側で反射する。

図 ii

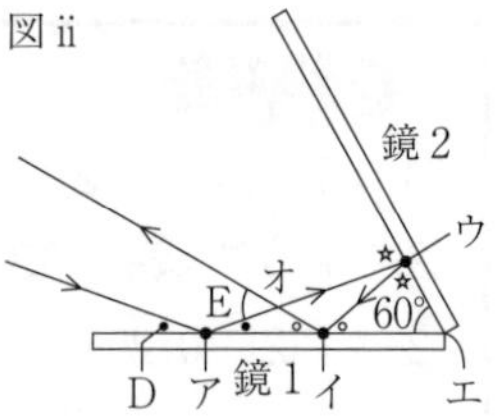

(3) 右の図 ii で，光が反射した点ア，点イ，点ウにできる角度を●，○，☆で表すと，三角形アエウの外角より，☆＝60＋●となり，三角形イエウより，○＝180－60－☆＝120－(60＋●)になる。よって，三角形アイオの外角より，角度Ｅは，●＋120－(60＋●)＝120－60＝60(度)と求められる。

4 腎臓《じんぞう》のはたらきと尿《にょう》の生成についての問題

(1) １日につくられる原尿は180Ｌであり，排出《はいしゅつ》される尿は1.4Ｌなので，180－1.4＝178.6(Ｌ)が細尿管を通るうちに毛細血管に吸収されていることになる。

(2) 原尿にふくまれるクレアチニンは，$180\times1000\times\frac{0.001}{100}$＝1.8(ｇ)，尿中にふくまれるクレアチニンは，$1.4\times1000\times\frac{0.075}{100}$＝1.05(ｇ)なので，１日あたり，1.8－1.05＝0.75(ｇ)が再吸収されている。

(3) 尿素の割合は，尿中で２％，原尿中で0.03％であるから，尿素の割合は原尿中に比べて尿中では，２÷0.03＝66.6…より，67倍になっている。

5 気体の発生と反応量，中和と反応量についての問題

(1) 石灰石が塩酸にとけて発生する気体Ｃは，二酸化炭素である。二酸化炭素は空気より重い(約1.5倍の重さ)。

(2) 実験２より，１ｇの石灰石がすべて反応すると240mLの気体Ｃが発生するので，実験１で気体Ｃが60mL発生したときにとけた石灰石の重さは，$1\times\frac{60}{240}$＝0.25(ｇ)である。

(3) 実験１では石灰石がとけ残っているので，(2)で求めた0.25ｇの石灰石と５mLの塩酸Ｂがちょうど反応していることになる。よって，20ｇの石灰石をすべてとかすために最小限必要な塩酸Ｂは，$5\times\frac{20}{0.25}$＝400(mL)とわかる。

(4) 実験２では，１ｇの物質Ａがすべて塩酸と反応すると，240mLの気体Ｃが発生している。実験１では，物質Ａがすべてとけて120mLの気体Ｃが発生しているので，このとき塩酸と反応した物質Ａは，$1\times\frac{120}{240}$＝0.5(ｇ)であり，この後さらに物質Ａを加えても気体Ｃは発生していないので，５mLの塩酸Ｂもすべて反応している。つまり，0.5ｇの物質Ａは５mLの塩酸Ｂとちょうど反応し，120mLの気体Ｃを発生することがわかる。したがって，20ｇの物質Ａをすべて反応させて気体Ｃの発生を終わらせるために最小限必要な塩酸Ｂは，$5\times\frac{20}{0.5}$＝200(mL)である。

(5) 塩酸Ｂと水酸化ナトリウム水溶液《すいようえき》Ｄは同じ体積どうしでちょうど中和する。実験３では，

600mLの気体Cが発生したときに反応した塩酸Bが，$5\times\frac{600}{60}=50$(mL)なので，残りの50mLが50mLの水酸化ナトリウム水溶液Dとちょうど中和している。ここで，100mLの塩酸Bに物質Aを加えて気体Cが600mL発生したとき，反応した塩酸Bは，$5\times\frac{600}{120}=25$(mL)で，100－25＝75(mL)が残っている。よって，この塩酸Bを中和するには，同じ75mLの水酸化ナトリウム水溶液Dが必要となる。

6 物体の相対的な動きについての問題

(1) 東子さんの自動車と相手の自動車との間の距離《きょり》が図1のように縮まってくるとき，東子さんから見ると，相手の自動車が東子さんに近づいてくるように見える。東子さんは相手の自動車の西側に位置しているので，相手の車が近づくときはその車が西向きに動いて見える。東子さんの自動車と相手の自動車との間の距離が図2のように広がっていくときは，東子さんから見ると，相手の自動車は東子さんから遠ざかり，東に向かって動くように見える。図3の場合，東子さんの自動車と自動車Cの間の距離は毎秒，15＋12＝27(m)ずつ縮まるので，東子さんには自動車Cが秒速27mの速さで近づいてくる(西向きに動く)ように見える。図4では，東子さんの自動車と自動車Dの間の距離は毎秒，15－12＝3(m)ずつ縮まるので，東子さんには自動車Dが秒速3mの速さで近づいてくる(西向きに動く)ように見える。

(2) 表1より，立方体Eから見ると，はねかえった後の立方体Fの速さは，ぶつかる前の立方体Fの速さの，1.6÷2＝0.8(倍)となっている。立方体Eと立方体Fがともに動いている場合もこの割合は同じであり，図7では，ぶつかる前に立方体Eから見て立方体Fは秒速，8.7－5.2＝3.5(m)の速さで近づいているので，はねかえった後の立方体Eから見た立方体Fの速さは秒速，3.5×0.8＝2.8(m)となる。ぶつかった後，立方体Fは東向きに秒速6.2mの速さで動いているので，ぶつかった後の立方体Eの速さはこれより秒速2.8m速く，秒速，6.2+2.8＝9(m)である。

(3) 表2より，立方体Eから見ると，はねかえった後の立方体Gの速さは，ぶつかる前の立方体Gの速さの，0.7÷2＝0.35(倍)となっている。図8では，ぶつかる前の立方体Eから見た立方体Gの速さは秒速，7.6+6.4＝14(m)なので，はねかえった後の立方体Eから見た立方体Gの速さは秒速，14×0.35＝4.9(m)となる。ぶつかった後，立方体Gは西向きに秒速1.9mの速さで動いているので，ぶつかった後の立方体Eは東向きに秒速，4.9－1.9＝3(m)の速さで動いている。

国語 ＜前期試験＞（45分）＜満点：100点＞

解答

一 問1 ロ，リ　問2 Ⅰ チ　Ⅳ ニ　問3 ロ　問4 旬　問5 ニ　問6 ニ　問7 四季の移り変わり　問8 ハ　問9 ニ　**二** 問1 a ハ　b ニ　問2 ハ　問3 ロ　問4 ハ　問5 ドレスを着る　問6 ロ　問7 ニ　問8 ニ　問9 ロ　問10 ニ　問11 ロ

解説

一 出典は高槻成紀《たかつきせいき》の『唱歌「ふるさと」の生態学―ウサギはなぜいなくなったのか？』による。四

季の変化が鮮《あざ》やかで，生物多様性が高い日本の自然に対する日本人の伝統的なつき合い方や，その変化について説明されている。

問1　「標高差」は，平均海面からの高さの差を表す。よって，生物や鉱物などを研究材料として採取・保存したものをいう，ロの「標本」，ものごとを判断したり評価したりするための基準となるものをいう，リの「指標」が選べる。なお，イの「氷結」は，水が凍《こお》ること。ハの「投票」は，選挙において，定められた場所に，選出したい人の氏名を記した紙または札を提出すること。ニの「土俵」は，力士が勝負をする場所のこと。ホの「表明」は，意見や意思を明確に表すこと。への「辞表」は，辞職するさいに提出する文書のこと。トの「氷山の一角」は，“表面に出ているのは全体のごく一部だ”という意味。多くは，よくないことをいうのに使う。チの「批評」は，ものごとの長所や短所などを検討して評価すること。ヌの「評判」は，世間の人々が，その良し悪しなどについて判定した評価。

問2　Ⅰ　「ササを漕《こ》ぐように進まなければ」ならない「藪漕《やぶこ》ぎ」を一時間もするというのだから，つかれたようすを表す「へとへと」があてはまる。　Ⅳ　筆者が子供のころはイチゴを手に入れれば，あえて「買ってきたよ」と告げるほど，イチゴは「貴重品」だった。よって，意図的に行うようすの「わざわざ」が合う。　なお，「くどくど」は，くり返し同じことを言うさま。「よぼよぼ」は，老《お》いて弱々しいようす。「わくわく」は，期待で心が弾《はず》むさま。「いやいや」は，しかたなくものごとを行うようす。「はきはき」は，はっきりとものを言うさま。「のろのろ」は，動作の鈍《にぶ》いようす。

問3　日本の自然には蚊《か》やハチ，マムシやクマなどがおり，「実際の野外調査は決して快適なものばかりではない」と筆者は述べている。つまり，「生物多様性が高いということ」は「人にとって不愉快《ゆかい》な」動植物もたくさん存在するということになる。

問4　少し前で，「汗《あせ》をかくような季節になって食べるイチゴは本当においしかったし，夏のスイカ，秋のカキ，冬のミカンとそれぞれの季節に楽しむ果物があった」と述べられているとおり，「食べ物には食べておいしいタイミングがある」が，そのことを，続く部分で「旬」と言い表している。

問5　「赤ずきんちゃんがとことこ歩くような」ドイツの森林をもとに，「彼《かれ》」は二時間ほどで「あるピーク」に行けると判断したが，日本の森林の，隙間《すきま》なく生えている丈夫《じょうぶ》な竹や密生する植物にはばまれ，「疲労困憊《ひろうこんぱい》のようす」で戻《もど》ってきたのだから，ニが合う。

問6　「緑に呑《の》み込《こ》まれる」には，人でないものを人に見立てて表現する「擬人《ぎじん》法」が用いられているので，ニが同じ。なお，イの「金の切れ目が縁《えん》の切れ目」は“金銭で成立している関係は，それがなくなれば終わる”という意味のことわざ。ロの「鬼《おに》のような顔」には，「ようだ(な)」「みたい」などを用いた比喩《ひゆ》の表現である「直喩」が用いられている。ハの「心の宝石箱」には，「ようだ(な)」「みたい」などを省略した比喩の表現である「暗喩」が使われている。

問7　「時間的」な「日本人の自然との距離《きょり》の近さ」については，続く三つの段落で述べられている。日本人は，花見，梅雨《つゆ》明けの衣替《ころもが》え，夏休みなどと，生活リズムを鮮やかな四季の変化に合わせているのだから，「四季の移り変わり」がぬき出せる。

問8　傍線(4)の理由については，同じ段落の最後で「イチゴは初夏にできるという自然の季節の摂《せつ》理《り》に無理をさせてまで食の欲望を満たす自分に恥《は》ずかしい思いがあるからであろう」と述べられているので，ハがふさわしい。

問９　同じ段落の前半で，「寒ければ暖房《だんぼう》，暑ければ冷房，おいしいものはいつでも」という現代の生活スタイルが，「旬の喜び」を失わせていると筆者は述べているので，ニが合う。ほかは，「旬の喜び」が失われていることについての説明が反映されていないので，正しくない。

二　**出典は寺地《てらち》はるなの『水を縫《ぬ》う』による。**全《ぜん》の娘《むすめ》である水青《みお》と，息子《むすこ》の清澄《きよすみ》が，水青のドレスについてデザイナーの父親に相談に来たようすを，全たちの事情をよく知り，友人かつ雇《やと》い主として全を支える黒田の視点から語られている。

問１　**a**　「ちなみに」は，前の話題に関連した内容を補足するときの言葉。　**b**　「おずおずと」は，こわがってためらいながら行うさま。

問２　離婚《りこん》をした全は，水青や清澄と別々に暮らしており，「まともに顔を合わせるのは，数年ぶり」であることをおさえる。「よほど心細いのか，応接室のソファーの手すりに掴《つか》まるようにうつむいて」いる水青を見て，黒田が全の足を蹴《け》ったのは，父親のほうから娘に声をかけるべきだと考えたからなので，ハがよい。

問３　「まともに顔を合わせるのは，数年ぶり」である全と水青の会話が「すぐに途切《とぎ》れ」てしまい，「重い空気」を持て余した黒田は，清澄を呼び戻《もど》すことで本題の「ドレス」の話に移そうとしている。よって，ロが合う。

問４　水青の結婚《けっこん》式用のドレスは，彼女《かのじょ》の感覚をもとに清澄がつくったものだということをおさえる。少し後の部分で，水青が「リボンやレースやフリルやビーズの装飾《そうしょく》も，身体の線が出るかっこうも，とにかく自分には似あわない気がするし，着てると落ち着かない」と言っているとおり，「はなやかさからはほど遠い」そのドレスのようすを「給食着」にたとえているものと推測できるので，ハがふさわしい。

問５　続く部分で，清澄が「水青ちゃんは，ドレスを着ることに抵抗《ていこう》があるわけやろ」と聞き返していることをおさえる。黒田から「ドレスにこだわる必要はない」と言われたが，結婚相手のお母さんが「ぜひ花嫁姿を見たい」と望んでいるので，水青は「抵抗」があっても「ドレスを着る」と決めているのである。

問６　前後の状況《じょうきょう》を整理する。清澄がつくったドレスが「給食着」のようになったのは，「リボンやレースやフリルやビーズの装飾も，身体の線が出るかっこうも～自分には似あわない気がするし，着てると落ちつかない」という水青の感覚に合わせたからである。これを聞いた全は，種々の「生《き》地《じ》」を次々に水青の肩《かた》にかけ，水青が落ちつくドレスの手がかりを得ようと考えて行動に移しているのだから，ロが選べる。

問７　黒田はこのとき，水青の肩に布をかけるのにも「指先が触《ふ》れないように気をつけている」全のようすを見ている。つまり，胸が痛くなったのは，数年ぶりに会った娘に対する全の気兼ねを察したからなので，ニが合う。

問８　すぐ前で，水青に「他人の目にかわいらしくうつるのは，けっこう簡単なことやねん～本人が着とって落ちつかへんような服はあかん～それは良うない」と話す全のようすを見た黒田は，「全がこれほど長い言葉を一度に口にするのは，ひさしぶりかもしれない」と思っている。また，この後，ボディに巻きつけた布が全によってつままれたり折りたたまれたりしながらピンで留められ，またたくまにドレスになっていくようすや，スケッチブックに水青のためのドレスを集中して描く全のようすなどを見て，黒田が最後に「おかえり」と言いかけたことにも注目する。ここに描かれているのは，娘のドレスをつくろうとした全が，長い停滞《ていたい》から抜《ぬ》け出すさまである。つまり，本来のデザイナーとしての全が垣間《かいま》見え，その変化の予感に黒田は「足元が揺《ゆ》れ〜鳥肌《とりはだ》が立」ったのだから，ニがふさわしい。

問9　全と水青のようすを整理する。まず，水青がシルクを「ちょっと苦手」と言うと，「そうやろな」とつぶやいた全は，ジョーゼットを重ねて「そしたら，これもあんまり気に入らんのちゃう？」と問いかけ，タフタ，チュール，シフォン，オーガンジー，コットンリネンと試し，光沢《こうたく》のある生地への苦手意識などを理解して，水青が着て落ちつく生地を探そうとしている。このように，自分の「感覚」を「大事」にしてくれる全に気持ちが和み，水青は「眉間《みけん》」の「力が抜け」たのである。

問10　清澄が水青のドレスをつくろうとして「給食着」のようになってしまい，全に相談にきたという背景をおさえる。そんな清澄たちの目の前で，全は，ボディに「巻きつけ」たガーゼをつまんだり折りたたんだりしながら，「はさみを入れることなく」ピンで留めるだけで，「またたくまにドレスのかたち」に仕立て上げた。そのさまに圧倒《あっとう》され，清澄は「目を大きく見開」き「注視していた」のだから，ニがよい。

問11　イ　黒田が全に対し，「ねたみ」があるかどうかは，本文からは読み取れない。　ハ　清澄のつくったドレスを，水青は「給食着」だと「切り捨て」てはいないので，合わない。　ニ　全が清澄を「競争相手」とみなしているようすは描かれていない。

2021年度　東邦大学付属東邦中学校

〔電　話〕（047）472―８１９１
〔所在地〕〒275-8511　千葉県習志野市泉町２―１―37
〔交　通〕京成電鉄―「京成大久保駅」より徒歩10分
JR総武線―「津田沼駅」よりバス15分

【算　数】〈後期試験〉（45分）〈満点：100点〉

1　次の□にあてはまる最も適当な数を答えなさい。

(1)　$\left(2.5-2\frac{1}{3}\right)\div\left(5\frac{1}{3}-4.5\right)\times1.25=\square$

(2)　$2\frac{1}{3}\div1.75-0.5\times(2-\square)=\frac{2}{3}$

2　次の問いに答えなさい。

(1)　濃度５％の食塩水Ａを200ｇと，食塩水Ｂを300ｇ混ぜあわせると，濃度は6.8％になりました。食塩水Ｂの濃度を求めなさい。

(2)　右の図のように，三角形ABCの辺AB，ACを二等分する点をそれぞれM，Nとし，BNとCMの交わる点をＰとします。三角形ABCと三角形BPMの面積の比を最も簡単な整数の比で求めなさい。

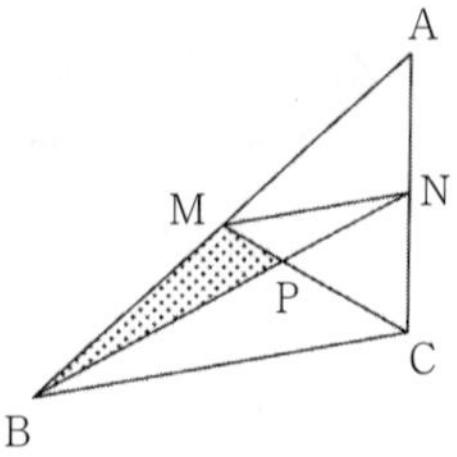

(3)　右の図の角 x の大きさを求めなさい。ただし，同じ印の角の大きさはそれぞれ等しいものとします。

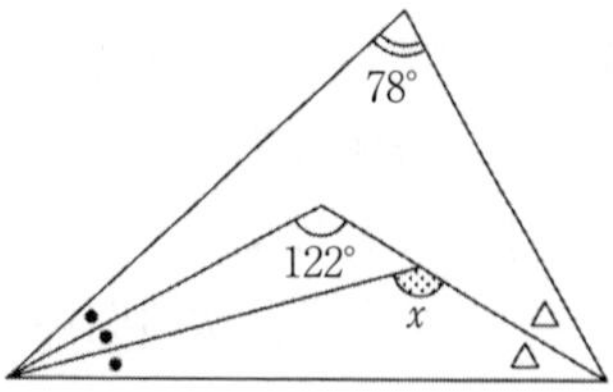

(4)　４つの異なる整数があり，このうち２つを選んでたした値は，それぞれ23，25，26，29，30，32の６通りになりました。もとの４つの整数のうち最大の整数から最小の整数をひいた値を求めなさい。

3　１個20円のガムと１個40円のアメと１個60円のチョコレートの３種類をあわせて19個買い，代金が840円になるようにします。

このとき，次の問いに答えなさい。

(1)　ガムとアメの個数の比が２：１のとき，チョコレートの個数を求めなさい。

(2)　できるだけ多くチョコレートを買うとき，ガムの個数を求めなさい。

4　Ａ地点からＣ地点までは一本の道でつながっており，その間にＢ地点があります。Ａ地点からＢ地点までの道のりは240ｍです。

太郎君は９時ちょうどにＡ地点を出発してＢ地点までは分速60ｍ，Ｂ地点からＣ地点までは分速90ｍで移動しました。次郎君は９時８分にＡ地点を出発してＣ地点まで分速210ｍで移動したところ，次郎君は太郎君を追い抜き，６分40秒早くＣ地点に到着しました。

このとき，次の問いに答えなさい。

(1)　次郎君が太郎君に追いついた時刻を求めなさい。

(2)　Ａ地点からＣ地点までは何ｍか求めなさい。

5　下の図のように，１～５の数字が書かれたカードが１枚ずつあります。

| 1 | 2 | 3 | 4 | 5 |

　この５枚のカードから３枚のカードを選び，並べてできる３けたの整数について，次の問いに答えなさい。

(1)　４の倍数は全部で何通りできるか求めなさい。

(2)　３の倍数は全部で何通りできるか求めなさい。

(3)　６の倍数は全部で何通りできるか求めなさい。

6　ある商品を40000個仕入れて，仕入れ値に２割の利益を見込んだ値段で売り出しました。この商品をいくつか売ったところで，残りを何円か値上げして売り切りました。その結果，全体の利益が832000円になりました。これは，はじめに売り出した値段ですべてを売った場合の利益の1.6倍になります。

　このとき，次の問いに答えなさい。

(1)　商品１個の仕入れ値は何円か求めなさい。

(2)　はじめに売り出した値段で売った商品が37000個だったとき，残りを何円値上げして売ったか求めなさい。

7　右図のような１辺の長さが６cmの立方体があります。この立方体の辺AB，AD，FGを二等分する点をそれぞれ点Ｉ，Ｊ，Ｋとします。

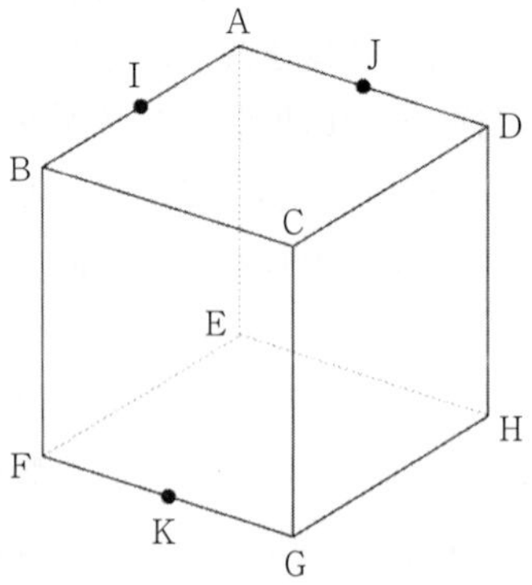

　このとき，次の問いに答えなさい。

(1)　この立方体を３点Ｉ，Ｊ，Ｆを通る平面で切り分けたとき，頂点Ｅを含む立体の体積を求めなさい。

(2)　この立方体を３点Ｉ，Ｊ，Ｋを通る平面で切り分けたとき，頂点Ｅを含む立体の頂点の数は何個あるか求めなさい。

(3)　この立方体を３点Ｉ，Ｊ，Ｋを通る平面と，面EFGHに平行で辺AEを二等分する点を通る平面で切り分けたとき，頂点Ｅを含む立体の体積を求めなさい。

【社　会】〈後期試験〉（30分）〈満点：50点〉

1　次の文章**A**～**G**は，邦平《くにへい》くんが，夏休みの自由研究として，海に面していない７つの県について調べてまとめたものです。これを読んで，あとの各問いに答えなさい。

A　日本で１番大きな湖があります。織田信長が築いた安土城《あづちじょう》があったことや，代表的な和牛の銘柄《めいがら》である「近江《おうみ》牛」も有名です。

B　数多くの天皇陵《てんのうりょう》があり，古代日本の中心地でした。また，世界最古の木造建築である法隆《ほうりゅう》寺《じ》などの歴史的な寺や神社がたくさんあります。

C　徳川家康がまつられている神社や那須《なす》高原などの観光地が有名です。輸送用機械器具や電気機械器具などをつくる工業が発達しています。

D　日本アルプスが位置しており，平均標高がもっとも高い県です。「信州そば」や安曇野《あづみの》でつくられる「ワサビ」も有名です。

E　養蚕業がさかんで，富岡《とみおか》製糸場がつくられました。草津《くさつ》や伊香保《いかほ》などの温泉も有名です。１万年以上前の遺跡《いせき》である岩宿遺跡もこの県にあります。

F　ねぎやホウレン草などを栽培《さいばい》する①近郊《きんこう》農業がさかんです。「小江戸《こえど》」とよばれる川越《かわごえ》は多くの観光客を集めています。

G　ぶどうの生産がさかんで，「甲州《こうしゅう》ワイン」が有名です。かぼちゃなどの野菜と，小麦からつくられためんを煮込《にこ》む「ほうとう」も名物料理になっています。

問１　海に面していない県は，**A**～**G**以外にもう１つある。その県名を解答欄に合うように，**ひらがな**で答えなさい。

問２　**A**～**E**と，そのいずれかを流れている河川《かせん》の組み合わせとして正しいものを，次の**ア**～**オ**から１つ選び，記号で答えなさい。

ア．**A**－紀の川　　イ．**B**－木曽川《きそがわ》　　ウ．**C**－信濃川《しなのがわ》
エ．**D**－天竜川《てんりゅうがわ》　　オ．**E**－富士川

問３　次の表は，**A**，**E**，東京都のいずれかにおける５年ごとの人口増加率を示したものである。表中の**あ**～**う**と都道府県名の組み合わせとして正しいものを，あとの**ア**～**カ**から１つ選び，記号で答えなさい。

（%）

	1990～1995年	1995～2000年	2000～2005年	2005～2010年	2010～2015年
あ	−0.7	2.5	4.2	4.6	2.7
い	5.3	4.3	2.8	2.2	0.2
う	1.9	1.1	−0.0	−0.8	−1.7

「総務省統計局 HP」により作成。

	ア	イ	ウ	エ	オ	カ
A	あ	あ	い	い	う	う
E	い	う	あ	う	あ	い
東京都	う	い	う	あ	い	あ

問４　次の表は，**D**，秋田県，新潟県，香川県のいずれかの県の県庁所在地における月別平均気温と月別降水量を示している。このうち，**D**の県庁所在地にあてはまるものを，表中の**ア**～**エ**から１つ選び，記号で答えなさい。

上段　気温(℃)　　下段　降水量(mm)

	1月	2月	3月	4月	5月	6月	7月	8月	9月	10月	11月	12月	全年
ア	0.1	0.5	3.6	9.6	14.6	19.2	22.9	24.9	20.4	14.0	7.9	2.9	11.7
	119.2	89.1	96.5	112.8	122.8	117.7	188.2	176.9	160.3	157.2	185.8	160.1	1686.2
イ	5.5	5.9	8.9	14.4	19.1	23.0	27.0	28.1	24.3	18.4	12.8	7.9	16.3
	38.2	47.7	82.5	76.4	107.7	150.6	144.1	85.8	147.6	104.2	60.3	37.3	1082.3
ウ	2.8	2.9	5.8	11.5	16.5	20.7	24.5	26.6	22.5	16.4	10.5	5.6	13.9
	186.0	122.4	112.6	91.7	104.1	127.9	192.1	140.6	155.1	160.3	210.8	217.4	1821.0
エ	-0.6	0.1	3.8	10.6	16.0	20.1	23.8	25.2	20.6	13.9	7.5	2.1	11.9
	51.1	49.8	59.4	53.9	75.1	109.2	134.4	97.8	129.4	82.8	44.3	45.5	932.7

『データブック オブ・ザ・ワールド　2020年版』により作成。

問５　右の表は，**D**～**G**のいずれかの県における食料品，電気機械器具，情報通信機械器具，輸送用機械器具の製造品出荷額《しゅっかがく》を示している。このうち，**F**にあてはまるものを表中の**ア**～**エ**から１つ選び，記号で答えなさい。

(十億円)

	食料品	電気機械器具	情報通信機械器具	輸送用機械器具
ア	804	363	106	3579
イ	1783	450	277	2273
ウ	580	347	1019	367
エ	201	111	181	99

統計年次は2016年。『データブック オブ・ザ・ワールド　2020年版』により作成。

問６　下線部①に関して，農業は第１次産業に分けられる。次の表は，千葉県，静岡県，沖縄県のいずれかの県における産業別の有業者割合を示している。表中の**あ**～**う**と県名の組み合わせとして正しいものを，あとの**ア**～**カ**から１つ選び，記号で答えなさい。

(%)

	第１次産業	第２次産業	第３次産業
あ	3.3	33.4	63.3
い	2.8	19.6	77.6
う	4.0	15.4	80.7

※合計は，100%にならない場合がある。
統計年次は2017年。『データでみる県勢　2020年版』により作成。

	ア	イ	ウ	エ	オ	カ
千葉県	あ	あ	い	い	う	う
静岡県	い	う	あ	う	あ	い
沖縄県	う	い	う	あ	い	あ

2　次の文章は，今までに日本の紙幣《しへい》に描《えが》かれた人物たちと，新しく発行される紙幣に描かれる人物たちが天国でいろいろ話をしている様子を記したものです。これを読んで，あとの各問いに答えなさい。なお，会話文の言葉遣《づか》いは，登場人物やその時代などをイメージしやすくするために脚色《きゃくしょく》したものです。

菅原道真《すがわらのみちざね》：私は宇多《うだ》天皇の厚い信頼《しんらい》を受け，①遣唐使廃止《けんとうしはいし》を申し出るなど政治の中心で活躍《かつやく》しておりました。ところが藤原《ふじわら》氏の陰謀《いんぼう》により，身に覚えのない罪によって九州の大宰《だざい》府《ふ》に左遷《させん》されてしまい，ついぞ…

北里柴三郎《しばさぶろう》：それはさぞ無念だったことでしょう。でも，いまやあなた様は「学問の神様」としてまつられているではありませんか。かくいう私も熱心に学問に取り組みました。ペスト菌《きん》を発見し，血清療法《りょうほう》も開発しました。私の弟子《でし》たちもまた優秀《ゆうしゅう》で，志賀潔《きよし》君などは［あ］菌を発見しました。

津田《つだ》梅子：私は女性にも学問が必要と考えましたわ。岩倉さまが率いられた欧米《おうべい》使節団と一緒《いっしょ》に留学生として6歳《さい》で渡米《とべい》しましたの。②アメリカ式の教育を身につけ，帰国後，日本の女性教育の発展のために尽《つ》くそうと，女子英学塾《じゅく》を設立しましたの。

樋口《ひぐち》一葉：あなたはがんばり屋さんなのね。私は暮らしがとても貧しくて，生活のために『にごりえ』や『［い］』などの本を書いたのよ。私は，女性として初めて紙幣に描かれたわ。

紫《むらさき》式《しき》部《ぶ》：ちょっと待って，女性で初めて紙幣に描かれたのは私よ。今はあまり流通していないけど③沖縄サミットを記念して発行された二千円札に『源氏物語絵巻』の絵と私の姿があるわ。

樋口一葉：ふふ，あなた勘違《かんちが》いしているわ。二千円札の「表」は沖縄の守礼の門なのよ。あなたは「裏面《うらめん》」だからお札の顔とはいえないわ。

神功《じんぐう》皇后：若い人たちは私のこと知らないのかしら。日本で初めてお札に描かれたのはこの私なのよ。私は子どもをみごもっているにもかかわらず④朝鮮《ちょうせん》半島に遠征《えんせい》し，まず新羅《しらぎ》を，続いて百済《くだら》・高句麗《こうくり》を支配下に置くことに成功したわ。

楠《くすの》木《き》正成《まさしげ》：そなた様のことは『古事記』や『日本書紀』に書かれているだけで，実在の人物かどうかもわからんのですからあまりいばれたものではありませんな。そこへ行くとこの私，⑤後醍醐《ごだいご》天皇の倒幕《とうばく》計画に加わり，天皇が島流しになっても鎌倉幕府倒幕のために戦い抜《ぬ》いた雄姿《ゆうし》が多くの書物に残っていますのじゃ。

岩倉具視《ともみ》：倒幕といえばこの私。大久保利通や西郷隆盛《たかもり》らとともに朝廷《ちょうてい》に働きかけ，王政復古の大号令が下されて天皇中心の政治を行うことになったのじゃ。約260年続いた⑥江戸幕府を倒《たお》した黒幕はこの私なのじゃ，ふぉっふぉっふぉ。

聖徳太子：天皇中心の政治といえば私が始めたといえましょう。一昔前，お札の顔といえばこの私でした。⑦昭和30年代はじめから30年近く，五千円札と一万円札のお札の肖像《しょうぞう》画《が》は私でしたからね。

問1　文章中の［あ］・［い］にあてはまる語句の組み合わせとして正しいものを，次の**ア**～**カ**から1つ選び，記号で答えなさい。

	ア	イ	ウ	エ	オ	カ
あ	天然痘《てんねんとう》	天然痘	結核《けっかく》	結核	赤痢《せきり》	赤痢
い	たけくらべ	みだれ髪《がみ》	たけくらべ	みだれ髪	たけくらべ	みだれ髪

問2　下線部①について，次の二重線内の文**a**～**d**のうち，遣唐使が派遣されている時期におこったできごとについて述べたものとして正しいものが2つある。その組み合わせとして正しいものを，あとの**ア**～**カ**から1つ選び，記号で答えなさい。

a．中大兄皇子《なかのおおえのおうじ》や中臣鎌足《なかとみのかまたり》らが蘇我蝦夷《そがのえみし》・入鹿《いるか》親子を滅《ほろ》ぼし，政治の実権をにぎった。
b．文武《もんむ》天皇の時に藤原不比等《ふじわらのふひと》等らによって大宝律令《りつりょう》が定められ，中央に二官八省がおかれた。

c．平将門《たいらのまさかど》が関東で乱をおこしているころ，藤原純友《ふじわらのすみとも》が瀬戸内海《せとないかい》で乱をおこした。
d．推古《すいこ》天皇の時に聖徳太子らによって冠位十二階《かんいじゅうにかい》が定められ，天皇を中心とする政治がめざされた。

ア．aとb　イ．aとc　ウ．aとd　エ．bとc　オ．bとd　カ．cとd

問3　下線部②に関して，次の二重線内の文章a～cは，日本とアメリカに関するできごとについて述べたものである。これらの文の正誤の組み合わせとして正しいものを，あとの**ア～ク**から1つ選び，記号で答えなさい。

a．第一次世界大戦後，アメリカ大統領の提唱によって国際連盟が結成された。日本も常任理事国として加わり，新渡戸稲造《にとべいなぞう》が連盟の事務局次長として活躍した。
b．漂流民《ひょうりゅうみん》を送って浦賀《うらが》に来たアメリカのモリソン号を砲撃《ほうげき》する事件がおこった。これを批判した蘭学者《らんがくしゃ》の吉田松陰《よしだしょういん》や渡辺崋山《わたなべかざん》は，幕府からきびしい処罰《しょばつ》を受けた。
c．日本がハワイの真珠湾《しんじゅわん》を攻撃《こうげき》して太平洋戦争が始まった。開戦当初，日本は東南アジア各地から太平洋地域を占領《せんりょう》したが，ミッドウェー海戦を転機に敗北に向かった。

	ア	イ	ウ	エ	オ	カ	キ	ク
a	正	正	正	正	誤	誤	誤	誤
b	正	正	誤	誤	正	正	誤	誤
c	正	誤	正	誤	正	誤	正	誤

問4　下線部③に関して，沖縄（または琉球《りゅうきゅう》）の歴史について述べたものとして**誤っているもの**を，次の**ア～エ**から1つ選び，記号で答えなさい。

ア．江戸時代初期に薩摩藩《さつまはん》が琉球を征服《せいふく》し，それ以降は将軍や琉球国王が代わるごとに江戸に使節を送ってきた。

イ．勘合《かんごう》貿易が行われていたころ，琉球は中継《ちゅうけい》貿易で活躍し，日本や中国，東南アジアとさかんに貿易を行っていた。

ウ．太平洋戦争末期に沖縄戦が始まると，ひめゆり学徒隊などとして中学生や女学生までもが戦争に動員された。

エ．戦後，日本が独立した後も沖縄はアメリカに占領されていたが，吉田茂《しげる》が首相の時に返《へん》還《かん》された。

問5　下線部④に関して，朝鮮半島と日本との関係について述べたものとして，もっとも適しているものを，次の**ア～エ**から1つ選び，記号で答えなさい。

ア．大韓民国《だいかんみんこく》とは田中角栄首相の時に日韓基本条約が結ばれ，国交が開かれたが，朝鮮民主主義人民共和国とはいまだに国交が開かれていない。

イ．新羅のあとに朝鮮半島を統一した高麗《こうらい》は，モンゴルに服属し，元寇《げんこう》の際には元軍とともに日本に遠征した。

ウ．豊臣秀吉の出兵以来とだえていた朝鮮との国交は，徳川家光が回復し，鎖国《さこく》中も長州藩を窓口に数百人の使節団がやってきた。

エ．大和政権はすぐれた技術や鉄を求めて朝鮮半島南部に進出していたが，新羅の好太王と戦って敗れた。

問6　下線部⑤について，後醍醐天皇の政治に関する資料としてもっとも適しているものを，次のア～エから1つ選び，記号で答えなさい。なお，資料はやさしく書きあらためてある。

ア．このごろ都ではやっているものは，夜うち・強盗《ごうとう》や，にせの天皇の文書，意味のないさわぎ，急に大名にのし上がった者，その反対に落ちぶれてしまった者，恩賞や領地が欲《ほ》しくて戦《いくさ》で手がらを立てたとうそを言う者，おべっかを言う者…

イ．土の上にじかにわらをしき，私の枕《まくら》の方に父母が，足もとには妻子が，なげき悲しみながら眠《ねむ》る。かまどに火の気はなく，米をむすこしきにはくもの巣ばかり，長い間飯を炊《た》くこともない…

ウ．地頭は，わたしたちを人夫としてこき使います。村から逃《に》げ出した農民の畑に麦をまけと命じ，もし麦をまかないなら女や子どもをつかまえて耳や鼻を切り落とし，髪《かみ》の毛を切って尼《あま》にし，縄でしばり上げるとおどすのです。

エ．私の思い通りにならないもの，はんらんを繰《く》り返す鴨川《かもがわ》の水，サイコロの目，比叡《ひえい》山延暦寺《ざんえんりゃくじ》の僧侶《そうりょ》ども。この三つだけはいかに私といえどもどうにもできない。

問7　下線部⑥に関して，次の図は江戸時代に発行された小判1枚あたりの成分と重さのうつりかわりを示したものである。図中の小判が発行されたころのようすについて述べたものとしてもっとも適しているものを，あとのア～エから1つ選び，記号で答えなさい。

小判1枚あたりの成分と重さのうつりかわり

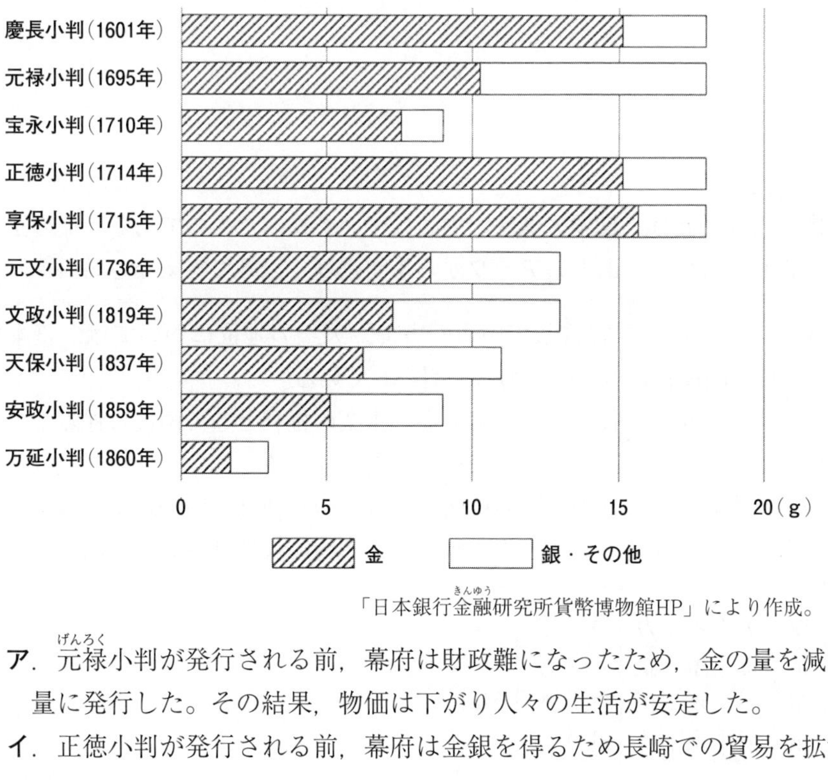

「日本銀行金融《きんゆう》研究所貨幣博物館HP」により作成。

ア．元禄《げんろく》小判が発行される前，幕府は財政難になったため，金の量を減らした元禄小判を大量に発行した。その結果，物価は下がり人々の生活が安定した。

イ．正徳小判が発行される前，幕府は金銀を得るため長崎での貿易を拡大した。その結果，正徳小判を元禄小判の重さにもどすことが可能になった。

ウ．安政小判が発行される前，幕府はぜいたくを禁止し，株仲間を解散するなど政治の改革を行った。その結果，金の量を増やした安政小判を発行することが可能になった。

エ．万延小判が発行される前，多くの金が外国へ持ち出された。そのため幕府は，大幅《おおはば》に小型化した万延小判をつくった。

問８　下線部⑦に関して，昭和30(1955)年から30年間におこったできごととして**誤っているもの**を，次の**ア**～**エ**から１つ選び，記号で答えなさい。

ア．大阪で万国《ばんこく》博覧会が開かれた。

イ．国民総生産がアメリカについで世界第２位になった。

ウ．長野で冬季オリンピックが開かれた。

エ．日ソ共同宣言に調印してソ連と国交を回復した。

3　日本の政治・経済などに関する次の各問いに答えなさい。

問１　次の二重線内の文章は，日本国憲法の改正について述べたものである。文章中の X ・ Y にあてはまる語句の組み合わせとして正しいものを，あとの**ア**～**カ**から１つ選び，記号で答えなさい。

> 日本国憲法の改正は，各議院の X の３分の２以上の賛成で，国会が，これを発議したあと，国民投票において， Y の過半数の賛成を必要とする。

	X	Y
ア	出席議員	投票総数
イ	出席議員	有権者
ウ	出席議員	国民
エ	総議員	投票総数
オ	総議員	有権者
カ	総議員	国民

問２　次の二重線内の文**a**～**c**は，日本国憲法の内容について述べたものである。その正誤の組み合わせとして正しいものを，あとの**ア**～**ク**から１つ選び，記号で答えなさい。

> **a**．主権が国民にあることを宣言している一方で，天皇の地位については，日本国の象徴《しょうちょう》であり日本国民統合の象徴であると明記している。
> **b**．すべての基本的人権を，侵《おか》すことのできない永久の権利として国民に保障している一方で，国民はこれを濫用《らんよう》してはならないと明記している。
> **c**．国権の発動たる戦争と，武力による威嚇《いかく》又《また》は武力の行使は，国際紛争《ふんそう》を解決する手段としては永久に放棄《ほうき》する一方で，自衛のための実力の保持は認めると明記している。

	ア	イ	ウ	エ	オ	カ	キ	ク
a	正	正	正	正	誤	誤	誤	誤
b	正	正	誤	誤	正	正	誤	誤
c	正	誤	正	誤	正	誤	正	誤

問３　右の二重線内の**a**～**c**は，国会，内閣のうちいずれかの機関が行うことがらである。**a**～**c**とそれらを行う機関の組み合わせとして正しいものを，次の**ア**～**カ**から１つ選び，記号で答えなさい。

a．予算の作成
b．最高裁判所の長たる裁判官の指名
c．条約の締結《ていけつ》

	a	b	c
ア	国会	国会	国会
イ	国会	国会	内閣
ウ	国会	内閣	内閣
エ	内閣	国会	国会
オ	内閣	内閣	国会
カ	内閣	内閣	内閣

問４　日本の財政について述べたものとしてもっとも適しているものを，次の**ア**～**エ**から１つ選び，記号で答えなさい。

ア．2020年度予算は，2019年度に引き続き，２年連続で100兆円を突破《とっぱ》した。

イ．2020年度予算における公債金《こうさいきん》が歳入《さいにゅう》にしめる割合は，2019年に消費税率が上がったことで，それまでの７割から３割以下になった。

ウ．間接税のひとつである消費税は，収入が高くなるほど税率が高くなる累進《るいしん》課税である。

エ．社会保障関係費が歳出《さいしゅつ》にしめる割合は，近年日本の人口が減少していることにより，年々減少している。

問５　明治以降の日本の政治や経済のあり方を考えた人物について述べたものとしてもっとも適しているものを，次の**ア**～**エ**から１つ選び，記号で答えなさい。

ア．中江兆民《ちょうみん》は，フランスの思想家ルソーの『社会契約論《けいやくろん》』を翻訳《ほんやく》し，自由民権思想を広めた。

イ．平塚らいてうは，全国水平社を結成し，万人《ばんにん》の権利の平等や，独立の精神の大切さを説いた。

ウ．内村鑑三《かんぞう》は，教育勅語《ちょくご》を起草し，天皇と国家への忠誠・奉仕《ほうし》を求める国家主義の基礎《きそ》を築いた。

エ．幸徳秋水《こうとくしゅうすい》は，貧しい労働者の生活の改善のために，平等な社会の実現を目指す資本主義を説いた。

問６　次の二重線内の文章は，環境《かんきょう》保護をめぐり，近年深まっている世界的な世代間の対立について述べたものである。文章中の［X］～［Z］にあてはまる語句の組み合わせとして正しいものを，あとの**ア**～**カ**から１つ選び，記号で答えなさい。

2019年，インターネット上で「オーケー，［X］」という言葉が流行した。これは，ニュージーランド議会で気候変動問題について演説していた25歳の女性議員が，年齢《ねんれい》をからかう野次《やじ》を飛ばした年配の議員に向けて放った言葉である。［X］とは，第二次世界大戦後，急激に出生率が上昇《じょうしょう》した年代を指し，気候変動問題を認識《にんしき》していながら有効な対策をとらなかった彼《かれ》らに対する，1980年代から2000年代初頭までに生まれた

［　Y　］世代などの若い世代からの軽べつを含《ふく》んでいる。こうした世代間の対立は，若い世代の環境活動家の［　Z　］さんが，ニューヨークの国連本部で開かれた国連気候行動サミットで，各国の代表に対して，「すべての未来世代の目はあなたたちに注がれている」と対策の強化を強く求めた一方，各国首脳が彼女《かのじょ》を馬鹿《ばか》にするような態度を示したことのうちにも見て取れる。

	X	Y	Z
ア	ブーマー	ミレニアル	グレタ・トゥーンベリ
イ	ブーマー	ミレニアル	マララ・ユスフザイ
ウ	ブーマー	ミレニアル	ナーディーヤ・ムラード
エ	ミレニアル	ブーマー	グレタ・トゥーンベリ
オ	ミレニアル	ブーマー	マララ・ユスフザイ
カ	ミレニアル	ブーマー	ナーディーヤ・ムラード

問７　近年における人びとのくらしの変化について述べた文として**誤っているもの**を，次の**ア**～**エ**から１つ選び，記号で答えなさい。

ア．障害のある人が，家庭や地域で，障害のない人と同じように生活できるような社会をつくるノーマライゼーションの考え方にもとづき，様々な政策が進められている。

イ．インターネットが発達し，世界の情報が簡単に手に入るようになったが，情報機器を使えるかどうかで社会生活で不利益が生じるデジタルデバイドもおこっている。

ウ．終末医療《いりょう》においては，緊急《きんきゅう》の医療行為《こうい》を要する患者《かんじゃ》が多いことから，専門的な知識を持つ医師の判断を優先するインフォームドコンセントが重視されている。

エ．阪神《はんしん》・淡路大震災《あわじだいしんさい》の救援《きゅうえん》活動をきっかけにボランティアに対する関心が高まり，東日本大震災では，多くのボランティアが活動した。

【理　科】〈後期試験〉（30分）〈満点：50点〉

1　次の文章を読み，問いに答えなさい。

2020年６月に日食が起こりました。日本全国で部分食が，アフリカからアジアにかけての一部の地域では金環食《きんかんしょく》が起こりました。日食の仕組みについて説明した，次の文章中の(**ア**)～(**エ**)に入る語句の組み合わせとしてもっとも適切なものを，あとの**1**～**8**の中から一つ選び，番号で答えなさい。

日食とは，月が太陽の前を横切るために，月によって太陽の一部(または全部)が隠《かく》される現象です。太陽の隠され方によって，下記の３種類に分類されます。

部分食：太陽の一部が月によって隠される。

皆既食《かいきしょく》：太陽の全てが月によって隠される。

金環食：太陽のほうが月より大きく見えるため，月のまわりから太陽がはみ出して見える。

地球の外から見ると，日食とは，(　**ア**　)届く現象です。この影《かげ》の中から見ると，月によって太陽が隠されます。太陽が全部隠される皆既食は，非常に(**イ**)範囲《はんい》でしか起こりません。太陽の一部が隠される部分食は，(**ウ**)範囲で起こります。(注)地球と月との距離《きょり》が(**エ**)ときには，金環食が起こります。

（国立天文台 HP より抜粋《ばっすい》　一部変更）

（注）　地球と月との距離は，近くなったり遠くなったりして，変化しています。そのため，地球から見た月の大きさは変化しています。

	ア	イ	ウ	エ
1	地球の影が月に	狭《せま》い	広い	近い
2	地球の影が月に	狭い	広い	遠い
3	地球の影が月に	広い	狭い	近い
4	地球の影が月に	広い	狭い	遠い
5	月の影が地球に	狭い	広い	近い
6	月の影が地球に	狭い	広い	遠い
7	月の影が地球に	広い	狭い	近い
8	月の影が地球に	広い	狭い	遠い

2　次の文章を読み，あとの(1)～(3)の問いに答えなさい。

水よう液**A**～**G**は，それぞれアンモニア水，塩酸，食塩水，水酸化ナトリウム水よう液，石灰水，炭酸水，砂糖水のいずれかです。これらの水よう液について次の実験を行いました。

実験１：水よう液**F**，**G**をそれぞれ青色リトマス紙につけると，いずれも赤色になりました。

実験２：水よう液**A**，**C**，**E**をそれぞれ赤色リトマス紙につけると，いずれも青色になりました。

実験３：水よう液**B**，**D**をそれぞれ赤色リトマス紙および青色リトマス紙につけましたが，いずれも変化しませんでした。

実験４：水よう液**C**を加熱して水を蒸発させると，固体が残りました。一方，水よう液**E**を加熱して水を蒸発させても，固体は残りませんでした。

実験５：水よう液**A**，**F**にそれぞれアルミニウムを加えると，いずれも気体を発生して溶《と》けました。しかし，それ以外の水よう液ではいずれもアルミニウムは溶けませんでした。

(1) 石灰水は，水よう液**A**～**G**のどれですか。もっとも適切なものを，次の**1**～**7**の中から一つ選び，番号で答えなさい。

1．水よう液**A**　**2**．水よう液**B**　**3**．水よう液**C**　**4**．水よう液**D**
5．水よう液**E**　**6**．水よう液**F**　**7**．水よう液**G**

(2) 実験の結果からわかることとして正しいものはどれですか。次の**1**～**5**の中から一つ選び，番号で答えなさい。

1．水よう液**B**は砂糖水，水よう液**E**は水酸化ナトリウム水よう液である。
2．水よう液**A**に鉄を入れると，気体を発生して溶ける。
3．水よう液**B**と水よう液**D**を混ぜた水よう液を青色リトマス紙につけると，赤色になる。
4．水よう液**G**を加熱して水を蒸発させると，固体は残らない。
5．水よう液**B**に二酸化炭素をふきこむと白くにごる。

(3) 水よう液**F** 600mL を入れたビーカーを5つ用意し，それぞれにアルミニウムを加えて，発生する気体の重さをはかりました。その結果をまとめると**表1**のようになりました。水よう液**F** 300mL にアルミニウム15gを加えると，気体は何g発生しますか。答えは小数第2位を四捨五入して，小数第1位まで答えなさい。

表1

アルミニウムの重さ〔g〕	9	18	27	36	45
発生した気体の重さ〔g〕	1	2	3	3.6	3.6

3 次の文章を読み，あとの(1)～(3)の問いに答えなさい。

図1のようにガラス管をつなげた2つの容器(Ⅰ，Ⅱ)を使って，発芽した種子が呼吸することで，とり入れる酸素の体積と出す二酸化炭素の体積を調べる実験をしました。

［実験］

2つの容器それぞれに，発芽した植物Aの種子を同じ量ずつ入れました。容器Ⅰの底面には，二酸化炭素を吸収する薬品を入れ，発芽した種子が出す二酸化炭素をすべて吸収させます。容器Ⅱの底面には何も入れませんでした。ふたをして，光があたらない所で温度を一定に保ち，しばらくしてからそれぞれの容器の中の気体の体積の変化を，着色液を使って調べました。

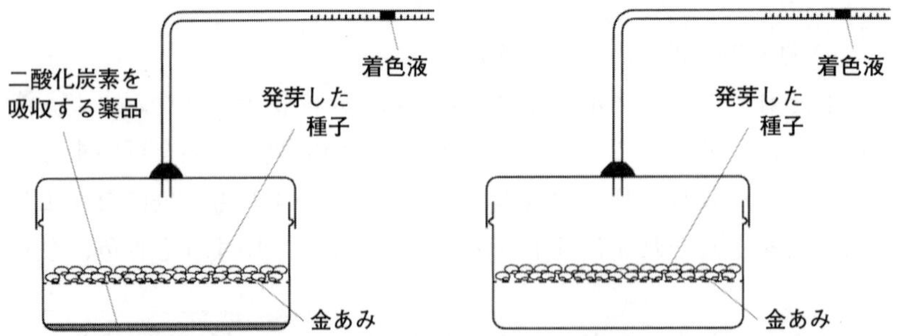

図1

［結果］

容器Ⅰと容器Ⅱの両方とも，時間とともに中の気体の体積は減少していきました。それをグラフにあらわしたのが**図2**です。

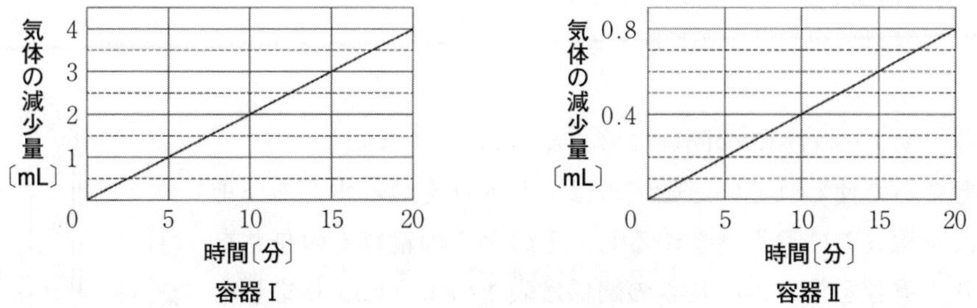

図2

(1)　この実験の容器Ⅰ，Ⅱで減少した気体の体積は，それぞれ何をあらわしていますか。組み合わせとしてもっとも適切なものを，あとの**1**～**8**の中から一つ選び，番号で答えなさい。

ア　呼吸でとり入れた酸素の体積

イ　呼吸で出した二酸化炭素の体積

ウ　呼吸でとり入れた酸素の体積と，出した二酸化炭素の体積の和

エ　呼吸でとり入れた酸素の体積と，出した二酸化炭素の体積の差

	容器Ⅰ	容器Ⅱ		容器Ⅰ	容器Ⅱ
1	**ア**	**ウ**	**2**	**ア**	**エ**
3	**イ**	**ウ**	**4**	**イ**	**エ**
5	**ウ**	**ア**	**6**	**ウ**	**イ**
7	**エ**	**ア**	**8**	**エ**	**イ**

(2)　**図2**のグラフから，容器Ⅱ内の植物Aの種子は，1分間に二酸化炭素を何mL出すと考えられますか。

(3)　**図3**は，発芽した植物Bの種子を使って同じ実験をしたときの結果をあらわしています。植物Aと，植物Bが呼吸するときに，それぞれ1分間にとり入れる酸素の体積に対する，同じ時間に出す二酸化炭素の体積の割合(二酸化炭素の体積÷酸素の体積)についてのべた文として，もっとも適切なものを，あとの**1**～**8**の中から一つ選び，番号で答えなさい。

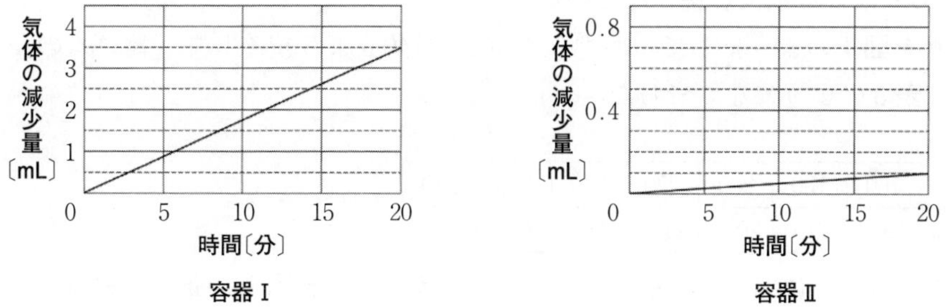

図3

1．植物Aは0.2で，植物Bはこの値より小さい。

2．植物Aは0.2で，植物Bはこの値より大きい。

3．植物Aは0.8で，植物Bはこの値より小さい。

4．植物Aは0.8で，植物Bはこの値より大きい。

5．植物Aは1.0で，植物Bはこの値より小さい。

6．植物Aは1.0で，植物Bはこの値より大きい。

7．植物Ａは1.3で，植物Ｂはこの値より小さい。

8．植物Ａは1.3で，植物Ｂはこの値より大きい。

4　次の文章を読み，あとの(1)～(3)の問いに答えなさい。

生活のいたるところで使われている輪ゴムは，おもりをつるすとのびます。**図１**のように，輪ゴムにおもりをつるし，そのときの輪ゴムの長さをはかると，おもりの重さと輪ゴムの長さの関係は**表１**のようになりました。ただし，ここでの輪ゴムの長さとは，のびた輪ゴムのはしからはしまでの長さのことを言います。

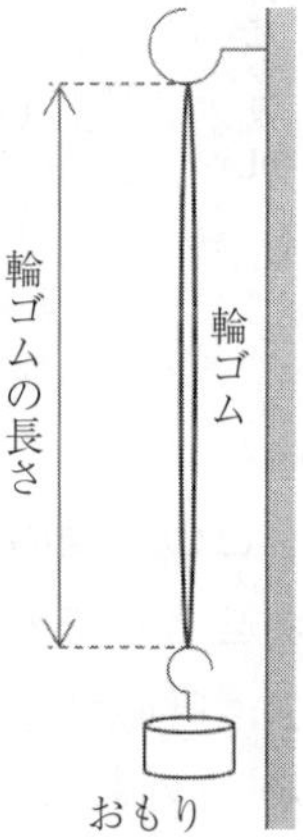

図１

表１

おもりの重さ〔g〕	20	40	60	80
輪ゴムの長さ〔cm〕	15.7	16.2	16.7	17.2

おもりの重さ〔g〕	100	120	140
輪ゴムの長さ〔cm〕	17.7	18.2	18.7

次に，輪ゴムの両側におもりを取り付けた場合のおもりの重さと輪ゴムの長さの関係を調べることにしました。**図２**のように，輪ゴムの両方のはしに糸をつけて，糸を滑車《かっしゃ》に通し，両方の糸の先に同じ重さのおもりをつるして輪ゴムの長さをはかりました。おもりの重さを変えて輪ゴムの長さをはかったところ，**表２**のようになりました。

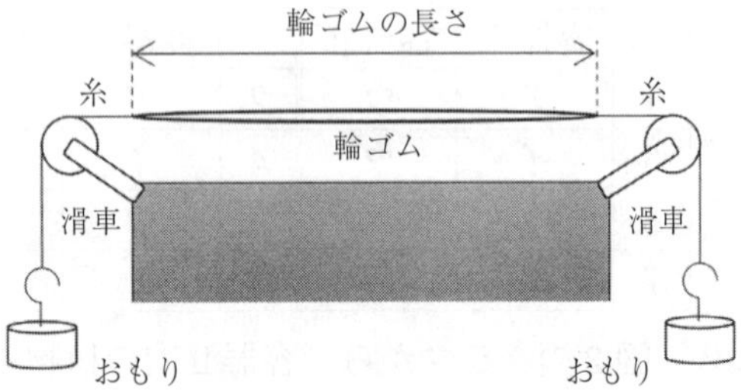

図２

表２

おもり１つの重さ〔g〕	20	40	60	100	140
輪ゴムの長さ〔cm〕	15.7	16.2	ア	17.7	18.7

(1)　**表２**の ア にあてはまる数値を答えなさい。

(2)　輪ゴムとおもりを**図１**のようにして，おもりの重さを140ｇより重くして，輪ゴムの長さをはかったところ，**表３**のようになりました。

表３

おもりの重さ〔g〕	160	180	200	220	240	260	280
輪ゴムの長さ〔cm〕	19.2	20.0	20.9	21.8	22.9	24.1	25.3

以上のことから，輪ゴムにおもりを取り付けてつるしたときのおもりの重さと輪ゴムの長さの関係についてわかることを，次の**ア**～**エ**の中からすべて選んだものの組み合わせとしてもっとも適切なものを，あとの**１**～**８**の中から一つ選び，番号で答えなさい。

ア　おもりを取り付けていないときの輪ゴムの長さは15.7cm である。

イ　おもりが200ｇのときの輪ゴムの長さは100ｇのときより3.2cm 長い。

ウ　おもりの重さが40ｇ，140ｇのときで比べると，さらにそれぞれ20ｇおもりを重くしたときの長さの変化は140ｇのときの方が大きい。

エ　おもりの重さが60ｇ，160ｇ，260ｇのときで比べると，さらにそれぞれ20ｇおもりを重くしたときの長さの変化は重いものほど大きくなる。

1．ア，イ　2．ア，イ，エ　3．ア，ウ　4．ア，エ
5．イ，ウ　6．イ，エ　7．イ，ウ，エ　8．ウ，エ

(3) 輪ゴムとおもりを**図1**のようにして，おもりを指で横に約1cmおしてその後静かにはなすと，振り子のようにおもりは往復運動しました。往復運動している間は輪ゴムの長さは変わらないものとします。おもりを重くすると，おもりが1往復するのにかかる時間はどうなると考えられますか。もっとも適切なものを，次の**1**～**3**の中から一つ選び，番号で答えなさい。ただし，輪ゴムが切れない範囲《はんい》でおもりを重くするとします。

1．長くなる　2．変わらない　3．短くなる

ロ　先生が結婚するということを突然《とつぜん》聞かされて、クラス全体がどうふるまうべきかわからなくなってしまったが、先生の「ハンサム」という言葉によってやっと場がなごんだ様子。

ハ　先生が結婚することによって、横地先生が代わりをつとめることになったことにクラス全員が不満をいだきながらも、ヒロミの質問によってクラスの雰囲気《ふんいき》が明るくなった様子。

ニ　先生の名前が「小森先生」に変わってしまうという出来事を急に聞かされ、クラス全員が不安のあまり静まりかえってしまったが、先生の言葉によっていつもどおりになった様子。

問8　――線**(7)**「二人は、どちらからともなく自分の家の方を振り返ると、急に犬にでも追われたように鳥居の奥の石段を駆け昇った」とありますが、この時の二人の気持ちの説明としてもっとも適切なものを次の**イ**～**ニ**の中から一つ選び、記号で答えなさい。

イ　家から離《はな》れたところまで来て一度は安心したものの、ここでもまだ誰かに見られてしまうのではないかと不安にかられている。

ロ　小学生の二人が神社にいるところを誰かに見られたら不審《ふしん》に思われてしまうので、すぐに境内の奥まで移動しようと用心している。

ハ　まずは予定していたところまで来ることができてほっとしたが、二人とも着こんでこなかったので寒さにたえられなくなっている。

ニ　二人で計画した遠出を何とか実行することはできたものの、お互《たが》いにいつもの服装で来てしまったことに気づいてあわてはじめている。

問9　本文の説明としてもっとも適切なものを次の**イ**～**ニ**の中から一つ選び、記号で答えなさい。

イ　一年生のときに八重樫先生から一生結婚しないという言葉を聞いていた郷子は、八重樫先生の結婚にいまひとつ納得ができずにいた。しかし、母親に人の気持ちは時間とともに変わるものであることを言い聞かされ、先生の心変わりを許そうという気持ちに変わってきた。

ロ　八重樫先生の結婚を知った郷子は結婚相手がどのような人物であるかということがどうしても知りたくなり、ヒロミと二人で遠出をする話に応じた。その遠出が家族に気づかれないように気をつけていたものの、ばれてしまったのではないかと思うときも何度かあった。

ハ　結婚する八重樫先生の学校の外での姿に興味をひかれた郷子は、ヒロミの誘いに乗って先生の住む町まで遠出をすることにした。到着《とうちゃく》が遅《おく》れてしまい予定どおりにいかない中、どうすべきか決めかねている郷子に対してヒロミはまだあきらめずに先に進もうとしている。

ニ　郷子とヒロミは、今度結婚することになった八重樫先生の家を二人でたずねてみることを思い立った。出発に際して頼《たよ》りとなるものはヒロミが以前この町に来たときの記憶だけしかなかったが、移動手段や手みやげを用意することなどもふくめて綿密に計画していた。

の心配をするのか不思議に思っている。

ニ　郷子が嘘をついていることに気づいたものの郷子のためにこのまま天気が崩れないことを願っている。

問3　――線(2)「べつに真似したんじゃないんだけど……」とありますが、この時の郷子の気持ちの説明としてもっとも適切なものを次の**イ**～**ニ**の中から一つ選び、記号で答えなさい。

イ　自分の本心をまったく理解しようとしてくれない母親の態度にいらだっている。

ロ　今までかくしていたことが母親に知られてしまったのではないかとおそれている。

ハ　ヒロミの真似をしていると母親が決めつけて見ていたことがわかって落ちこんでいる。

ニ　先生が結婚することを母親がすでに知っていたことにおどろいてふてくされている。

問4　――線(3)「どうして話してくれなかったの?」とありますが、この時の「ママ」の気持ちの説明としてもっとも適切なものを次の**イ**～**ニ**の中から一つ選び、記号で答えなさい。

イ　先生が結婚するという大きな出来事におどろいた気持ちをはやく郷子と共有しようとしている。

ロ　先生が結婚することをにわかには信じられなかったので郷子の口から確証を得ようとしている。

ハ　先生が結婚することを話さなかった郷子が自分にかくそうとしていることをあばこうとしている。

ニ　先生が結婚するという知らせを郷子がすぐに教えてくれなかったことを問いただそうとしている。

問5　――線(4)「だって……嘘だと思ってたんだもん」とありますが、この時の郷子の気持ちを説明した次の文の[Ⅰ]・[Ⅱ]にあてはまる言葉をそれぞれ**漢字二字**で答えなさい。

> ヒロミと二人で遠出をするという[Ⅰ]をかかえている郷子は、八重樫先生が自分との[Ⅱ]を破るはずがないことを母親に伝えようとしている。

問6　――線(5)「先生は、黒板に大きな文字で小森と書いて、みんなをちょっと振り返ると、急いで消した」とありますが、この時の先生の気持ちの説明としてもっとも適切なものを次の**イ**～**ニ**の中から一つ選び、記号で答えなさい。

イ　いつもは元気な子どもたちが落ち着いて自分の話を聞いているのでとまどったが、新しい名字の話で子どもたちの関心を惹《ひ》きつけようと試みている。

ロ　自分の結婚の報告に対する子どもたちの反応が予想したほどでもなかったことに動揺《どうよう》する一方で、新しい名字になることへの違和感《いわかん》をいだいている。

ハ　自分が学校を数日休むことを残念に思ってくれている子どもたちを見て、新しい名字を話題にすることでその場を盛り上げようと必死になっている。

ニ　結婚して変わる新しい名字を披露《ひろう》することへのはずかしさを感じながら、子どもたちとはこれからも今までどおりの関係でありたいと考えている。

問7　――線(6)「ようやく短い笑い声が湧いた」とありますが、この時のクラスの様子の説明としてもっとも適切なものを次の**イ**～**ニ**の中から一つ選び、記号で答えなさい。

イ　先生が結婚して六日間ほどクラスに来ないことに納得《なっとく》がいかなくて静かにはしていたが、「先生の相手はどんな人?」という質問によってクラスがやっと落ち着いた様子。

「あれ、持ってきた？」
「持ってきたわ。」
郷子は、カーディガンのポケットから、この夏、八重樫先生から貰った暑中見舞いの葉書と、百円玉を三つ取り出してみせた。ヒロミもジャンパーのポケットから三百円出してみせた。二人合わせて六百円もあれば、途中でおやつを食べた残りで、花ぐらいは買える。二人は、人気のない境内《けいだい》を通り抜《ぬ》けると、裏の鳥居から道へ出て、歩きはじめた。

先生の家は、おなじ区内の代原という町にあって、そこのくわしい所番地は暑中見舞いの葉書に印刷してあった。二人とも、先生の家を訪ねるのは初めてで、郷子など代原という町の方角さえわからなかったが、ヒロミの方は代原までの道順だけは知っていた。まだ幼稚園《ようちえん》のころ、といっても、ほんの数年前のことだが、ジャングル・ジムから転げ落ちて手首を骨折したとき、父親の車でしばらくそこの接骨院に通ったことがあるからである。二人は、代原に着いたら、あとは町の人たちに先生の葉書をみせて道を尋《たず》ねるつもりであった。

先生は、代原から車で学校へ通っていたが、バスの便もあるらしかった。けれども、馴《な》れない乗物は、降りるところで降りそこなうと厄《やっ》介《かい》なことになる。歩ける距離《きょり》なら歩くのが一番安全だから、二人は最初から歩いて往復することにきめていた。ヒロミの見当では、代原までは歩いても三十分そこそこの道程であった。すると、往復一時間、家を探すのに手間取ったり、途中で道草を食ったりしても、せいぜい二時間もあれば充分《じゅうぶん》である。郷子は、三時のおやつに間に合うように帰って、素知らぬ顔をしていようと思っていた。

ところが、実際に歩いてみると、見当違いも甚《はなはだ》しくて、代原に着いたときはもう二時近くになっていた。その上、ヒロミが通っていた接骨院は代原一丁目で、先生の家のある三丁目はそこからまだかなり奥だということがわかった。二人は、ためしに一丁目の外れまで歩いてみたが、それだけでも随分《ずいぶん》な道程であった。けれども、ここから引き返してしまうのでは、これまで歩いてきたことが無駄骨《むだぼね》になる。それにもう、どうせ三時のおやつには間に合わないのだ。

「我慢して、もうすこし歩こうよ。それで、帰りは先生の車で送って貰おうよ。」
とヒロミがいった。

（三浦哲郎《みうらてつお》「遠出」より。）

問1　〰〰線**a**「まじまじとみた」、**b**「だしぬけに」の本文中の意味として、もっとも適切なものをあとの**イ**〜**ニ**の中から一つずつ選び、それぞれ記号で答えなさい。

a　まじまじとみた
イ　ためらいながら目を向けた
ロ　身を投げ出してのぞきこんだ
ハ　何度もくり返して見なおした
ニ　目をそらさずにじっと見つめた

b　だしぬけに
イ　ありのままに　　**ロ**　前ぶれもなく
ハ　だまそうとして　　**ニ**　いつわらないで

問2　――線(1)「乾くでしょう、このお天気なら。どうして？」とありますが、この時の「ママ」の気持ちの説明としてもっとも適切なものを次の**イ**〜**ニ**の中から一つ選び、記号で答えなさい。
イ　いつもと様子の違う郷子に疑いの目を向けつつ洗濯の手伝いをしてくれたことに感謝している。
ロ　ふと耳にした郷子の呟きを聞いて生じた怒《いか》りをおさめるために何事もなかったように装《よそお》っている。
ハ　庭の池をきれいにしようと掃除《そうじ》をしながら郷子がなぜ洗濯物

『それからねえ、先生は、来週出てくるときはもう八重樫じゃないの。こんどは小森。こう書きます』

(5)先生は、黒板に大きな文字で小森と書いて、みんなをちょっと振《ふ》り返ると、急いで消した。

『ですから、これからは小森先生、小森克子《かつこ》先生です。でもねえ、小森先生になっても、先生の中身はこれまでとちっとも変らないの。ただ呼び方が変っただけ。だから、先生はこれからもずっとみんなと一緒なの。はい、なにか訊《き》きたいことは？』

先生は片方の手のひらをみせて、みんなの顔を見渡した。ヒロミが勢いよく手を挙げた。

『先生の相手は、どんな人？』

『相手？』と先生は鳩《はと》のように目をまるくして、顎《あご》を引いた。『ああ、お婿《むこ》さんのことね？　先生のお婿さんはねえ、どんな人かを一《ひ》と言《こと》でいうと……ハンサム』

(6)ようやく短い笑い声が湧《わ》いた。

「そんなら本当にきまってるじゃないの。」とママがいった。「先生が教室で、そんな嘘をいうはずがないじゃない？　それに、今朝の電話だって、お母さんたちで五百円ずつ出し合ってなにかお祝いを上げましょうっていう相談だったのよ。」

「……せっかく、ゆびきりしたのにな。」

と、すこし間を置いてから郷子はいった。

「先生と？」

「そう。一生結婚しないっていったとき。」

「針千本で？」

「板チョコ二枚で。」

「じゃあ、あとで先生にそういって板チョコ二枚貰ったら？」

とママは笑っていった。

けれども、郷子は、その二枚の板チョコが欲《ほ》しくて、二人でこっそり先生の家を訪ねてみようというヒロミの誘《さそ》いに乗ったのではなかった。ヒロミは、先生の結婚相手が本当にハンサムかどうか、よくみてこようといっていたが、郷子はそんなことよりも、学校の外で極《ご》く普《ふ》通《つう》に暮らしている先生をみるということに、なぜだかひどく好奇心《こうきしん》をそそられたからであった。

翌日も、予想通りに朝からよく晴れていたが、昼近くなって風がすこし出てきた。これから遠出をするのだから、しっかり腹拵《はらごしら》えをしておかなければならなかったが、両親ばかりではなく姉たちの目も晦《くら》まして家を出なければならないと思うと、さすがに気が重くて、食べるものが碌《ろく》に喉《のど》を通らなかった。

一時すこし前に、郷子は、川むこうの小公園へブランコ乗りをしにいくといって家を出た。姉たちは中学と高校だから、そういえば間違っても仲間に入るなどといい出すおそれがないからである。ただ、外へ出てみると風が意外に冷たくて、日が傾《かたむ》くと寒くなりそうだったが、ブランコ乗りにオーバーを着ていくというのはおかしい。郷子は、洗濯したてのセーターにカーディガンを重ねて、遊び着のジーンズに運動靴を履いていた。それで我慢するより仕方がなかった。

家を出てから、最初のコンクリート橋を渡るまでは、軀が揺《ゆ》れるほどの動悸《どうき》がして、ゆっくり歩こうとすればするほど足がもつれそうになったが、川むこうの路地へ入って駈《か》け出すと、急に気が楽になった。小公園から迂回《うかい》して八幡《はちまん》様の森を目指していくと、ヒロミが先にきて鳥居の根元にしゃがんでいた。やはり膝の擦《す》り切れそうなジーンズに赤いナイロンジャンパーを着ている。

(7)二人は、どちらからともなく自分の家の方を振り返ると、急に犬にでも追われたように鳥居の奥《おく》の石段を駈け昇《のぼ》った。

かで聞いたそんな言葉が、ふっと思い出されたからである。けれども、顔はいつもと変《かわ》りがなかった。

「明日はママに嘘いって知らない街へいくんだけど。」

心のなかでそう呟《つぶや》いてみたが、顔にはなんの変化も現れなかった。

ママは、庭の池に落ちた白木蓮《はくもくれん》の落葉を網《あみ》で掬《すく》い上げていた。ママの目がちょっとこわかったが、こわいことは早く済ませた方が後が楽になるから、サンダルを履いて出ていって、

「お手伝いしようか？」

「あら、珍《めずら》しいこと。でも、いいの、もうすぐお仕舞《しま》いだから。」

「あたしの紺のセーター、明日までに乾《かわ》くかしら。」

「(1)乾くでしょう、このお天気なら。どうして？」

「なんでもないの。ただ、どうかなと思っただけ。」

実際、なんでもなさそうに軽くスキップをしてみせたが、軀《からだ》が思うように弾《はず》まないので、すぐよした。やはり秘密で膝が重たくなっている。

三時のおやつのとき、ママが、

「八重樫《やえがし》先生、結婚《けっこん》なさるんですってね。」

bだしぬけにそういうので、郷子は、ぎくりとした拍子《ひょうし》に、ただ掻《か》き廻《まわ》すだけのつもりだったスプーンで思わず紅茶を掬って飲んで、叱《しか》られた。

「お行儀《ぎょうぎ》が悪くなったわ。誰の真似《まね》？」

「(2)べつに真似したんじゃないんだけど……。」

遊びにきたヒロミに紅茶を出すと、給食のスープでも飲むようにいちいちスプーンで掬ってはぴちゃぴちゃ音をさせるから、ママは猫《ねこ》みたいだといって嫌《きら》っている。

先生の結婚話とヒロミのことが並んでママの口から出てきたので、てっきり、明日の遠出が見破られたと思ったら、そうではなかった。

「今朝、クラス委員のお母さんから電話を貰《もら》って、びっくりしたのよ、なんにも知らなかったから。(3)どうして話してくれなかったの？」

「(4)だって……嘘だと思ってたんだもん。」

「先生が結婚するってことが？」

「だってね、前に先生、私は一生結婚しないって、そういってたんだから。」

ママは、くすっと笑って、

「前にって、いつのこと？」

「去年。一年生のとき。」

「じゃ、一年も一年半も前のことじゃない。その間に、先生の気持《きもち》が変ったんだわ、きっと。先生だって、時間が経つと気持も変るし、まわりの事情も変るのよ。」

「じゃ、先生は本当に結婚するの？」

「そうよ。だって、クラスのみんなにも、先生の口からはっきりそうおっしゃったんでしょう？」

それは、つい三日前の水曜日のことで、最後の五時間目の授業が終《おわ》ったとき、

『ちょっと、みんな、静かにして聴《き》いて頂戴《ちょうだい》』

と八重樫先生がいった。みんなが静かになると、

『実はねえ、こんど先生、結婚することになったんです。お嫁《よめ》にいくの。それで、今週の金曜日から来週の水曜日までお休みをして、木曜日からまた出てきます。先生がお休みしている間は、家庭科の横地先生が代わりをしてくれますから、横地先生のいうことをよく聴いて、事故のないように勉強をつづけていてください。わかった？』

みんなは、返事をするのも忘れて、きょとんと先生の赤く上気した顔を眺《なが》めていた。

問6 ――線(4)「甘やかしていた」とは、どのようなことですか。その説明としてもっとも適切なものを次の**イ**～**ニ**の中から一つ選び、記号で答えなさい。

イ 体を鍛えるプロであるため、上半身の筋肉を中心に鍛えることで障害を乗り越えようとしていたこと。

ロ 立ったり歩いたりする時、足にかかる負担を少なくするために、上半身中心で動作を行っていたこと。

ハ 両足をきちんと使いながら歩くために、クッションがあり足の痛みをやわらげる義足を用いていたこと。

ニ 足に体重をかけないような動き方をすることで、マニュアル的に体を制御する方法を追求していたこと。

問7 ――線(5)「足もきちんと使って動く、というやり方へとアプローチを変えます」とありますが、それはなぜですか。その理由としてもっとも適切なものを次の**イ**～**ニ**の中から一つ選び、記号で答えなさい。

イ 足には腕の三倍の力があるため、片足と両腕の力だけで動くよりも両足で動いた方が効率が良いから。

ロ 上半身だけが発達し、下半身が弱ってしまっては、ダンサーとして再起できなくなると思ったから。

ハ 右足にばかり負担をかけることは、自然の法則に反することでもあり、望ましくないと思ったから。

ニ 人体の動かし方の基本的なところを無視した結果、左足だけでなく右足まで壊してしまったから。

問8 ――線(6)「足を再発見していること」とは、どのようなことですか。その説明としてもっとも適切なものを次の**イ**～**ニ**の中から一つ選び、記号で答えなさい。

イ 当初は、切断した部分への負担を軽くするために自分を甘やかす方法をとっていたが、右足を壊して以降は、積極的に左足を使って自分の体を追いつめる方法をとり、これまで以上に優れた表現のできる左足へと成長したということ。

ロ 当初は、不自由な部分をかばって痛みや困難をやりすごすといった方法をとっていたが、右足を壊して以降は、積極的に左足を使って全身のバランスを整える方法をとり、一度は失われていた足の存在意義を回復したということ。

ハ 当初は、義足による衝撃の強さに耐えかね、義足の材質等に工夫を重ねる方法をとっていたが、右足を壊して以降は、積極的に左足を使い、筋肉を鍛えるという方法をとることで、痛みに負けない強靱《きょうじん》な足を手に入れたということ。

ニ 当初は、左足をないものとして考えて体を動かす方法をとっていたが、右足を壊して以降は、積極的に左足を使い、体のつくりを意識して全身を動かす方法をとることで、人間にはやはり足が必要なのだという認識《にんしき》に至ったということ。

二

次の文章を読んで、あとの問いに答えなさい。

案の定、自分の家の物干しにも竿《さお》いっぱいに洗濯《せんたく》物が並んでいるのが、川べりの道から塀越《へいご》しにみえた。郷子は、その洗濯物のなかに、明日着ていこうと思っていた気に入りの紺《こん》のセーターが混じっているのをみて、がっかりした。こんなことなら、昨日のうちに、畳《たた》んで机の引出しにでも隠《かく》しておくのだったが、今朝家を出るまでは、まさか明日の日曜日にヒロミと二人で誰にも内緒《ないしょ》の遠出をすることになるとは思わなかったのだ。

洗面所で手を洗いながら、郷子は、前の鏡に映っている自分の顔を**a**まじまじとみた。子供が嘘《うそ》をついても、お父さんやお母さんにはすぐわかるんです。嘘がちゃんと顔に書いてあるから――いつか、どこけれどもそれでは結局、足を失ったという条件が（注）ボトルネックになり、動きが制限されてしまう。他の部位にも負担がかかる。「できる動きをすればいいじゃないか」という発想もありえるはずですが、大前さんはダンサーとして踊《おど》るところにゴールがあります。

そのためには、ない足を、あるものとして扱う必要がある。義足を積極的に使って、体重をかけ、それで立つようにしたのです。足の「再発見」です。

（伊藤亜紗《いとうあさ》『記憶《きおく》する体』より。
出題にあたり、原文の表記および構成を一部改めました。）

（注）ボトルネック…物事の進行のさまたげとなるもの。

問1 ‖線「ドウセン」の「ドウ」と同じ漢字を使うものを次のイ～ヌの中から選び、記号で答えなさい。なお、正解は一つとは限りません。いくつかある場合には、そのすべての記号を書きなさい。

イ ドウドウとした態度。
ロ ジドウ会長に選出。
ハ モンドウ無用でしかられた。
ニ ドウガを配信する。
ホ カンドウ的な映画。
ヘ 公私コンドウもはなはだしい。
ト ドウメダルをとる。
チ 渡《わた》し舟《ぶね》のセンドウ。
リ ドウチュウの無事をいのる。
ヌ 男女ビョウドウ。

問2 Ⅰ・Ⅱ にあてはまる言葉としてもっとも適切なものを次のイ～ヘの中から一つずつ選び、それぞれ記号で答えなさい。

イ なぜなら　ロ あるいは　ハ たとえば
ニ ところが　ホ つまり　ヘ さらに

問3 ――線(1)「オートマ制御からマニュアル制御への移行」とは、具体的にはどのようなことですか。それを説明した次の文の a ・ b にあてはまる言葉を本文中からそれぞれ**漢字三字**でぬき出して答えなさい。

体を動かすことを a にできる状態から、 b に行わなければできない状態に変化すること。

問4 ――線(2)「めんどくさい」とありますが、どのようなことが「めんどくさい」のですか。それを説明した次の文の □ にあてはまる言葉を本文中から**二十五字以上三十字以内**でぬき出し、**最初と最後の二字ずつ**を答えなさい。（句読点、記号等も字数に数えます。）

一つの動作を実行する際、それにまつわる様々な事柄《ことがら》について □ こと。

問5 ――線(3)「難易度が高い」とは、どのようなことですか。その説明としてもっとも適切なものを次のイ～ニの中から一つ選び、記号で答えなさい。

イ 障害を得てから長い年月が経過しているため、手順を増やしマニュアルで制御することは容易にはできないということ。
ロ 以前は何気なく行っていた動作も、障害を得てからは当たり前のこととして行うことはできなくなっているということ。
ハ 健常者からは「工夫してやりなさい」と心ないことを言われ、障害者側の苦労がなかなか理解してもらえないということ。
ニ 以前は何も考えずにできたことが今はできなくなっているという事実に直面し、精神的に追いつめられているということ。

も、調整を要する要因のひとつでしょう。

とはいえ、そこはダンサーです。マニュアル的に体を制御する感覚に非常に敏感《びんかん》であるのに加え、求道的なまでに体を鍛《きた》えるプロとしてのストイックさがあります。

その目に見える成果が筋肉です。現在の大前さんの左足の断端《だんたん》（切断部）は、一般《いっぱん》の切断者にくらべて硬《かた》く、筋肉で覆《おお》われています。

もっとも、左足を切断した当初は、大前さんも自分の足を「(4)甘《あま》やかしていた」と言います。

「椅子から立ちあがるときも、足に負担をかけないように、まず肘掛《ひじかけ》に手をついて、それから上半身で立つ、というような癖《くせ》がついてしまっていた。上半身主導の使い方だったんです」。

誰《だれ》だって、痛いところや不自由なところがあれば、そこをかばうように動くものです。大前さんも、切断した直後は、足に体重をかけないような動き方になっていた。しかも切断後には肉体労働をしていたので、義足を装着している箇所《かしょ》が痛みやすかったと言います。

大前さんの義足は、断端を覆うような形になっています。断端の下に義足が生えているわけではなく、ソケットというお椀《わん》のような構造が断端にカポッとはまるような作りになっている。義足というと竹馬に乗っているようなイメージを持ちますが、そうではなく、履《は》いている感じ。「スキー靴《ぐつ》」あるいは「石膏《せっこう》で固めている」感じだと大前さんは言います。

だから、まず痛くなるのは、そのソケットにはめている箇所の、骨がちょっと出ているところ。「腓骨《ひこつ》と頸骨《けいこつ》が出っぱっているので、ソケットの内側にクッション材を当てたりして、衝撃《しょうげき》を逃《にが》しています」。こういう説明をするときにすぐに骨の名前が出てくるのも、大前さんらしいところです。

クッションがある義足だと、地面に着地した衝撃が直接体にひびかないので、「ムニュ」という感触《かんしょく》になるのだそう。最初に義足を使いはじめたころは、硬いものを使っていたので、一歩つくと、衝撃が腰《こし》までくる感じでした。その痛さに耐《た》えかねて、柔《やわ》らかいクッション性のある義足を作ったのです。

すると、クッションがある義足を使っているうちに、上半身に筋肉がつき始めたと言います。義足の左足をカバーしようとして、上半身を使うようになったのです。「義足側に負担がかからないようにするので、上半身がものすごい発達したんです。今も発達していますが、二〇代後半まではもっとゴツくて（…）上半身と下半身という別のものが組み合わさっている感じでした」。

上半身が発達するというのはよいように思えますが、そうではなかった、と大前さんは言います。足に力がないので、バランスを崩《くず》しやすかったからです。バランスの悪さは、健側の右足への負担となって現れました。義足の左足を使わないようにしていたために、右足に体重がかかるようになり、右足を壊《こわ》す結果になったのです。

そこで、大前さんは、上半身だけで動くというやり方をやめて、(5)足もきちんと使って動く、というやり方へとアプローチを変えます。「腕《うで》の三倍の力が足にはある。だから足がエンジンになって、それを主導にして、器用なことは上半身でする、というのが基本的な人のつくりだとぼくは思っています」。

興味深いのは、大前さんがここで(6)足を再発見していることです。それまでは、切断した足をかばって、それ以外の部分の働きを増やすことを考えていた。足に仕事をさせないようにし、その存在意義を減らそうとしていた。変な言い方になりますが、ない足を、ないものとして扱《あつか》っていたのです。

二〇二一年度 東邦大学付属東邦中学校

【国語】〈後期試験〉（四五分）〈満点：一〇〇点〉

一 次の文章は、事故で左足の膝下《ひざした》を失って義足のダンサーとして活躍《かつやく》している大前光市《おおまえこういち》さんへのインタビューをもとに書かれたものです。これを読んで、あとの問いに答えなさい。

そもそも、人生の途中《とちゅう》で障害を得ることは、体に対して意識的な関わりを要求するものだ、と大前さんはいいます。

この変化を一言で言うなら、「(1)オートマ制御《せいぎょ》からマニュアル制御への移行」ということになるでしょう。つまり、それまで特に意識せずにできていた、立つ・歩く・見る・話す、といった動作を、意識的に調節しながら行わなければならなくなるのです。

そのことについて、大前さんはこんなふうに語っています。「向こうで『はい集合！』と言われたら、ふつうの人は無意識に『はーい』と行くけど、ぼくらは『分かった、ちょっと待ってね』って、足をはめたり、車椅子《くるまいす》に乗ったり、姿勢をととのえたり、順番があって、ひとつひとつ意識してやるわけです。みんな、(2)めんどくさいことをしてます」。

大前さんがここで「めんどくさい」と述べているように、行為《こうい》がマニュアル化するとは、手順が増えることを意味します。

体がオートマで制御できている健常者の場合、「集合！」と言われたら、「行く」という意識さえ持てばよい。手順は実質ひとつで、あとは放っておいても体がついていきます。

［Ｉ］障害があると、義足の装着や車椅子への移動といったタスクが増えるだけでなく、体を動かすときの姿勢や重心の位置、その場所に至るまでのドウセンなどを、適切な順番に従って、ひとつひとつ意識しなければならない。「行く」という大目標をたくさんの小目標に分割《ぶんかつ》し、一段一段クリアしなければならなくなる。大前さんが言うように、「体に障害を持っていると言われている人に共通しているのは、意識する部分が多い」ということです。

手順を増やしてマニュアルで制御するというと、「めんどくささ」さえ我慢《がまん》すればいいように思われるかもしれません。しかし実際には、これは作業としても非常に(3)難易度が高いものです。

何せそれまではオートマで制御できていたことなのですから、やり方を意識するといっても、そもそも不可能に近い相談です。

［Ⅱ］「歩く」にしても、「歩くことができる」ことと「どうやって歩いているかを説明できる」ことは全くの別物でしょう。以前、脳梗塞《のうこうそく》を発症《はっしょう》して三年半経《た》つ女性が、その苦労をこう口にしていました。「言葉が違《ちが》っているかもしれないですが、『暗黙知《あんもくち》』みたいなもの、何も考えずにできていたことが、何もできなくなって、そのやり方すら忘れているんですよね。『健側（障害のない側）が模範生《もはんせい》だから、それをよく見て、工夫してやりなさい』とか言われるんですけど、工夫できたらこんな苦労していないです」。

もちろん、障害を得てから長い年月が経てば、意識しなければ制御できなかった動作が次第《しだい》にオートマ化する、ということもあるでしょう。いわゆる「慣れ」です。

けれども社会的な環境《かんきょう》が健常者向けにデザインされている以上、環境と自分の体を埋《う》めるための調整は、多かれ少なかれ残るでしょう。大前さんが左足膝下を切断したのは二三歳《さい》のとき。インタビュー時で事故から一五年が経ち、意識せずとも動かせる領域が増えたといいますが、それでも調整は必要だと言います。年齢《ねんれい》による体の変化

2021年度

東邦大学付属東邦中学校 ▶解　答

※　編集上の都合により，後期試験の解説は省略させていただきました。

算　数　＜後期試験＞（45分）＜満点：100点＞

解　答

[1] (1) $\frac{1}{4}$　(2) $\frac{2}{3}$　[2] (1) 8％　(2) 6：1　(3) 136度　(4) 7　[3] (1) 10個　(2) 7個　[4] (1) 9時13分　(2) 2100m　[5] (1) 12通り　(2) 24通り　(3) 8通り　[6] (1) 65円　(2) 104円　[7] (1) 63cm^3　(2) 10個　(3) 76.5cm^3

社　会　＜後期試験＞（30分）＜満点：50点＞

解　答

[1] 問1　ぎふ(県)　問2　エ　問3　エ　問4　エ　問5　イ　問6　ウ
[2] 問1　オ　問2　ア　問3　ウ　問4　エ　問5　イ　問6　ア　問7　エ　問8　ウ　[3] 問1　エ　問2　イ　問3　カ　問4　ア　問5　ア　問6　ア　問7　ウ

理　科　＜後期試験＞（30分）＜満点：50点＞

解　答

[1] 6　[2] (1) 3　(2) 4　(3) 1.7g　[3] (1) 2　(2) 0.16mL　(3) 4
[4] (1) 16.7　(2) 6　(3) 1

国　語　＜後期試験＞（45分）＜満点：100点＞

解　答

[一] 問1　ニ，ホ　問2　Ⅰ　ニ　Ⅱ　ハ　問3　a　無意識　b　意識的　問4　適切～ない　問5　ロ　問6　ロ　問7　ニ　問8　ロ　[二] 問1　a　ニ　b　ロ　問2　ハ　問3　ロ　問4　ニ　問5　Ⅰ　秘密　Ⅱ　約束　問6　ニ　問7　ロ　問8　イ　問9　ニ

Dr.福井の

入試に勝つ！脳とからだのウルトラ科学

意外！　こんなに役立つ“替え歌勉強法”

病気やケガで脳の左側（左脳）にダメージを受けると，字を読むことも書くことも，話すこともできなくなる。言葉を使うときには左脳が必要だからだ。ところが，ふしぎなことに，左脳にダメージを受けた人でも，歌を歌う（つまり言葉を使う）ことができる。それは，歌のメロディーが右脳に記憶されると同時に，歌詞も右脳に記憶されるからだ。ただし，歌詞は言葉としてではなく，音として右脳に記憶される。

そこで，右脳が左脳の10倍以上も記憶できるという特長を利用して，暗記することがらを歌にして右脳で覚える“替え歌勉強法”にトライしてみよう！

歌のメロディーには，自分がよく知っている曲を選ぶとよい。キミが好きな歌手の曲でもいいし，学校で習うようなものでもいい。あとは，覚えたいことがらをメロディーに乗せて替え歌をつくり，覚えるだけだ。メロディーにあった歌詞をつくるのは少し面倒かもしれないが，つくる楽しみもあって，スムーズに暗記できるはずだ。

替え歌をICレコーダーなどに録音し，それを何度もくり返し聞くようにすると，さらに効果的に覚えることができる。

音楽が苦手だったりして替え歌がうまくつくれない人は，かわりに俳句（川柳）をつくってみよう。五七五のリズムに乗って覚えてしまうわけだ。たとえば，「サソリ君，一番まっ赤は，あんたです」（さそり座の１等星アンタレスは赤色――イメージとしては，運動会の競走でまっ赤な顔をして走ったサソリ君が一番でゴールした場面）というように。

Dr.福井（福井《ふくい》一成《かずしげ》）…医学博士。開成中・高から東大・文Ⅱに入学後，再受験して翌年東大・理Ⅲに合格。同大医学部卒。さまざまな勉強法や脳科学に関する著書多数。

Memo

Memo

当社発行物の無断使用は固くお断りいたします。御使用の前はまずご相談ください。

当社発行物には500点余の首都圏中・高過去問をはじめ、６点の学校案内、そのほかいくつかの情報誌などがございます。その多くが年度版で、限られたスタッフが来るべき受験シーズン前に余裕を持って受験生へ届けられるよう、日夜作業にあたり出版を重ねております。

その中で、最近、多くの印刷物やネット上において当社発行物からの無断使用が見受けられ、一部で係争化しているところもございます。事例といたしましては、当社の新刊発行を待ち、それを流用して毎年ネット上に新改訂として掲載していたＡ社、当社過去問から三百箇所をはぎ合わせ「自社制作につき無断転載禁止」とし、集客材としてホームページに掲載していたＢ社、当社版誌面を無断スキャンし、記述式解答は一部殆ど丸取りして動画を制作していた家庭教師グループＣ社、当社発行物の表紙を差し替え、内容を複製し配布していた塾のＤ社などほか数社がございます。

当社発行物の全部もしくは一部を無断使用することは固くお断りいたします。

当社コンテンツの中にはリーズナブルな設定でご提供している事例もたくさんございますので、ご利用されたい方はまずは、お気軽にご相談くださいますようお願いします。同時に、当社発行物を無断で使用している媒体などにつきましての情報もお寄せいただければ幸いです（呈薄謝）。

株式会社 声の教育社

2025年度用
中学スーパー過去問

■編集人 声の教育社・編集部
■発行所 株式会社 声の教育社
〒162-0814 東京都新宿区新小川町8-15
☎03-5261-5061㈹ FAX03-5261-5062
https://www.koenokyoikusha.co.jp

※本書の内容についての一切の責任は当社にあります。内容・解説・解答・その他は当社ホームページよりお問い合わせ下さい。

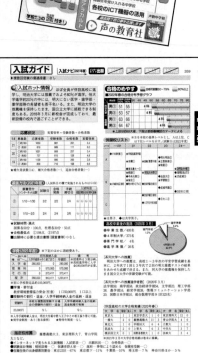

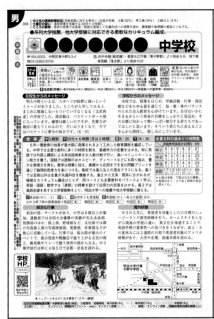

カコを追いかけ
ミライをつかめ

よくある解答用紙のご質問

01

実物のサイズにできない

拡大率にしたがってコピーすると，「解答欄」が実物大になります。配点などを含むため，用紙は実物よりも大きくなることがあります。

02

A3用紙に収まらない

拡大率164％以上の解答用紙は実物のサイズ（「出題傾向＆対策」をご覧ください）が大きいために，Ａ３に収まらない場合があります。

03

拡大率が書かれていない

複数ページにわたる解答用紙は，いずれかのページに拡大率を記載しています。どこにも表記がない場合は，正確な拡大率が不明です。

04

１ページに２つある

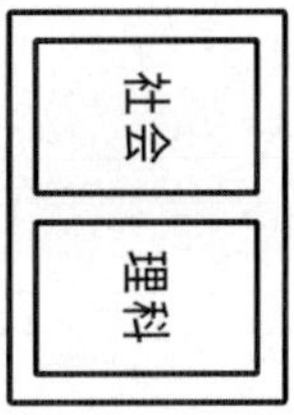

１ページに２つ解答用紙が掲載されている場合は，正確な拡大率が不明です。ほかの試験回の同じ教科をご参考になさってください。

東邦大学付属東邦中学校

【別冊】入試問題解答用紙編

解答用紙は本体からていねいに抜きとり、別冊としてご使用ください。

※　実際の解答欄の大きさで練習するには、指定の倍率で拡大コピーしてください。なお、ページの上下に小社作成の見出しや配点を記載しているため、コピー後の用紙サイズが実物の解答用紙と異なる場合があります。

●入試結果表

— は非公表

年度	回	項目	国語	算数	社会	理科	4科合計	合格者
		配点(満点)	100	100	50	50	300	最高点—
	推薦	受験者平均点	58.1	53.0	27.7	30.5	169.3	最低点
		キミの得点						218
	〔参考〕帰国生試験の受験者平均点は国語 60.0、算数 52.5、英語 56.6、合格者最低点は 168 です。							
		配点(満点)	100	100	100	100	400	最高点—
2024	前期	受験者平均点	64.7	69.3	59.1	59.6	252.7	最低点
		キミの得点						264
		配点(満点)	100	100	50	50	300	最高点—
	後期	受験者平均点	66.9	64.9	27.4	29.3	188.5	最低点
		キミの得点						231
		配点(満点)	100	100	50	50	300	最高点—
	推薦	受験者平均点	40.1	49.5	28.1	28.9	146.6	最低点
		キミの得点						188
	〔参考〕帰国生試験の受験者平均点は国語 39.2、算数 47.6、英語 55.0、合格者最低点は 140 です。							
		配点(満点)	100	100	100	100	400	最高点—
2023	前期	受験者平均点	71.4	71.8	65.9	59.7	268.8	最低点
		キミの得点						278
		配点(満点)	100	100	50	50	300	最高点—
	後期	受験者平均点	62.6	68.0	29.4	33.4	193.4	最低点
		キミの得点						237
		配点(満点)	100	100	50	50	300	最高点—
	推薦	受験者平均点	53.2	40.8	23.5	14.8	132.3	最低点
		キミの得点						173
	〔参考〕帰国生試験の受験者平均点は国語 50.5、算数 42.8、英語 54.2、合格者最低点は 152 です。							
		配点(満点)	100	100	100	100	400	最高点—
2022	前期	受験者平均点	60.0	65.9	62.3	49.5	237.7	最低点
		キミの得点						246
		配点(満点)	100	100	50	50	300	最高点—
	後期	受験者平均点	50.3	45.5	28.5	22.1	146.4	最低点
		キミの得点						179
		配点(満点)	100	100	50	50	300	最高点—
	推薦	受験者平均点	55.2	46.5	24.1	24.1	149.9	最低点
		キミの得点						203
	〔参考〕帰国生試験の受験者平均点は国語 53.6、算数 48.6、英語 60.5、合格者最低点は 160 です。							
		配点(満点)	100	100	100	100	400	最高点—
2021	前期	受験者平均点	75.8	42.0	69.2	65.5	252.5	最低点
		キミの得点						263
		配点(満点)	100	100	50	50	300	最高点—
	後期	受験者平均点	79.3	61.3	25.7	32.9	199.2	最低点
		キミの得点						245
(注) 合格者平均点は非公表です。								

※　表中のデータは学校公表のものです。ただし、4科合計は各教科の平均点を合計したものなので、目安としてご覧ください。

声の教育社

２０２４年度　東邦大学付属東邦中学校　推薦・帰国生

算数解答用紙

番号		氏名		評点	／100

1

(1)	
(2)	
(3)	

2

(1)	曜日
(2)	
(3)	
(4)	分後

3

(1)	
(2)	

4

(1)	：
(2)	cm^2
(3)	：

5

(1)	円
(2)	倍
(3)	

6

(1)	cm
(2)	cm^3
(3)	cm^3

（注）この解答用紙は実物を縮小してあります。Ｂ５→Ａ４(115%)に拡大コピーすると、ほぼ実物大の解答欄になります。

〔算　数〕100点(推定配点)

1, 2　各６点×７　3～5　各５点×８　6　各６点×３

２０２４年度　東邦大学付属東邦中学校　推薦

社会解答用紙

番号		氏名	

評点	／50

1

問１

問２

問３

問４

問５

問６

問７

2

問１ (1)

X	Y

問１ (2)

問２

問３

問４

問５

問６

X	Y

3

問１

問２

問３

問４

問５

問６

（注）この解答用紙は実物を縮小してあります。Ｂ５→Ａ４（115％）に拡大コピーすると、ほぼ実物大の解答欄になります。

〔社　会〕50点（推定配点）

1 問１，問２　各２点×２　問３　３点　問４　２点　問５　３点　問６，問７　各２点×２　2 各２点×９　3 問１，問２　各２点×２　問３～問６　各３点×４

２０２４年度　東邦大学付属東邦中学校　推薦

理科解答用紙

番号		氏名		評点	／50

1

(1)	
(2)	
(3)	
(4)	mL
(5)	倍

2

(1)	kJ
(2)	L
(3)	L
(4)	
(5)	

(注) この解答用紙は実物大です。

〔理　科〕50点(推定配点)

1, 2　各５点×10

２０２４年度　東邦大学付属東邦中学校　帰国生

英語解答用紙

番号		氏名		評点	/100

I

問1　①　②　③　④

問2　(1)　(2)　　問3

問4　解答は右側の解答欄に書きなさい。

問5　　(順不同)

II

問1　①

問2　(i)　(ii)

問3　(1)　(2)　(3)　(4)

問4　A　B　C　D

問5　②　③

問6

問7　(順不同)

問8　解答は右側の解答欄に書きなさい。

I　問4

1

2

3

II　問8

(注)　この解答用紙は実物を縮小してあります。Ｂ５→Ａ３(163%)に拡大コピーすると、ほぼ実物大の解答欄になります。

〔英　語〕100点(推定配点)

I　問1～問3　各3点×7　問4　各5点×3　問5　各2点×2　II　問1，問2　各3点×3　問3　各2点×4　問4，問5　各3点×6　問6　8点　問7　各2点×2　問8　13点

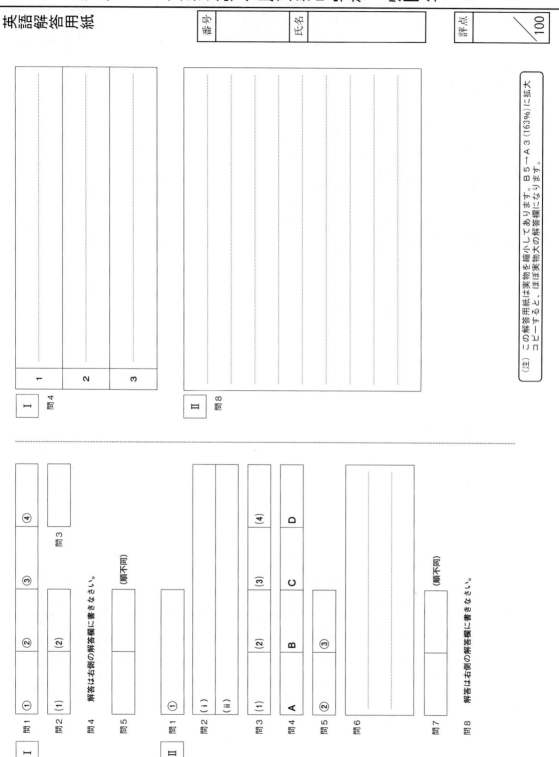

２０２４年度　東邦大学付属東邦中学校　推薦・帰国生

国語解答用紙

番号		氏名		評点	/100

一

問1

問2　問3

問4　問5

問6

問7

問8　問9

二

問1　Ⅰ　Ⅱ

問2

問3

問4　問5

問6　問7

問8

問9

（注）この解答用紙は実物を縮小してあります。Ｂ５→Ａ４（115%）に拡大コピーすると、ほぼ実物大の解答欄になります。

〔国　語〕100点(推定配点)

一　問1～問4　各５点×4<問１は完答>　問5～問9　各６点×5　二　各５点×10

２０２４年度　　東邦大学付属東邦中学校

算数解答用紙　前期

番号		氏名		評点	／100

1

(1)	
(2)	
(3)	

2

(1)	
(2)	km
(3)	%
(4)	cm
(5)	

3

(1)	時間
(2)	時間　分

4

(1)	通り
(2)	通り

5

(1)	cm^2
(2)	cm^3
(3)	cm^3

6

(1)	：
(2)	：
(3)	cm

（注）この解答用紙は実物を縮小してあります。Ｂ５→Ａ４（115%）に拡大コピーすると、ほぼ実物大の解答欄になります。

〔算　数〕100点(推定配点)

1〜3　各６点×10＜2の(5)は完答＞　4〜6　各５点×８

２０２４年度　　東邦大学付属東邦中学校

社会解答用紙　前期

番号		氏名	

評点	／100

1

問１

問２

問３

問４　　市

問５　(1)

問５　(2)

問５　(3)

問６

2

問１

問２

問３

問４

問５

問６

問７

３番目	５番目

問８

3

問１

あ	い	う

問２　(1)

問２　(2)

問３　(1)

問３　(2)

問４

a	b	c	d

問５

問６

問７

(注) この解答用紙は実物を縮小してあります。Ｂ５→Ａ４(115%)に拡大コピーすると、ほぼ実物大の解答欄になります。

〔社　会〕100点(推定配点)

1～3　各４点×25＜2の問７，3の問１，問４は完答＞

２０２４年度　東邦大学付属東邦中学校

理科解答用紙　前期

番号		氏名		評点	／100

1

(1)	
(2)	
(3)	

2

(1)	
(2)	
(3)	g

3

(1)	
(2)	
(3)	

4

(1)	cm
(2)	cm

5

(1)	
(2)	
(3)	

6

(1)	g
(2)	mL
(3)	%

7

(1)	
(2)	g
(3)	g

(注) この解答用紙は実物を縮小してあります。Ｂ５→Ａ４(115%)に拡大コピーすると、ほぼ実物大の解答欄になります。

〔理　科〕100点(推定配点)

1～7　各５点×20

2024年度 東邦大学付属東邦中学校

国語解答用紙 前期

番号

氏名

評点 /100

一

問1

問2 a b

問3

問4 Ⅰ Ⅱ Ⅲ

問5

問6

問7

問8

問9

問10 〜

問11

二

問1

問2

問3

問4 Ⅰ Ⅱ

問5

問6

問7

問8

問9

問10

（注）この解答用紙は実物を縮小してあります。Ｂ５→Ａ４（115%）に拡大コピーすると、ほぼ実物大の解答欄になります。

〔国 語〕100点(推定配点)

一, 二 各4点×25＜一の問1は完答＞

2024年度　　東邦大学付属東邦中学校

算数解答用紙　後期

番号		氏名		評点	／100

1

(1)	
(2)	

2

(1)	
(2)	
(3)	cm
(4)	分速　　　m
(5)	：

3

(1)	：
(2)	：

4

5

(1)	個
(2)	個
(3)	個

6

(1)	cm^2
(2)	cm^3

7

(1)	ア	イ
	ウ	エ
	オ	
(2)	通り	

(注) この解答用紙は実物を縮小してあります。B５→A４(115%)に拡大コピーすると、ほぼ実物大の解答欄になります。

〔算　数〕100点(推定配点)

1～4　各6点×10＜4は完答＞　5, 6　各5点×5　7　(1)　各2点×5　(2)　5点

２０２４年度　東邦大学付属東邦中学校

社会解答用紙　後期

番号		氏名		評点	／50

1

問１

問２

問３

問４

X	Y
	県

問５

福岡県	鹿児島県

問６　作

問７

a	c

2

問１

問２

問３

問４

問５　市

問６

問７

3

問１ (1)

問１ (2)

問２

あ	い
	19　　年

問３ (1)

問３ (2)

問３ (3)

問４

（注）この解答用紙は実物を縮小してあります。Ｂ５→Ａ４(115%)に拡大コピーすると、ほぼ実物大の解答欄になります。

〔社　会〕50点(推定配点)

1～3　各２点×25<1の問２，3の問３の(2)は完答>

２０２４年度　　東邦大学付属東邦中学校

理科解答用紙　後期

番号		氏名	

評点	／50

1

2

(1)	
(2)	L
(3)	g

3

(1)	
(2)	
(3)	

4

(1)	m
(2)	秒
(3)	回

(注) この解答用紙は実物大です。

〔理　科〕50点(推定配点)

1～4　各５点×10

２０２４年度　東邦大学付属東邦中学校

国語解答用紙　後期

番号		氏名		評点	/100

一

問1

問2

問3　問4

問5　イ　ロ

問6　問7

問8

問9

二

問1　問2

問3

問4　〜

問5　問6　問7

問8

(注) この解答用紙は実物を縮小してあります。B５→A４(115%)に拡大コピーすると、ほぼ実物大の解答欄になります。

〔国　語〕100点(推定配点)

一　問1，問2　各５点×2<問１は完答>　問3〜問9　各６点×7<問５は完答>　二　各６点×8

２０２３年度　東邦大学付属東邦中学校　推薦・帰国生

算数解答用紙

番号		氏名		評点	／100

1

(1)	
(2)	
(3)	

2

(1)	km	
(2)	g	
(3)	円	
(4)	が	点高い

3

(1)		m
(2)	分速	m
(3)	分	秒後

4

(1)	cm
(2)	cm

5

(1)	：
(2)	：
(3)	：

6

(1)	通り
(2)	
(3)	通り

(注) この解答用紙は実物を縮小してあります。Ｂ５→Ａ４(115%)に拡大コピーすると、ほぼ実物大の解答欄になります。

〔算　数〕100点(推定配点)

1～3　各６点×10＜2の(4)は完答＞　4～6　各５点×８

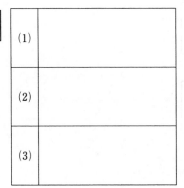

２０２３年度　東邦大学付属東邦中学校　推薦

社会解答用紙

番号		氏名	

評点	／50

1

問１

問２

問３

秋田県	山形県

問４

問５

2

問１ (1)

問１ (2)

問２

問３

X	Y

問４

X	Y

問５

3

問１

問２

問３

問４

a	b	c

(注) この解答用紙は実物大です。

〔社　会〕50点(推定配点)

1　問１，問２　各３点×２　問３　各２点×２　問４，問５　各３点×２　2　問１，問２　各３点×３　問３，問４　各２点×４　問５　３点　3　問１，問２　各３点×２　問３，問４　各２点×４

２０２３年度　東邦大学付属東邦中学校　推薦

理科解答用紙

番号		氏名		評点	／50

1

（1）	
（2）	
（3）	
（4）	
（5）	通り

2

（1）	
（2）	g
（3）	g
（4）	g
（5）	g

（注）この解答用紙は実物大です。

〔理　科〕50点(推定配点)

1, 2　各５点×10

2023年度　東邦大学付属東邦中学校　帰国生

英語解答用紙

番号		氏名		評点	/100

I

問5

[X]	

問6

1	
2	
3	

II

問7

（注）この解答用紙は実物を縮小してあります。Ｂ５→Ａ３（163％）に拡大コピーすると、ほぼ実物大の解答欄になります。

I

問1

①	③	④

問2　　　問3

問4

問5　解答は右側の解答欄に書きなさい。

問6　解答は右側の解答欄に書きなさい。

問7　　　　（順不同）

II

問1

supply		demand	

問2　　　問3

問4

4番目		7番目	

問5

問6　　　　（順不同）

問7　解答は右側の解答欄に書きなさい。

〔英　語〕100点（推定配点）

I　問１～問４　各４点×６　問５，問６　各５点×４　問７　各４点×２　II　問１～問３　各４点×４　問４　５点　問５　６点　問６　各４点×２　問７　13点

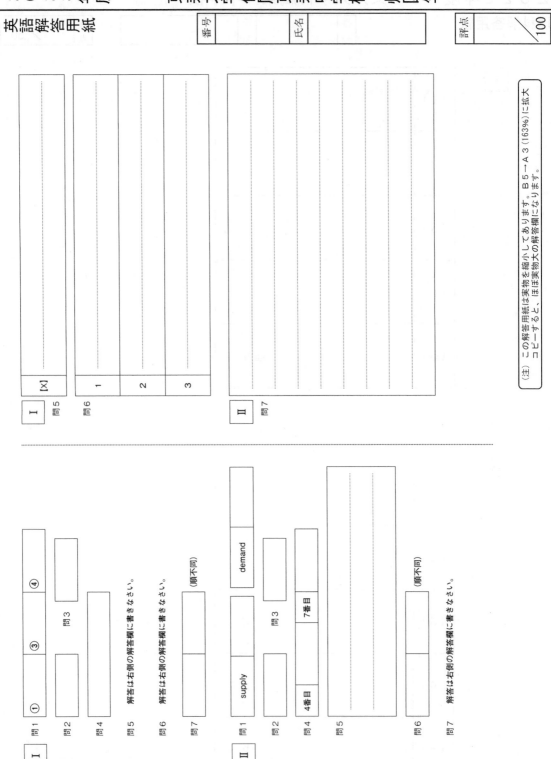

二〇二三年度　東邦大学付属東邦中学校　推薦・帰国生

国語解答用紙

番号		氏名		評点	/100

一

問1

問2　問3

問4　〜

問5

問6

問7　問8　問9

問10

二

問1

問2

問3

問4　〜

問5　問6

問7

問8

問9　問10

（注）この解答用紙は実物を縮小してあります。Ｂ５→Ｂ４（141%）に拡大コピーすると、ほぼ実物大の解答欄になります。

〔国　語〕100点(推定配点)

一, 二　各５点×20<一の問１は完答>

２０２３年度　東邦大学付属東邦中学校

算数解答用紙　前期

番号		氏名		評点	／100

1

(1)	
(2)	
(3)	

2

(1)	本
(2)	個
(3)	頭
(4)	cm^2
(5)	cm^2

3

(1)	g
(2)	%

4

(1)	毎分　m
(2)	m
(3)	分　秒

5

(1)	cm
(2)	cm
(3)	cm

6

(1)	
(2)	個

〔算　数〕100点(推定配点)

1～3　各６点×10　4～6　各５点×８

（注）この解答用紙は実物を縮小してあります。Ｂ５→Ａ４(115%)に拡大コピーすると、ほぼ実物大の解答欄になります。

２０２３年度　東邦大学付属東邦中学校

社会解答用紙　前期

番号		氏名	

評点	／100

1

問１

問２ (1)

問２ (2)

問３

問４ (1)

問４ (2)

問５ (1)

問５ (2)

問６

2

問１　問２　問３

問４　問５　問６

問７　問８

3

問１　問２　問３

問４　問５　問６

問７　問８

(注) この解答用紙は実物を縮小してあります。Ｂ５→Ａ４(115%)に拡大コピーすると、ほぼ実物大の解答欄になります。

〔社　会〕100点(推定配点)

1～3　各４点×25

２０２３年度　　東邦大学付属東邦中学校

理科解答用紙　前期

番号		氏名	

評点	／100

1

(1)	
(2)	
(3)	

2

(1)	
(2)	
(3)	
(4)	g

3

(1)	
(2)	
(3)	
(4)	

4

(1)	kg
(2)	cm
(3)	kg

5

(1)	
(2)	

6

(1)	cm
(2)	cm
(3)	cm
(4)	cm

（注）この解答用紙は実物を縮小してあります。Ｂ５→Ａ４（115%）に拡大コピーすると、ほぼ実物大の解答欄になります。

〔理　科〕100点(推定配点)

1～6　各５点×20

二〇二三年度　東邦大学付属東邦中学校

国語解答用紙　前期

番号　　氏名　　評点 ／100

一

問1

問2

問3

問4　問5

問6　問7

問8

問9

問10

二

問1

問2　問3

問4　問5

問6　問7

問8　問9

問10

（注）この解答用紙は実物を縮小してあります。Ｂ５→Ｂ４（141％）に拡大コピーすると、ほぼ実物大の解答欄になります。

〔国　語〕100点（推定配点）

一，二　各５点×20＜一の問１は完答＞

2023年度　　東邦大学付属東邦中学校

算数解答用紙　後期

番号		氏名	

評点	／100

1

(1)	
(2)	
(3)	

2

(1)	個
(2)	個
(3)	m
(4)	cm^2
(5)	cm

3

(1)	g
(2)	g

4

(1)	通り
(2)	通り

5

(1)	cm^2
(2)	cm
(3)	cm^2

6

(1)	
(2)	点
(3)	通り

（注）この解答用紙は実物を縮小してあります。Ｂ５→Ａ４（115%）に拡大コピーすると、ほぼ実物大の解答欄になります。

〔算　数〕100点（推定配点）

1～3　各６点×10　4～6　各５点×８

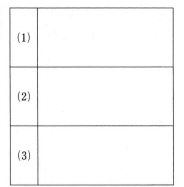

２０２３年度　東邦大学付属東邦中学校

社会解答用紙　後期

番号		氏名		評点	／50

1

問１

X	Y

問２

記号	県庁所在地名
	市

問３

香川県	高知県

問４

問５

記号	都道府県名
	県

問６

問７

2

問１

問２

問３

問４

問５

問６

問７

２番目	５番目

3

問１ (1)

問１ (2)

問１ (3)

問２ (1)

問２ (2)

行動	目標	

問３ (1)

問３ (2)

（注）この解答用紙は実物を縮小してあります。Ｂ５→Ａ４(115%)に拡大コピーすると、ほぼ実物大の解答欄になります。

〔社　会〕50点(推定配点)

1　問１～問４　各２点×4＜問１～問３はそれぞれ完答＞　問５～問７　各３点×3＜問５は完答＞　2　問１～問４　各２点×4　問５～問７　各３点×3＜問７は完答＞　3　問１，問２　各２点×5＜問２の(2)は完答＞　問３　各３点×2

２０２３年度　東邦大学付属東邦中学校

理科解答用紙　後期

番号		氏名	

評点	／50

1

2

(1)	g
(2)	
(3)	

3

(1)	
(2)	
(3)	

4

(1)	cm
(2)	A
(3)	

(注) この解答用紙は実物大です。

〔理　科〕50点(推定配点)

1～4　各５点×10

二〇二三年度　東邦大学付属東邦中学校

国語解答用紙　後期

番号

氏名

評点　/100

一

問1 ①　②

問2

問3

問4　問5

問6

問7　問8

問9

二

問1 a　b

問2　問3

問4

問5　〜

問6　問7　問8

問9

（注）この解答用紙は実物を縮小してあります。Ｂ５→Ｂ４（141%）に拡大コピーすると、ほぼ実物大の解答欄になります。

〔国　語〕100点(推定配点)

一, 二　各５点×20

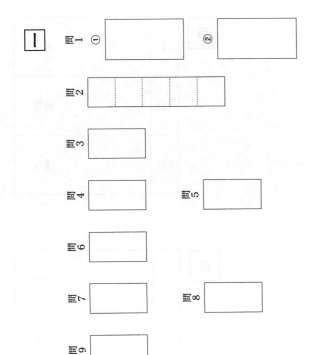

２０２２年度　東邦大学付属東邦中学校　推薦・帰国生

算数解答用紙

番号		氏名		評点	／100

1

(1)	
(2)	
(3)	

2

(1)	%
(2)	個
(3)	人

3

(1)	分速　　m
(2)	m

4

(1)	倍
(2)	：

5

(1)	通り
(2)	通り
(3)	通り

6

(1)	cm^3
(2)	cm^3

7

(1)		
(2)	a	c
(3)		

（注）この解答用紙は実物を縮小してあります。Ｂ５→Ａ４(115%)に拡大コピーすると、ほぼ実物大の解答欄になります。

〔算　数〕100点(推定配点)

1～4　各６点×10　5～7　各５点×８<7の(2)は完答>

２０２２年度　東邦大学付属東邦中学校　推薦

社会解答用紙

番号		氏名	

評点	／50

1

問１　問２

問３　問４

問５

2

問１　問２　問３

問４　問５

問６

5番目	10番目

3

問１　問２ (1)

問２ (2)　問３

(注) この解答用紙は実物大です。

〔社　会〕50点(推定配点)

1　問１〜問４　各３点×４　問５　５点　2, 3　各３点×11＜3の問２の(1)は完答＞

２０２２年度　東邦大学付属東邦中学校　推薦

理科解答用紙

番号		氏名	

評点	／50

1

(1)	
(2)	通り
(3)	
(4)	%
(5)	

2

(1)	g
(2)	g
(3)	L
(4)	L
(5)	gずつ

(注）この解答用紙は実物大です。

〔理　科〕50点(推定配点)

1, 2　各5点×10

2022年度 東邦大学付属東邦中学校 帰国生

英語解答用紙

番号		氏名		評点	/100

I

問1

問2 ① ②

問3

問4　解答は右側の解答欄に書きなさい。

問5　解答は右側の解答欄に書きなさい。

問6 (順不同)

II

問1 X Z

問2 A B C

問3

問4 → → →

問5 3番目 5番目

問6 (順不同)

問7　解答は右側の解答欄に書きなさい。

I

問4

1

2

3

4

問5

II

問7

(注) この解答用紙は実物を縮小してあります。B５→A３(163%)に拡大コピーすると、ほぼ実物大の解答欄になります。

〔英　語〕100点(推定配点)

I　問1～問3　各4点×4　問4，問5　各5点×5　問6　各4点×2　II　問1～問6　各4点×10＜問4，問5は完答＞　問7　11点

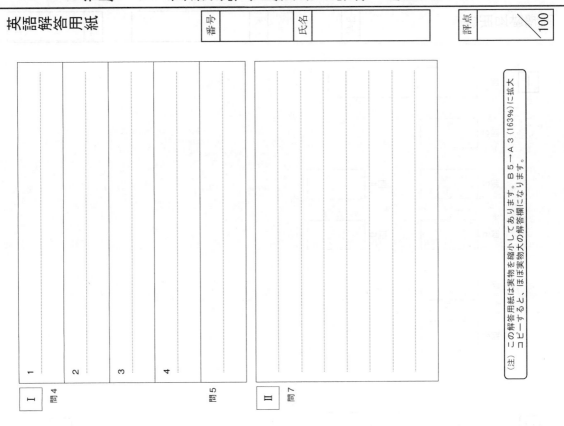

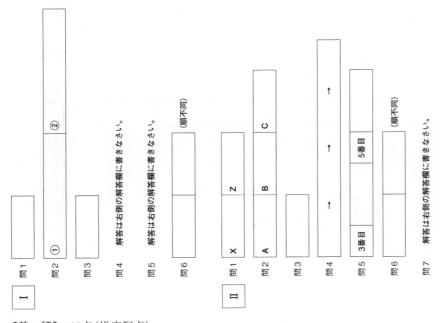

二〇二二年度　東邦大学付属東邦中学校　推薦・帰国生

国語解答用紙

番号		氏名		評点	/100

一

問1

問2

問3　問4

問5　問6

問7

問8

二

問1　a　b

問2

問3　問4

問5　Ⅰ　Ⅱ

問6

問7　問8

問9

（注）この解答用紙は実物を縮小してあります。Ｂ５→Ｂ４（141%）に拡大コピーすると、ほぼ実物大の解答欄になります。

〔国　語〕100点（推定配点）

一　問１～問３　各５点×３＜問１は完答＞　問４～問８　各６点×５　二　各５点×11

２０２２年度　東邦大学付属東邦中学校

算数解答用紙　前期

番号		氏名		評点	／100

1

(1)	
(2)	
(3)	

2

(1)	
(2)	g
(3)	円

3

(1)	：
(2)	：

4

(1)	分　秒後
(2)	回

5

(1)	cm^2
(2)	cm^3

6

(1)	
(2)	
(3)	

7

(1)	A，B	C，D
(2)	人	
(3)		

（注）この解答用紙は実物を縮小してあります。Ｂ５→Ａ４（115%）に拡大コピーすると、ほぼ実物大の解答欄になります。

〔算　数〕100点（推定配点）

1～4　各６点×10＜2の(1)は完答＞　5～7　各５点×８＜7の(1)，(3)は完答＞

２０２２年度　　東邦大学付属東邦中学校

社会解答用紙　前期

番号		氏名	

評点	／100

1

問１ (1)　　問１ (2)　　問１ (3)

問１ (4)　　問１ (5)　　　　市

問２　　問３　　問４

2

問１　　問２　　問３

問４　　問５

問６ (1)　　問６ (2)　　問７

3

問１　　問２　　問３

問４ (1)　　問４ (2)　　問５

問６　20　　年４月１日～20　　年４月１日　　問７ (1)

問７ (2)

（注）この解答用紙は実物を縮小してあります。B５→A４（115%）に拡大コピーすると、ほぼ実物大の解答欄になります。

〔社　会〕100点（推定配点）

1～3　各４点×25＜3の問５は完答＞

２０２２年度　　東邦大学付属東邦中学校

理科解答用紙　前期

番号		氏名		評点	／100

1

(1)	
(2)	
(3)	

2

(1)	
(2)	
(3)	

3

(1)	
(2)	

4

(1)	g
(2)	℃
(3)	g

5

(1)	
(2)	
(3)	
(4)	

6

(1)	倍
(2)	cm
(3)	cm
(4)	g
(5)	

（注）この解答用紙は実物を縮小してあります。Ｂ５→Ａ４(115%)に拡大コピーすると、ほぼ実物大の解答欄になります。

〔理　科〕100点(推定配点)

1～6　各５点×20

二〇二三年度　東邦大学付属東邦中学校

国語解答用紙　前期

番号		氏名		評点	/100

一

問1

問2　〜

問3

問4

問5　I　Ⅳ

問6

問7

問8

問9

二

問1　I　Ⅲ

問2

問3

問4

問5

問6

問7

問8

問9

（注）この解答用紙は実物を縮小してあります。B５→B４(141%)に拡大コピーすると、ほぼ実物大の解答欄になります。

〔国　語〕100点(推定配点)

一, 二　各５点×20＜一の問１は完答＞

２０２２年度　東邦大学付属東邦中学校

算数解答用紙　後期

番号		氏名		評点	／100

1

(1)	
(2)	

2

(1)	人
(2)	cm
(3)	
(4)	：　：

3

(1)	人
(2)	人

4

(1)	：
(2)	：

5

(1)	枚
(2)	回
(3)	枚

6

(1)	回
(2)	cm^2
(3)	cm^3

7

(1)	通り
(2)	通り

（注）この解答用紙は実物を縮小してあります。Ｂ５→Ａ４（115%）に拡大コピーすると、ほぼ実物大の解答欄になります。

〔算　数〕100点（推定配点）

1～4　各６点×10　5～7　各５点×８

２０２２年度　東邦大学付属東邦中学校

社会解答用紙　後期

番号		氏名	

評点	／50

1

問１

あ	い

問２

問３

問４

千葉県	京都府

問５

農作物	都道府県

問６

問７

2

問１　問２　問３

問４　問５

問６　問７

3

問１ (1)　問１ (2)

問２　問３ (1)

問３ (2)

問４ (1)　問４ (2)

（注）この解答用紙は実物を縮小してあります。Ｂ５→Ａ４(115%)に拡大コピーすると、ほぼ実物大の解答欄になります。

〔社　会〕50点(推定配点)

1　各２点×7＜問１，問４，問５は完答＞　2　問１～問６　各２点×6　問７　３点　3　各３点×7＜問２は完答＞

２０２２年度　東邦大学付属東邦中学校

理科解答用紙　後期

番号		氏名		評点	／50

1

	km

2

(1)	
(2)	
(3)	個

3

(1)	℃
(2)	mL
(3)	分　秒

4

(1)	g
(2)	g
(3)	g

(注) この解答用紙は実物大です。

〔理　科〕50点(推定配点)

1～4　各５点×10

二〇二三年度　東邦大学付属東邦中学校

国語解答用紙　後期

番号		氏名		評点	/100

一

問1 ①　②

問2

問3 A　B

問4

問5 Ⅰ　Ⅱ

問6

問7

問8

問9

二

問1 a　b

問2

問3

問4

問5

問6

問7

問8

問9

（注）この解答用紙は実物を縮小してあります。B5→B4（141%）に拡大コピーすると、ほぼ実物大の解答欄になります。

〔国　語〕100点(推定配点)

一, 二　各5点×20<一の問3, 問5は完答>

２０２１年度　　東邦大学付属東邦中学校　推薦・帰国生

算数解答用紙

番号		氏名		評点	／100

1

(1)	
(2)	

2

(1)	年後
(2)	cm^2
(3)	
(4)	通り

3

(1)	%
(2)	%

4

(1)	cm
(2)	cm^3

5

(1)	cm
(2)	cm^2
(3)	：　　：

6

(1)	
(2)	個

7

(1)		
(2)	ボタン	回数　回
(3)	ボタン	回数　回

(注)　この解答用紙は実物を縮小してあります。Ｂ５→Ａ４(115%)に拡大コピーすると、ほぼ実物大の解答欄になります。

〔算　数〕100点(推定配点)

1〜4　各６点×10　5〜7　各５点×8＜7は各々完答＞

２０２１年度　東邦大学付属東邦中学校　推薦

社会解答用紙

番号		氏名	

評点	／50

1

問１（1）　問１（2）

問２

問３　問４　問５

問６

2

問１

問２　問３　問４

問５　問６　問７

3

問１　あ　い　う

問２　問３

問４

問５

W	X	Y	Z

（注）この解答用紙は実物を縮小してあります。Ｂ５→Ａ４（115%）に拡大コピーすると、ほぼ実物大の解答欄になります。

〔社　会〕50点(推定配点)

1 問１　各２点×2　問２　３点　問３，問４　各２点×2　問５，問６　各３点×2　2 問１　３点　問２〜問５　各２点×4　問６，問７　各３点×2　3 問１　各２点×3　問２　３点　問３，問４　各２点×2　問５　３点＜完答＞

２０２１年度　東邦大学付属東邦中学校　推薦

理科解答用紙

番号		氏名	

評点	／50

1

(1)	
(2)	
(3)	
(4)	
(5)	

2

(1)	g
(2)	
(3)	cm
(4)	g
(5)	g

(注) この解答用紙は実物大です。

〔理　科〕50点(推定配点)

1, 2　各５点×10

2021年度　東邦大学付属東邦中学校　帰国生

英語解答用紙

番号		氏名		評点	/100

Ⅰ

問1

問2

問3　③　④

問4

問5　1　2　3　4

問6　（順不同）

Ⅱ

問1　①　②　③　④　⑤

問2

問3　（順不同）

問4

（注）この解答用紙は実物を縮小してあります。B5→A3（163%）に拡大コピーすると、ほぼ実物大の解答欄になります。

〔英　語〕100点（推定配点）

Ⅰ　問1～問4　各4点×5　問5　各5点×4　問6　各4点×2　Ⅱ　問1　各4点×5　問2　10点　問3　各4点×2　問4　14点

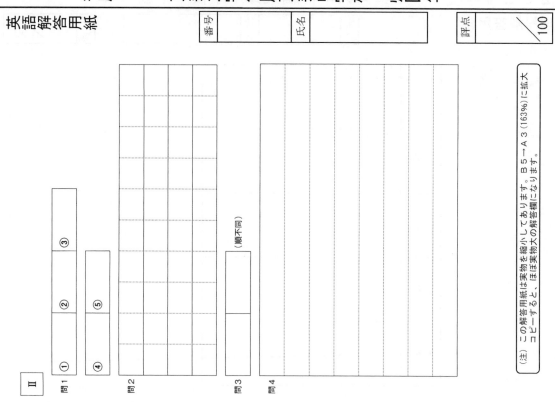

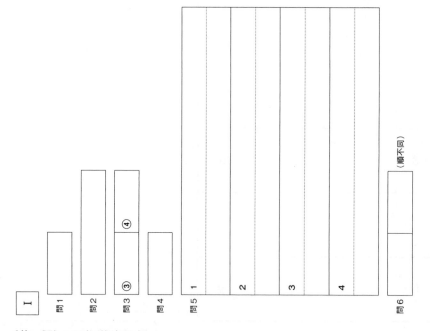

二〇二二年度　東邦大学付属東邦中学校　推薦・帰国生

国語解答用紙

番号		氏名		評点	/100

一

問1

問2

問3

問4　問5

問6

問7

問8　Ⅱ　Ⅲ

問9

問10

二

問1　a　b

問2　Ⅰ　Ⅱ

問3　問4　問5

問6　問7

問8

問9　と

問10

（注）この解答用紙は実物を縮小してあります。Ｂ５→Ｂ４（141％）に拡大コピーすると、ほぼ実物大の解答欄になります。

〔国　語〕100点（推定配点）

一　各５点×10<問１，問８は完答>　二　問１～問８　各４点×10　問９　各３点×２　問10　４点

2021年度　東邦大学付属東邦中学校

算数解答用紙　前期

番号		氏名		評点	／100

1

(1)	
(2)	

2

(1)	
(2)	m
(3)	cm
(4)	分　秒
(5)	%

3

(1)	km
(2)	時速　km
(3)	分　秒後

4

(1)	
(2)	

5

(1)	cm
(2)	：

6

(1)	：
(2)	倍

7

(1)	通り
(2)	通り

(注) この解答用紙は実物を縮小してあります。Ｂ５→Ａ４(115%)に拡大コピーすると、ほぼ実物大の解答欄になります。

〔算　数〕100点(推定配点)

1～3　各６点×10　4～7　各５点×8

２０２１年度　東邦大学付属東邦中学校

社会解答用紙　前期

番号		氏名		評点	／100

1

問１

問２

問３

問４

問５ (1)

問５ (2)

問６ (1)

問６ (2) km²

問７

2

問１

問２

問３

問４

問５

問６

問７

問８

3

問１

問２ (1)

問２ (2) 県

問３

問４ (1)

問４ (2)

問５ (1)

問５ (2)

（注）この解答用紙は実物を縮小してあります。Ｂ５→Ａ４（115%）に拡大コピーすると、ほぼ実物大の解答欄になります。

〔社　会〕100点（推定配点）

1～3　各４点×25

2021年度　東邦大学付属東邦中学校

理科解答用紙　前期

番号		氏名		評点	／100

1

(1)	
(2)	
(3)	

2

(1)	
(2)	
(3)	

3

(1)	度
(2)	度未満
(3)	度

4

(1)	L
(2)	g
(3)	倍

5

(1)	
(2)	g
(3)	mL
(4)	mL
(5)	mL

6

(1)	
(2)	秒速　m
(3)	秒速　m

(注) この解答用紙は実物を縮小してあります。B５→A４(115%)に拡大コピーすると、ほぼ実物大の解答欄になります。

〔理　科〕100点(推定配点)

1～6　各５点×20

二〇二二年度　東邦大学付属東邦中学校

国語解答用紙　前期

番号　　氏名　　評点　／100

一

問1

問2　Ⅰ　Ⅳ

問3　問4

問5　問6

問7

問8

問9

二

問1　a　b

問2　問3　問4

問5

問6　問7　問8

問9　問10

問11

（注）この解答用紙は実物を縮小してあります。B5→B4（141%）に拡大コピーすると、ほぼ実物大の解答欄になります。

〔国　語〕100点（推定配点）

一　各5点×10<問1は完答>　二　問1～問9　各4点×10　問10，問11　各5点×2

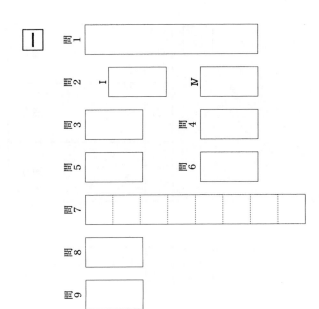

２０２１年度　　東邦大学付属東邦中学校

算数解答用紙　後期

番号		氏名		評点	／100

1

(1)	
(2)	

2

(1)	%
(2)	：
(3)	°
(4)	

3

(1)	個
(2)	個

4

(1)	時　分
(2)	m

5

(1)	通り
(2)	通り
(3)	通り

6

(1)	円
(2)	円

7

(1)	cm^3
(2)	個
(3)	cm^3

（注）この解答用紙は実物を縮小してあります。Ｂ５→Ａ４（115%）に拡大コピーすると、ほぼ実物大の解答欄になります。

〔算　数〕100点（推定配点）

1～4　各６点×10　5～7　各５点×８

２０２１年度　東邦大学付属東邦中学校

社会解答用紙　後期

番号		氏名		評点	／50

1

問１　　　県　　問２

問３　　問４

問５　　問６

2

問１　　問２　　問３

問４　　問５　　問６

問７　　問８

3

問１　　問２　　問３

問４　　問５

問６　　問７

〔社　会〕50点(推定配点)

1　各３点×６　2　各２点×８　3　問１～問５　各２点×５　問６，問７　各３点×２

２０２１年度　東邦大学付属東邦中学校

理科解答用紙　後期

番号		氏名		評点	／50

1

2

（１）	
（２）	
（３）	g

3

（１）	
（２）	mL
（３）	

4

（１）	
（２）	
（３）	

〔理　科〕50点(推定配点)

1～4　各５点×10

二〇二二年度　東邦大学付属東邦中学校

国語解答用紙　後期

番号		氏名		評点	/100

一

問1

問2　Ⅰ　Ⅱ

問3　a　b

問4　〜

問5　問6　問7

問8

二

問1　a　b

問2　問3　問4

問5　Ⅰ　Ⅱ

問6　問7　問8

問9

（注）この解答用紙は実物を縮小してあります。Ｂ５→Ｂ４（141％）に拡大コピーすると、ほぼ実物大の解答欄になります。

〔国　語〕100点（推定配点）

一　問1〜問3　各5点×4＜問1，問3は完答＞　問4〜問8　各6点×5　二　各5点×10＜問5は完答＞